Im Zeichen von Anker und Delphin –
Die Aldinen-Sammlung
der Staatsbibliothek zu Berlin

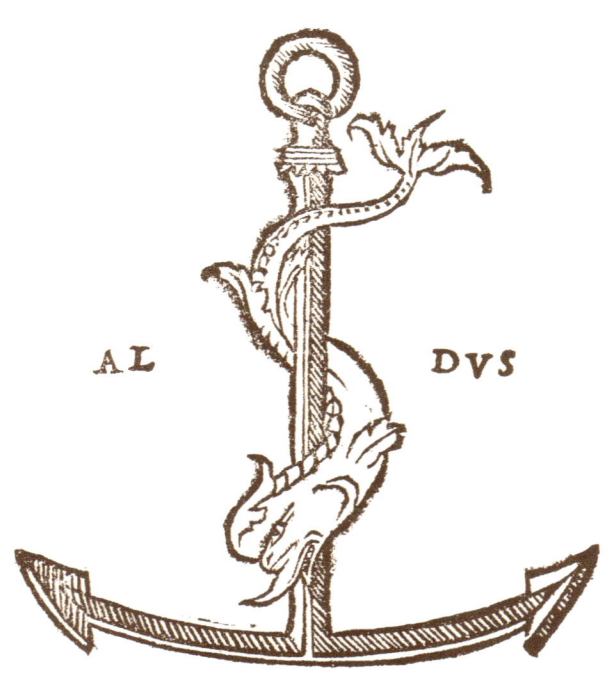

IM ZEICHEN VON ANKER UND DELPHIN

Die Aldinen-Sammlung der Staatsbibliothek zu Berlin

Herausgegeben von der
Staatsbibliothek zu Berlin –
Preußischer Kulturbesitz

FABER & FABER

Herausgegeben von der
Staatsbibliothek zu Berlin –
Preußischer Kulturbesitz

Redaktion: Karla Faust, Veronika Mantei,
Andreas Wittenberg, Cornelia Wollf,
Gerd-J. Bötte, Annette Wehmeyer

Buchgestaltung, Satz, Umschlag:
Mathias Bertram, Berlin
Typografische Beratung:
Axel Bertram, Berlin
Fotografien: Sebastian Ahlers, Berlin

Satzschrift: Lucinde von Axel Bertram
Papier: GardaPat 13, 135 g/m²
Druck: Jütte-Messedruck Leipzig GmbH
Bindung: Kunst- und Verlagsbuch-
binderei Leipzig

Copyright 2005
by Verlag Faber & Faber Leipzig

Verlagsanschrift:
D-04107 Leipzig, Mozartstraße 8
Fon (+49) (341) 3 91 11 46
Fax (+49) (341) 2 15 67 84
www.faberundfaber.de

Copyright der Fotografien
by Staatsbibliothek zu Berlin – PK

Die als Buchschmuck verwendeten
Druckermarken, Initialen und Kopfstücke
entstammen der Aldinen-Sammlung
der Staatsbibliothek zu Berlin.

Gedruckt mit Unterstützung
der Freunde der Staatsbibliothek
zu Berlin e.V.

Bibliografische Information der
Deutschen Bibliothek:
Die Deutsche Bibliothek verzeichnet
diese Publikation in der Deutschen
Nationalbibliografie; detaillierte biblio-
grafische Daten sind im Internet über
http://dnb.ddb.de abrufbar.

ISBN 3-936618-70-4

Inhalt

6	Geleitwort
9	Die Aldinen-Sammlung der Staatsbibliothek zu Berlin
10	*Karla Faust* Zur Geschichte der Sammlung
18	*Andreas Wittenberg* Die Bucheinbände
39	*Holger Nickel* Widersprüchlichkeiten
50	*Cornelia Wollf* Zeittafel
53	Katalog
229	Verzeichnisse und Register
230	Verzeichnis der Bibliographien
230	Verzeichnis der Abkürzungen
231	Register der Autoren, Herausgeber und Übersetzer
234	Register der Drucker, Verleger und Buchbinder
235	Register der Anonyma
236	Register der Provenienzen
238	Summary – Résumé – Sommario

Geleitwort

Ein Anker, ein Delphin und der Namenszug »Aldus« bilden die Bestandteile eines der berühmtesten Firmensignets in der Geschichte des Buchdrucks, der Offizin des Aldus Manutius und seiner Nachfahren. In ganz Europa stand es als Markenzeichen für makellose, schöne und zugleich erschwingliche Ausgaben klassischer Autoren. Mehr noch: Im Zeichen von Anker und Delphin erlebte die junge Kunst des Buchdrucks einen frühen Höhepunkt. Humanistischer Gelehrter, Drucker-Verleger und begabter Geschäftsmann in einem, erwies sich Aldus Manutius (um 1450–1515) als Impulsgeber und Neuerer, der das Medium Buch in bemerkenswerter Weise weiter entwickelt hat: die Verwendung kursiver Schrifttypen und die Einführung kleinformatiger »Taschenausgaben« seien beispielhaft genannt.

Neben der philologischen Korrektheit der Texte bürgten die Aldinen für eine hervorragende und geschmackvolle Ausstattung und höchste buchkünstlerische Qualität, die sie schon früh zu begehrten Sammelobjekten werden ließen.

Mit etwa 850 Drucken in rund 1100 Bänden aus dem fünfzehnten und sechzehnten Jahrhundert verfügt die Staatsbibliothek zu Berlin über eine der weltweit bedeutendsten Aldinen-Sammlungen in öffentlichem Besitz. Sie stammen überwiegend aus der Bibliothek des Grafen Etienne von Méjan (1765–1846), die König Friedrich Wilhelm IV. von Preußen – einer der größten Mäzene der Bibliothek – im Jahr 1847 für den gewaltigen Preis von 64 000 Talern erwarb.

Méjans Sammlerinteressen galten weniger dem Inhalt als der Erlesenheit der Ausgaben und Exemplare. Da er seine Bücher von den berühmtesten Pariser Buchbindern seiner Zeit einbinden ließ, sind die Berliner Aldinen auch ein lebendiges Stück Geschichte der beeindruckenden französischen Buchbinderkunst im ersten Drittel des neunzehnten Jahrhunderts. Vor diesem Hintergrund ist die Aldinen-Sammlung der Staatsbibliothek gleichermaßen Forschungsobjekt wie museales *objet d'art*.

Es war der Bibliothek ein besonderes Anliegen, diese kostbare Sammlung in einer ihr angemessenen Form einer breiteren Öffentlichkeit vorzustellen. Den daran beteiligten Mitarbeitern der Staatsbibliothek danke ich für ihr Engagement ebenso herzlich wie dem Gestalter Mathias Bertram. Für Herstellung und Vertrieb bin ich dem Verlag Faber & Faber in Leipzig zu Dank verpflichtet, für einen namhaften Zuschuss zu den Herstellungskosten dem Verein »Freunde der Staatsbibliothek e.V.«.

Barbara Schneider-Kempf
*Generaldirektorin der
Staatsbibliothek zu Berlin*

Die Aldinen-Sammlung
der Staatsbibliothek
zu Berlin

Zur Geschichte der Sammlung

Karla Faust

Bereits in der ersten Hälfte des 19. Jahrhunderts besaß die Königliche Bibliothek einen kleinen, aber repräsentativen Bestand aus der Offizin des Aldus Manutius und seiner Nachfolger, der nach Angaben aus dem Jahr 1846 immerhin 270 Drucke zählte.[1] Heute umfasst die Aldinen-Sammlung der Staatsbibliothek einschließlich der Inkunabeln 843 Drucke in 1150 Bänden. Den größten Anteil an der Sammlung haben die Aldinen aus der Méjan'schen Bibliothek, die 1847 von Friedrich Wilhelm IV. von Preußen für die Königliche Bibliothek erworben wurde.

Graf Etienne von Méjan wurde 1766 in Montpellier geboren. Er studierte Rechtswissenschaften und war ein Freund Mirabeaus, für den er während der Französischen Revolution publizistisch tätig war. Als zunächst begeisterter Anhänger der Ideen der Französischen Revolution schrieb er Berichte über die Sitzungen der Assemblée constituante im »Bulletin de l'Assemblée nationale« und verfasste auch Artikel für andere Zeitschriften. Nach Mirabeaus Tod gab er zwischen 1791 und 1792 dessen gesammelte Reden in 5 Bänden[2] heraus.

Als Napoleon die Macht ergriff, wurde Méjan 1799 Generalsekretär der Seine-Präfektur. Ab 1804 war er für neun Jahre zunächst Berater und später Staatsrat an der Seite von Eugène de Beauharnais, dem von Napoleon eingesetzten Vizekönig Italiens. 1814 kam es in Mailand zu einem Aufstand gegen die französische Besatzung, der Méjan zurück nach Frankreich trieb. Seine damals schon umfangreiche Bibliothek konnte er trotz der dramatischen

[1] Acta betreffend die Erwerbung der Méjan'schen Bibliothek und den Verkauf der betreffenden Dubletten. Archivmaterialien No. III. B. 36 1846–1853 aus dem Archiv der Staatsbibliothek zu Berlin – Preußischer Kulturbesitz, Bl. 89.

[2] Honoré-Gabriel de Riquetti de Mirabeau: Collection complette des travaux de M. Mirabeaux l'âiné, à l'Assemblée nationale / par M. Étienne Méjan. Paris, 1791/92, T. 1–5.

Ereignisse retten. Als Beauharnais nach seiner Heirat mit Auguste, Prinzessin von Bayern, als Herzog von Leuchtenburg nach Bayern ging, folgte ihm Méjan 1816 als Erzieher der herzoglichen Kinder nach München. Dort verstarb er am 20. August 1846. Bereits am 21. September 1846 wandte sich sein Sohn Moritz an Friedrich Wilhelm IV. von Preußen und bot ihm die Sammlung des Vaters zum Kauf an.

Die Bibliothek war im Verlauf von 50 Jahren Sammeltätigkeit auf 14 170 Bände angewachsen. Den überwiegenden Teil der Bücher hatte Méjan während seines Aufenthaltes in Italien erworben. Den Aldinen, von denen er eine fast vollständige Sammlung zusammenstellen konnte, widmete er dabei seine besondere Aufmerksamkeit. Er ließ sie von den bedeutendsten Buchbindern der Zeit neu und besonders kostbar einbinden. Husung schreibt dazu: »Seine Stellung als erster Minister und Vertrauter des Vizekönigs ausnutzend, sammelte Graf Méjan Bücher mit Leidenschaft. Seine besondere Liebe aber galt den Aldinen, jenen schönen, zumeist mit dem Zeichen des Delphins geschmückten Erzeugnissen aus der Druckerei der Aldi zu Venedig ...«[3]

Aber auch in den 30 Jahren, die er in München verbrachte, sammelte Méjan intensiv weiter. Die Sammlung umfasste am Ende seines Lebens sechs Abteilungen: Inkunabeln, Aldinen, Elzevire, Jesuitica, griechische und lateinische Autoren sowie französische, italienische und deutsche Literatur, darunter auch kostbare Drucke von Bodoni und Didot sowie zeitgenössische Autoren. Für die Aldinen und Elzevire existierten schon damals zusätzlich zu den handgeschriebenen Verzeichnissen Méjans gedruckte Kataloge.

Bevor sich sein Sohn Moritz an den preußischen König wandte, hatten sich bereits andere Interessenten nach der Bibliothek erkundigt. Schon 1825 hatte der Antiquar Payne aus London eine bedeutende Summe für die Aldinen geboten. Der Bibliophile Lord George John Spencer bekundete ebenfalls Interesse an den Aldinen. Das Britische Museum schickte gar den Kustos der Druckschriftenabteilung Antonio Panizzi zur Prüfung der Sammlung nach München. Auch der König von Bayern bemühte sich um Teile der Bibliothek: Er wollte vor allem die Aldinen, die Inkunabeln und die griechische und lateinische Literatur erwerben. Méjans Sohn bestand jedoch in seinem Brief vom 21. September 1846 da-

3 Max Joseph Husung: Eine neue Aldinen-Sammlung. In: Philobiblon. Eine Zeitschrift für Bücherfreunde. Wien, 3 (1930), S. 289.

Doppelseite aus dem Aldinenkatalog des Etienne von Mèjan
Acta III B 36
Catalogue de la Collection Aldine
Bl. 3v/4r

4 Antoine Augustin Renouard: Annales de l'imprimerie des Alde, ou histoire des trois Manuce et de leurs éditions. 3. éd., Paris 1834.

rauf, die Bibliothek des Vaters nur als Ganzes zu verkaufen. Friedrich Wilhelm IV. war grundsätzlich einverstanden und übergab die Angelegenheit seinem Kultusminister Johann Albrecht Friedrich Eichhorn. Dieser bat in einem Schreiben vom 24. Oktober 1846 den damaligen Oberbibliothekar der Königlichen Bibliothek Georg Heinrich Pertz um ein Gutachten, das sich nicht nur auf die bereits vorliegenden Kataloge für die Aldinen und Elzevire, sondern auf die Prüfung der gesamten Bibliothek stützen sollte. Noch vor Besichtigung der Bibliothek bewertete der Kustos Gottlieb Friedländer anhand des Kataloges von Méjan und auf Grundlage der damals schon in 3. Auflage erschienenen Bibliographie von Renouard[4] die angebotenen Aldinen. Er kam zu dem Ergebnis, dass die meisten der wissenschaftlich relevanten Drucke (trotz des zahlenmäßig geringen Bestands) in der Königlichen Bibliothek schon vorhanden waren. Auch der geforderte Preis von 84 000 Talern erschien zu hoch.

Zu einer ersten Besichtigung der Bibliothek wurde im Frühjahr 1847 der Kustos Moritz Eduard Pinder nach München geschickt. Sein Bericht vom 5. Juni 1847 an Pertz war begeistert: »Die Sammlung übertrifft an Schönheit der Exemplare alles, was ich in der Art kannte. Die Durchsicht dieser Reihen von Kostbarkeiten hat

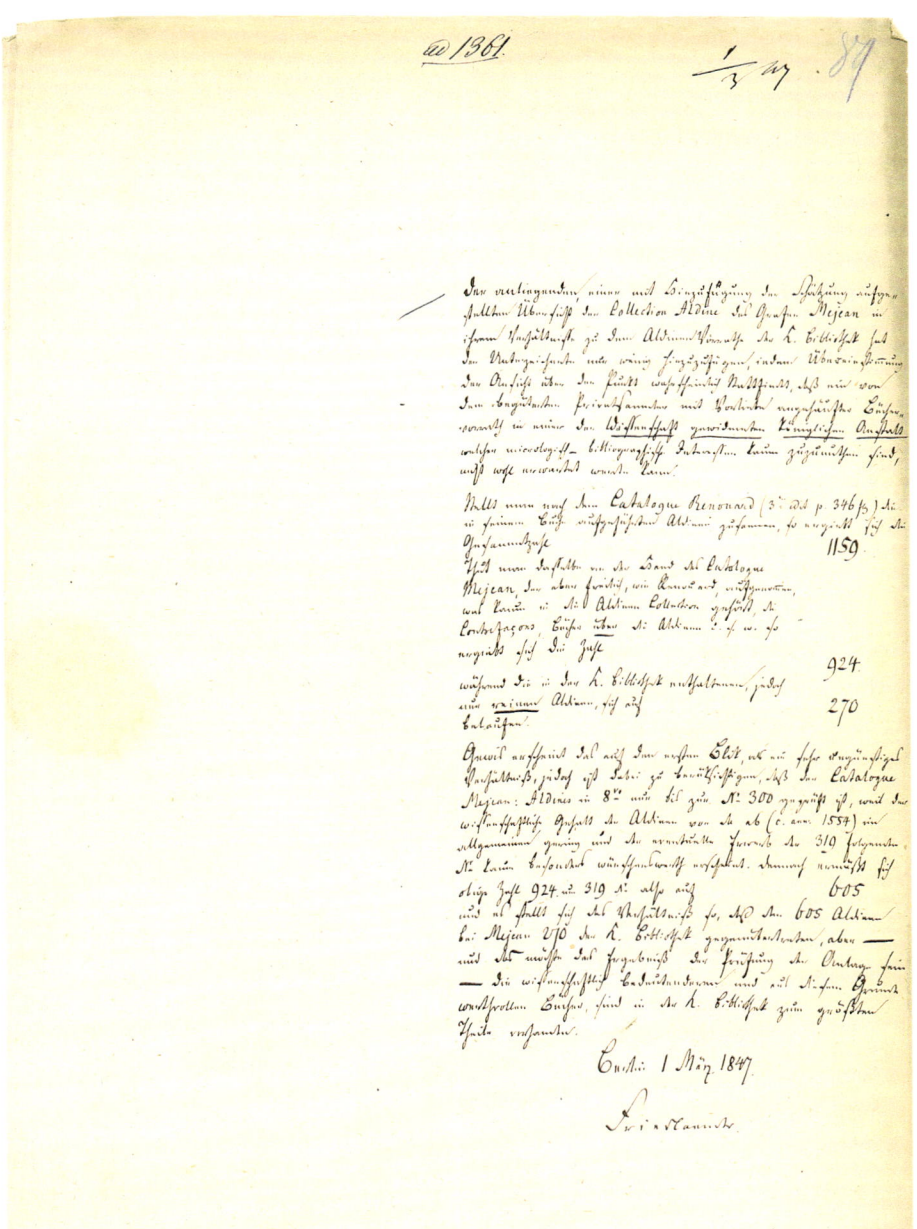

Bewertung der angebotenen Aldinen durch Gottlieb Friedländer Acta III B 36 Bl. 89r

mich in wahres Entzücken versetzt. Ich zweifle nicht, dass auch von den Büchern, welche die Königliche Bibliothek schon besitzt, das hier vorhandene Exemplar das weit schönere ist. Will man überhaupt den Grundsatz gelten lassen, dass unsere Bibliothek etwas erwerben soll, das nicht zum unmittelbaren Nutzen, zum täglichen Gebrauche, dient, so wird man nicht leicht eine erfreulichere und für die Anstalt ruhmvollere Erwerbung machen können, als diese. Freilich sind die Bücher fast ohne Ausnahme so schön, dass sie, schon ihrer von den berühmtesten Buchbindern gefertigten Prachtbände willen, nicht in die gewöhnlichen Fächer, sondern unter unsere Kostbarkeiten gestellt werden müssten.«[5]

Pinder schätzte den Wert der Bibliothek auf 40 000 bis 44 000 Taler, darunter jedoch mehr als die Hälfte Dubletten im Wert von rund 22 000 Talern. Von den insgesamt durch Pinder überprüften 1711 Werken fehlten der Königlichen Bibliothek 725.[6] Am 9. September 1847 begutachtete Pertz in München die Sammlung selbst und bot im Auftrag der Regierung 40 000 Preußische Taler. Schließlich wurde man sich über eine Summe von 64 000 Talern einig. Zum Abschluss des Kaufvertrags, der das Datum vom 15. September 1847 trägt, reiste Friedrich Wilhelm IV. persönlich nach München. Im Vertrag wurde vereinbart, dass die Dubletten durch die Königliche Bibliothek verkauft werden dürften, um einen Teil der Kaufsumme zu decken.

Mit dem Erwerb der Sammlung wurde die Königliche Bibliothek in Berlin die an Aldinen und Elzeviren reichste Bibliothek in Deutschland. Nach Paunel[7] setzte sich die Neuerwerbung – insgesamt 7405 Werke in 14 170 Bänden – folgendermaßen zusammen:

	Werke	Bände
Inkunabeln	315	315
Aldinen	1026	1153
Jesuitica	166	199
Griechische und lateinische Autoren	825	974
Elzevire	1366	1648
Französische, italienische und deutsche Literatur	3707	9881

5 Acta betreffend die Erwerbung der Méjan'schen Bibliothek und den Verkauf der betreffenden Dubletten. Archivmaterialien No. III. B. 36 1846–1853 aus dem Archiv der Staatsbibliothek zu Berlin – Preußischer Kulturbesitz, S. 123.

6 Ebenda, S. 129.

7 Eugen Paunel: Die Staatsbibliothek zu Berlin. Ihre Geschichte und Organisation während der ersten zwei Jahrhunderte seit ihrer Eröffnung. 1661–1871. Berlin 1965, S. 253.

Davon erwiesen sich 2005 Werke in 3370 Bänden als Dubletten, so dass der Neuzugang letztlich bei 5400 Werken in 10 800 Bänden lag.

Als die Bücher in Berlin eingetroffen waren, wurden sie ihrem Inhalt entsprechend auf den Gesamtbestand verteilt. Dabei wurden oft weniger gut erhaltene Berliner Exemplare durch die Méjan'schen ersetzt. Gesondert aufgestellt wurden nur die Aldinen im so genannten Mèjan-Zimmer, aber auch diese wurden mit den schon vorher vorhandenen Aldinen vermischt.

Für den Dublettenverkauf, der am 28. Juli 1851 begann, wurde ein eigener gedruckter Katalog vorgelegt. Auch die nahezu vollständige, einheitlich gebundene Aldinen-Sammlung Méjans wurde bei der Aussonderung nicht verschont: »Das Verzeichnis enthält theils Kostbarkeiten der Méjan'schen Sammlung, welche die Königliche Bibliothek bereits besass, theils Exemplare der letzteren, welche durch die Aufnahme Méjan'scher Exemplare entbehrlich geworden waren. Zu der Méjan'schen Sammlung, die sich durch die Auswahl und vollkommene Erhaltung der Exemplare, den geschmackvollen kostbaren Einband aus den ersten Pariser und anderen Werkstätten auszeichnet, gehören ... ein Theil der Aldinen ...«[8] Husung bedauerte nachträglich, dass bei der Aussonderung der Dubletten die kostbaren Einbände der Bücher anscheinend nicht genügend berücksichtigt wurden.[9] Insgesamt verzeichnet der Katalog bei den Aldinen 317 Positionen. Die Versteigerung verlief jedoch sehr enttäuschend: Statt der geschätzten 20 000 Taler wurden nur wenig mehr als 2000 Taler erzielt.

Die Einarbeitung der Méjan'schen Bibliothek übernahmen Pinder und Friedländer. Schon seit 1834 wurde für die Aldinen ein gesonderter Katalog geführt. Grundlage für die Signaturenvergabe bildete die damals gerade erschienene 3. Auflage der Bibliographie Renouards (s. Anm. 4). Darüber hinaus wurden die Aldinen in den alphabetischen Katalog eingetragen. Alle Bücher erhielten außerdem ein Exlibris mit dem Aufdruck »Donum Friderici Wilhelmi IV. Regis Augustissimi. Die 15. Sept. 1847. Ex Biblioth. Steph. Mejan Comitis«, an dem sie auch noch heute im Bestand zu erkennen sind.

Auch nach der Erwerbung der Méjan'schen Bibliothek erfuhr die Aldinen-Sammlung von Zeit zu Zeit durch einzelne Ankäufe wertvolle Ergänzungen. Diese kontinuierliche Entwicklung wur-

8 Verzeichniss von Incunabeln, Aldinen, Etiennes, Elzeviren und andern werthvollen Werken der älteren und neueren Litteratur aus der Königlichen und der Méjan'schen Bibliothek, welche am 28. Julius d. J. ... in der Königlichen Bibliothek ... verkauft werden sollen. Berlin 1851, Bl. [3].

9 Max Joseph Husung: Graf Méjan und seine Sammlung in der Preuss. Staatsbibliothek. In: Werden und Wirken. Festschrift für Karl W. Hiersemann zum vierzigjährigen Bestehen seiner Firma. Leipzig 1924, S. 130.

de durch den 2. Weltkrieg jäh unterbrochen. Schon bald nach dem Ausbruch des Krieges begann die Bibliothek, ihre wertvollsten Bestände zu evakuieren. In sorgfältig geplanten Aktionen wurden die Zimelien ab Herbst 1941 in die Schlösser Fürstenstein (heute Ksiaz in Polen) und Banz (Oberfranken) und das Kloster Beuron (Hohenzollern) ausgelagert. Neben den Handschriften gehörten dazu auch die Aldinen. Die Bibliothek verfolgte das Prinzip, einzelne Sammlungen nicht geschlossen an einem Auslagerungsort unterzubringen, damit im Falle der eventuellen Vernichtung *eines* Depots wenigstens ein Teil der Kostbarkeiten erhalten bliebe.

Der überwiegende Teil der Aldinen, 667 Bände,[10] wurde im Oktober 1941 in das Kloster Beuron gebracht. Im Oktober und November folgten die ersten Transporte nach Schloss Fürstenstein. Schochow spricht von 193 Aldinen, die hier eingelagert wurden. Mit den nichtdeutschen Drucken der Inkunabelzeit kam auch mindestens eine Aldine nach Schloss Banz und zwar gleich zu Beginn der Verlagerungsaktion im August oder September 1941.

Einige wenige Aldinen (nur vier Bände) gelangten 1943 in das Landhaus Rühlmann im brandenburgischen Chorin. Wohin die restlichen Aldinen verlagert wurden, ist nicht mehr bekannt.

Die Depots in Banz und Beuron überdauerten den Krieg unbeschadet. Ganz anders Fürstenstein. Ein Jahr nach der letzten Einlagerung, die im Frühjahr 1943 erfolgt war, musste Fürstenstein auf Anordnung der Breslauer Gauleitung 1944 geräumt werden, da das Schloss zu einem Ausweichquartier Hitlers umgestaltet werden sollte. Die Bestände der Bibliothek wurden in die Benediktiner-Abtei Grüssau (heute Krzeszów in Polen) umgelagert.

Nach Kriegsende befanden sich die Depots in verschiedenen Besatzungszonen: Banz in der amerikanischen und Beuron in der französischen. Grüssau wurde zunächst durch sowjetische Truppen besetzt und kam später zu Polen. Die Bestände aus dem De-

10 Zahlenangaben nach Werner Schochow: Bücherschicksale. Die Verlagerungsgeschichte der Preußischen Staatsbibliothek. Auslagerung – Zerstörung – Entfremdung – Rückführung. Dargestellt aus den Quellen. Berlin u.a. 2003 (Veröffentlichungen der Historischen Kommission zu Berlin; 102), S. 40f., 45, 49, 166, 301.

pot in der amerikanischen Besatzungszone wurden im »Central Collecting Point Munich« eingelagert und später nach Marburg transportiert. Die französischen Besatzungsbehörden, denen Kloster Beuron unterstand, ließen die Bestände im Frühjahr 1948 in die Universitätsbibliothek Tübingen bringen.

Im Bibliotheksgebäude Unter den Linden, das teilweise kriegszerstört, aber noch benutzbar war, wurde 1946 der Bibliotheksbetrieb im Ostteil der Stadt Berlin wieder aufgenommen. 250 Aldinen kamen offensichtlich bereits damals in das Haus zurück, ohne dass sich noch feststellen ließe, wohin sie ausgelagert waren.

1965 bzw. 1967 kamen die bis dahin in Marburg und Tübingen verbliebenen Bestände nach West-Berlin. Dazu gehörten auch die ursprünglich nach Schloss Banz und Kloster Beuron ausgelagerten Aldinen. Die deutsche Wiedervereinigung führte auch die beiden Nachfolgeeinrichtungen der Preußischen Staatsbibliothek zusammen. In der seit 1992 »Staatsbibliothek zu Berlin – Preußischer Kulturbesitz« genannten Bibliothek sind nun auch die Aldinen wieder vereint.

Was aber wurde aus den 193 Aldinen, die erst nach Fürstenstein und dann nach Grüssau verlagert waren? Nach langer Ungewissheit bestätigte sich, dass 171 dieser Aldinen den 2. Weltkrieg überdauert haben und sich heute in der Biblioteka Jagiellońska (Kraków) befinden.

Die Aldinen-Sammlung der ehemaligen Preußischen Staatsbibliothek hat also den 2. Weltkrieg im Unterschied zu anderen Sammlungsteilen ohne größere Verluste überstanden. In seiner außergewöhnlich prachtvollen Ausstattung sowie Vollständigkeit ist der Berliner Bestand kultureller Glanzpunkt und Forschungsgegenstand zugleich.

Die Bucheinbände

Andreas Wittenberg

Die Aldinen-Sammlung der Staatsbibliothek zu Berlin besticht zunächst allein durch ihr äußeres Erscheinungsbild. Schon die Aufstellung im Regal gibt durch die in verschiedenen Farben gehaltenen Buchrücken, auf denen die goldenen Verzierungen leuchtend hervortreten, einen ersten Eindruck von der erlesenen Pracht, die sich dann voll entfaltet, wenn man die Bücher zum ausführlichen Betrachten in die Hand nimmt. Ein großer Teil der Sammlung ist in ausgezeichnetes Maroquin gebunden, jenes afrikanische Ziegenleder, auf dem Farbe und Gold besonders gut ihre Wirkung erzielen können. Doch nicht nur die Buchdeckel fesseln den Blick. Öffnet man die Bände, zeigen sich Dublüren von vollendeter Schönheit. Seide wechselt mit Marmorpapier, Steh- und Innenkanten weisen ständig variierende Vergoldung auf. Und in der Mitte des vorderen Spiegels ist in den meisten Büchern dieser Sammlung ein Exlibris zu sehen, das die Erwerbung für die damalige Königliche Bibliothek zu Berlin dokumentiert und zugleich zeigt, für wen diese kostbaren Einbände einst geschaffen wurden – Graf Etienne von Méjan. Über das Leben Méjans und seine Sammlung hat Karla Faust berichtet. Wir können uns also in erster Linie auf die Einbände konzentrieren und nur da, wo ein unmittelbarer Zusammenhang zwischen den Einbänden und den Lebensumständen Méjans hervortritt, kurze Bemerkungen einfließen lassen.

Nicht alle Werke sind jedoch in Maroquin gebunden, auch andere Materialien sind in der Sammlung vertreten. Pergamenteinbände wechseln mit schlichten, unverzierten Pappeinbänden, braunes Rindleder und gelblich-weißes Schweinsleder stehen eng nebeneinander. Auch wenn diese Einbände von ihrem Äußeren nicht so spektakulär erscheinen wie die prächtigen Maroquineinbände, sind sie doch in vielen Fällen nicht weniger aussagekräftig. Denn das Gold und die Farbe auf den für Méjan neu eingebundenen Werken befinden sich eben nicht mehr auf den Originaleinbänden, welche die Drucke in den ersten Jahrhunderten nach ihrer Entstehung vermutlich umschlossen haben.[1]

Doch gerade die an Zahl relativ wenigen Drucke, die noch in ihren originalen Einbänden aus dem 15. und 16. Jahrhundert erhalten sind, machen diese Bände nicht nur aus einbandkundlicher Sicht äußerst interessant. Der Umstand, dass einerseits Originaleinbände aus Italien und Frankreich, andererseits aber auch deutsche Renaissanceeinbände vorhanden sind, ermöglicht interessante und aufschlußreiche Vergleiche zur Buchbindekunst in diesen Ländern in den genannten Jahrhunderten. Diese Vergleiche beziehen sich nicht nur auf das äußere Dekor, sondern auch auf die von den Buchbindern der damaligen Zeit verwendeten Materialien. Aus dem Material wiederum lassen sich Rückschlüsse auf die differenzierten Techniken ziehen, die für die Herstellung der Einbände notwendig waren und die von den Buchbindern in zum Teil sehr unterschiedlicher Perfektion beherrscht wurden.

Die größte Gruppe von Drucken in Originaleinbänden besteht, wie nicht anders zu erwarten ist, aus Bucheinbänden aus Deutschland. Sowohl für das 15. als auch für das erste Viertel des 16. Jahrhunderts zeigen diese Einbände ein typisches Erscheinungsbild. Die Buchdeckel bestehen aus relativ dickem Holz und wirken allein aus diesem Grund schwer und massiv. Als Bezugsmaterial diente vorwiegend braunes Rind- oder gelblich-weißes Schweinsleder. Diese Ledersorten waren damals in Deutschland zum einen einfach zu beschaffen und deshalb preisgünstig zu erwerben. Zum anderen, und hier zeigt sich bereits der erwähnte Zusammenhang zwischen Material und Technik, waren diese Leder besonders geeignet zur Verzierung mit Hilfe der damals gebräuchlichen Buchbinderwerkzeuge, auf die noch eingegangen werden muss. Am Rücken des Buches zeichnen sich unter dem Leder deutlich die dicken, quer verlaufenden Bünde ab, die in der Regel aus Hanf-

1 Die von Méjan mit der Neubindung beauftragten Buchbinder haben sehr häufig auch die handgeschriebenen Einträge früherer Besitzer gründlich entfernt, so dass diese Provenienzen heute nur noch in wenigen Fällen zu lesen sind.

schnüren bestehen. Mit diesen fest verbunden ist der Heftfaden, der die einzelnen Lagen des Buches zum Buchblock zusammenfügt. Die Bünde dienen auch der Verbindung von Buchblock und Einband. Der Buchbinder zog sie durch ein in den Holzdeckel gebohrtes Loch und fixierte die Enden mit Hilfe von kleinen Holzkeilen im Vorder- und Hinterdeckel. Um zu verhindern, dass sich das Buch von selbst öffnet, wurden an der Vorderseite Buchschließen angebracht. Diese bestanden oft aus Messing und wurden mit Hilfe von kleinen Nägeln im Holz der Buchdeckel befestigt. Sie sollten auch dafür sorgen, dass der Buchblock eng zusammengehalten wurde, damit keine Feuchtigkeit und kein Schmutz in das Innere des Buches gelangen konnten. Bei deutschen Bucheinbänden waren die Schließen in der Regel am Hinterdeckel angebracht und konnten mit Hilfe eines Hakens am Vorderdeckel geschlossen werden, sie griffen also von unten nach oben. Auch die Schließen sorgten für einen wuchtigen Eindruck des gesamten Buches, der noch verstärkt wurde, wenn zusätzlich Mittel- und Eckbeschläge verwendet wurden. Diese, ursprünglich zum Schutz des Deckelbezugs beim liegend aufbewahrten Buch eingeführt, erwiesen sich bei der später üblich werdenden Aufstellung im Buchregal als hinderlich, weil sie zu Beschädigungen der nun nebeneinanderstehenden Bücher führen konnten. Die Kapitale, also der obere und untere Abschluss des Buchrückens, bestanden oft ebenfalls aus Hanf und hatten neben einer Schmuckfunktion auch die Aufgabe, die einzelnen Lagen des Buches fest zusammenzuhalten. Schon zu dieser Zeit wurden Kapitale in unterschiedlichen Farben gestochen. Der Schnitt des Buches war bei Drucken aus den früheren Jahrhunderten in der Regel nicht verziert. Nur in wenigen Fällen konnte er entweder nur an der Vorderseite des Buches oder auch zusätzlich auf der Ober- und Unterseite unter anderem bemalt oder vergoldet werden.

Bevor einige Bucheinbände aus dieser Zeit etwas ausführlicher betrachtet werden, sollen die für die Verzierung verwendeten Werkzeuge beschrieben werden. Die in der Inkunabelzeit und im ersten Viertel des 16. Jahrhunderts auf deutschen Bucheinbänden am häufigsten auftretenden Buchbinderwerkzeuge waren das Streicheisen, der Einzelstempel und die Rolle. Das Streicheisen bestand aus einem Holzgriff, an dem ein Metallteil befes-

tigt war, mit dem beim »Streichen« über das Leder des Einbands eine oder mehrere Linien erzeugt werden konnten. Diese Linien bildeten oft den äußeren Abschluss des Bucheinbands oder sie gaben dem Vorder- und Hinterdeckel bestimmte Strukturen, die dann mit Hilfe anderer Werkzeuge weiter verziert wurden. Ein solches Werkzeug war der Einzelstempel. Er bestand aus einem Holzgriff, an dem ein Metallteil befestigt war, in dessen prägende Fläche ein Schmuckmotiv eingraviert war. Diese Motive traten in einer fast unüberschaubaren Vielfalt auf.[2] Die Rolle bestand aus einem ebenfalls an einem Holzgriff befestigten, beweglichen runden Metallkörper, in den die Motive eingraviert waren. Durch das »Abrollen« konnten diese Motive in beliebiger Länge in das Leder geprägt werden. Rollen wurden vor allem für die Verzierung von Rahmen verwendet und eigneten sich sowohl für kleine als auch für große Bücher. Auch hier traten ornamentale und figurale Motive auf, auf die noch näher eingegangen wird. Alle drei beschriebenen Werkzeuge wurden vom Buchbinder allein mit Hilfe seiner Muskelkraft in das Leder der Buchdeckel geprägt. Bei deutschen Einbänden waren die Stempel und Rollen zunächst überwiegend blind geprägt, das bedeutet, sie fanden sich ohne Verwendung von Farbe oder Gold auf den Buchdeckeln. Die Wirkung wurde lediglich durch das sich erhaben widerspiegelnde Bild, also durch das Relief, erreicht.

Ein schön strukturierter, typischer spätgotischer Einzelstempeleinband liegt bei 4° Ald. Ren. 7,5 Inc. [1. Ex.] (Kat.-Nr. 11) vor. Mit dem Streicheisen wurden zunächst mehrere Rahmen gebildet und mit Einzelstempeln verziert. Diese Stempel zeigen unterschiedliche Motive. Im oberen Rahmen zum Beispiel eine Lilie, flankiert von zwei Rosetten. In den seitlichen Rahmen eine Blume und ein runder Stempel, der einen Pelikan zeigt, der sich die Brust aufreißt, um mit seinem Blut seine Jungen zu nähren. Diese Dar-

[2] Eine ausführliche Zusammenstellung der auf Stempeln vorkommenden Motive ist unter der Adresse *http://www.hist-einband.de/motivliste/frameset02.html* zu finden.

stellung ist ein altes christologisches Symbol und steht stellvertretend für die Leiden Christi, der mit seinem Blut die Sünden der Menschen gesühnt hat. Das Mittelfeld des Einbands ist in kleine Rauten unterteilt, in denen drei verschiedene Stempel zu erkennen sind, wiederum die bereits im oberen Rahmen verwendete Rosette, zusätzlich eine Blumenvase und ein Drachen. Die Werkstatt, die diesen Einband hergestellt hat, konnte noch nicht verifiziert werden. Weder in der Berliner Schwenke-Sammlung[3] noch in der Stuttgarter Kyriss-Sammlung[4] lassen sich diese Werkzeuge nachweisen. Auch die Einbanddatenbank[5] bietet noch keine Hinweise auf einen konkreten Buchbinder.

Der Einband von Ald. Ren. 98,1-1 [2. Ex.] (Kat.-Nr. 393) dokumentiert die gleichzeitige Verwendung von drei unterschiedlichen Buchbinderwerkzeugen, dem Streicheisen, dem Einzelstempel und der Rolle. Das Mittelfeld des Einbands besteht aus Einzelstempeln, die als Motiv das sogenannte Rautengerank zeigen, einen geschwungenen Bogen, auf dessen innerer und äußerer Seite kleine stilisierte Blätter als Besatz angebracht sind. In die durch den Schwung des Bogens entstehenden und von ihm gerahmten freien Innenflächen sind kleine Lilienstempel gesetzt worden. Mit dem Streicheisen wurde die mit den Stempeln geschmückte zentrale Fläche des Buchdeckels von der äußeren Rahmung getrennt. Diese besteht aus einer ornamentalen Rolle, die sowohl vertikal als auch horizontal verwendet wurde. Die Schwierigkeiten, die sich durch diesen Einsatz der Rolle ergaben, zeigen sich schon hier, werden aber bei den später auftretenden Rollen mit figuralen Motiven noch eklatanter, worauf bei deren Beschreibung näher eingegangen wird.

Ald. Ren. 62,5b (Kat.-Nr. 199) zeigt einen Einband aus Breslau. Neben zwei Einzelstempeln sind im Mittelteil die Buchstaben D und M zu sehen, vermutlich die Initialen des ersten Besitzers, der den Einband in Auftrag gegeben hat. Weiterhin sind oben und unten jeweils zwei Wappensymbole zu erkennen. Oben links der Kopf des Evangelisten Johannes, daneben der schlesische Adler, unten der böhmische Löwe und rechts daneben der Buchstabe W. Dieser steht für Wratislavia, den ursprünglichen Namen der Stadt, der vermutlich auf den böhmischen Herzog Wratislaw I. († 921) zurückgeht. Die gleichen vier Symbole, die dem Breslauer Stadt-

3 Die Schwenke-Sammlung gotischer Stempel- und Einbanddurchreibungen nach Motiven geordnet und nach Werkstätten bestimmt und beschrieben von Ilse Schunke: Band 1: Einzelstempel; fortgeführt von Konrad von Rabenau: Band 2: Werkstätten. Berlin 1979 und 1996 (Beiträge zur Inkunabelkunde; 3. Folge, Band 7 und 10).

4 Ernst Kyriss: Verzierte gotische Einbände im alten deutschen Sprachgebiet. Textband. Stuttgart 1951; Tafelbände 1-3. Stuttgart 1953-1958.

5 Seit dem Jahre 2001 erfassen die Staatsbibliothek zu Berlin – Preußischer Kulturbesitz, die Herzog August Bibliothek Wolfenbüttel, die Württembergische Landesbibliothek Stuttgart und seit 2004 die Bayerische Staatsbibliothek München, die von ihnen verwalteten Durchreibungssammlungen in einer gemeinsamen, von der Deutschen Forschungsgemeinschaft geförderten, Datenbank. Unter der Adresse http://www.hist-einband.de stehen die bisher erreichten Ergebnisse zur Verfügung.

Kat.-Nr. 11
*Mit blindgeprägten Einzelstempeln
verzierter Einband*

wappen entlehnt sind, finden sich auch auf der das Mittelteil rahmenden Rolle. Hier sind jedoch zusätzlich bei der Darstellung des Löwen links und rechts die Initialen I und H zu erkennen. Diese frei stehenden Initialen auf Werkzeugen weisen in der überwiegenden Zahl der vorkommenden Fälle auf den Meister, der den betreffenden Einband hergestellt hat. Bei diesem Einband ist eine

6 Manfred von Arnim: Europäische Einbandkunst aus sechs Jahrhunderten. Beispiele aus der Bibliothek Otto Schäfer. Ausstellung vom 11. Oktober 1992 bis 28. März 1993. Schweinfurt 1992, S. 25.

7 Konrad Haebler: Rollen- und Plattenstempel des XVI. Jahrhunderts. Unter Mitwirkung von Ilse Schunke. Band 1 u. 2, Leipzig 1928 u. 1929.

8 Vgl. Konrad Haebler (s. Anm. 7), Band 1, S. 39–41; dort wird der Kopf als St. Adalbert interpretiert.

9 Ad fontes! Zu den Quellen! Katalog zur Dauerausstellung im Melanchthonhaus. Wittenberg 1997, S. 54.

10 Dargestellt sind: CHARI(tas)-SPES-FIDES-PACIEN(tia).

11 Konrad Haebler (s. Anm. 7), Band 1, S. 213, 2.

12 Auf dieser Rolle sind dargestellt: IVSTICIA-LVCRECI(a)-PRVDENC(ia)-1546(Suavitas).

13 Konrad Haebler (s. Anm. 7), Band 1, S. 72, 5.

interessante Ausnahme zu beobachten. Die Initialen stehen hier für den ersten Eigentümer der Rolle, Johannes Heß.[6] Im Jahr 1523 nach Breslau berufen, wurde er zum Reformator der Stadt. Auf dem Vorderdeckel wurden zudem im oberen Teil in Majuskeln der Name des Autors und der Kurztitel des Werkes vermerkt, im unteren Teil ist das Jahr zu erkennen, in dem dieses Buch eingebunden wurde. Konrad Haebler[7] schreibt die Herstellung des Einbands einem bisher nicht näher zu charakterisierenden Meister H. B. zu, der wahrscheinlich in den Jahren zwischen 1525 bis 1540 in Breslau tätig war.[8]

Durch den Einfluss des Humanismus und vor allem der Reformation entwickelte sich in Deutschland ab dem zweiten Viertel des 16. Jahrhunderts ein eigenständiger Einbandtypus.

Ausgangspunkt dafür war das Zentrum der lutherischen Reformation, Wittenberg. Der rasche Aufschwung der dortigen Universität und die stetig ansteigende Buchproduktion sorgten nicht nur für eine wachsende Anzahl von Druckoffizinen, sondern auch für ein Aufblühen des Buchbindergewerbes. 84 Buchbinder sind im 16. Jahrhundert in Wittenberg nachzuweisen.[9] Hauptmerkmal dieses neuen Einbandstils war die Verwendung von figuralen Motiven. Auf den Rollen wurden jetzt meist vier Teilmotive dargestellt. Dies konnten die christlichen Kardinaltugenden Glaube, Liebe und Hoffnung, ergänzt durch eine weitere Tugend, sein oder vor allem auch biblische Motive aus dem Alten oder Neuen Testament. Ald. Ren. 91,8 (Kat.-Nr. 354) zeigt ein Beispiel für eine Tugendrolle.[10] Zu beiden Seiten des Kopfes der Spes sind die Initialen C und K angebracht. Sie bezeugen die Herkunft dieses Einbands aus der Wittenberger Offizin von Caspar Krafft d. Ä.[11] Ald. Ren 83,6 [2. Ex.] (Kat.-Nr. 313) zeigt eine andere Zusammensetzung der Tugendreihe.[12] Die Initialen H und C neben dem Kopf der Lucretia weisen auf Hans Cantzler, ebenfalls ein Wittenberger Buchbinder.[13] Jahreszahlen auf Rollen geben in der Regel das Jahr an, in dem sie durch den Stecher angefertigt oder in dem sie vom Buchbinder, der sie verwendete, erworben wurden. Bei den figuralen Rollen zeigt sich nun in drastischer Weise der Umstand, dass diese Rollen für den horizontalen Gebrauch nicht geeignet waren. Wurden sie in dieser Weise eingesetzt, musste der Betrachter das Buch drehen, um die Figuren in aufrechter Stellung sehen und die Unterschriften lesen zu können. Die Übergänge in den Ecken, dort, wo horizontal und vertikal geprägte Rolle aufeinandertreffen, zeigten zudem unschöne Überschneidungen der einzelnen Motive.[14]

Die weiter ansteigende Buchproduktion im 16. Jahrhundert zwang auch die Buchbinder, Methoden und Techniken anzuwenden, die eine schnellere Herstellung und Bearbeitung der Einbände ermöglichten. Um dieses Ziel zu erreichen, griff man auf ein Werkzeug zurück, das vor allem in den Niederlanden schon seit längerer Zeit bekannt war, die Platte. Dies war ein in der überwiegenden Zahl der bekannten Varianten rechteckiges Werkstück, das aber wesentlich größer war, als die bisher verwendeten Einzelstempel. Es bestand aus Metall und konnte nur auf einer Seite ein eingraviertes Motiv haben, aber auch beidseitig verschiedene Bilder aufweisen.[15]

Oft trugen auch die Platten die freistehenden Initialen der Buchbinder oder die in Form eines Monogramms angebrachten Zeichen der Stecher. Diese schnitten die Motive in Rollen und Platten und erbrachten so die eigentlich kreative Arbeit, waren also im engeren Sinne künstlerisch tätig. Die Größe dieser Platten machte es dem Buchbinder unmöglich, sie allein mit seiner Muskelkraft in das Leder des Einbands zu pressen. Er benötigte dazu ein technisches Hilfsmittel, die Buchbinderpresse. In sie wurde die Platte fest eingespannt und konnte so mit erheblich höherem Druck geprägt werden. Nicht alle Buchbinder beherrschten diese Technik einwandfrei. Schiefe Abdrücke von Platten, Überschneidungen mit der Rahmung oder mit anderen Werkzeugen belegen dies ebenso, wie zu tiefe Prägungen infolge zu hohen Drucks, besonders an den Ecken der Platten, die dann durch das Leder bis auf das Holz des Buchdeckels einschnitten.

Ald. Ren. 150,5–5.6 [1. Ex] (Kat.-Nr. 679/680) zeigt die Verzierung des Einbands durch die Verwendung von Platten. Auf dem vorderen Buchdeckel ist Kaiser Maximilian II. zu erkennen. Durch die unter dem Porträt stehende Beschriftung wird der Dargestellte näher charakterisiert.[16] Auf dem hinteren Buchdeckel ist Herzog August von Sachsen zu sehen. Diese Platte zeigt am Ende der dreizeiligen Unterschrift[17] die Initialen B und Z. Sie weisen auf die in Leipzig tätigen Buchbinder Balthasar und Bartholomaeus Zie-

14 Die Herstellung von wenigen Rollen im späteren 16. Jahrhundert, die speziell für den horizontalen Gebrauch bestimmt waren, sollte diesen Missstand beseitigen.

15 Konrad von Rabenau: Ein »neuer Haebler«. Überlegungen zur weiteren Arbeit an dem Repertorium des figürlichen Einbandschmucks aus dem 16. Jahrhundert. In: De libris compactis miscellanea. Hrsg. von G. Colin. Brüssel 1984, S. 99–115, hier S. 110.

16 MAXIMILIANUS II D(eo) G(ratias) ROM(anorum) IMP(eratore) SE ‖ M(per) AVGVS(tus) GERMA(niae) HVNGA(riae) BOHEMI(ae) ET ‖ REX ARCHI(dux) AVSTRI(ae) DVX SILESIE ‖

17 VON GOTTES GNADEN AVGVST ‖ TVS HERTZOGK ZV SAXSEN ‖ VNT CHVRFVRST ET B Z ‖

henaus hin, zwei Brüder.¹⁸ Beim dritten Band dieser Ausgabe (Ald. Ren. 150,5–3.4 [1. Ex.], Kat.-Nr. 675/677) wurde eine andere Kombination der Platten gewählt. Auf dem Vorderdeckel wieder das Porträt des Herzogs, auf dem Hinterdeckel aber eine Platte mit dem brandenburgischen Wappen.¹⁹ Die Platten füllten fast die gesamte Fläche der Buchdeckel aus. Lediglich eine schmale Rankenrolle konnte noch als äußerer Abschluss in das Leder geprägt werden. Genau wie bei den Rollen ist auch bei den Platten die Palette der verwendeten Motive sehr groß.²⁰

Auch diese Werkzeuge waren zunächst für den Blinddruck bestimmt. Im Verlauf des 16. Jahrhunderts gewann aber auch in Deutschland eine andere Prägetechnik an Bedeutung. Die Rollen und Platten wurden nun häufiger negativ geschnitten, waren also für die spätere Verwendung von Farbe oder Gold bestimmt. Der Einsatz von Rollen und Platten gab den Einbänden trotz der Vielfalt der verwendeten Motive einen gewissen stereotypen Charakter. Zum Ende des Jahrhunderts lief dieser Stil langsam aus. Die figuralen Motive traten immer mehr in den Hintergrund, ornamentale Schmuckformen lösten sie ab. Die Holzdeckel wurden durch Pappdeckel ersetzt, die Metallschließen mussten Stoff- oder Lederbändern zum Schließen der Bücher weichen. Einer der ersten Buchbinder in Deutschland, der die neue Technik meisterhaft beherrschte und die Schmuckelemente zu ausgezeichneten Kompositionen verband, war der kursächsische Hofbuchbinder Jakob Krause²¹ (Ald. Ren. 173,4 EBD, Kat.-Nr. 854).

Nach den deutschen Einbänden soll nun einer der wenigen französischen Originaleinbände dieser Zeit etwas ausführlicher vorgestellt werden. Ald. Ren. 308,20 EBD (Kat.-Nr. 147) ist ein sehr frühes Beispiel eines Einbands, der auf Vorder- und Hinterdeckel mit einer großen Platte geschmückt ist. Anders als bei den deutschen Einbänden besteht aber das Material des Einbands, über welches das Leder gespannt ist, nicht aus Holz, sondern bereits aus Pappe. Folgerichtig ergibt sich, dass dieses Buch auch keine Schließen oder andere Beschläge aus Metall mehr aufweisen kann. Die Platte des Vorderdeckels zeigt vier Figuren. Es sind von links oben (im Uhrzeigersinn) Johannes der Täufer, Maria mit dem Kind, der alttestamentliche König David und die drei Könige. Gerahmt wird die Platte von einer schmalen Einfassung, auf der neben Früch-

18 Konrad Haebler (s. Anm. 7), Band 1, S. 505, XI. II.

19 Diese Platte ist nicht bei Haebler nachgewiesen.

20 Zu den auf Rollen und Platten vorkommenden Motiven siehe: http://www.hist-einband.de/rollen-undplatten/frameset02.html.

21 Konrad von Rabenau: Deutsche Bucheinbände der Renaissance um Jakob Krause Hofbuchbinder des Kurfürsten August I. von Sachsen, unter Mitarbeit von Susanne Rothe und Andreas Wittenberg. Textband: Brüssel 1994; Bildband: Schöneiche 1994.

ten auch Tiere dargestellt sind. Diese Einfassung ist leider nicht vollständig zu erkennen, da sie durch Streicheisenlinien teilweise überdeckt wird. Das zentrale Feld der Platte des Hinterdeckels zeigt unter einem Bogen die Figur des Evangelisten Johannes, der unter anderem auch der Patron der Buchbinder war. Er ist mit den ihm zugeschriebenen Attributen Palmzweig und Giftbecher dargestellt.[22] Die Rahmung besteht nicht aus einer Rolle, wie man nach einem ersten flüchtigen Blick meinen könnte. Vielmehr gehören die Jagdmotive an beiden Seiten der Figur sowie die Verzierungen über und unter ihr direkt zur Platte, bilden also ein Werkzeug. Auch hier ist nicht mehr die komplette Einfassung zu sehen. Über Johannes ist ein Adler zu erkennen, ein weiteres ihn kennzeichnendes Attribut, und ein Spruchband mit der Inschrift »S. iohane«. Der Meister, der diesen Einband hergestellt hat, konnte bisher noch nicht ermittelt werden, hatte aber seine Werkstatt höchstwahrscheinlich in Paris.[23]

Die italienischen Einbände bilden eine dritte Gruppe. Bei ihnen lassen sich sehr deutlich die Einflüsse nachweisen, die ihren Ursprung in den orientalischen Ländern haben. Typische arabische Schmuckformen wie Mauresken und Arabesken aber auch das Bandwerk finden sich oft, zum Teil mehr oder weniger variiert, auf den Werken der italienischen Buchbinder. Die Werkzeuge, mit denen diese Einbände verziert wurden, waren meist negativ geschnitten. Das Motiv erschien vertieft im Leder des Bucheinbands. Zur weiteren Bearbeitung wurde anschließend Gold oder Farbe verwendet.

Für die Entwicklung der gesamten europäischen Einbandkunst wurde der orientalische Stil so wichtig, dass etwas ausführlicher darauf eingegangen werden muss. Kennzeichnend für den vom Orient beeinflussten Einbandstil ist das fast völlige Fehlen von figuralen Schmuckelementen. Das Tabu der Darstellung von Bildern veranlasste die Künstler, nicht nur die Buchbinder, nach ständig neuen und wechselnden Motiven und Motivvarianten im ornamentalen Bereich zu suchen. Dabei verbietet der Koran die Darstellung von Bildern nicht kategorisch. Wie jedoch alle Textreligionen, die das Wort und nicht das Bild in den Mittelpunkt ihrer Verkündigung stellen, steht auch der Islam Bildern skeptisch gegenüber. Doch anders als zum Beispiel das Alte Testament, das

22 Zum Kelchwunder vgl. Lexikon der christlichen Ikonographie. Freiburg 1994, Band 7, S. 119.

23 Ernst Kyriss: Parisian panel stamps between 1480 and 1530. In: Studies in Bibliography. Papers of the Bibliographical Society of the University of Virginia, Vol. VII (1955), S. 113–124.

diese Art der Darstellung untersagt,[24] enthält der Koran kein ausdrückliches Bilderverbot. Eine Vielzahl von Prophetenaussprüchen weist jedoch auf deren Ablehnung hin. Grund dafür ist die Überzeugung, dass die göttliche Wahrheit dem menschlichen Anblick entzogen ist. Jede menschliche Vorstellung von ihr kann folglich nur ein Trugbild sein. Mit Trugbildern aber gibt sich ein frommer Muslim nicht ab, erst recht nicht mit deren Abbildungen. Der Umstand, dass auch im Arabischen das Wort für »bilden« ebenso die Bedeutung »erschaffen« haben kann, würde zudem die Gefahr heraufbeschwören können, Maler oder Bildhauer könnten sich als Gott ähnlich oder ebenbürtig empfinden.[25] Trotz dieser Anschauungen hat sich in der islamischen Welt, gerade auch in der Buchmalerei, eine reiche Tradition entwickelt. Persische Bucheinbände können als eindrucksvolle Beispiele für einen figuralen Stil genannt werden.

Durch den ausgedehnten Handel mit den orientalischen Ländern waren die italienischen Seerepubliken, im besonderen Maße Venedig, prädestiniert, Materialien, Schmuckelemente und Techniken zu importieren, nachzuahmen und weiter zu entwickeln. Viel früher als alle anderen europäischen Länder öffnete sich Italien dem Einfluss des Orients. Die Ansiedlung von Kunsthandwerkern, darunter auch Buchbindern, aus orientalischen Ländern, die den Umgang mit den ihnen vertrauten Materialien und Techniken perfekt beherrschten und so als Multiplikatoren ihres Handwerks fungierten, unterstützte nachhaltig diese Entwicklung.

Der Einband zu Libr. in membr. impr. 8° 6 EBD (Kat.-Nr. 63) wurde im italienisch-orientalischen Stil gebunden. Es wurde ein tief dunkelblau gefärbtes Leder verwendet. Feine, kaum sichtbare Linien begrenzen auf beiden Seiten eine goldene Rolle. Zwei ebensolche Linien bilden den Rahmen für das Innenfeld der Buchdeckel. Die vier Ecken dieses Feldes zeigen auf goldenem Grund filigrane farbige Mauresken. Der zentrale Blickfang in der Mitte des Einbands wird durch ein mandelförmiges Schmuckelement gebildet, in dem Gold und Farbe zu einer äußerst dekorativen Einheit verschmelzen. Sowohl diese Mandel als auch die Eckverzierungen liegen tiefer als die übrige Fläche des Bucheinbands. Gleiches gilt auch für die beiden ober- und unterhalb der Mandel gesetzten Schmuckelemente. Kleine Stempel bilden den äußeren Abschluss.

24 Exodus 20, 4–5 spricht innerhalb des Dekalogs ein strenges Verbot von Bildern aus.

25 Adel Theodor Khoury, Ludwig Hagemann, Peter Heine: Islam-Lexikon. Freiburg i. Br. 1991, Band 1, S. 127ff.

Als Material für die Dublüre wurde ebenfalls gefärbtes Leder verwendet. Auch hier bildet eine Mandel den Mittelpunkt. Von ihrem leuchtend blauen Untergrund und dem sie umgebenden farbigen Leder heben sich die sehr feinen vergoldeten Mauresken hervorragend ab. Der Einband entstand wahrscheinlich im ersten Drittel des 16. Jahrhunderts. Als Entstehungsort vermutete Husung eine Werkstatt in Venedig.[26]

Einen weiteren, aber völlig anders gestalteten italienischen Einband zeigt Ald. Ren. 217,2 EBD (Kat.-Nr. 1231). Auf rotem Leder treten deutlich die vergoldeten, ineinander verschlungenen Linien hervor. Sie umgeben einen zentralen Kranz, in dessen Mitte die Wörter »S Issabeta« gesetzt sind. Der Band stammt aus dem Besitz der Domina Giulia Francesca Ghelini, die Worte im Kranz deuten auf ein italienisches Frauenkloster. Bemerkenswert ist die Tatsache, dass als Material für die Buchdeckel noch Holz verwendet wurde und dass Buchschließen vorhanden sind. Diese sind, anders als bei den deutschen Einbänden, am vorderen Deckel befestigt, sie greifen also von oben nach unten.

Bei einer so umfangreichen Sammlung ist es selbstverständlich, dass auch berühmte Provenienzen vertreten sind. 2° Ald. Ren. 104,4 EBD (Kat.-Nr. 415) stammt aus der Bibliothek des französischen Königs Heinrich II. (1547–1559). Neben dem Monogramm H des Königs sind hier auch die verschlungenen Buchstaben H und D zu erkennen, ebenso die Mondsichel, beides galante Anspielungen auf die Geliebte des Königs Diane de Poitiers.[27]

Ald. Ren. 82,5 EBD (Kat.-Nr. 311) gehörte einst dem großen Bibliophilen Jean Grolier (1479–1565). Der hervorragend gearbeitete Einband zeigt am unteren Rand des Vorderdeckels die Wörter »Io. Grolierii et amicorum«. Neben der noblen Gesinnung des Besitzers, die diese Wörter damals unterstreichen sollten, sind sie heute auch ein wichtiges Kriterium für die Zuweisung der Grolier-Einbände an bestimmte Hauptgruppen.[28] Der Hinterdeckel zeigt in goldener Schrift die Devise Groliers, die von ihm für nach 1515 gebundene Bücher verwendet wurde: »Portio mea Domine sit in terra viventium«, ein Bibelzitat aus Psalm 141,6 (Vulgata).

Aus der Bibliothek des sächsischen Bibliophilen Karl Heinrich Graf von Hoym (1694–1736) kommt Ald. Ren. 80,5 EBD (Kat.-Nr. 279). Als sächsischer Minister und Gesandter von August II. am

26 Max Joseph Husung: Bucheinbände aus der Preußischen Staatsbibliothek zu Berlin, in historischer Folge erläutert. Leipzig 1925, S. 16.

27 Ausführlich zu diesen Einbänden: Marie-Pierre Laffitte und Fabienne Le Bars: Reliures royales de la Renaissance. La Librairie de Fontainebleau 1544–1570. Paris 1999.

28 Otto Mazal: Einbandkunde. Elemente des Buch- und Bibliothekswesen. Band 16, Wiesbaden 1997, S. 177–180.

französischen Hof hatte sich Hoym eine bedeutende Bibliothek aufgebaut, die er bei seiner Rückkehr mit nach Deutschland nehmen wollte. Sein Tod verhinderte die Ausführung dieses Plans, und so wurde die große Bibliothek 1738 in Paris versteigert.

Beispiele für Wappeneinbände aus Adelsbibliotheken, nicht nur französischen, sind mehrfach vertreten. Ald. Ren. 81,11 EBD (Kat.-Nr. 289) ziert auf Vorder- und Hinterdeckel des rot gefärbten Ledereinbands das Wappen von Claude-Antoine-Cléradius de Choiseul-Beaupré (1733–1793).[29] Ald. Ren. 98,6 (Kat.-Nr. 389) zeigt das Wappensupralibros von Antoine Barillon de Morangis (†1686), die Felder des Buchrückens tragen die verschlungenen Initialen A B M.[30] Als drittes Beispiel sei Ald Ren. 249,10 (Kat.-Nr. 1422) genannt, das aus der Bibliothek eines einstigen Dogen von Venedig, Marc Foscarini (1696–1763), stammt.[31]

Die größte und eindrucksvollste Gruppe unter den Einbänden der Berliner Aldinen-Sammlung bilden aber zweifelsohne die in leuchtend farbiges Maroquin gebundenen Einbände, die Etienne von Méjan von den besten, vor allem französischen, Buchbindern der Zeit für seine Bibliothek einbinden ließ. Auf strahlendem Rot, dunklem Blau, gedecktem oder hellem Grün und kräftigem Braun tritt die perfekt ausgeführte Vergoldung hervor und verleiht den Einbänden ein kostbares, fast feierliches Aussehen. Zwei Pergamentblätter, die bei einer großen Anzahl von Bänden jeweils am Anfang und am Ende als Vorsatz mit in den Buchblock eingebunden wurden, stellen vielleicht eine Reminiszenz Méjans an Jean Grolier dar.[32]

Méjan gehörte nicht mehr zu der Generation von französischen Bibliophilen, die Frankreich im 17. und 18. Jahrhundert hervorgebracht hatte und mit derer Unterstützung das Land zum unbestrittenen Führer auf dem Gebiet des Bucheinbands wurde. Zu jener Zeit war es für jeden Angehörigen der Oberschicht eine Selbstverständlichkeit, eine umfangreiche und kostbar eingebundene Bibliothek zu besitzen. Während der Französischen Revolution wurde diese Aristokratie jedoch verfolgt, teilweise vernichtet oder gezwungen, das Land zu verlassen. In ihren mit Wappeneinbänden bestückten Bibliotheken hatte man die Symbole einer dem Untergang geweihten Klasse gesehen und sie in blinder Wut zerstört. Auch die Buchbinder bekamen diese verhängnisvolle

29 Joannis Guigard: Armorial du bibliophile. Band 1 und 2, Paris 1870–73, hier Band 2, S. 142.

30 Ebenda, Band 2, S. 32f.

31 Ebenda, Band 2, S. 221.

32 Diese Eigenart ist auch bei den Einbänden des bibliophilen Verlegers Antoine-Augustin Renouard beobachtet worden, vgl. Manfred von Arnim (s. Anm. 6), S. 167.

Entwicklung zu spüren, wurde doch gleichzeitig das Mäzenatentum beseitigt. Die neue, sich aus Armee, Politik und Spekulanten herausbildende Oberschicht hatte zunächst wenig Interesse an wertvollen Büchern in kostbaren Einbänden. Maroquin wurde fast gar nicht mehr verarbeitet. Die reich verzierten Einbände kamen ganz aus der Mode, und der Schmuck auf den Büchern wurde fast gänzlich auf die Ränder der Einbanddeckel beschränkt. Doch die neuen politischen Entwicklungen blieben nicht ohne Einfluss auf die Gestaltung der Bucheinbände. Durch den Feldzug Napoleons nach Ägypten fanden auch die Buchbinder neue künstlerische Vorbilder aus der ägyptischen Kultur. Einen anderen Anknüpfungspunkt bildete die römische Kaiserzeit. Langsam kehrte man auch in den Kreisen der neuen Oberschicht zum Luxus zurück, verarbeiteten auch die Buchbinder wieder besseres Material und verwendeten reichere Formen.

Diesem neuen Trend folgte Méjan. Für die Werke, die er für seine Bibliothek erwarb, stellte er an den Einband und damit auch an den Buchbinder sehr hohe Ansprüche. Da die besten Buchbinder zu dieser Zeit in Frankreich zu Hause waren, ließ Méjan seine Bücher bevorzugt von französischen Meistern einbinden. Bei der Bearbeitung der Einbände für diese kleine Studie stellte sich heraus, dass Méjan ganz offensichtlich einen Buchbinder bevorzugte: François Bozérian. Etwa 250 Einbände tragen am Fuß des Buchrückens die mit goldenen Buchstaben geprägte Inschrift: REL. P. BOZERIAN JEUNE oder können durch den Vergleich der verwendeten Werkzeuge ihm zugewiesen werden.[33] In dieser Weise pflegte der jüngere der Brüder Bozérian seine Einbände zu signieren. Dieser hatte seine Pariser Buchbindertätigkeit zunächst in einer gemeinsamen Werkstatt mit dem älteren Bruder Jean-Claude begonnen. Im Jahre 1805 eröffnete er eine eigene Werkstatt und erwarb sich schnell den Ruf, ein ausgezeichneter Buchbinder zu sein. Schon bald gehörten zu seinen Auftraggebern auch der kaiserliche Hof und dessen Umfeld. Durch die französischen Eroberungskriege zu dieser Zeit gewann Bozérian auch bald einen Kundenkreis außerhalb Frankreichs. Die geschickte Heiratspolitik des Hofes zur Sicherung und Ausdehnung der nationalen Interessen führten ihm ständig neue Kunden zu. So kann man fast davon sprechen, dass die Brüder Bozérian mit ihren Arbeiten nicht nur

33   Die durch Vergleich der verwendeten Werkzeuge zugewiesenen, nicht signierten Einbände, sind im Katalog mit einem »?« gekennzeichnet.

das französische Empire, sondern auch den gesamten europäischen Einbandstil beeinflussten.[34]

Die Einbände von Bozérian Jeune, dessen Tätigkeit bis ca. 1818 nachgewiesen werden kann, stellen zweifellos einen Höhepunkt der Einbandkunst zu dieser Zeit dar. Zum Einbinden der Bücher verwendete er ausschließlich Maroquin. Nicht nur der Vorder- und der Hinterdeckel wurden verziert, sondern alle sichtbaren Teile des Einbands in die Gestaltung einbezogen. Dazu gehörten neben den Steh- und Innenkanten des Buches auch die Kapitale, die Dublüre und die Vorsätze. Besondere Bedeutung wurde der Verzierung des Buchrückens beigemessen. Zum Einsatz kamen als Werkzeuge unter anderem die Filete und die Punze. Erstere bestand aus einem Holzgriff, an dem ein Metallteil mit einer gewölbten Druckfläche befestigt war, das mit einer wiegenden Bewegung in das Leder gepresst wurde. Mit Hilfe der Punze konnten kleine, kreisförmige Abdrücke im Leder erzeugt werden. Im Folgenden sollen Arbeiten aus der Werkstatt von Bozérian Jeune etwas ausführlicher beschrieben werden. Schon diese Beispiele zeigen, wie abwechslungsreich dieser Meister die Produkte aus seiner Werkstatt gestaltet hat und wie er durch immer neue Kombinationen der Stempel, durch den Wechsel von Blind- und Goldprägung und durch das Zusammenspiel von Farbe und Gold immer neue Ausdrucksmöglichkeiten suchte und auch fand.

Ald. Ren 94,1 (Kat.-Nr. 365) zeigt einen dunkelgrünen Maroquineinband. Die äußere Rahmung wird durch eine blindgeprägte Rolle mit stilisierten Blüten gebildet, die zum Rand durch eine Goldlinie begrenzt wird. In den vier Ecken der dadurch gebildeten inneren Fläche der Deckel befinden sich vergoldete Stempel, die in ihrer Gesamtheit die Form eines Fächers bilden. Diese werden durch eine goldene Linie von der Rahmung getrennt. Als äußere Begrenzung in Richtung zum Zentrum des Buchdeckels wur-

34 Otto Mazal (s. Anm. 28), S. 283.

den jeweils über den Fächern wiederum blindgeprägte Stempel verwendet. Alle drei Seiten des Buchschnitts sind exakt vergoldet. Ebenso weisen die Steh- und Innenkanten eine perfekt ausgeführte Vergoldung auf. Dublüre und Vorsatz des Buches wurden mit rosafarbener Seide belegt. Die Dublüre wird von einer blindgeprägten, sehr schmalen Rolle begrenzt. Direkt auf der Dublüre befindet sich eine weitere, hier vergoldete Rolle. Deren Wirkung wird noch durch vier in die Ecken gesetzte, ebenfalls vergoldete Blumenstempel verstärkt. Der Buchrücken ist in sechs Felder unterteilt, die sehr reich mit goldenen Stempeln verziert wurden. Im zweiten Feld befindet sich die goldene Titelei. Die Kapitale am Kopf und Fuß des Buchrückens sind mit feinster Seide gestochen, wobei die verwendeten Farben rot, weiß und grün einen äußerst effektvollen Kontrast bilden. Während bei diesem Einband die Verzierung der Buchdeckel noch auf die Ränder beschränkt ist, zeigt Ald. Ren. 65,1 (Kat.-Nr. 207) bereits die Ausdehnung der Schmuckelemente auf die gesamte Fläche von Vorder- und Hinterdeckel. Der aufwendig gestaltete Einband ist in dunkelblaues Maroquin gebunden und weist sowohl Blind- als auch Goldprägung auf. Die äußere Rahmung wird von Linien in beiden genannten Techniken gebildet. Dort, wo sich die blindgeprägten Linien begegnen, ist ein Stempel in der Form einer Rosette zu erkennen, deren Blätter blindgeprägt sind, ihr Mittelpunkt dagegen ist vergoldet. Die Schmuckelemente in den vier Ecken innerhalb dieser Rahmung werden aus vergoldeten Stempeln zusammengefügt. Horizontal und vertikal schließen blindgeprägte Ornamente an, die zwischen den einzelnen Eckverzierungen eine Verbindung herstellen. Die nun noch freigebliebene Fläche im Zentrum der Buchdeckel wird mit einer blindgeprägten Raute geschmückt, in deren Mitte ein aus goldenen Stempeln zusammengesetztes rundes Schmuckelement gebildet wird. Der Buchrücken ist bei diesem Band nicht so aufwendig verziert wie beim ersten hier vorgestellten Einband von Bozérian Jeune. Doch auch hier finden sich in den einzelnen Feldern vergoldete Stempel. Der Schnitt ist wiederum dreiseitig vergoldet, und auch die Steh- und Innenkanten weisen Goldprägung auf. Auf die weinrote Seidendublüre wurde eine vergoldete Rolle geprägt. Für die Kapitale wurde Seide in den Farben rot, grün und weiß verwendet.[35]

35 Dieser Einband unterscheidet sich nur in winzigen Nuancen von dem Einband von Ald. Ren. 107,1 (Kat.-Nr. 432).

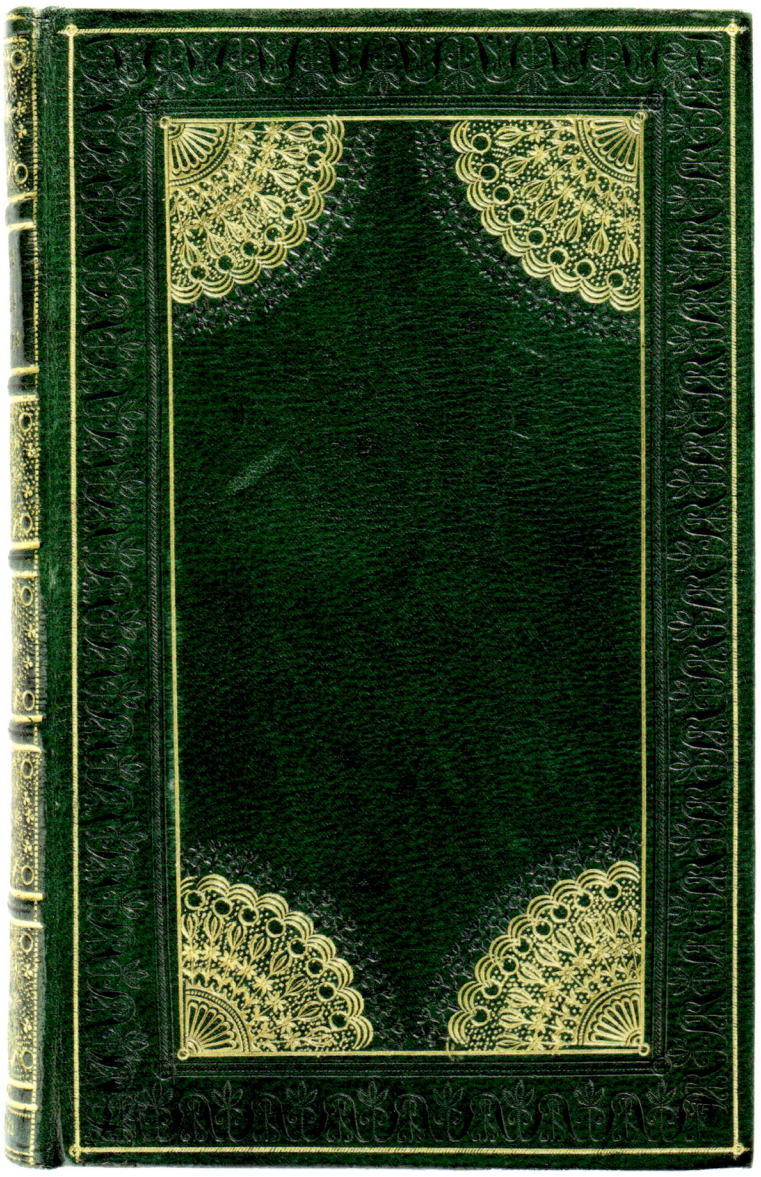

Kat.-Nr. 365
Einband von Bozérian Jeune

Dem älteren der Bozérian-Brüder, Jean-Claude, konnten bisher fünf Einbände sicher zugewiesen werden. Dieser, auch Bozérian l'Aîné genannt, hatte in Lyon eine Lehre zum Buchhändler, -binder und -drucker erhalten. Danach ging er nach Paris, wo er die Witwe des Buchbinders Pierre Bourlier heiratete und eine Werkstatt eröffnete. Zu den Kunden seiner Werkstatt gehörten unter anderem Napoleon und Zar Alexander von Russland. Nach 1810 wurden seine Arbeiten seltener, er verließ Paris und zog sich in die Provinz zurück. 1840 ist er gestorben.[36] Naturgemäß weisen die Arbeiten der beiden Bozérian-Brüder sowohl in der angewendeten Technik als auch in der Verwendung von Material und Werkzeugen eine Anzahl von Berührungspunkten auf.

Nachfolger in der Pariser Werkstatt von Jean-Claude Bozérian wurde der Neffe seiner Frau. Von diesem ist bisher nur der Nachname bekannt, mit dem er zum Teil die von ihm gebundenen Bücher am Fuß des Buchrückens signierte: Lefèbvre. Die Wirkungszeit dieses Buchbinders fällt in die Jahre zwischen 1805 bis 1835. Wie nicht anders zu erwarten, tradierten seine Einbände oft den Stil seines so erfolgreichen Onkels. Besondere Beachtung widmete er der Gestaltung der Buchrücken. 4° Ald. Ren. 39,3 (Kat.-Nr. 119) umschließt ein Einband dieses Meisters. Zwei unterschiedliche, schmale Rollen rahmen den dunkelblauen Maroquineinband. Zwischen diesen Rollen, jeweils durch zwei Goldlinien getrennt, befindet sich eine Ranke, die eine Weinrebe mit Blättern und Trauben zeigt. Der innere Teil der Buchdeckel wurde mit kleinen vergoldeten Stempeln, die in Rauten gesetzt wurden, im Semé-Stil verziert.[37] Auch dieser Band zeigt eine Steh- und Innenkantenvergoldung, wobei die Rolle, mit der die Innenkante verziert wurde, das Motiv des Weinlaubs vom Buchdeckel wieder aufnimmt. Die roten Seidendublüren wurden ohne Schmuckelemente belassen. Der Buchrücken ist, wie bei Lefèbvre nicht anders zu erwarten, sehr aufwendig mit goldgeprägten Stempeln verziert. Die Kapitale wurden auch hier mit Seide in den Farben rot, blau und weiß gestochen.

Eine größere Gruppe von Einbänden konnte einer weiteren Pariser Werkstatt zugewiesen werden. Etwa 100 Einbände kommen aus dem Hause Simier. René Simier soll um 1798 das Heer verlassen haben. Er erlernte das Buchbinderhandwerk und machte sich im Jahre 1800 selbständig. Sein Sohn Alphonse arbeitete später mit ihm zusammen in der Werkstatt, und so verwundert es nicht, dass die Arbeiten von Vater und Sohn kaum voneinander zu trennen sind. Lediglich die besonders fein gearbeiteten Buchrücken können einen Hinweis auf die Arbeiten des Vaters geben. Seit dem Jahre 1826 findet man auf den Einbänden auch die Sig-

36 Zu Leben und Werk dieses Buchbinders vgl. Paul Culot: Jean-Claude Bozérian. Un moment de l'ornement dans la reliure en France. Bruxelles 1979.

37 Ihren Namen hat diese bereits im 16. Jahrhundert bekannte Art der Verzierung durch den Vergleich mit einem sorgfältig gesetzten Samenbeet erhalten. Sie besteht im Grunde aus einem Repetitionsmuster.

nierung »Simier Père et Fils«.[38] Da Etienne von Méjan bereits im Jahre 1814 Mailand verlassen musste, wurden die Einbände aus seiner Sammlung dem Vater zugewiesen.

Eine Ausgabe der Werke Ovids, Ald. Ren. 37,13 (Kat.-Nr. 94) zeigt einen dunkelblauen Maroquineinband von Simier, dessen Rahmung von einer goldenen Rolle gebildet wird und die von jeweils zwei schmalen Goldlinien eingefasst ist. Um zu verhindern, dass sich die Rolle in den Ecken des Einbands überschneidet, wurde sie nicht bis an die Rahmung geprägt. Dadurch entstand ein kleines Quadrat, das mit einem goldenen Stempel besetzt wurde. Zur weiteren Gliederung der Buchdeckel wurde aus einer schmalen Goldlinie ein Rechteck gebildet, dessen Ecken nach innen doppelt gebuchtet sind. Auf die dadurch entstandenen Spitzen wurde ein kleiner goldener Blattstempel gesetzt. Der Schnitt ist dreiseitig vergoldet, die Steh- und Innenkanten sind mit Goldprägung verziert. Die Felder des Buchrückens sind reich mit goldenen Stempeln geschmückt. Der Band besitzt eine rote Seidendublüre, die Kapitale sind ebenfalls aus Seide in den Farben rot und weiß gestochen.

Von äußerstem Interesse sind die Einbände eines weiteren Buchbinders, dem bisher etwa 50 Einbände zugewiesen werden können. Er hatte seine Werkstatt nicht in Frankreich, sondern in Mailand, dem Ort, in dem Méjan mehrere Jahre seines Lebens verbrachte. Anders als seine französischen Berufskollegen kennzeichnete dieser Meister seine Einbände in der Regel nicht am Fuß des Buchrückens, sondern verwendete ein kleines ovales Etikett, das er in der oberen Ecke des Vorsatzblatts befestigte. Auf diesen Etiketten, die in unterschiedlichen Farben nachzuweisen sind, ist der Text gedruckt: »Lodigiani Relieur de S.[on] A.[ltesse] I.[mpériale] a Milan« (Lodigiani Buchbinder Ihrer Kaiserlichen Hoheit in Mailand).[39] Durch diese Informationen war bisher ledig-

---

38 Hellmuth Helwig: Handbuch der Einbandkunde. Band 1–3, Hamburg 1953–1955, hier Band 2, S. 179.

39 Vgl. hierzu auch: Federico e Livio Macchi: Dizionario illustrato della Legatura. Milano 2002, S. 268.

lich der Nachname des Buchbinders bekannt und die Tatsache, dass er Hofbuchbinder für Eugène de Beauharnais, Stiefsohn Napoleons und von 1805 bis 1814 Vizekönig von Italien, war. In diesem Amt hat er auch für dessen Sekretär und Berater Méjan Bücher eingebunden. Die Einbände Lodigianis zeigen einen starken Einfluss der französischen Buchbinder, insbesondere des Stils der Werkstatt Bozérian. Der Umstand, dass Arbeiten von Lodigiani in vielen Bibliotheken zu finden sind und auch von Zeit zu Zeit im europäischen Antiquariatsbuchhandel angeboten werden, ließen den Schluss zu, dass es sich um eine bedeutende Werkstatt handelt. Erst den intensiven Arbeiten des Mailänder Einbandforschers Federico Macchi in den Archiven seiner Heimatstadt ist es zu danken, dass im Jahre 2004 mehr über diesen Meister in Erfahrung gebracht werden konnte. Seinen Erkenntnissen folgend, sollen hier einige Daten aus Lodigianis Leben genannt werden, die für die Interpretation seiner Einbände von Bedeutung sind. Luigi Lodigiani wurde am 7. Januar 1778 geboren. Er erlernte das Buchbinderhandwerk und hielt sich in den Jahren 1807 und 1808 in Paris auf, um seine Fertigkeiten auf diesem Gebiet zu vervollkommnen. So erklärt sich der starke französische Einfluss bei seinen Arbeiten. Zurück in Mailand eröffnete er unter anderem auch eine Buchbinderschule. Die von ihm verwendeten Etiketten zur Kennzeichnung seiner Arbeiten bieten vermutlich auch eine gute Datierungshilfe. Da sie in französischer Sprache gedruckt sind, wurden sie wohl nur während der Regierungszeit von Eugène de Beauharnais verwendet. Nach dem Machtwechsel, unter einem nun österreichischen Nachfolger, ist die Verwendung nur schwer vorstellbar. Die Zeit, in der Lodigiani tätig war, muss nach Macchis Forschungen wesentlich weiter gefasst werden, als bisher angenommen. Sie reichte vermutlich bis in den Anfang der vierziger Jahre des 19. Jahrhunderts. Lodigiani starb am 3. Oktober 1843 in Mailand.[40]

Aus der Werkstatt Lodigianis kommt der Einband von Ald. Ren. 94,3 (Kat.-Nr. 371). Jeweils eine breite und eine schmale goldene Linie bilden den äußeren Abschluss der Buchdeckel des in rotes Maroquin gebundenen Drucks. In den vier Ecken befinden sich spitzkonkave Quadrate, um deren durch einen Kreis markierten Mittelpunkt sich goldene Stempel und eine Vielzahl von Punk-

40 Federico e Livio Macchi: I ferri del mestiere. Luigi Lodigiani, maestro di bottega di primo Ottocento. In: Charta (2004), Nr. 72, S. 24–27.

ten befinden. Untereinander verbunden sind diese Quadrate mit zwei sich umeinander windenden schmalen Ranken. An diesen sind Blüten und Blätter zu erkennen. Jeweils eine Spitze des Quadrats berührt einen kleinen Kreis, der so diese Schmuckelemente mit der Rahmung des Mittelfeldes verbindet. Diese wird durch ein langgezogenes Rechteck gebildet, das aus einer Goldlinie besteht, an deren innerer Seite blindgeprägte Stempel eine vollständige Umrandung bilden. Der Schnitt des Buches ist dreiseitig vergoldet, ebenso sind die Steh- und Innenkanten mit vergoldetem Schmuck verziert. Die blaue Seidendublüre wurde in den vier Ecken mit einem Stempel besetzt, der einen antiken Krug darstellt. Der Buchrücken ist reich vergoldet, die Kapitale sind mit Seide in den Farben weiß und blau gestochen. Der Vorsatz des Buches trägt das beschriebene Etikett Lodigianis.

Mit der Werkstatt Lodigianis und seiner Einbände muss die Betrachtung der Bucheinbände der Berliner Aldinen-Sammlung zu Ende gehen. Der hier zur Verfügung stehende Rahmen hat es leider nicht gestattet, jede Werkstatt und alle Buchbinder, von denen Einbände in dieser Sammlung vertreten sind, vorzustellen. So musste eine Auswahl getroffen werden, die angesichts der Fülle an hervorragenden Einbänden und bekannten Buchbindern nicht einfach war. Auch bei der Beschreibung der verschiedenen Einbände und der Charakterisierung der unterschiedlichen Stile konnte nur auf einige Hauptmerkmale eingegangen werden. Die ausführliche Untersuchung aller Einbände der Berliner Aldinen-Sammlung muss zu einem späteren Zeitpunkt erfolgen.

Widersprüchlichkeiten

Holger Nickel

Unter den gegenwärtig in der Staatsbibliothek verwahrten Inkunabel-Aldinen dürften allein die griechische Aristoteles-Ausgabe GW 2334 (Kat.-Nrn. 16, 19, 22 und 35) und der Urbanus Bellunensis (H 2763, Inc. 4490, Kat.-Nr. 25A) noch aus den Gründungszeiten stammen. Indiz sind die Einbandrücken. Denn am 12. Februar 1688 hatte der Gründer der heutigen Staatsbibliothek zu Berlin, der Große Kurfürst, befohlen, dass »Alle [seine] Bücher Roth gefärbet« werden sollen, auf dem Rücken sei »Seiner Churfürstl. Nahme«, in der Praxis seine Initialen, einzudrucken.[1]

Die fünf Bände zeigen die rote Farbe und den üblichen »Kurfürstenrücken«, und sie gleichen den anderen aus der Frühzeit unserer Bibliothek. Offenbar waren die Handwerker damals mit der allerhöchsten Ordre überfordert, so dass ziemlich gleichförmige und wenig sorgfältig gearbeitete Bände entstanden. Hauptsache war der Rücken, in die Hand nehmen sollte man die Bücher nicht (unbedingt). Da konnte das Rot des Schnittes schon mal halbe Zentimeter tief in den Buchblock eindringen, und die Pappdeckel wurden Material sparend oft mit Resten alter Pergamenthandschriften oder mit bereits verwendetem (und bestempeltem) Einbandschweinsleder beklebt. Hier hat man wenigstens saubere Pergamentblätter genommen!

Die nächsten Aldinen sind (nach den heute erkennbaren Provenienzen der Inkunabeln) aus dem Besitz von Ezechiel von Spanheim (1627–1710) in die Bibliothek gekommen. 1701 hat König Friedrich I. die reiche Sammlung seines Ministers erworben, darun-

[1] Hans-Erich Teigte: Rückenverzierungen und Superexlibris an älteren Beständen der Deutschen Staatsbibliothek. In: Teigte: Berliner Manuskripte und Viadrina-Drucke. Kleine Schriften. Berlin 2004 (Spolia Berolinensia, 20), S. 195–96. – Für die grundlegenden Nachschlagewerke der Inkunabelkunde werden die Siglen des Gesamtkatalogs der Wiegendrucke (GW, vgl. auch die Datenbank *gesamtkatalogderwiegendrucke.de*) verwendet. Diese Zeilen sind Beobachtungen an Berliner Büchern, sie verstehen sich nicht als eine Weiterführung der Aldus-Forschung über das hinaus, was z.B. Martin Lowry: The World of Aldus Manutius. Business and Scholarship in Renaissance Venice. Oxford 1979, Martin Davies (s. Anm. 18), die Autoren des Sammelbandes Aldus Manutius and Renaissance Culture (s. Anm. 5) oder Harry George Flechter III (New Aldine Studies. Documentary Essays on the Life and Work of Aldus Manutius. San Francisco 1988) geleistet haben. Ich danke Herrn Heribert Tenschert (Ramsen), dass ich diesen Komplex mit ihm bereden konnte.

2 Deutsche Staatsbibliothek 1661–1961. Band 1: Geschichte und Gegenwart. Leipzig 1961, S. 92, darin auch Ursula Altmann: Die Inkunabelsammlung. Zu den Aldinen siehe S. 383.

3 Verzeichnis von Incunabeln, Aldinen, Etiennes, Elzeviren und andern werthvollen Werken der älteren und neueren Litteratur aus der Königlichen und der Mejan'schen Bibliothek, welche am 28. Julius d.J. und folgenden Tagen in der Königlichen Bibliothek hieselbst ... verkauft werden sollen. Berlin 1851. Der Katalog mit seinen immerhin 190 Aldinen zeigt, dass es schon vor Méjan eine Sammlung gab, auch wenn nach dem Titel einige Lose von Méjan stammten.

4 Bis auf den erwähnten Urbanus Bellunensis: Inc. 4490 trägt eine Signatur aus der 1817 erworbenen Sammlung des Geheimen Legationsrates Heinrich Friedrich von Diez (1013), was nur so zu erklären ist, dass die Bibliothek einen Altbesitz in diese geschlossen aufzubewahrende Neuerwerbung eingereiht hat, um das dortige Exemplar abgeben zu können. Unter den »Aldinen in Quarto« (Nr. 52) ist in dem in Anm. 3 genannten Versteigerungskatalog diese Ausgabe enthalten! Die dortige Nr. 2 der Aldinen (Thesaurus Cornucopiae) dürfte sich heute in der Ahmanson-Murphy Collection in Kalifornien befinden (Aldine-Press 8). – Deutlich nach 1847 erworben wurden (nach den eingetragenen Akzessionsjahren) das unvollständige Pergamentexemplar des Aristoteles (GW 2334, Kat.-Nrn. 18, 21, 24, 25) aus Konitz, der Politianus (H 13218, Inc. 4502a, Kat.-Nr. 38) und der Perottus (H 12706, Inc. 4507a, Kat.-Nrn. 45, 46). – Als Folge des 2. Weltkriegs abhanden kamen der Jamblichus (H 9358) und der Cicero, den der GW (Nr. 7036) noch dem Aldus zuschrieb.

ter befand sich das Papier-Exemplar der Hypnerotomachia (GW 7223, Kat.-Nr. 49) mit den besonderen Abweichungen und ein Exemplar des Gazes (GW 10562, Inc. 4483, Kat.-Nr. 8).[2]

1847 gelangte dann die Sammlung Méjan ins Haus und machte die Bibliothek zu einer ersten Adresse auf dem Gebiet der Aldinen. Bei einem Zugewinn dieses Umfangs und dieser Qualität lag beides nahe, weniger spektakuläre Stücke aus dem Altbestand auszusondern, was in einer Auktion am 28. Juli 1851 geschah,[3] sowie später angesichts des neuen Reichtums auf Ergänzungen von Lücken, sofern möglich und angemessen, zu verzichten. Der Katalog der erwähnten Auktion nennt Abgänge, doch gab es wahrscheinlich Stücke, von denen man sich nicht trennen wollte. Es ist anhand der heute vorhandenen Inkunabeln nicht sicher zu rekonstruieren, was vom gegenwärtigen Bestand vor 1847 im Hause war oder danach gekauft wurde.[4]

Überlieferungsgeschichtlich mag diese Frage nicht uninteressant sein, bieten doch die Méjan-Inkunabeln in den edlen Einbandhüllen ein erstaunlich einheitliches Bild. Ob sie in der Werkstatt Bozérians oder bei Simier gebunden worden sind, man hat auf den ersten Blick nicht den Eindruck, dass mit den Büchern jemals inhaltlich gearbeitet worden ist. Uns fallen keine Unterstreichungen, Marginalien, Randverbesserungen auf – die in alten Büchern so beliebten »Hände« fehlen (etwa weil es bei Aldus keine »Stellen« gegeben hat, auf die aufmerksam zu machen gewesen wäre?).

Ein schärferer Blick belehrt uns, dass die Papiere nach der Mode jener Zeit vor dem Einbinden gewaschen und dann neu geleimt wurden, womit der Eindruck von Pergament entstehen sollte. Dabei verschwand alles, was den Eindruck zeitloser Schönheit hätte beeinträchtigen können, Vorbesitzer wie ein Michael Dalnotti (?, H 13452, Inc. 4499, Kat.-Nr. 40) oder die möglicherweise in der Offizin angebrachte handschriftliche Korrektur der Signaturenfolge (»c« zum richtigen b3) im Musaeus (Inc. 4500, Kat.-Nr. 6). Dazu wurden die Wurmgänge (Urbanus Inc. 4490a, Kat.-Nr. 26) und alle Löcher mit flüssigem Papier zugegossen. Nur einmal (in unserer Sammlung) hat der Buchbinder wohl kapituliert: Mitten im Maiolus (H 2191, Inc. 4494, Kat.-Nr. 29) entdecken wir am Beginn der Lagenfolge a ein nicht gebadetes, »schmutziges« Blatt mit einem

Stempel oder Medaillon und den Initialen F. B. – dies herauszuwaschen wäre wohl zu kompliziert gewesen?

Wenn man in einer modernen Abhandlung über die griechischen Drucke des Aldo Manuzio liest: »Die zahlreichen griechischen Erstausgaben des Aldus Manutius ... waren für die Textgeschichte schlechthin epochemachend. Ein gründlicher Kenner der griechischen Sprache und Literatur, hat er ... eine leistungsfähige Presse aufgebaut und sich mit einem Mitarbeiterstab von Gelehrten umgeben, die ihm bei der Gestaltung der Texte behilflich waren«,[5] so glaubt man kaum, dass Aldus dieses unberührt wirkende Pergament-Beige erfreut hätte. Die Bücher hätten wirken sollen! Sicher bedeuten die Waschungen, dass zuvor etwas mit den Bänden »passiert« ist, tatsächlich entdecken wir ja mit etwas Mühe auch Marginalien und griechische Korrekturen, selbst verblasste »Hände« (Maiolus, Inc. 4494 Bl. a5a, Urbanus, Inc. 4490b Bl. k8b, Kat.-Nr. 27)! Der aus Meiningen gekommene Perottus (Inc. 4507a, Kat.-Nr. 46) dagegen ist ein ganz »normales« Buch im Einband der Zeit mit roten und blauen Initialen! Auch mit dem Konitzer Pergamentexemplar des Aristoteles wurde gearbeitet – nicht nur, als jemand die unbedruckten Randstreifen herausgeschnitten hat. In der Vorrede wurde der Name von Aldos Spezialisten für den Griechisch-Druck[6] »Gabriel meus, Brassicellae natus, uir ...« in »Raphael meus, Bergomensis, uir ...« (Inc. 4491b, Kat.-Nr. 18) geändert. Andererseits hat wohl niemand unseren Kurfürsten-Aristoteles intensiv und kritisch studiert. Er zeigt keine Benutzungsspur und ist eingebunden worden, bevor man seinen Ehrgeiz dareinlegte, Bücher mit Wasser und Leim zu nobilitieren.

Im Umgang mit den Produkten der Aldoschen Offizin – und ich spreche immer nur von den Inkunabeln – ist Berlin kein Einzelfall. Sicher können wir von hier aus nicht in Bücher in London,

[5] Martin Sicherl: Griechische Erstausgaben des Aldus Manutius. Druckvorlagen, Stellenwert, kultureller Hintergrund. Paderborn u.a. 1997 (Studien zur Geschichte und Kultur des Altertums; N.F. 1., R. 10), S. 1. Über die Epistolographen GW 9367 handelt Sicherl auch in: Aldus Manutius and Renaissance Culture. Essays in Memory of Franklin D. Murphy. Acts of an International Conference ... 1994. Florence 1998.

[6] Gabriel Braccio di Brisighella, vgl. Giovanni Orlandi: Aldo Manuzio editore. Dediche, prefazioni, note ai testi, Vol. 2. Milano 1975 (Documenti sulle arti del libro; 11), S. 324. Über Braccio (Bracci) auch Konstantinos Staikos: Charta of Greek Printing. Vol. 1. Köln 1998.

Cambridge oder San Marino blicken, aber wenn wir im Katalog der Houghton Library in Harvard[7] auf Einbände von Bozérian Jeune (2658 um Maiolus H 10528) oder Thouvenin (2659 um Urbanus) treffen, so dürften die Textseiten dort ähnlich aussehen. In der Sammlung Ahmanson-Murphy finden wir zwei Bozérians (Maiolus, Aldine-Press 14) und das Psalterium (Aldine-Press 29). In London[8] entdecken wir einen Einband von Bradel (IB 24408 um Theokrit) und einen Bozérians (IA 24387 um Musaeus). Thomas Mahieu und Jean Grolier haben für sich und ihre Freunde Aldinen binden lassen: Mahieu die Hypnerotomachia (IB 24500) in London, im Katalog der Grolier-Bände[9] erscheinen der Aristoteles (28), Politian (in Einzelteilen: 229 und 424), das Psalterium (448), der Firmicus Maternus (197.2), die Hypnerotomachia (141–144.1), der Lukrez (303) und die Catharina Senensis (93.3). Da konnte (natürlich) Joachim Gómez de la Cortina nicht abseits stehen, und er ließ für sich und seine amici den Gazes (Walsh 2632) herrichten. So gleichen manche Inkunabelkataloge beim Drucker »Aldus Manutius« Listen von Sammlern der absoluten Spitzenklasse: Boutourlin, Pembroke, Thomas Stanford …[10]

Dass Aldo selbst mit seiner Produktion (teilweise) auf bessere Kreise abzielte, zeigen die auf Pergament gedruckten Exemplare. Vom Alexander Benedictus, Aristoteles und Columna sind Drucke auf diesem edleren, teureren Textträger erhalten. Ausmalungen zeugen gleichfalls von noblen Käufern – wer, wie der Besitzer unseres Pergament-Aristoteles, ein Wappen (einen Baum) führte, dürfte einem höheren gesellschaftlichen Niveau zugehört haben. Auch Miniaturen in den Büchern, von den Postinkunabeln unserer Sammlung sind die Nrn. 62 und 63 in die kunsthistorische Literatur eingegangen,[11] sprechen für gehobenen Absatz. Freilich konnte es in einem solchen Buch auch Schönheitsfehler geben: An unserem nicht mehr vollständigen Pergament-Exemplar des Aristoteles bemerken wir, dass die Offizin mit Lieferschwierigkeiten zu kämpfen hatte: In Band 3 ist zum Teil regliertes Schreibpergament benutzt worden. Offenbar war glattes nicht ausreichend erhältlich.

Aber natürlich haben auch ganz »normale« Gelehrte, vielleicht sogar Studenten und Bücherliebhaber um und nach 1500 Erzeugnisse aus der Offizin gekauft. Sonst würden nicht einige Aldinen in Bernard Rosenthals Katalog von Drucken mit Marginalien er-

---

7 James E. Walsh: A Catalogue of the fifteenth-Century Books in the Harvard University Library. Vol. 1–5, Binghamton/New York 1991–1997 (Medieval and Renaissance Texts and Studies; 84, 97, 119, 150, 171).

8 BMC V, S. 551–563.

9 Gabriel Austin: The Library of Jean Grolier. New York 1971.

10 Herman Ralph Mead: Incunabula in the Huntington Library. San Marino (Calif.) 1937, S. 138 f. – Weitere Exemplare dieser Kategorie befinden sich im Harry Ransom Humanities Research Center in Austin, vgl. Craig W. Kallendorf und Maria X. Wells: Aldine Press Books. Austin 1998.

11 Helena K. Szepe: Bordon, Dürer and Modes of Illuminating Aldines, sowie Angela Dillon Bussi: Le Aldine miniate della Biblioteca Medicea Laurenziana, beides in: Aldus Manutius and Renaissance Culture (s. Anm. 5), S. 185–200 und 201–216.

Kat.-Nr. 168
Porträt des Aldus Manutius des Älteren (nachträglich hinzugefügter Kupferstich)

scheinen (122 der Poliziano, dazu einige Postinkunabeln: 83 Martial 1501, 25 Catull 1502, 138 Scriptores rei rusticae 1514 – und weitere spätere).[12] Auch Hartmann Schedel hat Bücher aus der Aldus-Werkstatt besessen: Alexander Benedictus (BSB-Ink B-277), Musaeus (M-592) und die seltene Introductio ad litteras Graecas (I-254), ebenso der Schlettstädter Humanist Beatus Rhenanus: Jamblichus (CRF XIII 1278), Urbanus (CRF XIII 2319), Lukrez (CRF XIII 1455), dazu das Psalterium (Walsh 2672). So hätte es Aldus sicher auch befriedigt, dass berühmte Altphilologen und Editoren wie Richard Bentley (Theokrit, Oates 2167) und der Leipziger Gräzist Karl Wilhelm Dindorf (1802–1883) seine Bücher studiert haben (Aristoteles, Walsh 2665).[13] Dies sind jetzt natürlich alles nur Zufallsfunde ...

12   The Beinecke Rare Book and Manuscript Library. The Rosenthal Collection of printed books with manuscript annotations. Ed. Bernard M. Rosenthal. New Haven 1997.

13   »heavily annotated in a 16th-century Greek hand«, James E. Walsh (s. Anm. 7), Nr. 2665.

Möglicherweise gehört auch unser Pergament-Aristoteles in ein humanistisch-gelehrtes Umfeld? Wenn ein Buchbesitzer (wie geschildert) an so herausgehobener Stelle einen Namen austauscht, so möchte er damit jemanden ehren und erfreuen. Dürfen wir also annehmen, dass ein Raphael aus Bergamo diese Bände studiert und in Händen gehalten hat? Sind sie ihm vielleicht gar geschenkt worden? Ergänzen wir nun den Familiennamen, befinden wir uns mitten in Venezianer humanistischen Zirkeln des ausgehenden 15. Jahrhunderts. Raphael Regius aus Bergamo[14] hat Cicero, Horaz, Ovid, den Jüngeren Plinius, Quintilian, Terenz und Valerius Maximus herausgegeben und zum Teil kommentiert, und er hat eine Oxforder griechische Handschrift kopiert.

Aldus Manutius ist ein rundum praktischer Mann gewesen. Dafür spricht eigentlich »alles«. Wenn wir mit der Gebrauchssituation beginnen: Er gilt bekanntlich (jenseits der »Inkunabelgrenze«) als Erfinder des Taschenbuches, das man bequem – und mit der hundert Jahre zuvor erfundenen Brille auf der Nase – auch in einer vollen U- und S-Bahn lesen kann. Aber auch zur Registererschließung von Texten hat er Erstaunliches geleistet.[15] Die »Cornucopiae« des Perottus (Kat.-Nrn. 45, 46) hat er zeilenweise durchnummeriert, und diese Zahlen sind in der Tabula vermerkt, so dass man schnell auf das gesuchte Wort stößt. Blatt 28 mit den Druckfehlern ist ähnlich angeordnet. Das ist eine bedeutsame Weiterentwicklung der normalen Inkunabelindizes. Logischerweise musste das Register zusammengestellt werden, nachdem der Satz des ganzen Werkes abgeschlossen war. So hat Aldo für diese Lagen eine gesonderte Blattzählung am Fuße des Satzspiegels gewählt und mit der eigentlichen (oben) erst mit dem Hauptwerk begonnen.

Bei der Auswahl der Texte hat er sich nicht nur um die großen Autoren der Antike gekümmert und die von den Klassischen Philologen gepriesenen Editiones principes vorgelegt. Lexika, Stundenbücher, der Psalter standen auf seinem Druckprogramm, daneben Grammatiken: während der Inkunabelzeit Theodorus Gazes, der Laskaris, Perottus und Urbanus Bellunensis. Der Medizin galt sein Augenmerk, der alten in Dioskurides, der neueren mit Laurentius Maiolus. Wenn er den Syphilis-Traktat des Nicolaus Leonicenus (H 10019, Kat.-Nr. 31) druckte, so wollte er damit

---

14 Ich danke Ernst Gamillscheg (Wien) für den Hinweis auf Raphael Regius (vgl. Ernst Gamillscheg und Dieter Harlfinger: Repertorium der griechischen Kopisten 800–1600. Teil 1. Handschriften aus Bibliotheken Großbritanniens, Wien 1981 (Veröffentlichungen der Kommission für Byzantinistik; 3.1A.), Nr. 356). Durch diese Eintragung hätten wir wohl auch einen Terminus ante quem für den noch unbestimmten zeitgenössischen italienischen (Venezianer?) Einband. Er müßte vor Regius' Tod 1520 entstanden sein. Natürlich wäre auch zu prüfen, ob die Marginalien von seiner Hand stammen. Gamillscheg spricht übrigens von einem großen Freundeskreis mit u.a. Aldus Manutius, der aber nie etwas von ihm gedruckt hat.

15 Carlo Vecca: Aldo e l'invenzione dell'indice. In: Aldus Manutius and Renaissance Culture (s. Anm. 5), S. 109–141.

sicher in die Diskussionen der Zeit eingreifen und den Betroffenen helfen. Ebenso dürfte er es als Autor gehalten haben. Institutiones grammaticae (IGI 6139) und ähnliche Texte aus der Zeit nach 1500 sind von ihm überliefert, dazu die vielleicht zur Schulung des Stils gedachte Gedichte (Kat.-Nr. 1), die unsere Liste der Drucke anführen. Bei zwei Introductiones (ins Griechische, Aldine-Press 18, und ins Hebräische, M1256310) streitet sich die Wissenschaft, ob man Aldus als Verfasser anzusehen hat.

Als Unternehmer freilich war Aldus auf ganz praktische, finanzielle Erfolge angewiesen. Er musste darauf abzielen, dass seine Ausgaben wirkten und gelesen wurden. Dazu gab er eine Reklame-Anzeige seiner griechischen Drucke (mit Preisangaben!) heraus, die in Paris aufbewahrt wird (GfT 1368, CIBN M-114). Dass die Bücher nach dem Erwerb wirklich durchgearbeitet wurden, erkennen wir heute an den erwähnten Unterstreichungen, Marginalien und »Händen« in den Exemplaren. Daneben gab es allerdings den Nachdruck, auch einen Beleg für eine gute Resonanz der Produktion! Denn in Zeiten ohne ein verbrieftes Urheberrecht oder selbst die Vorstellung von einem schützenswerten geistigen Eigentum waren alle auf dem Markt befindlichen Ausgaben und Texte »frei« zum Kopieren, und sie luden sicher (ein bisschen) auch deshalb zum »Raub« ein, weil es den Druckern leichter gefallen sein muss, ihre Ausgaben nach dem Vorbild eines Druckes einzurichten als nach einer Handschrift. Erfolgreiche, begehrte Texte bot mancher baldigst aus der eigenen Produktion an – und minderte so natürlich den Gewinn des Entdeckers oder Erstdruckers eines Werkes.[16]

Früh schon versuchten Drucker, sich gegen solche »feindlichen Übernahmen« zu schützen. Aus dem Jahre 1469 ist uns aus Venedig der erste Versuch bekannt, das eigene Sortiment durch ein Privileg vor dem Nachdruck zu bewahren. Aldo hat diese Möglichkeit, ob sie dauerhaften Erfolg brachte, sei dahingestellt, bekanntlich intensiv genutzt. Für eigentlich alle seiner größeren, dickeren Bücher ließ er sich Privilegien vom Staat Venedig erteilen, ferner aber auch für Texte, die er zu drucken beabsichtigte.[17]

Ein bisschen mag man sich fragen: Warum? Fünf dicke Bände Aristoteles machte ihm wohl niemand streitig. Auch die in einer lateinischen Umwelt ja leichter verständlichen lateinischen Ausga-

16 Zum Themenkreis: Horst Kunze: Über den Nachdruck im 15. und 16. Jahrhundert. In: Gutenberg-Jahrbuch 13 (1938), S. 135–143. – Ferdinand Geldner: Inkunabelkunde. Wiesbaden 1978 (Elemente des Buch- und Bibliothekswesens; 5), S. 134–141. – Nebenbei bemerkt, sind bekanntlich auch Drucke einschließlich Impressum als »Markenware« von anderen Offizinen nachgedruckt worden, zum Beispiel juristische Werke durch Baptista de Tortis (vgl. GW 10531 und 10532; Ursula Bruckner: Bartolus de Saxoferrato. Super I. parte Infortiati. In: Gutenberg-Jahrbuch 56 (1981), S. 163–170). Ob Aldus auch Opfer solcher Piraterien geworden ist oder hätte werden können?

17 Die Privilegien finden sich jetzt bequem bei Fletcher, S. 139 ff., u.a. vom 25.II.1496 für die griechischen Drucke und vom 6.XII.1498 zum Dioskurides (GW 8435, erschienen 1499) und zum Beispiel zur Rhetorik des Hermogenes, die in den Rhetores Graeci (Aldine-Press 99) 1508 erschien, und zum Xenophon (Aldine-Press 78), gedruckt 1503.

ben scheinen keine Bestseller geworden zu sein, die Ausgabe von Ambrosius Keller 1479 in Augsburg (GW 2335) hat in Deutschland erst 1497 (Köln: Quentell, GW 2342) einen Nachfolger gefunden, nur in Venedig gab es eine kontinuierliche Reihe 1482 (GW 2336), 1483 (GW 2337, GW 2338), 1489 (GW 2339) und 1495/96 (GW 2340) sowie 1496 (GW 2341). Man muss sich aber vergegenwärtigen, dass diese Editionen, besonders die Venezianer, »ganz« Europa versorgten! Was die griechischen Drucke betrifft, so signalisierte uns jüngst Ernst Gamillscheg Skepsis, ob das Interesse am Griechischen in der Zeit vor 1500 wirklich schon bedeutend war.[18] Vielleicht ist es ja erst dank der Aktivitäten des Aldus gewachsen?

Andererseits fehlen Privilegvermerke in den Kleindrucken wie dem Dialog »Aetna« des Petrus Bembus (GW 3810), dem »Vaticinium« des Hieronymus Amaseus (GW 1596), der Syphilis-Schrift des Leonicenus (H 10019) oder dem Psalterium. Bei einigen dieser Texte hätte es ja im Interesse von Aldus oder auch der zum Teil noch lebenden Autoren liegen können, dass er sich für seine Bemühungen eine gewisse Monopolstellung sicherte?

Wiederum mag man – hyperkritisch? – fragen, warum Aldo überhaupt um diese Privilegien ersuchte. Sicher, liest man zum Beispiel im Titel der »Cornucopiae« des Perottus (H 12706) »... ubi quamplurima loca, quae in aliis ante impressis incorrecta leguntur, emendata sunt«, so kann man es dem Drucker nachfühlen, dass er seine besonderen Anstrengungen gewürdigt wissen wollte. Niemand anders sollte den Nutzen daraus ziehen. Aber Beispielen folgt man allgemein, wenn man diese Leistungen als wirklich vorbildlich empfindet. Betrachtet man jedoch seine Bücher (zumindest die Inkunabeln) genauer, bemerkt man, dass die Bibliographen ziemlich häufig Varianten und Abweichungen feststellen. Das bedeutet, dass am stehenden Satz gearbeitet worden ist:

18 Ernst Gamillscheg: Graeca imprimuntur. Die Rolle griechischer Kopisten bei der Entwicklung des griechischen Buchdrucks. Vortrag auf der Tagung »Kunst, Literatur und Wissenschaft in den Inkunabeln. Hundert Jahre Gesamtkatalog der Wiegendrucke«. Berlin, 25.–27. Nov. 2004. Die Vorträge sollen im Gutenberg-Jahrbuch 2006 publiziert werden. – Martin Davies (Aldus Manutius. Printer and publisher of Renaissance Venice. London 1995) macht darauf aufmerksam, dass noch 1547 »new sets of Aristotle were still available for sale« (S. 25).

beim Columna (Kat.-Nrn. 49, 50), dem Stundenbuch (Kat.-Nr. 32),[19] beim Firmicus Maternus (GW 9981, Kat.-Nr. 47), Laskaris (H 9924, Kat.-Nr. 4,5) oder Theokrit (Kat.-Nr. 9). Warum? Man tut dies nicht ohne Not. Bisweilen hat Aldus den Drucken auch Verzeichnisse von Errata beigegeben, dem Perottus, wovon wir hörten, dem Laskaris, Leonicenus (H 10019), Maiolus (H 10528, Kat.-Nr. 30) oder Urbanus Bellunensis (Kat.-Nrn. 25A,26,27). In unserem dritten Exemplar davon (Inc. 4490b) sind zwei zusätzliche Doppelblätter »Castigationes errorum« enthalten, und in dem ersten Fehlerverzeichnis entdecken wir in Zeile 6 gleich einen Druckfehler »charra« für charta, im anderen wird das lateinische Wort für Blatt mit th (»cartham«) geschrieben. Diese Fehlerlisten sind aber selten und finden sich nicht in allen Exemplaren. Ich denke nicht, dass ein Buchliebhaber sie beim Binden (aus Scham für Aldus?) weggeworfen hat. Wenn sie aber von vornherein fehlten oder nicht in die Bücher gelangten, konnten sie die Leser nicht auf den besseren Weg weisen!

Nun ist es sicher ehrenhaft, Fehler einzugestehen und zu korrigieren. Besser freilich wäre es, sie zu vermeiden. Die eben zitierten Beispiele aus den Druckfehlerverzeichnissen deuten eher darauf hin, dass in der Offizin oft ganz »normal«, manchmal auch nachlässig (und ganz gewiss ohne heikle Qualitätsansprüche) gearbeitet wurde. Aldus hatte wohl wirklich nicht die besten Angestellten! So habe ich noch nie eine »Minuskel für Initiale« mit Punkt gesehen wie im Maiolus (H 2191, Bl. Bi b steht »p.«). Die falsche Signatur im Musaeus (H 11653) hatte ich bereits erwähnt – so etwas kommt in der Frühdruckzeit häufiger vor, man muss es nicht auf die Goldwaage legen. Im Aristoteles (Kat.-Nrn. 11, 12, 16–25, 33–35) können wir beobachten, dass es den Setzern nicht leicht gefallen ist, die Ausgabe einzurichten – in den Kollationsformeln der einzelnen Bände gibt es zwei ungerade Lagen.[20] Jeder wird dafür Verständnis haben, doch einen Nachdrucker hätten solche Unregelmäßigkeiten kaum erfreut: In Band 3 wäre er nach dem Lagenende mit der Blattzählung 400 auf den (zu erwartenden) Beginn der Lage »PP« (RhoRho) getroffen, doch fehlt beim Eingangsblatt die Zählung, und die Rückseite ist leer. Gemäß Blattkustode geht es mit dem gezählten Blatt 401 und wieder einem Lagenbeginn »PP« (=PPI) weiter. Da hatte der Setzer sich mit dem Text verrechnet!

19 Die Horae eröffnen die Versuche Aldos mit dem Rotdruck (es folgen das Psalterium und die beiden Introductiones) – Probleme mit diesem ihm neuen Druckverfahren wären verständlich (obwohl es ja um diese Zeit vielfältige Erfahrungen damit gibt).

20 Da wird es auch nicht überraschen, dass zahlreiche Druckfehler die Textpräsentation beeinträchtigten: Martin Davies (s. Anm. 18), S. 25, über den Ärger eines zeitgenössischen Benutzers. Martin Sicherl, (Erstausgaben, s. Anm. 5) betont den texthistorischen Wert der Ausgabe, räumt aber ein: »Aber bei der Schnelligkeit, mit der die Aristoteles-Ausgabe gedruckt wurde, ist es nicht verwunderlich, dass sie trotz der aufgewandten Mühe ebenso wie spätere Aldinen mehr oder weniger von Druckfehlern wimmelt.« (S. 32)

Aber vielleicht haben wir die Messlatte zu hoch angesetzt? »Zu« hoch? Scheint nicht nach den Einbänden kein Anspruch bibliophiler Vollkommenheit an Aldus zu hoch? Denn natürlich fehlt aus späteren Zeiten, also nach denen unserer Berliner Stiftung, unter den Buchbindern auch der Name Lortic nicht: In der Ahmanson-Murphy Collection lesen wir ihn bei Nr. 6 und 9! Aber wir registrieren, etwa wenn wir den Lukrez (H 10285, Kat.-Nr. 51) durchblättern, so manche Ungereimtheit im Layout, die uns bei einem Bonetus Locatellus oder den Gregorius-Brüdern nicht verwundert hätte. Da werden die Blattkustoden nicht durchgängig eingesetzt, warum werden sie manchmal weggelassen? Allgemein werden Initialen gedruckt, freilich stilistisch ganz unterschiedlicher Art, sozusagen aus verschiedenen Setzkästen zusammengesucht. Einmal (Blatt l iiii b) wird sogar eine Minuskel für die fehlende Initiale gesetzt – bei den Inkunabeldruckern (und Aldus) im Prinzip geläufige Übung. Aber eigentlich tat man es, wenn man erwartete, dass ein Rubrikator später den Initialbuchstaben rot in den freien Raum malte. Wenn ich mir vorstelle, wie Aldos lichte Holzschnittinitialen nach einer »Kolorierung« ausgesehen hätten, hätte jemand Einheitlichkeit im Buch herstellen wollen – lieber nicht!

Überhaupt Ansprüche an die Originalität der Initialen! Die Catharina Senensis (GW 6222, Kat.-Nr. 52) gilt uns wegen des Typendrucks im Holzschnitt als ein lieber Vorbote der berühmten Aldoschen Kursive. Ihm gegenüber (und Blatt xiiii.) steht eine große S-Initiale, die Josef Benzing in seiner Tafel 2436 der Gesellschaft für Typenkunde (GfT) abbildet. Sie stammt dort aus dem Isidorus Hispalensis von Bonetus Locatellus, 11.XII.1493 (H 9280, Initialalphabet d). In der »Catharina« folgen bald kleinere Initialen im »Venezianer Stil« (BMC V S. 552), die wir gleichfalls bei Locatellus (als Initialalphabet a, GfT 2434) unterbringen können: GW 3104 (von 1496) und in dem erwähnten Isidor.[21] Wir hätten somit eine Abfolge der Nutzung: 1493, 1496 und 1500 bei Aldus. Blatt clxxix und ccxix jedoch entdecken wir ein großes C, das auch als Eigentum des Manfredus de Bonellis (und Georgius de Rusconibus, GfT 2425) bezeugt ist, und zwar aus einem Druck vom 1.X.1500 (Lorenzo Valla, H 15823). Der Valla ist somit zwei Wochen nach der Catharina datiert, und in unserem Exemplar der Catharina zeigen beide Initialen einen Riss. Zwar könnten wir uns nach der Zeitfol-

21 Leider sind alle in »der GfT« als Beleg herangezogenen und hier besprochenen Berliner Inkunabeln Kriegsverlust, so dass dem jetzt nicht weiter nachgegangen werden konnte.

ge vorstellen, dass Aldo Druckstöcke von Bonetus Locatellus übernommen hat – aber bei der C-Initiale? Es liegt der Schluss nahe, dass solche Schmuckbuchstaben damals in Venedig bei einem kommerziellen Anbieter zu kaufen waren.[22] Das wäre (auch unter Einbeziehung der ersten Jahre des 16. Jahrhunderts) genauer zu untersuchen! Dass ein Aldo Manuzio Holzschnitte für den Firmicus Maternus (GW 9981) von anderen Venezianer Druckern astronomischer Werke übernommen hat, ja, das sind wir bereit zu akzeptieren, aber dass er simples Druckmaterial wie Initialen von Kollegen nachgenutzt hat oder »in den Laden« gegangen ist, welche zu kaufen?

Habe ich etwa zu heftig am Aldus-Denkmal gekratzt? Ich denke, vielleicht erleben wir ihn so in der rauhen Wirklichkeit seiner Lebensjahre, und wenn wir uns heute über einiges wundern, so mag das mit seiner konkreten historischen Situation zusammenhängen. Es gibt ja auch immer Stimmen, die fragen, wie Aldus einen Text wie die Hypnerotomachia hat drucken können! Was aber, jenseits der Zeitläufte, seine Liebe zum edlen Buch angeht, so dürfte gelten, was der Verfasser eines bei Bibliophilen gleichfalls sehr beliebten und nicht eben billigen »First Folio«-Bandes etwa hundert Jahre später gesagt hat: »There is something in this more then Naturall, if Philosophie could finde it out.«

22 Zur Problematik (in einem anderen Fall) vgl. Holger Nickel: Ein Venezianer Letternschneider? In: E Codicibus Impressisque. Opstellen over het boek in de Lage Landen voor Elly Cockx-Indestege. Leuven 2004, Vol. 1, S. 399–403. – Die S-Initiale ist bei Ferdinando Ongania: L'arte della stampa nel Rinascimento Italiano. Venezia. Vol. 1. Venezia 1894, S. 76, ebenfalls abgebildet (ob wirklich aus GW 5993, Venedig: Matteo Capcasa, 20. I. 1493/94?).

Zeittafel

Cornelia Wolff

Ca. 1450	Aldus Manutius wird in Bassiano bei Velletri geboren
1475–1478	Studium der lateinischen und griechischen Sprache bei Giambattista Guarino in Ferrara, Kommilitone von Giovanni Pico della Mirandola
1483	Lehrer und Erzieher der Prinzen Alberto und Leonello Pio di Carpi
Ca. 1489	Übersiedlung nach Venedig
1493	Andreas Torresanus gibt die »Institutiones grammaticae« des Aldus heraus
1490–1495	Vorbereitungen zur Errichtung einer eigenen Druckerei. Kapitalgeber sind Torresanus und Pier Francesco Barbarigo
1496	Eröffnung der Druckerei am Platz des Hl. Augustinus. Aldus veröffentlicht vor allem Texte griechischer und römischer Klassiker
1499	Die »Hypnerotomachia Poliphilii« des Francesco Colonna erscheint
1502	Aldus verwendet erstmals den ankerumschlingenden Delphin als Druckermarke
1505	Hochzeit mit Maria, der Tochter des Andreas Torresanus und Umzug in das Haus seines Schwiegervaters
1507	Rückkehr von längeren Reisen, die der Beschaffung von Textmanuskripten dienten. Wiedereröffnung seiner Druckerei im Haus des Torresanus
12.6.1512	Paulus Manutius wird als fünftes Kind des Aldus geboren

6.2.1515	Tod des Aldus in Venedig
1515–1529	Andreas Torresanus führt mit seinen Söhnen Franciscus und Fridericus die Druckerei, da die Söhne des Aldus noch minderjährig sind
1529	Schließung der Offizin
1533	Wiedereröffnung durch Paulus Manutius
1540	Beilegung der Erbstreitigkeiten mit Franciscus und Fridericus Torresanus; Weiterführung der Druckerei durch Paulus und seine Brüder
14.1.1546	Heirat mit Caterina Odoni
13.2.1547	Aldus Manutius der Jüngere wird als Sohn des Paulus Manutius geboren
1561	Berufung durch Papst Pius IV. nach Rom mit dem Auftrag, die Vatikanische Druckerei zu übernehmen
1569	Streit mit der römischen Verwaltung, der die Vatikanische Druckerei zum Teil gehört
1570	Rückkehr nach Venedig
1571	Paulus Manutius wird von Kaiser Maximilian II. geadelt
1572	Aldus der Jüngere heiratet Francesca Lucrezia Giunta (die Ehe wird am 19.7.1596 annulliert)
6.6.1574	Paulus stirbt in Venedig, sein Sohn Aldus der Jüngere übernimmt die Druckerei
1585	Berufung nach Bologna an den Lehrstuhl für Rhetorik
1587	Berufung zum Professor nach Pisa
1588	Berufung zum Professor nach Rom
1590	Aldus der Jüngere übernimmt zusätzlich die Leitung der Vatikanischen Druckerei
24.10.1597	Aldus der Jüngere stirbt in Rom, damit endet die Drucktätigkeit der Offizin Manutius

ALDVS

Katalog
der Aldinen-Sammlung
der Staatsbibliothek
zu Berlin

Hinweise zur Benutzung

Das vorliegende Bestandsverzeichnis der Drucke des Aldus Manutius und seiner Nachfolger ist ein Auszug aus dem Short Title Catalogue der Drucke des 16. Jahrhunderts im Besitz der Staatsbibliothek zu Berlin – Preußischer Kulturbesitz (ST16)[1]. Im Hinblick auf die Vollständigkeit der Verzeichnung der Aldinen-Sammlung wurden die Drucke des 16. Jahrhunderts um die einschlägigen Inkunabeln ergänzt.

Wie der gesamte historische Druckschriftenbestand wurde auch die Aldinen-Sammlung während des 2. Weltkriegs aus dem Bibliotheksgebäude ausgelagert. Überaus glücklichen Umständen ist es zu verdanken, dass dieser wertvolle Bestand fast vollständig und unversehrt nach Kriegsende in die Bibliothek zurückkehrte. Knapp 180 Drucke befinden sich heute in der Biblioteka Jagiellońska (Kraków). Um die Aldinen-Sammlung der ehemaligen Preußischen Staatsbibliothek so vollständig wie möglich zu dokumentieren, wurden auch diese Drucke mit kurzen bibliographischen Beschreibungen in den vorliegenden Katalog aufgenommen. Die betreffenden Signaturen sind mit dem Zusatz »Kraków« gekennzeichnet.

Auswahl und Ordnung der Drucke folgen Renouards »Annales de l'imprimerie des Alde« in der 3. Auflage von 1834[2]. Eine abschließende Entscheidung, ob einige der späten Drucke tatsächlich noch als Aldinen zu betrachten sind, ist damit jedoch nicht getroffen.

Die Aufnahmen entsprechen den für diplomatisch getreue Titelbeschreibungen üblichen Standards: Orthographie, Grammatik,

---

[1] Short Title Catalogue der Drucke des 16. Jahrhunderts im Besitz der Staatsbibliothek zu Berlin – Preußischer Kulturbesitz. ST16. – Berlin: SBB, 2002. *http://st16.sbb.spk-berlin.de*

[2] Renouard, Antoine Augustin: Annali delle edizioni Aldine [= Annales de l'imprimerie des Alde, ou histoire des trois Mance et de leurs éditions]. – Text franz. – Riproduzione anastatica [der] 3. éd., Paris, 1834. Bologna: Fiammenghi, 1953.

Reihenfolge und Struktur der Angaben werden möglichst vorlagegemäß wiedergegeben. Abbreviaturen und Ligaturen wurden jedoch aufgelöst.

Die Ansetzung der Personennamen richtet sich in der Regel nach der Personennamendatei (PND)[3], von stark abweichenden Vorlageformen wird zusätzlich im Personenregister verwiesen.

Aus sekundären Quellen ermittelte Angaben sind durch eckige Klammern gekennzeichnet. Runde Klammern wurden verwendet für Angaben, die nicht auf der Titelseite stehen, aber dem Buchinneren entnommen werden konnten. Aus ästhetischen Gründen wurde im vorliegenden Katalog jedoch auf Klammern in der Ansetzung, zum Beispiel bei Initialformen von Personennamen, verzichtet.

Jedes Exemplar eines Werkes und die einzelnen Teile mehrbändiger Werke wurden einzeln verzeichnet: Nur so konnten die exemplarspezifischen Merkmale adäquat wiedergegeben werden.

Die physische Beschreibung umfasst Angaben zur Foliierung oder Paginierung, die Signaturformel und das bibliographische Format. Darüber hinaus ist für jeden Band der Fingerprint bestimmt worden. Dabei wurde eine überarbeitete Fassung der Regeln in »Pegg, Michael A.: Short title catalogues, notes on identity of texts«[4] zugrunde gelegt.

Für alle Werke wurden bibliographische Nachweise ermittelt. Ein Verzeichnis der verwendeten Bibliographien ist dem Katalogteil nachgestellt.

Bei der Erfassung exemplarspezifischer Informationen wurde großer Wert auf den Nachweis der Buchbinder und ihrer Werkstätten gelegt. Ebenfalls nachgewiesen sind – wo immer möglich – die Provenienzen der Exemplare. In der Regel ist die Vorlageform wiedergegeben, häufig vorkommende Provenienzen wurden standardisiert verzeichnet.

Für Buch- und Exemplarschmuck wurden die im Verzeichnis der Drucke des 16. Jahrhunderts im deutschen Sprachbereich (VD 16)[5] verwendeten Abkürzungen benutzt. Ein entsprechendes Abkürzungsverzeichnis ist dem Katalogteil nachgestellt.

---

3 Personennamendatei (PND). In: Online-Katalog der Deutschen Bibliothek Frankfurt am Main. *http://www.ddb.de/*

4 Pegg, Michael A.: Short Title Catalogues : Notes on Identity of Texts. – In: Flugschriften als Massenmedium der Reformationszeit. Beiträge zum Tübinger Symposium 1980. Hrsg. von Hans Joachim Köhler. – Stuttgart: Klett-Cotta, 1981. S. 29–41. (Spätmittelalter und frühe Neuzeit ; 13).

5 Verzeichnis der im deutschen Sprachbereich erschienenen Drucke des XVI. Jahrhunderts. VD 16. Hrsg. von der Bayerischen Staatsbibliothek in München in Verbindung mit der Herzog-August-Bibliothek in Wolfenbüttel. [Red.: Irmgard Bezzel]. – Stuttgart : Hiersemann, 1983–1995, Abt. 1, Bd. 1–22.

Kat.-Nr. 199

1489

Nr. 1

Manuzio, Aldo [Pio]: Musarum Panagyris ... . – [Venedig], [1489].
- Drucker: [Battista Torti].
- Buchbinder: François Bozérian.
- Umfang: [7] Bl.; 4°.
- Bogensign.: a^2–a^8 [a^1 leer].
- FP: i:m: t.σ. γ/ευ ελωσ (C) 1489 (Q).
- Buchschmuck: E.; EX.
- Prov.: Etienne Graf von Méjan.
- Bibliographien: Ebert 12986; GW M 20730.
- Sign.: Ald. Ren. 257,1.2 Inc.

1490

Nr. 2

Manuzio, Aldo [Pio]: ... ad Leonellum pium ... ‖ Paraenesis. ‖ . – [Venedig], [um 1490].
- Drucker: [Battista Torti].
- Buchbinder: François Bozérian.
- Umfang: [2] Bl.; 4°.
- Bogensign.: ^{2}.
- FP: N.r. e:o. t.lo s:ra (C) 1490 (Q).
- Buchschmuck: E.; EX.
- Prov.: Etienne Graf von Méjan.
- Bibliographien: GW M 20731.
- Sign.: Ald. Ren. 257,1.2 Inc.

1491

Nr. 3

Breviarium Carthusiense: Breviarium Carthusiense ... . – Venedig, 1491.
- Drucker: Andrea Torresano I.
- Sign.: Ald. Ren. 288,7 Kraków.

1494

Nr. 4

Laskaris, Konstantinos; <griech. u. lat.>: In hoc libro haec Continentur. ‖ ... Erotemata cum interpretatione latina. ‖ ... . EST: [Grammatica; griech. u. lat.]. Beigef.: (Aldo [Pio] Manuzio): ... De literis graecis ac diphtongis et quemadmodum ad nos ueniant. ‖ ...; Pythagoras; <griech. u. lat.>: ... Carmina Aurea ...; Phocylides <Milesius>; <griech. u. lat.>: ... moralia. ... (... poema admonitorium ...). Hrsg.: (Aldo [Pio] Manuzio). Übers.: [Johannes <Crastonus>]. – (Venedig), (1494, Vltimo Februarii.), (1495, OCTAVO ‖ MARTII.).
- Drucker: (Aldo [Manuzio I]).
- Buchbinder: François Bozérian.
- Umfang: [166] Bl.; 4°.
- Bogensign.: a^8–r^8, s^4, A^8–C^8, ^{2}.
- FP: e.I– i.d– s..o ΟηΟι (C) 1495 (R).
- Buchschmuck: E.; EX.
- Prov.: Etienne Graf von Méjan.
- Bibliographien: Cat. Ital. Books S. 370; Bibl. Aldina S. 1; Ebert 11735; Hain-Copinger 9924; Proctor 5546; Brunet 3 Sp. 856/857; GW M 17107.
- Sign.: Ald. Ren. 1,1 Inc. [1. Ex.].

Nr. 5

Laskaris, Konstantinos; <griech. u. lat.>: In hoc libro haec Continentur. ‖ ... Erotemata cum interpretatione latina. ‖ ... . EST: [Grammatica; griech. u. lat.]. Beigef.: (Aldo [Pio] Manuzio): ... De literis graecis ac diphtongis et quemadmodum ad nos ueniant. ‖ ...; Pythagoras; <griech. u. lat.>: ... Carmina Aurea ...; Phocylides <Milesius>; <griech. u. lat.>:... moralia. ... (... poema admonitorium ...). Hrsg.: (Aldo [Pio] Manuzio). Übers.: [Johannes <Crastonus>]. – (Venedig), (1494, Vltimo Februarii.), (1495, OCTAVO ‖ MARTII.).
- Drucker: (Aldo [Manuzio I]).
- Buchbinder: Joseph Thouvenin.
- Umfang: [166] Bl.; 4°.
- Bogensign.: a^8–r^8, s^4, A^8–C^8, ^{2}.
- FP: e.I– i.d– s..o ΟηΟι (C) 1495 (R).
- Buchschmuck: E.; EX.
- Prov.: Etienne Graf von Méjan.
- Bibliographien: Cat. Ital. Books S. 370; Bibl. Aldina S. 1; Ebert 11735; Hain-Copinger 9924; Proctor 5546; Brunet 3 Sp. 856/857; GW M 17107.
- Sign.: Ald. Ren. 1,1 Inc. [2. Ex.].

Nr. 6

Musaeus <Poeta>; <griech. u. lat.>: ... opusculum de Herone et ‖ Leandro ... . Übers.: (Markos Musuros). – [Venedig], [1494].
- Drucker: [Aldo Manuzio I].
- Buchbinder: René Simier.
- Umfang: [22] Bl.; 4°.
- Bogensign.: a^{10}, b^{12}.
- FP: E,τε ασσ, σ,αι HπΠ∗ (C) 1494 (Q).
- Buchschmuck: H.; E.; EX.
- Prov.: Etienne Graf von Méjan.
- Bibliographien: Cat. Ital. Books S. 457; Ebert 14547; GW M 25737.
- Sign.: Ald. Ren. 257,3 Inc.
- Abbildungen: S. 58, 59.

1495

Nr. 7

Theodorus <Gaza>; <griech.>: In hoc uolumine haec insunt. ‖ ... Introductiuae grammatices libri quatuor. ‖ ... . EST: [Introductio grammatica; griech.]. Beigef.: Theodorus <Gaza>; <griech.>: ... de Mensibus opusculum ...; Apollonius <Dyscolus>; <griech.>: ... de constructione libri quatuor. ‖ ...; [Aelius] Herodianus; <griech.>: ... de numeris. ‖. Hrsg.: (Aldo [Pio Manuzio]). – (Venedig), (1495, octauo Calendas Ianuarias).
- Drucker: (Aldo [Manuzio I]).
- Umfang: [198] Bl.; 2°.
- Bogensign.: a^8, $b\beta^8$–$l\lambda^8$, a^8, b^{10}, AA^8–$L\Lambda^8$, MM^4.
- FP: υ–γε v.v. v.Σ. ζεΕΝ (C) 1495 (R).
- Buchschmuck: E.; EX.
- Prov.: Ezechiel von Spanheim.
- Bibliographien: Cat. Ital. Books S. 293; Bibl. Aldina S. 1; Ebert 8206; Hain-Copinger 7500; Proctor 5548; GW 10562.
- Sign.: 4° Ald. Ren. 4,2 Inc. [1. Ex.].
- Abbildungen: S. 60, 61.

Nr. 8

Theodorus <Gaza>; <griech.>: In hoc uolumine haec insunt. ‖ ... Introductiuae grammatices libri quatuor. ‖ . EST: [Introductio grammatica; griech.]. Beigef.: Theodorus <Gaza>; <griech.>: ... de Mensibus opusculum ...; Apollonius <Dyscolus>; <griech.>: ... de constructione libri quatuor. ‖ ...; [Aelius] Herodianus; <griech.>: ... de numeris. ‖. Hrsg.: (Aldo [Pio Manuzio]). – (Venedig), (1495, octauo Calendas Ianuarias).
- Drucker: (Aldo [Manuzio I]).
- Buchbinder: René Simier.
- Umfang: [198] Bl.; 2°.
- Bogensign.: a^8, $b\beta^8$–$l\lambda^8$, a^8, b^{10}, AA^8–$L\Lambda^8$, MM^4.
- FP: υ–γε v.v. v.Σ. ζεΕΝ (C) 1495 (R).
- Buchschmuck: E.; EX.
- Prov.: Etienne Graf von Méjan.
- Bibliographien: Cat. Ital. Books S. 293; Bibl. Aldina S. 1; Ebert 8206; Hain-Copinger 7500; Proctor 5548; GW 10562.
- Sign.: 4° Ald. Ren. 4,2 Inc. [2. Ex.].

Nr. 9

Theocritus; <griech.>: ... Haec insunt in hoc libro. ‖ ... Eclogae triginta. ‖ Genus ... et de inuentione bucolicorum. ‖ ... . EST: [Idyllia; griech.]. Beigef.: [Dionysius] Cato; <griech.>: ... sententiae paraeneticae distichi. ‖ Sententiae septem sapientum. ‖ De Inuidia. ‖ ...; Theognis <Megarensis>; <griech.>: ... sententiae elegiacae. ‖ ...; Sententiae monostichi per; <griech.>: ... Sententiae monostichi per Capita ex uariis poetis. ‖ ...; Pythagoras; <griech.>: ... Aurea Carmina ...; Phocylides <Milesius>; <griech.>: ... Poema admonitorium. ‖ ...; Sibylla Erythrea; <griech.>: ... Carmina ... de Christo Iesu domino nostro. ‖ ...; Hesiodus; <griech.>: ... Theogonia. ‖ ...; Hesiodus; <griech.>: ... scutum Herculis. ‖ ...; Hesiodus; <griech.>: ... georgicon libri duo. ‖ . Hrsg.: (Aldo [Pio] Manuzio). – (Venedig), (1495, Mense februario).
- Drucker: (Aldo [Manuzio I]).
- Buchbinder: François Bozérian.
- Umfang: [140] Bl.; 2°.
- Bogensign.: AA^8–$\Delta\Delta^8$, EE^6–ΘG^6, $ZZ\zeta\zeta^{10}$, $AAαa^8$–$\Delta\Delta\delta d^8$, $EE\varepsilon\varepsilon^6$, $αa^8$, βb^8, γc^{10}, δd^8, εe^8.
- FP: σ.δε ∗.σα σ∗. ΤαΟρ (C) 1495 (R).
- Buchschmuck: E.; EX.
- Prov.: Etienne Graf von Méjan.
- Bibliographien: Cat. Ital. Books S. 667; Bibl. Aldina S. 1; Ebert 22752; Hain-Copinger 15477; Proctor 5549; GW M 45831.
- Sign.: 4° Ald. Ren. 5,3 Inc.

Nr. 10

Bembo, Pietro: ... DE AETNA AD ‖ ANGELVM CHABRIELEM ‖ LIBER. ‖. – (Venedig), (1495, MENSE FE ‖ BRVARIO).
- Drucker: (Aldo [Manuzio I]).
- Buchbinder: René Simier.
- Umfang: [30] Bl.; 4°.
- Bogensign.: A^8–C^8, D^6.
- FP: r,ûc ser– ciua sihi (C) 1495 (R).
- Buchschmuck: E.; EX.
- Prov.: Etienne Graf von Méjan.
- Bibliographien: Cat. Ital. Books S. 80; Bibl. Aldina S. 2; Ebert 1927; Brunet 1 Sp. 765; GW 3810; Hain-Copinger 2765; Proctor 5550.
- Sign.: Ald. Ren. 7,4 Inc.

Nr. 11

Aristoteles; <griech.>: EST: [Opera; griech., T. 1]. Hrsg.: (Aldo Pio Manuzio). – (Venedig), (1495, Calendis nouembris.).
- Drucker: (Aldo Manuzio [I]).
- Umfang: [234] Bl.; 2°.
- Bogensign.: A^8–K^8, L^6–N^6, a^8–c^8, d^6–e^6, f^8–q^8, r^8–s^6.
- FP: O.∗. ε–τι v.ρα ειωη (C) 1495 (R).
- Buchschmuck: E.
- Bibliographien: Cat. Ital. Books S. 42; Bibl. Aldina S. 2; Ebert 1110; GK 6.5893; GW 2334 I; Hain-Copinger 1657.
- Sign.: 4° Ald. Ren. 7,5 Inc. [1. Ex.].
- Abbildung: S. 23.

Nr. 12

Aristoteles; <griech.>: EST: [Opera; griech., T. 1]. Hrsg.: (Aldo Pio Manuzio). – (Venedig), (1495, Calendis nouembris.).
- Drucker: (Aldo Manuzio [I]).
- Buchbinder: René Simier.
- Umfang: [234] Bl.; 2°.
- Bogensign.: A^8–K^8, L^6–N^6, a^8–c^8, d^6–e^6, f^8–q^8, r^8–s^6.
- FP: O.∗. ε–τι v.ρα ειωη (C) 1495 (R).
- Buchschmuck: E.; EX.
- Prov.: Etienne Graf von Méjan.
- Bibliographien: Cat. Ital. Books S. 42; Bibl. Aldina S. 2; Ebert 1110; GK 6.5893; GW 2334 I; Hain-Copinger 1657.
- Sign.: 4° Ald. Ren. 7,5 Inc. [2. Ex.].

Kat.-Nr. 6

🐬 1496

Nr. 13

Thesaurus cornucopiae; <griech.>: ...THESAVRVS ‖ Cornu copiae et Horti Adonidis. ‖ ... .
EST: [Thesaurus cornucopiae; griech.]. Hrsg.: (Aldo Pio Manuzio). Mitarb.: (Guarinus Phavorinus; Carolus Antenoreus; Urbano Bolzanio; Angelus Politianus). – (Venedig), (1496, Mense Augusto.).
• Drucker: (Aldo [Manuzio I]).
• Buchbinder: François Bozérian.
• Umfang: [10], 270 Bl.; 2°.
• Bogensign.: +^{10}, aa^8–zψ^8, &ω^4, AA^8–DΔ^8, EE^6, FZ^8–GH^8, HΘ^8, II^8, KK^6, LΛ^8.
• FP: o-fe α-*- οιμ- ωσσο (3) 1496 (R).
• Buchschmuck: E.; EX.
• Prov.: Etienne Graf von Méjan.
• Bibliographien: Cat. Ital. Books S. 411; Bibl. Aldina S. 4; Ebert 22863; Hain-Copinger 15493; GW 7571.
• Sign.: 4° Ald. Ren. 9,1 Inc. [1. Ex.].

Nr. 14

Thesaurus cornucopiae; <griech.>: ...THESAVRVS ‖ Cornu copiae et Horti Adonidis. ‖ ... .
EST: [Thesaurus cornucopiae; griech.]. Hrsg.: (Aldo Pio Manuzio). Mitarb.: (Guarinus Phavorinus; Carolus Antenoreus; Urbano Bolzanio; Angelus Politianus). – (Venedig), (1496, Mense Augusto.).
• Drucker: (Aldo [Manuzio I]).
• Buchbinder: Luigi Lodigiani.
• Umfang: [10], 270 Bl.; 2°.
• Bogensign.: +^{10}, aa^8–zψ^8, &ω^4, AA^8–DΔ^8, EE^6, FZ^8–GH^8, HΘ^8, II^8, KK^6, LΛ^8.
• FP: o-fe α-*- οιμ- ωσσο (3) 1496 (R).
• Buchschmuck: E.; EX.
• Prov.: Etienne Graf von Méjan.
• Bibliographien: Cat. Ital. Books S. 411; Bibl. Aldina S. 4; Ebert 22863; Hain-Copinger 15493; GW 7571.
• Sign.: 4° Ald. Ren. 9,1 Inc. [2. Ex.].

Nr. 15

Benedetti, Alessandro): DIARIA DE BELLO CAROLINO ‖ . Verf. in Vorlage: (Alexander Paeantius Benedictus). – [Venedig], [nach 1496].
• Drucker: [Aldo Manuzio I].
• Buchbinder: François Bozérian.
• Umfang: [68] Bl.; 4°.
• Bogensign.: a^8–h^8, i^4.
• FP: s.is issd uaen inba (C) 1496 (Q).
• Buchschmuck: E.; EX.
• Prov.: Etienne Graf von Méjan.
• Bibliographien: Cat. Ital. Books S. 83; Bibl. Aldina S. 157; Hain 805; Proctor 5552; GW 863; Ebert 1936.
• Sign.: Ald. Ren. 260,9 Inc.

🐬 1497

Nr. 16

Aristoteles; <griech.>: EST: [Opera; griech., T. 2]. Hrsg.: (Aldo Pio Manuzio). – (Venedig), (1497, Mense Februario).
• Drucker: (Aldo Manuzio [I]).
• Umfang: [32], 268 Bl.; 2°.
• Bogensign.: *^{8}, ^{8}, +^{8}, ^{8}, aa^8–zψ^8, &ω^8, A^8, B^8, CΓ^6, DΔ^8–HΘ^8, I^8, K^6.
• FP: é*r* υ-*ε ιϰλ* αυτι (3) 1497 (R).
• Buchschmuck: KF.
• Bibliographien: Cat. Ital. Books S. 42; Bibl. Aldina S. 2, 4; Ebert 1110; GK 6.5893; GW 2334 II; Hain-Copinger 1657.
• Sign.: 4° Ald. Ren. 10,1 Inc. [1. Ex.].

Nr. 17

Aristoteles; <griech.>: EST: [Opera; griech., T. 2]. Hrsg.: (Aldo Pio Manuzio). – (Venedig), (1497, Mense Februario).
• Drucker: (Aldo Manuzio [I]).
• Buchbinder: René Simier.
• Umfang: [32], 268 Bl.; 2°.
• Bogensign.: *^{8}, ^{8}, +^{8}, ^{8}, aa^8–zψ^8, &ω^8, A^8, B^8, CΓ^6, DΔ^8–HΘ^8, I^8, K^6.
• FP: é*r* υ-*ε ιϰλ* αυτι (3) 1497 (R).
• Buchschmuck: E.; EX.
• Prov.: Etienne Graf von Méjan.
• Bibliographien: Cat. Ital. Books S. 42; Bibl. Aldina S. 2, 4; Ebert 1110;

GK 6.5893; GW 2334 II; Hain-Copinger 1657.
- Sign.: 4° Ald. Ren. 10,1 Inc. [2. Ex.].

Nr. 18

Aristoteles; <griech.>: EST: [Opera; griech., T. 2]. Hrsg.: (Aldo Pio Manuzio). – (Venedig), (1497, Mense Februario).
- Drucker: (Aldo Manuzio [I]).
- Umfang: [32], 268 Bl.; 2°.
- Bogensign.: *⁸, ⁸, +⁸, ⁸, aa⁸–zψ⁸, &ω⁸, Λ⁸, B⁸, CΓ⁶, DΔ⁸–HΘ⁸, I⁸, K⁶.
- FP: é*r* v–*ε ιxλ* αυτι (3) 1497 (R).
- Buchschmuck: E.
- Prov.: Königliche Gymnasialbibliothek, Konitz.
- Bibliographien: Cat. Ital. Books S. 42; Bibl. Aldina S. 2, 4; Ebert 1110; GK 6.5893; GW 2334 II; Hain-Copinger 1657.
- Sign.: 4° Ald. Ren. 10,1 Inc. [3. Ex.].

Nr. 19

Aristoteles; <griech.>: EST: [Opera; griech., T. 3]. Hrsg.: (Aldo Pio Manuzio). – (Venedig), (1497, Mense Ianuario).
- Drucker: (Aldo [Manuzio I]).
- Umfang: 400, [1] Bl., Bl. 401–457, [9] Bl.; 2°.
- Bogensign.: aaαα¹⁰–zzψψ¹⁰, &&ωω¹⁰, AA¹⁰–ΠΠ¹⁰, PP¹, PP¹⁰–ΦΦ¹⁰, XX⁸, χ⁸.
- FP: v.x* εο*. η*λ* α*ϑη (3) 1497 (R).
- Buchschmuck: KF.
- Bibliographien: Cat. Ital. Books S. 42; Bibl. Aldina S. 2, 4; Ebert 1110; GK 6.5893; GW 2334 III; Hain-Copinger 1657.
- Sign.: 4° Ald. Ren. 11,2 Inc. [1. Ex.].

Nr. 20

Aristoteles; <griech.>: EST: [Opera; griech., T. 3]. Hrsg.: (Aldo Pio Manuzio). – (Venedig), (1497, Mense Ianuario).
- Drucker: (Aldo [Manuzio I]).
- Buchbinder: René Simier.
- Umfang: 400, [1] Bl., Bl. 401–457, [9] Bl.; 2°.
- Bogensign.: aaαα¹⁰–zzψψ¹⁰, &&ωω¹⁰, AA¹⁰–ΠΠ¹⁰, PP¹, PP¹⁰–ΦΦ¹⁰, XX⁸, χ⁸.
- FP: v.x* εο*. η*λ* α*ϑη (3) 1497 (R).
- Buchschmuck: E.; EX.
- Prov.: Etienne Graf von Méjan.
- Bibliographien: Cat. Ital. Books S. 42; Bibl. Aldina S. 2, 4; Ebert 1110; GK 6.5893; GW 2334 III; Hain-Copinger 1657.
- Sign.: 4° Ald. Ren. 11,2 Inc. [2. Ex.].

Nr. 21

Aristoteles; <griech.>: EST: [Opera; griech., T. 3]. Hrsg.: (Aldo Pio Manuzio). – (Venedig), (1497, Mense Ianuario).
- Drucker: (Aldo [Manuzio I]).
- Umfang: 400, [1] Bl., Bl. 401–457, [9] Bl.; 2°.
- Bogensign.: aaαα¹⁰–zzψψ¹⁰, &&ωω¹⁰, AA¹⁰–ΠΠ¹⁰, PP¹, PP¹⁰–ΦΦ¹⁰, XX⁸, χ⁸.
- FP: v.x* εο*. η*λ* α*ϑη (3) 1497 (R).
- Buchschmuck: E.
- Prov.: Konitz: Königliche Gymnasialbibliothek.
- Bibliographien: Cat. Ital. Books S. 42; Bibl. Aldina S. 2, 4; Ebert 1110; GK 6.5893; GW 2334 III; Hain-Copinger 1657.
- Sign.: 4° Ald. Ren. 11,2 Inc. [3. Ex.].

Nr. 22

Aristoteles; <griech.>: EST: [Opera; griech., T. 4]. Hrsg.: (Aldo Pio Manuzio). – (Venedig), (1497, Calendis Iunii.).
- Drucker: (Aldo Manuzio [I]).
- Umfang: 1, 226, 116, 42, 12, 121, [1] Bl.; 2°.
- Bogensign.: ¹, aaaαα⁸–zzzψψ⁸, &&&ωωω⁸, AAA⁸, BBB⁸, CCCΓΓ⁸, DDDΔΔΔ¹⁰, AAAaaa⁸–MMMmmm⁸, NNNnnn¹⁰–ΞΞΞοοο¹⁰, αα⁸–δd⁸, εε¹⁰, αα⁶, bβ⁶, AAAaaa⁸–OOOξξ⁸, PPPooo¹⁰.
- FP: ωσν. ωσν– ο–ο* οιτα (3) 1497 (R).
- Buchschmuck: KF.
- Bibliographien: Cat. Ital. Books S. 42; Bibl. Aldina S. 2, 4; Ebert 1110; GK 6.5893; GW 2334 IV; Hain-Copinger 1657.
- Sign.: 4° Ald. Ren. 11,3 Inc. [1. Ex.].

Kat.-Nr. 6

Kat.-Nr. 7

Nr. 23

Aristoteles; <griech.>: EST: [Opera; griech., T. 4]. Hrsg.: (Aldo Pio Manuzio). – (Venedig), (1497, Calendis Iunii.).
- Drucker: (Aldo Manuzio [I]).
- Buchbinder: René Simier.
- Umfang: 1, 226, 116, 42, 12, 121, [1] Bl.; 2°.
- Bogensign.:[1], aaaaaa[8]–zzzψψψ[8], &&&ωωω[8], AAA[8], BBB[8], CCCΓΓΓ[8], DDDΔΔΔ[10], AAAaaa[8]–MMMmmm[8], NNNnnn[10]–ΞΞΞooo[10], aa[8]–δd[8], εe[10], aα[6], bβ[6], AAAααα[8]–OOOξξ[8], PPPooo[10].
- FP: ωσν. ωσυ- o-o* οιτα (3) 1497 (R).
- Buchschmuck: E.; EX.
- Prov.: Etienne Graf von Méjan.
- Bibliographien: Cat. Ital. Books S. 42; Bibl. Aldina S. 2, 4; Ebert 1110; GK 6.5893; GW 2334 IV; Hain-Copinger 1657.
- Sign.: 4° Ald. Ren. 11,3 Inc. [2. Ex.].

Nr. 24

Aristoteles; <griech.>]: EST: [Opera; griech., T. 4.1]. Hrsg.: [Aldo Pio Manuzio]. – [Venedig], [1497, Calendis Iunii.].
- Drucker: [Aldo Manuzio I].
- Umfang: 1, 226 Bl.; 2°.
- Bogensign.:[1], aaaaaa[8]–zzzψψψ[8], &&&ωωω[8], AAA[8], BBB[8], CCCΓΓΓ[8], DDDΔΔΔ[10] [unvollst.: Titelbl. u. BBB[8], CCCΓΓΓ[8], DDDΔΔΔ[10] fehlen].
- FP: ωσν. ωσυ- o-o* οιτα (3) 1497 (R).
- Buchschmuck: E.
- Prov.: Königliche Gymnasialbibliothek, Konitz.
- Bibliographien: Cat. Ital. Books S. 42; Bibl. Aldina S. 2, 4; Ebert 1110; GK 6.5893; GW 2334 IV; Hain-Copinger 1657.
- Sign.: 4° Ald. Ren. 11,3 Inc. [3. Ex.].

Nr. 25

Aristoteles; <griech.>): EST: [Opera; griech., T. 4.2]. – [Venedig], [1497, Calendis Iunii.].
- Drucker: [Aldo Manuzio I].
- Umfang: 116, 42, 12, 121, [1] Bl.; 2°.
- Bogensign.: AAAaaa[8]–MMMmmm[8], NNNnnn[10]–ΞΞΞooo[10], aa[8]–δd[8], εe[10], aα[6], bβ[6], AAAααα[8]–OOOξξ[8], PPPooo[10] [unvollst.: LLLλλλ[4], LLLλλλ[5], εe[10], OOOξξ[8], PPPooo[10] fehlen].
- Buchschmuck: E.
- Prov.: Königliche Gymnasialbibliothek, Konitz.
- Bibliographien: Cat. Ital. Books S. 42; Bibl. Aldina S. 2, 4; Ebert 1110; GK 6.5893; GW 2334 IV; Hain-Copinger 1657.
- Sign.: 4° Ald. Ren. 11,3 Inc. [3. Ex.].

Nr. 25A

Bolzanio, Urbano): INSTITV-TIONES GRAECAE ‖ GRAMMATICES. ‖. Verf. in Vorlage: (Urbanus Bellunensis). – [Venedig], [1497, mense Ianuario].
- Drucker: [Aldo Manuzio I].
- Umfang: [214] Bl.; 4°.
- Bogensign.: a[10], b[8]–z[8], &[8], A[8], B[10], [C][2] [unvollst.: a[10], B[10] und Lage C fehlen.]
- FP: s.t, utom n–αι τυxα (C) 1497 (Q).
- Buchschmuck: KF.; EX.; HS.
- Prov.: Heinrich Friedrich von Diez.
- Bibliographien: Cat. Ital. Books S. 116; Bibl. Aldina S. 4; Hain 16098; Ebert 23215; GW M 48900; Ald. Ren 11,4.
- Sign.: B. Diez 4° 1013.

Nr. 26

Bolzanio, Urbano): INSTITV-TIONES GRAECAE ‖ GRAMMATICES. ‖. Verf. in Vorlage: (Urbanus Bellunensis). – (Venedig), (1497, mense Ianuario. ‖).
- Drucker: (Aldo Manuzio [I]).
- Buchbinder: François Bozérian.
- Umfang: [214] Bl.; 4°.
- Bogensign.: a[10], b[8]–z[8], &[8], A[8], B[10],[C][2].
- FP: s.t, utom n–αι τυxα(C)1497(R).
- Buchschmuck: E.; EX.
- Prov.: Etienne Graf von Méjan.
- Bibliographien: Cat. Ital. Books S. 116; Bibl. Aldina S. 4; Hain 16098; Ebert 23215; GW M 48900.
- Sign.: Ald. Ren. 11,4 Inc. [1. Ex.].

Nr. 27

Bolzanio, Urbano): INSTITV-TIONES GRAECAE ‖ GRAMMATICES. ‖. Verf. in Vorlage: (Urbanus

Bellunensis). – (Venedig), (1497, mense Ianuario. ‖).
- Drucker: (Aldo Manuzio [I]).
- Buchbinder: François Bozérian.
- Umfang: [216] Bl.; 4°.
- Bogensign.: a^{10}, b^8–z^8, &^{8}, A^8, B^{10}, [C]^2, a^2.
- FP: s.t, utom n-*au* tu*xa* (C) 1497 (R).
- Buchschmuck: E.; EX.
- Prov.: Etienne Graf von Méjan.
- Bibliographien: Cat. Ital. Books S. 116; Bibl. Aldina S. 4; Hain 16098; Ebert 23215; GW M 48900.
- Sign.: Ald. Ren. 11,4 Inc. [2. Ex.].
- Abbildung: S. 62.

Nr. 28

Johannes <Crastonus>; <griech. u. lat.>]: Dictionarium graecum copiosissimum secundum or- ‖ dinem alphabeti … . Beigef.: Cyrillus <Glossator>; <griech. u. lat.>: … opusculum de dictionibus, quae uariato accen ‖ tu mutant significatum secundum ordinem alpha- ‖ beti …; Ammonius <Grammaticus>; <griech.>: … de differentia dictionum per literarum. ‖ ordinem. ‖ … . Hrsg.: (Aldo [Pio] Manuzio). – (Venedig), (1497, Decembri ‖ mense.).
- Drucker: (Aldo Manuzio [I]).
- Buchbinder: Luigi Lodigiani.
- Umfang: [243] Bl.; 2°.
- Bogensign.: a^8–k^8, l^{10}, A^8–K^8, L^{10}, M^8, N^{10}, O^8, p^8–r^8, s^6, t^8.
- FP: orp. t.a. a.s *αμαμ* (C) 1497 (R).
- Buchschmuck: E.; EX.
- Prov.: Etienne Graf von Méjan.
- Bibliographien: Cat. Ital. Books S. 202; Bibl. Aldina S. 5; Ebert 6075; Hain-Copinger 6151; GW 7814; Proctor 5561.
- Sign.: 4° Ald. Ren. 13,7 Inc.

Nr. 29

Maiolus, Laurentius): Epiphyllides in dialecticis. ‖. Beigef.: (Laurentius Maiolus: De Conuersione propositionum ‖ cuiuscumque generis secun- ‖ dum peripate ‖ ticos. ‖); (Averroes; <lat.>: Quaestio … in librum priorum …). Hrsg.: (Aldo [Pio] Manuzio). – (Venedig), (1497, mense Iulio.).
- Drucker: (Aldo Manuzio I]).
- Buchbinder: François Bozérian.
- Umfang: [158] Bl.; 4°.
- Bogensign.: a^4, b^8–f^8, g^{10}, a^8–i^8, a^8, B^8–D^8 [unvollst.: g^{10} fehlt].
- FP: e.s. e-ê- o-é- rasc (C) 1497 (R).
- Buchschmuck: E.; EX.
- Prov.: F. B.; Etienne Graf von Méjan.
- Bibliographien: Cat. Ital. Books S. 405; Bibl. Aldina S. 5; Ebert 1438; Brunet 3 Sp. 1322; Hain-Copinger 2191; Proctor 5558; GW M 20060.
- Sign.: Ald. Ren. 14,8–10 Inc.

Nr. 30

Maiolus, Laurentius): DE GRADIBVS MEDI ‖ CINARVM ‖. – (Venedig), (1497).
- Drucker: [Aldo Manuzio I].
- Buchbinder: François Bozérian.
- Umfang: [55] Bl.; 4°.
- Bogensign.: A^8–G^8.
- FP: c-bo e-r. exur niæq (C) 1497 (R).
- Buchschmuck: H.; E.; EX.
- Prov.: Etienne Graf von Méjan.
- Bibliographien: Cat. Ital. Books S. 405; Bibl. Aldina S. 5; Ebert 12819; Hain-Copinger 10528; Proctor 5562; GW M 20071.
- Sign.: Ald. Ren. 14,11 Inc.

Nr. 31

Leoniceno, Niccolò): Libellus de Epidemia, quam ‖ uulgo morbum Galli ‖ cum uocant. ‖. – (Venedig), (1497, Men- ‖ se Iunio.).
- Drucker: (Aldo Manuzio [I]).
- Umfang: [28] Bl.; 4°.
- Bogensign.: a^8–c^8, d^4.
- FP: utnt ,*a– noa– quno (C) 1497 (R).
- Buchschmuck: EX.
- Prov.: Etienne Graf von Méjan.
- Bibliographien: Cat. Ital. Books S. 466; Hain-Copinger 10019; Proctor 5557; Ebert 11870; GW M 17947.
- Sign.: Ald. Ren. 14,12 Inc.

Nr. 32

Horae beatae Mariae; <griech.>: [R] … Horae beatiss. uirginis secun ‖ dum consuetudinem ro ‖ manae curiae. ‖ Septem psalmi poenitentia ‖ les cum laetaniis et orationi- ‖ bus. ‖. EST: [Horae beatae Mariae virginis; griech.]. – (Vene-

Kat.-Nr. 7
Einband im italienisch-orientalischen Stil

Kat.-Nr. 27

dig), (1497, μηνὸσ πο ‖ σειδεῶνοσ πέμπτη ἰσαμένον).
- Drucker: (Aldo [Manuzio I]).
- Buchbinder: Lefebvre.
- Umfang: [112] Bl.; 16°.
- Bogensign.: a^8–$ξ^8$ [Lage i in falscher Reihenfolge gebunden].
- FP: a-o– $μεαν$ $ζηα$. $τοαν$ (C) 1497 (T).
- Buchschmuck: H.; E.; EX.
- Prov.: Etienne Graf von Méjan.
- Bibliographien: Cat. Ital. Books S. 384; Bibl. Aldina S. 6; Ebert 10108; Hain-Reichling 8830; Proctor 5560; GW mf 407.
- Sign.: Ald. Ren. 15,13 Inc.
- Abbildung: S. 65.

🐬 1498

Nr. 33

Aristoteles; <griech.>: EST: [Opera; griech., T. 5]. Hrsg.: (Aldo [Pio] Manuzio). – (Venedig), (1498, Mense iunio.).
- Drucker: (Aldo [Manuzio I]).
- Umfang: 209, [13] Bl., Bl. 210–316, [1] Bl.; 2°.
- Bogensign.: $aaaa^{10}$–uu^{10}, xxxx^4, $λλλλ^{10}$–$φφφφ^{10}$, $χχχχ^6$, $ψψψψ^{12}$, $ωωωω^{10}$, $ΑΑΑΑ^{10}$–$ΒΒΒΒ^{10}$, $ΓΓΓΓ^6$, $ΔΔΔΔ^{10}$–$ΙΙΙΙ^{10}$, $ΚΚΚΚ^{12}$.
- FP: $v.x* εο*$. $η*λ* α*ϑη$ (3) 1498 (R).
- Buchschmuck: E.; EX.
- Prov.: Etienne Graf von Méjan.
- Bibliographien: Cat. Ital. Books S. 42; Bibl. Aldina S. 6; Ebert 1110; GK 6.5893; GW 2334 V; Hain-Copinger 1657.
- Sign.: 4° Ald. Ren. 16,1 Inc. [1. Ex.].
- Abbildung: S. 71.

Nr. 34

Aristoteles; <griech.>: EST: [Opera; griech., T. 5]. Hrsg.: (Aldo [Pio] Manuzio). – (Venedig), (1498, Mense iunio.).
- Drucker: (Aldo [Manuzio I]).
- Buchbinder: René Simier.
- Umfang: 209, [13] Bl., Bl. 210–316, [1] Bl.; 2°.
- Bogensign.: $aaaa^{10}$–uu^{10}, xxxx^4, $λλλλ^{10}$–$φφφφ^{10}$, $χχχχ^6$, $ψψψψ^{12}$, $ωωωω^{10}$, $ΑΑΑΑ^{10}$–$ΒΒΒΒ^{10}$, $ΓΓΓΓ^6$, $ΔΔΔΔ^{10}$–$ΙΙΙΙ^{10}$, $ΚΚΚΚ^{12}$ [unvollst.: $aaaa^1$–$aaaa^{10}$ u. letztes Bl. fehlen].
- FP: $v.x* εο*$. $η*λ* α*ϑη$ (3) 1498 (R).
- Buchschmuck: E.
- Bibliographien: Cat. Ital. Books S. 42; Bibl. Aldina S. 6; Ebert 1110; GK 6.5893; GW 2334 V; Hain-Copinger 1657.
- Sign.: 4° Ald. Ren. 16,1 Inc. [2. Ex.].

Nr. 35

Aristoteles; <griech.>: EST: [Opera; griech., T. 5]. Hrsg.: (Aldo [Pio] Manuzio). – (Venedig), (1498, Mense iunio.).
- Drucker: (Aldo [Manuzio I]).
- Umfang: 209, [13] Bl., Bl. 210–316, [1] Bl.; 2°.
- Bogensign.: $aaaa^{10}$–uu^{10}, xxxx^4, $λλλλ^{10}$–$φφφφ^{10}$, $χχχχ^6$, $ψψψψ^{12}$, $ωωωω^{10}$, $ΑΑΑΑ^{10}$–$ΒΒΒΒ^{10}$, $ΓΓΓΓ^6$, $ΔΔΔΔ^{10}$–$ΙΙΙΙ^{10}$, $ΚΚΚΚ^{12}$.
- FP: $v.x* εο*$. $η*λ* α*ϑη$ (3) 1498 (R).
- Buchschmuck: KF.
- Bibliographien: Cat. Ital. Books S. 42; Bibl. Aldina S. 6; Ebert 1110; GK 6.5893; GW 2334 V; Hain-Copinger 1657.
- Sign.: 4° Ald. Ren. 16,1 Inc. [3. Ex.].

Nr. 36

Aristophanes; <griech.>: ... COMOEDIAE NOVEM. ‖ ... Plutus. ‖ ... Nebulae ‖ ... Ranae ‖ ... Equites ‖ ... Acharnes ‖ ... Vespae ‖ ... Aues ‖ ... Pax ‖ ... Contionates ‖ ... . Hrsg.: (Markos Musuros). – (Venedig), (1498, Idibus Quintilis.).
- Drucker: (Aldo [Manuzio I]).
- Buchbinder: Alexis-Pierre Bradel.
- Umfang: [347] Bl.; 2°.
- Bogensign.: ^{8}, a^8–$γ^8$, $δ^{10}$, $ε^8$– $ξ^8$, o^{10}, $π^8$–v^8, $φ^6$, $χ^8$–$ω^8$, $Α^8$–$Ε^8$, $Ζ^6$, $Η^8$–$Λ^8$, $Μ^4, Ν^8$–$Ο^8$, $Π^{10}$, $Ρ^8$–$Σ^8$, $Τ^5$ [unvollst.: $χ^8$ fehlt].
- FP: $ρησω$ $v.ξη$ $η$–$ατ$ $φλΚα$ (C) 1498 (R).
- Buchschmuck: E.; EX.
- Prov.: Etienne Graf von Méjan.
- Bibliographien: Cat. Ital. Books S. 42; Bibl. Aldina S. 6; Ebert 1076; GW 2333; Hain-Copinger 1656; Proctor 5566.
- Sign.: 4° Ald. Ren. 16,3 Inc. [1. Ex.].
- Abbildungen: S. 66, 67.

Nr. 37

Aristophanes; <griech.>: ... COMOEDIAE NOVEM. ‖ ... Plutus. ‖ ... Nebulae ‖ ... Ranae ‖ ... Equites ‖ ... Acharnes ‖ ... Vespae ‖ ... Aues ‖ ... Pax ‖ ... Contionantes ‖ ... . Hrsg.: (Markos Musuros). – (Venedig), (1498, Idibus Quintilis.).
- Drucker: (Aldo [Manuzio I]).
- Umfang: [347] Bl.; 2°.
- Bogensign.: ^{8}, a^8–$γ^8$, $δ^{10}$, $ε^8$– $ξ^8$, o^{10}, $π^8$–v^8, $φ^6$, $χ^8$–$ω^8$, $Α^8$–$Ε^8$, $Ζ^6$, $Η^8$–$Λ^8$, $Μ^4, Ν^8$–$Ο^8$, $Π^{10}$, $Ρ^8$–$Σ^8$, $Τ^5$ [unvollst.: $χ^8$ fehlt].
- FP: $ρησω$ $v.ξη$ $η$–$ατ$ $φλΚα$ (C) 1498 (R).
- Buchschmuck: E.; EX.
- Prov.: Bibliotheca Pezoldiana; Etienne Graf von Méjan.
- Bibliographien: Cat. Ital. Books S. 42; Bibl. Aldina S. 6; Ebert 1076; GW 2333; Hain-Copinger 1656; Proctor 5566.
- Sign.: 4° Ald. Ren. 16,3 Inc. [2. Ex.].

Nr. 38

Politianus, Angelus: OMNIA OPERA ... . EST: [Opera]. Hrsg.: (Alexander Sartius). – (Venedig), (1498, mense Iulio).
- Drucker: (Aldo [Manuzio I]).
- Umfang: [452] Bl.; 2°.
- Bogensign.: a^8–p^8, q^{10}, r^{10}, s^8–t^8, $Α^8$–I^8, $Κ^4, L^8$–$P^8, Q^{10}, R^{10}, S^8, T^{10}, V^6, X^{10}, Y^{10}, Z^8, \&^{10}, aa^{10}$, iterû aa^8, iterû bb^8, bb^8–hh^8, ii^6, xx^{10}.
- FP: esas $v.εσ$ n.o– ceri (C) 1498 (R).
- Buchschmuck: E.; EX.
- Prov.: Bibliothecae Seminarij Feltrensis; Etienne Graf von Méjan.
- Bibliographien: Cat. Ital. Books S. 24; Bibl. Aldina S. 6; Ebert 17616; Hain-Copinger 13218; Proctor 5567; GW M 34727.
- Sign.: 4° Ald. Ren. 17,4 Inc. [1. Ex.].

Nr. 39

Politianus, Angelus: OMNIA OPERA ... . EST: [Opera]. Hrsg.: (Alexander Sartius). – (Venedig), (1498, mense Iulio).
- Drucker: (Aldo [Manuzio I]).
- Umfang: [452] Bl.; 2°.
- Bogensign.: a^8–p^8, q^{10}, r^{10}, s^8–t^8, $Α^8$–I^8, $Κ^4, L^8$–$P^8, Q^{10}, R^{10}, S^8, T^{10}, V^6, X^{10}, Y^{10}, Z^8, \&^{10}, aa^{10}$, iterû aa^8, iterû bb^8, bb^8–hh^8, ii^6, xx^{10}.
- FP: esas $v.εσ$ n.o– ceri (C) 1498 (R).
- Buchschmuck: E.; EX.
- Prov.: Bibliothecae Seminarij Feltrensis.
- Bibliographien: Cat. Ital. Books S. 24; Bibl. Aldina S. 6; Ebert 17616; Hain-Copinger 13218; Proctor 5567; GW M 34727.
- Sign.: 4° Ald. Ren. 17,4 Inc. [2. Ex.].

Nr. 40

Biblia, VT., Psalmi; <griech.>: EST: [Biblia, VT., Psalmi; griech.]. Hrsg.: (Justinus Decadyus). –[Venedig], [1498].
- Drucker: (Aldo Manuzio [I]).
- Buchbinder: Luigi Lodigiani.
- Umfang: [150] Bl.; 4°.
- Bogensign.: $α^8$–$ϑ^8$, $ι^6$, x^8–v^8.
- FP: $ε*σ$, $μγμη$ $*σ**$ $μοαω$ (C) 1498 (Q).
- Buchschmuck: RL.; E.; EX.
- Prov.: Etienne Graf von Méjan.
- Bibliographien: Bibl. Aldina S. 157; GW M 36248.
- Sign.: Ald. Ren. 260,8 Inc.

🐬 1499

Nr. 41

Epistolae diversorum philosophorum: ... Epistolae diuersorum philosophorum. ora-‖ torum. Rhetorum sex et uiginti. ‖ ... . EST: [Epistolae diversorum philosophorum, T.1]. Hrsg.: (Markos Musuros). – (Venedig), (1499, mense Martio ...).
- Drucker: (Aldo [Manuzio I]).
- Umfang: [266] Bl.; 4°.
- Bogensign.: $*^6$, $α^{12}$–$ς^{12}$, $ζ^8$, $η^8$, $ϑ^{10}$, $ι^8$–$τ^8$, $ττ^6$, v^8–$ω^8$, $Α^8$–$Γ^8$, $Δ^4$.
- FP: ama, $αιοι$ $*vv$– $ηψρα$ (C) 1499 (R).
- Buchschmuck: E.; EX.
- Prov.: Etienne Graf von Méjan.
- Bibliographien: Cat. Ital. Books S. 235; Bibl. Aldina S. 7; Hain-Copinger 6659; Proctor 5569; Ebert 6818; GW 9367.
- Sign.: Ald. Ren. 18,1–1 Inc. [1. Ex.].

Nr. 42

Epistolae diversorum philosophorum: ... Epistolae diuersorum philosophorum. ora-‖ torum. Rhetorum sex et uiginti. ‖ ... . EST: [Epistolae diversorum philosophorum, T.1]. Hrsg.: (Markos Musuros). – (Venedig), (1499, mense Martio ...).
- Drucker: (Aldo [Manuzio I]).
- Buchbinder: Luigi Lodigiani.
- Umfang: [266] Bl.; 4°.
- Bogensign.: $*^6$, $α^{12}$–$ς^{12}$, $ζ^8$, $η^8$, $ϑ^{10}$, $ι^8$–$τ^8$, $ττ^6$, v^8–$ω^8$, $Α^8$–$Γ^8$, $Δ^4$ [Teil 1 nach Teil 2 gebunden].
- FP: ama, $αιοι$ $*vv$– $ηψρα$ (C) 1499 (R).
- Bibliographien: Cat. Ital. Books S. 235; Bibl. Aldina S. 7; Hain-Copinger 6659; Proctor 5569; Ebert 6818; GW 9367.
- Sign.: Ald. Ren. 18,1–1.2 Inc. [2. Ex.].

Nr. 43

Epistolae diversorum philosophorum: ... [Sp. 2] EPISTOLAE ‖ Basilii Magni ‖ Libanii Rhetoris. ‖ Chionis Platonici, ‖ Aeschinis et ‖ Isocratis oratorum ‖ Phalaridis Tyranni. ‖ Bruti Romani. ‖ Apollonii Tyanensis. ‖ Iuliani Apostatae. ‖. EST: [Epistolae diversorum philosophorum, T.2]. Hrsg.: (Markos Musuros). – (Venedig), (1499, quinto-‖ decimo calendas maias ...).
- Drucker: (Aldo [Manuzio I]).
- Umfang: [137] Bl.; 4°.
- Bogensign.: $α^8$–$ε^8$, $ζ^6$–$η^6$, $ϑ^8$–$ρ^8$, $σ^6$.
- FP: $ειτη$ $ε.ιv$ $ονοϑ$ $οϑαϑ$ (C) 1499 (R).
- Buchschmuck: E.; EX.
- Prov.: Etienne Graf von Méjan.
- Bibliographien: Cat. Ital. Books S. 235; Bibl. Aldina S. 7; Hain-Copinger 6659; Proctor 5569; Ebert 6818; GW 9367.
- Sign.: Ald. Ren. 18,1–2 Inc. [1. Ex.].

Nr. 44

Epistolae diversorum philosophorum: ... [Sp. 2] EPISTOLAE ‖ Basilii Magni ‖ Libanii Rhetoris. ‖ Chionis Platonici, ‖ Aeschinis et ‖ Isocratis oratorum ‖ Phalaridis Tyranni. ‖ Bruti Romani. ‖ Apollonii Tyanensis. ‖ Iuliani Apostatae. ‖. EST: [Epistolae diversorum philosophorum, T.2]. Hrsg.: (Markos Musuros). – (Venedig), (1499, quinto-‖ decimo calendas maias ...).
- Drucker: (Aldo [Manuzio I]).
- Buchbinder: Luigi Lodigiani.
- Umfang: [137] Bl.; 4°.
- Bogensign.: $α^8$–$ε^8$, $ζ^6$–$η^6$, $ϑ^8$–$ρ^8$, $σ^6$ [Teil 2 vor Teil 1 gebunden].
- FP: $ειτη$ $ε.ιv$ $ονοϑ$ $οϑαϑ$ (C) 1499 (R).

- Bibliographien: Cat. Ital. Books S. 235; Bibl. Aldina S. 7; Hain-Copinger 6659; Proctor 5569; Ebert 6818; GW 9367.
- Sign.: Ald. Ren. 18,1–1.2 Inc. [2. Ex.].

Nr. 45

Perottus, Nicolaus): Cornucopiae, siue linguae latinae commentarii … . Beigef.: (Nicolaus Perottus): … libellus, quo Plinii epistola, ad Titum Vespasianum ‖ corrigitur …; (Cornelius Vitellius: Parthenio Benacensi …). Hrsg.: (Aldo [Pio Manuzio]). Kommentator: Cornelius Vitellius. – (Venedig), (1499, MENSE IVLIO.).
- Drucker: (Aldo [Manuzio I]).
- Buchbinder: François Bozérian.
- Umfang: 30 Bl., 642 S.; 2°.
- Bogensign.: [1⁶–5⁶], a¹⁰–z¹⁰, A¹⁰–H¹⁰, I¹¹.
- FP: 2.31 4.8. 4.2. inin (3) 1499 (R).
- Buchschmuck: E.; EX.
- Prov.: Etienne Graf von Méjan.
- Bibliographien: Cat. Ital. Books S. 499; Bibl. Aldina S. 7; Ebert 16210; Hain 12706; Proctor 5572; GW M 31090.
- Sign.: 4° Ald. Ren. 19,2 Inc. [1. Ex.].

Nr. 46

Perottus, Nicolaus): Cornucopiae, siue linguae latinae commentarii … . Beigef.: (Nicolaus Perottus): … libellus, quo Plinii epistola, ad Titum Vespasianum ‖ corrigitur …; (Cornelius Vitellius: Parthenio Benacensi …). Hrsg.: (Aldo [Pio Manuzio]). Kommentator: Cornelius Vitellius. – (Venedig), (1499, MENSE IVLIO.).
- Drucker: (Aldo [Manuzio I]).
- Umfang: 30 Bl., 642 S.; 2°.
- Bogensign.: [1⁶–5⁶], a¹⁰–z¹⁰, A¹⁰–H¹⁰, I¹¹.
- FP: 2.31 4.8. 4.2. inin (3) 1499 (R).
- Buchschmuck: E.
- Prov.: Conradus Ernestus; Bibliothek des Gymnasium Bernhardinum, Meiningen.
- Bibliographien: Cat. Ital. Books S. 499; Bibl. Aldina S. 7; Ebert 16210; Hain 12706; Proctor 5572; GW M 31090.
- Sign.: 4° Ald. Ren. 19,2 Inc. [2. Ex.].

Nr. 47

Firmicus Maternus, Julius): … Astronomicorum libri octo integri, et emen ‖ dati, ex Scythicis oris ad nos nuper allati. ‖ … . Beigef.: Marcus Manilius: … astronomicorum libri quinque. ‖ …; Aratus <Solensis>: … Phaenomena …; Aratus <Solensis>: … phaenomenon fragmentum … ‖ eiusdem Phaenomena Ruffo Festo Auienio paraphraste. ‖ …; Aratus <Solensis> … Phaenomena graece …; Proclus <Diadochus>: … Sphaera graece ‖ … Sphaera, … . Hrsg.: (Franciscus <Niger>). Übers.: Aldo Pio Manu-

zio; Germanicus <Caesar>; Marcus Tullius Cicero; Thomas Linacre. Kommentator: Rufius Festus; Theon <Alexandrinus>. – (Venedig), 1499, (mense Iunio.), (Mense octob.).
- Drucker: (Aldo [Manuzio I]).
- Umfang: [376] Bl.; 2°.
- Bogensign.: *⁶, a¹⁰–g¹⁰, h¹², aa¹⁰–hh¹⁰, ii⁸–kk⁸, A¹⁰–D¹⁰, E¹², F⁶, G¹⁰–M¹⁰, N⁶, N¹⁰–S¹⁰, T⁸ [unvollst.: E¹² u. K¹⁰ fehlen].
- FP: odri x.i. s,os adsa (C) 1499 (R).
- Buchschmuck: H.; E.
- Bibliographien: Cat. Ital. Books S. 254; GW 9981; Hain-Copinger 14559; Bibl. Aldina S. 8; Ebert 7579.
- Sign.: 4° Ald. Ren. 20,3 Inc.

Nr. 48

Dioscorides, Pedanius; <griech.>: EST: [De materia medica, griech.]. Beigef.: Nicander <Colophonius>; <griech.>: … τηριακά. ‖ … ἀλεξιφάρμακα. ‖ … . Hrsg.: (Aldo [Pio Manuzio]). – (Venedig), (1499, Mense Iulio.).
- Drucker: (Aldo [Manuzio I]).
- Buchbinder: François Bozérian.
- Umfang: [184] Bl.; 2°.
- Bogensign.: *⁶, a⁸–o⁸, π¹⁰, A⁸–Δ⁸, E⁶, α¹⁰.
- FP: η.** α.κδ αιαν σεδη (C) 1499 (R).
- Buchschmuck: E.; EX.
- Prov.: Etienne Graf von Méjan.
- Bibliographien: Cat. Ital. Books S. 218; Ebert 6246; Hain-Copinger 6257; Proctor 5571; GW 8435.
- Sign.: 4° Ald. Ren. 21,4 Inc.

Nr. 49

Colonna, Francesco; <ital.>: HYPNEROTOMACHIA … . Verf. in Vorlage: Poliphilus. – [Venedig], [1499].
- Drucker: [Aldo Manuzio I].
- Umfang: [234] Bl.; 2°.
- Bogensign.: ⁴, a⁸–y⁸, z¹⁰, A⁸–E⁸, F⁴ [unvollst.: F⁴ fehlt].
- FP: næa, rosa e.li glli (C) 1499 (Q).
- Buchschmuck: H.; EX.
- Prov.: Ezechiel von Spanheim.
- Bibliographien: Cat. Ital. Books S. 530; Bibl. Aldina S. 8; Ebert 17609; Hain-Copinger 5501; Proctor 5574; GW 7223.
- Sign.: 4° Ald. Ren. 21,5 Inc. [1. Ex.].

Nr. 50

Colonna, Francesco; <ital.>: HYPNEROTOMACHIA … . Verf. in Vorlage: Poliphilus. – (Venedig), (1499, Mense decembri).
- Drucker: (Aldo Manuzio [I]).
- Buchbinder: François Bozérian.
- Umfang: [234] Bl.; 2°.
- Bogensign.: ⁴, a⁸–y⁸, z¹⁰, A⁸–E⁸, F⁴.
- FP: næa, rosa e.li glli (C) 1499 (R).
- Buchschmuck: H.; EX.
- Prov.: Etienne Graf von Méjan.
- Bibliographien: Cat. Ital. Books S. 530; Bibl. Aldina S. 8; Ebert 17609; Hain-Copinger 5501; Proctor 5574; GW 7223.
- Sign.: 4° Ald. Ren. 21,5 Inc. [2. Ex.].
- Abbildungen: S. 68, 69.

🐘 1500

Nr. 51

Lucretius Carus, T[itus]: … LIBRI SEX … (… DE RERVM ‖ NATVRA, ‖ …). EST: [De rerum natura]. Hrsg.: (Girolamo Avanzi). – (Venedig), (1500, mense Decem.).
- Drucker: (Aldo [Manuzio I]).
- Umfang: [108] Bl.; 4°.
- Bogensign.: ⁶, a⁸–i⁸, K⁸, l⁸–m⁸, n⁶.
- FP: odon a.de eri. moui (C) 1500 (R).
- Buchschmuck: E.; EX.
- Prov.: Etienne Graf von Méjan.
- Bibliographien: Cat. Ital. Books S. 397; Bibl. Aldina S. 8; Ebert 12432; Hain-Copinger 10285; Proctor 5576; GW M 19135.
- Sign.: Ald. Ren. 23,1 Inc.

Nr. 52

Catharina <Senensis>: EPISTOLE … (… alcune orationi …). Hrsg.: Bartholomaeus <de Alzano>. – (Venedig), (1500, di xv. Septembrio).
- Drucker: (Aldo Manuzio [I]).
- Buchbinder: Luigi Lodigiani (?).
- Umfang: [10], cccxiiii [=cccxi], [1] Bl.; 2°.
- Bogensign.: *¹⁰, a⁸–y⁸, A⁸–G⁸, H¹⁰, I⁸–N⁸, O¹⁰, P⁸–Z⁸, AA⁸–FF⁸.
- FP: e:cô uior mêo- reuo (3) 1500 (R).
- Buchschmuck: H.; E.; EX.
- Prov.: Etienne Graf von Méjan.
- Bibliographien: Cat. Ital. Books S. 159; Bibl. Aldina S. 10; Ebert 3721; Hain-Copinger-Reichling 4688; Proctor 5575; GW 6222.
- Sign.: 4° Ald. Ren. 23,2 Inc.
- Abbildungen: S. 72, 73.

🐘 1501

Nr. 53

Poetae christiani veteres: PRVDENTII POETAE OPERA. ‖ … . EST: [Poetae christiani veteres; T. 1]. Beigef.: Aurelius Prudentius Clemens: … OPERA. ‖ …; (Prosper <de Aquitania>: … EPIGRAM ‖ MATA SVPER DIVI AVR. AVGV ‖ STINI SENTENTIAS …); (Johannes <Damascenus>; <griech. u. lat.>: … in Theologiam hymnus. ‖ … . Hrsg.: Aldo Pio Manuzio. – (Venedig), (1501, mense Ianuario.).
- Drucker: (Aldo Manuzio [I]).
- Umfang: [235] Bl.; 4°.
- Bogensign.: ⁸, ff⁸, gg⁸, hh¹⁰, ii⁸–xx⁸, yy¹⁰, hh⁸, ii⁸, kk⁶⁺¹, a¹⁰, b⁸, c¹⁰, d⁶, 1⁸–3⁸, 4⁶.
- FP: s,yr m.uæ t,re AtNo (C) 1501 (R).
- Buchschmuck: E.; EX.
- Prov.: Etienne Graf von Méjan.
- Bibliographien: Adams P 1685; Cat. Ital. Books S. 542; Bibl. Aldina S. 10; Ebert 17557.
- Sign.: Ald. Ren. 24,1.

Nr. 54

Poetae christiani veteres: QVAE HOC LIBRO CONTINENTVR. ‖ Sedulii mirabilium diuinorum libri quatuor carmine heroico. ‖ … . Iuuenci de Euangelica historia libri quatuor. ‖ Aratoris Cardinalis historiae Apostolicae libri duo. ‖ … . EST: [Poetae christiani veteres; T. 2]. Hrsg.: Aldo [Pio] Manuzio. – (Venedig), (1502, Mense Iunio), (1501, mense ‖ Ianuario.).
- Drucker: (Aldo [Manuzio I]).
- Umfang: [293] Bl.; 4°.
- Bogensign.: ⁸, a⁸–c⁸, d⁴, e⁸–i⁸, k¹⁰, aa⁸–dd⁸, ee⁶, ff⁸, gg⁸, hh⁶, A⁸–F⁸, G⁴, H⁸, I⁸, K⁴, aaaa⁸, bbbb¹⁰, cccc⁸, dddd¹⁰, eeee⁴, αα⁸, ββ¹⁰, γγ⁸, δδ¹⁰, εε⁴ [griech. Bogensign. mit den entsprechenden lat. ineinander verschränkt].
- FP: osli s.uæ¸ta anQu (C) 1502 (R).
- Buchschmuck: D.; E.; EX.
- Prov.: Etienne Graf von Méjan.
- Bibliographien: Adams P 1685; Cat. Ital. Books S. 542; Bibl. Aldina S. 16; Ebert 17557.
- Sign.: Ald. Ren. 39,17.

Nr. 55

Philostratus, Flavius; <griech. u. lat.>: … de uita Apollonii Tyanei libri octo. ‖ … . Beigef.: Eusebius <Caesariensis>; <griech. u. lat.>: … contra Hieroclem que Tyaneum Christo conferre conatus fuerit. ‖ … . Hrsg.: (Aldo P[io] M[anuzio]). Übers.: Alemannus Rinuccinus. – (Venedig), (1501, Mense Martio.), (1502, mense februario.).
- Drucker: (Aldo [Manuzio I]).
- Buchbinder: François Bozérian.
- Umfang: [74], 73, [1] Bl.; 2°.
- Bogensign.: a⁸–g⁸, h¹⁰, Apoll.⁸, a⁸–h⁸, i¹⁰ [2 Teile].
- FP: π–τι v.va atli diau (3) 1502 (R).
- Buchschmuck: D.; E.; EX.
- Prov.: Etienne Graf von Méjan.
- Bibliographien: Adams P 1067; Cat. Ital. Books S. 512; Bibl. Aldina S. 10; Ebert 16740.
- Sign.: 4° Ald. Ren. 26,2 [1. Ex.].

Nr. 56

Philostratus, Flavius; <griech. u. lat.>: … de uita Apollonii Tyanei libri octo. ‖ … . Beigef.: Eusebius <Caesariensis>; <griech. u. lat.>: … contra Hieroclem que Tyaneum Christo conferre conatus fuerit. ‖ … . Hrsg.: (Aldo P[io] M[anuzio]). Übers.: Alemannus Rinuccinus. – (Venedig), (1501, Mense Martio.).
- Drucker: (Aldo [Manuzio I]).

- Buchbinder: Luigi Lodigiani.
- Umfang: [65] Bl.; 2°.
- Bogensign.: a⁸–g⁸, h¹⁰ [nur T. 1].
- Buchschmuck: D.; E.; EX.
- Prov.: Etienne Graf von Méjan.
- Bibliographien: Adams P 1067; Cat. Ital. Books S. 512; Bibl. Aldina S. 10; Ebert 16740.
- Sign.: 4°Ald. Ren. 26,2 [2. Ex.].

Nr. 57

Philostratus, Flavius; <griech. u. lat.>: ... de uita Apollonii Tyanei libri octo. ‖ ... . Beigef.: Eusebius <Caesariensis>; <griech. u. lat.>: ... contra Hieroclem que Tyaneum Christo conferre conatus fuerit.‖ ... . Hrsg.: (Aldo P[io] M[anuzio]). Übers.: Alemannus Rinuccinus. – (Venedig), (1501, Mense Martio.), (1502, mense februario.).
- Drucker: (Aldo [Manuzio I]).
- Umfang: [74], 73, [1] Bl.; 2°.
- Bogensign.: a⁸–g⁸, h¹⁰, Apoll.⁸, a⁸–h⁸, i¹⁰ [2 Teile].
- FP: π–τι v.να atli diau (3) 1502 (R).
- Buchschmuck: D.; E.
- Bibliographien: Adams P 1067; Cat. Ital. Books S. 512; Bibl. Aldina S. 10; Ebert 16740.
- Sign.: 4°Ald. Ren. 26,2 [3. Ex.].

Nr. 58

Vergilius Maro, [Publius]: VERGILIVS. ‖ EST: [Opera]. Hrsg.: (Aldo [Pio Manuzio]). – (Venedig), (1501, MENSE ‖ APRILI.).
- Drucker: (Aldo [Manuzio I]).
- Buchbinder: François Bozérian.
- Umfang: [228] Bl.; 8°.
- Bogensign.: a⁸–g⁸, A⁸–X⁸, Y⁴.
- FP: usi. t.e. m,is IuCo (C) 1501 (R).
- Buchschmuck: E.; EX.
- Prov.: Etienne Graf von Méjan.
- Bibliographien: Cat. Ital. Books S. 730; Ebert 23664.
- Sign.: Ald. Ren. 27,3 EBD.
- Abbildung: S. 74.

Nr. 59

Horatius Flaccus, [Quintus]: HORATIVS ‖. EST: [Opera]. Hrsg.: (Aldo [Pio Manuzio]). – (Venedig), (1501, MENSE MAIO).
- Drucker: (Aldo [Manuzio I]).
- Buchbinder: François Bozérian.
- Umfang: [143] Bl.; 8°.
- Bogensign.: a⁸–s⁸.
- FP: esdi iænæ uss. PrCu (C) 1501 (R).
- Buchschmuck: E.; EX.
- Prov.: Etienne Graf von Méjan.
- Bibliographien: Adams H 854; Cat. Ital. Books S. 332; Bibl. Aldina S. 12; Ebert 10138.
- Sign.: Ald. Ren. 27,4 [1. Ex.].

Nr. 60

Horatius Flaccus, [Quintus]: HORATIVS ‖. EST: [Opera]. Hrsg.: (Aldo [Pio Manuzio]). – (Venedig), (1501, MENSE MAIO).
- Drucker: (Aldo [Manuzio I]).
- Umfang: [143] Bl.; 8°.
- Bogensign.: a⁸–s⁸.
- FP: esdi iænæ uss. PrCu (C) 1501 (R).
- Buchschmuck: EX.
- Prov.: Friedrich Jacob Roloff.
- Bibliographien: Adams H 854; Cat. Ital. Books S. 332; Bibl. Aldina S. 12; Ebert 10138.
- Sign.: Ald. Ren. 27,4 [2. Ex.].

Nr. 61

Petrarca, Francesco: LE COSE VOLGARI ‖ ... . Hrsg.: (Aldo [Pio Manuzio]). – (Venedig), (1501, del mese di Luglio).
- Drucker: (Aldo [Manuzio I]).
- Umfang: [192] Bl.; 8°.
- Bogensign.: a⁸–y⁸, z⁴, A⁸, B⁴ [unvollst.: z⁴ fehlt].
- FP: e.o; e,o, a,e; MaLe (C) 1501 (R).

Kat.-Nr. 32
Mariae Verkündigung
(Holzschnitt)

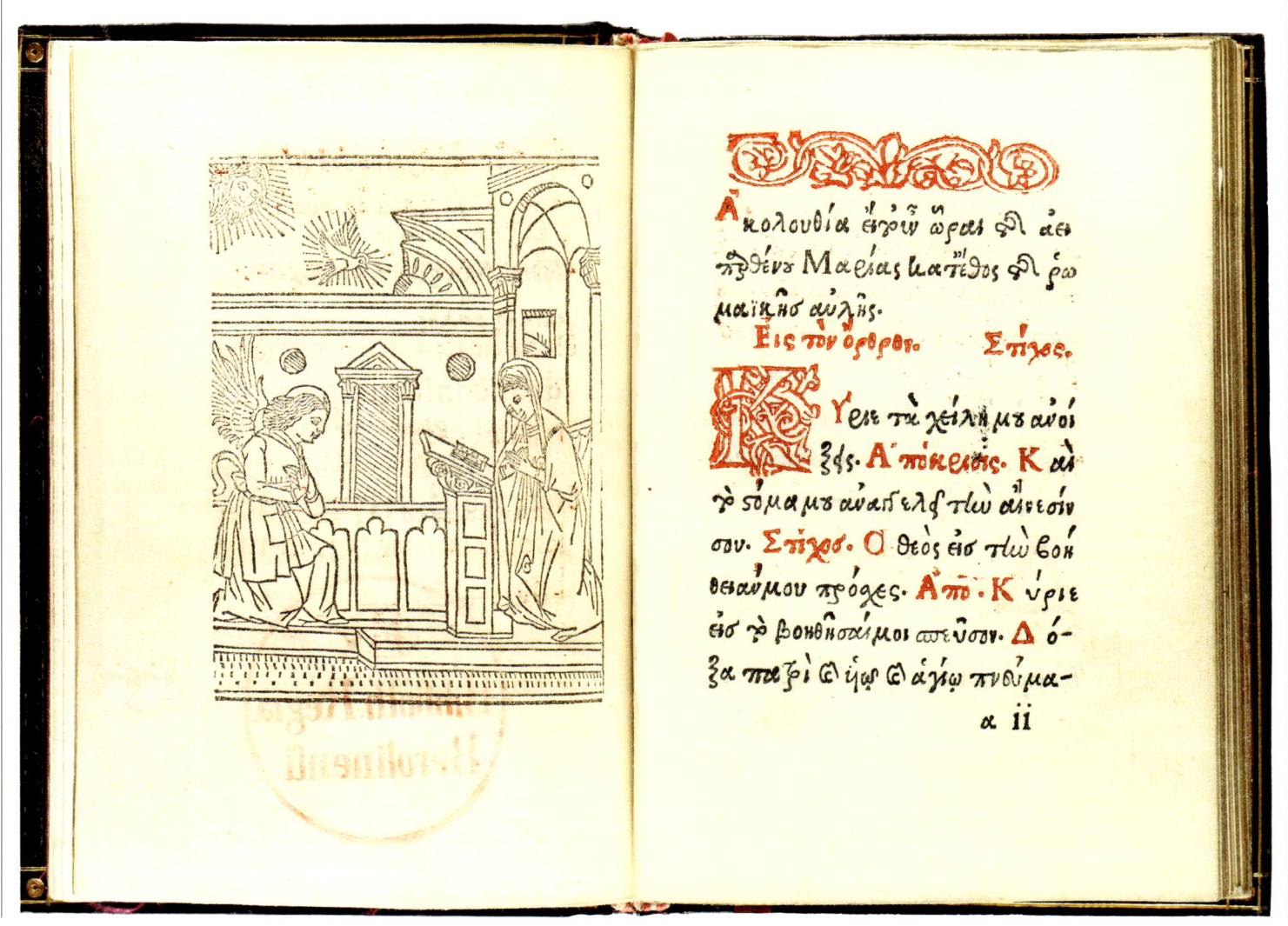

65

Kat.-Nr. 36
Buchbinderetikett von
Alexis-Pierre Bradel

- Buchschmuck: E.; EX.
- Prov.: Etienne Graf von Méjan.
- Bibliographien: Adams P 787; Cat. Ital. Books S. 503; Bibl. Aldina S. 12; Ebert 16380.
- Sign.: Ald. Ren. 28,5 [1. Ex.].

Nr. 62

Petrarca, Francesco: LE COSE VOLGARI ‖ ... . Hrsg.: (Aldo [Pio Manuzio]). – (Venedig), (1501, del mese di Luglio).
- Drucker: (Aldo [Manuzio I]).
- Buchbinder: François Bozérian.
- Umfang: [192] Bl.; 8°.
- Bogensign.: a^8–y^8, z^4, A^8, B^4 [unvollst.: A^8 u. B^1–B^4 fehlen].
- FP: e.o; e.o, a,e; MaLe (C) 1501 (R).
- Buchschmuck: E.; EX.
- Prov.: Etienne Graf von Méjan.
- Bibliographien: Adams P 787; Cat. Ital. Books S. 503; Bibl. Aldina S. 12; Ebert 16380.
- Sign.: Ald. Ren. 28,5 [2. Ex.].

Nr. 63

Petrarca, Francesco): [LE COSE VOLGARI ‖ ...]. Hrsg.: (Aldo [Pio Manuzio]). Illustrator: [Alberto Maffei]. – (Venedig), (1501, del mese di Luglio).
- Drucker: (Aldo [Manuzio I]).
- Umfang: [192] Bl.; 8°.
- Bogensign.: a^8–y^8, z^4, A^8, B^4 [unvollst.: Titelbl. fehlt].
- FP: e.o; e.o, a,e; MaLe (C) 1501 (R).
- Buchschmuck: E.
- Prov.: Priuli.
- Bibliographien: Ald. Ren. 28,5; Adams P 787; Cat. Ital. Books S. 503; Bibl. Aldina S. 12; Ebert 16380.
- Sign.: Libr. in membr. impr. 8° 6 EBD.
- Abbildungen: S. 80, 81, 82.

Nr. 64

Iuvenalis, [Decimus Iunius]: IVVENALIS. ‖ PERSIVS. ‖. EST: [Satirae]. Beigef.: [Aulus] Persius [Flaccus]: [Satirae]. Hrsg.: (Aldo [Pio Manuzio]). – (Venedig), (1501, MENSE ‖ AVGVSTO).
- Drucker: (Aldo [Manuzio I]; Andrea [Torresano I]).
- Buchbinder: François Bozérian.
- Umfang: 76 [–78] Bl.; 8°.
- Bogensign.: A^8–G^8, H^{10}, a^8, b^4.
- FP: s,a, næn. itni DeDe (3) 1501 (R).
- Buchschmuck: D.; E.; EX.
- Prov.: Etienne Graf von Méjan.
- Bibliographien: Adams J 770; Cat. Ital. Books S. 364; Budapest J 326; Bibl. Aldina S. 12; Ebert 11216.
- Sign.: Ald. Ren. 29,6 [1. Ex.].

Nr. 65

Iuvenalis, [Decimus Iunius]: IVVENALIS. ‖ PERSIVS. ‖. EST: [Satirae]. Beigef.: [Aulus] Persius [Flaccus]: [Satirae]. Hrsg.: (Aldo [Pio Manuzio]). – (Venedig), (1501, Mense Augusto).
- Drucker: (Aldo [Manuzio I]).
- Buchbinder: François Bozérian.
- Umfang: [78] Bl.; 8°.
- Bogensign.: A^8–G^8, H^{10}, a^8, b^4.
- FP: s,a, næn. æ.er FePl (C) 1501 (R).
- Buchschmuck: E.; EX.
- Prov.: Etienne Graf von Méjan.
- Bibliographien: Adams J 770; Cat. Ital. Books S. 364; vgl. Budapest J 326; Bibl. Aldina S. 12; Ebert 11216.
- Sign.: Ald. Ren. 29,6 [2. Ex.].

Nr. 66

Iuvenalis, [Decimus Iunius]: IVVENALIS. ‖ PERSIVS. ‖. EST: [Satirae]. Beigef.: [Aulus] Persius [Flaccus]: [Satirae]. Hrsg.: (Aldo [Pio Manuzio]). – (Venedig), (1501, Mense Augusto).
- Drucker: (Aldo [Manuzio I]).
- Umfang: [78] Bl.; 8°.
- Bogensign.: A^8–G^8, H^{10}, a^8, b^4.
- FP: s,a, næn. æ.er FePl (C) 1501 (R).
- Buchschmuck: EX.
- Prov.: Friedrich Jacob Roloff.
- Bibliographien: Ald. Ren. 29,6; Adams J 770; Cat. Ital. Books S. 364; vgl. Budapest J 326; Bibl. Aldina S. 12; Ebert 11216.
- Sign.: 1 an Ald. Ren. 27,4 [2. Ex.].

Nr. 67

Iuvenalis, [Decimus Iunius]: IVVENALIS. ‖ PERSIVS. ‖. EST: [Satirae]. Beigef.: [Aulus] Persius [Flaccus]: [Satirae]. Hrsg.: (Aldo [Pio Manuzio]). – (Venedig), (1501, Mense Augusto).
- Drucker: (Aldo [Manuzio I]).
- Umfang: [78] Bl.; 8°.
- Bogensign.: A^8–G^8, H^{10}, a^8, b^4.
- FP: s,a, næn. æ.er FePl (C) 1501 (R).
- Buchschmuck: EX.
- Prov.: Hanns Vollandus, Tüwingen 1555; Conrad Leichtius, 1567; Thobias Graf, 1578; H. S. A. S., 1586; Jesuitenkolleg, Schweidnitz, 1678; Adamus Goder; Burckardus Seidelius; Joannes Prügelius; Bartholomaeus Lochiensis.
- Bibliographien: Ald. Ren. 29,6; Adams J 770; Cat. Ital. Books S. 364; vgl. Budapest J 326; Bibl. Aldina S. 12; Ebert 11216.
- Sign.: 1 an Ald. Ren. 80,7.

Nr. 68

Martialis, [Marcus Valerius]: MARTIALIS. ‖ (... EPIGRAMMATA. ‖). EST: [Epigrammata]. – (Venedig), (1501, MEN ‖ SE DECEMBRI.).
- Drucker: (Aldo [Manuzio I]).
- Buchbinder: François Bozérian.
- Umfang: [191] Bl.; 8°.
- Bogensign.: A^8–Z^8, ^{7}.
- FP: a?r, o.s, o,m. InLi (C) 1501 (R).
- Buchschmuck: E.; EX.
- Bibliographien: Ald. Ren. 30,7; Adams M 689; Cat. Ital. Books S. 420; Budapest M 260; Bibl. Aldina S. 13; Ebert 13234.
- Sign.: 217708 RAR.

Nr. 69

Martialis, [Marcus Valerius]: MARTIALIS. ‖ (... EPIGRAMMATA. ‖). EST: [Epigrammata]. – (Venedig), (1501, MEN ‖ SE DECEMBRI.).
- Drucker: (Aldo [Manuzio I]).
- Buchbinder: François Bozérian.
- Umfang: [191] Bl.; 8°.
- Bogensign.: A^8–Z^8, ^{8}.
- FP: a?r, o.s, o,m. InLi (C) 1501 (R).
- Buchschmuck: E.; EX.
- Prov.: Etienne Graf von Méjan.
- Bibliographien: Adams M 689; Cat. Ital. Books S. 420; Budapest M 260; Bibl. Aldina S. 13; Ebert 13234.
- Sign.: Ald. Ren. 30,7.

Nr. 70

Valla, Giorgio: ... DE EXPETENDIS, ET FVGIENDIS ‖ REBVS OPVS ... . Hrsg.: (Giovanni Pietro Valla). – (Venedig), (1501, MENSE DECEM- ‖ BRI.).
- Verleger: (Giovanni Pietro Valla).
- Drucker: (Aldo [Manuzio I]).
- Buchbinder: C. H.
- Umfang: [650] Bl.; 2°.
- Bogensign.: *^{8}, ^{6}, a^8–z^8, aa^8–nn^8, oo^6, pp^6, A^8–Z^8, AA^8–TT^8.
- FP: i.i. i.i. v.i. epDe (C) 1501 (R).
- Buchschmuck: H.; E.; KF.
- Bibliographien: Adams V 147; Cat. Ital. Books S. 709; Bibl. Aldina S. 13; Ebert 23355.
- Sign.: 2°Ald. Ren. 30,8 [1. Ex.].

Nr. 71

Valla, Giorgio: ... DE EXPETENDIS, ET FVGIENDIS ‖ REBVS OPVS ... . Hrsg.: (Giovanni Pietro Valla). – (Venedig), (1501, MENSE DECEM- ‖ BRI.).
- Verleger: (Giovanni Pietro Valla).
- Drucker: (Aldo [Manuzio I]).
- Buchbinder: François Bozérian.
- Umfang: [650] Bl.; 2°.
- Bogensign.: *^{8}, ^{6}, a^8–z^8, aa^8–nn^8, oo^6, pp^6, A^8–Z^8, AA^8–TT^8 [in 2 Bdn. gebunden].
- FP: i.i. i.i. v.i. epDe (C) 1501 (R).
- Buchschmuck: H.; E.; EX.
- Prov.: Etienne Graf von Méjan.
- Bibliographien: Adams V 147; Cat. Ital. Books S. 709; Bibl. Aldina S. 13; Ebert 23355.
- Sign.: 2° Ald. Ren. 30,8 [2. Ex.].

Nr. 72

Manuzio, Aldo [Pio]: ... RVDIMENTA ‖ GRAMMATICES LATINAE LINGVAE. ‖ ... . Beigef.: Aldo [Pio] Manuzio: ... De literis graecis et diphthongis, et quemadmodum ad nos ueniant. ‖ ...; Aldo [Pio] Manuzio: ... Introductio per breuis ad hebraicam linguam. ‖ ... . – (Venedig), (1501, MENSE FEBR.).
- Drucker: [Aldo Manuzio I].
- Buchbinder: François Bozérian.
- Umfang: [108] Bl.; 4°.
- Bogensign.: a^8–n^8, ^{4}.
- FP: x.os sar. *..o Bosi (C) 1501 (R).

- Buchschmuck: E.; EX.
- Prov.: Etienne Graf von Méjan.
- Bibliographien: Adams M 435; Cat. Ital. Books S. 411; Bibl. Aldina S. 13; Ebert 12984.
- Sign.: Ald. Ren. 31,9.
- Abbildung: S. 85.

Nr. 73

Donati, Girolamo: ... ad Christianiss. ac inuictiss. ‖ Gallorum Regem Oratio. ‖. – (Venedig), (1501, mense Decembr.).
- Drucker: (Aldo [Manuzio I]).
- Umfang: [4] Bl.; 8°.
- Bogensign.: a⁴.
- FP: o–a– re∗– omad dose (C) 1501 (R).
- Buchschmuck: E.; EX.
- Prov.: Etienne Graf von Méjan.
- Bibliographien: Cat. Ital. Books S. 225; Ind. Aur. 154.990.
- Sign.: Ald. Ren. 32,10.

Nr. 74

Pico DellaMirandola, Giovanni Francesco: ... LIBER DE IMA-GI- ‖ NATIONE. ‖. Hrsg.: (Aldo Pio Manuzio). – (Venedig), (1501, men ‖ se Aprili.).
- Drucker: (Aldo [Manuzio I]).
- Umfang: [39] Bl.; 4°.
- Bogensign.: *⁴, A⁸–D⁸, E⁴.
- FP: s.s, onam ueui uobo (C) 1501 (R).
- Buchschmuck: E.; EX.
- Prov.: Etienne Graf von Méjan.
- Bibliographien: Adams P 1149; Cat. Ital. Books S. 515; Bibl. Aldina S. 13; Ebert 16806.
- Sign.: Ald. Ren. 32,11.

Nr. 75

Nonnus <Panopolitanus>; <griech.>: ... ΜΕΤΑΒΟΛΗ ΤΟΥ ‖ ΚΑΤΑ ΙΩΑΝΝΗΝ ‖ ΑΓΙΟΥ ΕΥΑΓΓΕ-ΛΙΟΥ. ‖ ... . EST: [Paraphrasis]. – [Venedig], [1501].
- Drucker: [Aldo Manuzio I].
- Umfang: [51] Bl.; 4°.
- Bogensign.: aaa⁸–ζζζ⁸, ηηη⁴.
- FP: σ.γ. ν.σ, ν,ι, Ιη̣Κα (C) 1501 (Q).
- Buchschmuck: E.; EX.
- Prov.: Etienne Graf von Méjan.
- Bibliographien: Adams B 1896; vgl. Adams P 1685; Cat. Ital. Books S. 103; Ebert 14858.
- Sign.: Ald. Ren. 261,12.

Nr. 76

Martialis, Marcus Valerius: Martialis. EST: [Epigrammata]. – Lyon, nach 1501.
- Drucker: Barthélemy Trot (?).
- Sign.: Ald. Ren. 306,6 Kraków.

Nr. 77

Petrarca, Francesco: Le Cose vvlgari ... . – Lyon, nach 1501.
- Drucker: Balthasar de Gabiano I.
- Sign.: Ald. Ren. 308,17 Kraków.

🐘 1502

Nr. 78

Pollux, Iulius; <griech.>: ... uocabularii ... . EST: [Onomasticon]. Hrsg.: (Aldo [Pio] Ma[nuzio]). – (Venedig), (1502, mense Aprili.).
- Drucker: (Aldo [Manuzio I]).
- Umfang: [9] Bl., 408 Sp., [1] Bl.; 2°.
- Bogensign.: AA⁸, aa⁸–vn⁸.
- FP: 2.2. 2.2. β.χι ΠεΦο (3) 1502 (R).
- Buchschmuck: KF.
- Bibliographien: Adams P 1787; Cat. Ital. Books S. 531; Bibl. Aldina S. 14; Ebert 17651.
- Sign.: 4° Ald. Ren. 32,1.

Nr. 79

C[icero], M[arcus] T[ullius]: ... EPISTOLAE ‖ FAMILIARES. ‖. Hrsg.: (Aldo [Pio Manuzio]). –

Kat.-Nr. 36

(Venedig), (1502, MENSE APRILI.).
- Drucker: (Aldo [Manuzio I]).
- Buchbinder: Motet.
- Umfang: [267] Bl.; 8°.
- Bogensign.: a⁸–z⁸, aa⁸–kk⁸, ll⁴.
- FP: i.fi tuo= o=am teni (C) 1502 (R).
- Buchschmuck: E.; EX.
- Prov.: Etienne Graf von Méjan.
- Bibliographien: Cat. Ital. Books S. 178; Ind. Aur. 137.221; Ebert 4412.
- Sign.: Ald. Ren. 33,2 [1.Ex.].
- Abbildung: S. 86, 87.

Nr. 80
C[icero], M[arcus] T[ullius]: ... EPISTOLAE ∥ FAMILIARES. ∥ . Hrsg.: [Aldo Pio Manuzio]. – [Venedig], [1502].
- Drucker: [Aldo Manuzio I].
- Umfang: [267] Bl.; 8°.
- Bogensign.: a⁸–z⁸, aa⁸–kk⁸, ll⁴.
- FP: i.i= tupo nûu= ruci (C) 1502 (Q).
- Bibliographien: Cat. Ital. Books S. 178; Ind. Aur. 137.221; Ebert 4412.
- Sign.: Ald. Ren. 33,2 [2.Ex.].

Nr. 81
Lucanus, [Marcus Annaeus]: LVCANVS. ∥ EST: [Pharsalia]. Hrsg.: (Aldo [Pio Manuzio]). – (Venedig), (1502, MENSE ∥ APRILI.).
- Drucker: (Aldo [Manuzio I]).
- Buchbinder: François Bozérian.
- Umfang: [140] Bl.; 8°.
- Bogensign.: a⁸–r⁸, s⁴.
- FP: iss. s.at ris. IpTe (C) 1502 (R).
- Buchschmuck: E.; EX.
- Prov.: Etienne Graf von Méjan.
- Bibliographien: Adams L 1557; Cat. Ital. Books S. 395; Budapest L 406; Bibl. Aldina S. 14; Ebert 12330.
- Sign.: Ald. Ren. 33,3.

Nr. 82
Thucydides; <griech.>: ... THVCYDIDES. ∥ EST: [Opera]. Hrsg.: (Aldo [Pio] Ma[nuzio]). – (Venedig), (1502, mense Maio.).
- Drucker: (Aldo [Manuzio I]).
- Buchbinder: François Bozérian.
- Umfang: [123] Bl.; 2°.
- Bogensign.: AA⁸, AA⁸–ΞO⁸, OP⁴.
- FP: ∗∗τε ∗συ, τεζ∗ πηει (C) 1502 (R).
- Buchschmuck: E.; EX.
- Prov.: Etienne Graf von Méjan.
- Bibliographien: Adams T 662; Cat. Ital. Books S. 672; Bibl. Aldina S. 14; Ebert 22921.
- Sign.: 4°Ald. Ren. 33,4 [1.Ex.].

Nr. 83
Thucydides; <griech.>: ... THVCYDIDES. ∥ EST: [Opera]. Hrsg.: (Aldo [Pio] Ma[nuzio]). – (Venedig), (1502, mense Maio.).
- Drucker: (Aldo [Manuzio I]).
- Umfang: [123] Bl.; 2°.
- Bogensign.: AA⁸, AA⁸–ΞO⁸, OP⁴.
- FP: ∗∗τε ∗συ, τεζ∗ πηει (C) 1502 (R).
- Buchschmuck: E.; KF.; HS.
- Bibliographien: Adams T 662; Cat. Ital. Books S. 672; Bibl. Aldina S. 14; Ebert 22921.
- Sign.: 4° Ald. Ren. 33,4 [2.Ex.].

Nr. 84
Dante <Alighieri>: LE TERZE RIME ∥ ... . EST: [Commedia]. – (Venedig), (1502, MEN. AVG.).
- Drucker: (Aldo [Manuzio I]).
- Buchbinder: François Bozérian.
- Umfang: [244] Bl.; 8°.
- Bogensign.: a⁸–z⁸, A⁸–G⁸, H⁴.
- FP: o.a, a;e; o:e: ChMi (C) 1502 (R).
- Buchschmuck: E.; EX.
- Prov.: Jo. Baptista Debardi; Etienne Graf von Méjan.
- Bibliographien: Adams D 83; Cat. Ital. Books S. 209; Ind. Aur. 149.817; Bibl. Aldina S. 14; Ebert 5694.
- Sign.: Ald. Ren. 34,5 [1.Ex.].

Nr. 85
Dante <Alighieri>: LE TERZE RIME ∥ ... . EST: [Commedia]. – (Venedig), (1502, MEN. AVG.).

Kat.-Nr. 50

- Drucker: (Aldo [Manuzio I]).
- Buchbinder: Motet.
- Umfang: [244] Bl.; 8°.
- Bogensign.: a⁸–z⁸, A⁸–G⁸, H⁴.
- FP: o.a, a;e; o.e: ChMi (C) 1502 (R).
- Buchschmuck: D.; E.; EX.
- Prov.: Etienne Graf von Méjan.
- Bibliographien: Adams D 83; Cat. Ital. Books S. 209; Ind. Aur. 149.817; Bibl. Aldina S. 14; Ebert 5694.
- Sign.: Ald. Ren. 34,5 [2. Ex.].

Nr. 86

Sophocles; <griech.>: ... TRAGAE- ∥ DIAE SEPTEM CVM COMMEN- ∥ TARIIS. ∥ ... . EST: [Opera]. Hrsg.: (Aldo [Pio Manuzio]). – (Venedig), (1502, mense Augu- ∥ sto.).
- Drucker: (Aldo [Manuzio I]).
- Buchbinder: Jean-Claude Bozérian.
- Umfang: [196] Bl.; 8°.
- Bogensign.: α⁸–γ⁸, δ⁴, ε⁸–η⁸, ϑ⁴, ι⁸–λ⁸, μ⁴, ν⁸–σ⁸, τ¹⁰, υ⁸, φ⁸, χ¹⁰, ψ⁸, ω⁸, αα⁸, ββ⁴.
- FP: ν.σ. ωννη ρ,*; αμχρ (C)1502(R).
- Buchschmuck: D.; E.; EX.
- Prov.: Laelius Bonsius; Laurentius Corradi; Etienne Graf von Méjan.
- Bibliographien: Adams S 1438; Cat. Ital. Books S. 634; Budapest S 674; Bibl. Aldina S. 14; Ebert 21451.
- Sign.: Ald. Ren. 34,6.

Nr. 87

Statius, [Publius Papinius]: ... SYLVARVM LIBRI QVINQVE ∥ THEBAIDOS LIBRI DVODECIM ∥ ACHILLEIDOS DVO. ∥. Beigef.: ... Orthographia et flexus: ORTHO- GRAPHIA ET FLEXVS DI- ∥ CTIO- NVM GRAECARVM ... . Hrsg.: (Aldo [Pio Manuzio]). – (Venedig), (1502, Mense Nouembri.), (MENSE AV ∥ GVSTO.).
- Drucker: (Aldo [Manuzio I]).
- Buchbinder: François Bozérian.
- Umfang: [296] Bl.; 8°.
- Bogensign.: a⁸–z⁸, A⁸–F⁸, G⁴, A⁸, B⁸, C⁴, a⁸–e⁸ [Teil 1 u. 2 vertauscht gebunden].
- FP: E.os hév. ceρv *$\varkappa$Cy (C) 1502 (R).
- Buchschmuck: D.; E.; EX.
- Prov.: Etienne Graf von Méjan.
- Bibliographien: Adams S 1670; Cat. Ital. Books S. 646; Budapest S 810; Bibl. Aldina S. 14; Ebert 21666.
- Sign.: Ald. Ren. 35,7.

Nr. 88

Interiano, Georgio): LA VITA, ET ∥ SITO DE ∥ ZYCHI, CHIAMATI ∥ CIARCASSI, HI- ∥ STORIA NO- ∥ TABILE. ∥. Hrsg.: (Aldo [Pio Manuzio]). – (Venedig), (1502, MENSE OCTOBRI).
- Drucker: (Aldo [Manuzio I]).
- Umfang: [7] Bl.; 8°.
- Bogensign.: A⁸.
- FP: I.q* hole a=et rer= (C) 1502 (R).
- Buchschmuck: E.; EX.
- Prov.: Etienne Graf von Méjan.
- Sign.: Ald. Ren. 36,9.

Nr. 89

Valerius <Maximus>: ... DICTO ∥ RVM ET FACTORVM ∥ MEMO- RABILIVM ∥ LIBRI NO- ∥ VEM. ∥. Hrsg.: (Aldo [Pio Manuzio]). – (Venedig), (1502, OCTOBRI ∥ MENSE.).
- Drucker: (Aldo [Manuzio I]).
- Buchbinder: François Bozérian.
- Umfang: [216] Bl.; 8°.
- Bogensign.: ⁴, A¹², B⁸–Z⁸, aa⁸–cc⁸.
- FP: I.as a=*= t.um plli (C) 1502 (R).
- Buchschmuck: D.; E.; EX.
- Prov.: Etienne Graf von Méjan.
- Bibliographien: Adams V 83; Cat. Ital. Books S. 708; Budapest V 20; Bibl. Aldina S. 14; Ebert 23315.
- Sign.: Ald. Ren. 36,10.

Nr. 90

Egnazio, Giovanni Battista: ... ORATIO IN LAVDEM BE- ∥ NEDICTI PRVNALI RECI- ∥ TATA, IN QVA ET IVVENI ∥ LIS AETATIS, ET SACRI ∥ ORDINIS OBITER TRA ∥ CTATA DEFENSIO ∥ CONTINE- TVR. ∥. – [Venedig], (1502, Pri. Kal. Octob.).
- Drucker: (Aldo [Manuzio I]).
- Umfang: [8] Bl.; 8°.
- Bogensign.: ⁸.
- FP: êsa= r.i= r)o. amse (C) 1502 (R).
- Buchschmuck: E.; EX.
- Prov.: Etienne Graf von Mèjan.
- Sign.: Ald. Ren. 37,11.

Nr. 91

Ovidius Naso, [Publius]: QVAE ∥ HOC VOLVMINE CON- ∥ TI- NENTVR. ∥ ... METAMORPHOSEΩN∥ LIBRI QVINDECIM. ∥. EST: [Metamorphoses]. Hrsg.: (Aldo [Pio Manuzio]). – (Venedig), (1502, MEN- SE ∥ OCTOBRI.).
- Drucker: (Aldo [Manuzio I]).
- Buchbinder: François Bozérian.
- Umfang: [268] Bl.; 8°.
- Bogensign.: a⁸–h⁸, a⁸–z⁸, A⁸, B⁸, C⁴ [unvollst.: h⁸ fehlt].
- FP: seâ, al5. ελα= obBy (C) 1502 (R).
- Buchschmuck: D.; E.; EX.
- Prov.: Etienne Graf von Méjan.
- Bibliographien: Adams O 469; Cat. Ital. Books S. 479 (T. 1); Bibl. Aldina S. 15; Ebert 15347.
- Sign.: Ald. Ren. 37,12.

Nr. 92

Ovidius Naso, [Publius]: QVAE ∥ HOC VOLVMINE CON- ∥ TI- NENTVR. ∥ ... METAMORPHOSEΩN∥ LIBRI QVINDECIM. ∥. EST: [Metamorphoses]. Hrsg.: (Aldo [Pio Manuzio]). – (Venedig), (1502, MEN- SE ∥ OCTOBRI.).
- Drucker: (Aldo [Manuzio I]).
- Umfang: [268] Bl.; 8°.
- Bogensign.: a⁸–h⁸, a⁸–z⁸, A⁸, B⁸, C⁴.
- FP: seâ, al5. ελα= obBy (C) 1502 (R).
- Buchschmuck: D.; E.
- Bibliographien: Ald. Ren. 37,12; Adams O 469; Cat. Ital. Books S. 479 (T. 1); Bibl. Aldina S. 15; Ebert 15347.
- Sign.: 1 A 85536–1 RAR.

Nr. 93

Ovidius Naso, [Publius]: [QVAE ∥ HOC VOLVMINE CON= ∥ TI- NENTVR. ∥ ... METAMORPHOSEΩN∥ LIBRI QVINDECIM. ∥]. EST: [Metamorphoses]. Hrsg.: [Aldo Pio Manuzio]. – (Venedig), (1502, MENSE ∥ OCTOBRI.).
- Drucker: (Aldo [Manuzio I]).
- Umfang: [268] Bl.; 8°.
- Bogensign.: a⁸–h⁸, a⁸–z⁸, A⁸, B⁸, C⁴ [unvollst.: a⁸–f⁸, g¹–g⁴ einschließl. Haupttitelbl. fehlen].
- Buchschmuck: D.; E.; EX.
- Prov.: Jean Grolier; Heinrich Friedrich von Diez.
- Bibliographien: Ald. Ren. 37,12; Adams O 469; Cat. Ital. Books S. 479 (T. 1); Bibl. Aldina S. 15; Ebert 15347.
- Sign.: B. Diez 8° 2533 EBD.

Nr. 94

Ovidius Naso, Publius: ... HE- ROIDVM EPI- ∥ STOLAE ∥ ... . EST: [Opera, Teils.]. Beigef.: Angelus Cneus <Sabinus>: ... Epistolae tres. ∥ ... . Hrsg.: (Aldo [Pio Manu-

Kat.-Nr. 50

zio]). – (Venedig), (1502, MENSE DE= ‖ CEMBRI.).
- Drucker: (Aldo [Manuzio I]).
- Buchbinder: René Simier.
- Umfang: [202] Bl.; 8°.
- Bogensign.: aa⁸–ii⁸, kk⁴, ll⁸–pp⁸, qq⁴, rr⁸–zz⁸, AA⁸, BB⁸, CC¹⁰ [unvollst.: qq⁴ fehlt].
- FP: t.s. t.m. t.i. IaHi (C) 1502 (R).
- Buchschmuck: D.; E.; EX.
- Prov.: Etienne Graf von Méjan.
- Bibliographien: Adams O 423; Cat. Ital. Books S. 479 (T. 2); Budapest O 275; Ebert 15347.
- Sign.: Ald. Ren. 37,13.
- Abbildung: S. 89.

Nr. 95

Ovidius Naso, Publius: ... HEROIDVM EPI= ‖ STOLAE. ‖ ... . EST: [Opera, Teils.]. Beigef.: Angelus Cneus <Sabinus>: ... Epistolae tres. ‖ ... . Hrsg.: (Aldo [Pio Manuzio]). – (Venedig), (1502, MENSE DE= ‖ CEMBRI.).
- Drucker: (Aldo [Manuzio I]).
- Umfang: [202] Bl.; 8°.
- Bogensign.: aa⁸–ii⁸, kk⁴, ll⁸–pp⁸, qq⁴, rr⁸–zz⁸, AA⁸, BB⁸, CC¹⁰.
- FP: t.s. t.m. t.i. IaHi (C) 1502 (R).
- Buchschmuck: D.; E.
- Bibliographien: Ald. Ren. 37,13; Adams O 423; Cat. Ital. Books S. 479 (T. 2); Budapest O 275, Ebert 15347.
- Sign.: 1 A 85536–2 RAR.

Nr. 96

Ovidius Naso, Publius: ... HEROIDVM EPI= ‖ STOLAE. ‖ ... . EST: [Opera, Teils.]. Beigef.: Angelus Cneus <Sabinus>: ... Epistolae tres. ‖ ... . Hrsg.: (Aldo [Pio Manuzio]). – (Venedig), (1502, MENSE DE= ‖ CEMBRI.).
- Drucker: (Aldo [Manuzio I]).
- Umfang: [202] Bl.; 8°.
- Bogensign.: aa⁸–ii⁸, kk⁴, ll⁸–pp⁸, qq⁴, rr⁸–zz⁸, AA⁸, BB⁸, CC¹⁰.
- FP: t.s. t.m. t.i. IaHi (C) 1502 (R).
- Buchschmuck: D.; E.; EX.
- Prov.: Anthonis Bekius, 1622; Joh. Hildebrand Withof, 1721; Heinrich Friedrich von Diez.
- Bibliographien: Ald. Ren. 37,13; Adams O 423; Cat. Ital. Books S. 479 (T. 2); Budapest O 275; Ebert 15347.
- Sign.: B. Diez 8° 2532.

Nr. 97

Ovidius Naso, Publius: ... QVAE HOC IN LIBEL= ‖ LO CONTINENTVR. ‖ FASTORVM. Libri. VI. ‖ DE TRISTIBVS. Libri. V. ‖ DE PONTO. Libri. IIII. ‖ . EST: [Opera, Teils.]. Hrsg.: (Aldo [Pio Manuzio]). – (Venedig), (1502, MENSE IANVA ‖ RIO.), (1503, Mense ‖ Febr.).
- Drucker: (Aldo [Manuzio I]).
- Umfang: [204] Bl.; 8°.
- Bogensign.: aaa⁸–kkk⁸, lll⁶, mmm⁸–sss⁸, ttt⁶, uuu⁸–zzz⁸, AAA⁸–CCC⁸.
- FP: i.s. t.t. r.s. PoIn (C) 1503 (R).
- Buchschmuck: D.; E.
- Bibliographien: Ald. Ren. 38,14; Adams O 425; Cat. Ital. Books S. 479 (T. 3); Bibl. Aldina S. 15; Ebert 15347.
- Sign.: 1 A 85536–3 RAR.

Nr. 98

Ovidius Naso, Publius: ... QVAE HOC IN LIBEL= ‖ LO CONTINENTVR. ‖ FASTORVM. Libri. VI. ‖ DE TRISTIBVS. Libri. V. ‖ DE PONTO. Libri. IIII. ‖ . EST: [Opera, Teils.]. Hrsg.: (Aldo [Pio Manuzio]). – (Venedig), (1502, MENSE IANVA ‖ RIO.), (1503, Mense Febr.).
- Drucker: (Aldo [Manuzio I]).
- Umfang: [204] Bl.; 8°.
- Bogensign.: aaa⁸–kkk⁸, lll⁶, mmm⁸–sss⁸, ttt⁶, uuu⁸–zzz⁸, AAA⁸–CCC⁸ [unvollst.: lll⁶ fehlt].
- FP: i.s. t.t. r.s. PoIn (C) 1503 (R).
- Buchschmuck: D.; E.; EX.
- Prov.: Etienne Graf von Méjan.
- Bibliographien: Adams O 425; Cat. Ital. Books S. 479 (T. 3); Bibl. Aldina S. 15; Ebert 15347.
- Sign.: Ald. Ren. 38,14.

Nr. 99

Ovidius Naso, Publius: ... QVAE HOC IN LIBEL= ‖ LO CONTINENTVR. ‖ FASTORVM. Libri. VI. ‖ DE TRISTIBVS. Libri. V. ‖ DE PONTO. Libri. IIII. ‖ . EST: [Opera, Teils.]. Hrsg.: (Aldo [Pio Manuzio]). – (Venedig), (1502, MENSE IANVA ‖ RIO.), (1503, Mense ‖ Febr.).
- Drucker: (Aldo [Manuzio I]).
- Umfang: [204] Bl.; 8°.
- Bogensign.: aaa⁸–kkk⁸, lll⁶, mmm⁸–sss⁸, ttt⁶, uuu⁸–zzz⁸, AAA⁸–CCC⁸ [unvollst.: lll⁶ fehlt].
- FP: i.s. t.t. r.s. PoIn (C) 1503 (R).
- Buchschmuck: D.; EX.
- Prov.: Heinrich Friedrich von Diez.
- Bibliographien: Ald. Ren. 38,14; Adams O 425; Cat. Ital. Books S. 479 (T. 3); Bibl. Aldina S. 15; Ebert 15347.
- Sign.: B. Diez 8° 2534.

Nr. 100

Stephanus <Byzantinus>; <griech.>: ... DE VRBIBVS. ‖ . Hrsg.: (Aldo [Pio Manuzio]). – (Venedig), (1502, mense ‖ Ianuario.).
- Drucker: (Aldo [Manuzio I]).
- Buchbinder: François Bozérian.
- Umfang: [80] Bl.; 2°.
- Bogensign.: AA⁸–EE⁸, HG⁸–ΛL⁸.
- FP: η-υε τ**σ υ.υ- ϑεAλ (C) 1502 (R).
- Buchschmuck: E.; EX.
- Prov.: Etienne Graf von Méjan.
- Bibliographien: Adams S 1717; Cat. Ital. Books S. 647; Budapest S 837; Bibl. Aldina S. 15; Ebert 21736.
- Sign.: 4° Ald. Ren. 38,15 [1. Ex.].

Nr. 101

Stephanus <Byzantinus>; <griech.>: ... DE VRBIBVS. ‖ . Hrsg.: (Aldo [Pio Manuzio]). – (Venedig), (1502, mense ‖ Ianuario.).
- Drucker: (Aldo [Manuzio I]).
- Umfang: [80] Bl.; 2°.
- Bogensign.: AA⁸–EE⁸, HG⁸–ΛL⁸.
- FP: η-υε τ**σ υ.υ- ϑεAλ (C) 1502 (R).
- Bibliographien: Adams S 1717; Cat. Ital. Books S. 647; Budapest S 837; Bibl. Aldina S. 15; Ebert 21736.
- Sign.: 4° Ald. Ren. 38,15 [2. Ex.].

Nr. 102

Catullus, [Gaius Valerius]: CATVLLVS. ‖ TIBVLLVS. ‖ PROPETIVS. ‖ . EST: [Elegiae]. Beigef.: [Albius] Tibullus: [Elegiae]; [Sextus] Propertius: (... ELEGIARVM ‖ LIBER PRIMVS. ‖). Hrsg.: (Al[do Pio] Ma[nuzio]). – (Venedig), (1502, MENSE ‖ IANVARIO.).
- Drucker: (Aldo [Manuzio I]).
- Umfang: [152] Bl.; 8°.
- Bogensign.: A⁸–E⁸, F⁴, A⁸–D⁸, E⁴, a⁸–i⁸.
- FP: m,læ r.a, e,s. MaOl (C) 1502 (R).
- Buchbinder: François Bozérian.
- Prov.: Etienne Graf von Méjan.
- Bibliographien: Adams C 1137; Ind. Aur. 134.438; Bibl. Aldina S. 15; Ebert 3755.
- Sign.: Ald. Ren. 39,16 [1. Ex.].

Nr. 103

Catullus, [Gaius Valerius]: CATVLLVS. ‖ TIBVLLVS. ‖ PROPERTIVS. ‖ . EST: [Elegiae]. Beigef.: [Albius] Tibullus: [Elegiae]; [Sextus] Propertius: (... ELEGIARVM ‖ LIBER PRIMVS. ‖). Hrsg.: (Al[do Pio] Ma[nuzio]). – (Venedig), (1502, MENSE ‖ IANVARIO.).
- Drucker: (Aldo [Manuzio I]).
- Umfang: [152] Bl.; 8°.
- Bogensign.: A⁸–E⁸, F⁴, A⁸–D⁸, E⁴, a⁸–i⁸.
- FP: m,læ r.a, e,s. MaOl (C) 1502 (R).
- Buchschmuck: KF.
- Prov.: Georgius Potenius (?), Bologna 1504; Georgius Helwin, 1521; Conradus Hoenberger; Wolfgang Henning.
- Bibliographien: Adams C 1137; Cat. Ital. Books S. 160; Ind. Aur. 134.438; Bibl. Aldina S. 15; Ebert 3755.
- Sign.: Ald. Ren. 39,16 [2. Ex.].

Nr. 104

Catullus, [Gaius Valerius]: CATVLLVS. ‖ TIBVLLVS. ‖ PROPERTIVS. ‖ . EST: [Elegiae]. Beigef.: [Albius] Tibullus: [Elegiae]; [Sextus] Propertius: (... ELEGIARVM ‖ LIBER PRIMVS. ‖). Hrsg.: (Al[do Pio] Ma[nuzio]). – (Venedig), (1502, MENSE ‖ IANVARIO.).
- Drucker: (Aldo [Manuzio I]).
- Umfang: [152] Bl.; 8°.
- Bogensign.: A⁸–E⁸, F⁴, A⁸–D⁸, E⁴, a⁸–i⁸.
- FP: m,læ r.a, e,s. MaOl (C) 1502 (R).
- Buchschmuck: HS.; EX.
- Prov.: Heinrich Friedrich von Diez.
- Bibliographien: Ald. Ren. 39,16; Adams C 1138; Cat. Ital. Books S. 160; Ind. Aur. 134.438.
- Sign.: B. Diez c. n. mss. 8° 2468.

Nr. 105

Catullus, [Gaius Valerius]: CATVLLVS. ‖ TIBVLLVS. ‖ PROPERTIVS. ‖ . EST: [Elegiae]. Beigef.: [Albius] Tibullus: [Elegiae]; [Sextus] Propertius: (... ELEGIARVM ‖ LIBER PRIMVS. ‖). Hrsg.: (Al[do Pio] Ma[nuzio]). – (Venedig), (1502, MENSE ‖ IANVARIO.).
- Drucker: (Aldo [Manuzio I]).
- Umfang: [152] Bl.; 8°.
- Bogensign.: A⁸–E⁸, F⁴, A⁸–D⁸, E⁴, a⁸–i⁸.
- FP: m,læ r.a, e,s. MaOl (C) 1502 (R).
- Buchschmuck: HS.; EX.
- Prov.: Paulus Regius; Heinrich Friedrich von Diez.
- Bibliographien: Ald. Ren. 39,16; Adams C 1138; Cat. Ital. Books S. 160; Ind. Aur. 134.438.
- Sign.: B. Diez c. n. mss. 8° 2470.

Nr. 106

Laskaris, Konstantinos; <griech. u. lat.>: ... de octo partibus orationis ‖ LIBER PRIMVS. ‖ ... . Beigef.: Konstantinos Laskaris: ... de Constructione Liber secundus. ‖ ...; Konstantinos Laskaris <griech. u. lat.>: ... de nomine et uerbo Liber tertius ‖ ...; Konstantinos Laskaris: <griech. u. lat.>: ... de pronomine secundum omnem linguam, et poeticum ‖ usum opusculum. ‖ ...; (Aldo [Pio] Manuzio; <griech. u. lat.>): ... De literis graecis ac diphthongis et quaemadmodum ad nos ueniat ‖ Abbreuiationes ...; (Aldo [Pio] Manuzio; <hebr. u. lat.>): ... Introductio perbreuis ad hebraicam linguam. ‖ . Hrsg.: (Aldo [Pio] Manuzio). – (Venedig), [um 1502].
- Drucker: (Aldo [Manuzio I]).
- Buchbinder: François Bozérian.
- Umfang: [240] Bl.; 4°.
- Bogensign.: α⁸–δ⁸, ε⁶, A¹², A⁸–Z⁸, H⁴, a⁸–d⁸, e⁶, A¹² B¹⁰, C⁸, D¹⁰, E⁸, F¹⁰, G⁸, H⁶, m⁸–n⁸, ⁸ [griech. Bogensignaturen mit den entsprechenden lateinischen ineinander verschränkt].
- FP: e.r- tues *ισ. ωνTω (C) 1502 (Q).
- Buchschmuck: E.; EX.
- Prov.: Etienne Graf von Méjan.
- Bibliographien: Adams L 227; Cat. Ital. Books S. 370; Ebert 11736.
- Sign.: Ald. Ren. 262,15.

Nr. 107

Philelphus, Franciscus: ... SATY ‖ RARVM ‖ (HECATOSTICON PRIMA DECAS ‖). – (Venedig), (1502, die. xxvi. Iulii.).
- Verleger: (Andrea Torresano [I]).
- Drucker: (Bernardino de' Viani).
- Umfang: [143] Bl.; 4°.
- Bogensign.: a⁸–s⁸.
- FP: tem: i.la s.ne FeDe (C) 1502 (R).

- Buchschmuck: E.; EX.
- Prov.: Etienne Graf von Méjan.
- Bibliographien: Adams P 1004; Cat. Ital. Books S. 251; Ebert 16696.
- Sign.: Ald. Ren. 292,3.

Nr. 108
Vergilius Maro, Publius: VERGILIVS. EST: [Opera]. – Lyon, ca. 1502.
- Drucker: Balthasar de Gabiano I (?); Barthélemy Trot (?).
- Sign.: Ald. Ren. 305,1 Kraków.

Nr. 109
Iuvenalis, Decimus Iunius: Ivvenalis. Persivs. EST: [Satirae]. – Lyon, ca. 1502.
- Drucker: Balthasar de Gabiano I (?); Barthélemy Trot (?).
- Sign.: Ald. Ren. 305,2 Kraków.

Nr. 110
Iuvenalis, [Decimus Iunius]: IVVENALIS. ‖ PERSIVS. ‖. EST: [Satirae]. Beigef.: [Aulus] Persius [Flaccus]: [Satirae]. – [Lyon], [ca. 1502].
- Umfang: [78] Bl.; 8°.
- Bogensign.: A^8–G^8, H^{10}, I^8, K^4.
- FP: s,a, næn. æ.er FePl (C) 1502 (Q).
- Buchschmuck: KF.
- Prov.: Georgius Potenius(?), Bologna 1504; Georgius Helwin, 1521; Wolfgang Henning; Conradus Hoenberger.
- Bibliographien: Ald. Ren. 305,2; vgl. Adams J 771 ff; vgl. Cat. French Books S. 248; Bibl. Aldina S. 164; Ebert 11217.
- Sign.: 1 an Ald. Ren. 39,16 [2. Ex.].

Nr. 111
Lucanus, Marcus Annaeus: Lvcanvs. EST: [Pharsalia]. – Lyon, ca. 1502.
- Drucker: Balthasar de Gabiano I.
- Sign.: Ald. Ren. 306,3 Kraków.

Nr. 112
Horatius Flaccus, Quintus: Horativs. EST: [Opera]. – Lyon, ca. 1502.
- Drucker: Balthasar de Gabiano I (?); Barthélemy Trot (?).
- Sign.: Ald. Ren. 306,4 Kraków.

Nr. 113
Poetae christiani veteres: PRVDENTIVS. ‖ Prosper. ‖ Ioannes Damascenus. ‖ Cosmus Hierosolymitanus ‖ Marcus episcopus Taluontis ‖ Theophanes. ‖. EST: [Poetae christiani veteres; Ausz.]. Beigef.: Prosper <de Aquitania>: (... EPIGRAMMATA SVPER DIVI AVR. AVGV ‖ STINI SENTENTIAS QVAS‖ DAM EXARATAS.); Johannes <Damascenus>: (... IN ‖ THEOGONIAM. ‖ PRINCIPIVM VERSVVM.); Cosmas <Hierosolymitanus>: (... IN ‖ THEOGONIAM. Principia Versuum ...). Hrsg.: (Aldo Pio Manuzio). – [Lyon], [ca. 1502].
- Umfang: [265] Bl.; 8°.
- Bogensign.: a^8–z^8, ^{8}, 9^8, A^8–G^8, H^9.
- FP: e.o= tou, isas ExPu (C) 1502 (Q).
- Buchschmuck: EX.
- Prov.: Friedrich Jacob Roloff.
- Bibliographien: Ald. Ren. 306,5; Adams P 1686; Cat. French Books S. 367; Baudrier VII S. 8; Ebert 18059.
- Sign.: B 1660 RAR.

Nr. 114
Poetae christiani veteres: Prvdentivs. Prosper. Ioannes Damascenus. Cosmus Hierosolymitanus Marcus episcopus Taluontis Theophanes. EST: [Poetae christiani veteres; Ausz.]. – Lyon, ca. 1502.
- Sign.: Ald. Ren. 306,5 Kraków.

Nr. 115
Catullus, Gaius Valerius: Catvllvs. Tibvllvs. Propetivs. EST: [Elegiae]. – Lyon, nach 1502.
- Sign.: Ald. Ren. 307,7 Kraków.

Nr. 116
Dante <Alighieri>: Le terze Rime ... . EST: [Commedia]. – Lyon, nach 1502.
- Sign.: Ald. Ren. 307,9 Kraków.

Nr. 117
Valerius <Maximus>: ... dictorvm et factorvm memorabilivm libri novem. – Lyon, nach 1502.
- Sign.: Ald. Ren. 307,15 Kraków.

Kat.-Nr. 33

Kat.-Nr. 52
Abbildung der Heiligen Katharina (Holzschnitt)

Nr. 118

Herodotus; <griech.>: ... LIBRI ‖ NOVEM QVIBVS MVSARVM ‖ INDITA SVNT NOMINA. ‖ ... . EST: [Historiae]. Hrsg.: (Aldo [Pio] Manuzio). – (Venedig), (1502, mense Septembri.).
- Drucker: (Aldo [Manuzio I]).
- Buchbinder: François Bozérian.
- Umfang: [140] Bl.; 2°.
- Bogensign.: AAAA⁸–PPRR⁸, ΣΣSS⁴.
- FP: *νιδε ηνω– θεον Ανα λ* (C) 1502 (R).
- Buchschmuck: D.; E.; EX.
- Prov.: M. Chardin; Etienne Graf von Méjan.
- Bibliographien: Adams H 394; Cat. Ital. Books S. 326; Ebert 9539.
- Sign.: 4° Ald. Ren. 35,8.
- Abbildung: S. 90.

🙣 1503

Nr. 119

Lucianus <Samosatensis>; <griech.>: ... QVE HOC VOLV-MINE CON ‖ TINENTVR ‖ ... opera. ‖ ... . EST: [Opera]. Beigef.: [Flavius] Philostratus; <griech.>: ... Icones ...; [Flavius] Philostratus; <griech.>: ... Heroica. ‖ ...; [Flavius] Philostratus; <griech.>: ... uitae Sophistarum. ‖ ...; Philostratus <Iunior>; <griech.>: ... Icones ...; Callistratus <Sophista>; <griech.>: ... Descriptiones ... . – (Venedig), (1503, mense Feb.), (mense Iunio.).
- Drucker: (Aldo [Manuzio I]).
- Buchbinder: Lefebvre (?).
- Umfang: [1] Bl., 571 [=572] S., [1] Bl.; 2°.
- Bogensign.: a^8–$ω^8$, aa^8–$δδ^8$, $εε^2$, $ζζ^8$–$μμ^8$, $νν^6$.
- FP: *ηοιω *ν** αιτι νεοα* (3) 1503 (R).
- Buchschmuck: D.; E.; EX.
- Prov.: Etienne Graf von Méjan.
- Bibliographien: Adams L 1603; Cat. Ital. Books S. 396; Bibl. Aldina S. 16; Ebert 12373.
- Sign.: 4° Ald. Ren. 39,3.
- Abbildung: S. 93.

Nr. 120

Ammonius <Hermiae>; <griech.>: ... COMMENTARIA IN LI ‖ BRVM PERI HERMENI-AS. ‖ ... . Beigef.: [Leo] <Magentinus>; <griech.>: ... IN EVNDEM ENARRATIO. ‖ (... ΕΞΗΓΗ ‖ ΣΙΣ ΕΙΣ ΤΟ ΠΕΡΙ ΕΡΜΗΝΕΙΑΣ ΑΡΙΣΤΟΤΕ-ΛΟΥΣ. ‖); (Michael <Psellus>: ΠΑ-ΡΑΦΡΑΣΙΣ ‖ ΕΙΣ ΤΟ ΕΡΜΗΝΕΙΑΣ.); Ammonius <Hermiae>: (ΕΙΣ ΤΑΣ ΔΕΚΑ ΚΑΤΗΓΟΡΙΑΣ ...). Hrsg.: (Aldo Pio Manuzio). – (Venedig), (1503, MENSE IVNIO.).
- Drucker: (Aldo [Manuzio I]).
- Buchbinder: François Bozérian.
- Umfang: [146] Bl.; 2°.
- Bogensign.: A^8–G^8, H^4, I^8–K^8, $Λ^4$, M^8, N^6, O^6, AA^8–EE^8, FF^6.
- FP: *βασ. μαλο ν,ν, αυτο* (C) 1503 (R).
- Buchschmuck: H.; D.; E.; EX.
- Prov.: Etienne Graf von Méjan.
- Bibliographien: Adams A 989; Cat. Ital. Books S. 48; Ind. Aur. 104.894; Bibl. Aldina S. 16; Ebert 539.
- Sign.: 4° Ald. Ren. 40,4.

Nr. 121

Bessarion: QVAE HOC IN VOLV-MINE TRACTANTVR. ‖ ... in ca ‖ lumniatorem Platonis libri quatuor: ... ‖ Eiusdem correctio librorum Platonis de legibus ... ‖ Eiusdem de natura et arte aduersus ... Trapezuntium tractatus ... . EST: [Opera, Teils.; lat.]. Hrsg.: (Aldo [Pio Manuzio]). – (Venedig), (1503, Iulio mense.).
- Drucker: (Aldo [Manuzio I]).
- Umfang: [8], 112 Bl.; 2°.
- Bogensign.: a^8–p^8.
- FP: *t.rû t.m, Nias DePl* (3) 1503 (R).
- Buchschmuck: D.; E.; EX.
- Prov.: Piccinardi; Etienne Graf von Méjan.
- Bibliographien: Adams B 833; Cat. Ital. Books S. 90; Ind. Aur. 118.155; Bibl. Aldina S. 16f; Ebert 2061.
- Sign.: 4° Ald. Ren. 40,5.

Nr. 122

Ulpianus <Grammaticus>; <griech.>: ... commentarioli in olynthiacas philippicasque Demosthenis orationes. ‖ Enarrationes saneque necessariae in tredecim orationes Demosthenis. ‖. Beigef.: (Valerius Harpocration: ... ΛΕΞΙ-ΚΟΝ ΤΩΝ ‖ ΔΕΚΑ ΡΗΤΟΡΩΝ.). – (Venedig), (1503, mense ‖ Octob.).
- Drucker: (Aldo [Manuzio I]).
- Umfang: [171] Bl.; 2°.

- Bogensign.: AA⁸–PP⁸, QQ¹⁰, RR⁸–VV⁸, XX⁹.
- FP: ω∗κ∗ ι–λ– οαν, γιων (C) 1503 (R).
- Buchschmuck: D.; E.; EX.
- Prov.: Etienne Graf von Méjan.
- Bibliographien: Adams U 49; Cat. Ital. Books S. 704; Bibl. Aldina S. 17; Ebert 5970.
- Sign.: 4° Ald. Ren. 41,6.

Nr. 123

Xenophon; <griech.>: ... Xenophontis omissa: quae et graeca gesta appellantur. ‖ ... . EST: [Hellenica]. Beigef.: Georgius <Pletho>; <griech.>: ... ex Diodori: et Plutarchi historiis de iis: quae ‖ post pugnam ad Mantineam gesta sunt: per capita tractatio. ‖ ...; Herodianus <Historicus>; <griech.>: ... historiarum libri octo: ... ; Thucydides; <griech.>: ... Enarratiunculae antiquae: et perbreues ... . Hrsg.: (Aldo [Pio Manuzio]). – (Venedig), (1503, mense octobri).
- Drucker: (Aldo [Manuzio I]).
- Umfang: [156] Bl.; 2°.
- Bogensign.: α⁸–η⁸, ϑ⁴, ι⁸–μ⁸, ν⁴, ξ⁸–τ⁸, υ⁶, φ⁶.
- FP: ε–∗∗ ∗ναλ δυ∗ω ”δλ” (C) 1503 (R).
- Buchschmuck: D.; E.; EX.
- Prov.: Etienne Graf von Méjan.
- Bibliographien: Cat. Ital. Books S. 738; Ebert 24099.
- Sign.: 4° Ald. Ren. 41,7.

Nr. 124

Xenophon; <griech.>: ... Xenophontis omissa: quae et graeca gesta appellantur. ‖ ... . EST: [Hellenica]. Beigef.: Georgius <Pletho>; <griech.>: ... ex Diodori: et Plutarchi historiis de iis: quae ‖ post pugnam ad Mantineam gesta sunt: per capita tractatio. ‖ ...; Herodianus <Historicus>; <griech.>: ... historiarum libri octo: ... ; Thucydides; <griech.>: ... Enarratiunculae antiquae: et perbreues ... . Hrsg.: (Aldo [Pio Manuzio]). – (Venedig), (1503, mense octobri).
- Drucker: (Aldo [Manuzio I]).
- Umfang: [156] Bl.; 2°.
- Bogensign.: α⁸–η⁸, ϑ⁴, ι⁸–μ⁸, ν⁴, ξ⁸–τ⁸, υ⁶, φ⁶.
- FP: ε–∗∗ ∗ναλ δυ∗ω ”δλ” (C) 1503 (R).
- Buchschmuck: D.; E.; KF.; HS.
- Bibliographien: Ald. Ren. 41,7; Cat. Ital. Books S. 738; Ebert 24099.
- Sign.: 1 an 4° Ald. Ren. 33,4 [2. Ex.].

Nr. 125

Georgius <Pletho>; <griech.>: ... ex Diodori, et Plutarchi historiis de iis de iis, ‖ quae post pugnam ad Mantineam gesta sunt, per capita tractatio. ‖ ... . Verf. in Vorlage: Georgius Gemistus Pletho. Beigef.: Herodianus <Historicus>; <griech.>: ... historiarum libri octo ...;Thucydides; <griech.>: ... Enarratiunculae antiquae, et perbreues ... . Hrsg.: (Franciscus Asulanus). – (Venedig), (1503, mense octobri).
- Drucker: (Aldo [Manuzio I]).
- Buchbinder: François Bozérian.
- Umfang: [108] Bl.; 2°.
- Bogensign.: η⁸, ϑ⁴, ι⁸–μ⁸, ν⁴, ξ⁸–τ⁸, υ⁶, φ⁶.
- FP: η.∗∗ ων∗. ποδι ποτε (C) 1503 (R).
- Buchschmuck: D.; E.; EX.
- Prov.: Etienne Graf von Méjan.
- Bibliographien: Adams P 1530; Cat. Ital. Books S. 294; Budapest P 629; Bibl. Aldina S. 17; Ebert 8300.
- Sign.: 4° Ald. Ren. 41,8.

Nr. 126

Anthologia graeca; <griech.>: FLORILEGIVM DIVERSORVM ‖ EPIGRAMMATVM IN ‖ SEPTEM LIBROS. ‖ ... . EST: [Anthologia graeca; griech.]. – (Venedig), (1503, mense Nouem- ‖ bri.).
- Drucker: (Aldo [Manuzio I]).
- Buchbinder: François Bozérian.
- Umfang: [290] Bl.; 8°.
- Bogensign.: A⁸–Z⁸, AA⁸–MM⁸, NN¹⁰.
- FP: σ;η. α,υ. υ.υ, παΩϑ (C) 1503 (R).
- Buchschmuck: D.; E.; EX.
- Prov.: Etienne Graf von Méjan.
- Bibliographien: Adams A 1181; Cat. Ital. Books S. 313; Bibl. Aldina S. 17; Ebert 678.
- Sign.: Ald. Ren. 42,9.

Nr. 127

Euripides; <griech.>: ... tragoediae septendecim, ex ‖ quib. quaedam habent commentaria. ‖ ... . EST: [Opera; T. 1]. Hrsg.: (Aldo [Pio Manuzio]). – (Venedig), (1503, MENSE FEBRVA ‖ RIO).
- Drucker: (Aldo [Manuzio I]).
- Buchbinder: René Simier.

Kat.-Nr. 52

Kat.-Nr. 58

- Umfang: [268] Bl.; 8°.
- Bogensign.: A⁸-Γ⁸, Δ⁴, E⁸-H⁸, Θ⁶, I⁸-Λ⁸, M⁶, N⁸-Ξ⁸, O¹⁰, Π⁸-P⁸, Σ¹⁰, T⁸-Y⁸, Φ⁶, X⁸-Ω⁸, AA⁸-BB⁸, ΓΓ⁶, ΔΔ⁸-ZZ⁸, HH⁶, ΘΘ⁸-II⁸, KK¹⁰, 4.
- FP: σ.η. σ.η. *.ρ* *σ*τ (C) 1503 (R).
- Buchschmuck: D.; E.; EX.
- Prov.: Etienne Graf von Méjan.
- Bibliographien: Adams E 1030; Cat. Ital. Books S. 239; Bibl. Aldina S. 17f; Ebert 7071.
- Sign.: Ald. Ren. 43,10–1 [1. Ex.].

Nr. 128

Euripides; <griech.>: ... tragoe-diae septendecim, ex ∥ quib. quaedam habent commentaria. ∥ ... . EST: [Opera; T. 1]. Hrsg.: (Aldo [Pio Manuzio]). – (Venedig), (1503, MENSE FEBRVA ∥ RIO).
- Drucker: (Aldo [Manuzio I]).
- Umfang: [268] Bl.; 8°.
- Bogensign.: A⁸-Γ⁸, Δ⁴, E⁸-H⁸, Θ⁶, I⁸-Λ⁸, M⁶, N⁸-Ξ⁸, O¹⁰, Π⁸-P⁸, Σ¹⁰, T⁸-Y⁸, Φ⁶, X⁸-Ω⁸, AA⁸-BB⁸, ΓΓ⁶, ΔΔ⁸-ZZ⁸, HH⁶, ΘΘ⁸-II⁸, KK¹⁰, 4.
- FP: σ.η. σ.η. *.ρ* *σ*τ (C) 1503 (R).
- Buchschmuck: D.; E.; EX.
- Prov.: Ezechiel von Spanheim.
- Bibliographien: Adams E 1030; Cat. Ital. Books S. 239; Bibl. Aldina S. 17f; Ebert 7071.
- Sign.: Ald. Ren. 43,10–1 EBD.

Nr. 129

Euripides; <griech.>: ... RHE-SVS. ∥. EST: [Opera; T. 2]. Hrsg.: [Aldo Pio Manuzio]. – (Venedig), (1503, MENSE FEBRVA ∥ RIO).
- Drucker: (Aldo [Manuzio I]).
- Buchbinder: René Simier.
- Umfang: [190] Bl.; 8°.
- Bogensign.: ΛΛ⁸, MM¹⁰, NN⁸-PP⁸, ΣΣ¹⁰, TT⁸, YY⁶, ΦΦ⁸-XX⁸, ΨΨ⁴, ΩΩ⁸, AAA⁸-BBB⁸, ΓΓΓ⁶, ΔΔΔ⁸-ZZZ⁸, HHH⁶, ΘΘΘ⁸-KKK⁸, ΛΛΛ⁴.
- FP: σ.σ. σ,ασ v.*, ητ*ρ (C) 1503 (R).
- Buchschmuck: D.; E.; EX.
- Prov.: Etienne Graf von Méjan.
- Bibliographien: Adams E 1030; Cat. Ital. Books S. 239; Bibl. Aldina S. 17f; Ebert 7071.
- Sign.: Ald. Ren. 43,10–2 [1. Ex.].

Nr. 130

Euripides; <griech.>: ... RHE-SVS. ∥. EST: [Opera; T. 2]. Hrsg.: [Aldo Pio Manuzio]. – (Venedig), (1503, MENSE FEBRVA ∥ RIO).
- Drucker: (Aldo [Manuzio I]).
- Umfang: [190] Bl.; 8°.
- Bogensign.: ΛΛ⁸, MM¹⁰, NN⁸-PP⁸, ΣΣ¹⁰, TT⁸, YY⁶, ΦΦ⁸-XX⁸, ΨΨ⁴, ΩΩ⁸, AAA⁸-BBB⁸, ΓΓΓ⁶, ΔΔΔ⁸-ZZZ⁸, HHH⁶, ΘΘΘ⁸-KKK⁸, ΛΛΛ⁴.
- FP: σ.σ. σ, ασ v.*, ητ*ρ (C) 1503 (R).
- Buchschmuck: D.; E.; EX.
- Prov.: Alexis Gaudin; Ezechiel von Spanheim.
- Bibliographien: Adams E 1030; Cat. Ital. Books S. 239; Bibl. Aldina S. 17f; Ebert 7071.
- Sign.: Ald. Ren. 43,10–2 [2. Ex.].

Nr. 131

Origenes; <lat.>: QVAE HOC IN LIBRO CONTINENTVR. ∥ ... in Genesim Homiliae .16. ∥ Eiusdem in Exodum Homiliae .13. ∥ ... . EST: [Homiliae]. Übers.: [Sophronius Eusebius] Hieronymus. – (Venedig), (1503, MENSE FEB.).
- Drucker: (Aldo [Manuzio I]).
- Buchbinder: René Simier.
- Umfang: [6], 182 Bl.; 2°.
- Bogensign.: ⁶, A⁸-Y⁸, Z⁶.
- FP: pu4. s.e– ,&te dafe (3) 1503 (R).
- Buchschmuck: D.; E.; EX.
- Prov.: Etienne Graf von Méjan.
- Bibliographien: Adams O 291; Cat. Ital. Books S. 477; Bibl. Aldina S. 18; Ebert 15213.
- Sign.: 4° Ald. Ren. 44,11.

1504

Nr. 132

Johannes <Philoponus>; <griech.>: ... in Posteriora resolutoria Aristotelis ∥ Comentaria. ∥ ... . Verf. in Vorlage: Joannes Grammaticus. Hrsg.: (Aldo Pio Manuzio). – (Venedig), (1504, mense Martio.).
- Drucker: (Aldo [Manuzio I]).
- Umfang: 295, [1] S., [12] Bl.; 2°.
- Bogensign.: a⁸-r⁸, s⁶, t⁶, u⁸, x⁴.
- FP: τωχη **φυ κιω– πελω (3) 1504 (R).
- Buchschmuck: D.; EX.
- Prov.: Ezechiel von Spanheim.
- Bibliographien: Adams P 1043; Cat. Ital. Books S. 359; Bibl. Aldina S. 18; Ebert 10802.
- Sign.: 4° Ald. Ren. 45,1.

Nr. 133

Aristoteles; <lat.>: HABENTVR HOC VOLVMINE HAEC ... ∥ de natura animalium. lib. ix. ∥ ... de partibus animalium. lib. iiii. ∥ ... de generatione animalium. lib. v. ∥ ... . EST: [Opera, Teils.]. Beigef.: Theophrastus; <lat.>: ... de historia plantarum. lib. ix. ∥ ... de causis plantarum. lib. vi. ∥ ...; Aristoteles; <lat.>: ... problemata in duas de quadraginta sectiones ...; Alexander <Aphrodisiensis>; <lat.>: ... problemata duobus libris ... . Hrsg.: (Aldo Pio Manuzio). Übers.: Theodorus <Gaza>. – (Venedig), (1503, MEN ∥ SE MAIO.), (1504, mense Martio.).
- Drucker: (Aldo [Manuzio I]).
- Buchbinder: François Bozérian.
- Umfang: [28], 273, [1] Bl.; 2°.
- Bogensign.: ¹², a⁸, b⁸, b⁸-n⁸, o⁶, p⁶, r⁸-z⁸, &⁸, A⁸-M⁸, N⁶.
- FP: tæi. iii. lii. ines (3) 1504 (R).
- Buchschmuck: D.; E.; EX.
- Prov.: Etienne Graf von Méjan.
- Bibliographien: Adams A 1761; Cat. Ital. Books S. 43; Ind. Aur. 107.720; Bibl. Aldina S. 18; Ebert 1133.
- Sign.: 4° Ald. Ren. 45,2 [1. Ex.].
- Abbildung: S. 92.

Nr. 134

Aristoteles; <lat.>: [HABENTVR HOC VOLVMINE HAEC ... ∥ de natura animalium. lib. ix. ∥ ... de partibus animalium. lib. iiii. ∥ ... de generatione animalium. lib. v. ∥ ...] ... PROBLEMATVM ... ∥ Sectiones duaedequadra- ∥ ginta ... . EST: [Opera; Teils.]. Beigef.: Alexander <Aphrodisiensis>; <lat.>: ... problemata duobus libris ... . Hrsg.: [Aldo Pio Manuzio]. Übers.: Theodorus <Gaza>. – [Venedig], [1504?].
- Drucker: [Aldo Manuzio I].
- Umfang: Bl. [205]–273, [1] Bl.; 2°.
- Bogensign.: E⁸-M⁸, N⁶ [unvollst.: Teil 1 fehlt].
- Buchschmuck: D.
- Prov.: Magdeburg: Königliche Medicinal-Bibliothek; Institut für Geschichte der Medizin, Berlin.
- Bibliographien: Adams A 1761; Cat. Ital. Books S. 43; Ind. Aur. 107.720; Bibl. Aldina S. 18; Ebert 1133.
- Sign.: 4° Ald. Ren. 45,2ᵃ.

Nr. 135

Forteguerri, Scipione: ... ORA-TIO ∥ DE LAVDIBVS LITE- ∥ RARVM GRAECA ∥ RVM VENETI-IS ∥ HABITA MEN ∥ SE IANVA= ∥ RIO. M. ∥ D.IIII. ∥. Verf. in Vorlage: Scipio Carteromachus. – (Venedig), (1504, mense ∥ Maio).
- Drucker: (Aldo [Manuzio I]).
- Umfang: [15] Bl.; 8°.
- Bogensign.: a⁸, b⁸.
- FP: anæ= neut mest ilbu (C) 1504 (R).
- Buchschmuck: E.; EX.
- Prov.: Etienne Graf von Méjan.
- Bibliographien: Cat. Ital. Books S. 152.
- Sign.: Ald. Ren. 46,3.

Nr. 136

Poetae christiani veteres: Aldus Romanus omnibus unà cum graecis literis, sanctos etiam ∥ mores discere cupientibus. S. P. D. ∥ Gregorii episcopi Nazanzeni carmina ... . EST: [Poetae christiani veteres; T. 3]. Beigef.: Gregorius <Nazianzenus>; <griech. u. lat.>: ... carmina ...; Biblia, NT., Ev. Johannis; <griech. u. lat.>: (IN SANCTA ET MAGNA DOMINICA PASCHAE ∥ EVANGELIVM SECVN-DVM IOANNEM.). Hrsg.: Aldo [Pio Manuzio]. – (Venedig), (1504, mense Iunio.).
- Drucker: (Aldo [Manuzio I]).
- Umfang: [234] Bl.; 4°.
- Bogensign.: AA¹⁰, BB⁸, CC¹⁰, DD⁸, EE¹⁰, FF⁸, GG¹⁰, HH⁸, II¹⁰, KK⁸, LL¹⁰, MM⁸, NN¹⁰, OO⁴, A⁸-N⁸, O⁴, ⁴ [beide Bogenformeln ineinander verschränkt: A¹, AA¹, A², AA² usw.; BB¹ u. BB⁸ falsch gebunden].
- FP: **v. η.v. s.in VoNa (C) 1504 (R).
- Buchschmuck: D.; E.; EX.
- Prov.: Etienne Graf von Méjan.
- Bibliographien: Adams G 1142; Cat. Ital. Books S. 542; Bibl. Aldina S. 18; Ebert 8905.
- Sign.: Ald. Ren. 46,4 [1. Ex.].

Nr. 137

Poetae christiani veteres: Aldus Romanus omnibus unà cum graecis literis, sanctos etiam ∥ mores discere cupientibus. S. P. D. ∥ Gregorii episcopi Nazanzeni carmina ... . EST: [Poetae christiani veteres; T. 3]. Beigef.: Gregorius <Nazianzenus>; <griech. u. lat.>: ... carmina ...; Biblia, NT., Ev. Johannis; <griech. u. lat.>: (IN SANCTA ET MAGNA DOMINICA PASCHAE ∥ EVANGELIVM SECVN-DVM IOANNEM.). Hrsg.: Aldo [Pio Manuzio]. – (Venedig), (1504, mense Iunio.).
- Drucker: (Aldo [Manuzio I]).
- Umfang: [234] Bl.; 4°.
- Bogensign.: AA¹⁰, BB⁸, CC¹⁰, DD⁸, EE¹⁰, FF⁸, GG¹⁰, HH⁸, II¹⁰, KK⁸, LL¹⁰, MM⁸, NN¹⁰, OO⁴, A⁸-N⁸, O⁴, ⁴ [beide Bogenformeln ineinander verschränkt: A¹, AA¹, A², AA² usw.].
- FP: **v. η.v. s.in VoNa (C) 1504 (R).
- Buchschmuck: D.; E.; KF.
- Bibliographien: Adams G 1142; Cat. Ital. Books S. 542; Bibl. Aldina S. 18; Ebert 8905.
- Sign.: Ald. Ren. 46,4 [2. Ex.].

Nr. 138

Homerus; <griech.>: ... ILIAS. ∥. EST: [Opera; T. 1]. Hrsg.: [Aldo Pio Manuzio]. – [Venedig], [1504].
- Drucker: [Aldo Manuzio I].
- Buchbinder: François Bozérian.
- Umfang: [277] Bl.; 8°.
- Bogensign.: A⁸-Z⁸, AA⁸-LL⁸, MM⁶.
- FP: α.ι, v,t, σαα, Zo*σ (C) 1504 (Q).
- Buchschmuck: D.; E.; EX.
- Prov.: Etienne Graf von Méjan.
- Bibliographien: Adams H 741; Cat. Ital. Books S. 330; Bibl. Aldina S. 18f; Ebert 9934.
- Sign.: Ald. Ren. 46,6–1 [1. Ex.].

Nr. 139

Homerus; <griech.>: ... ILIAS. ∥. EST: [Opera; T. 1]. Hrsg.: (Aldo Pio Manuzio). – [Venedig], [1504].
- Drucker: [Aldo Manuzio I].
- Umfang: [333] Bl.; 8°.
- Bogensign.: A⁸-Z⁸, AA⁸-LL⁸, MM⁵, 1⁸-7⁸.
- FP: e.os σ;*, ηvv, **οι (C) 1504 (Q).
- Buchschmuck: D.; E.; EX.
- Prov.: T. Morell; B. Fairfax.
- Bibliographien: Adams H 741; Cat. Ital. Books S. 330; Bibl. Aldina S. 18f; Ebert 9934.
- Sign.: Ald. Ren. 46,6–1 [2. Ex.].

Kat.-Nr. 62
Krönung Petrarcas mit dem Lorbeerkranz zum Poeten durch den Gott Apollo

Nr. 140

Homerus; <griech.>: ... VLYSSEA. ‖ Batrachomyomachia. ‖ Hymni. xxxii. ‖. EST: [Opera; T. 2]. Hrsg.: (Aldo Pio Manuzio). – [Venedig], (1504, secundo Calendas No ‖ uem.?).
- Drucker: [Aldo Manuzio I].
- Buchbinder: François Bozérian.
- Umfang: [306] Bl.; 8°.
- Bogensign.: AA¹, AA², a³-a⁸, b⁸-z⁸, A⁸-G⁸, H¹⁰, 1⁸-7⁸.
- FP: I.No σ.ω. ι.v* ϑε*η (C) 1504 (Q).
- Buchschmuck: D.; E.; EX.
- Prov.: Etienne Graf von Méjan.
- Bibliographien: Adams H 741; Cat. Ital. Books S. 330; Bibl. Aldina S. 18f; Ebert 9934.
- Sign.: Ald. Ren. 46,6–2 [1.Ex.].

Nr. 141

Homerus; <griech.>: ... VLYSSEA. ‖ Batrachomyomachia. ‖ Hymni. xxxii. ‖. EST: [Opera; T. 2]. Hrsg.: (Aldo Pio Manuzio). – [Venedig], (1504, secundo Calendas No ‖ uem.?).
- Drucker: [Aldo Manuzio I].
- Umfang: [250] Bl.; 8°.
- Bogensign.: AA¹, AA², a³-a⁸, b⁸-z⁸, A⁸-G⁸, H¹⁰ [Titelbl. beschädigt mit Textverl.].
- FP: I.No σ.ω. ι.v* ϑε*η (C) 1504 (Q).
- Buchschmuck: D.; E.; HS.
- Bibliographien: Adams H 741; Cat. Ital. Books S. 330; Bibl. Aldina S. 18f; Ebert 9934.
- Sign.: Ald. Ren. 46,6–2 [2.Ex.].

Nr. 142

Demosthenes; <griech.>: ... orationes duae et sexaginta: ‖ ... . EST: [Opera]. Beigef.: Plutarchus; <griech.>: ... uita [Demosthenis] ... . Hrsg.: (Aldo Pio Manuzio). Kommentator: Libanius. – (Venedig), (1504, mense ‖ Nouem.).
- Drucker: (Aldo [Manuzio I]).
- Umfang: [14] Bl., 320, 286 [=288] S., [3] Bl.; 2°.
- Bogensign.: ¹⁰, aa⁴, bb⁸-xx⁸, A⁸-S⁸, T⁴.
- FP: **υ- σ*,η η.με ηντα (3) 1504 (R).
- Buchschmuck: D.; E.; EX.
- Prov.: Etienne Graf von Méjan.
- Bibliographien: Adams D 259; Cat. Ital. Books S. 213; Ind. Aur. 151.211; Bibl. Aldina S. 19; Ebert 5935.
- Sign.: 4° Ald. Ren. 47,7 [1.Ex.].

Nr. 143

Demosthenes; <griech.>: ... orationes duae et sexaginta: ‖ ... . EST: [Opera]. Beigef.: Plutarchus; <griech.>: ... uita [Demosthenis] ... . Hrsg.: (Aldo Pio Manuzio). Kommentator: Libanius. – (Venedig), (1504, mense ‖ Nouem.).
- Drucker: (Aldo [Manuzio I]).
- Buchbinder: François Bozérian.
- Umfang: [14] Bl., 320, 286 [=288] S., [3] Bl.; 2°.
- Bogensign.: ¹⁰, aa⁴, bb⁸-xx⁸, A⁸-S⁸, T⁴.
- FP: ονησ ησσ, η.ρα υντα (3) 1504 (R).
- Buchschmuck: D.; E.; EX.
- Prov.: Etienne Graf von Méjan.
- Bibliographien: Adams D 259; Cat. Ital. Books S. 213; Ind. Aur. 151.211; Bibl. Aldina S. 19; Ebert 5936.
- Sign.: 4° Ald. Ren. 47,7 [2.Ex.].

Nr. 144

Demosthenes; <griech.>: ... orationes duae et sexaginta: ‖ ... . EST: [Opera]. Beigef.: Plutarchus; <griech.>: ... uita [Demosthenis] ... . Hrsg.: (Aldo Pio Manuzio). Kommentator: Libanius. – (Venedig), (1504, mense ‖ Nouem.).

- Drucker: (Aldo [Manuzio I]).
- Umfang: [14] Bl., 320, 286 [=288] S., [3] Bl.; 2°.
- Bogensign.: ¹⁰, aa⁴, bb⁸–xx⁸, A⁸–S⁸, T⁴.
- FP: ∗∗υ– σ∗,η η.με ηντα (3) 1504 (R).
- Buchschmuck: D.; EX.; HS.
- Prov.: Wendelinus; Ezechiel von Spanheim.
- Bibliographien: Ald. Ren. 47,7; Adams D 259; Cat. Ital. Books S. 213; Ind. Aur. 151.211; Bibl. Aldina S. 19; Ebert 5935.
- Sign.: Libr. impr. c. n. mss. 2° 7.

Nr. 145

Philostratus, Flavius; <lat.>: ... DE VITA APOL ‖ LONII TYANEI ... Hrsg.: Filippo Beroaldo. Übers.: (Alemannus Rinuccinus). – [Lyon], [um 1504].
- Drucker: [Balthasar de Gabiano I].
- Umfang: [209] Bl.; 8°.
- Bogensign.: ⁴, a⁸–z⁸, A⁸, B⁸, C⁵.
- FP: i–is umi= era= nime (C) 1504 (Q).
- Buchschmuck: EX.
- Prov.: Heinrich Friedrich von Diez.
- Bibliographien: Ald. Ren. 307,16; Cat. French Books S. 350; vgl. Baudrier VII S. 13; vgl. Gültlingen Lyon 1 Nr. 34; Ebert 16747.
- Sign.: B. Diez 8° 2245.

Nr. 146

Philostratus, Flavius; <lat.>: ... De Vita Apollonii Tyanei Scriptor Lvcvlentvs a Philippo Beroaldo Castigatvs. – [Lyon], [um 1504].
- Drucker: [Balthasar de Gabiano I].
- Sign.: Ald. Ren. 307,16 Kraków.

Nr. 147

Xenophon; <lat.>: ... IN HOC VOLVMINE CONTINENTVR IN ‖ FRASCRIPTA OPERA ... Paedia Cyri Persarum regis. ‖ De Venatione. ‖ De re publica et de legibus Lacedaemoniorum. ‖ De regis Agesilai Lacedaemoniorum laudibus. ‖ Apologia pro Socrate. ‖ Opusculum de Tyrannide. ‖. EST: [Opera; lat.]. – [Lyon], [ca. 1504].
- Umfang: [220] Bl.; 8°.
- Bogensign.: A⁸–Y⁸, AA⁸–EE⁸, FF⁴.
- FP: tili i=tà n=e= inse (C) 1504 (Q).
- Buchschmuck: E.; EX.
- Prov.: Etienne Graf von Méjan.
- Bibliographien: Baudrier VII S. 17; Brunet 5 Sp. 1497.
- Sign.: Ald. Ren. 308,20 EBD.
- Abbildungen: S. 94, 95.

Nr. 148

Sallustius Crispus, Gaius: Salvstivs. EST: [Opera]. – Lyon, 1504.
- Drucker: Balthasar de Gabiano I.
- Sign.: Ald. Ren. 308,22 Kraków.

🜋 1505

Nr. 149

Bembo, Pietro: GLI ASOLANI ... . (Venedig), (1505, del mese di Marzo).
- Drucker: (Aldo [Manuzio I]).
- Buchbinder: François Bozérian.
- Umfang: [96] Bl.; 4°.
- Bogensign.: a⁸–m⁸.
- FP: I.o. iul= cohe tesa (C) 1505 (R).
- Buchschmuck: D.; E.; EX.
- Prov.: Etienne Graf von Méjan.
- Bibliographien: Adams B 578; Cat. Ital. Books S. 80; Ind. Aur. 116.362; Budapest B 220; Bibl. Aldina S. 19; Ebert 1919.
- Sign.: Ald. Ren. 48,1.

Nr. 150

Augurelli, [Giovanni] Aurelio: AI. AVRELIVS AVGVRELLVS. ‖. EST: [Poemata]. – (Venedig), (1505, MENSE APRILI.).
- Drucker: (Aldo [Manuzio I]).
- Umfang: [128] Bl.; 8°.
- Bogensign.: a⁸–q⁸.
- FP: s.e∗ t;id eæam HaGr (C) 1505 (R).
- Buchschmuck: D.; E.
- Prov.: Ala. Seidel (?).
- Bibliographien: Adams A 2152; Cat. Ital. Books S. 61; Bibl. Aldina S. 19; Ind. Aur. 110.036; Ebert 1358.
- Sign.: Ald. Ren. 49,2.

Nr. 151

Horae beatae Mariae; <griech.>: [RS] HORAE IN LAV- ‖ dem beatiss. Virginis secun ‖ dum consuetudinem Ro= ‖ manae curiae. ‖ SEPTEM PSALMI ‖ poenitentiales ... ‖ SACRIFICIVM. ‖ ... . EST: [Horae beatae Mariae virginis; griech.]. – (Venedig), (1505, mense Iulio.).
- Drucker: (Aldo [Manuzio I]).
- Umfang: 160 Bl.; 32°.
- Bogensign.: a⁸–u⁸.
- FP: ∗∗υ λοα– ιυαι δι∗∗ (3) 1505 (R).
- Buchschmuck: D.; E.; EX.
- Prov.: Etienne Graf von Méjan.
- Bibliographien: Cat. Ital. Books S. 384.
- Sign.: Ald. Ren. 49,3.

Nr. 152

Pontano, (Giovanni Giovano): ... OPERA. ‖ Vrania, siue de Stellis libri quinque. ‖ Meteororum liber unus. ‖ De Hortis hesperidum libri duo. ‖ ... . EST: [Opera poetica; T. 1]. Hrsg.: (Aldo [Pio Manuzio]). – (Venedig), (1505, MENSE ‖ MAIO.), (mense augusto).
- Drucker: (Aldo [Manuzio I]).
- Buchbinder: François Bozérian.
- Umfang: [242] Bl.; 8°.
- Bogensign.: a⁸–z⁸, aa⁸–ff⁸, gg¹⁰ [2 Teile].
- FP: s,m, s.nt iso, PiPh (C) 1505 (R).
- Buchschmuck: D.; E.; EX.
- Prov.: Etienne Graf von Méjan.
- Bibliographien: Cat. Ital. Books S. 532; Bibl. Aldina S. 19; Ebert 17743.
- Sign.: Ald. Ren. 49,4 [1. Ex.].

Nr. 153

Pontano, (Giovanni Giovano): ... OPERA. ‖ Vrania, siue de Stellis libri quinque. ‖ Meteororum liber unus. ‖ De Hortis hesperidum libri duo. ‖ ... . EST: [Opera poetica; T. 1]. Hrsg.: (Aldo [Pio Manuzio]). – (Venedig), (1505, MENSE ‖ MAIO.), (mense augusto).
- Drucker: (Aldo [Manuzio I]).
- Umfang: [242] Bl.; 8°.
- Bogensign.: a⁸–z⁸, aa⁸–ff⁸, gg¹⁰ [2 Teile].
- FP: s,m, s.nt iso, PiPh (C) 1505 (R).
- Buchschmuck: D.
- Bibliographien: Cat. Ital. Books S. 532; Bibl. Aldina S. 19; Ebert 17743.
- Sign.: Ald. Ren. 49,4 [2. Ex.].

FRANÇOIS PETRARQUE,
Né à Arrezzo en Toscane, le 20 Juillet 1304.
mort le 18 Juillet 1374, à Arquade dans le
territoire de Padoue

Kat.-Nr. 62
Porträt Petrarcas (nachträglich eingeklebter Kupferstich)

Kat.-Nr. 62

Nr. 154

Castellesi], Adriano: ... Venatio ... . Verf. in Vorlage: Adrianus Chrysogonus. Hrsg.: Aldo [Pio Manuzio]. – (Venedig), (1505, mense Sept.).
- Drucker: (Aldo [Manuzio I]).
- Umfang: [8] Bl.; 8°.
- Bogensign.: a⁸.
- FP: s,c, maæ. i,a. a,nt (C) 1505 (R).
- Buchschmuck: D.; E.; EX.
- Prov.: Etienne Graf von Méjan.
- Bibliographien: Cat. Ital. Books S. 155; Ind. Aur. 133.449; Ebert 118.
- Sign.: Ald. Ren. 49,5.

Nr. 155

Aesopus; <griech. u. lat.>: Habentur hoc uolumine haec, uidelicet. ‖ ... Fabellae ... . EST: [Fabulae]. Beigef.: (Maximus <Planudes>); <griech. u. lat.>: ... Vita ... Aesopi ...; Babrius; <griech. u. lat.>: ... fabellae tres et quadraginta ex trimetris iambis ...; [Lucius Annaeus] Cornutus; <griech.>: ... de natura deorum. ‖ ...; Palaephatus; <griech.>: ... de non credendis historiis. ‖ ...; Heraclides <Ponticus>; <griech.>: ... de Allegoriis apud Homerum. ‖ ...; Horapollo; <griech.>: ... hieroglyphica. ‖ ...; [Lucillus] <Tarrhaeus>; Didymus <Chalcenterus>; griech.>: ... Collectio prouerbiorum ... . Hrsg.: (Aldo [Pio Manuzio]). Mitarb.: Aphthonius <Antiochenus>; [Flavius] Philostratus; Hermogenes <Tarsensis>. Übers.: (Aldo [Pio Manuzio]). – (Venedig), (1505, men ‖ se Octobri.).
- Drucker: (Aldo [Manuzio I]).
- Umfang: 142 S., 172 Sp., [37] Bl.; 2°.
- Bogensign.: a⁸–h⁸, i⁶, ϰ⁸–ξ⁸, o⁴, A⁸, B¹⁰, C⁸, D¹⁰.
- FP: ατα- ιτο* ιτν- δεοι (7) 1505 (R).
- Buchschmuck: D.; E.; KF.; HS.
- Bibliographien: Adams A 278; Cat. Ital. Books S. 8; Ind. Aur. 100.948; Budapest A 129; Ebert 214; GK 2.1424.
- Sign.: 4° Ald. Ren. 49,6 [1. Ex.].

Nr. 156

Aesopus; <griech. u. lat.>: Habentur hoc uolumine haec, uidelicet. ‖ ... Fabellae ... . EST: [Fabulae]. Beigef.: (Maximus <Planudes>); <griech. u. lat.>: ... Vita ... Aesopi ...; Babrius; <griech. u. lat.>: ... fabellae tres et quadraginta ex trimetris iambis ...; [Lucius Annaeus] Cornutus; <griech.>: ... de natura deorum. ‖ ...; Palaephatus; <griech.>: ... de non credendis historiis. ‖ ...; Heraclides <Ponticus>; <griech.>: ... de Allegoriis apud Homerum. ‖ ...; Horapollo; <griech.>: ... hieroglyphica. ‖ ...; [Lucillus] <Tarrhaeus>; Didymus <Chalcenterus>; griech.>: ... Collectio prouerbiorum ... . Hrsg.: (Aldo [Pio Manuzio]). Mitarb.: Aphthonius <Antiochenus>; [Flavius] Philostratus; Hermogenes <Tarsensis>. Übers.: (Aldo [Pio Manuzio]). – (Venedig), (1505, men ‖ se Octobri.).
- Drucker: (Aldo [Manuzio I]).
- Buchbinder: François Bozérian.
- Umfang: 142 S., 172 Sp., [37] Bl.; 2°.
- Bogensign.: a⁸–h⁸, i⁶, ϰ⁸–ξ⁸, o⁴, A⁸, B¹⁰, C⁸, D¹⁰ [3 Teile, 3. T. hier zwischen den 1. T. gebunden: a⁸, A⁸, B¹⁰, b⁸, C⁸, c⁸, D¹⁰, d⁸].
- FP: ατα- ιτο* ιτν- δεοι (7) 1505 (R).
- Buchschmuck: D.; E.; EX.
- Prov.: Etienne Graf von Méjan.
- Bibliographien: Adams A 278; Cat. Ital. Books S. 8; Ind. Aur. 100.948; Budapest A 129; Ebert 214; GK 2.1424.
- Sign.: 4° Ald. Ren. 49,6 [2. Ex.].

Nr. 157

Vergilius Maro, [Publius]: VERGILIVS. ‖. EST: [Opera]. Hrsg.: (Aldo [Pio Manuzio]). – (Venedig), (1505, Mense decembri.).
- Drucker: [Aldo Manuzio I].
- Buchbinder: François Bozérian.
- Umfang: 304, [1] Bl.; 8°.
- Bogensign.: a⁸–z⁸, A⁸–I⁸, KK⁸, L⁸-P⁸, 1.
- FP: usui t.pæ í.s. TrFe (3) 1505 (R).
- Buchschmuck: D.; E.; KF.
- Prov.: Etienne Graf von Méjan.
- Bibliographien: Cat. Ital. Books S. 730; Ebert 23667.
- Sign.: Ald. Ren. 50,7.

Nr. 158

Quintus <Smyrnaeus>; <griech.>: ... DELICTO ‖ RVM AB HOMERO LIBRI ‖ QVATVOR-

DECIM. ‖. – [Venedig], [ca. 1505].
- Drucker: [Aldo Manuzio I].
- Umfang: [172] Bl.; 8°.
- Bogensign.: a⁸-x⁸, y⁴.
- FP: ω.ν, ν.ι, ς,ιν πυσυ (C) 1505 (Q).
- Buchschmuck: D.; HS.
- Prov.: Josephus Scaliger; L.C. Walckenaer (?).
- Bibliographien: Ald. Ren. 261,14, Adams Q 77; Cat. Ital. Books S. 547, Bibl. Aldina S. 157.
- Sign.: Libr. impr. c. n. mss. 8° 76.

Nr. 159
Quintus <Smyrnaeus>; <griech.>: ... Derelictorvm ab Homero libri qvatvordecim. – Venedig, ca. 1505.
- Drucker: Aldo Manuzio I.
- Sign.: Ald. Ren. 261,14 Kraków.

Nr. 160
Aristoteles; <lat.>: Habentvr hoc volumine haec Theodoro Gaza interprete. ... de natura animalium. lib. ix. ... de partibus animalium. lib. iiij. ... de generatione animalium. lib. v. Theophrasti de historia plantarum. lib. ix. Et decimi principium duntaxat. Eiusdem de causis plantarum. lib. vi. Problematum Aristotelis sectiones due de quadraginta. Problematum Alexandri aphrodisiei. lib. ij. EST: [Opera, Teils.]. – Lyon, ca. 1505.
- Drucker: Balthasar de Gabiano I.
- Sign.: Ald. Ren. 308,19 Kraków.

🏵 1506

Nr. 161
Ovidius Naso, Publius: ... Opera. EST: [Metamorphoses]. – Lyon, ca. 1506.
- Drucker: Balthasar de Gabiano I.
- Sign.: Ald. Ren. 307,13 Kraków.

🏵 1507

Nr. 162
Euripides; <lat.>: HECVBA, et Iphigenia in Aulide ... . Beigef.: [Desiderius] Erasmus: ... Ode de laudibus Britanniae, Regisque ‖ Henrici septimi ...; [Desiderius] Erasmus: ... Ode de senectutis incommodis. ‖. Hrsg.: (Aldo [Pio Manuzio]). Übers.: [Desiderius] Erasmus. – (Venedig), (1507, MENSE DECEMBRI.).
- Drucker: (Aldo [Manuzio I]).
- Buchbinder: François Bozérian.
- Umfang: [80] Bl.; 8°.
- Bogensign.: ⁸, a⁸-i⁸.
- FP: labo e.s. a,o, InPe (C) 1507 (R).
- Buchschmuck: D.; E.; EX.
- Prov.: Etienne Graf von Méjan.
- Bibliographien: Adams E 1045; Cat. Ital. Books S. 239; Budapest E 492; Bibl. Aldina S. 20.
- Sign.: Ald. Ren. 51,1.

Nr. 163
Euripides; <lat.>: HECVBA, et Iphigenia in Aulide ... . Beigef.: [Desiderius] Erasmus: ... Ode de laudibus Britanniae, Regisque ‖ Henrici septimi ...; [Desiderius] Erasmus: ... Ode de senectutis incommodis. ‖. Hrsg.: (Aldo [Pio Manuzio]). Übers.: [Desiderius] Erasmus. – (Venedig), (1507, MENSE DECEMBRI.).
- Drucker: (Aldo [Manuzio I]).
- Umfang: [80] Bl.; 8°.
- Bogensign.: ⁸, a⁸-i⁸.
- FP: labo e.s. a,o, InPe (C) 1507 (R).
- Buchschmuck: D.; KF.
- Bibliographien: Ald. Ren. 51,1; Adams E 1045; Cat. Ital. Books S. 239; Budapest E 492; Bibl. Aldina S. 20.
- Sign.: 1 an Ald. Ren. 80,4 [2. Ex.].

🏵 1508

Nr. 164
Manuzio, Aldo [Pio]: ... INSTITV ‖ TIONVM GRAMMATICARVM ‖ LIBRI QVATVOR ‖ ... . Beigef.: Aldo [Pio] Manuzio: (... De literis graecis, et diphthongis, et quemadmodum ad nos ueniant. ‖ ...); Aldo [Pio] Manuzio: (... Introductio per breuis ad hebraicam linguam. ‖). – (Venedig), (1508, APRILI MENSE).
- Drucker: (Aldo [Manuzio I]).
- Umfang: [212] Bl.; 4°.
- Bogensign.: a⁸-o⁸, p⁴, q⁸-z⁸, aa⁸, bb⁴, aa⁸, bb⁸,⁴ [bb²-bb⁶ falsch gebunden].
- FP: i,ta i.on tao. InQu (C) 1508 (R).
- Buchschmuck: D.; E.; EX.
- Prov.: Etienne Graf von Méjan.
- Bibliographien: Cat. Ital. Books S. 411; Bibl. Aldina S. 20; Ebert 12985.
- Sign.: Ald. Ren. 52,1.

Nr. 165
Erasmus, Desiderius: ... ADAGIORVM ‖ CHILIADES TRES, AC CENTV- ‖ RIAE FERE TOTIDEM. ‖ ... . Hrsg.: Aldo [Pio Manuzio]. – (Venedig), (1508, MENSE SEPT.).
- Drucker: (Aldo [Manuzio I]).
- Umfang: [14], 12, 249 Bl.; 2°.
- Bogensign.: A⁶, B⁸, ¹², a⁶-z⁶, &⁶, aa⁶-qq⁶, rr¹⁰.
- FP: 8.1. 2.6. usad dotu (3) 1508 (R).
- Buchschmuck: D.; E.; EX.
- Prov.: Etienne Graf von Méjan.
- Bibliographien: Adams E 418; Cat. Ital. Books S. 236; Ebert 6864.
- Sign.: 4° Ald. Ren. 53,2.

Nr. 166
Plinius [Caecilius] Secundus, G[aius]: ... epistolarum libri Decem ... ‖ Panegyricus Traiano Imp. dictus. ‖ ... de Viris illustribus in Re militari, et in ad ‖ ministranda Rep. ‖ ... . EST: [Opera]. Beigef.: [Gaius] Suetonius Tranquillus: ... declaris, Grammaticis et Rhetorib. ‖ ...; Iulius Obsequens: ... Prodigiorum liber. ‖ ... . Hrsg.: (Aldo Pio Manuzio). – (Venedig), (1508, Mense Nouem= ‖ bri.).
- Drucker: (Aldo [Manuzio I]; Andrea Torresano [I]).
- Umfang: [12] Bl.,525,[1] S.,[1] Bl.; 8°.
- Bogensign.: *⁸, **⁴, a⁸-z⁸, aa⁸-kk⁸.
- FP: m,a, 7320 lixi Vapo (3) 1508 (R).
- Buchschmuck: D.; E.; EX.
- Prov.: Etienne Graf von Méjan.
- Bibliographien: Adams P 1536; Cat. Ital. Books S. 525; Bibl. Aldina S. 20; Ebert 17341.
- Sign.: Ald. Ren. 53,3.

Nr. 167
Rhetores graeci; <griech.>: RHETORES IN HOC VOLVMINE ‖ HABENTVR HI. ‖ Aphthonii Sophistae Progymnasmata. ... ‖ Hermogenis ars Rhetorica. ... ‖ Aristotelis Rhetoricorum ad Theodecten libri tres. ... . EST: [Rhetores graeci; griech.,T.1]. Hrsg.: (Aldo Pio Manuzio). – (Venedig), (1508, mense Nouembris).
- Drucker: (Aldo [Manuzio I]).
- Buchbinder: François Bozérian.
- Umfang: [8] Bl., 734 S., [1] Bl.; 4°.
- Bogensign.: *⁸, A⁸-Z⁸, AA⁸-ZZ⁸.
- FP: I.s, 58η- ιααι δοτα (3) 1508 (R).
- Buchschmuck: D.; E.; EX.
- Prov.: Etienne Graf von Méjan.
- Bibliographien: Adams R 447; Cat. Ital. Books S. 411; Bibl. Aldina S. 20f; Ebert 19021.
- Sign.: 4° Ald. Ren. 54,4–1 [1. Ex.].

Nr. 168
Rhetores graeci; <griech.>: RHETORES IN HOC VOLVMINE ‖ HABENTVR HI. ‖ Aphthonii Sophistae Progymnasmata. ... ‖ Hermogenis ars Rhetorica. ... ‖ Aristotelis Rhetoricorum ad Theodecten libri tres. ... . EST: [Rhetores graeci; griech.,T.1]. Hrsg.: (Aldo Pio Manuzio). – (Venedig), (1508, mense Nouembris).
- Drucker: (Aldo [Manuzio I]).
- Umfang: [8] Bl., 734 S., [1] Bl.; 4°.
- Bogensign.: *⁸, A⁸-Z⁸, AA⁸-ZZ⁸.
- FP: I.s, 58η- ιααι δοτα (3) 1508 (R).
- Buchschmuck: D.; E.
- Prov.: Daniel Wyttenbach, 1790.
- Bibliographien: Adams R 447; Cat. Ital. Books S. 411; Bibl. Aldina S. 20f; Ebert 19021.
- Sign.: 4° Ald. Ren. 54,4–1 [2. Ex.].
- Abbildung: S. 43.

Nr. 169
Valerius <Maximus>: ... dictorvm et factorvm memorabilivm. Libri novem. – Lyon, 1508.
- Drucker: Balthasar de Gabiano I.
- Sign.: Ald. Ren. 309,26 Kraków.

🏵 1509

Nr. 170
Rhetores graeci; <griech.>: In Aphthonii Progymnasmata Commentarii ‖ Innominati autoris. ‖ Syriani. Sopatri. Marcellini Commentarii in ‖ Hermogenis Rhetorica. ‖. EST: [Rhetores graeci; griech., T. 2]. Hrsg.: (Aldo Pio Manuzio). – (Venedig), (1509, Mense Maio.).
- Drucker: (Aldo [Manuzio I]).
- Buchbinder: François Bozérian.
- Umfang: [14] Bl., 417, [1] S., [1] Bl.; 4°.
- Bogensign.: 1⁸, 2⁶, a⁸-z⁸, &⁸, A⁸, B¹⁰.
- FP: γοτα ταφε *συ- επτω (3) 1509 (R).
- Buchschmuck: D.; E.; EX.
- Prov.: Etienne Graf von Méjan.
- Bibliographien: Adams R 447; Cat. Ital. Books S. 411; Bibl. Aldina S. 20f; Ebert 19021.
- Sign.: 4° Ald. Ren. 54,4–2 [1. Ex.].

Nr. 171
Rhetores graeci; <griech.>: In Aphthonii Progymnasmata Commentarii ‖ Innominati autoris. ‖ Syriani. Sopatri. Marcellini Commentarii in ‖ Hermogenis Rhetorica. ‖. EST: [Rhetores graeci; griech., T. 2]. Hrsg.: (Aldo Pio Manuzio). – (Venedig), (1509, Mense Maio.).
- Drucker: (Aldo [Manuzio I]).
- Umfang: [14] Bl., 417, [1] S., [1] Bl.; 4°.
- Bogensign.: 1⁸, 2⁶, a⁸-z⁸, &⁸, A⁸, B¹⁰.
- FP: γοτα ταφε *συ- επτω (3) 1509 (R).
- Buchschmuck: D.; E.
- Prov.: Eliah Kyberius Gengenbachensis, 1561.
- Bibliographien: Adams R 447; Cat. Ital. Books S. 411; Bibl. Aldina S. 20f; Ebert 19021.
- Sign.: 4° Ald. Ren. 54,4–2 [2. Ex.].

Nr. 172
Plutarchus; <griech.>: ... OPVSCVLA. LXXXII. ‖ Index Moralium omnium, et eorem quae in ‖ ipsis tractantur ... . EST: [Moralia]. Hrsg.: (Aldo Pio M[anuzio]). – (Venedig), (1509, mense Martio.).
- Drucker: (Aldo [Manuzio I]; Andrea [Torresano I]).
- Umfang: [8] Bl., 1050 S., [1] Bl.; 4°.
- Bogensign.: +⁸, a⁸-z⁸, &⁸, aa⁸-zz⁸, aaa⁸-sss⁸, ttt⁶.
- FP: 5043 ο9ω- ο-ω- νμη (3) 1509 (R).
- Buchschmuck: D.; E.; EX.

Kat.-Nr. 63
Einband im
italienisch-orientalischen Stil

- Prov.: Etienne Graf von Méjan.
- Bibliographien: Adams P 1634; Cat. Ital. Books S. 527; Bibl. Aldina S. 21; Ebert 17404.
- Sign.: 4° Ald. Ren. 55,1 [1. Ex.].

Nr. 173

Plutarchus; <griech.>: ... OPVSCVLA. LXXXXII. ‖ Index Moralium omnium, et eorem quae in ‖ ipsis tractantur ... . EST: [Moralia]. Hrsg.: (Aldo Pio M[anuzio]). – (Venedig), (1509, mense Martio.).
- Drucker: (Aldo [Manuzio I]; Andrea [Torresano I]).
- Umfang: [8] Bl., 1050 S., [1] Bl.; 4°.
- Bogensign.: +^{8}, a^8–z^8, &^{8}, aa^8–zz^8, aaa^8–sss^8, ttt^6.
- FP: 5043 09ω– o–ω– νμη (3) 1509 (R).
- Buchschmuck: D.; E.
- Bibliographien: Adams P 1634; Cat. Ital. Books S. 527; Bibl. Aldina S. 21; Ebert 17404.
- Sign.: 4° Ald. Ren. 55,1 [2. Ex.].

Nr. 174

Horatius Flaccus, Q[uintus]: ... poemata, in quibus multa corre-‖ cta sunt ... . EST: [Opera]. Beigef.: (Iafrede Carole): ... Vndeuiginti metrorum genera ... . Hrsg.: (Aldo Pio Manuzio). – (Venedig), (1509, MENSE MARTIO.).
- Drucker: (Aldo [Manuzio I]).
- Buchbinder: Jean-Claude Bozérian.
- Umfang: [24] Bl., 310 S.; 8°.
- Bogensign.: 1^8, 2^8, a^8–u^8, x^4.
- FP: ū-i- arn. n-uo PeOT (3) 1509 (R).
- Buchschmuck: D.; E.; EX.
- Prov.: Etienne Graf von Méjan.
- Bibliographien: Adams H 858; Cat. Ital. Books S. 333; Bibl. Aldina S. 21; Ebert 10141.
- Sign.: Ald. Ren. 56,2.

Nr. 175

Sallustius Crispus, G[aius]: ... DE CONIV ‖ RATIONE CATILINAE. ‖ ... DE BELLO IVGVRTHINO ‖ ... oratio contra M.T. Ciceronem. ‖ ... . EST: [Opera]. Beigef.: M[arcus] T[ullius] Cicero: ... oratio contra .C. Crispum Sallustium. ‖ ...; M[arcus] T[ullius] Cicero: ... orationes quatuor contra Lucium Catilinam. ‖ ...; [Marcus] Porcius Latro: ... declamatio contra Lucium Catilinam. ‖ ... . Hrsg.: (Aldo Pio Manuzio). – (Venedig), (1509, Mense Aprili.).
- Drucker: (Aldo [Manuzio I]; Andrea Torresano [I]).
- Umfang: [8] Bl., 279, [1] S.; 8°.
- Bogensign.: a^8–s^8, t^4.
- FP: X.i. t.t, a,um tral (3) 1509 (R).
- Buchschmuck: D.; KF.
- Prov.: Thomas Maulrab (?) Brunschwigensis.
- Bibliographien: Adams S 139; Cat. Ital. Books S. 599; Bibl. Aldina S. 21; Ebert 19967.
- Sign.: Ald. Ren. 57,3 [1. Ex.].

Nr. 176

Sallustius Crispus, G[aius]: ... DE CONIV ‖ RATIONE CATILINAE. ‖ ... DE BELLO IVGVRTHINO ‖ ... oratio contra . M.T. Ciceronem. ‖ ... . EST: [Opera]. Beigef.: M[arcus] T[ullius] Cicero: ... oratio contra .C. Crispum Sallustium. ‖ ...; M[arcus] T[ullius] Cicero: ... orationes quatuor contra Lucium Catilinam. ‖ ...; [Marcus] Porcius Latro: ... declamatio contra Lucium Catilinam. ‖ ... . Hrsg.: (Aldo Pio Manuzio). – (Venedig), (1509, Mense Aprili.).
- Drucker: (Aldo [Manuzio I]; Andrea Torresano [I]).
- Umfang: [8] Bl., 279, [1] S.; 8°.
- Bogensign.: a^8–s^8, t^4.
- FP: X.i. t.t, a,um tral (3) 1509 (R).
- Buchschmuck: D.; E.; EX.
- Prov.: Etienne Graf von Méjan.
- Bibliographien: Adams S 139; Cat. Ital. Books S. 599; Bibl. Aldina S. 21; Ebert 19967.
- Sign.: Ald. Ren. 57,3 [2. Ex.].

Nr. 177

Euripides; <lat.>: Hecvba, et Iphigenia in Aulide ... in latinum tralatae Erasmo Roterodamo interprete. Eivsdem Ode de laudibus Britanniae, Regisque Henrici septimi, ac regiorum liberorum

eius. Eivsdem Ode de Senectutis incommodis. – Lyon, ca. 1509.
- Drucker: Balthasar de Gabiano I.
- Sign.: Ald. Ren. 309,24 Kraków.

1510

Nr. 178

Quintilianus, [Marcus Fabius]: QVINTILIANVS. ‖ EST: [Institutiones oratoriae]. Hrsg.: (Geoffroy Tory). – [Lyon], (1510, septimo Kalen. Iulij.).
- Drucker: [Barthélemy Trot].
- Umfang: [378] Bl.; 8°.
- Bogensign.: a^8–z^8, &^{8}, aa^8–yy^8, zz^{10}.
- FP: nedi eaui o=u= calu (C) 1510 (R).
- Buchschmuck: D.; E.
- Prov.: Joh. Carolus Frid. Hager, 1753; Blasius Fabricius (?); Hülseman (?); Fürstl. Schwarzburg. Landesbibliothek, Sondershausen.
- Bibliographien: Ald. Ren. 310,32; Adams Q 51; Cat. French Books S. 370; Bibl. Aldina S. 165; Baudrier VIII S. 420; Gültlingen Lyon 2 S. 105.
- Sign.: Ws 668ª RAR.

Nr. 179

Plinius Caecilius Secundus, Gaius: ... Historiae natvralis. Libri ab Alexandro Benedicto Ve. physico emendatiores redditi. – Lyon, 1510.
- Drucker: Balthasar de Gabiano I.
- Sign.: Ald. Ren. 310,34 Kraków.

1512

Nr. 180

Laskaris, Konstantinos; <griech. u. lat.>: IN HOC LIBRO HAEC HABENTVR. ‖ ... de octo partibus orationis Lib. I. ‖ ... . EST: [Grammatica; griech. u. lat.]. Beigef.: (Johannes <Philoponus>; <griech. u. lat.>: De Graecarum proprietate linguarum ex scriptis de Arte ...); (Plutarchus; <griech. u. lat.>: ... de Dialectis, quae ‖ apud Homerum. ‖); (Aldo [Pio] Manuzio): ... De literis graecis ac diphtongis et quemadmodum ad nos ueniant. ‖ ... ; (Aldo [Pio] Manuzio): ... Introductio per breuis ad hebraicam linguam. ‖. Hrsg.: (Aldo [Pio] Manuzio). – (Venedig), (1512, mense octobri.).
- Drucker: (Aldo [Manuzio I]).
- Umfang: [294] Bl.; 4°.
- Bogensign.: a^8–μ^8, v^4, ξ^8–π^8, ρ^4, a^8, b^{10}, c^8, d^{10}, e^8, f^{10}, g^{10}, h^8, i^{10}, k^8, l^{10}, m^8, n^6, x^{10}, y^8, z^{10}, &^{4}, aa^8, bb^{8,4} [griech. u. lat. Bogensignaturen ineinander verschränkt].
- FP: e.sa tues ι-σ. $\omega\nu\tau\omega$ (C) 1512 (R).
- Buchschmuck: D.; E.; EX.
- Prov.: Etienne Graf von Méjan.
- Bibliographien: Adams L 228; Cat. Ital. Books S. 370; Bibl. Aldina S. 22; Ebert 11738.
- Sign.: Ald. Ren. 58,1.

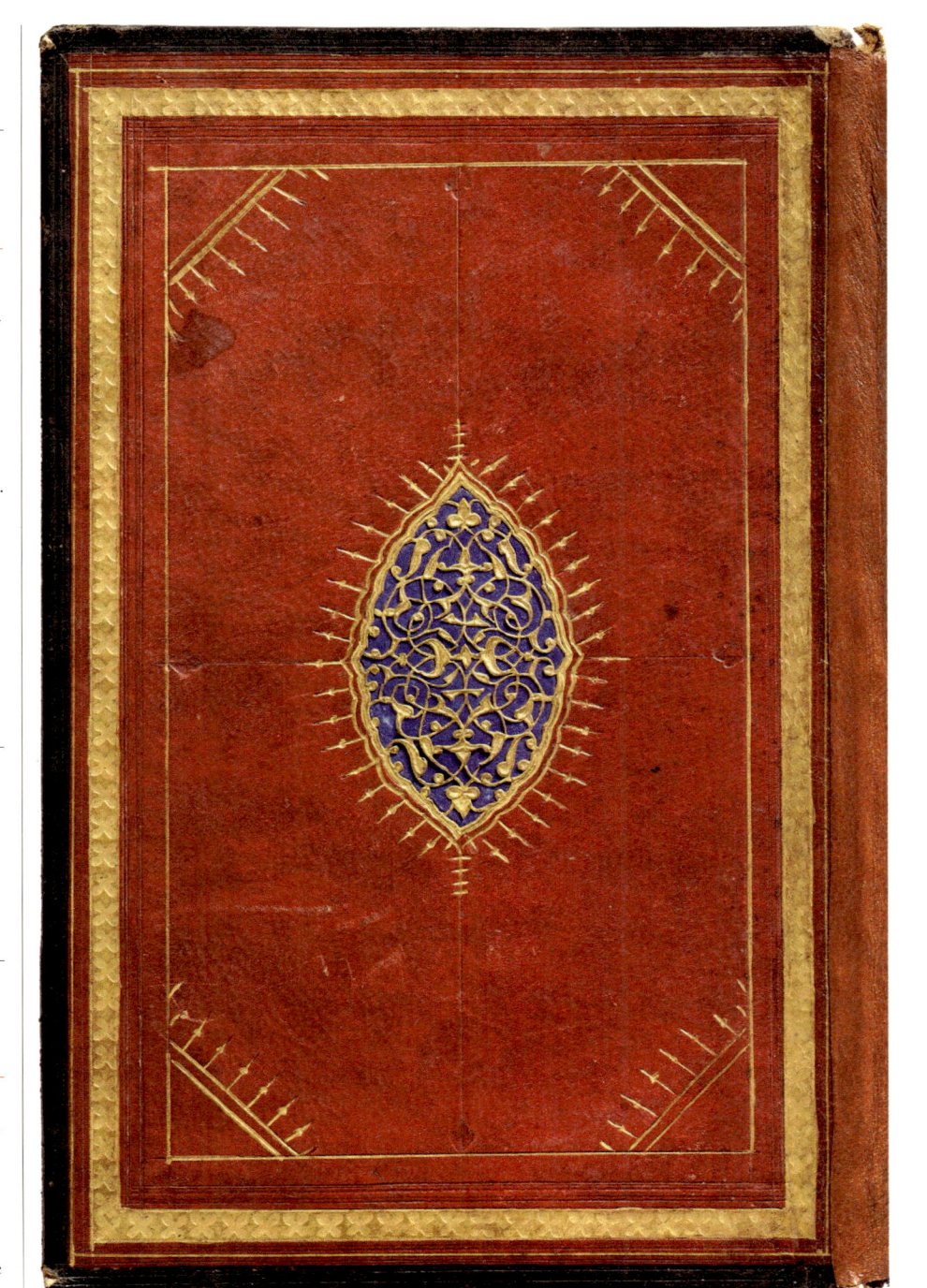

Nr. 181

Manuel <Chrysoloras>; <griech.>: ... Erotemata ... ‖ De anomalis uerbis. ‖ ... . Beigef.: [Demetrios] Chalkokondyles; <griech.>: ... De formatione temporum ...; [Theodorus] <Gaza>; <griech.>: ... Quartus ... de Constructione. ‖ ...; [Aelius Herodianus]; <griech.>: ... De Encliticis. ‖ ... . Hrsg.: (Aldo [Pio] Manuzio). – (Venedig), (1512).
- Drucker: (Aldo [Manuzio I]).
- Buchbinder: François Bozérian.
- Umfang: 296 S.; 8°.
- Bogensign.: a^8–s^8, t^4.
- FP: $\sigma.\varepsilon$- *-.* ***a $\delta o\sigma\eta$ (3) 1512 (R).
- Buchschmuck: D.; E.; EX.
- Prov.: Etienne Graf von Méjan.
- Bibliographien: Adams C 1506; Cat. Ital. Books S. 172; Ind. Aur. 136.688; Bibl. Aldina S. 22; Ebert 4182.
- Sign.: Ald. Ren. 59,2.

Nr. 182

Manuel <Chrysoloras>; <griech.>: ... Erotemata ... ‖ De anomalis uerbis. ‖ ... . Beigef.: [Demetrios] Chalkokondyles; <griech.>: ... De formatione tem-

Kat.-Nr. 63 Dublüre

Kat.-Nr. 63
Handgemalte Bordüre mit dem Wappen der venezianischen Familie Priuli

porum ...; [Theodorus] <Gaza>; <griech.>: ... Quartus ... de Constructione. ‖ ...; [Aelius Herodianus]; <griech.>: ... De Encliticis. ‖ ... . Hrsg.: (Aldo [Pio Manuzio]). – (Venedig), (1512).
- Drucker: (Aldo [Manuzio I]).
- Buchbinder: Granatapfel-Meister.
- Umfang: 296 S.; 8°.
- Bogensign.: a^8–s^8, t^4.
- FP: σ.ε– *–.* ***a δοση (3) 1512 (R).
- Buchschmuck: D.; E.
- Prov.: Guihelmus Nesenus, 1515.
- Bibliographien: Ald. Ren. 59,2; Adams C 1506; Cat. Ital. Books S. 172; Ind. Aur. 136.688; Bibl. Aldina S. 22; Ebert 4182.
- Sign.: Vz 8693 EBD.

Nr. 183
Martialis, Marcus Valerius: Martialis. EST: [Epigrammata]. – Lyon, 1512.
- Drucker: Barthélemy Trot (?).
- Sign.: Ald. Ren. 59,5 Kraków.

Nr. 184
Martialis, Marcus Valerius: Martialis. EST: [Epigrammata]. – Lyon, 1512.
- Drucker: Barthélemy Trot (?).
- Sign.: Ald. Ren. 312,38 Kraków.

Nr. 185
Gellius, Aulus: ... Noctivm Atticarvm Libri .XX. Svmma Accvratione Ioannis Connelli Carnotensis Ad Recognitionem Beroaldinam Repositi: ... . – Lyon, 1512.
- Drucker: Barthélemy Trot.
- Sign.: Ald. Ren. 312,41 Kraków.

🐘 1513

Nr. 186
Caesar, G[aius Iulius]: HOC VOLVMINE CON- ‖ TINENTVR HAEC. ‖ Commentariorum de bello Gallico libri VIII ‖ De bello ciuili pompeiano. libri IIII. ‖ De bello Ale-xandrino. liber I. ‖ De bello Africano. liber I. ‖ De bello Hispaniensi. liber I. ‖ ... . EST: [Opera]. Hrsg.: (Giovanni Giocondo). Mitarb.: (Raimundus Marlianus); (Aulus Hirtius). – (Venedig), (1513, MENSE ‖ APRILI.).
- Drucker: (Aldo [Manuzio I]; Andrea [Torresano I]).
- Buchbinder: François Bozérian.
- Umfang: [20], 296 Bl.; 8°.
- Bogensign.: A^8, B^8, C^4, a^8–z^8, aa^8–oo^8.
- FP: I.se +Oon utdi acnu (3) 1513 (R).
- Buchschmuck: H.; D.; E.; EX.
- Prov.: Etienne Graf von Méjan.
- Bibliographien: Adams C 26; Cat. Ital. Books S. 135; Ind. Aur. 128.657; Bibl. Aldina S. 22; Ebert 3256.
- Sign.: Ald. Ren. 60,1 [1. Ex.].

Nr. 187
Caesar, Gaius Iulius): [HOC VO-‖ LVMINE CON- ‖ TINENTVR HAEC. ‖ Commentariorum de bello Gallico libri VIII ‖ De bello ciuili pompeiano. libri IIII. ‖ De bello Alexandrino. liber I. ‖ De bello Africa-

no. liber I. ‖ De bello Hispaniensi. liber I. ‖ ...]. EST: [Opera]. Hrsg.: (Giovanni Giocondo). Mitarb.: (Raimundus Marlianus); (Aulus Hirtius). – (Venedig), (1513, MENSE ‖ APRILI.).
- Drucker: (Aldo [Manuzio I]; Andrea [Torresano I]).
- Umfang: [20], 296 Bl.; 8°.
- Bogensign.: A^8, B^8, C^4, a^8-z^8, aa^8-oo^8 [unvollst.: A^8, B^8 einschl. Titelbl. u. oo^8 fehlen].
- Buchschmuck: H.; D.; EX.
- Prov.: Bibliotheca Rosenbergiana.
- Bibliographien: Adams C 26; Cat. Ital. Books S. 135; Ind. Aur. 128.657; Bibl. Aldina S. 22; Ebert 3256.
- Sign.: Ald. Ren. 60,1 [2. Ex.].

Nr. 188

Oratores graeci; <griech.>: ... [Sp.2] ORATIONES HORVM ‖ RHETORVM. ‖ Aeschinis. ‖ Lysiae. ‖ Alcidamantis. ‖ Antisthenis. ‖ Demadis. ‖ ... . EST: [Oratores graeci; griech., T.1]. Hrsg.: (Aldo [Pio] Manuzio). – [Venedig], (1513, Pridie Nonarum Maii.).
- Drucker: [Aldo Manuzio I; Andrea Torresano I].
- Buchbinder: Motet.
- Umfang: [2] Bl., S. 3–14, [1] Bl., S. 15–197; 2°.
- Bogensign.: ^{2}, a^2–a^9, b^8-m^8, n^3.
- FP: est. a–$\eta\sigma$ v,$\alpha\iota$ $\alpha o**$ (3) 1513 (Q).
- Buchschmuck: D.; E.; EX.
- Prov.: Etienne Graf von Méjan.
- Bibliographien: Adams O 244; Cat. Ital. Books S. 411; Budapest O 99; Bibl. Aldina S. 22; Ebert 15173.
- Sign.: 4° Ald. Ren. 60,2-1 [1. Ex.].

Nr. 189

Oratores graeci; <griech.>: ... ORATIONES INFRASCRIPTORVM ‖ RHETORVM. ‖ Andocidis. ‖ Isaei. ‖ Dinarchi. ‖ Antiphontis. ‖ Lycurgi. ‖ Gorgiae. ‖ Lesbonactis. ‖ Herodis. ‖. EST: [Oratores graeci; griech., T.2]. Hrsg.: [Aldo Pio Manuzio]. – (Venedig), (1513, mense Aprili.).
- Drucker: (Aldo [Manuzio I]; Andrea [Torresano I]).
- Buchbinder: Motet.
- Umfang: 162 [=163] S.; 2°.
- Bogensign.: aaa^8-iii^8, kkk^{10}.
- FP: $\eta\sigma ov$ $ov\rho a$ $*\sigma**$ $\pi*\lambda\iota$(3)1513(R).
- Buchschmuck: D.; E.; EX.
- Prov.: Etienne Graf von Méjan.
- Bibliographien: Adams O 244; Cat. Ital. Books S. 411; Budapest O 99; Bibl. Aldina S. 22; Ebert 15173.
- Sign.: 4° Ald. Ren. 60,2-2 [1. Ex.].

Nr. 190

Oratores graeci; <griech.>: ... ISOCRATIS ORATIONES. ‖ ALCIDAMANTIS CONTRA DICENDI MAGISTROS. ‖ GORGIAE DE LAVDIBVS HELENAE. ‖ ARISTIDIS DE LAVDIBVS ATHENARVM. ‖ EIVSDEM DE LAVDIBVS VRBIS ROMAE. ‖. EST: [Oratores graeci; griech., T.3]. Hrsg.: (Aldo [Pio Manuzio]). – (Venedig), (1513, MENSE APRIL.), (IIII NONARVM MAII.).
- Drucker: (Aldo [Manuzio I]; Andrea [Torresano I]).
- Buchbinder: Motet.
- Umfang: 167 [=269], [1] S., [1] Bl.; 2°.
- Bogensign.: aa^8-mm^8, nn^4, AA^8-DD^8, EE^4.
- FP: σ–$\kappa\alpha$ $\alpha\iota v$ $ov\sigma\alpha$ $\gamma\alpha\iota\sigma$ (3) 1513 (R).
- Buchschmuck: D.; E.; EX.
- Prov.: Etienne Graf von Méjan.
- Bibliographien: Adams O 244; Cat. Ital. Books S. 411; Budapest O 99; Bibl. Aldina S. 22; Ebert 15173.
- Sign.: 4° Ald. Ren. 60,2-3 [1. Ex.].

Nr. 191

Oratores graeci; <griech.>: ... ISOCRATIS ORATIONES. ‖ ALCIDAMANTIS CONTRA DICENDI MAGISTROS. ‖ GORGIAE DE LAVDIBVS HELENAE. ‖ ARISTIDIS DE LAVDIBVS ATHENARVM. ‖ EIVSDEM DE LAVDIBVS VRBIS ROMAE. ‖. EST: [Oratores graeci; griech., T.3]. Hrsg.: (Aldo [Pio Manuzio]). – (Venedig), (1513, MENSE APRIL.), (IIII NONARVM MAII.).
- Drucker: (Aldo [Manuzio I]; Andrea [Torresano I]).
- Buchbinder: Luigi Lodigiani.
- Umfang: 167 [=269], [1] S., [1] Bl.; 2°.
- Bogensign.: aa^8-mm^8, nn^4, AA^8-DD^8, EE^4.
- FP: σ–$\kappa\alpha$ $\alpha\iota v$ $ov\sigma\alpha$ $\gamma\alpha\iota\sigma$ (3) 1513 (R).
- Buchschmuck: D.; E.; EX.
- Prov.: Etienne Graf von Méjan.
- Bibliographien: Adams O 244; Cat. Ital. Books S. 411; Budapest O 99; Bibl. Aldina S. 22; Ebert 15173.
- Sign.: 4° Ald. Ren. 60,2-3 [2. Ex.].

Nr. 192

Cicero, M[arcus] T[ullius]: ... epistolarum ad Atticum. ad Brutum, ‖ ad Quintum fratrem, libri .XX. ‖ ... . Hrsg.: (Aldo [Pio] Manuzio). – (Venedig), (1513, MENSE IVNIO).
- Drucker: (Aldo [Manuzio I]; Andrea [Torresano I]).
- Umfang: [16], 331, [1] Bl.; 8°.
- Bogensign.: AA^8, BB^8, a^8-z^8, aa^8-ss^8, tt^4.
- FP: raun $v\varepsilon a*$ umli epde (3) 1513 (R).
- Buchschmuck: D.; E.; EX.
- Prov.: Etienne Graf von Méjan.
- Bibliographien: Adams C 1907; Cat. Ital. Books S. 177; Ebert 4443; Ind. Aur. 137.413; Bibl. Aldina S. 23.
- Sign.: Ald. Ren. 61,3.

Nr. 193

Plato; <griech.>: ... OMNIA ... OPERA. ‖. EST: [Opera]. Hrsg.: (Aldo Pio Manuzio; M[arkos] Musuros). – (Venedig), (1513, MENSE ‖ SEPTEMBRI.).
- Drucker: (Aldo [Manuzio I]; Andrea [Torresano I]).
- Umfang: [16] Bl., 502 S., [1] Bl., 439, [1] S.; 2°.
- Bogensign.: 1^{12}, 2^4, a^8-z^8, aa^8-hh^8, ii^4, A^8-Z^8, AA^8-DD^8, EE^4.
- FP: rio- 2915 ε–$\delta\alpha$ $\varepsilon\mu ov$ (3) 1513 (R).
- Buchschmuck: D.; E.; EX.
- Prov.: Etienne Graf von Méjan.
- Bibliographien: Adams P 1436; Cat. Ital. Books S. 524; Bibl. Aldina S. 23; Ebert 17027.
- Sign.: 4° Ald. Ren. 62,4 [1. Ex.].

Nr. 194

Plato; <griech.>: ... OMNIA ... OPERA. ‖. EST: [Opera]. Hrsg.: (Aldo Pio Manuzio; M[arkos] Musuros). – (Venedig), (1513, MENSE ‖ SEPTEMBRI.).
- Drucker: (Aldo [Manuzio I]; Andrea [Torresano I]).
- Umfang: [16] Bl., 502 S., [1] Bl., 439, [1] S.; 2°.
- Bogensign.: 1^{12}, 2^4, a^8-z^8, aa^8-hh^8, ii^4, A^8-Z^8, AA^8-DD^8, EE^4.
- FP: rio- 2915 ε–$\delta\alpha$ $\varepsilon\mu ov$ (3) 1513 (R).
- Buchschmuck: D.
- Prov.: Sebastian Tengnagel, Wien.
- Bibliographien: Adams P 1436; Cat. Ital. Books S. 524; Bibl. Aldina S. 23; Ebert 17027.
- Sign.: 4° Ald. Ren. 62,4 [2. Ex.].

Nr. 195

Alexander <Aphrodisiensis>; <griech.>: ... IN TOPICA ‖ ARISTOTELIS, COMMENTARII. – Venedig), (1513, MENSE SEPTEMBRI.).
- Drucker: (Aldo [Manuzio I]; Andrea [Torresano I]).
- Umfang: [1] Bl., 281, [1] S., [1] Bl.; 2°.
- Bogensign.: A^{10}, B^8-R^8, S^6.
- FP: isn- $\iota\sigma v$, $*v*\iota$ $\omega\sigma\varphi\eta$ (3) 1513 (R).
- Buchschmuck: D.; E.; EX.
- Prov.: Etienne Graf von Méjan.
- Bibliographien: Adams A 665; Cat. Ital. Books S. 17; Ind. Aur. 103.323; Bibl. Aldina S. 23; Ebert 406.
- Sign.: 4° Ald. Ren. 62,5 [1. Ex.].

Nr. 196

Alexander <Aphrodisiensis>; <griech.>: ... IN TOPICA ‖ ARISTOTELIS, COMMENTARII. – Venedig), (1513, MENSE SEPTEMBRI.).
- Drucker: (Aldo [Manuzio I]; Andrea [Torresano I]).
- Umfang: [1] Bl., 281, [1] S., [1] Bl.; 2°.
- Bogensign.: A^{10}, B^8-R^8, S^6.
- FP: isn- $\iota\sigma v$, $*v*\iota$ $\omega\sigma\varphi\eta$ (3) 1513 (R).
- Buchschmuck: D.; HS.
- Bibliographien: Adams A 665; Cat. Ital. Books S. 17; Ind. Aur. 103.323; Bibl. Aldina S. 23; Ebert 406.
- Sign.: 4° Ald. Ren. 62,5 [2. Ex.].

Nr. 197

Alexander <Aphrodisiensis>; <griech.>: ... IN TOPICA ‖ ARISTOTELIS, COMMENTARII. – Venedig), (1513, MENSE SEPTEMBRI.).
- Drucker: (Aldo [Manuzio I]; Andrea [Torresano I]).
- Umfang: [1] Bl., 281, [1] S., [1] Bl.; 2°.
- Bogensign.: ^{1}, A^8-R^8, S^5.
- FP: isn- $\iota\sigma v$, $*v*\iota$ $\omega\sigma\varphi\eta$ (3) 1513 (R).
- Buchschmuck: D.; E.; EX.
- Prov.: Ezechiel von Spanheim.
- Bibliographien: Adams A 665; Cat. Ital. Books S. 17; Ind. Aur. 103.323; Bibl. Aldina S. 23; Ebert 406.
- Sign.: 4° Ald. Ren. 62,5 [3. Ex.].

Nr. 198

Alexander <Aphrodisiensis>; <griech.>: ... IN TOPICA ‖ ARISTOTELIS, COMMENTARII. – (Venedig), (1513, MENSE SEPTEMBRI.).
- Drucker: (Aldo [Manuzio I]; Andrea [Torresano I]).
- Umfang: [1] Bl., 281, [1] S., [1] Bl.; 2°.
- Bogensign.: ^{1}, A^8-R^8, S^6.
- FP: isn- $\iota\sigma v$, $*v*\iota$ $\omega\sigma\varphi\eta$ (3) 1513 (R).
- Buchschmuck: D.; EX.; HS.
- Prov.: Ezechiel von Spanheim.
- Bibliographien: Ald. Ren. 62,5; Adams A 665; Cat. Ital. Books S. 17; Ind. Aur. 103.323; Bibl. Aldina S. 23; Ebert 406.
- Sign.: Libr. impr. c. n. mss. 2° 6.

Nr. 199

Alexander <Aphrodisiensis>; <griech.>: ... IN TOPICA ‖ ARISTOTELIS, COMMENTARII. Hrsg.: (Aldo Pio Manuzio). – (Venedig), (1513, MENSE SEPTEMBRI.).
- Drucker: (Aldo [Manuzio I]; Andrea [Torresano I]).
- Buchbinder: H. B., Breslau
- Umfang: [1] Bl., 281, [1] S., [1] Bl.; 2°.
- Bogensign.: A^{10}, B^8-R^8, S^6.
- FP: isn- $\iota\sigma v$, $*v*\iota$ $\omega\sigma\varphi\eta$ (3) 1513 (R).
- Buchschmuck: D.; E.
- Prov.: D. M., 1529; Antonius Cruger; Volrath Cruger; Samuel Cruger; Johannes Zehkius (?); [Carl-Alexander-Bibliothek, Eisenach].
- Bibliographien: Adams A 665; Cat. Ital. Books S. 17; Ind. Aur. 103.323; Bibl. Aldina S. 23; Ebert 406.
- Sign.: 4° Ald. Ren. 62,5^b.
- Abbildung: S. 56.

Nr. 200

Perottus, Nicolaus): IN HOC VOLVMINE HABENTVR HAEC ‖ CORNVCOPIAE, siue linguae latinae commentarij ... . EST: [Cornucopiae]. Beigef.: Marcus Terentius Varro: ... de lingua latina libri tres Quartus. Quintus. Sextus. ‖ Eiusdem de Analogia libri tres. ‖ ...; Sextus Pompeius Festus: ... undeuiginti librorum fragmenta. ‖ ...; Nonius <Marcellus>: ... Compendia, in quibus tertia ferè pars additia est ... ‖ Additus praeterea ‖ est longus tractatus de generibus. ‖. Hrsg.: (Aldo [Pio Manuzio]). Kommentator: Cornelius Vitellius. – (Venedig), (1513, MENSE SEPTEMBRI.), (MENSE NOVEMBRI.).

- Drucker: (Aldo [Manuzio I]; Andrea [Torresano I]).
- Umfang: 79, [1] Bl., 1436 Sp., [1] Bl.; 2°.
- Bogensign.: [1⁸–10⁸], a⁸–z⁸, A⁸–Y⁸.
- FP: xite 3757 248. cece (3) 1513 (R).
- Buchschmuck: D.; E.; EX.
- Prov.: Etienne Graf von Méjan.
- Bibliographien: Adams P 720; Cat. Ital. Books S. 499; Bibl. Aldina S. 23f; Ebert 16211.
- Sign.: 4° Ald. Ren. 63,6.

Nr. 201

Pontano, (Giovanni Giovano): ... OPERA. ‖ Vrania, siue de Stellis libri quinque. ‖ Meteororum liber unus. ‖ De Hortis hesperidum libri duo. ‖ ... . EST: [Opera poetica; T. 1]. Hrsg.: (Aldo [Pio Manuzio]). – (Venedig), (1513).
- Drucker: (Aldo [Manuzio I]; Andrea [Torresano I]).
- Buchbinder: François Bozérian.
- Umfang: 255, [1] Bl.; 8°.
- Bogensign.: a⁸–z⁸, aa⁸–ii⁸.
- FP: s,m, s.nt t.da InCo (3) 1513 (R).
- Buchschmuck: D.; E.; EX.
- Prov.: Etienne Graf von Méjan.
- Bibliographien: Adams P 1858; Cat. Ital. Books S. 533; Bibl. Aldina S. 24; Ebert 17743.
- Sign.: Ald. Ren. 63,7.

Nr. 202

Pindarus; <griech.>: ... Olympia. ‖ Pythia. ‖ Nemea. ‖ Isthmia. ‖ ... . EST: [Opera]. Beigef.: Callimachus; <griech.>: ... hymni ...; Dionysios <Periegeta>; <griech.>: ... de situ orbis. ‖ ...; Lycophron; <griech.>: ... Alexandra, obscurum poema. ‖. Hrsg.: (Aldo [Pio] Manuzio). – (Venedig), (1513, Mense Ianuario).
- Drucker: (Aldo [Manuzio I]; Andrea [Torresano I]).
- Buchbinder: François Bozérian.
- Umfang: [8] Bl., 373, [1] S.; 8°.
- Bogensign.: *⁸, 1⁸–23⁸, 24⁴.
- FP: ahu ι–o* ι–σ. t*νo (3) 1513 (R).
- Buchschmuck: D.; E.; EX.
- Prov.: Etienne Graf von Méjan.
- Bibliographien: Adams P 1218; Cat. Ital. Books S. 520; Budapest P 522; Bibl. Aldina S. 24; Ebert 16848.
- Sign.: Ald. Ren. 64,9.

Nr. 203

Strozzi, [Tito Vespasiano]; Strozzi, [Ercole]: STROZII POETAE PA- ‖ TER ET FILIVS. ‖. EST: [Carmina]. Hrsg.: (Aldo [Pio] Man[uzio]). – (Venedig), (1513, Mense Ianuario).
- Drucker: (Aldo [Manuzio I]; Andrea [Torresano I]).
- Buchbinder: François Bozérian.
- Umfang: [8], 99, [1], 152 Bl.; 8°.
- Bogensign.: A⁸, A⁸–M⁸, N⁴, a⁸–t⁸.
- FP: i–i– 43m. s.re PoNo (3) 1513 (R).
- Buchschmuck: D.; E.; EX.
- Prov.: Etienne Graf von Méjan.
- Bibliographien: Adams S 1956; Cat. Ital. Books S. 650; Budapest S 918; Bibl. Aldina S. 24; Ebert 21848.
- Sign.: Ald. Ren. 65,10 [1. Ex.].

Nr. 204

Strozzi, [Tito Vespasiano]; Strozzi, [Ercole]: STROZII POETAE PA- ‖ TER ET FILIVS. ‖. EST: [Carmina]. Hrsg.: (Aldo [Pio] Man[uzio]). – (Venedig), (1513, Mense Ianuario).
- Drucker: (Aldo [Manuzio I]; Andrea [Torresano I]).
- Buchbinder: Lefebvre.
- Umfang: [8], 99, [1], 152 Bl.; 8°.
- Bogensign.: A⁸, A⁸–M⁸, N⁴, a⁸–t⁸.
- FP: i–i– 43m. s.re PoNo (3) 1513 (R).
- Buchschmuck: D.; E.; EX.
- Prov.: Etienne Graf von Méjan.
- Bibliographien: Adams S 1956; Cat. Ital. Books S. 650; Budapest S 918; Bibl. Aldina S. 24; Ebert 21848.
- Sign.: Ald. Ren. 65,10 [2. Ex.].

Nr. 205

Aristoteles; <lat.>: HABENTVR HOC VOLVMINE HAEC ... ‖ de natura animalium. lib. ix. ‖ ... de partibus animalium. lib. iiii. ‖ ... de generatione animalium. lib. v. ‖ ... . EST: [Opera, Teils.]. Beigef.: Theophrastus; <lat.>: ... de historia plantarum. lib. ix. ‖ ... de causis plantarum. lib. vi. ‖ ...; Aristoteles; <lat.>: ... problemata in duas dequadraginta sectiones ...; Alexander <Aphrodisiensis>; <lat.>: ... problemata duobus libris ... . Hrsg.: (Aldo Pio Man[uzio]). Übers.: Theodorus <Gaza>. – (Venedig), (1513, Mense Februario.).
- Drucker: (Aldo [Manuzio I]; Andrea [Torresano I]).
- Umfang: [12], 273, [17] Bl.; 2°.
- Bogensign.: a¹², b⁸–n⁸, o⁶, p⁶, q⁸–z⁸, A⁸–M⁸, N⁶, O⁸, P⁸ [unvollst.: N⁶ fehlt].
- FP: i.y. a,V. lii. ines (3) 1513 (R).
- Buchschmuck: D.; KF.
- Bibliographien: Ald. Ren. 65,11; Adams A 1765; Cat. Ital. Books S. 43; Ind. Aur. 107.809; Budapest A 533; Bibl. Aldina S. 24; Ebert 1133.
- Sign.: 4° Ald. Ren. 45,2 [2. Ex.].

Nr. 206

Plautus, Titus Maccius: ... Comedie .XX. Varroniane Ex Antiqvis Recentioribvsque Exemplaribvs Invicem Collatis Diligentissime Emendate. – Lyon, 1513.
- Drucker: Jacques Myt (?).
- Sign.: Ald. Ren. 312,43 Kraków.

1514

Nr. 207

Cicero, M[arcus] T[ullius]: ‖ IN HOC VOLVMINE HAEC ‖ CONTINENTVR. ‖ Rhetoricorum ad C. Herennium lib. IIII. ‖ ... de inuentione lib. II ‖ ... . EST: [Opera rhetorica, Teils.]. Hrsg.: (Aldo P[io] M[anuzio]). – (Venedig), (1514, MENSE MARTIO).
- Drucker: (Aldo [Manuzio I]; Andrea [Torresano I]).
- Buchbinder: François Bozérian.
- Umfang: [16], 244, [3] Bl.; 4°.
- Bogensign.: *⁸, **⁸, a⁸–k⁸, l⁴, m⁸–z⁸, A⁸–H⁸, I³.
- FP: m.t* isse e?s, piIt (3) 1514 (R).
- Buchschmuck: D.; E.; EX.
- Prov.: Etienne Graf von Méjan.
- Bibliographien: vgl. Adams C 1676; Cat. Ital. Books S. 175; Ind. Aur. 137.436; Bibl. Aldina S. 25; Ebert 4285.
- Sign.: Ald. Ren. 65,1.
- Abbildung: S. 96.

Nr. 208

Scriptores rei rusticae: LIBRI DE RE RVSTICA ‖ M. CATONIS LIB. I. ‖ M. TERENTII VARRONIS LIB. III. ‖ L. IVNII MODERATI COLV- ‖ MELLAE LIB. XII. ‖ Eiusdem de arboribus liber separatus ab alijs ... ‖ PALLADII LIB. XIIII. ‖ ... . EST: [Scriptores rei rusticae]. Hrsg.: ([Giovanni] Giocondo). Kommentator: Georgius <Merula>; (Aldo [Pio Manuzio]). – (Venedig), (1514, MENSE MA ‖ IO).
- Drucker: (Aldo [Manuzio I]; Andrea [Torresano I]).
- Umfang: [34], 308 Bl.; 4°.
- Bogensign.: *⁸, aa⁸, bb⁸, cc¹⁰, a⁸–h⁸, i⁴, k⁸–z⁸, A⁸–Q⁸.
- FP: S.o. a.ui X.o– mila (3) 1514 (R).
- Buchschmuck: H.; D.; E.; EX.
- Prov.: Etienne Graf von Méjan.
- Bibliographien: Adams S 805; Cat. Ital. Books S. 160; Bibl. Aldina S. 25; Ebert 20734; Budapest S 390.
- Sign.: Ald. Ren. 66,2.

Nr. 209

Scriptores rei rusticae: LIBRI DE RE RVSTICA ‖ M. CATONIS LIB. I. ‖ M. TERENTII VARRONIS LIB. III. ‖ L. IVNII MODERATI COLV- ‖ MELLAE LIB. XII. ‖ Eiusdem de arboribus liber separatus ab alijs ... ‖ PALLADII LIB. XIIII. ‖ ... . EST: [Scriptores rei rusticae]. Hrsg.: ([Giovanni] Giocondo). Kommentator: Georgius <Merula>; (Aldo [Pio Manuzio]). – (Venedig), (1514, MENSE MA ‖ IO).
- Drucker: (Aldo [Manuzio I]; Andrea [Torresano I]).
- Umfang: [34], 308 Bl.; 4°.
- Bogensign.: *⁸, aa⁸, bb⁸, cc¹⁰, a⁸–h⁸, i⁴, k⁸–z⁸; A⁸–Q⁸.
- FP: S.o. a.ui X.o– mila (3) 1514 (R).
- Buchschmuck: H.; D.; E.; KF.
- Bibliographien: Adams S 805; Cat. Ital. Books S. 160; Bibl. Aldina S. 25; Ebert 20734; Budapest S 390.
- Sign.: Ald. Ren. 66,2 EBD.

Nr. 210

Hesychius <Alexandrinus>; <griech.>: ... DICTIONARIVM. ‖. Hrsg.: ([Markos] Musuros). – (Venedig), (1514, Mense ‖ Augusto.).
- Drucker: (Aldo [Manuzio I]; Andrea [Torresano I]).
- Buchbinder: Luigi Lodigiani.
- Umfang: [198] Bl.; 2°.
- Bogensign.: a⁸–z⁸, A⁸, B⁶.
- FP: ν,ι– λ*σ, ιαμ– ποπο (C) 1514 (R).
- Buchschmuck: D.; E.; EX.
- Prov.: Etienne Graf von Méjan.
- Bibliographien: Adams H 506; Cat. Ital. Books S. 327; Bibl. Aldina S. 25; Ebert 9636.
- Sign.: 4° Ald. Ren. 66,3 [1. Ex.].

Nr. 211

Hesychius <Alexandrinus>; <griech.>: ... DICTIONARIVM. ‖. Hrsg.: ([Markos] Musuros). – (Venedig), (1514, Mense ‖ Augusto.).
- Drucker: (Aldo [Manuzio I]; Andrea [Torresano I]).
- Umfang: [198] Bl.; 2°.
- Bogensign.: a⁸–z⁸, A⁸, B⁶.
- FP: ν,ι– λ*σ, ιαμ– ποπο (C) 1514 (R).
- Buchschmuck: D.; EX.
- Prov.: Ezechiel von Spanheim.
- Bibliographien: Adams H 506; Cat. Ital. Books S. 327; Bibl. Aldina S. 25; Ebert 9636.
- Sign.: 4° Ald. Ren. 66,3 [2. Ex.].

Nr. 212

Athenaeus <Naucratites>; <griech.>: ... δειπνοσοφιςον ... . EST: [Deipnosophistae; griech.]. Hrsg.: (Aldo Pio Manuzio; [Markos] Musuros). – (Venedig), (1514, MENSE AVGVSTO.).
- Drucker: (Aldo [Manuzio I]; Andrea [Torresano I]).
- Buchbinder: François Bozérian.
- Umfang: 38 S., [1] Bl., 294 S., [1] Bl.; 2°.
- Bogensign.: A¹⁰, B¹⁰, a⁸–s⁸, t⁴.
- FP: ντα αιοσ ο.τη φιτ* (3) 1514 (R).
- Buchschmuck: D.; E.; EX.
- Prov.: Etienne Graf von Méjan.
- Bibliographien: Adams A 2096; Cat. Ital. Books S. 60; Bibl. Aldina S. 25f; Ebert 1309; Ind. Aur. 109.416; Budapest A 658.
- Sign.: 4° Ald. Ren. 67,4.

Nr. 213

Quintilianus, M[arcus] F[abius]: M.F. QVINTILIANVS. ‖. EST: [Institutiones oratoriae]. Hrsg.: ([Andrea] Navagero). – (Venedig), (1514, MENSE AVGVSTO.).
- Drucker: (Aldo [Manuzio I]; Andrea [Torresano I]).
- Buchbinder: François Bozérian.
- Umfang: [4], 230 Bl.; 4°.
- Bogensign.: *⁴, a⁸–z⁸, A⁸–E⁸, F⁶ [unvollst.: *⁴ fehlt].
- FP: 4241 amt, exn– quru (3) 1514 (R).
- Buchschmuck: D.; E.; EX.

- Prov.: Etienne Graf von Méjan.
- Bibliographien: Adams Q 52; Cat. Ital. Books S. 546; Bibl. Aldina S. 26; Ebert 18429; Budapest Q 11.
- Sign.: Ald. Ren. 68,5.

Nr. 214
Quintilianus, M[arcus] F[abius]: M.F. QVINTILIANVS. ‖ EST: [Institutiones oratoriae]. Hrsg.: ([Andrea] Navagero). – (Venedig), (1514, MENSE AVGVSTO.).
- Drucker: (Aldo [Manuzio I]; Andrea [Torresano I]).
- Umfang: [4], 230 Bl.; 4°.
- Bogensign.: *⁴, a⁸–z⁸, A⁸–E⁸, F⁶.
- FP: 4241 amt, exn- quru (3) 1514 (R).
- Buchschmuck: D.; E.; EX.
- Prov.: Etienne Graf von Méjan.
- Bibliographien: Adams Q 52; Cat. Ital. Books S. 546; Bibl. Aldina S. 26; Ebert 18429; Budapest Q 11.
- Sign.: Ald. Ren. 68,5 EBD.

Nr. 215
Petrarca, (Francesco): IL PETRARCHA. ‖ (SONETTI ET CANZONI). Hrsg.: (Aldo [Pio Manuzio]). – (Venedig), (1514, mese di ‖ Agosto.).
- Drucker: (Aldo [Manuzio I]).
- Buchbinder: François Bozérian.
- Umfang: 184, [24] Bl.; 8°.
- Bogensign.: a⁸–z⁸, A⁸-C⁸.
- FP: e.tu o.ne sea: ChDa (3) 1514 (R).
- Buchschmuck: D.; E.; EX.
- Prov.: Etienne Graf von Méjan.
- Bibliographien: Adams P 790; Cat. Ital. Books S. 503; Bibl. Aldina S. 26; Ebert 16388.
- Sign.: Ald. Ren. 68,6.

Nr. 216
Sannazaro, (Jacopo): ARCADIA ‖ ... . – (Venedig), (1514, mese di ‖ Settembre.).
- Drucker: (Aldo [Manuzio I]).
- Umfang: 89, [1] Bl.; 8°.
- Bogensign.: A⁸-K⁸, L¹⁰.
- FP: o.en r-an a-eg MoEt (3) 1514 (R).
- Buchschmuck: D.; E.; EX.
- Prov.: Etienne Graf von Méjan.
- Bibliographien: Adams S 318; Cat. Ital. Books S. 606; Bibl. Aldina S. 26; Ebert 20274.
- Sign.: Ald. Ren. 68,7 [1. Ex.].

Nr. 217
Sannazaro, (Jacopo): ARCADIA ‖ ... . – (Venedig), (1514, mese di ‖ Settembre.).
- Drucker: (Aldo [Manuzio I]).
- Buchbinder: Motet.
- Umfang: 89, [1] Bl.; 8°.
- Bogensign.: A⁸-K⁸, L¹⁰.
- FP: o.en r-an a-eg MoEt (3) 1514 (R).
- Buchschmuck: D.; E.; EX.
- Prov.: Etienne Graf von Méjan.
- Bibliographien: Adams S 318; Cat. Ital. Books S. 606; Bibl. Aldina S. 26; Ebert 20274.
- Sign.: Ald. Ren. 68,7 [2. Ex.].

Nr. 218
Vergilius Maro, [Publius]: VIRGILIVS. ‖ EST: [Opera]. Hrsg.: ([Andrea] Navagero). – (Venedig), (1514, MEN= ‖ SE OCTOBRI).
- Drucker: (Aldo [Manuzio I]; Andrea [Torresano I]).
- Umfang: 220, [4] Bl.; 8°.
- Bogensign.: a⁸–z⁸, A⁸-E⁸ [unvollst.: E⁵-E⁷ handschriftl. ergänzt].
- FP: usui t.pæ m.s. TrFe (3) 1514 (R).
- Buchschmuck: D.; E.; EX.
- Prov.: Etienne Graf von Méjan.
- Bibliographien: Adams V 465; Cat. Ital. Books S. 730; Bibl. Aldina S. 26; Ebert 23670.
- Sign.: Ald. Ren. 68,8 [1. Ex.].

Nr. 219
Vergilius Maro, [Publius]: VIRGILIVS. ‖ EST: [Opera]. Hrsg.: ([Andrea] Navagero). – (Venedig), (1514, MEN= ‖ SE OCTOBRI).
- Drucker: (Aldo [Manuzio I]; Andrea [Torresano I]).
- Buchbinder: Motet.
- Umfang: 220, [4] Bl.; 8°.
- Bogensign.: a⁸–z⁸, A⁸-E⁸.
- FP: usui t.pæ m.s. TrFe (3) 1514 (R).
- Buchschmuck: D.; E.; EX.
- Prov.: Etienne Graf von Méjan.

Kat.-Nr. 72
Seidendublüre

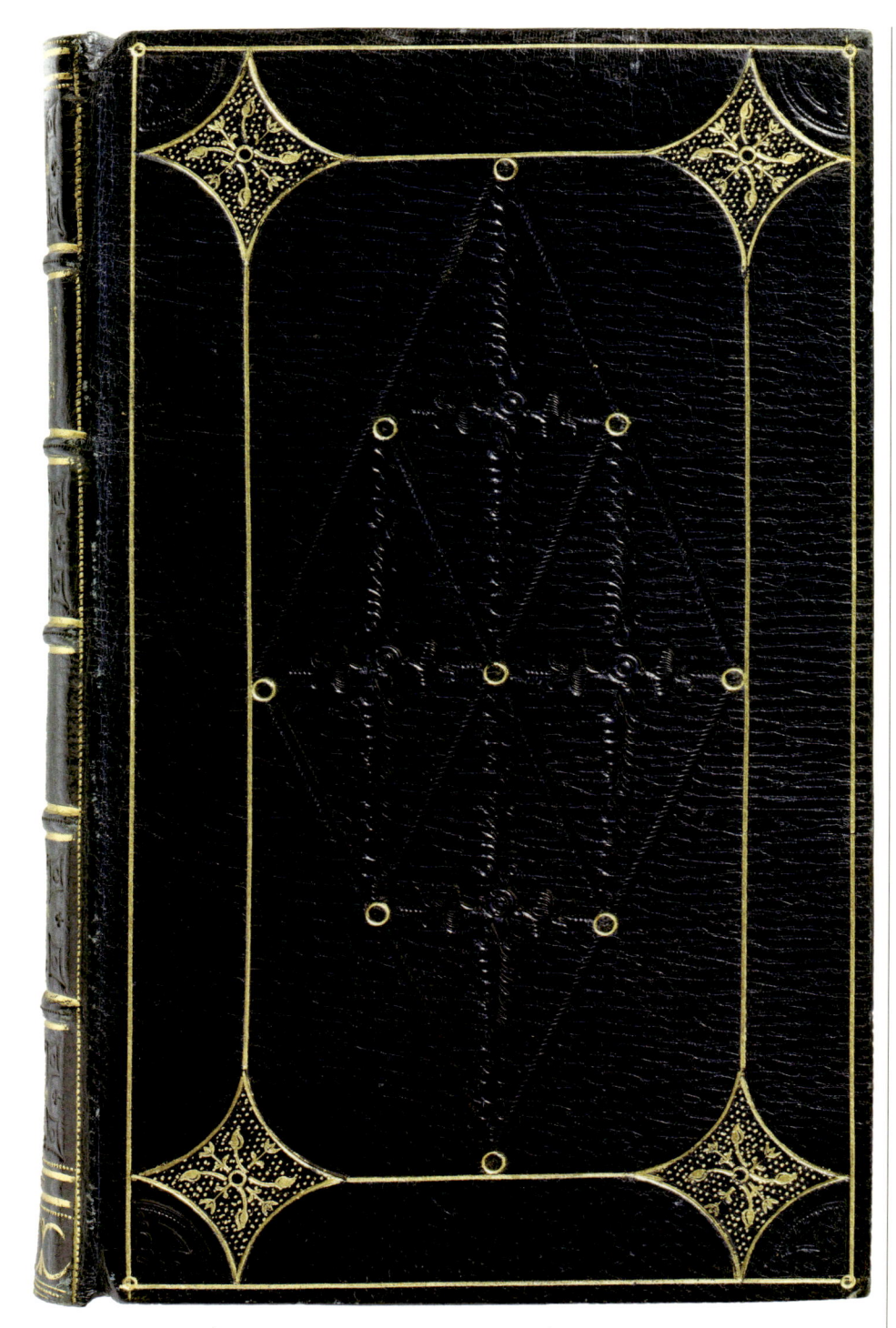

Kat.-Nr. 79

- Bibliographien: Adams V 466; Cat. Ital. Books S. 730; vgl. Bibl. Aldina S. 26; Ebert 23670.
- Sign.: Ald. Ren. 68,8 [2. Ex.].

Nr. 220
Valerius <Maximus>: ... EXEMPLA QVATVOR ‖ ET VIGINTI NVPER ‖ INVENTA ANTE ‖ CAPVT DE O- ‖ MINIBVS. ‖. EST: [Facta et dicta memorabilia]. – (Venedig), (1514, MENSE ‖ OCTOBRI).
- Drucker: (Aldo [Manuzio I]; Andrea [Torresano I]).
- Buchbinder: François Bozérian.
- Umfang: 216 Bl.; 8°.
- Bogensign.: *⁸, a⁸, B⁸-Z⁸, aa⁸-cc⁸.
- FP: I.ri iopa têum Mase (3) 1514 (R).
- Buchschmuck: D.; E.; EX.
- Prov.: Etienne Graf von Méjan.
- Bibliographien: Adams V 92; Cat. Ital. Books S. 708; Bibl. Aldina S. 26; Ebert 23319; Budapest V 26.
- Sign.: Ald. Ren. 69,9.

Nr. 221
Manuzio, Aldo Pio: ... INSTITVTIO- ‖ NVM GRAMMATICARVM ‖ LIBRI QVATVOR. ‖. Beigef.: Aldo Pio Manuzio: (... De literis graecis et diphthongis, et quemadmodum ad nos ueniant. ‖ ...); Aldo Pio Manuzio: (... Introductio per breuis ad hebraicam linguam. ‖). – (Venedig), (1514, MENSE DE ‖ CEMBRI.).
- Drucker: (Aldo [Manuzio I]; Andrea [Torresano I]).
- Buchbinder: François Bozérian.
- Umfang: [214] Bl.; 4°.
- Bogensign.: a⁸-z⁸, &¹⁰, aa⁸, bb⁸, ⁴.
- FP: nii- i.n. o.ex QuDe (C) 1514 (R).
- Buchschmuck: D.; E.; EX.
- Prov.: Etienne Graf von Méjan.
- Bibliographien: Adams M 427; Cat. Ital. Books S. 411; Bibl. Aldina S. 27; Ebert 12985.
- Sign.: Ald. Ren. 69,10.

Nr. 222
Suidas; <griech.>: SVIDA. ‖ ... . EST: [Suidas; griech.]. Hrsg.: [Demetrios Chalkokondyles]. – (Venedig), (1514, MENSE FEB.).
- Drucker: (Aldo [Manuzio I]; Andrea [Torresano I]).
- Buchbinder: François Bozérian.
- Umfang: [392] Bl.; 2°.
- Bogensign.: aa⁸-zψ⁸, &ω⁸, AA⁸-ZΨ⁸, &Ω⁸, AAAA⁸.
- FP: ωνι- ποα- α.δε νηαε (C) 1514 (R).
- Buchschmuck: D.; E.; EX.
- Prov.: Etienne Graf von Méjan.
- Bibliographien: Adams S 2062; Cat. Ital. Books S. 651; Bibl. Aldina S. 27; Ebert 21976.
- Sign.: 4° Ald. Ren. 70,11 [1. Ex.].

Nr. 223
Suidas; <griech.>: SVIDA. ‖ ... . EST: [Suidas; griech.]. Hrsg.: [Demetrios Chalkokondyles]. – (Venedig), (1514, MENSE FEB.).
- Drucker: (Aldo [Manuzio I]; Andrea [Torresano I]).
- Umfang: [392] Bl.; 2°.
- Bogensign.: aa⁸-zψ⁸, &ω⁸, AA⁸-ZΨ⁸, &Ω⁸, AAAA⁸.
- FP: ωνι- ποα- α.δε νηαε (C) 1514 (R).
- Buchschmuck: D.
- Bibliographien: Adams S 2062; Cat. Ital. Books S. 651; Bibl. Aldina S. 27; Ebert 21976.
- Sign.: 4° Ald. Ren. 70,11 [2. Ex.].

Nr. 224
Silius Italicus, Tiberius Catius Asconius: ... Opvs de secvndo bello pvnico. – Lyon, 1514.
- Drucker: Barthélemy Trot.
- Sign.: Ald. Ren. 313,44 Kraków.

Nr. 225
Pontano, Giovanni Giovano: Opera ... De Fortitudine: Libri duo. De Principe: Liber unus Dialogus qui Charon inscribitur. Dialogus qui Antonius inscribitur. De Liberalitate. Liber unus. ... . – Lyon, 1514.
- Drucker: Barthélemy Trot.
- Sign.: Ald. Ren. 313,45 Kraków.

🌿 1515

Nr. 226
Catullus, [Gaius Valerius]: CATVLLVS. ‖ TIBVLLVS. ‖ PROPERTIVS. ‖. EST: [Elegiae]. Beigef.: [Albius] Tibullus: [Elegiae]; [Sextus] Propertius: (... ELEGIARVM LIBER PRIMVS. ‖). Hrsg.: (Al[do Pio] M[anuzio]). – (Venedig), (1515, MENSE ‖ MARTIO.).
- Drucker: (Aldo [Manuzio I, Erben]; Andrea [Torresano I]).
- Umfang: 148, [1] Bl.; 8°.
- Bogensign.: A^8–D^8, E^{10}, AA^8–DD^8, EE^4, a^8–h^8, i^7.
- FP: læas r.a, r,s, AgQu (3) 1515 (R).
- Buchschmuck: D.; E.; EX.
- Prov.: C. N., 1536; Fridericus Papa, [15]96; Friedrich Jacob Roloff.
- Bibliographien: Ald. Ren. 70,1; Adams C 1139; Cat. Ital. Books S. 161; Bibl. Aldina S. 27.
- Sign.: 1 an Ald. Ren. 81,11 [2. Ex.].

Nr. 227
Catullus, [Gaius Valerius]: CATVLLVS. ‖ TIBVLLVS. ‖ PROPERTIVS. ‖. EST: [Elegiae]. Beigef.: [Albius] Tibullus: [Elegiae]; [Sextus] Propertius: (... ELEGIARVM LIBER PRIMVS. ‖). Hrsg.: (Al[do Pio] M[anuzio]). – (Venedig), (1515, MENSE ‖ MARTIO.).
- Drucker: (Aldo [Manuzio I, Erben]; Andrea [Torresano I]).
- Umfang: 148, [2] Bl.; 8°.
- Bogensign.: A^8–D^8, E^{10}, AA^8–DD^8, EE^4, a^8–i^8.
- FP: læas r.a, r,s, AgQu (3) 1515 (R).
- Buchschmuck: D.; E.; EX.
- Prov.: Etienne Graf von Méjan.
- Bibliographien: Adams C 1139; Cat. Ital. Books S. 161; Bibl. Aldina S. 27.
- Sign.: Ald. Ren. 70,1.

Nr. 228
Catullus, [Gaius Valerius]: CATVLLVS. ‖ TIBVLLVS. ‖ PROPERTIVS. ‖. EST: [Elegiae]. Beigef.: [Albius] Tibullus: [Elegiae]; [Sextus] Propertius: (... ELEGIARVM LIBER PRIMVS. ‖). Hrsg.: (Al[do Pio] M[anuzio]). – (Venedig), (1515, MENSE ‖ MARTIO.).
- Drucker: (Aldo [Manuzio I, Erben]; Andrea [Torresano I]).
- Umfang: 148, [2] Bl.; 8°.
- Bogensign.: A^8–D^8, E^{10}, AA^8–DD^8, EE^4, a^8–i^8.
- FP: læas r.a, r,s, AgQu (3) 1515 (R).
- Buchschmuck: D.; EX.; HS.
- Prov.: Janus Broukhusius; Heinrich Friedrich von Diez.
- Bibliographien: Ald. Ren. 70,1; Adams C 1139; Cat. Ital. Books S. 161; Bibl. Aldina S. 27.
- Sign.: B. Diez c. n. mss. 8° 2475.

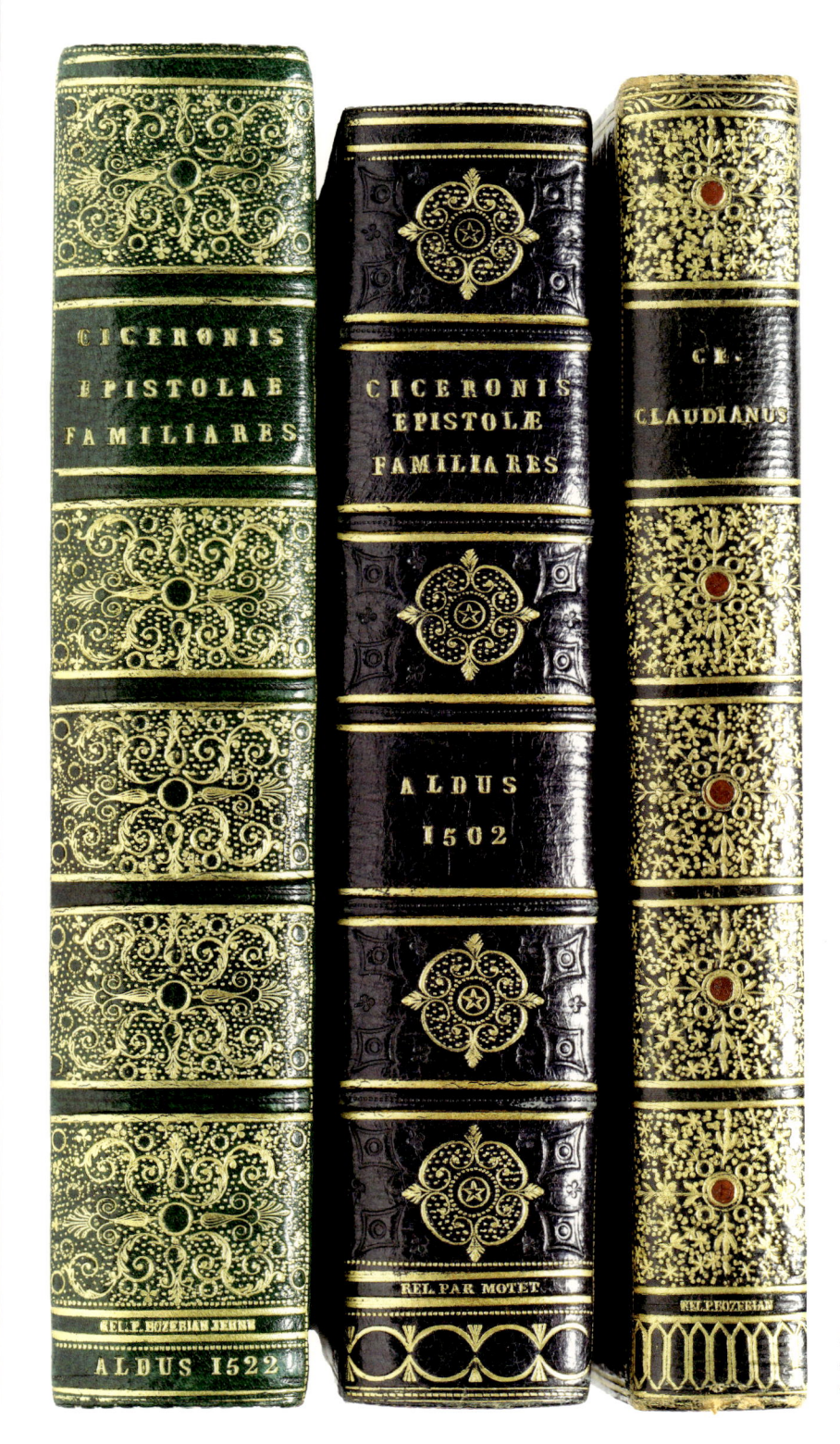

Kat.-Nr. 79
Kat.-Nr. 365
Kat.-Nr. 382

Nr. 229

Catullus, Gaius Valerius]: [CATVLLVS. ‖ TIBVLLVS. ‖ PROPERTIVS. ‖]. EST: [Elegiae]. Beigef.: [Albius Tibullus: Elegiae]; [Sextus Propertius: (... ELEGI- ARVM LIBER PRIMVS. ‖). Hrsg.: (Al[do Pio] M[anuzio]). – (Venedig), (1515, MENSE ‖ MARTIO.).
- Drucker: (Aldo [Manuzio I, Erben]; Andrea [Torresano I]).
- Umfang: 148, [2] Bl.; 8°.
- Bogensign.: A⁸-D⁸, E¹⁰, AA⁸-DD⁸, EE⁴, a⁸-i⁸ [unvollst.: Titelbl. u. i⁸ fehlen].
- FP: læas r.a, r,s, AgQu (3) 1515 (R).
- Buchschmuck: D.; E.; EX.; HS.
- Prov.: Heinrich Friedrich von Diez.
- Bibliographien: Ald. Ren. 70,1; Adams C 1139; Cat. Ital. Books S. 161; Bibl. Aldina S. 27.
- Sign.: B. Diez c. n. mss. 8° 2474.

Nr. 230

Lactantius, L[ucius] Coelius: ... diuina- ‖ rum institutionum Libri septem. ‖ De ira Dei, Liber I ‖ ... . EST: [Opera]. Beigef.: (Q[uintus] Septimius Florens Tertullianus: ... APOLOGE- ‖ TICVS ADVERSVS ‖ GENTES.). Hrsg.: (Giovanni Battista Egnazio). – (Venedig), (1515, MENSE ‖ APRILI.).
- Drucker: (Aldo [Manuzio I, Erben]; Andrea [Torresano I]).
- Buchbinder: François Bozérian.
- Umfang: [16], 348, [16], 48 Bl.; 8°.
- Bogensign.: aa⁸, bb⁸, a⁸-z⁸, A⁸-Y⁸, *⁴, AA⁸-FF⁸.
- FP: i,a- IXit isa- caqu (3) 1515 (R).
- Buchschmuck: D.; E.; EX.
- Prov.: Etienne Graf von Méjan.
- Bibliographien: Adams L 16; Cat. Ital. Books S. 366; Bibl. Aldina S. 27; Ebert 11601; Budapest L 6.
- Sign.: Ald. Ren. 70,2.

Nr. 231

Ovidius Naso, P[ublius]: ... Heroidum epistolae ‖ Amorum libri III. ‖ De arte amandi libri III. ‖ De remedio amoris libri II. ‖ ... . EST: [Opera; T. 1]. Beigef.: Aldo [Pio Manuzio]: P. Ouidij Nasonis uita ... . Hrsg.: (Andrea Navagero). – (Venedig), (1515, MENSE ‖ MAIO.).
- Drucker: (Aldo [Manuzio I, Erben]; Andrea [Torresano I]).
- Buchbinder: René Simier.
- Umfang: [16], 172, [10] Bl.; 8°.
- Bogensign.: Aa⁸, Bb⁸, aa⁸-hh⁸, ii⁴, kk⁸-oo⁸, pp⁴, qq⁸-yy⁸, zz⁴, AA¹⁰ [unvollst.: Bb⁸ u. pp⁴ fehlen].
- FP: o-mo x,t. o:i. DiIt (3) 1515 (R).
- Buchschmuck: D.; E.; EX.
- Prov.: Etienne Graf von Méjan.
- Bibliographien: Adams O 430; Cat. Ital. Books S. 479; Bibl. Aldina S. 28; Ebert 15350; Budapest O 278.
- Sign.: Ald. Ren. 72,3.

Nr. 232

Ovidius Naso, P[ublius]: ... Heroidum epistolae ‖ Amorum libri III. ‖ De arte amandi libri III. ‖ De remedio amoris libri II. ‖ ... . EST: [Opera; T. 1]. Beigef.: Aldo [Pio Manuzio]: P. Ouidij Nasonis uita ... . Hrsg.: (Andrea Navagero). – (Venedig), (1515, MENSE ‖ MAIO.).
- Drucker: (Aldo [Manuzio I, Erben]; Andrea [Torresano I]).
- Umfang: [16], 172, [10] Bl.; 8°.
- Bogensign.: Aa⁸, Bb⁸, aa⁸-hh⁸, ii⁴, kk⁸-oo⁸, pp⁴, qq⁸-yy⁸, zz⁴, AA¹⁰.
- FP: o-mo x,t. o:i. DiIt (3) 1515 (R).
- Buchschmuck: D.; E.; EX.
- Prov.: Heinrich Friedrich von Diez.
- Bibliographien: Ald. Ren. 72,3; Adams O 430; Cat. Ital. Books S. 479; Bibl. Aldina S. 28; Ebert 15350; Budapest O 278.
- Sign.: B. Diez 8° 2535 EBD.

Nr. 233

Ovidius Naso, Publius: P. Ovidii Nasonis uita ex ipsius libris excerpta. Heroidum epistolae Amorum libri III. De arte amandi libri III. De remedio amoris libri II. – Venedig, 1515.
- Drucker: Aldo Manuzio I, Erben; Andrea Torresano I.
- Sign.: Ald. Ren. 72,3 Kraków.

Nr. 234

Bembo, Pietro: GLIASOLANI ... . (Venedig), (1515, Mese di Maggio.).
- Drucker: (Aldo [Manuzio I, Erben]; Andrea [Torresano I]).
- Umfang: 129, [1] Bl.; 8°.
- Bogensign.: a⁸-p⁸, q¹⁰.
- FP: ieoi roo. zab- pema (3) 1515 (R).
- Buchschmuck: D.; E.; EX.
- Prov.: Etienne Graf von Méjan.
- Bibliographien: Adams B 579; Cat. Ital. Books S. 80; Ebert 1919; Ind. Aur. 116.364.
- Sign.: Ald. Ren. 72,5.

Nr. 235

Lucanus, [Marcus Annaeus]: LVCANVS ‖. EST: [Pharsalia]. Hrsg.: (Aldo [Pio Manuzio]). – (Venedig), (1515, MEN- ‖ SE IVLIO.).
- Drucker: (Aldo [Manuzio I, Erben]; Andrea [Torresano I]).
- Buchbinder: François Bozérian.
- Umfang: 137, [3] Bl.; 8°.
- Bogensign.: a⁸-r⁸, s⁴.
- FP: iss. s.at s,en IuCo (3) 1515 (R).
- Buchschmuck: D.; E.; EX.
- Prov.: Etienne Graf von Méjan.
- Bibliographien: Adams L 1564; Cat. Ital. Books S. 395; Bibl. Aldina S. 28; Ebert 12336.
- Sign.: Ald. Ren. 72,6.

Nr. 236

Lucanus, [Marcus Annaeus]: LVCANVS ‖. EST: [Pharsalia]. Hrsg.: (Aldo [Pio Manuzio]). – (Venedig), (1515, MEN- ‖ SE IVLIO.).
- Drucker: (Aldo [Manuzio I, Erben]; Andrea [Torresano I]).
- Umfang: 137, [3] Bl.; 8°.
- Bogensign.: a⁸-r⁸, s⁴.
- FP: iss. s.at s,en IuCo (3) 1515 (R).
- Buchschmuck: D.; E.; EX.
- Prov.: Legastellier; Ezechiel von Spanheim.
- Bibliographien: Adams L 1564; Cat. Ital. Books S. 395; Bibl. Aldina S. 28; Ebert 12336.
- Sign.: Ald. Ren. 72,6 EBD.
- Abbildung: S. 99.

Nr. 237

Erasmus, Desiderius: ... OPVSCV ‖ LVM, CVI TITV- LVS EST MO- ‖ RIA, ID EST STVL- TITIA, ‖ QVAE PRO CONCIO- ‖ NE LOQVITVR. ‖. EST: [Encomium moriae]. – (Venedig), (1515, MEN- ‖ SE AVGVSTO.).
- Drucker: (Aldo [Manuzio I, Erben]; Andrea [Torresano I]).
- Umfang: [4], 48 Bl.; 8°.
- Bogensign.: *⁴, A⁸-F⁸.
- FP: o-ta t.in n-de sumo (3) 1515 (R).
- Buchschmuck: D.; E.; EX.
- Prov.: Etienne Graf von Méjan.
- Bibliographien: Cat. Ital. Books S. 236; Ebert 6877.
- Sign.: Ald. Ren. 73,7.

Nr. 238

Dante <Alighieri>: ... COL SITO, ET FORMA ‖ DELL' INFERNO TRATTA ‖ DALLA ISTESSA DE- ‖ SCRITTIONE DEL ‖ POETA. ‖. EST: [Commedia]. – (Venedig), (1515, mese di Agosto.).
- Drucker: (Aldo [Manuzio I, Erben]; Andrea [Torresano I]).
- Buchbinder: René Simier.
- Umfang: [2], 244, [4] Bl.; 8°.
- Bogensign.: ², a⁸-z⁸, A⁸-H⁸.
- FP: i.ui i,e, o.ri ChDi (3) 1515 (R).
- Buchschmuck: H.; D.; E.; EX.
- Prov.: Etienne Graf von Méjan.
- Bibliographien: Adams D 88; Cat. Ital. Books S. 209; Bibl. Aldina S. 28; Ebert 5699; Ind. Aur. 149.827.
- Sign.: Ald. Ren. 73,8.

Nr. 239

Gellius, Aulus: ... NOCTIVM ‖ ATTICARVM LI- ‖ BRI VNDE- VI- ‖ GINTI. ‖. Hrsg.: (Giovanni Battista Egnazio). – (Venedig), (1515, MEN- ‖ SE SEPTEMBRI.).
- Drucker: (Aldo [Manuzio I, Erben]; Andrea [Torresano I]).
- Buchbinder: François Bozérian.
- Umfang: [32], 289, [51] Bl.; 8°.
- Bogensign.: AA⁸-DD⁸, a⁸-z⁸, A⁸-T⁸, V⁴.
- FP: e.r- m.88 umi- elci (3) 1515 (R).
- Buchschmuck: D.; E.; EX.
- Prov.: Etienne Graf von Méjan.
- Bibliographien: Adams G 343; Cat. Ital. Books S. 294; Bibl. Aldina S. 28; Ebert 8276; Budapest G 107.
- Sign.: Ald. Ren. 73,9.

Nr. 240

Manuzio, Aldo [Pio]; <griech.>: ... GRAMMA- ‖ TICAE INSTI- TVTIONES GRAECAE. ‖. Hrsg.: (M[arkos] Musuros). – (Venedig), (1515, MENSE ‖ NOVEMBRI).
- Drucker: (Aldo [Manuzio I, Erben]; Andrea [Torresano I]).
- Buchbinder: François Bozérian.
- Umfang: [2], 135, [1] Bl.; 4°.
- Bogensign.: ², aα⁸, ß⁸, cγ⁸-rσ⁸.
- FP: ant. v.τι ε-το Ε.σι (3) 1515 (R).
- Buchschmuck: D.; E.; EX.
- Prov.: Etienne Graf von Méjan.
- Bibliographien: Adams M 428; Cat. Ital. Books S. 411; Bibl. Aldina S. 29; Ebert 12983.
- Sign.: Ald. Ren. 73,10.

Nr. 241

Manuzio, Aldo [Pio]; <griech.>: ... GRAMMA- ‖ TICAE INSTI- TVTIONES GRAECAE. ‖. Hrsg.: (M[arkos] Musuros). – (Venedig), (1515, MENSE ‖ NOVEMBRI).
- Drucker: (Aldo [Manuzio I, Erben]; Andrea [Torresano I]).
- Umfang: [2], 135, [1] Bl.; 4°.
- Bogensign.: ², aα⁸, ß⁸, cγ⁸-rσ⁸.
- FP: ant. v.τι ε-το Ε.σι (3) 1515 (R).
- Buchschmuck: D.
- Prov.: Jesuitenkolleg, Heiligenstadt, 1638; Gymnasialbibliothek, Heiligenstadt.
- Bibliographien: Ald. Ren. 73,10; Adams M 428; Cat. Ital. Books S. 411; Bibl. Aldina S. 29; Ebert 12983.
- Sign.: 1 an W 1222 RAR.

Nr. 242

Manuzio, Aldo [Pio]; <griech.>: ... GRAMMA- ‖ TICAE INSTI- TVTIONES GRAECAE. ‖. Hrsg.: (M[arkos] Musuros). – (Venedig), (1515, MENSE ‖ NOVEMBRI).
- Drucker: (Aldo [Manuzio I, Erben]; Andrea [Torresano I]).
- Umfang: [2], 135, [1] Bl.; 4°.
- Bogensign.: ², aα⁸, ß⁸, cγ⁸-rσ⁸.
- FP: ant. v.τι ε-το Ε.σι (3) 1515 (R).
- Buchschmuck: D.; EX.
- Prov.: Ezechiel von Spanheim.
- Bibliographien: Adams M 428; Cat. Ital. Books S. 411; Bibl. Aldina S. 29; Ebert 12983.
- Sign.: Ald. Ren. 73,10ᵃ.

Nr. 243

Lucretius Carus, [Titus]: LVCRETIVS. ‖. EST: [De rerum natura]. Hrsg.: (Andrea Navagero). – (Venedig), (1515, MENSE ‖ IANVARIO).
- Drucker: (Aldo [Manuzio I]; Andrea [Torresano I]).
- Buchbinder: François Bozérian.
- Umfang: [8], 125, [3] Bl.; 8°.
- Bogensign.: *⁸, a⁸-q⁸.
- FP: neem 5.a- â.i: NaAt (3) 1515 (R).
- Buchschmuck: D.; E.; EX.
- Prov.: Etienne Graf von Méjan.
- Bibliographien: Adams L 1651; Cat. Ital. Books S. 397; Bibl. Aldina

Kat.-Nr. 94

Kat.-Nr. 118

S. 29; Ebert 12435; Budapest L 427.
• Sign.: Ald. Ren. 74,11.

Nr. 244
Dante <Alighieri>: Le terze Rime ... con sito, et forma de lo Inferno. ... . – Lyon, nach 1515.
• Sign.: Ald. Ren. 318,2 Kraków.

Nr. 245
Ovidius Naso, Publius: Libri Amatorii, & c. – 1515.
• Sign.: Ald. Ren. 319,10 Kraków.

Nr. 246
Epistolae obscurorum virorum: EPISTOLAE OBSCVRORVM VIRORVM AD VENERABI ‖ lem virum Magistrum Ortuinum Gratium ... . EST: [Epistolae obscurorum virorum; T. 1]. – (Venedig); [Hagenau], [1515].
• Drucker: (Aldo Manuzio [I]); [Heinrich Gran].
• Buchbinder: Lefebvre.
• Umfang: [17] Bl.; 4°.
• Bogensign.: a⁸, b⁴, c⁶.
• FP: uoi= S∗an atit ∗tma (C) 1515 (Q).
• Buchschmuck: E.; EX.
• Prov.: Etienne Graf von Méjan.
• Bibliographien: VD 16 E 1720; Ebert 6827; Benzing Hutten 239; Bömer Epistolae S. 107 Nr. 1.
• Sign.: Ald. Ren. 319,13.

🜚 1516

Nr. 247
Gregorius <Nazianzenus>; <griech.>: ... ORATIO ‖ NES LECTISSIMAE ‖ XVI. ‖. Hrsg.: (M[arkos] Musuros). – (Venedig), (1516, MENSE APRILI.).
• Drucker: (Aldo [Manuzio I, Erben]; Andrea [Torresano I]).
• Buchbinder: François Bozérian.
• Umfang: [8], 311, [1] Bl.; 8°.
• Bogensign.: ∗⁸, aa⁸-zψ⁸, &ω⁸, AA⁸-PO⁸ [unvollst.: ∗⁸ fehlt].
• FP: m.um tis. ωνϖω o∗∗∗ (3) 1516 (R).
• Buchschmuck: D.; E.; EX.
• Prov.: Etienne Graf von Méjan.
• Bibliographien: Adams G 1157; Cat. Ital. Books S. 313; Bibl. Aldina S. 29; Ebert 8899.
• Sign.: Ald. Ren. 75,1.

Nr. 248
Lucianus <Samosatensis>; <lat.>: ... OPVSCVLA ... . EST: [Opera, Teils.; lat.]. Beigef.: Desiderius Erasmus: ... Declamatio ... contra tyrannicidam. ‖ ...; Thomas More: ... Tyrannicida ‖ Declamatio ... de eodem. ‖. Übers.: Desiderius Erasmus; Thomas More. – (Venedig), (1516, MENSE MAIO.).
• Drucker: (Aldo [Manuzio I, Erben]; Andrea [Torresano I]).
• Buchbinder: Eduard Vogel.
• Umfang: 136 [=236], [2] Bl.; 8°.
• Bogensign.: a⁸-z⁸, aa⁸-ff⁸, gg⁶.
• FP: I.n– tadû anli dein (3) 1516 (R).
• Buchschmuck: D.; E.; EX.
• Prov.: Etienne Graf von Méjan.
• Bibliographien: Adams L 1624; Cat. Ital. Books S. 396; Bibl. Aldina S. 29; Ebert 12416.
• Sign.: Ald. Ren. 76,2 EBD.

Nr. 249
Lucianus <Samosatensis>; <lat.>: ... OPVSCVLA ... . EST: [Opera, Teils.; lat.]. Beigef.: Desiderius Erasmus: ... Declamatio ... contra tyrannicidam. ‖ ...; Thomas More: ... Tyrannicida ‖ Declamatio ... de eodem. ‖. Übers.: Desiderius Erasmus; Thomas More. – (Venedig), (1516, MENSE MAIO.).
• Drucker: (Aldo [Manuzio I, Erben]; Andrea [Torresano I]).
• Umfang: 136 [=236], [2] Bl.; 8°.
• Bogensign.: a⁸-z⁸, aa⁸-ff⁸, gg⁶.
• FP: I.n– tadû anli dein (3) 1516 (R).
• Buchschmuck: D.; E.; EX.
• Prov.: Etienne Graf von Méjan.
• Bibliographien: Adams L 1624; Cat. Ital. Books S. 396; Bibl. Aldina S. 29; Ebert 12416.
• Sign.: Ald. Ren. 76,2.

Nr. 250

Pausanias; <griech.>: ... PAVSA-
NIAS ‖ (... COMMENTARII
GRAECIAM DESCRIBENTES. ...).
EST: [Descriptio Graeciae; griech.].
Hrsg.: (M[arkos] Musuros). –
(Venedig), (1516, MENSE IVLIO.).
- Drucker: (Aldo [Manuzio I, Erben];
  Andrea [Torresano I]).
- Umfang: [2] Bl., 282 S., [1] Bl.; 2°.
- Bogensign.: ², aa⁸–rρ⁸, sσ⁶.
- FP: π∗τα μ/a/ ϑη∗∗ ταβα (3) 1516 (R).
- Buchschmuck: D.; E.; EX.
- Prov.: Etienne Graf von Méjan.
- Bibliographien: Adams P 521; Cat. Ital. Books S. 496; Bibl. Aldina S. 29; Ebert 16048.
- Sign.: 4° Ald. Ren. 76,3.

Nr. 251

Scriptores historiae Augustae:
SIN HOC VOLVMINE HAEC ‖
CONTINENTVR. ‖ IOANNIS Baptistae Egnatij Veneti de Caesari-‖ bus libri III ... ‖ Eiusdem in Spartiani, Lampridij'que uitas ... ‖ annotationes. ‖ Neruae et Traiani atque Adriani principum uitae ex ‖ Dione, Georgio Merula interprete. ‖
[1. Sp.] Aelius Spartianus ‖ Iulius Capitolinus ‖ Lampridius ‖ Flauius Vopiscus ‖ Trebellius Pollio ‖ Vulcatius Gallicanus ‖ [2. Sp.] Ab eodem Egnatio ‖ castigati. ‖ ... Heliogabali principis ad meretri-‖ ces elegantissima oratio ... . EST: [Scriptores historiae Augustae]. Hrsg.: Giovanni Battista Egnazio. – (Venedig), (1516, MENSE IVLIO.).
- Drucker: (Aldo [Manuzio I, Erben]; Andrea [Torresano I]).
- Umfang: [108], 295, [1] Bl.; 8°.
- Bogensign.: HS⁸, Ab⁸–Hi⁸, AaA⁸–DdD⁸, EeE⁴, a⁸–z⁸, aa⁸–oo⁸.
- FP: a,r– o.di otta pamn (3) 1516 (R).
- Buchschmuck: D.; E.; KF.; EX.
- Prov.: Heinrich Friedrich von Diez.
- Bibliographien: Adams E 79; Cat. Ital. Books S. 231; Bibl. Aldina S. 29; Ebert 9821; Ald. Ren. 76,4.
- Sign.: B. Diez 8° 2868.

Nr. 252

Scriptores historiae Augustae:
SIN HOC VOLVMINE HAEC ‖
CONTINENTVR. ‖ IOANNIS Baptistae Egnatij Veneti de Caesari-‖ bus libri III ... ‖ Eiusdem in Spartiani, Lampridij'que uitas ... ‖ annotationes. ‖ Neruae et Traiani atque Adriani principum uitae ex ‖ Dione, Georgio Merula interprete. ‖
[1.Sp.] Aelius Spartianus ‖ Iulius Capitolinus ‖ Lampridius ‖ Flauius Vopiscus ‖ Trebellius Pollio ‖ Vulcatius Gallicanus ‖ [2.Sp.] Ab eodem Egnatio ‖ castigati. ‖ ... Heliogabali principis ad meretri-‖ ces elegantissima oratio ... . EST: [Scriptores historiae Augustae]. Hrsg.: Giovanni Battista Egnazio. – (Venedig), (1516, MENSE IVLIO.).
- Drucker: (Aldo [Manuzio I, Erben]; Andrea [Torresano I]).
- Buchbinder: H. C.
- Umfang: [108], 295, [1] Bl.; 8°.
- Bogensign.: HS⁸, Ab⁸–Hi⁸, AaA⁸–DdD⁸, EeE⁴, a⁸–z⁸, aa⁸–oo⁸ [unvollst.: HS⁷, HS⁸, Hi⁸ fehlen].
- FP: a,r– o.di otta pamn (3) 1516 (R).
- Buchschmuck: D.; E.; EX.
- Prov.: L. M., 1549; Friedrich Jacob Roloff.
- Bibliographien: Adams E 79; Cat. Ital. Books S. 231; Bibl. Aldina S. 29; Ebert 9821.
- Sign.: Ald. Ren. 76,4.

Nr. 253

Suetonius Tranquillus, G[aius]:
SIN HOC VOLVMINE HAEC ‖
CONTINENTVR. ‖ ... XII Caesares. ‖ ... . EST: [Opera]. Beigef.: Sextus Aurelius Victor: (DE VITA ET MORIBVS IMPE-‖ RATORVM ROMANORVM ‖ ...); Eutropius: ... de gestis Romanorum. Lib. X. ‖ ...; Paulus <Diaconus>: (DE GESTIS RO-‖ MANORVM ...). Hrsg.: (Giovanni Battista Egnazio). – (Venedig), (1516, MENSE ‖ AVGVSTO).
- Drucker: (Aldo [Manuzio I, Erben]; Andrea [Torresano I]).
- Buchbinder: François Bozérian.
- Umfang: [32], 320 Bl.; 8°.
- Bogensign.: ∗⁸, ∗∗⁸, ˢ, ˢ, a⁸–z⁸, aa⁸–rr⁸.
- FP: .)a∗ 54.5 emi– reDo (3) 1516 (R).
- Buchschmuck: D.; E.; EX.
- Prov.: Etienne Graf von Méjan.
- Bibliographien: Adams S 2031; Cat. Ital. Books S. 651; Bibl. Aldina S. 30; Ebert 21902.
- Sign.: Ald. Ren. 77,5 [1. Ex.].

Nr. 254

Suetonius Tranquillus, G[aius]:
SIN HOC VOLVMINE HAEC ‖
CONTINENTVR. ‖ ... XII Caesares. ‖ ... . EST: [Opera]. Beigef.: Sextus Aurelius Victor: (DE VITA ET MORIBVS IMPE-‖ RATORVM ROMANORVM ‖ ...); Eutropius: ... de gestis Romanorum. Lib. X. ‖ ...; Paulus <Diaconus>: (DE GESTIS RO-‖ MANORVM ...). Hrsg.: (Giovanni Battista Egnazio). – (Venedig), (1516, MENSE ‖ AVGVSTO).
- Drucker: (Aldo [Manuzio I, Erben]; Andrea [Torresano I]).
- Umfang: [32], 320 Bl.; 8°.
- Bogensign.: ∗⁸, ∗∗⁸, ˢ, ˢ, a⁸–z⁸, aa⁸–rr⁸.
- FP: .)a∗ 54.5 emi– reDo (3) 1516 (R).
- Buchschmuck: D.; E.
- Bibliographien: Adams S 2031; Cat. Ital. Books S. 651; Bibl. Aldina S. 30; Ebert 21902.
- Sign.: Ald. Ren. 77,5 [2. Ex.].

Nr. 255

Bessarion: QVAE HOC IN VO-
LVMINE TRACTANTVR. ‖ ... in ca ‖ lumniatorem Platonis libri quatuor, ... ‖ Eiusdem correctio librorum Platonis de legibus ... ‖ Eiusdem de natura et arte aduersus ... Trapezuntium tractatus ... .
EST: [Opera, Teils.; lat.]. Beigef.: Aristoteles; <lat.>: ... Metaphysicorum ... XIIII librorum ...; Theophrastus; <lat.>: ... Metaphysicorum lib. I. ‖ ... . Hrsg.: (Aldo [Pio Manuzio]). – (Venedig), (1516, MENSE ‖ SEPTEMBRI).
- Drucker: (Aldo [Manuzio I, Erben]; Andrea [Torresano I]).
- Buchbinder: Luigi Lodigiani.
- Umfang: [8], 116, 55 [=53], [1] Bl.; 2°.
- Bogensign.: a⁸–p⁸, q⁴, aa⁸, b⁸–f⁸, g⁶.
- FP: eom. i.i. i,to &ode (3) 1516 (R).
- Buchschmuck: D.; E.; EX.
- Prov.: Etienne Graf von Méjan.
- Bibliographien: Adams B 834; Cat. Ital. Books S. 90; Ind. Aur. 118.157; Bibl. Aldina S. 30; Ebert 2062.
- Sign.: 4° Ald. Ren. 77,6 [1. Ex.].

Nr. 256

Bessarion: [QVAE HOC IN VO-
LVMINE TRACTANTVR. ‖ ... in ca ‖ lumniatorem Platonis libri quatuor, ... ‖ Eiusdem correctio librorum Platonis de legibus ... ‖ Eiusdem de natura et arte aduersus ... Trapezuntium tractatus ...].
EST: [Opera, Teils.; lat.]. Beigef.: [Aristoteles; <lat.>: ... Metaphysicorum ... XIIII librorum ...; Theophrastus; <lat.>: ... Metaphysicorum lib. I. ‖ ...]. Hrsg.: [Aldo Pio Manuzio]. – (Venedig), (1516, MENSE ‖ SEPTEMBRI).
- Drucker: (Aldo [Manuzio I, Erben]; Andrea [Torresano I]).
- Umfang: [8], 116, 55 [=53], [1] Bl.; 2°.
- Bogensign.: a⁸–p⁸, q⁴, aa⁸, b⁸–f⁸, g⁶ [unvollst.: T.1 fehlt].
- Buchschmuck: D.; E.
- Bibliographien: Adams B 834; Cat. Ital. Books S. 90; Ind. Aur. 118.157; Bibl. Aldina S. 30; Ebert 2062.
- Sign.: 4° Ald. Ren. 77,6 [2. Ex.].

Nr. 257

Bessarion: QVAE HOC IN VO-
LVMINE TRACTANTVR. ‖ ... in ca ‖ lumniatorem Platonis libri quatuor: ... ‖ Eiusdem correctio librorum Platonis de legibus ... ‖ Eiusdem de natura et arte aduersus ... Trapezuntium tractatus ... .
EST: [Opera, Teils.; lat.]. Beigef.: Aristoteles; <lat.>: ... Metaphysicorum ... XIIII librorum ...; Theophrastus; <lat.>: ... Metaphysicorum lib. I. ‖ ... . Hrsg.: (Aldo [Pio Manuzio]). – (Venedig), (1516, MENSE ‖ SEPTEMBRI).
- Drucker: (Aldo [Manuzio I, Erben]; Andrea [Torresano I]).
- Umfang: [8], 116, 55 [=53], [1] Bl.; 2°.
- Bogensign.: a⁸–p⁸, q⁴, aa⁸, b⁸–f⁸, g⁶.
- FP: eom. i.i. i,to &ode (3) 1516 (R).
- Buchschmuck: D.; E.
- Bibliographien: Ald. Ren. 77,6; Adams B 834; Cat. Ital. Books S. 90; Ind. Aur. 118.157; Bibl. Aldina S. 30; Ebert 2062.
- Sign.: 1 an 4° Ald. Ren. 26,2 [3. Ex.].

Nr. 258

Strabo; <griech.>: ... DE SITV
ORBIS ‖. EST: [Geographica; griech.]. Hrsg.: (Benedictus Tyrrhenus). – (Venedig), (1516, MENSE ‖ NOVEMBRI).
- Drucker: (Aldo [Manuzio I, Erben]; Andrea [Torresano I]).
- Buchbinder: Luigi Lodigiani.
- Umfang: 14 Bl., 348 [=366] S., [1] Bl.; 2°.
- Bogensign.: ⁸, ⁶, aa⁸–zψ⁸.
- FP: .554 4539 υ/ωσ πρτα (3) 1516 (R).
- Buchschmuck: D.; E.; EX.
- Prov.: Etienne Graf von Méjan.
- Bibliographien: Adams S 1903; Cat. Ital. Books S. 648; Bibl. Aldina S. 30; Ebert 21805.
- Sign.: 4° Ald. Ren. 77,7.
- Abbildung: S. 100.

Nr. 259

Iamblichus <Chalcidensis>;
<lat.>: INDEX EORVM, QVAE HOC IN ‖ LIBRO HABENTVR. ‖
... de mysteriis AEgyptiorum, Chaldaeorum, Assyriorum. ‖ ... . Beigef.: Proclus <Diadochus>; <lat.>: ... in Platonicum Alcibiadem de anima, atque daemone. ‖ ...; Proclus <Diadochus>; <lat.>: ... de sacrificio, et magia. ‖ ...; Porphyrius; <lat.>: ... de diuinis, atque daemonibus. ‖ ...; Synesius <Cyrenensis>; <lat.>:
... de somniis. ‖ ...; Michael <Psellus>; <lat.>: ... de daemonibus. ‖ ...; Priscianus <Lydus>; Marsilius Ficinus; ... in Theophrastum de sensu, phantasia, ‖ et intellectu. ‖ ...; Albinus <Platonicus>; <lat.>: ... liber de doctrina Platonis. ‖ ...; Speusippus <Atheniensis>; <lat.>: ... liber de Platonis definitionibus. ‖ ...; Pythagoras; <lat.>: ... aurea uerba. ‖ Symbola ...; Xenocrates <Chalcedonius>; <lat.>: ... liber de morte. ‖ ...; Hermes <Trismegistus>; <lat.>:
... Pimander. ‖ ...; Hermes <Trismegistus>; <lat.>: ... Asclepius. ‖ ...; Marsilius Ficinus: ... de triplici uita Lib. II. ‖ Eiusdem liber de uoluptate. ‖ Eiusdem De Sole et lumine libri. II. ‖ ... . Hrsg.: Marsilius Ficinus. Übers.: Marsilius Ficinus. – (Venedig), (1516, MENSE ‖ NOVEMBRI).
- Drucker: (Aldo [Manuzio I, Erben]; Andrea [Torresano I]).
- Umfang: 177 [=175], [1] Bl.; 2°.
- Bogensign.: A⁸–Y⁸.
- FP: mol/ s∗æ/ era/ ctsu (3) 1516 (R).
- Buchschmuck: D.; E.; EX.
- Prov.: Johannes Alemanus Parisiensis; Ezechiel von Spanheim.
- Bibliographien: Adams I 1; Cat. Ital. Books S. 338; Bibl. Aldina S. 30; Ebert 10708; Budapest J 20.
- Sign.: 4° Ald. Ren. 77,8 [1. Ex.].

Nr. 260

Iamblichus <Chalcidensis>;
<lat.>: INDEX EORVM, QVAE HOC IN ‖ LIBRO HABENTVR. ‖

Kat.-Nr. 133

... de mysteriis AEgyptiorum, Chaldaeorum, Assyrorum. ‖ ... . Beigef.: Proclus <Diadochus>; <lat>: ... in Platonicum Alcibiadem de anima, atque daemone. ‖ ...; Proclus <Diadochus>; <lat.>: ... de sacrificio, et magia. ‖ ...; Porphyrius; <lat.>: ... de diuinis, atque daemonibus. ‖ ...; Synesius <Cyrenensis>; <lat.>: ... de somniis. ‖ ...; Michael <Psellus>; <lat.>: ... de daemonibus. ‖ ...; Priscianus <Lydus>; Marsilius Ficinus: ... in Theophrastum de sensu, phantasia, ‖ et intellectu. ‖ ...; Albinus <Platonicus>; <lat.>: ... liber de doctrina Platonis. ‖ ...; Speusippus <Atheniensis>; <lat.>: ... liber de Platonis definitionibus. ‖ ...; Pythagoras; <lat.>: ... aurea uerba. ‖ Symbola ...; Xenocrates <Chalcedonius>; <lat.>: ... liber de morte. ‖ ...; Hermes <Trismegistus>; <lat.>: ... Pimander. ‖ ...; Hermes <Trismegistus>; <lat.>: ... Asclepius. ‖ ...; Marsilius Ficinus: ... de triplici uita Lib. II. ‖ Eiusdem liber de uoluptate. ‖ Eiusdem De Sole et lumine libri. II. ‖ ... . Hrsg.: Marsilius Ficinus. Übers.: Marsilius Ficinus. – (Venedig), (1516, MENSE ‖ NOVEMBRI).

- Drucker: (Aldo [Manuzio I, Erben]; Andrea [Torresano I]).
- Umfang: 177 [=175], [1] Bl.; 2°.
- Bogensign.: A⁸-Y⁸.
- FP: mol/ s∗æ/ era/ ctsu (3) 1516 (R).
- Buchschmuck: D.; E.; EX.
- Prov.: Etienne Graf von Méjan.
- Bibliographien: Adams I 1; Cat. Ital. Books S. 338; Bibl. Aldina S. 30; Ebert 10708; Budapest J 20.
- Sign.: 4° Ald. Ren. 77,8 [2. Ex.].

Nr. 261

Ovidius Naso, [Publius]: QVAE HOC VOLVMINE ‖ CONTINENTVR. ‖ ... METAMORPHO= SEON LIBRI XV. ‖ . EST: [Opera; T. 2]. Hrsg.: [Andrea Navagero]. – (Venedig), (1516, MENSE ‖ FEBRVARIO).
- Drucker: (Aldo [Manuzio I, Erben]; Andrea [Torresano I]).
- Umfang: [48], 204 Bl.; 8°.
- Bogensign.: [1⁸-6⁸], a⁸-z⁸, A⁸, B⁸, C⁴.
- FP: i.en m.us s:t. SuTa (3) 1516 (R).
- Buchschmuck: D.; E.; EX.
- Prov.: Joannes Bapptista Battinus, 1516; Heinrich Friedrich von Diez.
- Bibliographien: Ald. Ren. 78,9; Adams O 482; Cat. Ital. Books S. 479; Bibl. Aldina S. 30f; Ebert 15350; Budapest O 318.
- Sign.: B. Diez 8° 2536 EBD.

Nr. 262

Ovidius Naso, [Publius]: QVAE HOC VOLVMINE ‖ CONTINENTVR. ‖ ... METAMORPHO= SEON LIBRI XV. ‖ . EST: [Opera; T. 2]. Hrsg.: [Andrea Navagero]. – (Venedig), (1516, MENSE ‖ FEBRVARIO).
- Drucker: (Aldo [Manuzio I, Erben]; Andrea [Torresano I]).
- Umfang: [48], 204 Bl.; 8°.
- Bogensign.: [1⁸-6⁸], a⁸-z⁸, A⁸, B⁸, C⁴ [unvollst.: Bl. [48] fehlt].
- FP: i.en m.us s:t. SuTa (3) 1516 (R).
- Buchschmuck: D.; E.; EX.
- Prov.: Etienne Graf von Méjan.
- Bibliographien: Adams O 482; Cat. Ital. Books S. 479; Bibl. Aldina S. 30f; Ebert 15350; Budapest O 318.
- Sign.: Ald. Ren. 78,9.

Nr. 263

Ptolemaeus, Cla[udius]; <lat.>: ... INERRANTIVM ‖ Stellarum significationes ... . Beigef.: P[ublius] Ovidius Naso: ... FASTORVM LIB. VI. ‖ TRISTIVM LIB. V. ‖ DE PONTO LIB. IIII. ‖ IN IBIN ‖ AD LIVIAM. ‖ . Übers.: Nicolaus Leonicus Thomaeus. – (Venedig), (1516, MENSE ‖ IANVARIO).
- Drucker: (Aldo [Manuzio I, Erben]; Andrea [Torresano I]).
- Umfang: 21, [1], 227 [=223], [1] Bl.; 8°.
- Bogensign.: ⁸, ⁸, ⁶, aaa⁸-kkk⁸, lll⁶, mmm⁸-sss⁸, ttt⁶, uuu⁸-zzz⁸, AAA⁸-EEE⁸, FFF⁴ [unvollst.: Bl. [22] fehlt].
- FP: t:t. o:t. l.r. MiEp (3) 1516 (R).
- Buchschmuck: D.; E.; EX.
- Prov.: Etienne Graf von Méjan.
- Bibliographien: Adams P 2238; Cat. Ital. Books S. 479; Bibl. Aldina S. 31; Ebert 15349.
- Sign.: Ald. Ren. 78,10.

Nr. 264

Ptolemaeus, Cla[udius]; <lat.>: ... INERRANTIVM ‖ Stellarum significationes ... . Beigef.: P[ublius] Ovidius Naso: ... FASTORVM LIB. VI. ‖ TRISTIVM LIB. V. ‖ DE PONTO LIB. IIII. ‖ IN IBIN ‖ AD LIVIAM. ‖ . Übers.: Nicolaus Leonicus Thomaeus. – (Venedig), (1516, MENSE ‖ IANVARIO).
- Drucker: (Aldo [Manuzio I, Erben]; Andrea [Torresano I]).
- Umfang: 21, [1], 227 [=223], [1] Bl.; 8°.
- Bogensign.: ⁸, ⁸, ⁶, aaa⁸-kkk⁸, lll⁶, mmm⁸-sss⁸, ttt⁶, uuu⁸-zzz⁸, AAA⁸-EEE⁸, FFF⁴ [unvollst.: Bl. [22] fehlt].
- FP: t:t. o:t. l.r. MiEp (3) 1516 (R).
- Buchschmuck: D.; E.; EX.
- Prov.: Heinrich Friedrich von Diez.
- Bibliographien: Ald. Ren. 78,10; Adams P 2238; Cat. Ital. Books S. 479; Bibl. Aldina S. 31; Ebert 15349.
- Sign.: B. Diez 8° 2537 EBD.

Nr. 265

Ricchieri, Lodovico: [R] SICVTI ANTIQVARVM LECTIONVM COMMENTARIOS CONCINNA ‖ RAT OLIM VINDEX CESELIVS, ITA NVNC EOSDEM PER INCVRIAM ‖ INTERCEPTOS REPARAVIT ... . Verf. in Vorlage: Lodovicus Caelius Rhodiginus. – (Venedig), (1516, MENSE ‖ FEBRVARIO).
- Drucker: (Aldo [Manuzio I, Erben]; Andrea [Torresano I]).
- Buchbinder: Luigi Lodigiani.
- Umfang: [40] Bl., 862 S., [3] Bl.; 2°.
- Bogensign.: AA⁸-CC⁸, DD⁴, EE⁸, FF⁴, a⁸-z⁸, &⁸, ⁸, ⁸, aa⁸-zz⁸, &&⁸, ⁸, ⁸, A⁸, B¹⁰.
- FP: i-io XXm. t.ri muta (3) 1516 (R).
- Buchschmuck: D.; E.; EX.
- Prov.: Etienne Graf von Méjan.
- Bibliographien: Adams R 450; Cat. Ital. Books S. 555; Bibl. Aldina S. 31; Ebert 19032; Budapest R 259.
- Sign.: 4° Ald. Ren. 79,11.

Nr. 266

Epistolae obscurorum virorum: Epistolae obscurorum virorum ad venerabilem ‖ virum Magistrum Ortuinum Gratium ... ‖. EST: [Epistolae obscurorum virorum; T. 1]. – (Venedig); [Nürnberg], [1516].
- Drucker: (Aldo Manuzio [I]); [Friedrich Peypus].
- Buchbinder: Motet.
- Umfang: [22] Bl.; 4°.
- Bogensign.: a⁴-d⁴, e⁶.
- FP: usuo a.s. ite∗ Caan (C) 1516 (Q).
- Buchschmuck: D.; EX.
- Prov.: Etienne Graf von Méjan.
- Bibliographien: VD 16 E 1721; Ebert 6828; Benzing Hutten 240;

Bömer Epistolae S. 109 Nr. 2.
• Sign.: Ald. Ren. 319,14 [1. Ex.].

Nr. 267

Epistolae obscurorum virorum: Epistolae obscurorum virorum ad venerabilem ‖ virum Magistrum Ortuinum Gratium ... ‖. EST: [Epistolae obscurorum virorum; T. 1]. – (Venedig); [Nürnberg], [1516].
• Drucker: (Aldo Manuzio [I]); [Friedrich Peypus].
• Umfang: [22] Bl.; 4°.
• Bogensign.: a⁴-d⁴, e⁶.
• FP: usuo a.s. ite∗ Caan (C) 1516 (Q).
• Buchschmuck: EX.; HS.
• Prov.: Etienne Graf von Méjan.
• Bibliographien: VD 16 E 1721; Ebert 6828; Benzing Hutten 240; Bömer Epistolae S. 109 Nr. 2.
• Sign.: Ald. Ren. 319,14 [2. Ex.].

Nr. 268

Epistolae obscurorum virorum: Epistolae obscurorum virorum ad Vene= ‖ rabilem virum magistrum Ortuinum Gratium ... ‖ Cum multis alijs epistolis in fine ‖ ... . EST: [Epistolae obscurorum virorum; T. 1]. – (Venedig); [Speyer], [1516].
• Drucker: (Aldo Manuzio [I]); [Jakob Schmidt].
• Umfang: [20] Bl.; 4°.
• Bogensign.: a⁴-e⁴.
• FP: P.k. k.u= i=i= nôSa (C) 1516 (Q).
• Buchschmuck: E.; EX.
• Prov.: Etienne Graf von Méjan.
• Bibliographien: VD 16 E 1722; Ebert 6829; Bömer Epistolae S. 109 Nr. 3.
• Sign.: Ald. Ren. 319,15.

Nr. 269

Epistolae obscurorum virorum: Epistolae obscurorum virorum ad Vene ‖ nerabilem virum magistrum Ortuinum Gratium ... ‖ Cum multis alijs epistolis in fine ‖ ... . EST: [Epistolae obscurorum virorum; T. 1]. – (Venedig), [1516].
• Drucker: (Aldo Manuzio [I]).
• Umfang: [24] Bl.; 4°.
• Bogensign.: a⁴-f⁴.
• FP: etê: exa= uius chnu (C) 1516 (Q).
• Bibliographien: vgl. Ebert 6829; Benzing Hutten 242; Bömer Epistolae S. 109 Nr. 4.
• Sign.: Ald. Ren. 319,15ᵃ.

Nr. 270

Epistolae obscurorum virorum: Epistolae obscurorum virorum ad Vene= ‖ rabilem virum magistrum Ortuinum Gratium ... ‖ Cum multis alijs epistolis in fine ‖ ... . EST: [Epistolae obscurorum virorum; T. 1]. – (Venedig); [Speyer], [1516].
• Drucker: (Aldo Manuzio [I]); [Jakob Schmidt].
• Umfang: [20] Bl.; 4°.
• Bogensign.: a⁴-e⁴.
• FP: P.k. k.u= i=i= nôSa (C) 1516 (Q).
• Bibliographien: VD 16 E 1722; Ebert 6829; Benzing Hutten 241; Bömer Epistolae S. 109 Nr. 3.
• Sign.: Ald. Ren. 319,15ᵇ.

🕭 1517

Nr. 271

Cicero, M[arcus] T[ullius]: IN HOC VOLVMINE HAEC ‖ CONTINENTVR. ‖ ... OFFICIORVM. LIB. III. ‖ CATO MAIOR, SIVE DE SE- ‖ NECTVTE. ‖ LAELIVS, SIVE DE AMICITIA. ‖ ... . EST: [Opera philosophica, Teils.]. Hrsg.: (Giovanni Battista Egnazio). – (Venedig), (1517, MENSE ‖ IVNI.).
• Drucker: (Aldo [Manuzio I, Erben]; Andrea [Torresano I]).
• Umfang: [8], 158, [2] Bl.; 8°.
• Bogensign.: A⁸, a⁸-u⁸.
• FP: hai: ϰαuû umnê quaf (3) 1517 (R).
• Buchschmuck: D.; E.; EX.
• Prov.: Etienne Graf von Méjan.
• Bibliographien: Adams C 1737; Cat. Ital. Books S. 175; Ebert 4561; Ind. Aur. 137.613.
• Sign.: Ald. Ren. 79,2.

Nr. 272

Cicero, M[arcus] T[ullius]: IN HOC VOLVMINE HAEC ‖ CONTINENTVR. ‖ ... OFFICIORVM. LIB. III. ‖ CATO MAIOR, SIVE DE

Kat.-Nr. 119

Kat.-Nr. 147
Einbanddeckel mit blindgeprägter Platte

SE- ‖ NECTVTE. ‖ LAELIVS, SIVE DE AMICITIA. ‖ ... . EST: [Opera philosophica, Teils.]. Hrsg.: (Giovanni Battista Egnazio). – (Venedig), (1517, MENSE ‖ IVNI.).
- Drucker: (Aldo [Manuzio I, Erben]; Andrea [Torresano I]).
- Buchbinder: Eduard Vogel.
- Umfang: [8], 158, [2] Bl.; 8°.
- Bogensign.: A⁸, a⁸–u⁸.
- FP: hai: καυû umnê quaf (3) 1517 (R).
- Buchschmuck: D.; E.; EX.
- Prov.: Etienne Graf von Méjan.
- Bibliographien: Adams C 1737; Cat. Ital. Books S. 175; Ebert 4561; Ind. Aur. 137.613.
- Sign.: Ald. Ren. 79,2 EBD.

Nr. 273
Homerus; <griech.>: ... ILIAS. ‖ ... . EST: [Opera; T. 1]. – [Venedig], [1517].
- Drucker: [Aldo Manuzio I, Erben; Andrea Torresano I].
- Buchbinder: François Bozérian.
- Umfang: 277, [58] Bl.; 8°.
- Bogensign.: A⁸–Z⁸, AA⁸–LL⁸, MM⁶, 1⁸–6⁸, 7⁹.
- FP: e.os *.σ. οσαι γεοι (3) 1517 (Q).
- Buchschmuck: D.; E.; EX.
- Prov.: Etienne Graf von Méjan.
- Bibliographien: Adams H 742; Cat. Ital. Books S. 330; Bibl. Aldina S. 31; Ebert 9935.
- Sign.: Ald. Ren. 80,3–1.

Nr. 274
Homerus; <griech.>: ... VLYSSEA. ‖ Batrachomyomachia. ‖ Hymni. xxxii. ‖. EST: [Opera; T. 2]. – (Venedig), (1517, MENSE IV ‖ NIO).
- Drucker: (Aldo [Manuzio I, Erben]; Andrea [Torresano I]).
- Buchbinder: François Bozérian.
- Umfang: 251, [1] Bl.; 8°.
- Bogensign.: a⁸–z⁸, A⁸–H⁸, I⁴.
- FP: e.v* σ.ω. ω.ω. σοπρ (3) 1517 (R).
- Buchschmuck: D.; E.; EX.
- Prov.: Etienne Graf von Méjan.
- Bibliographien: Adams H 742; Cat. Ital. Books S. 330; Bibl. Aldina S. 31; Ebert 9935.
- Sign.: Ald. Ren. 80,3–2.

Nr. 275
Seneca, [Lucius Annaeus] <Philosophus>: ... TRA ‖ GOEDIAE. ‖. Hrsg.: (Girolamo Avanzi). – (Venedig), (1517, MENSE OCTOBRI).
- Drucker: (Aldo [Manuzio I, Erben]; Andrea [Torresano I]).
- Umfang: [4], 207, [5] Bl.; 8°.
- Bogensign.: a⁴, b⁸–z⁸, A⁸–D⁸, E⁴.
- FP: I.o- æ.s. u.li IuTh (3) 1517 (R).
- Buchschmuck: D.; E.; EX.
- Prov.: Etienne Graf von Méjan.
- Bibliographien: Adams S 902; Cat. Ital. Books S. 621; Bibl. Aldina S. 32; Ebert 20925.
- Sign.: Ald. Ren. 80,4 [1. Ex.].

Nr. 276
Seneca, [Lucius Annaeus] <Philosophus>: ... TRA ‖ GOEDIAE. ‖. Hrsg.: (Girolamo Avanzi). – (Venedig), (1517, MENSE OCTOBRI).
- Drucker: (Aldo [Manuzio I, Erben]; Andrea [Torresano I]).
- Umfang: [4], 207, [5] Bl.; 8°.
- Bogensign.: a⁴, b⁸–z⁸, A⁸–D⁸, E⁴.
- FP: I.o- æ.s. u.li IuTh (3) 1517 (R).
- Buchschmuck: D.; KF.
- Bibliographien: Adams S 902; Cat. Ital. Books S. 621; Bibl. Aldina S. 32; Ebert 20925.
- Sign.: Ald. Ren. 80,4 [2. Ex.].

Nr. 277
Terentius Afer, [Publius]: TERENTIVS. ‖. EST: [Comoediae]. Hrsg.: (Franciscus Asulanus). – (Venedig), (1517, MENSE NOVEMBRI).
- Drucker: (Aldo [Manuzio I, Erben]; Andrea [Torresano I]).
- Umfang: [16], 144 [-146], [1] Bl.; 8°.
- Bogensign.: a⁸, b⁸, a⁸–18⁸, 19³.
- FP: t:ex s.re iss. AuD. (3) 1517 (R).
- Buchschmuck: D.
- Bibliographien: Adams T 312; Cat. Ital. Books S. 664; Bibl. Aldina S. 32; Ebert 22468.
- Sign.: Ald. Ren. 80,5 [1. Ex.].

Nr. 278

Terentius Afer, [Publius]: TE-RENTIVS. ‖. EST: [Comoediae]. Hrsg.: (Franciscus Asulanus). – (Venedig), (1517, MENSE NOVEMBRI).
- Drucker: (Aldo [Manuzio I, Erben]; Andrea [Torresano I]).
- Buchbinder: René Simier.
- Umfang: [16], 144 [=146], [2] Bl.; 8°.
- Bogensign.: a⁸, b⁸, 1⁸-18⁸, 19⁴.
- FP: t:ex s.re iss. AuD. (3) 1517 (R).
- Buchschmuck: D.; E.; EX.
- Prov.: Etienne Graf von Méjan.
- Bibliographien: Adams T 312; Cat. Ital. Books S. 664; Bibl. Aldina S. 32; Ebert 22468.
- Sign.: Ald. Ren. 80,5 [2. Ex.] EBD.
- Abbildung: S. 105.

Nr. 279

Terentius Afer, [Publius]: TE-RENTIVS. ‖. EST: [Comoediae]. Hrsg.: (Franciscus Asulanus). – (Venedig), (1517, MENSE NOVEMBRI).
- Drucker: (Aldo [Manuzio I, Erben]; Andrea [Torresano I]).
- Umfang: [16], 144 [=146], [2] Bl.; 8°.
- Bogensign.: a⁸, b⁸, 1⁸-18⁸, 19⁴.
- FP: t:ex s.re iss. AuD. (3) 1517 (R).
- Buchschmuck: D.; E.; EX.
- Prov.: Karl Heinrich Graf von Hoym; Etienne Graf von Méjan.
- Bibliographien: Adams T 312; Cat. Ital. Books S. 664; Bibl. Aldina S. 32; Ebert 22468.
- Sign.: Ald. Ren. 80,5 [3. Ex.] EBD.
- Abbildung: S. 102.

Nr. 280

Manuel <Chrysoloras>; <griech.>: ... Erotemata ... ‖ De anomalis uerbis. ‖ ... . Beigef.: [Demetrios] Chalkokondyles; <griech.>: ... De formatione temporum ...; [Theodorus] <Gaza>; <griech.>: ... Quartus ... de Constructione. ‖ ...; [Aelius Herodianus]; <griech.>: ... De Encleticis. ‖ ...; [Dionysius] Cato; <griech.>: (... ΓΝΩ ‖ ΜΑΙ ...); Guarinus <Veronensis>; <griech.>: ... Erotemata ... . Hrsg.: (Aldo [Pio Manuzio]). – (Venedig), (1517, MENSE NOVEMBRI).
- Drucker: (Aldo [Manuzio I, Erben]; Andrea [Torresano I]).
- Buchbinder: Lefebvre.
- Umfang: 415, [1] S.; 8°.
- Bogensign.: a⁸-s⁸, t⁴, u⁸-z⁸, A⁸-C⁸, D⁴.
- FP: .σε- συυ. ∗α∗α Οδρη (3) 1517 (R).
- Buchschmuck: D.; E.; EX.
- Prov.: Etienne Graf von Méjan.
- Bibliographien: Adams C 1509; Cat. Ital. Books S. 172; Ind. Aur. 136.694; Bibl. Aldina S. 32; Ebert 4184.
- Sign.: Ald. Ren. 80,6 [1. Ex.].

Nr. 281

Manuel <Chrysoloras>; <griech.>: ... Erotemata ... ‖ De anomalis uerbis. ‖ ... . Beigef.: [Demetrios] Chalkokondyles; <griech.>: ... De formatione temporum ...; [Theodorus] <Gaza>; <griech.>: ... Quartus ... de Constructione. ‖ ...; [Aelius Herodianus]; <griech.>: ... De Encleticis. ‖ ...; [Dionysius] Cato; <griech.>: (... ΓΝΩ ‖ ΜΑΙ ...); Guarinus <Veronensis>; <griech.>: ... Erotemata ... . Hrsg.: (Aldo [Pio Manuzio]). – (Venedig), (1517, MENSE NOVEMBRI).
- Drucker: (Aldo [Manuzio I, Erben]; Andrea [Torresano I]).
- Buchbinder: François Bozérian.
- Umfang: 415, [1] S.; 8°.
- Bogensign.: a⁸-s⁸, t⁴, u⁸-z⁸, A⁸-C⁸, D⁴.
- FP: .σε- συυ. ∗α∗α Οδρη (3) 1517 (R).
- Buchschmuck: D.; E.; EX.
- Prov.: Etienne Graf von Méjan.
- Bibliographien: Adams C 1509; Cat. Ital. Books S. 172; Ind. Aur. 136.694; Bibl. Aldina S. 32; Ebert 4184.
- Sign.: Ald. Ren. 80,6 [2. Ex.].

Nr. 282

Ausonius, [Decimus Magnus]: AVSONIVS. ‖. EST: [Opera]. Hrsg.: (Girolamo Avanzi). – (Venedig), (1517, MENSE NOVEMBRI).

*Kat.-Nr. 147
Einbanddeckel mit der Darstellung des Evangelisten Johannes*

Kat.-Nr. 207

- Drucker: (Aldo [Manuzio I, Erben]; Andrea [Torresano I]).
- Umfang: 107, [1] Bl.; 8°.
- Bogensign.: a⁸-n⁸, o⁴.
- FP: o.ut s,i, s.e, QuSi (3) 1517 (R).
- Buchschmuck: D.; E.; EX.
- Prov.: Etienne Graf von Méjan.
- Bibliographien: Adams A 2278; Cat. Ital. Books S. 64; Bibl. Aldina S. 32; Ebert 1420; Ind. Aur. 110.889.
- Sign.: Ald. Ren. 80,7 [1. Ex.].

Nr. 283
Ausonius, [Decimus Magnus]: AVSONIVS. ‖. EST: [Opera]. Hrsg.: (Girolamo Avanzi). – (Venedig), (1517, MENSE NOVEMBRI).
- Drucker: (Aldo [Manuzio I, Erben]; Andrea [Torresano I]).
- Umfang: 107, [1] Bl.; 8°.
- Bogensign.: a⁸-n⁸, o⁴.
- FP: o.ut s,i, s.e, QuSi (3) 1517 (R).
- Buchschmuck: D.; E.
- Prov.: Hanns Vollandus, Tüwingen 1555; Conrad Leichtius, 1567; Thobias Graf, 1578; H. S. A. S., 1586; Jesuitenkolleg, Schweidnitz, 1678; Adamus Goder; Burckardus Seidelius; Joannes Prügelius; Bartholomaeus Lochiensis.
- Bibliographien: Adams A 2278; Cat. Ital. Books S. 64; Bibl. Aldina S. 32; Ebert 1420; Ind. Aur. 110.889.
- Sign.: Ald. Ren. 80,7 [2. Ex.].

Nr. 284
Musaeus <Poeta>; <griech. u. lat.>: ... opusculum de Herone ‖ et Leandro. ‖ ... . Beigef.: Orpheus; <griech.>: ... argonautica. ‖ Eiusdem hymni. ‖ ... de lapidibus. ‖. Übers.: (Markos Musuros). – (Venedig), (1517, MENSE NOVEMBRI).
- Drucker: (Aldo [Manuzio I, Erben]; Andrea [Torresano I]).
- Buchbinder: Jean-Claude Bozérian.
- Umfang: 80 Bl.; 8°.
- Bogensign.: a⁸-k⁸.
- FP: ε.η, næu. y-s. NηMα (3) 1517 (R).
- Buchschmuck: H.; D.; E.; EX.
- Prov.: Etienne Graf von Méjan.
- Bibliographien: Adams M 1991; Cat. Ital. Books S. 457; Bibl. Aldina S. 33; Ebert 14549; Budapest M 871.
- Sign.: Ald. Ren. 81,8.

Nr. 285
Oppianus <Anazarbensis>; <griech. u. lat.>: ... de piscibus libri V. ‖ ... . EST: [Halieutica; griech. u. lat.]. Beigefügt: Oppianus <Apamensis>; <griech.>: ... ΚΥΝΗΓΕΤΙ-ΚΩΝ ‖ ... de uenatione libri IIII. ‖ ... . Hrsg.: (Franciscus Asulanus) Übers.: Laurentius <Lippius>. – (Venedig), (1517, MENSE DECEMBRI).
- Drucker: (Aldo [Manuzio I, Erben]; Andrea [Torresano I]).
- Buchbinder: Eduard Vogel.
- Umfang: 166, [2] Bl.; 8°.
- Bogensign.: a⁸-x⁸.
- FP: usni πωσι νησε α∗οι (3) 1517 (R).
- Buchschmuck: D.; E.; EX.
- Prov.: Metzler, 1776; Etienne Graf von Méjan.
- Bibliographien: Adams O 200; Cat. Ital. Books S. 476; Bibl. Aldina S. 33; Ebert 15142; Budapest O 84.
- Sign.: Ald. Ren. 81,9 EBD.
- Abbildung: S. 109.

Nr. 286
Perottus, Nicolaus): IN HOC VO-LVMINE HABENTVR HAEC ‖ CORNVCOPIAE, siue linguae latinae commentarij ... . EST: [Cornucopiae]. Beigef.: Marcus Terentius Varro: ... de lingua latina libri tres Quartus. Quintus. Sextus. ‖ Eiusdem de Analogia libri tres. ‖ ...; Sextus Pompeius Festus: ... undeuiginti librorum fragmenta. ‖ ...; Nonius <Marcellus>: ... Compendia, in quibus tertia ferè pars addita est ... ‖ Additus praeterea ‖ est longus tractatus de generibus. ‖. Hrsg.: (Aldo [Pio Manuzio]). Kommentator: Cornelius Vitellius. – (Venedig), (1517, MENSE MAIO.), (1513, MENSE NOVEMBRI.).
- Drucker: (Aldo [Manuzio I, Erben]; Andrea [Torresano I]).
- Buchbinder: Luigi Lodigiani.
- Umfang: 79,[1] Bl., 1436 Sp., [1] Bl.; 2°.
- Bogensign.: [1⁸-10⁸], a⁸-z⁸, A⁸-Y⁸.
- FP: xite 3757 248. cece (3) 1517 (R).

- Buchschmuck: D.; E.; EX.
- Prov.: Etienne Graf von Méjan.
- Bibliographien: Adams P 721; Cat. Ital. Books S. 499; vgl. Bibl. Aldina S. 23f; Ebert 16211.
- Sign.: 4° Ald. Ren. 81,10.

Nr. 287

Martialis, [Marcus Valerius]: MARTIALIS. ‖ (... EPIGRAMMATA. ‖). EST: [Epigrammata]. – (Venedig), (1517, MENSE DECEMBRI).
- Drucker: (Aldo [Manuzio I, Erben]; Andrea [Torresano I]).
- Umfang: 190, [2] Bl.; 8°.
- Bogensign.: A⁸-Z⁸, ⁸.
- FP: a?r, o,s, r?s, CoMe (3) 1517 (R).
- Buchschmuck: D.; E.; EX.
- Prov.: Etienne Graf von Méjan.
- Bibliographien: Adams M 694; Cat. Ital. Books S. 420; Bibl. Aldina S. 33; Ebert 13239.
- Sign.: Ald. Ren. 81,11 [1. Ex.].

Nr. 288

Martialis, [Marcus Valerius]: MARTIALIS. ‖ (... EPIGRAMMATA. ‖). EST: [Epigrammata]. – (Venedig), (1517, MENSE DECEMBRI).
- Drucker: (Aldo [Manuzio I, Erben]; Andrea [Torresano I]).
- Umfang: 190, [2] Bl.; 8°.
- Bogensign.: A⁸-Z⁸, ⁸.
- FP: a?r, o,s, r?s, CoMe (3) 1517 (R).
- Buchschmuck: D.; E.; EX.
- Prov.: C. N., 1536; Fridericus Papa, [15]96; Friedrich Jacob Roloff.
- Bibliographien: Adams M 694; Cat. Ital. Books S. 420; Bibl. Aldina S. 33; Ebert 13239.
- Sign.: Ald. Ren. 81,11 [2. Ex.].

Nr. 289

Martialis, [Marcus Valerius]: MARTIALIS. ‖ (... EPIGRAMMATA. ‖). EST: [Epigrammata]. – (Venedig), (1517, MENSE DECEMBRI).
- Drucker: (Aldo [Manuzio I, Erben]; Andrea [Torresano I]).
- Umfang: 190, [2] Bl.; 8°.
- Bogensign.: A⁸-Z⁸, ⁸.
- FP: a?r, o,s, r?s, CoMe (3) 1517 (R).
- Buchschmuck: D.; E.
- Prov.: Claude-Antoine-Cléradius de Choiseul-Beaupré.
- Bibliographien: Adams M 694; Cat. Ital. Books S. 420; Bibl. Aldina S. 33; Ebert 13239.
- Sign.: Ald. Ren. 81,11 EBD.
- Abbildung: S. 106.

Nr. 290

Priapea: DIVERSORVM VETERVM POETA- ‖ RVM IN PRIAPVM LVSVS. ‖ ... . EST: [Priapea]. Beigef.: P[ublius] V[ergilius] M[aro]: ... CATALECTA. COPA. ROSAE. ‖ CVLEX. DIRAE. MORETVM. CIRIS. ‖ ...; [Publius] Vergilius [Maro]: ... AETNA. ELEGIA IN MECOENATIS ‖ OBITVM. ET ALIA NONNVLLA, ‖ QVAE FALSO' VIRGILII CRE- ‖ DVNTVR. ‖ ...; Argumenta in Virgilii: ... ARGVMENTA IN VIRGILII LI- ‖ BROS, ET ALIA DIVERSORVM ‖ COMPLVRA. ‖. Hrsg.: [Franciscus Asulanus]. – (Venedig), (1517, MENSE DECEMBRI).
- Drucker: (Aldo [Manuzio I, Erben]; Andrea [Torresano I]).
- Umfang: 90 [=80] Bl.; 8°.
- Bogensign.: a⁸-k⁸.
- FP: d=ul m,q; t∗t: ∗GQu (3) 1517 (R).
- Buchschmuck: D.; E.; EX.
- Prov.: Etienne Graf von Méjan.
- Bibliographien: Adams P 2084; Cat. Ital. Books S. 539; Bibl. Aldina S. 33; Ebert 12522; Budapest P 868.
- Sign.: Ald. Ren. 81,12.

Nr. 291

Priapea: DIVERSORVM VETERVM POETA- ‖ RVM IN PRIAPVM LVSVS. ‖ ... . EST: [Priapea]. Beigef.: P[ublius] V[ergilius] M[aro]: ... CATALECTA. COPA. ROSAE. ‖ CVLEX. DIRAE. MORETVM. CIRIS. ‖ ...; [Publius] Vergilius [Maro]: ... AETNA. ELEGIA IN MECOENATIS ‖ OBITVM. ET ALIA NONNVLLA, ‖ QVAE FALSO' VIRGILII CRE- ‖ DVNTVR. ‖ ...; Argumenta in Virgilii: ... ARGVMENTA IN VIRGILII LI- ‖ BROS, ET ALIA DIVERSORVM ‖ COMPLVRA. ‖. Hrsg.: [Franciscus Asulanus]. – (Venedig), (1517, MENSE DECEMBRI).
- Drucker: (Aldo [Manuzio I, Erben]; Andrea [Torresano I]).
- Umfang: 90 [=80] Bl.; 8°.
- Bogensign.: a⁸-k⁸.
- FP: d=ul m,q; t∗t: ∗GQu (3) 1517 (R).
- Buchschmuck: D.; EX.
- Prov.: Bruno Kaiser.
- Bibliographien: Ald. Ren. 81,12; Adams P 2084; Cat. Ital. Books S. 539; Bibl. Aldina S. 33; Ebert 12522; Budapest P 868.
- Sign.: 19 ZZ 10019.

🦋 1518

Nr. 292

Plinius [Caecilius] Secundus, G[aius]: ... Epistolarum libri X. ‖ Eiusdem Panegyricus Traiano Principi dictus. ‖ Eiusdem de Viris illustrib. in re militari, et in admi ‖ nistranda rep. ‖ ... . EST: [Opera]. Beigef.: [Gaius] Suetonius Tranquillus: ... de Claris Grammaticis, et Rhe- ‖ toribus. ‖ ...; Iulius Obsequens: ... Prodigiorum liber. ‖ ... . Hrsg.: (Aldo Pio Manuzio). – (Venedig), (1518, MENSE IVNIO.).
- Drucker: (Aldo [Manuzio I, Erben]; Andrea [Torresano I]).
- Buchbinder: François Bozérian.
- Umfan: [28] Bl., 525, [1] S., [1] Bl.; 8°.
- Bogensign.: ∗⁸-∗∗∗⁸, ∗∗∗∗⁴, a⁸-z⁸, aa⁸-kk⁸.
- FP: m,a, 7320 lixi Vapo (3) 1518 (R).
- Buchschmuck: D.; E.; EX.
- Prov.: Etienne Graf von Méjan.
- Bibliographien: Adams P 1538; Cat. Ital. Books S. 525; Bibl. Aldina S. 34; Ebert 17343.
- Sign.: Ald. Ren. 82,1 [1. Ex.].

Nr. 293

Plinius [Caecilius] Secundus, G[aius]: ... Epistolarum libri X. ‖ Eiusdem Panegyricus Traiano Principi dictus. ‖ Eiusdem de Viris illustrib. in re militari, et in admi ‖ nistranda rep. ‖ ... . EST: [Opera]. Beigef.: [Gaius] Suetonius Tranquillus: ... de Claris Grammaticis, et Rhe- ‖ toribus. ‖ ...; Iulius Obsequens: ... Prodigiorum liber. ‖ ... . Hrsg.: (Aldo Pio Manuzio). – (Venedig), (1518, MENSE IVNIO.).
- Drucker: (Aldo [Manuzio I, Erben]; Andrea [Torresano I]).
- Umfang: [28] Bl., 525, [1] S., [1] Bl.; 8°.
- Bogensign.: ∗⁸-∗∗∗⁸, ∗∗∗∗⁴, a⁸-z⁸, aa⁸-kk⁸.
- FP: m,a, 7320 lixi Vapo (3) 1518 (R).
- Buchschmuck: D.; E.; EX.
- Prov.: Etienne Graf von Méjan.
- Bibliographien: Adams P 1538; Cat. Ital. Books S. 525; Bibl. Aldina S. 34; Ebert 17343.
- Sign.: Ald. Ren. 82,1 [2. Ex.].

Nr. 294

Dioscorides, [Pedanius]; <griech.>: DIOSCORIDES. ‖ (... de materia medici libri Sex. ‖ ...). EST: [Opera]. Hrsg.: (Franciscus Asulanus). Kommentator: (Hieronymus Roscius). – (Venedig), (1518, MENSE ‖ IVNIO).
- Drucker: (Aldo [Manuzio I, Erben]; Andrea [Torresano I]).
- Buchbinder: Joseph Thouvenin.
- Umfang: [12], 235 [=243], [1] Bl.; 4°.
- Bogensign.: ∗¹², aα⁸-zψ⁸, &ω⁸, AA⁸-FZ⁸, GH⁴.
- FP: leus ε.δ. σεχ. Πεγι (3) 1518 (R).
- Buchschmuck: D.; E.; EX.
- Prov.: Etienne Graf von Méjan.
- Bibliographien: Adams D 653; Cat. Ital. Books S. 218; Bibl. Aldina S. 34; Ebert 6347; Ind. Aur. 154.306; Budapest D 230.
- Sign.: Ald. Ren. 82,2.

Nr. 295

Pontano, Giovanni Giovano: ... OPE- ‖ RA OMNIA SOLVTA ORA- ‖ TIONE COMPOSITA. ‖ ... . EST: [Opera; T. 1]. Hrsg.: (Franciscus Asulanus). – (Venedig), (1518, MENSE ‖ IVNIO.).
- Drucker: (Aldo [Manuzio I, Erben]; Andrea [Torresano I]).
- Umfang: [4], 326 [=327] Bl.; 4°.
- Bogensign.: ∗⁴, a⁸-z⁸, aa⁸-ss⁸.
- FP: ato= etia t.te tili (3) 1518 (R).
- Buchschmuck: D.; E.; EX.
- Prov.: Etienne Graf von Méjan.
- Bibliographien: Adams P 1860; Cat. Ital. Books S. 533; Bibl. Aldina S. 34; Ebert 17744; Budapest P 791.
- Sign.: Ald. Ren. 82,3–1 [1. Ex.].

Nr. 296

Pontano, Giovanni Giovano: ... OPE- ‖ RA OMNIA SOLVTA ORA- ‖ TIONE COMPOSITA. ‖ ... . EST: [Opera; T. 1]. Hrsg.: (Franciscus Asulanus). – (Venedig), (1518, MENSE ‖ IVNIO.).
- Drucker: (Aldo [Manuzio I, Erben]; Andrea [Torresano I]).
- Umfang: [4], 326 [=327] Bl.; 4°.
- Bogensign.: ∗⁴, a⁸-z⁸, aa⁸-ss⁸.
- FP: ato= etia t.te tili (3) 1518 (R).
- Buchschmuck: D.; E.; EX.
- Prov.: Joh. Crato; Ezechiel von Spanheim.
- Bibliographien: Adams P 1860; Cat. Ital. Books S. 533; Bibl. Aldina S. 34; Ebert 17744; Budapest P 791.
- Sign.: Ald. Ren. 82,3–1 [2. Ex.].

Nr. 297

Pontano, Giovanni Giovano: ... OPE- ‖ RA OMNIA SOLVTA ORA- ‖ TIONE COMPOSITA. ‖ ... . EST: [Opera; T. 1]. Hrsg.: (Franciscus Asulanus). – (Venedig), (1518, MENSE ‖ IVNIO.).
- Drucker: (Aldo [Manuzio I, Erben]; Andrea [Torresano I]).
- Umfang: [4], 326 [=327] Bl.; 4°.
- Bogensign.: ∗⁴, a⁸-z⁸, aa⁸-ss⁸.
- FP: ato= etia t.te tili (3) 1518 (R).
- Buchschmuck: D.; E.; EX.
- Prov.: A. C. V. E., 1587; Karl Hartwig Gregor Freiherr von Meusebach.
- Bibliographien: Adams P 1860; Cat. Ital. Books S. 533; Bibl. Aldina S. 34; Ebert 17744; Budapest P 791.
- Sign.: Ald. Ren. 82,3–1 [3. Ex.].

Nr. 298

Pontano, Giovanni Giovano: ... DE ASPIRATIONE Libri duo. ‖ CHARON Dialogus. ‖ ANTONIVS Dialogus. ‖ ... . EST: [Opera; T. 2]. Hrsg.: [Franciscus Asulanus]. – (Venedig), (1519, MENSE ‖ APRILI.).
- Drucker: (Aldo [Manuzio I, Erben]; Andrea [Torresano I]).
- Umfang: 318 Bl.; 4°.
- Bogensign.: A⁸-Z⁸, AA⁸-QQ⁸, RR⁶.
- FP: tila t.ub uæD. tudi (3) 1519 (R).
- Buchschmuck: E.; EX.
- Prov.: Etienne Graf von Méjan.
- Bibliographien: Ald. Ren. 87,6; Adams P 1860; Cat. Ital. Books S. 533; Bibl. Aldina S. 34; Ebert 17744; Budapest P 791.
- Sign.: Ald. Ren. 82,3–2 [1. Ex.].

Nr. 299

Pontano, Giovanni Giovano: ... DE ASPIRATIONE Libri duo. ‖ CHARON Dialogus. ‖ ANTONIVS Dialogus. ‖ ... . EST: [Opera;

T. 2]. Hrsg.: [Franciscus Asulanus]. – (Venedig), (1519, MENSE ‖ APRILI.).
- Drucker: (Aldo [Manuzio I, Erben]; Andrea [Torresano I]).
- Umfang: 318 Bl.; 4°.
- Bogensign.: A⁸–Z⁸, AA⁸–QQ⁸, RR⁶.
- FP: tila t.ub uæD. tudi (3) 1519 (R).
- Buchschmuck: E.; EX.
- Prov.: Ezechiel von Spanheim.
- Bibliographien: Ald. Ren. 87,6; Adams P 1860; Cat. Ital. Books S. 533; Bibl. Aldina S. 34; Ebert 17744; Budapest P 791.
- Sign.: Ald. Ren. 82,3–2 [2. Ex.].

Nr. 300

Pontano, Giovanni Giovano: ... DE ASPIRATIONE Libri duo. ‖ CHARON Dialogus. ‖ ANTONIVS Dialogus. ‖ ... . EST: [Opera; T. 2]. Hrsg.: [Franciscus Asulanus]. – (Venedig), (1519, MENSE ‖ APRILI.).
- Drucker: (Aldo [Manuzio I, Erben]; Andrea [Torresano I]).
- Umfang: 318 Bl.; 4°.
- Bogensign.: A⁸–Z⁸, AA⁸–QQ⁸, RR⁶.
- FP: tila t.ub uæD. tudi (3) 1519 (R).
- Buchschmuck: E.; EX.
- Prov.: A. C. V. E., , 1587; J. F. Loewe; Karl Hartwig Gregor Freiherr von Meusebach.
- Bibliographien: Ald. Ren. 87,6; Adams P 1860; Cat. Ital. Books S. 533; Bibl. Aldina S. 34; Ebert 17744; Budapest P 791.
- Sign.: Ald. Ren. 82,3–2 [3. Ex.].

Nr. 301

Pontano, Giovanni Giovano: ... DE ASPIRATIONE Libri duo. ‖ CHARON Dialogus. ‖ ANTONIVS Dialogus. ‖ ... . EST: [Opera; T. 2]. Hrsg.: [Franciscus Asulanus]. – (Venedig), (1519, MENSE ‖ APRILI.).
- Drucker: (Aldo [Manuzio I, Erben]; Andrea [Torresano I]).
- Umfang: 318 Bl.; 4°.
- Bogensign.: A⁸–Z⁸, AA⁸–QQ⁸, RR⁶.
- FP: tila t.ub uæD. tudi (3) 1519 (R).
- Buchschmuck: E.; EX.
- Prov.: Karl Hartwig Gregor Freiherr von Meusebach.
- Bibliographien: Ald. Ren. 87,6; Adams P 1860; Cat. Ital. Books S. 533; Bibl. Aldina S. 34; Ebert 17744; Budapest P 791.
- Sign.: Ald. Ren. 82,3–2 [4. Ex.].

Nr. 302

Pontano, [Giovanni Giovano]: ... LIBRI XIIII. ‖ DE REB. COELESTIBVS. ‖ LIBER ETIAM DE LVNA IM= ‖ PERFECTVS. ‖. EST: [Opera; T. 3]. Beigef.: [Claudius] Ptolemaeus; <lat.>: CENTVM ... SENTENTIAE AD ‖ SYRVM FRATREM ... . Hrsg.: [Franciscus Asulanus]. – (Venedig), (1519, MENSE SEPTEMB.).
- Drucker: (Aldo [Manuzio I, Erben]; Andrea [Torresano I]).
- Umfang: 301, [19] Bl.; 4°.
- Bogensign.: aaa⁸–zzz⁸, AAA⁸–RRR⁸.
- FP: s∗e– eman pem– bûri (3) 1519 (R).
- Buchschmuck: D.; E.; EX.
- Prov.: Etienne Graf von Méjan.
- Bibliographien: Ald. Ren. 87,7; Adams P 1860; Cat. Ital. Books S. 533; Bibl. Aldina S. 34; Ebert 17744; Budapest P 791.
- Sign.: Ald. Ren. 82,3–3 [1. Ex.].

Nr. 303

Pontano, [Giovanni Giovano]: ... LIBRI XIIII. ‖ DE REB. COELESTIBVS. ‖ LIBER ETIAM DE LVNA IM= ‖ PERFECTVS. ‖. EST: [Opera; T. 3]. Beigef.: [Claudius] Ptolemaeus; <lat.>: CENTVM ... SENTENTIAE AD ‖ SYRVM FRATREM ... . Hrsg.: [Franciscus Asulanus]. – (Venedig), (1519, MENSE SEPTEMB.).
- Drucker: (Aldo [Manuzio I, Erben]; Andrea [Torresano I]).
- Umfang: 301, [19] Bl.; 4°.
- Bogensign.: aaa⁸–zzz⁸, AAA⁸–RRR⁸.
- FP: s∗e– eman pem– bûri (3) 1519 (R).
- Buchschmuck: D.; E.; EX.
- Prov.: Ezechiel von Spanheim.
- Bibliographien: Ald. Ren. 87,7; Adams P 1860; Cat. Ital. Books S. 533; Bibl. Aldina S. 34; Ebert 17744; Budapest P 791.
- Sign.: Ald. Ren. 82,3–3 [2. Ex.].

Nr. 304

Pontano, [Giovanni Giovano]: ... LIBRI XIIII. ‖ DE REB. COELESTIBVS. ‖ LIBER ETIAM DE LVNA IM= ‖ PERFECTVS. ‖. EST: [Opera; T. 3]. Beigef.: [Claudius] Ptolemaeus; <lat.>: CENTVM ... SENTENTIAE AD ‖ SYRVM FRATREM ... . Hrsg.: [Franciscus Asulanus]. – (Venedig), (1519, MENSE SEPTEMB.).
- Drucker: (Aldo [Manuzio I, Erben]; Andrea [Torresano I]).
- Umfang: 301, [19] Bl.; 4°.
- Bogensign.: aaa⁸–zzz⁸, AAA⁸–RRR⁸.
- FP: s∗e– eman pem– bûri (3) 1519 (R).
- Buchschmuck: D.; KF.
- Bibliographien: Ald. Ren. 87,7; Adams P 1860; Cat. Ital. Books S. 533; Bibl. Aldina S. 34; Ebert 17744; Budapest P 791.
- Sign.: Ald. Ren. 82,3–3 [3. Ex.].

Nr. 305

Pontano, Giovanni Giovano: ... OPE= ‖ RA OMNIA SOLVTA ORA– ‖ TIONE COMPOSITA. ‖ ... . EST: [Opera; T. 1]. Hrsg.: (Franciscus Asulanus). – (Venedig), (1518, MENSE ‖ IVNIO.).
- Drucker: (Aldo [Manuzio I, Erben]; Andrea [Torresano I]).
- Umfang: [4], 326 [=327] Bl.; 4°.
- Bogensign.: ∗⁴, a⁸–z⁸, aa⁸–ss⁸.
- FP: ato– etia t.te tili (3) 1518 (R).
- Buchschmuck: D.; E.; EX.
- Prov.: Heinrich Friedrich von Diez.
- Bibliographien: Ald. Ren. 82,3; Adams P 1860; Cat. Ital. Books S. 533; Bibl. Aldina S. 34; Ebert 17744; Budapest P 791.
- Sign.: B. Diez 8° 7701.

Nr. 306

Pontano, Giovanni Giovano: ... DE ASPIRATIONE Libri duo. ‖ CHARON Dialogus. ‖ ANTONIVS Dialogus. ‖ ... . EST: [Opera; T. 2]. Hrsg.: [Franciscus Asulanus]. – (Venedig), (1519, MENSE ‖ APRILI.).
- Drucker: (Aldo [Manuzio I, Erben]; Andrea [Torresano I]).
- Umfang: 318 Bl.; 4°.
- Bogensign.: A⁸–Z⁸, AA⁸–QQ⁸, RR⁶.
- FP: tila t.ub uæD. tudi (3) 1519 (R).
- Buchschmuck: E.; EX.
- Prov.: Heinrich Friedrich von Diez.
- Bibliographien: Ald. Ren. 87,6; Adams P 1860; Cat. Ital. Books S. 533; Bibl. Aldina S. 34; Ebert 17744; Budapest P 791.
- Sign.: B. Diez 8° 7702.

Nr. 307

Pontano, [Giovanni Giovano]: ... LIBRI XIIII. ‖ DE REB. COELESTIBVS. ‖ LIBER ETIAM DE LVNA IM= ‖ PERFECTVS. ‖. EST: [Opera; T. 3]. Beigef.: [Claudius] Ptolemaeus; <lat.>: CENTVM ... SENTENTIAE AD ‖ SYRVM FRATREM ... . Hrsg.: [Franciscus Asulanus]. – (Venedig), (1519, MENSE SEPTEMB.).
- Drucker: (Aldo [Manuzio I, Erben]; Andrea [Torresano I]).
- Umfang: 301, [19] Bl.; 4°.
- Bogensign.: aaa⁸–zzz⁸, AAA⁸–RRR⁸.
- FP: s∗e– eman pem– bûri (3) 1519 (R).
- Buchschmuck: D.; E.; EX.
- Prov.: Heinrich Friedrich von Diez.
- Bibliographien: Ald. Ren. 87,7; Adams P 1860; Cat. Ital. Books S. 533; Bibl. Aldina S. 34; Ebert 17744; Budapest P 791.
- Sign.: B. Diez 8° 7703.

Nr. 308

Artemidorus <Daldianus>; <griech.>: ... De somniorum inter– ‖ pretatione Libri Quinque. ‖ ... . EST: [Oneirocritica]. Beigef.: Synesius <Cyrenensis>; <griech.>: ... DE INSOMNIIS ... . Hrsg.: (Franciscus Asulanus). – (Venedig), (1518, MENSE ‖ AVGVSTO.).
- Drucker: (Aldo [Manuzio I, Erben]; Andrea [Torresano I]).
- Buchbinder: François Bozérian.
- Umfang: 164 Bl.; 8°.
- Bogensign.: a⁸–u⁸, x⁴.
- FP: ady– .∗δι ι.α– βατε (3) 1518 (R).
- Buchschmuck: D.; E.; EX.
- Prov.: Etienne Graf von Méjan.
- Bibliographien: Adams A 2035; Cat. Ital. Books S. 58; Bibl. Aldina S. 34; Ebert 1261; Ind. Aur. 109.109.
- Sign.: Ald. Ren. 82,4.

Nr. 309

Erasmus, Desiderius): QVAE TOTO VOLVMINE ‖ CONTINENTVR. ‖ PACIS QVERELA. ‖ ... Institutio Principis Christiani. ‖ Panegyricus ad Philippum et carmen. ‖ ... Declamatio super mortuo puero. ‖. EST: [Opera, Teils.]. Beigef.: (Isocrates); <lat.>: ... De regno administrando. ‖ ...; Plutarchus; <lat.>: ... De discrimine adulatoris et amici. ‖ De utilitate capienda ex inimicis. ‖ De doctrina Principum. ‖ ... . Hrsg.: (Franciscus Asulanus). – (Venedig), (1518, MENSE ‖ SEPTEMBRI).
- Drucker: (Aldo [Manuzio I, Erben]; Andrea [Torresano I]).
- Umfang: 222, [2] Bl.; 8°.
- Bogensign.: a⁸–z⁸, A⁸–E⁸.
- FP: e.u= esum e–ur omni (3) 1518 (R).
- Buchschmuck: D.; E.; EX.
- Prov.: Etienne Graf von Méjan.
- Bibliographien: Adams E 404; Cat. Ital. Books S. 236; Ebert 6863; Bezz. Eras. Nr. 1670.
- Sign.: Ald. Ren. 82,5 [1. Ex.].

Nr. 310

Erasmus, Desiderius): QVAE TOTO VOLVMINE ‖ CONTINENTVR. ‖ PACIS QVERELA. ‖ ... Institutio Principis Christiani. ‖ Panegyricus ad Philippum et carmen. ‖ ... Declamatio super mortuo puero. ‖. EST: [Opera, Teils.]. Beigef.: (Isocrates); <lat.>: ... De regno administrando. ‖ ...; Plutarchus; <lat.>: ... De discrimine adulatoris et amici. ‖ De utilitate capienda ex inimicis. ‖ De doctrina Principum. ‖ ... . Hrsg.: (Franciscus Asulanus). – [Venedig], [1518, MENSE ‖ SEPTEMBRI].
- Drucker: [Aldo Manuzio I, Erben; Andrea Torresano I].
- Umfang: 222, [2] Bl.; 8°.
- Bogensign.: a⁸–z⁸, A⁸–E⁸ [unvollst.: E²–E⁸ fehlen].
- FP: e.u= esum e–ur omni (3) 1518 (R).
- Buchschmuck: D.; E.
- Prov.: Thomas Matthias Brandenburgensis.
- Bibliographien: Adams E 404; Cat. Ital. Books S. 236; Ebert 6863; Bezz. Eras. Nr. 1670.
- Sign.: Ald. Ren. 82,5 [2. Ex.].

Nr. 311

Erasmus, Desiderius): QVAE TOTO VOLVMINE ‖ CONTINENTVR. ‖ PACIS QVERELA. ‖ ... Institutio Principis Christiani. ‖ Panegyricus ad Philippum et carmen. ‖ ... Declamatio super mortuo

Kat.-Nr. 236
Einband im italienisch-
orientalischen Stil

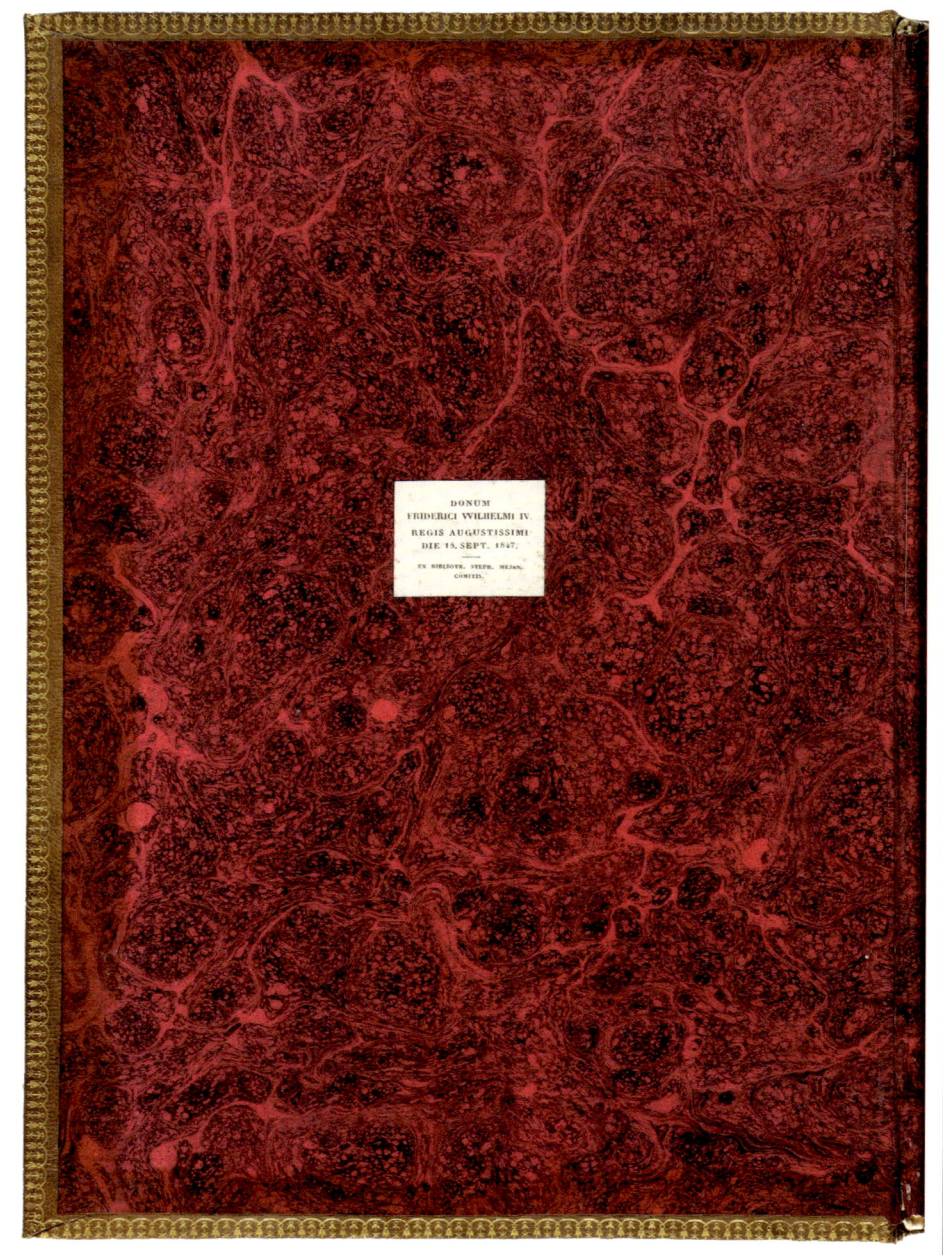

Kat.-Nr. 258
Dublüre, Marmorpapier

puero. ‖ EST: [Opera, Teils.]. Beigef.: (Isocrates); <lat.>: ... De regno administrando. ‖ ...; Plutarchus; <lat.>: ... De discrimine adulatoris et amici. ‖ De utilitate capienda ex inimicis. ‖ De doctrina Principum. ‖ ... . Hrsg.: (Franciscus Asulanus). – (Venedig), (1518, MENSE ‖ SEPTEMBRI).
• Drucker: (Aldo [Manuzio I, Erben]; Andrea [Torresano I]).
• Umfang: 222, [2] Bl.; 8°.
• Bogensign.: a⁸–z⁸, A⁸–E⁸.
• FP: e.u= esum e–ur omni (3) 1518 (R).
• Buchschmuck: D.; E.; EX.
• Prov.: Jean Grolier; Bibliotheca Academica.
• Bibliographien: Adams E 404; Cat. Ital. Books S. 236; Ebert 6863; Bezz. Eras. Nr. 1670.
• Sign.: Ald. Ren. 82,5 EBD.
• Abbildung: S. 111.

Nr. 312
Mela, Pomponius: POMPONIVS MELA. ‖ ... (... DE SITV ‖ ORBIS LIBER ...). Beigef.: [Gaius] Iulius Solinus: (... POLYHISTOR.); Antoninus Pius <Imperium Romanum, Imperator>: ... ITINERARIVM ...; Vibius <Sequester>: [De fluminibus]; [Publius] <Victor>: ... de regionibus urbis Romae. ‖ ...; Dionysius <Periegeta>; <lat.>: ... de Situ orbis ... . Hrsg.: (Franciscus Asulanus). – (Venedig), (1518, MENSE ‖ OCTOBRI).
• Drucker: (Aldo [Manuzio I, Erben]; Andrea [Torresano I]).
• Buchbinder: François Bozérian.
• Umfang: 233, [3] Bl.; 8°.
• Bogensign.: a⁸–z⁸, A⁸–F⁸, G⁴.
• FP: e.e. nium rila hufu (3) 1518 (R).
• Buchschmuck: D.; E.; EX.
• Prov.: Etienne Graf von Méjan.
• Bibliographien: Adams M 1053; Cat. Ital. Books S. 432; Bibl. Aldina S. 34; Ebert 13615; Budapest M 424.
• Sign.: Ald. Ren. 83,6 [1. Ex.].

Nr. 313
Mela, Pomponius: POMPONIVS MELA. ‖ ... (... DE SITV ‖ ORBIS LIBER ...). Beigef.: [Gaius] Iulius Solinus: (... POLYHISTOR.); Antoninus Pius <Imperium Romanum, Imperator>: ... ITINERARIVM ...; Vibius <Sequester>: [De fluminibus]; [Publius] <Victor>: ... de regionibus urbis Romae. ‖ ...; Dionysius <Periegeta>; <lat.>: ... de Situ orbis ... . Hrsg.: (Franciscus Asulanus). – (Venedig), (1518, MENSE ‖ OCTOBRI).
• Drucker: (Aldo [Manuzio I, Erben]; Andrea [Torresano I]).
• Buchbinder: Hans Cantzler.
• Umfang: 233, [3] Bl.; 8°.
• Bogensign.: a⁸–z⁸, A⁸–F⁸, G⁴.
• FP: e.e. nium rila hufu (3) 1518 (R).
• Buchschmuck: D.; E.
• Prov.: L. M., 154[5]
• Bibliographien: Adams M 1053; Cat. Ital. Books S. 432; Bibl. Aldina S. 34; Ebert 13615; Budapest M 424.
• Sign.: Ald. Ren. 83,6 [2. Ex.].
• Abbildung: S. 112.

Nr. 314
Livius, T[itus]: EX XIIII. ... DECADIBVS. ‖ PRIMA, ‖ TERTIA, QVARTA ... ‖ Epitome singulorum librorum XIIII Decadum. ‖ ... . EST: [Ab urbe condita; T. 1]. Hrsg.: (Franciscus Asulanus). –(Venedig), (1518, MENSE DECEMBRI).
• Drucker: (Aldo [Manuzio I, Erben]; Andrea [Torresano I]).
• Buchbinder: François Bozérian.
• Umfang: [76], 365, [7] Bl.; 8°.
• Bogensign.: *⁸, *⁴, 2*⁸–8*⁸, *⁸, a⁸–z⁸, aa⁸–zz⁸, ⁴.
• FP: d–e– 55us soo= stsi (3) 1518 (R).
• Buchschmuck: D.; E.; EX.
• Prov.: Etienne Graf von Méjan.
• Bibliographien: Adams L 1322; Cat. Ital. Books S. 389; Bibl. Aldina S. 35; Ebert 12086.
• Sign.: Ald. Ren. 83,7–1.

Nr. 315
Livius, Titus): ... INDEX DECADIS ‖ TERTIAE. ‖ (DECAS TERTIA. ‖). EST: [Ab urbe condita; T. 2]. Hrsg.: (Franciscus Asulanus). – (Venedig), (1519, MENSE FEBRVARIO.).
• Drucker: (Aldo [Manuzio I, Erben]; Andrea [Torresano I]).
• Buchbinder: François Bozérian.
• Umfang: [56], 350, [5] Bl.; 8°.
• Bogensign.: 1⁸–6⁸, *⁸, aa⁸–zz⁸, AA⁸–XX⁸, YY³.
• FP: 18io 79e– umdē deob (3) 1519 (R).
• Buchschmuck: D.; E.; EX.
• Prov.: Joh. Franciscus A... (?); Etienne Graf von Méjan.
• Bibliographien: Ald. Ren. 86,5;

Nr. 316

Livius, Titus: ... DECAS QVAR-‖ TA. ‖. EST: [Ab urbe condita; T. 3]. Hrsg.: (Franciscus Asulanus). – (Venedig), (1520, MEN=‖SE NOVEMBRI.).
- Drucker: (Aldo [Manuzio I, Erben]; Andrea [Torresano I]).
- Buchbinder: François Bozérian.
- Umfang: [12], 296, [43] Bl.; 8°.
- Bogensign.: *^{8}, **^{4}, aaa^8-zzz^8, AAA^8-OOO^8, 1^8, 22^8, 33^8, 44^8, 55^8, 66^4.
- FP: n–od t.ij n–o– tepa (3) 1520 (R).
- Buchschmuck: D.; E.; EX.
- Prov.: Etienne Graf von Méjan.
- Bibliographien: Ald. Ren. 89,5; Adams L 1322; Bibl. Aldina S. 35; Cat. Ital. Books S. 389; Ebert 12086.
- Sign.: Ald. Ren. 83,7-3.

Nr. 317

Livius, Titus: ... LIBRORVM EPI ‖ TOMAE. ‖. ... . EST: [Ab urbe condita; T. 4]. Beigef.: Lucius [Annaeus] Florus: ... EPI ‖ TOMAE. ...; (Polybius; <lat.>: ... HISTORIARVM LIBRI ‖ QVINQVE ...). Hrsg.: (Franciscus Asulanus). – (Venedig), (1521, MENSE ‖ MARTIO.).
- Drucker: (Aldo [Manuzio I, Erben]; Andrea [Torresano I]).
- Buchbinder: François Bozérian.
- Umfang: 56, 310, [2] Bl.; 8°.
- Bogensign.: AA^8-GG^8, aaaa^8-hhhh^8, iiii^4, kkkk^8-zzzz^8, Aa^8-Qq^8, Rr^4.
- FP: diub e-,* esr. ciHi (3) 1521 (R).
- Buchschmuck: D.; E.; EX.
- Prov.: Etienne Graf von Méjan.
- Bibliographien: Ald. Ren. 90,1; Adams L 1322; Bibl. Aldina S. 35; Cat. Ital. Books S. 389; Ebert 12086.
- Sign.: Ald. Ren. 83,7-4.

Nr. 318

Livius, Titus: ... DECADIS QVIN-‖ TAE ‖ LIBRI QVINQVE. ‖. EST: [Ab urbe condita; T. 5]. Hrsg.: [Franciscus Asulanus]. – (Venedig), (1533, MEN-‖ SE MAIO.).
- Drucker: (Aldo [Manuzio I, Erben]; Andrea [Torresano I]).
- Buchbinder: François Bozérian.
- Umfang: 131, [5] Bl.; 8°.
- Bogensign.: A^8-R^8.
- FP: t.æ, i-e- a-i- rede (3) 1533 (R).
- Buchschmuck: D.; E.; EX.
- Prov.: Etienne Graf von Méjan.
- Bibliographien: Ald. Ren. 108,4; Adams L 1329; Bibl. Aldina S. 35; Cat. Ital. Books S. 389; Ebert 12086.
- Sign.: Ald. Ren. 83,7-5.

Nr. 319

Biblia, VT. u. NT.; <griech.>: [R] ... SACRAE SCRIPTVRAE VETERIS, ‖ NOVAE'QVE OMNIA. ‖. EST: [Biblia, VT. u. NT.; griech.]. Hrsg.: (Andreas Asulanus; Federicus Asulanus; Franciscus Asulanus). – (Venedig), (1518, MENSE FEBRVA ‖ RIO.).
- Drucker: (Aldo [Manuzio I, Erben]; Andrea [Torresano I]).
- Buchbinder: François Bozérian.
- Umfang: [4], 451 [=441], [3] Bl.; 2°.
- Bogensign.: ^{4}, aα^8-zψ^8, &ω^8, aaaa^4, bbββ^8-ccγγ^8, dddδδ^{10}, eeεε^8-qqππ^8, rrρρ^{10}, ssσσ^8-ttττ^8, uuυυ^6, xxφφ^8-zzψψ^8, &&ωω^8, aaaaαα^8-bbbβββ^8, cccγγγ^4, dddδδδ^8-gggηηη^8, hhhϑϑ^{10} [3 Teile]
- FP: a.is τ*α/ ιελω **εδ (3) 1518 (R).
- Buchschmuck: D.; E.; EX.
- Prov.: Etienne Graf von Méjan.
- Bibliographien: Adams B 976; Cat. Ital. Books S. 91; Bibl. Aldina S. 35; Ebert 2205; Budapest B 399.
- Sign.: 4° Ald. Ren. 84,8 [1. Ex.].

Nr. 320

Biblia, VT. u. NT.; <griech.>: [R] ... SACRAE SCRIPTVRAE VETERIS, ‖ NOVAE'QVE OMNIA. ‖. EST: [Biblia, VT. u. NT.; griech.]. Hrsg.: (Andreas Asulanus; Federicus Asulanus; Franciscus Asulanus). – (Venedig), (1518, MENSE FEBRVA ‖ RIO.).
- Drucker: (Aldo [Manuzio I, Erben]; Andrea [Torresano I]).
- Umfang: [4], 451 [=441], [3] Bl.; 2°.
- Bogensign.: ^{4}, aα^8-zψ^8, &ω^8, aaaa^4, bbββ^8-ccγγ^8, dddδδ^{10}, eeεε^8-qqππ^8, rrρρ^{10}, ssσσ^8-ttττ^8, uuυυ^6, xxφφ^8-zzψψ^8, &&ωω^8, aaaaαα^8-bbbβββ^8, cccγγγ^4, dddδδδ^8-gggηηη^8, hhhϑϑ^{10} [3 Teile]
- FP: a.is τ*α/ ιελω **εδ (3) 1518 (R).
- Buchschmuck: D.; EX.
- Prov.: Ezechiel von Spanheim.
- Bibliographien: Adams B 976; Cat. Ital. Books S. 91; Bibl. Aldina S. 35; Ebert 2205; Budapest B 399.
- Sign.: 4° Ald. Ren. 84,8 [2. Ex.].

Nr. 321

Aeschylus; <griech.>: ... TRAGOEDIAE SEX. ‖. Hrsg.: (Franciscus Asulanus). – (Venedig), (1518, MENSE FEBRVA ‖ RIO.).
- Drucker: (Aldo [Manuzio I, Erben]; Andrea [Torresano I]).
- Umfang: 113, [1] Bl.; 8°.
- Bogensign.: a^8-n^8, o^{10}.
- FP: moe= ν,ω. σ.ν, συδι (3) 1518 (R).
- Buchschmuck: D.; E.; EX.
- Prov.: Etienne Graf von Méjan.
- Bibliographien: Adams A 262; Cat. Ital. Books S. 8; Bibl. Aldina S. 35f; Ebert 179; Ind. Aur. 100.913.
- Sign.: Ald. Ren. 85,9.

Nr. 322

Aeschylus; <griech.>: ... TRAGOEDIAE SEX. ‖. Hrsg.: (Franciscus Asulanus). – (Venedig), (1518, MENSE FEBRVA ‖ RIO.).
- Drucker: (Aldo [Manuzio I, Erben]; Andrea [Torresano I]).
- Umfang: 113, [1] Bl.; 8°.
- Bogensign.: a^8-n^8, o^{10}.
- FP: moe= ν,ω. σ.ν, συδι (3) 1518 (R).
- Buchschmuck: D.; HS.
- Prov.: Josephus Scaliger; L.C. Walckenaer (?).
- Bibliographien: Ald. Ren. 85,9; Adams A 262; Cat. Ital. Books S. 8; Bibl. Aldina S. 35f; Ebert 179; Ind. Aur. 100.913.
- Sign.: 1 an Libr. impr. c. n. mss. 8° 76.

Nr. 323

Aeschylus; <griech.>: ... TRAGOEDIAE SEX. ‖. Hrsg.: (Franciscus Asulanus). – (Venedig), (1518, MENSE FEBRVA ‖ RIO.).
- Drucker: (Aldo [Manuzio I, Erben]; Andrea [Torresano I]).
- Umfang: 113, [1] Bl.; 8°.
- Bogensign.: a^8-n^8, o^{10}.
- FP: moe= ν,ω. σ.ν, συδι (3) 1518 (R).
- Buchschmuck: D.
- Prov.: Ezechiel von Spanheim.
- Bibliographien: Adams A 262; Cat. Ital. Books S. 8; Bibl. Aldina S. 35f; Ebert 179; Ind. Aur. 100.913.
- Sign.: Ald. Ren. 85,9^a.

Nr. 324

Pontano, Giovanni Giovano: ... amorum libri II. ‖ De amore coniugali III. ‖ Tumulorum II. ... . EST: [Opera poetica; T. 2]. Beigef.: [Titus] Calpurnius Siculus: ... Eclogae VII. ‖ ...; [Marcus] Aurelius [Olympius] Nemesianus: ... Eclogae IIII. ‖ ... . Hrsg.: Pietro Summontio. – (Venedig), (1518, MENSE FEBRVARIO.).
- Drucker: (Aldo [Manuzio I, Erben]; Andrea [Torresano I]).
- Umfang: 170, [2] Bl.; 8°.
- Bogensign.: a^8-x^8, y^4.
- FP: exo= o,ns a.a, LuQu (3) 1518 (R).
- Buchschmuck: D.; E.; EX.
- Prov.: Etienne Graf von Méjan.
- Bibliographien: Adams P 1864; Cat. Ital. Books S. 533; Bibl. Aldina S. 36; Ebert 17743.
- Sign.: Ald. Ren. 85,10 [1. Ex.].

Nr. 325

Pontano, Giovanni Giovano: ... amorum libri II. ‖ De amore coniugali III. ‖ Tumulorum II. ... . EST: [Opera poetica; T. 2]. Beigef.: [Titus] Calpurnius Siculus: ... Eclogae VII. ‖ ...; [Marcus] Aurelius [Olympius] Nemesianus: ... Eclogae IIII. ‖ ... . Hrsg.: Pietro Summontio. – (Venedig), (1518, MENSE FEBRVARIO.).
- Drucker: (Aldo [Manuzio I, Erben]; Andrea [Torresano I]).
- Umfang: 170, [2] Bl.; 8°.
- Bogensign.: a^8-x^8, y^4.
- FP: exo= o,ns a.a, LuQu (3) 1518 (R).
- Buchschmuck: D.; E.; EX.
- Prov.: Ezechiel von Spanheim.
- Bibliographien: Adams P 1864; Cat. Ital. Books S. 533; Bibl. Aldina S. 36; Ebert 17743.
- Sign.: Ald. Ren. 85,10 [2. Ex.].

Nr. 326

Longolius, Christophorus: ... PERDV-‖ELLIONIS REI DE-‖ FENSIONES ‖ DVAE. ‖. – (Venedig), [1518?].
- Drucker: (Aldo [Manuzio I, Erben]; Andrea [Torresano I]).
- Umfang: 56, [4] Bl.; 8°.
- Bogensign.: a^8-g^8, h^4.
- FP: usm, dâer o-r. síci (3) 1518 (Q).
- Buchschmuck: D.; KF.
- Prov.: Thomas Maulrab (?) Brunschwigensis.
- Bibliographien: Ald. Ren. 263,22; Adams L 1445; Bibl. Aldina S. 157; Cat. Ital. Books S. 392; Ebert 12219.
- Sign.: 1 an Ald. Ren. 57,3 [1. Ex.].

Nr. 327

Longolius, Christophorus: ... Perdvellionis Rei Defensiones Dvae. – Venedig, 1518?
- Drucker: Aldo Manuzio I, Erben; Andrea Torresano I.
- Sign.: Ald. Ren. 263,22 Kraków.

Nr. 328

Catullus, Gaius Valerius: Catvllvs. Tibvllvs. Propertivs. Cn. Cornelii galli poetae memoratissimi, aut ut quidam uolunt Maximiani quae recolligi potuere fragmenta. – Lyon, 1518.
- Drucker: Barthélemy Trot.
- Sign.: Ald. Ren. 313,49 Kraków.

Nr. 329

Horatius Flaccus, Quintus: ... poemata nuperque accuratissime castigata, et in quibus multa sunt addita ad eorum declarationem spectantia. Eiusdem omnia metrorum genera, quae sint, quibusque constent pedibus, ante et intus suis in locis adposita. ... Adnotationes aliquot Matthaei Bonfinis ... . EST: [Opera]. – Lyon, 1518.
- Drucker: Barthélemy Trot.
- Sign.: Ald. Ren. 314,52 Kraków.

Nr. 330

Pontano, Giovanni Giovano: ... amorum libri II. De amore coniugali III. Tumulorum II. Lyrici I. Eridanorum I. EST: [Opera poetica]. – Venedig, um 1518.
- Drucker: Gregorio de' Gregori (?).
- Sign.: Ald. Ren. 318,4 Kraków.

1519

Nr. 331

Cicero, M[arcus] T[ullius]: ... ORA-‖ TIONVM VOLVMEN ‖ PRIMVM. ‖ ... . EST: [Orationes; T. 1]. Hrsg.: [Andrea Navagero]. – (Venedig), (1519, MENSE IANVARIO.).
- Drucker: (Aldo [Manuzio I, Erben]; Andrea Torresano [I]).

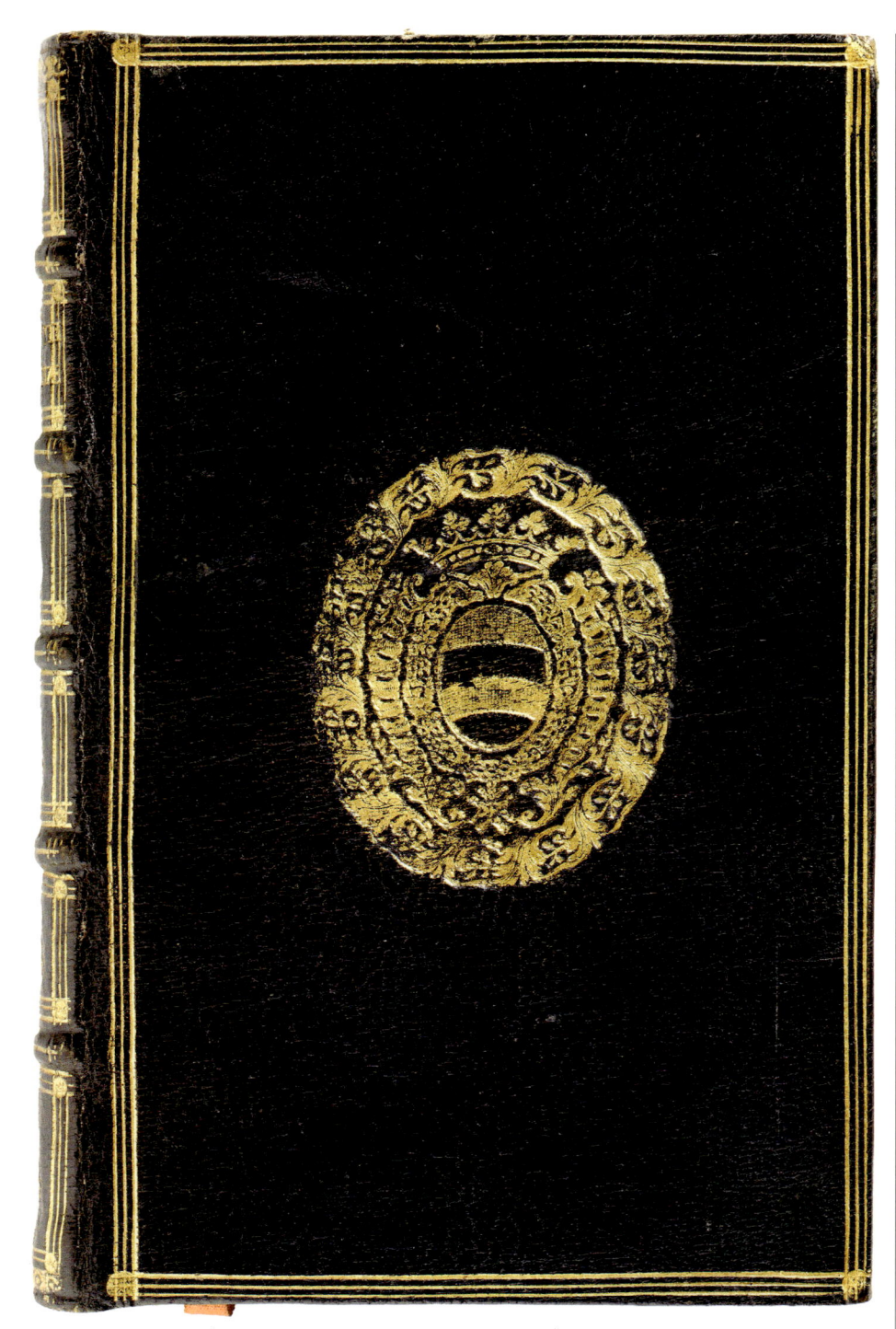

Kat.-Nr. 279
Einband für
Karl Heinrich Graf
von Hoym

- Umfang: [12], 305, [1] Bl.; 8°.
- Bogensign.: *⁸, **⁴, a⁸-z⁸, A⁸-P⁸, Q².
- FP: i-r. rei– uio– batr (3) 1519 (R).
- Buchschmuck: D.; E.; EX.
- Prov.: Etienne Graf von Méjan.
- Bibliographien: Adams C 1850; Cat. Ital. Books S. 179; Bibl. Aldina S. 36; Ebert 4338; Ind. Aur. 137.661.
- Sign.: Ald. Ren. 85,1.

Nr. 332

Cicero, M[arcus] T[ullius]: ... ORATIO- ∥ NVM VOLVMEN ∥ SECVNDVM. ∥ ... . EST: [Orationes; T. 2]. Hrsg.: [Andrea Navagero]. – (Venedig), (1519, MENSE MAII).
- Drucker: (Aldo [Manuzio I, Erben]; Andrea [Torresano I]).
- Umfang: [4], 281, [1] Bl.; 8°.
- Bogensign.: aa¹², bb⁸-zz⁸, AA⁸-LL⁸, MM¹².
- FP: æ=e= ioen a=m* subi (3) 1519 (R).
- Buchschmuck: D.; E.; EX.
- Prov.: Etienne Graf von Méjan.
- Bibliographien: Adams C 1850; Cat. Ital. Books S. 179; Bibl. Aldina S. 36; Ebert 4338; Ind. Aur. 137.661.
- Sign.: Ald. Ren. 86,2.

Nr. 333

Cicero, M[arcus] T[ullius]: ... ORATIO- ∥ NVM VOLVMEN ∥ TERTIVM. ∥. EST: [Orationes; T. 3]. Hrsg.: [Andrea Navagero]. – (Venedig), (1519, MENSE AVGVSTO.).
- Drucker: (Aldo [Manuzio I, Erben]; Andrea [Torresano I]).
- Umfang: [4], 275, [5] Bl.; 8°.
- Bogensign.: aaa¹², bbb⁸-zzz⁸, AAA⁸-MMM⁸.
- FP: ent, m=go use– miui (3) 1519 (R).
- Buchschmuck: D.; E.; EX.
- Prov.: Etienne Graf von Méjan.
- Bibliographien: Adams C 1850; Cat. Ital. Books S. 179; Bibl. Aldina S. 36; Ebert 4338; Ind. Aur. 137.661.
- Sign.: Ald. Ren. 86,3.

Nr. 334

Cic[ero], M[arcus] T[ullius]: IN HOC VOLVMINE HAEC ∥ CONTINENTVR. ∥ ... OFFICIORVM. LIB. III. ∥ CATO MAIOR, SIVE DE SE- ∥ NECTVTE. ∥ LAELIVS, SIVE DE AMICITIA. ∥ ... . EST: [Opera philosophica, Teils.]. Hrsg.: (Giovanni Battista Egnazio). – (Venedig), (1519, MENSE FEBRVARIO.).
- Drucker: (Aldo [Manuzio I, Erben]; Andrea [Torresano I]).
- Buchbinder: François Bozérian.
- Umfang: [8], 158, [2] Bl.; 8°.
- Bogensign.: A⁸, a⁸-u⁸.
- FP: hai: ϰαυû umnê quaf (3) 1519 (R).
- Buchschmuck: D.; E.; EX.
- Prov.: Etienne Graf von Méjan.
- Bibliographien: Adams C 1739; Cat. Ital. Books S. 175; Bibl. Aldina S. 36; Ebert 4561; Ind. Aur. 137.664.
- Sign.: Ald. Ren. 86,4.

Nr. 335

Scriptores historiae Augustae: IN HOC VOLVMINE HAEC ∥ CONTINENTVR. ∥ Neruae et Traiani, atque Adriani Caesarum uitae ∥ ex Dione ... ∥ [1.Sp.] Aelius Spartianus. ∥ Iulius Capitolinus. ∥ ampridius. ∥ Flauius Vopiscus. ∥ Trebellius Pollio. ∥ Vulcatius Gallicanus. ∥ [2.Sp.] Ab Ioanne Baptista ∥ Egnatio Veneto di- ∥ ligentissime castigati. ∥ Heliogabali principis ad meretrices ... oratio. ∥ ... . EST: [Scriptores historiae Augustae]. Hrsg.: Giovanni Battista Egnazio. Übers.: Georgius <Merula>. – (Venedig), (1519, MENSE AVGVSTO.).
- Drucker: (Aldo [Manuzio I, Erben]; Andrea [Torresano I]).
- Umfang: [8], 422, [2] Bl.; 8°.
- Bogensign.: *⁸, a⁸-z⁸, aa⁸-zz⁸, A⁸-G⁸.
- FP: a,r– o.i= otta momn (3) 1519 (R).
- Buchschmuck: D.; E.; EX.
- Prov.: Etienne Graf von Méjan.
- Bibliographien: Adams S 781; Cat. Ital. Books S. 217; Bibl. Aldina S. 37; Ebert 9823; Budapest D 185.
- Sign.: Ald. Ren. 87,8.

Nr. 336

Plutarchus: <griech.>: ... QVAE VOCANTVR PA- ∥ RALLELA. HOC EST VITAE IL- ∥ LVSTRIVM VIRORVM ... . Hrsg.: (Franciscus

Asulanus). – (Venedig), (1519, MENSE AVGVSTO).
- Drucker: (Aldo [Manuzio I, Erben]; Andrea [Torresano I]).
- Buchbinder: François Bozérian.
- Umfang: [4], 345, [1] Bl.; 2°.
- Bogensign.:*⁴, aa⁸-zψ⁸, aaaa⁴-ttττ⁸, uuvv¹⁰.
- FP: e.æ, ι.πo *υε– μεσι (3) 1519 (R).
- Buchschmuck: D.; E.; EX.
- Prov.: Etienne Graf von Méjan.
- Bibliographien: Adams P 1610; Cat. Ital. Books S. 528; Bibl. Aldina S. 37; Ebert 17405.
- Sign.: 4° Ald. Ren. 87,9.

Nr. 337
Plutarchus; <griech.>: ... QVAE VOCANTVR PA- ‖ RALLELA. HOC EST VITAE IL- ‖ LVSTRIVM VIRORVM ... . Hrsg.: (Franciscus Asulanus). – (Venedig), (1519, MENSE AVGVSTO).
- Drucker: (Aldo [Manuzio I, Erben]; Andrea [Torresano I]).
- Umfang: [4], 345, [1] Bl.; 2°.
- Bogensign.:*⁴, aa⁸-zψ⁸, aaaa⁴-ttττ⁸, uuvv¹⁰.
- FP: e.æ, ι.πo *υε– μεσι (3) 1519 (R).
- Buchschmuck: D.; E.
- Prov.: Wilhelm Barger, Jena, 1625; A. M. Vermehren, 1859.
- Bibliographien: Ald. Ren. 87,9; Adams P 1610; Cat. Ital. Books S. 528; Bibl. Aldina S. 37; Ebert 17405.
- Sign.: 43 MB 1619 RAR.

Nr. 338
Horatius Flaccus, Q[uintus]: ... POE- ‖ MATA OMNIA. ‖ ... . EST: [Opera]. Beigef.: Servius: ... Centimetrum ...; Aldo [Pio] Manuzio: ... Annotationes ... in Horatium. ‖ Ratio mensuum, quibus Odae eiusdem Poëtae tenen- ‖ tur ...; Nicolaus Perottus: ... libellus ... (... DE ‖ METRIS ODARVM HO ‖ RATIANA- RVM. ‖). Hrsg.: (Franciscus Asulanus). – (Venedig), (1519, MENSE NOVEMBRI.).
- Drucker: (Aldo [Manuzio I, Erben]; Andrea [Torresano I]).
- Buchbinder: Motet.
- Umfang: [8], 189, [3] Bl.; 8°.
- Bogensign.: A⁸, a⁸-z⁸, ⁸.
- FP: i-ti odt. ums: MaBi (3) 1519 (R).
- Buchschmuck: D.; E.; EX.
- Prov.: Etienne Graf von Méjan.
- Bibliographien: Adams H 864; Cat. Ital. Books S. 333; Bibl. Aldina S. 37; Ebert 10145; Budapest H 507.
- Sign.: Ald. Ren. 88,10.

Nr. 339
Caesar, G[aius Iulius]: HOC VO- ‖ LVMINE CON- ‖ TINENTVR HAEC. ‖ Commentariorum de bello Gallico libri VIII. ‖ De bello ciuili pompeiano. libri IIII. ‖ De bello Alexandrino. liber I. ‖ De bello Africano. liber I. ‖ De bello Hispaniensi. liber I. ‖ ... . EST: [Opera]. Hrsg.: (Giovanni Giocondo). Mitarb.: (Raimundus Marlianus); (Aulus Hirtius). – (Venedig), (1518, MENSE IANVARIO.), (1519, MEN ‖ SE NOVEMB.).
- Drucker: (Aldo [Manuzio I, Erben]; Andrea [Torresano I]).
- Buchbinder: Jean-Claude Bozérian.
- Umfang: [16], 296 Bl.; 8°.
- Bogensign.: A⁸, B⁸, a⁸-z⁸, aa⁸-oo⁸ [unvollst.: B⁸ fehlt].
- FP: I.No zaia utdi acnu (3) 1519 (R).
- Buchschmuck: H.; D.; E.; EX.
- Prov.: Etienne Graf von Méjan.
- Bibliographien: Adams C 29; Cat. Ital. Books S. 135; Ind. Aur. 128.668; Bibl. Aldina S. 37; Ebert 3258.
- Sign.: Ald. Ren. 88,11.

Nr. 340
Statius, [Publius Papinius]: ... SYLVARVM LIBRI V. ‖ ACHILLEIDOS LIBRI XII. ‖ THEBAIDOS LIBRI II. [sic!] ‖ ... . Beigef.: Orthographia et flexus: ... ORTHOGRAPHIA ET FLEXVS DI- ‖ ctionum graecarum ... . – (Venedig), (1519, MENSE ‖ IANVARIO.).
- Drucker: (Aldo [Manuzio I, Erben]; Andrea [Torresano I]).
- Buchbinder: François Bozérian.
- Umfang: 294, [2] Bl.; 8°.
- Bogensign.: a⁸-z⁸, A⁸-O⁸.
- FP: e.ui raus iti* ExRe (3) 1519 (R).
- Buchschmuck: D.; E.; EX.
- Prov.: Etienne Graf von Méjan.
- Bibliographien: Adams S 1672; Cat. Ital. Books S. 646; Bibl. Aldina S. 38; Ebert 21668.
- Sign.: Ald. Ren. 88,12.

❧ 1520

Nr. 341
Curtius [Rufus], Quintus: QVINTVS CVRTIVS. ‖ (FRAGMENTORVM ... ‖ DE REBVS ALEXANDRI ‖ REGIS MACEDONVM ‖ ...). Hrsg.: (Franciscus Asulanus). – (Venedig), (1520, MEN= ‖ SE IVLIO.).
- Drucker: (Aldo [Manuzio I, Erben]; Andrea [Torresano I]).
- Umfang: [8], 170, [2] Bl.; 8°.
- Bogensign.: *⁸, a⁸-x⁸, y⁴.
- FP: r-am 9765 duin tudi (3) 1520 (R).
- Buchschmuck: D.; E.; EX.
- Prov.: Etienne Graf von Méjan.
- Bibliographien: Adams C 3120; Cat. Ital. Books S. 207; Bibl. Aldina S. 38; Ebert 5535; Ind. Aur. 148.782; Budapest C 1259.
- Sign.: Ald. Ren. 88,1.

Nr. 342
Curtius [Rufus], Quintus: QVINTVS CVRTIVS. ‖ (FRAGMENTORVM ... ‖ DE REBVS ALEXANDRI ‖ REGIS MACEDONVM ‖ ...). Hrsg.: (Franciscus Asulanus). – (Venedig), (15[20], MEN= ‖ SE IVLIO.).
- Drucker: (Aldo [Manuzio I, Erben]; Andrea [Torresano I]).
- Umfang: [8], 170, [2] Bl.; 8°.
- Bogensign.: *⁸, a⁸-x⁸, y⁴ [unvollst.: *⁸ fehlt].
- FP: r-am 9765 duin tudi (3) 1520 (R).
- Buchschmuck: D.; E.
- Bibliographien: Adams C 3120; Cat. Ital. Books S. 207; Bibl. Aldina S. 38; Ebert 5535; Ind. Aur. 148.782; Budapest C 1259.
- Sign.: Ald. Ren. 88,1 EBD.

Nr. 343
Erasmus, [Desiderius]: ... ADAGIORVM CHILIADES QVA ‖ TVOR, CENTVRIAE'QVE TOTI ‖ DEM. QVIBVS ETIAM QVIN ‖ TA ADDITVR IM- ‖ PERFECTA. ‖ . Hrsg.: (Franciscus Asulanus). – (Venedig), (1520, MENSE SEPTEMBRI.).
- Drucker: (Aldo [Manuzio I, Erben]; Andrea [Torresano I]).
- Buchbinder: Luigi Lodigiani.
- Umfang: [26], 303, [1] Bl.; 2°.
- Bogensign.: A⁸, B⁸, C¹⁰, a⁸-z⁸, aa⁸-pp⁸.
- FP: x.i- 5555 imor suMi (3) 1520 (R).
- Buchschmuck: D.; E.; EX.
- Prov.: Etienne Graf von Méjan.
- Bibliographien: Ebert 6865; Budapest E 231.
- Sign.: 4° Ald. Ren. 89,2.

Nr. 344
Alexander <Aphrodisiensis>; <griech.>: ... in priora analytica Aristotelis, commentaria. ‖. Hrsg.: (Franciscus Asulanus). – (Venedig), [1520, mense Octobri].
- Drucker: (Aldo [Manuzio I, Erben]; Andrea [Torresano I]).
- Buchbinder: François Bozérian.
- Umfang: 141, [1] Bl.; 2°.
- Bogensign.: a⁸-r⁸, s⁶.
- FP: ι-ω/ αιν./ι. αμφα (3) 1520 (Q).
- Buchschmuck: D.; E.; EX.; HS.
- Prov.: Etienne Graf von Méjan.
- Bibliographien: Ald. Ren. 89,3; Adams A 682; Cat. Ital. Books S. 17; Ind. Aur. 103.327; Bibl. Aldina S. 38.
- Sign.: Libr. impr. c. n. mss. 2° 44.

Nr. 345
Alexander <Aphrodisiensis>; <griech.>: ... IN SO- ‖ PHISTICOS ARISTOTELIS ELEN- ‖ CHOS, COMMENTARIA. ‖ ... . Hrsg.: (Hercules Gyrlandus). – (Venedig), (1520, mense Octobri).
- Drucker: (Aldo Manuzio [I], Erben; Andrea Torresano [I]).
- Buchbinder: François Bozérian.
- Umfang: 62, [4] Bl.; 2°.
- Bogensign.: A⁸-G⁸, H⁶, I⁴.
- FP: a/o/ ισιν ι** *ν** (3) 1520 (R).
- Buchschmuck: D.; E.; EX.; HS.
- Prov.: Etienne Graf von Méjan.
- Bibliographien: Ald. Ren. 89,4; Adams A 672; Cat. Ital. Books S. 17; Ind. Aur. 103.328; Bibl. Aldina S. 38.
- Sign.: 1 an Libr. impr. c. n. mss. 2° 44.

❧ 1521

Nr. 346
Livius, T[itus]: EX XIIII. ... DE- ‖ CADIBVS ‖ PRIMA ‖ TERTIA ‖ QVARTA, ... EST: [Ab urbe condita]. Beigef.: L[ucius Annaeus] Florus: ... Epitome ...; Polybius; <lat.>: ... libri V de rebus Romanis ... . Hrsg.: (Franciscus Asulanus). – (Venedig), (1521, MENSE IANVARIO.), (1520, MENSE OCTOBRI.), (1520, MENSE NOVEMBRI.), (1520, MENSE DECEMBRI.), (1521, MENSE FEBRVARIO.).
- Drucker: (Aldo [Manuzio I, Erben]; Andrea [Torresano I]).
- Buchbinder: Luigi Lodigiani.
- Umfang: [14], 106, [10], 102, [10], 127, [1], 71, [1] Bl.; 2°.
- Bogensign.: A⁸, B⁶, a⁸-m⁸, n¹⁰, *¹⁰, aa⁸-mm⁸, nn⁶, **¹⁰, aaa⁸-qqq⁸, A⁸-I⁸.
- FP: r.d- 46rê e-ut sepl (3) 1521 (R).
- Buchschmuck: D.; E.; EX.
- Prov.: Etienne Graf von Méjan.
- Bibliographien: Adams L 1324; Cat. Ital. Books S. 390; Bibl. Aldina S. 39; Ebert 12087.
- Sign.: 2° Ald. Ren. 89,6.

Nr. 347
Florus, Lucius Annaeus: Florus. EST: [Epitome]. – Venedig, 1521.
- Drucker: Aldo Manuzio I, Erben; Andrea Torresano I.
- Sign.: Ald. Ren. 90,2 Kraków.

Nr. 348
Polybius; <lat.>: Polybius. EST: [Opera; lat., T. 1]. – Venedig, 1521.
- Drucker: Aldo Manuzio I, Erben; Andrea Torresano I.
- Sign.: Ald. Ren. 90,3 Kraków.

Nr. 349
Polybius; <lat.>: ... HISTORIA ‖ RVM LIBRI QVINQVE ... . Übers.: Nicolaus Perottus. – (Venedig), (1521, MENSE FEBRVARIO.).
- Drucker: (Aldo [Manuzio I, Erben]; Andrea [Torresano I]).
- Umfang: 71 Bl.; 2°.
- Bogensign.: A⁸-H⁸, I⁷.
- FP: a-is e-um gen- guti (3) 1521 (R).
- Buchschmuck: D.; E.
- Bibliographien: Adams L 1323 T.4; Cat. Ital. Books S. 531; Ebert 12087 T.4.
- Sign.: 2° Ald. Ren. 90,4.
- Abbildung: S. 116.

Nr. 350
Apollonius <Rhodius>; <griech.>: Argonautica, antiquis et optimis cum commentarijs. – Venedig, 1521.
- Drucker: Aldo Manuzio I, Erben; Andrea Torresano I.
- Sign.: Ald. Ren. 90,5 Kraków.

Nr. 351
Didymus <Chalcenterus>; <griech.>: Interpretationes et antiquae, et perquam utiles in Homeri Iliada, nec non in Odyssea. Porphyrij philosophi homericarum quaestionum liber. Eiusdem de Nympharum antro in Odyssea, opusculum. – Venedig, 1521.
- Drucker: Aldo Manuzio I, Erben; Andrea Torresano I.
- Sign.: Ald. Ren. 91,6 Kraków.

Nr. 352
Didymus <Chalcenterus>; <griech.>]: ... Interpretationes et antiquae, et perquam utiles in ‖ Homeri Iliada, nec non in Odyssea. ‖. Beigef.: (Porphyrius; <griech.>: ... homericarum quaestio- ‖ num liber. ‖ Eiusdem de Nympharum antro in ‖ Odyssea, opusculum. ‖). Hrsg.: (Franciscus Asulanus). – (Venedig), (1521, MEN ‖ SE MAIO.).
- Drucker: (Aldo [Manuzio I, Erben]; Andrea [Torresano I]).
- Umfang: 319, [44] Bl.; 8°.
- Bogensign.: a⁸-z⁸, A⁸-R⁸, a⁸-e⁸, f³.
- FP: x.,* ωνH- εβο βρ*ρ (3) 1521 (R).
- Buchschmuck: D.; E.; EX.
- Prov.: Heinrich Friedrich von Diez.
- Bibliographien: Ald. Ren. 91,6; Adams D 441; Cat. Ital. Books S. 215; Ind. Aur. 153.021; Ebert 6111; Budapest D 126.
- Sign.: B. Diez 8° 1847.

Nr. 353
Suetonius Tranquillus, Gaius: In hoc volumine haec continentur. XII Caesares. Sexti Aurelij Victoris a D. Caesare Augusto usque ad Theodosium excerpta. Eutropij de gestis Romanorum lib. X. Etc. Annotationes etiam Erasmi in Suetonium, Eutropium et Paulum Diaconum per literam ordinem. EST: [Opera]. – Venedig, 1521.
- Drucker: Aldo Manuzio I, Erben; Andrea Torresano I.
- Sign.: Ald. Ren. 91,7 Kraków.

Nr. 354
Apuleius <Madaurensis>: ... Metamorphoseos, siue lusus Asini libri XI. ‖ Floridorum IIII. ‖ De Deo Socratis I. De Philosophia I. ‖ ... . EST: [Opera]. Beigef.: Hermes <Trismegistus>: ... Asclepius ... Dialogus ...; Albinus <Platonicus>; <griech.>: ... Isagogicus liber Platonicae philosophiae ... . Hrsg.: (Franciscus Asulanus). – (Venedig), (1521, MEN ‖ SE MAIO).
- Drucker: (Aldo [Manuzio I, Erben]; Andrea [Torresano I]).
- Buchbinder: Caspar Kraft d. Ä.
- Umfang: 266 [=264], [28] Bl.; 8°.
- Bogensign.: a⁸-z⁸, A⁸-K⁸, 1⁸-3⁸, 4⁴.
- FP: t,i, u-i- u-r, ofdē (3) 1521 (R).
- Buchschmuck: D.; E.
- Prov.: A. B. W., 1564; Philippus Rub ... (?) Baydendis, Dresden 1637; Gymnasialbibliothek, Luckau.
- Bibliographien: Adams L 1362; Cat. Ital. Books S. 35; Bibl. Aldina S. 39f; Ebert 858; Ind. Aur. 106.611; Budapest A 467.
- Sign.: Ald. Ren. 91,8.
- Abbildung: S. 115.

Nr. 355
Apuleius <Madaurensis>: Metamorphoseos, siue lusus Asini libri XI. Floridorum IIII. De Deo Socratis I. De Philosophia I. ... Asclepius Trimegisti Dialogus ... Isagogicus liber Platonicae philosophiae per Alcinoum philosophum. EST: [Opera]. – Venedig, 1521.
- Drucker: Aldo Manuzio I, Erben; Andrea Torresano I.
- Sign.: Ald. Ren. 91,8 Kraków.

Nr. 356
Terentius Afer, Publius: Terentius. EST: [Comoediae]. – Venedig, 1521.
- Drucker: Aldo Manuzio I, Erben; Andrea Torresano I.
- Sign.: Ald. Ren. 91,9 Kraków.

Nr. 357
Horae beatae Mariae; <griech.>: Horae in laudem beatiss. Virginis secundum consuetudinem Romanae curiae. Septem psalmi poenitentiales ... Sacrificium ... . EST: [Horae beatae Mariae virginis; griech.]. – Venedig, 1521.
- Drucker: Aldo Manuzio I, Erben; Andrea Torresano I.
- Sign.: Ald. Ren. 92,10 Kraków.

Nr. 358
Liburnio, Niccolò: Le Vvlgari Elegantie. – Venedig, 1521.
- Drucker: Aldo Manuzio I, Erben; Andrea Torresano I.
- Sign.: Ald. Ren. 92,11 Kraków.

Nr. 359
Petrarca, Francesco: Il Petrarcha. Venedig, 1521.
- Drucker: Aldo Manuzio I, Erben; Andrea Torresano I.
- Sign.: Ald. Ren. 92,12 Kraków.

Nr. 360
Cicero, M[arcus] T[ullius]: IN HOC VOLVMINE HAEC ‖ CONTINENTVR. ‖ Rhetoricorum ad C. Herennium lib. IIII. ‖ ... de inuentione lib. II. ‖ ... . EST: [Opera rhetorica, Teils.]. Hrsg.: (Aldo P[io] M[anuzio]). – (Venedig), (1521, MENSE OCTOBRI).
- Drucker: (Aldo [Manuzio I, Erben]; Andrea [Torresano I]).
- Buchbinder: François Bozérian.
- Umfang: [16], 245, [1] Bl.; 4°.
- Bogensign.: ⁸, **⁸, a⁸-k⁸, l⁴, m⁸-z⁸, A⁸-G⁸, H¹⁰.
- FP: m.t* isse e?s, piIt (3) 1521 (R).
- Buchschmuck: D.; E.; EX.
- Prov.: Etienne Graf von Méjan.
- Bibliographien: Adams C 1677; Cat. Ital. Books S. 175; Ind. Aur. 137.705; Bibl. Aldina S. 40; Ebert 4285; Budapest C 764.
- Sign.: Ald. Ren. 93,13.

Nr. 361
Cicero, M[arcus] T[ullius]: ... EPISTOLARVM ‖ AD ATTICVM, AD BRVTVM, ‖ AD QVINTVM FRATREM, ‖ LIBRI XX. ... . – (Venedig), (1521, MENSE IANVARIO.).
- Drucker: (Aldo [Manuzio I, Erben]; Andrea [Torresano I]).
- Buchbinder: François Bozérian.
- Umfang: [16], 331, [1] Bl.; 8°.
- Bogensign.: AA⁸, BB⁸, a⁸-z⁸, aa⁸-ss⁸, tt⁴.
- FP: i-n- ε-αι umli epde (3) 1521 (R).
- Buchschmuck: D.; E.; EX.
- Prov.: Etienne Graf von Méjan.
- Bibliographien: Adams C 1909; Cat. Ital. Books S. 177; Ebert 4443; Bibl. Aldina S. 40f; Ind. Aur. 137.706; Budapest C 715.
- Sign.: Ald. Ren. 93,15.

Nr. 362
Sallustius Crispus, G[aius]: ... DE CONIV ‖ RATIONE CATILINAE. ‖ Eiusdem de bello Iugurthino. ‖ Orationes quaedam ex libris historiarum ... ‖ Eiusdem oratio contra M. T. Ciceronem. ‖ ... . EST: [Opera]. Beigef.: M[arcus] T[ullius] Cicero: ... oratio contra C. Crispum Sallustium. ‖ ...; M[arcus] T[ullius] Cicero: ... orationes quatuor contra Lucium Catilinam. ‖ ...; [Marcus] Porcius Latro: ... declamatio contra Lucium Catilinam. ‖ ... . Hrsg.: (Franciscus Asulanus). – (Venedig), (1521, MENSE IANVARIO.).
- Drucker: (Aldo [Manuzio I, Erben]; Andrea [Torresano I]).
- Umfang: [8], 142, [2] Bl.; 8°.
- Bogensign.: a⁸-t⁸.
- FP: d-n- roi- naem petu (3) 1521 (R).
- Buchschmuck: D.; E.
- Prov.: Karl Ferdinand Friedrich von Nagler.
- Bibliographien: Adams S 147; Cat. Ital. Books S. 599; Bibl. Aldina S. 41; Ebert 19977.
- Sign.: Ald. Ren. 93,16.

Nr. 363
Anthologia graeca; <griech.>: FLORILEGIVM DIVERSO- ‖ RVM EPIGRAMMA- ‖ TVM IN SEPTEM ‖ LIBROS. ‖ ... . EST: [Anthologia graeca; griech.]. – (Venedig), (1521, MENSE IANVA ‖ RIO.).
- Drucker: (Aldo [Manuzio I, Erben]; Andrea [Torresano I]).
- Umfang: 289, [1] Bl.; 8°.
- Bogensign.: A⁸-Z⁸, AA⁸-MM⁸, NN¹⁰.
- FP: υσ*. σ.τα σ.** στκα (3) 1521 (R).
- Buchschmuck: D.; E.; EX.
- Prov.: Etienne Graf von Méjan.
- Bibliographien: Adams A 1183; Cat. Ital. Books S. 313; Bibl. Aldina S. 41; Ebert 680.
- Sign.: Ald. Ren. 93,17.

🦬 1522

Nr. 364
Quintilianus, M[arcus] Fabius: ... Institutionum Oratoriarum libri XII ... . – (Venedig), 1522, (1521, MENSE IANVARIO.).
- Drucker: (Aldo [Manuzio I, Erben]; Andrea [Torresano I]).
- Buchbinder: François Bozérian.
- Umfang: [4], 230 Bl.; 4°.
- Bogensign.: *⁴, a⁸-z⁸, A⁸-E⁸, F⁶.
- FP: 4241 amt, exn= quru (3) 1522 (R).
- Buchschmuck: D.; E.; EX.
- Prov.: Etienne Graf von Méjan.
- Bibliographien: Adams Q 56; Cat. Ital. Books S. 546; Bibl. Aldina S. 40; Ebert 18436.
- Sign.: Ald. Ren. 93,14.

Nr. 365
C[icero], M[arcus] T[ullius]: ... EPISTOLAE FAMILIA ‖ RES ... . EST: [Epistolae ad familiares]. – (Venedig), (1522, MENSE IVNIO.).
- Drucker: (Aldo [Manuzio I, Erben]; Andrea [Torresano I]).
- Buchbinder: François Bozérian.
- Umfang: 267, [5] Bl.; 8°.
- Bogensign.: a⁸-z⁸, aa⁸-ll⁸.
- FP: i.i- tuo- lūo- gaue (3) 1522 (R).
- Buchschmuck: D.; E.; EX.
- Prov.: Etienne Graf von Méjan.
- Bibliographien: Ebert 4417; Ind. Aur. 137.721.
- Sign.: Ald. Ren. 94,1.
- Abbildungen: S. 34, 87.

Nr. 366
Plautus, [Titus Maccius]: ... COMOEDIIS. XX. QVARVM ‖ CARMINA MAGNA EX PARTE IN ‖ MENSVM SVVM RESTITVTA ‖ SVNT ... . Hrsg.: (Franciscus Asulanus). – (Venedig), (1522, MENSE IVLIO.).
- Drucker: (Aldo [Manuzio I, Erben]; Andrea [Torresano I]).
- Buchbinder: François Bozérian.
- Umfang: [14], 284 Bl.; 4°.
- Bogensign.: *⁶, **⁸, a⁸-z⁸, A⁸-M⁸, N⁴.
- FP: i-o- 3308 s,s Iulu (3) 1522 (R).
- Buchschmuck: D.; E.; EX.
- Prov.: Etienne Graf von Méjan.
- Bibliographien: Adams P 1487; Cat. Ital. Books S. 524; Bibl. Aldina S. 41; Ebert 17171.
- Sign.: Ald. Ren. 94,2 [1. Ex.].

Nr. 367
Plautus, [Titus Maccius]: ... COMOEDIIS. XX. QVARVM ‖ CARMINA MAGNA EX PARTE IN ‖

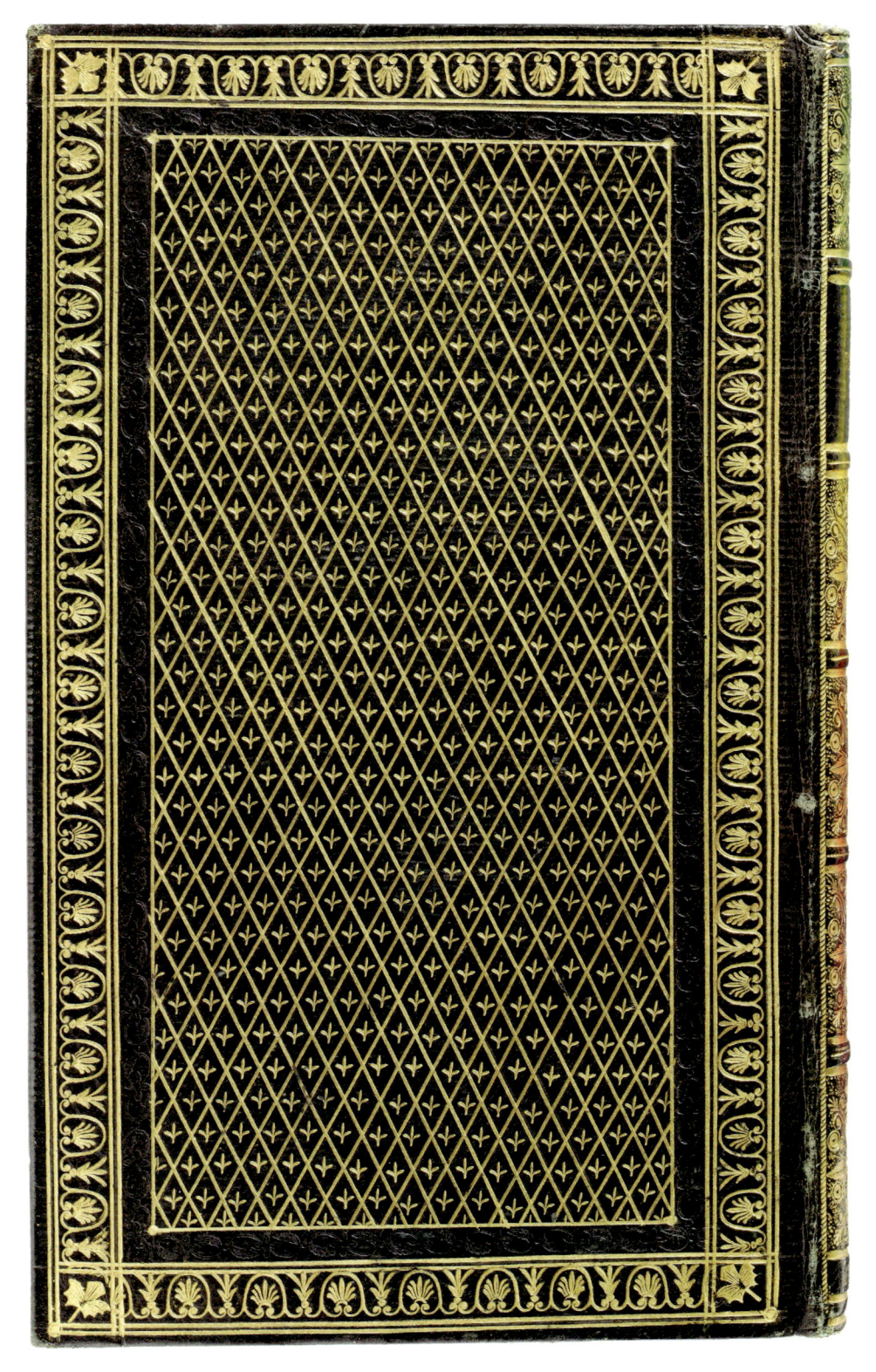

Kat.-Nr. 278

Kat.-Nr. 289
Einband mit
Wappensupralibros
von Claude-Antoine-
Cléradius de
Choiseul-Beaupré

MENSVM SVVM RESTITVTA ‖ SVNT… . Hrsg.: (Franciscus Asulanus). – (Venedig), (1522, MENSE IVLIO.).
- Drucker: (Aldo [Manuzio I, Erben]; Andrea [Torresano I]).
- Umfang: [14], 284 Bl.; 4°.
- Bogensign.: *⁶, **⁸, a⁸–z⁸, A⁸–M⁸, N⁴.
- FP: i-o– 3308 s,s. IuIu (3) 1522 (R).
- Buchschmuck: D.; EX.
- Prov.: Ezechiel von Spanheim.
- Bibliographien: Adams P 1487; Cat. Ital. Books S. 524; Bibl. Aldina S. 41; Ebert 17171.
- Sign.: Ald. Ren. 94,2 [2. Ex.].

Nr. 368
Plautus, [Titus Maccius]: … COMOEDIIS. XX. QVARVM ‖ CARMINA MAGNA EX PARTE IN ‖ MENSVM SVVM RESTITVTA ‖ SVNT… . Hrsg.: (Franciscus Asulanus). – (Venedig), (1522, MENSE IVLIO.).
- Drucker: (Aldo [Manuzio I, Erben]; Andrea [Torresano I]).
- Umfang: [14], 284 Bl.; 4°.
- Bogensign.: *⁶, **⁸, a⁸–z⁸, A⁸–M⁸, N⁴.
- FP: i-o– 3308 s,s. IuIu (3) 1522 (R).
- Buchschmuck: D.; E.
- Prov.: P. Guillernard; Ludwig XIV. König von Frankreich.
- Bibliographien: Adams P 1487; Cat. Ital. Books S. 524; Bibl. Aldina S. 41; Ebert 17171.
- Sign.: Ald. Ren. 94,2 EBD.

Nr. 369
Plautus, [Titus Maccius]: … COMOEDIIS. XX. QVARVM ‖ CARMINA MAGNA EX PARTE IN ‖ MENSVM SVVM RESTITVTA ‖ SVNT… . Hrsg.: (Franciscus Asulanus). – (Venedig), (1522, MENSE IVLIO.).
- Drucker: (Aldo [Manuzio I, Erben]; Andrea [Torresano I]).
- Umfang: [14], 284 Bl.; 4°.
- Bogensign.: *⁶, **⁸, a⁸–z⁸, A⁸–M⁸, N⁴.
- FP: i-o– 3308 s,s. IuIu (3) 1522 (R).
- Buchschmuck: D.
- Bibliogr.: Ald. Ren. 94,2; Adams P 1487; Cat. Ital. Books S. 524; Bibl. Aldina S. 41; Ebert 17171.
- Sign.: 2 W 372 RAR.

Nr. 370
Plautus, [Titus Maccius]: … COMOEDIIS. XX. QVARVM ‖ CARMINA MAGNA EX PARTE IN ‖ MENSVM SVVM RESTITVTA ‖ SVNT… . Hrsg.: (Franciscus Asulanus). – (Venedig), (1522, MENSE IVLIO.).
- Drucker: (Aldo [Manuzio I, Erben]; Andrea [Torresano I]).
- Umfang: [14], 284 Bl.; 4°.
- Bogensign.: *⁶, **⁸, a⁸–z⁸, A⁸–M⁸, N⁴.
- FP: i-o– 3308 s,s. IuIu (3) 1522 (R).
- Buchschmuck: D.; EX.
- Prov.: Ludwig Justi, 1975.
- Bibliogr.: Ald. Ren. 94,2; Adams P 1487; Cat. Ital. Book S. 524; Bibl. Aldina S. 41; Ebert 17171.
- Sign.: 42 MA 12880 RAR.

Nr. 371
Budé, Guillaume: … libri v. de Asse, et partib. eius … . – (Venedig), 1522, (MENSE SEPTEM- ‖ BRI.).
- Drucker: (Aldo [Manuzio I, Erben]; Andrea [Torresano I]).
- Buchbinder: Luigi Lodigiani.
- Umfang: [12], 262 [=260], [2] Bl.; 4°.
- Bogensign.: aa⁸, bb⁴, a⁸–t⁸, u⁶, A⁸–N⁸.
- FP: u-si 9497 ine= leri (3) 1522 (R).
- Buchschmuck: D.; E.; EX.
- Prov.: Etienne Graf von Méjan.
- Bibliographien: Adams B 3101; Cat. Ital. Books S. 129; Bibl. Aldina S. 41; Ebert 3116; Ind. Aur. 126.669.
- Sign.: Ald. Ren. 94,3.
- Abbildungen: S. 118, 119.

Nr. 372
Budé, Guillaume: … libri v. de Asse, et partib. eius … . – (Venedig),1522, (MENSE SEPTEM- ‖ BRI.).

- Drucker: (Aldo [Manuzio I, Erben]; Andrea [Torresano I]).
- Umfang: [12], 262 [=260], [2] Bl.; 4°.
- Bogensign.: aa⁸, bb⁸, a⁸–t⁸, u⁶, A⁸–N⁸.
- FP: u–si 9497 ine– leri (3) 1522 (R).
- Buchschmuck: D.
- Prov.: Etienne Graf von Méjan.
- Bibliographien: Adams B 3101; Cat. Ital. Books S. 129; Bibl. Aldina S. 41; Ebert 3116; Ind. Aur. 126.669.
- Sign.: Ald. Ren. 94,3ᵃ.

Nr. 373

Lucianus <Samosatensis>; <griech.>: ... DIALOGI ET ALIA MVLTA OPERA ... . EST: [Opera]. Beigef.: [Flavius] Philostratus; <griech.>: ... Imagines ...; [Flavius] Philostratus; <griech.>: ... Heroica. ‖ ...; [Flavius] Philostratus; <griech.>: ... uitae Sophistarum. ‖ ...; Philostratus <Iunior>; <griech.>: ... Imagines ...; Callistratus <Sophista>; <griech.>: ... Descriptiones ... . Hrsg.: (Franciscus Asulanus). – (Venedig), 1522, (Mense Octobri.).
- Drucker: (Aldo [Manuzio I, Erben]; Andrea [Torresano I]).
- Buchbinder: François Bozérian.
- Umfang: [5] Bl., 571 [=572] S., [1] Bl.; 2°.
- Bogensign.: a⁸–ω⁸, aa⁸–δδ⁸, εε², ζζ⁸–μμ⁸, νν⁶.
- FP: 7978 *σω ι–ρ– *ππο (7) 1522 (R).
- Buchschmuck: D.; E.; EX.
- Prov.: Etienne Graf von Méjan.
- Bibliographien: Adams L 1604; Cat. Ital. Books S. 396; Bibl. Aldina S. 41; Ebert 12374.
- Sign.: 2° Ald. Ren. 95,4.

Nr. 374

Boccaccio, Giovanni: IL DECAMERONE ... ‖ NOVA– ‖ MENTE CORRETTO CON ‖ TRE NOVELLE AG– ‖ GIVNTE. ‖. Hrsg.: (Aldo [Pio] Manuzio). – (Venedig), (1522, Del mese di Nouembre.).
- Drucker: (Aldo [Manuzio I, Erben]; Andrea [Torresano I]).
- Buchbinder: René Simier.
- Umfang: 317, [9] Bl.; 4°.
- Bogensign.: a⁸–z⁸, A⁸–N⁸, O¹⁰, P⁸, Q⁸, R⁴, S⁸.
- FP: e.ra onr= teli daue (3) 1522 (R).
- Buchschmuck: D.; E.; EX.
- Prov.: Etienne Graf von Méjan.
- Bibliographien: Adams B 2146; Cat. Ital. Books S. 110; Bibl. Aldina S. 42; Ebert 2518; Ind. Aur. 120.202.
- Sign.: Ald. Ren. 95,5.
- Abbildungen: S. 118, 120.

Nr. 375

Alcionio, Pietro: ... MEDI ‖ CES. LEGATVS. ‖ DE. EXSILIO. ‖. – (Venedig), (1522, MENSE NOVEMBRI.).
- Drucker: (Aldo [Manuzio I, Erben]; Andrea [Torresano I]).
- Umfang: [70] Bl.; 4°.
- Bogensign.: a⁸–h⁸, i⁶.
- FP: dose o–i– nar– adle (C) 1522 (R).
- Buchschmuck: D.; E.; EX.
- Prov.: Etienne Graf von Méjan.
- Bibliographien: Adams A 633; Cat. Ital. Books S. 16; Bibl. Aldina S. 42; Ebert 382; Ind. Aur. 103.093; Budapest A 221.
- Sign.: Ald. Ren. 95,6.

Nr. 376

Nicander <Colophonius>; <griech.>: ... Theriaca. ‖ ... . Beigef.: Nicander <Colophonius>; <griech.>: ... Alexipharmaca. ‖ ... . – (Venedig), (1522, mense Nouembri), (1523, MENSE APRILI.).
- Drucker: (Aldo [Manuzio I, Erben]; Andrea [Torresano I]).
- Buchbinder: François Bozérian.
- Umfang: 92 [=91], [1] Bl.; 4°.
- Bogensign.: a⁸–c⁸, d², e⁸–l⁸, m¹⁰.
- FP: o.σ, v.ει υσια AvTo (3) 1523 (R).
- Buchschmuck: D.; E.; EX.
- Prov.: Etienne Graf von Méjan.
- Bibliographien: Adams N 208; Cat. Ital. Books S. 464; Bibl. Aldina S. 42; Ebert 14741.
- Sign.: Ald. Ren. 95,7.

Nr. 377

Asconius Pedianus, [Quintus]: ... EXPOSITIO ‖ IN IIII. ORATIONES M. TVLII ‖ CIC. CONTRA C. VERREM. et ‖ In Orationem pro Cornelio. ‖ In Orationem contra C. Antonium, et L. Catilinam. ‖ ... . Beigef.: [Gaius Marius] Victorinus: ... commentarij in libros M.T.C. de inuentio= ‖ ne. ...; Georgius <Trapezuntius>: ... in Orationem pro Q. Ligario. ‖. Hrsg.: (Franciscus Asulanus). – (Venedig), (1522, MEN ‖ SE DECEMBRI).
- Drucker: (Aldo [Manuzio I, Erben]; Andrea [Torresano I]).
- Buchbinder: François Bozérian.
- Umfang: [12], 283, [1] Bl.; 8°.
- Bogensign.: *⁴, **⁸, a⁸–z⁸, A⁸–M⁸, N⁴.
- FP: u–f– 5454 i.r– sita (3) 1522 (R).
- Buchschmuck: D.; E.; EX.
- Prov.: Etienne Graf von Méjan.
- Bibliographien: Adams A 2054; Cat. Ital. Books S. 59; Bibl. Aldina S. 42f; Ebert 1273; Ind. Aur. 109.274.
- Sign.: Ald. Ren. 96,8 EBD.

Nr. 378

Iustinus, [Marcus Iunianus]: TROGI POMPEI EXTERNAE ‖ HISTORIAE IN COM– ‖ PENDIVM... ‖ RE– ‖ DACTAE. ‖ ... . Beigef.: [Cornelius Nepos]: ... Externorum imperatorum uitae ... . Hrsg.: (Franciscus Asulanus). – (Venedig), (1522, MENSE IAN.).
- Drucker: (Aldo [Manuzio I, Erben]; Andrea [Torresano I]).
- Umfang: 204 Bl.; 8°.
- Bogensign.: a⁸–z⁸, A⁸, B⁸, C⁴.
- FP: immy s–am ado= seni (3) 1522 (R).
- Buchschmuck: D.; E.; EX.
- Prov.: B. L.; S. Nicolai, Verona; Etienne Graf von Méjan.
- Bibliographien: Adams J 723; Cat. Ital. Books S. 683; Bibl. Aldina S. 43; Ebert 11130.
- Sign.: Ald. Ren. 96,9.

Nr. 379

Seneca, L[ucius] Annaeus <Philosophus>: ... NATVRA– ‖ LIVM QVESTIONVM ‖ LIBRI VII. ‖ ... . Kommentator: Matthaeus Fortunatus. – (Venedig), (1522, MENSE ‖ FEBRVARIO.).
- Drucker: (Aldo [Manuzio I, Erben]; Andrea [Torresano I]).
- Buchbinder: François Bozérian (?).
- Umfang: [6], 130, [6] Bl.; 4°.
- Bogensign.: *⁶, a⁸–g⁸, h¹⁰, i⁸–q⁸, r⁶.
- FP: iaàm I.e– s*ea inoc (3) 1522 (R).
- Buchschmuck: D.; E.; EX.
- Prov.: Etienne Graf von Méjan.
- Bibliographien: Adams S 932; Cat. Ital. Books S. 621; Bibl. Aldina S. 43; Ebert 20874; Budapest S 444.
- Sign.: Ald. Ren. 96,10.

Nr. 380

Iustinus, Marcus Iunianus: Trogi Pompei externae Historiae in compendivm ... redactae. Externorum Imperatorum uitae auctore Aemilio Probo. – Lyon, nach 1522.
- Sign.: Ald. Ren. 318,8 Kraków.

🌿 1523

Nr. 381

Claudianus, Cl[audius]: ... OPERA QVAM ‖ DILIGENTISSIME CASTI– ‖ GATA ... . Hrsg.: (Franciscus Asulanus). – (Venedig), (1523, MENSE MAR= ‖ TIO).
- Drucker: (Aldo [Manuzio I, Erben]; Andrea [Torresano I]).
- Buchbinder: François Bozérian.
- Umfang: 176 Bl.; 8°.
- Bogensign.: a⁸–y⁸.
- FP: u–i– umra ert. EuEr (3) 1523 (R).
- Buchschmuck: D.; E; EX.
- Prov.: Etienne Graf von Méjan.
- Bibliographien: Adams C 2073; Cat. Ital. Books S. 186; Bibl. Aldina S. 43; Ebert 4745; Ind. Aur. 140.788.
- Sign.: Ald. Ren. 96,1 [1. Ex.].

Nr. 382

Claudianus, Cl[audius]: ... OPERA QVAM ‖ DILIGENTISSIME CASTI– ‖ GATA ... . Hrsg.: (Franciscus Asulanus). – (Venedig), (1523, MENSE MAR= ‖ TIO).
- Drucker: (Aldo [Manuzio I, Erben]; Andrea [Torresano I]).
- Buchbinder: Jean-Claude Bozérian.
- Umfang: 176 Bl.; 8°.
- Bogensign.: a⁸–y⁸.
- FP: u–i– umra ert. EuEr (3) 1523 (R).
- Buchschmuck: D.; E.
- Bibliographien: Adams C 2073; Cat. Ital. Books S. 186; Bibl. Aldina S. 43; Ebert 4745; Ind. Aur. 140.788.
- Sign.: Ald. Ren. 96,1 [2. Ex.].
- Abbildungen: S. 87, 123.

Nr. 383

Claudianus, Cl[audius]: ... OPERA QVAM ‖ DILIGENTISSIME CASTI– ‖ GATA ... . Hrsg.: (Franciscus Asulanus). – (Venedig), (1523, MENSE MAR– ‖ TIO).
- Drucker: (Aldo [Manuzio I, Erben]; Andrea [Torresano I]).
- Umfang: 176 Bl.; 8°.
- Bogensign.: a⁸–y⁸.
- FP: u–i– umra ert. EuEr (3) 1523 (R).
- Buchschmuck: D.; EX.
- Prov.: Starhemberg No. III. 74; Heinrich Wilhelm Graf von Starhemberg.
- Bibliographien: Ald. Ren. 96,1; Adams C 2073; Cat. Ital. Books S. 186; Bibl. Aldina S. 43; Ebert 4745; Ind. Aur. 140.788.
- Sign.: Wd 7526 RAR.

Nr. 384

Georgius <Trapezuntius>: CONTINENTVR HOC VOLVMINE ‖ ... Rhetoricorum libri V. ‖ ... . Beigef.: Consultus Fortunatianus: (... ARTIS RHETORI– ‖ CAE SCHOLICAE LIBER ...) ... libri III. ‖ ...; Aquila <Romanus>: ... de figuris sententiarum, et elocutionis liber. ‖ ...; P[ublius] Rutilius Lupus: ... figurarum ... liber. ‖ ...; Aristoteles; <lat.>: ... Rhetoricorum ad Theodecten ... ‖ libri III. ‖ ...; Aristoteles; <lat.>: ... Rhetorices ad Alexandrum ... ‖ liber. ‖ ...; Hermogenes <Tarsensis>; <lat.>: ... Paraphrasis Rhetoricae ...; Priscianus <Caesariensis>: ... de Rhetoricae praeexercitamentis ex Hermogene ...; Aphthonius <Antiochenus>; <lat.>: ... declamatoris rhetorica progymnasmata ... . Hrsg.: (Jacobus Taurellus). – (Venedig), (1523, MEN– ‖ SE APRILI.).
- Drucker: (Aldo [Manuzio I, Erben]; Andrea [Torresano I]).
- Buchbinder: François Bozérian.
- Umfang: [4], 161, [1] Bl.; 2°.
- Bogensign.: *⁴, a⁸–t⁸, u¹⁰.
- FP: I.um s,of a–ri tacæ (3) 1523 (R).
- Buchschmuck: D.; E.; EX.
- Prov.: Etienne Graf von Méjan.
- Bibliographien: Adams T 907; Cat. Ital. Books S. 296; Bibl. Aldina S. 43; Ebert 8348.
- Sign.: 2° Ald. Ren. 97,2.

Nr. 385

Valerius Flaccus Setinus Balbus, G[aius]: ... ARGONAV– ‖ TICA. ‖ ... . Beigef.: Apollonius <Rhodius>; <lat.>: ... carmen ex quarto Argonauti= ‖ con ; Orpheus; <lat.>: ... Argonautica ... . – (Venedig), (1523, MENSE MA– ‖ IO).
- Drucker: (Aldo [Manuzio I, Erben]; Andrea [Torresano I]).

- Buchbinder: François Bozérian.
- Umfang: 146, [2] Bl.; 8°.
- Bogensign.: a⁸-s⁸, t⁴.
- FP: e.∗ emro æ.do OrTu (3) 1523 (R).
- Buchschmuck: D.; E.; EX.
- Prov.: Etienne Graf von Méjan.
- Bibliographien: Adams V 77; Cat. Ital. Books S. 707; Bibl. Aldina S. 44; Ebert 23287; Budapest V 18.
- Sign.: Ald. Ren. 97,3.

Nr. 386

Cicero, M[arcus] T[ullius]: ... DE PHILOSOPHIA ‖ VOLV- MEN PRIMVM, IN QVO ‖ HAEC CONTINENTVR. ‖ Academicarum quaestionum ‖ ... De Finibus bonorum et malorum libri v ‖ Tusculanarum quaestionum libri v ‖ ... . EST: [Opera philosophica; T. 1]. Hrsg.: (Franciscus Asulanus). – (Venedig), (1523, MENSE MAIO).
- Drucker: (Aldo [Manuzio I, Erben]; Andrea [Torresano I]).
- Umfang: [8], 251, [5] Bl.; 8°.
- Bogensign.: ∗⁸, a⁸-z⁸, A⁸-I⁸.
- FP: a-x= uslæ e,a- NaId (3) 1523 (R).
- Buchschmuck: D.; E.; EX.
- Prov.: Etienne Graf von Méjan.
- Bibliographien: Adams C 1741; Cat. Ital. Books S. 175; Bibl. Aldina S. 44; Ebert 4471; Ind. Aur. 137.729.
- Sign.: Ald. Ren. 97,4 [1. Ex.].

Nr. 387

Cicero, M[arcus] T[ullius]: ... DE PHILOSOPHIA ‖ VOLV- MEN PRIMVM, IN QVO ‖ HAEC CONTINENTVR. ‖ Academicarum quaestionum ‖ ... De Finibus bonorum et malorum libri v ‖ Tusculanarum quaestionum libri v ‖ ... . EST: [Opera philosophica; T. 1]. Hrsg.: (Franciscus Asulanus). – (Venedig), (1523, MENSE MAIO).
- Drucker: (Aldo [Manuzio I, Erben]; Andrea [Torresano I]).
- Umfang: [8], 251, [5] Bl.; 8°.
- Bogensign.: ∗⁸, a⁸-z⁸, A⁸-I⁸.
- FP: a-x= uslæ e,a- NaId (3) 1523 (R).
- Buchschmuck: D.; E.
- Bibliographien: Adams C 1741; Cat. Ital. Books S. 175; Bibl. Aldina S. 44; Ebert 4471; Ind. Aur. 137.729.
- Sign.: Ald. Ren. 97,4 [2. Ex.].

Nr. 388

C[icero, M[arcus] T[ullius]: SECVNDO VOLVMINE HAEC ‖ CONTINENTVR. ‖ ... de natura Deorum libri III. ‖ De Diuinatione libri II. ‖ De Fato liber I. ‖ ... . EST: [Opera philosophica; T. 2]. Beigef.: Q[uintus Tullius] Cicero: ... de petitione consula= ‖ tus ad Marcum fratrem liber I. ‖ ... . Hrsg.: [Franciscus Asulanus]. – (Venedig), (1523, MENSE AVGVSTO).
- Drucker: (Aldo [Manuzio I, Erben]; Andrea [Torresano I]).
- Umfang: 214, [2] Bl.; 8°.
- Bogensign.: a⁸-z⁸, A⁸-D⁸.
- FP: ilme n-s, e-te buso (3) 1523 (R).
- Buchschmuck: D.; E.; EX.
- Prov.: Etienne Graf von Méjan.
- Bibliographien: Adams C 1741; Cat. Ital. Books S. 175; Bibl. Aldina S. 44; Ebert 4471; Ind. Aur. 137.729.
- Sign.: Ald. Ren. 97,5.

Nr. 389

Silius Italicus, [Tiberius Catius Asconius]: ... DE BELLO PV- ‖ NICO SECVNDO XVII LI- ‖ BRI NVPER DILIGEN- ‖ TISSIME CASTI- ‖ GATI. ‖. Hrsg.: (Franciscus Asulanus). – (Venedig), (1523, MENSE IVLIO).
- Drucker: (Aldo [Manuzio I, Erben]; Andrea [Torresano I]).
- Umfang: 210, [2] Bl.; 8°.
- Bogensign.: a⁸-z⁸, A⁸-C⁸, D⁴.
- FP: o-i- m,sæ osæ. AuFu (3) 1523 (R).
- Buchschmuck: D.; E.; EX.
- Prov.: Antoine Barillon de Morangis; Etienne Graf von Méjan.
- Bibliographien: Adams S 1134; Cat. Ital. Books S. 627; Bibl. Aldina S. 44; Ebert 21255; Budapest S 533.
- Sign.: Ald. Ren. 98,6.
- Abbildung: S. 124.

Nr. 390

Manuzio, Aldo Pio: ... INSTITVTIO- ‖ NVM GRAMMATICARVM ‖ LIBRI QVATVOR. ‖ ... . Beigef.: Desiderius Erasmus: ... opusculum de octo ora- ‖ tionis partium constructione. ‖ ...; Aldo Pio Manuzio: (De literis graecis, ac diphtongis, et quemadmodum ad nos ueniant. ‖ ...); Aldo Pio Manuzio: (... Alphabetum Hebraicum. ...). – (Venedig), (1523, MENSE ‖ IVLIO.).
- Drucker: (Aldo [Manuzio I, Erben]; Andrea [Torresano I]).
- Buchbinder: René Simier.
- Umfang: [8], 204, [4] Bl.; 4°.
- Bogensign.: a⁸-y⁸, z⁴, aa⁸-dd⁸, ⁴.
- FP: e-im i.r. s..o mæBo (3) 1523 (R).
- Buchschmuck: D.; E.; EX.
- Prov.: Etienne Graf von Méjan.
- Bibliographien: Adams M 429; Cat. Ital. Books S. 411; Ebert 12985.
- Sign.: Ald. Ren. 98,7.

Nr. 391

Vegetius Renatus, Flavius: ... de re militari. Sextus Iulius Frontinus vir consularis de re militari. Aelianus de instruendis aciebus. Modesti Libellus de vocabulis rei militaris. – Lyon, 1523.
- Verleger: Balthasar de Gabiano I, Erben.
- Drucker: Guillaume Huyon.
- Sign.: Ald. Ren. 316,60 Kraków.

❦ 1524

Nr. 392

Homerus; <griech.>: ... ILIAS. ‖. EST: [Opera; T. 1]. Hrsg.: (Aldo Pio Manuzio). – (Venedig), (1524, MENSE ‖ APRILI.).
- Drucker: (Aldo [Manuzio I, Erben]; Andrea [Torresano I]).
- Buchbinder: François Bozérian.
- Umfang: 16, [40], 277, [1] Bl.; 8°.
- Bogensign.: 1⁸-7⁸, A⁸-Z⁸, AA⁸-LL⁸, MM⁶.
- FP: νολη ι–πα ασπι μανο (3) 1524 (R).
- Buchschmuck: D.; E.; EX.
- Prov.: Etienne Graf von Méjan.
- Bibliographien: Adams H 745; Cat. Ital. Books S. 330; Bibl. Aldina S. 44; Ebert 9938; Budapest H 440.
- Sign.: Ald. Ren. 98,1–1 [1. Ex.].

Nr. 393

Homerus; <griech.>: ... ILIAS. ‖. EST: [Opera; T. 1]. Hrsg.: (Aldo Pio Manuzio). – (Venedig), (1524, MENSE ‖ APRILI.).
- Drucker: (Aldo [Manuzio I, Erben]; Andrea [Torresano I]).
- Umfang: 16, [40], 277, [1] Bl.; 8°.
- Bogensign.: 1⁸-7⁸, A⁸-Z⁸, AA⁸-LL⁸, MM⁶.
- FP: νολη ι–πα ασπι μανο (3) 1524 (R).
- Buchschmuck: D.; E.
- Prov.: Gymnasialbibliothek, Luckau.
- Bibliographien: Adams H 745; Cat. Ital. Books S. 330; Bibl. Aldina S. 44; Ebert 9938; Budapest H 440.
- Sign.: Ald. Ren. 98,1–1 [2. Ex.].
- Abbildung: S. 128.

Nr. 394

Homerus; <griech.>): ... VLYSSEA. ‖ Batrachomyomachia. ‖ Hymni. XXXII. ‖. EST: [Opera; T. 2]. Hrsg.: (Aldo Pio Manuzio). – (Venedig), (1524, MENSE ‖ APRILI.).
- Drucker: (Aldo [Manuzio I, Erben]; Andrea [Torresano I]).
- Buchbinder: François Bozérian.
- Umfang: 251, [1] Bl.; 8°.
- Bogensign.: a⁸-z⁸, A⁸-H⁸, I⁴.
- FP: e.ω∗ σ.ω. ω.ω. σοπρ (3) 1524 (R).
- Buchschmuck: D.; E.; EX.
- Prov.: Etienne Graf von Méjan.
- Bibliographien: Adams H 745; Cat. Ital. Books S. 330; Bibl. Aldina S. 44; Ebert 9938; Budapest H 440.
- Sign.: Ald. Ren. 98,1–2 [1. Ex.].

Nr. 395

Herodianus <Historicus>; <griech. u. lat.>: ... historiarum lib. VIII. ‖ ... . Hrsg.: (Franciscus Asulanus). Übers.: (Angelus Politianus). – (Venedig), (1524, MEN ‖ SE SEPTEMBRI.).
- Drucker: (Aldo [Manuzio I, Erben]; Andrea [Torresano I]).
- Buchbinder: François Bozérian.
- Umfang: [4], 92, 97, [1] Bl.; 8°.
- Bogensign.: ⁴, A⁸-A⁸, M⁴, 1⁸-11⁸, 12¹⁰.
- FP: e.ra αι∗ ουυ- ιφ∗∗ (3) 1524 (R).
- Buchschmuck: D.; E.; EX.
- Prov.: Etienne Graf von Méjan.
- Bibliographien: Adams H 377; Cat. Ital. Books S. 326; Bibl. Aldina S. 45; Ebert 9517.
- Sign.: Ald. Ren. 98,2.

Nr. 396

Dictionarium graecum; <griech. u. lat.>: DICTIONARIVM GRAECVM cum interpretatione latina, omnium, ‖ quae hactenus impressa sunt, copiosissimum. ‖ ... . EST: [Dictionarium graecum; griech. u. lat.]. Beigef.: Collectio dictionum quae; <griech. u. lat.>: ... Collectio dictionum, quae differunt significatu, per ordinem literarum. ‖ ...; Ammonius <Grammaticus>; <griech.>: ... de similibus et differentibus dictionibus. ‖ ...; Vetus instructio et; <griech.>: ... Vetus instructio et denominationes praefectorum militum. ‖ ...; Orbicius <griech.>: ... de nominibus ordinum militarium. ‖ ...; Johannes <Philoponus>; <griech.>: ... de proprietatibus linguarum. ‖ ...; Eustathius <Thessalonicensis>; <griech.>: ... de proprietatibus linguarum apud Homerum. ‖ ...; [Gregorius <Pardus>]; <griech.>: ... de proprietatibus linguarum. ‖ ...; Verborum anomalorum declinationes; <griech.>: ... Verborum anomalorum declinationes secundum ordinem literarum. ‖ ...; Aelius Herodianus; <griech.>: ... de encliticis. ‖ ...; Johannes <Charax>; <griech.>: ... de encliticis. ‖ ...; Thomas <Magister>; <griech.>: ... eclogae atticorum nominum, et uerborum. ‖ ...; Phrynichus <Arabius>; <griech.>: ... eclogae atticorum nominum, et uerborum. ‖ ...; Manuel <Moschopulus>; <griech.>: ... eclogae atticarum dictionum ... . – (Venedig), (1524, MENSE DE= ‖ CEMBRI.).
- Drucker: (Aldo [Manuzio I, Erben]; Andrea [Torresano I]).
- Umfang: 148, 164, [2] Bl.; 2°.
- Bogensign.: a⁸-s⁸, t⁴, A⁸-Q⁸, R⁶, S⁸-X⁸.
- FP: s,t. s.m- s.o. unfr (3) 1524 (R).
- Buchschmuck: D.; E.; KF.
- Bibliographien: Adams C 2895; Cat. Ital. Books S. 214; Bibl. Aldina S. 45; Ebert 6076; vgl. Ind. Aur. 146.392.
- Sign.: 2° Ald. Ren. 99,3.

❦ 1525

Nr. 397

Xenophon; <griech.>: ... OMNIA, QVAE EXTANT. ‖ ... . EST: [Opera]. Hrsg.: (Franciscus Asulanus). – (Venedig), (1525, MEN- ‖ SE APRILI).

- Drucker: (Aldo [Manuzio I, Erben]; Andrea [Torresano I]).
- Buchbinder: Luigi Lodigiani.
- Umfang: [4], 87, [119] Bl.; 2°.
- Bogensign.: **⁴, A⁸-L⁸, α⁸-ξ⁸, o⁶.
- FP: e.te κ-oρ δεoρ κα∗ι (3) 1525 (R).
- Buchschmuck: D.; E.; EX.
- Prov.: Etienne Graf von Méjan.
- Bibliographien: Adams X 4; Cat. Ital. Books S. 738; Bibl. Aldina S. 45; Ebert 24064.
- Sign.: 2° Ald. Ren. 100,1.

Nr. 398

Theodorus <Gaza>; <griech.>: ... grammatices libri. IIII. ‖ ... . Beigef.: Theodorus <Gaza>; <griech.>: ... De mensibus liber ...; Georgius <Lacapenus>; <griech.>: ... de constructione uerborum. ‖ ...; Manuel <Moschopulus>; <griech.>: ... de constructione no ‖ minum, et uerborum. ‖ Eiusdem de accentibus. ‖. Hrsg.: (Franciscus Asulanus). – (Venedig), (1525, MENSE IV ‖ NIO).
- Drucker: (Aldo [Manuzio I, Erben]; Andrea [Torresano I]).
- Buchbinder: François Bozérian.
- Umfang: 236, [2] Bl.; 8°.
- Bogensign.: aa⁸-ω&⁸, AA⁸-EE⁸, ZF⁶.
- FP: e.io σ.∗. ι-oε AoTo (3) 1525 (R).
- Buchschmuck: D.; E.; EX.
- Prov.: Etienne Graf von Méjan.
- Bibliographien: Adams T 523; Cat. Ital. Books S. 293; Bibl. Aldina S. 45; Ebert 8208.
- Sign.: Ald. Ren. 100,2.

Nr. 399

Galenus; <griech.>: ... LIBRO-RVM ‖ PARS PRIMA, QVORVM IN- ‖ DICEM VI. PAGINA ‖ CONTI-NET. ‖. EST: [Opera; T. 1]. Hrsg.: (Andreas Asulanus; Johannes Baptista Opizo). – (Venedig), (1525, MEN- ‖ SE APRILI).
- Drucker: (Aldo [Manuzio I, Erben]; Andrea [Torresano I]).
- Umfang: [4], 24, 180 [=181], [1], 108 Bl.; 2°.
- Bogensign.: ⁴, Aa⁸-Γγ⁸, a⁸-e⁸, f⁴, g⁸-l⁸, m⁴, n⁸-o⁸, p¹⁰, q⁴, r⁸-x⁸, y¹⁰, z⁸, &⁶, A⁸-L⁸, M¹², N⁸ [unvollst.: f⁴ fehlt].
- FP: q;te v.πα v-ϑ' δ∗σα (3) 1525 (R).
- Buchschmuck: D.; KF.; HS.
- Bibliographien: Adams G 32; Cat. Ital. Books S. 285; Bibl. Aldina S. 45; Ebert 8054; Budapest O 13; Durling 1748.
- Sign.: 2° Ald. Ren. 101,3-1.

Nr. 400

Galenus; <griech.>: ... LIBRO-RVM ‖ PARS SECVNDA, QVO-RVM IN- ‖ DICEM VIII. PAGINA ‖ CONTINET. ‖. EST: [Opera; T. 2]. Hrsg.: (Andreas Asulanus); [Johannes Baptista Opizo]. – (Venedig), (1525, MEN- ‖ SE APRILI).
- Drucker: (Aldo [Manuzio I, Erben]; Andrea [Torresano I]).
- Umfang: [4], 184, 160 [=106] Bl.; 2°.
- Bogensign.: **⁴, aa⁸-kk⁸, ll⁶, mm⁸-yy⁸, zz¹⁰, a⁸-g⁸, h⁶, i⁸-n⁸, o⁴.
- FP: iæta ατoυ αvε- ϑετε (3) 1525 (R).
- Buchschmuck: D.; KF.; HS.
- Bibliographien: Adams G 32; Cat. Ital. Books S. 285; Bibl. Aldina S. 45; Ebert 8054; Budapest O 13; Durling 1748.
- Sign.: 2° Ald. Ren. 101,3-2.

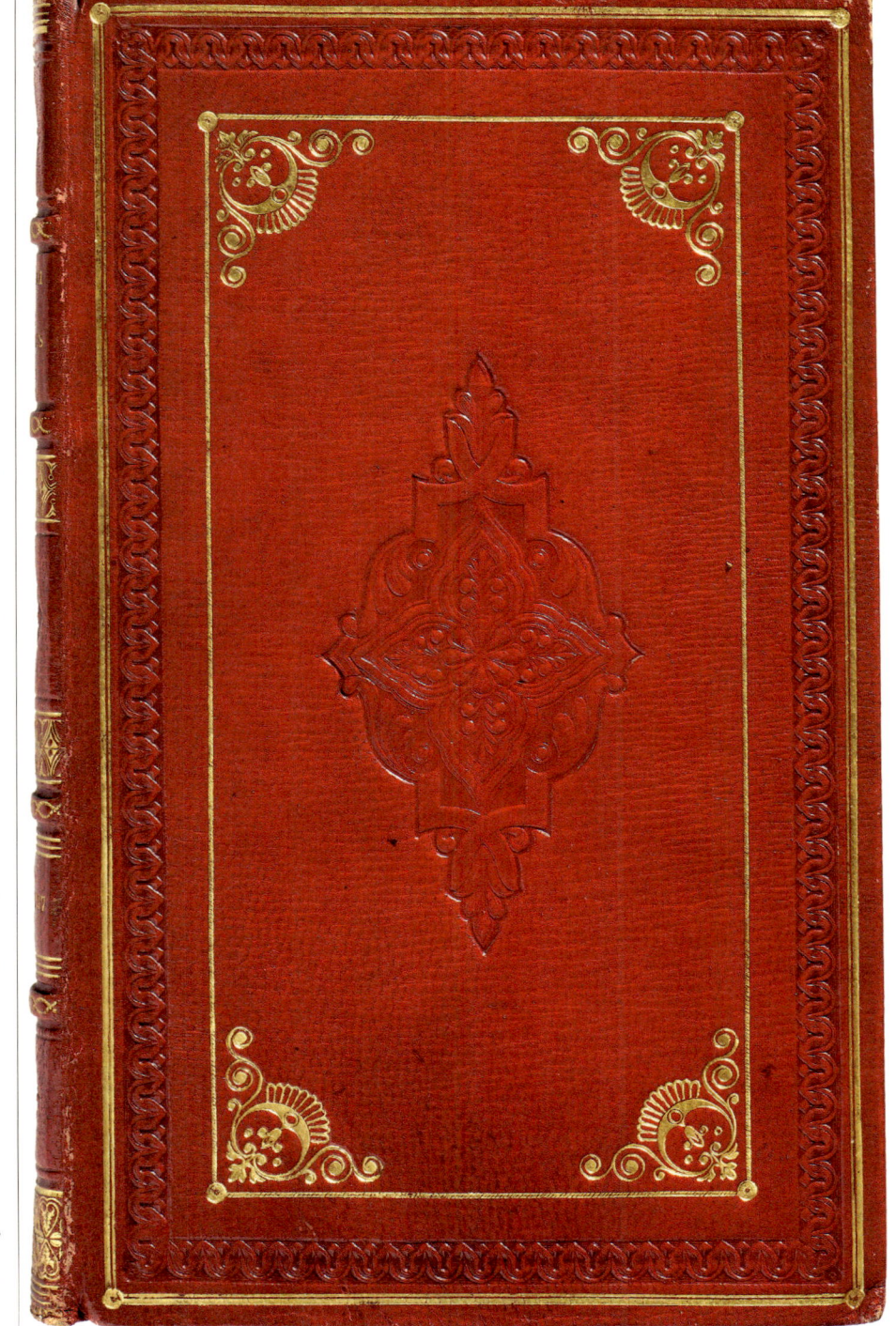

Nr. 401

Galenus; <griech.>: ... LIBRO-RVM ‖ PARS TERTIA, QVO-RVM IN- ‖ DICEM VIII. PAGINA ‖ CONTINET. ‖. EST: [Opera; T. 3]. Hrsg.: (Andreas Asulanus); [Johannes Baptista Opizo]. – (Venedig), (1525, MEN- ‖ SE APRILI).
- Drucker: (Aldo [Manuzio I, Erben]; Andrea [Torresano I]).
- Umfang: [4], 106, 155, [1] Bl.; 2°.
- Bogensign.: ⁴, a⁸-i⁸, k¹², l⁸-m⁸, n⁶, aaa⁸-bbb⁸, ccc¹⁰, ddd⁸-ggg⁸, hhh⁶-lll⁶, mmm⁸, nnn⁶-ooo⁶, ppp⁸-ttt⁸, uuu⁴, xxx¹⁰.
- FP: ames α-ω- τεα- μαγ∗ (3) 1525 (R).
- Buchschmuck: D.; KF.; HS.
- Bibliographien: Adams G 32; Cat. Ital. Books S. 285; Bibl. Aldina S. 45;

Kat.-Nr. 285

Ebert 8054; Budapest O 13; Durling 1748.
- Sign.: 2° Ald. Ren. 101,3-3.

Nr. 402
Galenus; <griech.>: ... LIBRO- ‖ RVM ‖ PARS QVARTA, QVO- RVM IN- ‖ DICEM VIII. PAGINA ‖ CONTINET. ‖. EST: [Opera; T. 4]. Hrsg.: (Andreas Asulanus); [Johannes Baptista Opizo]. – (Venedig), (1525, MENSE AVGV- ‖ STO.).
- Drucker: (Aldo [Manuzio I, Erben]; Andrea [Torresano I]).
- Umfang: [4], 3 [=6], 113, [1], 74, 55 [=57], [1] Bl.; 2°.
- Bogensign.: ⁴, **⁶, AAa⁸, BBb⁶, CCc⁴, DDd⁸-PPp⁸, aaaa⁸-cccc⁸, dddd⁶, eeee⁶, ffff⁸-iiii⁸, kkkk⁶, 1⁸-6⁸, 7⁶, 8⁴.
- FP: s,ut ιαν- ν,ε- ταχε (3) 1525 (R).
- Buchschmuck: D.; KF.; HS.
- Bibliographien: Adams G 32; Cat. Ital. Books S. 285; Bibl. Aldina S. 45; Ebert 8054; Budapest O 13; Durling 1748.
- Sign.: 2° Ald. Ren. 101,3-4.

Nr. 403
Galenus; <griech.>: ... LIBRO- ‖ RVM ‖ PARS QVINTA, QVO- RVM INDI- ‖ CEM SECVNDA PAGI- NA ‖ CONTINET. ‖. EST: [Opera; T. 5]. Hrsg.: (Andreas Asulanus); [Johannes Baptista Opizo]. – [Venedig], [1525].
- Drucker: [Aldo Manuzio I, Erben; Andrea Torresano I].
- Umfang: [4], 6, 327 [=328], 6 Bl.; 2°.
- Bogensign.: ⁴, AAA⁶, Aa⁸, Bb¹⁰, Cc⁸-Ff⁸, Gg⁶, Hh⁸-Mm⁸, Nn⁶, Oo⁶, Pp⁸-Xx⁸, Yy¹⁰, Zz⁸, Aaa⁸-Fff⁸, Ggg¹², Hhh¹², Iii¹⁰, Kκκ⁸-Tττ⁸, Yυυ¹⁰, AAA⁶ [Lage AAA doppelt vhdn.].
- FP: o-ar α,πο σ,v* ιπει (3) 1525 (Q).
- Buchschmuck: D.; KF.; HS.
- Bibliographien: Adams G 32; Cat. Ital. Books S. 285; Bibl. Aldina S. 45; Ebert 8054; Budapest O 13; Durling 1748.
- Sign.: 2° Ald. Ren. 101,3-5.

🌿 1526

Nr. 404
Hippocrates; <griech.>: ... OMNIA OPERA ‖ ... . EST: [Opera]. Hrsg.: (Franciscus Asulanus). – (Venedig), (1526, Mensae Maii.).
- Drucker: (Aldo [Manuzio I, Erben]; Andrea [Torresano I]).
- Umfang: [6], 233, [1] Bl.; 2°.
- Bogensign.: *⁸, A⁸-Z⁸, AA⁸-EE⁸, FF¹⁰.
- FP: umt, ι.α- *σι- χαε* (3) 1526 (R).
- Buchschmuck: D.; E.; EX.
- Prov.: Johannes Crato; Carolus Hugony Tolosas, Berlin 1703; Friedrich Jacob Roloff.
- Bibliographien: Adams H 563; Cat. Ital. Books S. 327; Bibl. Aldina S. 46;

Ebert 9725; Durling 2316.
- Sign.: 2° Ald. Ren. 102,1.

Nr. 405
Simplicius <Cilicius>; <griech.>: ... COMMEN ‖ TARII IN OCTO ARISTOTELIS PHYSICAE ‖ AV- SCVLTATIONIS LIBROS ... . – (Venedig), (1526, Mensae Octobri.).
- Drucker: (Aldo [Manuzio I, Erben]; Andrea [Torresano I]).
- Umfang: [4], 322 [=324] Bl.; 2°.
- Bogensign.: *⁴, a⁸-z⁸, &⁸, aa⁸-gg⁸, hh¹⁰, ii⁸-pp⁸, qq¹⁰.
- FP: áct. ωναι ονα- οσορ (3) 1526 (R).
- Buchschmuck: H.; D.
- Bibliographien: Adams S 1207; Cat. Ital. Books S. 51; Bibl. Aldina S. 46; Ebert 21284.
- Sign.: 2° Ald. Ren. 102,2.

Nr. 406
Simplicius <Cilicius>; <griech.>: ... COM- ‖ MENTARII IN QVA- TVOR ARISTO- ‖ TELIS LIBROS DE COELO, ‖ ... . – (Venedig), (1526, Mense Ianuario.).
- Drucker: (Aldo [Manuzio I, Erben]; Andrea [Torresano I]).
- Umfang: [4], 178 [=172] Bl.; 2°.
- Bogensign.: *⁴, A⁸-K⁸, L⁴, M⁸-Q⁸, R⁶, S⁸-X⁸, Y¹⁰.
- FP: iner o-.* v.v, δο*α (3) 1526 (R).
- Buchschmuck: D.; E.; EX.; HS.
- Prov.: Heinrich II. König von Frankreich; Etienne Graf von Méjan.
- Bibliographien: Adams A 1785; Cat. Ital. Books S. 44; Bibl. Aldina S. 46; Ebert 21280.
- Sign.: 2° Ald. Ren. 102,3 EBD.

Nr. 407
Simplicius <Cilicius>; <griech.>: ... COM- ‖ MENTARII IN QVA- TVOR ARISTO- ‖ TELIS LIBROS DE COELO, ‖ ... . – (Venedig), (1526, Mense Ianuario.).
- Drucker: (Aldo [Manuzio I, Erben]; Andrea [Torresano I]).
- Umfang: [4], 178 [=172] Bl.; 2°.
- Bogensign.: *⁴, A⁸-K⁸, L⁴, M⁸-Q⁸, R⁶, S⁸-X⁸, Y¹⁰.
- FP: iner o-.* v.v, δο*α (3) 1526 (R).
- Buchschmuck: D.; E.; HS.
- Bibliographien: Adams A 1785; Cat. Ital. Books S. 44; Bibl. Aldina S. 46; Ebert 21280.
- Sign.: 2° Ald. Ren. 102,3.

Nr. 408
Librorum et graecorum: ... LI- BRORVM Et graecorum, et La- tinorum nomina, quot ‖ quot in hunc usque diem excudenos cu- rauimus, ... Hrsg.: [Aldo Pio Manuzio, Erben]. – [Venedig], [nach 1526].
- Drucker: [Aldo Manuzio I, Erben].
- Umfang: 4, [2] Bl.; 2°.
- Bogensign.: A⁶ [falsch gebunden, ungezähltes Bl. vor gezähltem Bl. 4].
- FP: a-em o-i. n.s. a-a. (3) 1526 (Q).

- Buchschmuck: D.; E.; EX.
- Prov.: Etienne Graf von Méjan.
- Sign.: 4° Ald. Ren. 339.

🌿 1527

Nr. 409
Perottus, Nicolaus): IN HOC VO- LVMINE HABENTVR HAEC: ‖ CORNVCOPIAE, siue linguae lati- nae commentarij ... . EST: [Cornu- copiae]. Beigef.: Marcus Terentius Varro: ... de lingua latina libri tres Quartus. Quintus. Sextus. ‖ Eius- dem de Analogia libri tres. ‖ ...; Sex- tus Pompeius Festus: ... undeuigen- ti librorum fragmenta. ‖ ...; Nonius <Marcellus>: ... Compendia, in qui- bus tertia ferè pars addita est ... ‖ Additus praeterea est longa disser- tatio de generibus. ‖ ...; Michael Bentinus: ... Castigationes in hunc ipsum Nonium non contemnendae obiterque in Varronem et Festum ex ‖ ueterum codicum ... . Hrsg.: (Aldo [Pio Manuzio]). Kommenta- tor: Cornelius Vitellius. – (Vene- dig), (1526, MENSE MAIO.), (1526, MENSE SEPTEMBRI.), (1527, MEN- SE MARTIO.).
- Drucker: (Aldo [Manuzio I, Erben]; Andrea [Torresano I]).
- Buchbinder: Luigi Lodigiani.
- Umfang: 81, [1] Bl., 1436 Sp., [15] Bl.; 2°.
- Bogensign.: [1⁸-9⁸, 10¹⁰], a⁸-z⁸, A⁸-Y⁸, Z⁶, Aa⁸.
- FP: i-r- 3757 248. cece (3) 1527 (R).
- Buchschmuck: D.; E.; EX.
- Prov.: Etienne Graf von Méjan.
- Bibliographien: Adams P 726; Cat. Ital. Books S. 499; Bibl. Aldina S. 46f; Ebert 16213.
- Sign.: 2° Ald. Ren. 103,1.

Nr. 410
Priscianus <Caesariensis>: ... GRAMMATICAE ... ‖ LIBRI OMNES. ‖ ... . Beigef.: Rufinus <Grammaticus>: ... de metris co- micis, et oratorijs numeris. ‖ ... . Hrsg.: ([Bernardino] Donato). – (Venedig), (1527, MENSE MAIO).
- Drucker: (Aldo [Manuzio I, Erben]; Andrea [Torresano I]).
- Buchbinder: René Simier.
- Umfang: 13, [1], 299, [3] Bl.; 4°.
- Bogensign.: ⁸, ⁶, a⁸-z⁸, A⁸-O⁸, P⁶.
- FP: e-û- .b.b ums. VlVl (3) 1527 (R).
- Buchschmuck: D.; E.; EX.
- Prov.: Etienne Graf von Méjan.
- Bibliographien: Adams P 2113; Cat. Ital. Books S. 540; Bibl. Aldina S. 47; Ebert 17949.
- Sign.: Ald. Ren. 103,2 [1. Ex.].

Nr. 411
Priscianus <Caesariensis>: ... GRAMMATICAE ... ‖ LIBRI OMNES. ‖ ... . Beigef.: Rufinus <Grammaticus>: ... de metris co- micis, et oratorijs numeris. ‖ ... . Hrsg.: ([Bernardino] Donato). – (Venedig), (1527, MENSE MAIO).
- Drucker: (Aldo [Manuzio I, Erben]; Andrea [Torresano I]).
- Umfang: 13, [1], 299, [3] Bl.; 4°.
- Bogensign.: ⁸, ⁶, a⁸-z⁸, A⁸-O⁸, P⁶.
- FP: e-û- .b.b ums. VlVl (3) 1527 (R).
- Buchschmuck: D.
- Prov.: Bibliothek des Königlichen Joachimsthalschen Gymnasiums.
- Bibliographien: Adams P 2113; Cat. Ital. Books S. 540; Bibl. Aldina S. 47; Ebert 17949.
- Sign.: Ald. Ren. 103,2 [2. Ex.].

Nr. 412
Vergilius Maro, [Publius]: VIRGILIVS. ‖. EST: [Opera]. – [Venedig], 1527.
- Drucker: [Aldo Manuzio I, Erben]; Andrea Torresano I].
- Umfang: 220, [4] Bl.; 8°.
- Bogensign.: a⁸-z⁸, A⁸-E⁸ [unvollst.: E⁵-E⁷ fehlen].
- FP: usui t.pæ m.s. TrFe (3) 1527 (R).
- Buchschmuck: D.; E.; EX.
- Prov.: Benedictus Varicensius; Annibal Carus; Camillus Costa; Etienne Graf von Méjan.
- Bibliographien: Adams V 472; Cat. Ital. Books S. 730; Bibl. Aldina S. 47; Ebert 23674.
- Sign.: Ald. Ren. 104,3 [1. Ex.].

Nr. 413
Vergilius Maro, Publius]: [VIRGILIVS.]. EST: [Opera]. – (Venedig), 1527, (MEN- ‖ SE IVNIO.).
- Drucker: (Aldo [Manuzio I, Erben]; Andrea [Torresano I]).
- Umfang: 220, [4] Bl.; 8°.
- Bogensign.: a⁸-z⁸, A⁸-E⁸ [unvollst.: Titelbl. fehlt].
- FP: usui t.pæ m.s. TrFe (3) 1527 (R).
- Buchschmuck: D.; E.; HS.
- Bibliographien: Adams V 472; Cat. Ital. Books S. 730; Bibl. Aldina S. 47; Ebert 23674.
- Sign.: Ald. Ren. 104,3 [2. Ex.].

Nr. 414
Ulpianus <Grammaticus>; <griech.>: ... commentarioli in olynthiacas, philippicasque Demosthenis orationes. ‖ Enarra- tiones saneque necessariae in tre- decim orationes Demosthenis. ‖ ... . Beigef.: [Valerius] Harpocration; <griech.>: ... dictionarium decem Rhetorum. ‖. – (Venedig), 1527, (MENSE IVNIO.).
- Drucker: (Aldo [Manuzio I, Erben]; Andrea [Torresano I]).
- Buchbinder: René Simier.
- Umfang: 119, [1] Bl.; 2°.
- Bogensign.: AA⁸-PP⁸.

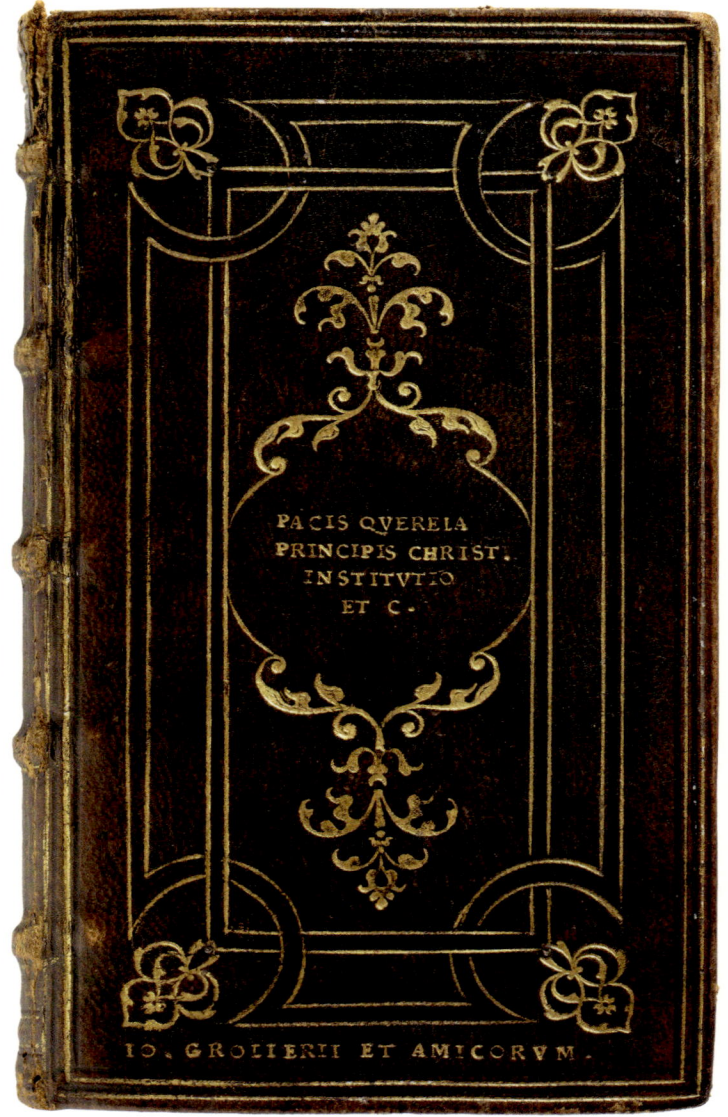

- FP: ✶✶✶– α✶ι– λ-πο v✶✶v (3) 1527 (R).
- Buchschmuck: D.; E.; EX.
- Prov.: Etienne Graf von Méjan.
- Bibliographien: Adams U 50; Cat. Ital. Books S. 704; Bibl. Aldina S. 47; Ebert 5971.
- Sign.: 2° Ald. Ren. 104,4.

Nr. 415

Ulpianus <Grammaticus>; <griech.>: ... commentarioli in olynthiacas, philippicasque Demosthenis orationes. ‖ Enarrationes saneque necessariae in tredecim orationes Demosthenis. ‖ ... . Beigef.: [Valerius] Harpocration; <griech.>: ... dictionarium decem Rhetorum. ‖ ... . – (Venedig), 1527, (MENSE IVNIO.).
- Drucker: (Aldo [Manuzio I, Erben]; Andrea [Torresano I]).
- Umfang: 119, [1] Bl.; 2°.
- Bogensign.: AA⁸–PP⁸.
- FP: ✶✶✶– α✶ι– λ-πο v✶✶v (3) 1527 (R).
- Buchschmuck: D.; E.; EX.
- Prov.: Heinrich II. König von Frankreich; Etienne Graf von Méjan.

- Bibliographien: Adams U 50; Cat. Ital. Books S. 704; Bibl. Aldina S. 47; Ebert 5971.
- Sign.: 2° Ald. Ren. 104,4 EBD.
- Abbildung: S. 127.

Nr. 416

Sannazaro, Jacopo: ... DE PARTV ‖ VIRGINIS. ‖ LAMENTATIO DE MORTE ‖ CHRISTI. ‖ PISCATORIA. ‖ ... . Verf. in Vorlage: Actius Syncerus Sannazarius. Beigef.: Pietro Bembo: ... BENACVS. ‖ ...; Agostino Beazzano: ... VERONA. ‖ ... . – (Venedig), 1527, (MENSE AVGVSTO.).
- Drucker: (Aldo [Manuzio I, Erben]; Andrea [Torresano I]).
- Umfang: [8], 47, [1] Bl.; 8°.
- Bogensign.: ✶⁸, A⁸–F⁸.
- FP: e.ti naum s.at AcDe (3) 1527 (R).
- Buchschmuck: D.; E.; EX.
- Prov.: Etienne Graf von Méjan.
- Bibliographien: Adams S 329; Cat. Ital. Books S. 605; Bibl. Aldina S. 48; Ebert 20255.
- Sign.: Ald. Ren. 104,6 [1. Ex.].

Nr. 417

Sannazaro, Jacopo: ... DE PARTV ‖ VIRGINIS. ‖ LAMENTATIO DE MORTE ‖ CHRISTI. ‖ PISCATORIA. ‖ ... . Verf. in Vorlage: Actius Syncerus Sannazarius. Beigef.: Pietro Bembo: ... BENACVS. ‖ ...; Agostino Beazzano: ... VERONA. ‖ ... . – (Venedig), 1527, (MENSE AVGVSTO.).
- Drucker: (Aldo [Manuzio I, Erben]; Andrea [Torresano I]).
- Umfang: [8], 47, [1] Bl.; 8°.
- Bogensign.: ✶⁸, A⁸–F⁸.
- FP: e.ti naum s.at AcDe (3) 1527 (R).
- Buchschmuck: D.; E.; EX.
- Prov.: Carolus Longus; Etienne Graf von Méjan.
- Bibliographien: Adams S 329; Cat. Ital. Books S. 605; Bibl. Aldina S. 48; Ebert 20255.
- Sign.: Ald. Ren. 104,6 [2. Ex.].

Nr. 418

Johannes <Grammaticus>; <griech.>: ... IN LIBROS DE GENERATIONE, ET INTERITV. ‖ ... .

Kat.-Nr. 311
Für Jean Grolier gefertigter Einband, Vorderdeckel und Hinterdeckel mit dessen Devise

Kat.-Nr. 313
Deutscher Einband im Rollenstil

Beigef.: Alexander <Aphrodisiensis>; <griech.>: ... IN METEORO-LOGICA. ‖ ...; Alexander <Aphrodisiensis>; <griech.>: ... DE MIXTIONE. ‖ . – (Venedig), (1527, MENSE SEPTEMBRI).
- Drucker: (Aldo [Manuzio I, Erben]; Andrea [Torresano I]).
- Umfang: [2], 147, [1] Bl.; 2°.
- Bogensign.: ², AA⁸, B⁸-H⁸, I⁶, K⁸-S⁸, T⁶.
- FP: s.o. ωσι, ν,ε- το τα (3) 1527 (R).
- Buchschmuck: H.; D.; E.; EX.
- Prov.: John Hayford Thorold Baronet of Syston Park.
- Bibliographien: Adams P 1052; Bibl. Aldina S. 48; Ebert 10804.
- Sign.: 2° Ald. Ren. 104,7 [1. Ex.].

Nr. 419
Johannes <Grammaticus>; <griech.>: ... IN LIBROS DE GE-NERATIONE, ET INTERITV. ‖ ... . Beigef.: Alexander <Aphrodisiensis>; <griech.>: ... IN METEORO-LOGICA. ‖ ...; Alexander <Aphrodisiensis>; <griech.>: ... DE MIXTIONE. ‖ . – (Venedig), (1527, MENSE SEPTEMBRI).
- Drucker: (Aldo [Manuzio I, Erben]; Andrea [Torresano I]).
- Umfang: [2], 147, [1] Bl.; 2°.
- Bogensign.: ², AA⁸, B⁸-H⁸, I⁶, K⁸-S⁸, T⁶.
- FP: s.o. ωσι, ν,ε- το τα (3) 1527 (R).
- Buchschmuck: H.; D.
- Bibliographien: Adams P 1052; Bibl. Aldina S. 48; Ebert 10804.
- Sign.: 2° Ald. Ren. 104,7 [2. Ex.].

Nr. 420
Horatius Flaccus, Q[uintus]: ... POE- ‖ MATA OMNIA. ‖ ... . EST: [Opera]. Beigef.: Servius: ... Centimetrum ...; Aldo [Pio] Manuzio: ... Annotationes ... in Horatium. ‖ Ratio mensuum, quibus Odae eiusdem Poëtae tenentur ‖ ...; Nicolaus Perottus: ... libellus ... (... DE ‖ METRIS ODARVM HO ‖ RATIANARVM. ‖). Hrsg.: (Franciscus Asulanus). – (Venedig), 1527, (MENSE SEPTEMBRI).
- Drucker: (Aldo [Manuzio I, Erben]; Andrea [Torresano I]).
- Umfang: [8], 189, [2] Bl.; 8°.
- Bogensign.: A⁸, a⁸-z⁸, ⁷.
- FP: i-i- odt. ums: MaBi (3) 1527 (R).
- Buchschmuck: D.; E.; EX.
- Prov.: Etienne Graf von Méjan.
- Bibliographien: Adams H 869; Cat. Ital. Books S. 333; Ebert 10152; Budapest H 509.
- Sign.: Ald. Ren. 104,8.

Nr. 421
Horatius Flaccus, Q[uintus]: ... POE- ‖ MATA OMNIA. ‖ ... . EST: [Opera]. Beigef.: Servius: ... Centimetrum ...; Aldo [Pio] Manuzio: ... Annotationes ... in Horatium. ‖ Ratio mensuum, quibus Odae eiusdem Poëtae tenentur ‖ ...; Nicolaus Perottus: ... libellus ... (... DE ‖ METRIS ODARVM HO ‖ RATIANARVM. ‖). Hrsg.: (Franciscus Asulanus). – (Venedig), 1527, (MENSE SEPTEMBRI).
- Drucker: (Aldo [Manuzio I, Erben]; Andrea [Torresano I]).
- Umfang: [8], 189, [2] Bl.; 8°.
- Bogensign.: A⁸, a⁸-z⁸, ⁷.
- FP: i-i- odt. ums: MaBi (3) 1527 (R).
- Buchschmuck: D.; E.
- Prov.: Franciscus Humanista (?).
- Bibliographien: Adams H 869; Cat. Ital. Books S. 333; Ebert 10152; Budapest H 509.
- Sign.: Ald. Ren. 104,8 EBD.
- Abbildung: S. 137.

🕮 1528

Nr. 422
Celsus, Aulus Cornelius: IN HOC VOLVMINE HAEC ‖ CONTI-NENTVR. ‖ ... MEDICINAE ‖ LIBRI. VIII. ... . Beigef.: Quintus Serenus: ... LIBER DE MEDICINA ‖ ... . Hrsg.: (Giovanni Battista Egnazio). – (Venedig), (1528, MENSE ‖ MARTIO.).
- Drucker: (Aldo [Manuzio I, Erben]; Andrea [Torresano I]).
- Buchbinder: François Bozérian.
- Umfang: [8], 164 Bl.; 4°.
- Bogensign.: *⁸, a⁸-s⁸, t⁴, v⁸, x⁸.
- FP: i-o- 830- t.re tequ (3) 1528 (R).
- Buchschmuck: D.; E.; EX.
- Prov.: Etienne Graf von Méjan.
- Bibliographien: Adams C 1241; Cat. Ital. Books S. 165; Ind. Aur. 135.094; Bibl. Aldina S. 48; Ebert 3883.
- Sign.: Ald. Ren. 105,1 [1. Ex.].

Nr. 423
Celsus, Aulus Cornelius: IN HOC VOLVMINE HAEC ‖ CONTI-NENTVR. ‖ ... MEDICINAE ‖ LIBRI. VIII. ... . Beigef.: Quintus Serenus: ... LIBER DE MEDICINA ‖ ... . Hrsg.: (Giovanni Battista Egnazio). – (Venedig), (1528, MENSE ‖ MARTIO.).
- Drucker: (Aldo [Manuzio I, Erben]; Andrea [Torresano I]).
- Buchbinder: François Bozérian.
- Umfang: [8], 164 Bl.; 4°.
- Bogensign.: *⁸, a⁸-s⁸, t⁴, v⁸, x⁸.
- FP: i-o- 830- t.re tequ (3) 1528 (R).
- Buchschmuck: D.; E.; EX.
- Prov.: Etienne Graf von Méjan.
- Bibliographien: Adams C 1241; Cat. Ital. Books S. 165; Ind. Aur. 135.094; Bibl. Aldina S. 48; Ebert 3883.
- Sign.: Ald. Ren. 105,1 [2. Ex.].

Nr. 424
Macrobius, (Ambrosius Theodosius): ... IN SOMNIVM SCIPIO- ‖ NIS EX CICERONIS. VI. LI- ‖ BRO DE REP. ERVDI- ‖ TISSIMA EXPLA- ‖ NATIO. ‖ ... . Beigef.: (Ambrosius Theodosius) Macrobius: ... Saturnaliorum Libri VII. ‖ ...; Censorinus <Grammaticus>: ... De die natali ... . Hrsg.: ([Bernardino] Donato). – (Venedig), (1528, MEN- ‖ SE APRILI.).
- Drucker: (Aldo [Manuzio I, Erben]; Andrea [Torresano I]).
- Buchbinder: François Bozérian.
- Umfang: [16], 322, [2] Bl.; 8°.
- Bogensign.: *⁸, ⁸, a⁸-z⁸, ⁸, A⁸-Q⁸, R⁴.
- FP: usi- s.e- *ad tasu (3) 1528 (R).
- Buchschmuck: H.; D.; E.; EX.
- Prov.: Etienne Graf von Méjan.
- Bibliographien: Adams M 62; Cat. Ital. Books S. 401; Bibl. Aldina S. 49; Ebert 12715.
- Sign.: Ald. Ren. 105,2.

Nr. 425
Castiglione, Baldassare: IL LI-BRO DEL CORTEGIANO ‖ ... . – (Venedig), (1528, del mese d'Aprile.).
- Drucker: (Aldo [Manuzio I, Erben]; Andrea [Torresano I]).
- Buchbinder: Luigi Lodigiani.
- Umfang: [122] Bl.; 2°.
- Bogensign.: *⁴, a⁸-o⁸, p⁶.
- FP: Mecô n-bi heio dina (C) 1528 (R).
- Buchschmuck: D.; E.; EX.
- Prov.: Etienne Graf von Méjan.
- Bibliographien: Adams C 924; Cat. Ital. Books S. 156; Ind. Aur. 133.563; Bibl. Aldina S. 49; Ebert 3673.
- Sign.: 2° Ald. Ren. 105,3 [1. Ex.].

Nr. 426
Castiglione, Baldassare: IL LI-BRO DEL CORTEGIANO ‖ ... . – (Venedig), (1528, del mese d'Aprile.).
- Drucker: (Aldo [Manuzio I, Erben]; Andrea [Torresano I]).
- Umfang: [122] Bl.; 2°.
- Bogensign.: *⁴, a⁸-o⁸, p⁶.
- FP: Mecô n-bi heio dina (C) 1528 (R).
- Buchschmuck: D.; E.; HS.
- Prov.: Pietro Bembo; Giovanni de' Brignoli.
- Bibliographien: Adams C 924; Cat. Ital. Books S. 156; Ind. Aur. 133.563; Bibl. Aldina S. 49; Ebert 3673.
- Sign.: 2° Ald. Ren. 105,3 [2. Ex.].
- Abbildung: S. 131.

Nr. 427
Didymus <Chalcenterus>; <griech.>: ... INTERPRETA-TIO ‖ IN ODYSSEAM ‖ ... . Hrsg.: (Franciscus Asulanus). – (Venedig), (1528, MENSE IVNIO.).
- Drucker: (Aldo [Manuzio I, Erben]; Andrea [Torresano I]).
- Buchbinder: François Bozérian.
- Umfang: 127, [1] Bl.; 8°.
- Bogensign.: A⁸-Π⁸.
- FP: e.i, α-ε- A-ν- μοΣA (3) 1528 (R).
- Buchschmuck: D.; E.; EX.
- Prov.: Etienne Graf von Mèjan.
- Bibliographien: Adams D 443; Cat. Ital. Books S. 215; Bibl. Aldina S. 49; Ebert 612; Ind. Aur. 153.022.
- Sign.: Ald. Ren. 105,4 [1. Ex.].

Nr. 428
Didymus <Chalcenterus>; <griech.>: ... INTERPRETA-TIO ‖ IN ODYSSEAM ‖ ... . Hrsg.: (Franciscus Asulanus). – (Venedig), (1528, MENSE IVNIO.).
- Drucker: (Aldo [Manuzio I, Erben]; Andrea [Torresano I]).
- Umfang: 127, [1] Bl.; 8°.
- Bogensign.: A⁸-Π⁸.
- FP: e.i, α-ε- A-ν- μοΣA (3) 1528 (R).
- Buchschmuck: D.; E.; EX.
- Prov.: Etienne Graf von Mèjan.
- Bibliographien: Adams D 443; Cat. Ital. Books S. 215; Bibl. Aldina S. 49; Ebert 612; Ind. Aur. 153.022.
- Sign.: Ald. Ren. 105,4 [2. Ex.].

Nr. 429
Paulus <Aegineta>; <griech.>: ... LIBRI SEPTEM. ‖ ... . EST: [Opera]. – (Venedig), (1528, MENSE AV- ‖ GVSTO.).
- Drucker: (Aldo [Manuzio I, Erben]; Andrea [Torresano I]).
- Buchbinder: René Simier.
- Umfang: [4], 138, [2] Bl.; 2°.
- Bogensign.: ⁴, a⁸-r⁸, s⁴ [unvollst.: 4. Bl. fehlt].
- FP: I.e- τ*γ. σ.αι ωλμε (3) 1528 (R).
- Buchschmuck: D.; E.; EX.
- Prov.: Etienne Graf von Méjan.
- Bibliographien: Adams P 488; Cat. Ital. Books S. 494; Bibl. Aldina S. 49; Ebert 123.
- Sign.: 2° Ald. Ren. 106,5.

Nr. 430
Sannazaro, Jacopo: ... DE PAR-TV ‖ VIRGINIS. ‖ LAMENTATIO DE MORTE ‖ CHRISTI. ‖ PISCATORIA. ‖ ... . Verf. in Vorlage: Actius Syncerus Sannazarius. Beigef.: Pietro Bembo: ... BENACVS. ‖ ...; Agostino Beazzano: ... VERO-NA. ‖ ... . Hrsg.: (Franciscus Asulanus). – (Venedig), 1528, (MENSE AV- ‖ GVSTO.).
- Drucker: (Aldo [Manuzio I, Erben]; Andrea [Torresano I]).
- Buchbinder: François Bozérian.
- Umfang: [4], 67, [1] Bl.; 8°.
- Bogensign.: *⁴, A⁸-H⁸, I⁴.
- FP: e.r. ise, s.at AcDe (3) 1528 (R).
- Buchschmuck: D.; E.; EX.
- Prov.: Etienne Graf von Méjan.
- Bibliographien: Adams S 330; Cat. Ital. Books S. 605; Bibl. Aldina S. 49; Ebert 20257.
- Sign.: Ald. Ren. 106,6.

🕮 1529

Nr. 431
Steuco, Agostino: RECOGNITIO VE ‖ TERIS TESTAMENTI AD HEBRAICAM VE ‖ ritatem ... . Verf.

in Vorlage: Augustinus Eugubinus. – (Venedig), 1529.
- Drucker: (Aldo [Manuzio I, Erben]; Andrea [Torresano I]).
- Umfang: [2], 211, [1] Bl.; 4°.
- Bogensign.: *², a⁸-z⁸, &⁸, ⁸, ⁸, A⁴.
- FP: res, i.ê- etur inny (3) 1529 (R).
- Buchschmuck: D.; E.; EX.
- Prov.: Karmeliterkloster, Venedig; Etienne Graf von Méjan.
- Bibliographien: Adams S 1847; Cat. Ital. Books S. 647; Bibl. Aldina S. 50; Ebert 21756.
- Sign.: Ald. Ren. 106,1.

🎋 1533

Nr. 432

Cicero, M[arcus] T[ullius]: IN HOC VOLVMINE HAEC ‖ CONTINENTVR. ‖ Rhetoricorum ad C. Herennium lib. IIII. ‖ … de inuentione lib. II. ‖ … . EST: [Opera rhetorica, Teils.]. Hrsg.: (Aldo P[io] M[anuzio]). – (Venedig), (1533, MENSE MAR- ‖ TIO).
- Drucker: (Aldo Manuzio [I], Erben; Andrea Torresano [I], Erben).
- Buchbinder: François Bozérian.
- Umfang: [16], 245, [1] Bl.; 4°.
- Bogensign.: *⁸, **⁸, a⁸-k⁸, l⁴, m⁸-z⁸, A⁸-G⁸, H¹⁰.
- FP: m.t∗ isse e?s, piIt (3) 1533 (R).
- Buchschmuck: D.; E.; EX.
- Prov.: P. de La Mare; Etienne Graf von Méjan.
- Bibliographien: Adams C 1678; Cat. Ital. Books S. 175; Ind. Aur. 137.901; Bibl. Aldina S. 50; Ebert 4285.
- Sign.: Ald. Ren. 107,1.
- Abbildung: S. 134.

Nr. 433

Castiglione, Baldassare: IL LIBRO DEL CORTEGIA- ‖ NO … . Hrsg.: (Franciscus Asulanus). – (Venedig), (1533, DEL MESE DI ‖ MAGGIO.).
- Drucker: (Aldo [Manuzio I], Erben; Andrea [Torresano I], Erben).
- Buchbinder: François Bozérian.
- Umfang: [8], 215 [=211], [1] Bl.; 8°.
- Bogensign.: a⁸-z⁸, A⁸-D⁸, E⁴.
- FP: o.r= iaad heza hani (3) 1533 (R).
- Buchschmuck: D.; E.; EX.
- Prov.: Etienne Graf von Méjan.
- Bibliographien: Adams C 926; Cat. Ital. Books S. 156; Bibl. Aldina S. 50; Ebert 3673; Ind. Aur. 133.568.
- Sign.: Ald. Ren. 107,2.

Nr. 434

Petrarca, (Francesco): IL PETRARCA. ‖ (SONETTI E' CANZONI …). Hrsg.: (Paolo Manuzio). – (Venedig), 1533, (del me- ‖ se di Giugno.).
- Drucker: (Aldo [Manuzio I], Erben; Andrea [Torresano I], Erben).
- Buchbinder: François Bozérian.
- Umfang: 183, [45] Bl.; 8°.
- Bogensign.: a⁸-z⁸, A⁸-E⁸, F⁴.
- FP: tioi e.to a,a, ADPE (3) 1533 (R).
- Buchschmuck: D.; E.; EX.
- Prov.: Etienne Graf von Méjan.
- Bibliographien: Adams P 802; Cat. Ital. Books S. 504; Bibl. Aldina S. 50; Ebert 16404.
- Sign.: Ald. Ren. 108,5.

Nr. 435

Pontano, (Giovanni Giovano): … OPERA. ‖ Vrania, siue de Stellis libri quinque. ‖ Meteororum liber unus. ‖ De hortis Hesperidum libri duo. ‖ … . EST: [Opera poetica; T. 1]. – (Venedig), (1533, mense ‖ Augusto).
- Drucker: (Aldo Manuzio [I], Erben; Andrea [Torresano I], Erben).
- Buchbinder: François Bozérian.
- Umfang: [8], 247, [1] Bl.; 8°.
- Bogensign.: *⁸, a⁸-z⁸, aa⁸-hh⁸.
- FP: 1515 9897 usa. EtAm (3) 1533 (R).
- Buchschmuck: D.; E.; EX.
- Prov.: Etienne Graf von Méjan.
- Bibliographien: Adams P 1871; Cat. Ital. Books S. 533; Bibl. Aldina S. 51; Ebert 17743; Budapest P 792.
- Sign.: Ald. Ren. 108,6 EBD.

Nr. 436

Pontano, (Giovanni Giovano): … OPERA. ‖ Vrania, siue de Stellis libri quinque. ‖ Meteororum liber unus. ‖ De hortis Hesperidum libri duo. ‖ … . EST: [Opera poetica; T. 1]. – (Venedig), (1533, mense ‖ Augusto).
- Drucker: (Aldo Manuzio [I], Erben; Andrea [Torresano I], Erben).
- Umfang: [8], 247, [1] Bl.; 8°.
- Bogensign.: *⁸, a⁸-z⁸, aa⁸-hh⁸.
- FP: 1515 9897 usa. EtAm (3) 1533 (R).
- Buchschmuck: D.; EX.
- Prov.: Görtz-Wrisberg auf Wrisbergholzen.
- Bibliographien: Ald. Ren. 108,6; Adams P 1871; Cat. Ital. Books S. 533; Bibl. Aldina S. 51; Ebert 17743; Budapest P 792.
- Sign.: Ai 5176 RAR.

Nr. 437

C[icero], M[arcus] T[ullius]: … EPISTOLAE FAMILIARES ‖ … . EST: [Epistolae ad familiares]. Hrsg.: (Paolo Manuzio). – (Venedig), 1533, (mense octobri).
- Drucker: (Aldo Manuzio [I], Erben; Andrea [Torresano I], Erben).
- Buchbinder: François Bozérian.
- Umfang: [3], 267, [18] Bl.; 8°.
- Bogensign.: a⁸-z⁸, aa⁸-mm⁸, ll⁸ [sic!].
- FP: isa- t∗am umi- gaci (3) 1533 (R).
- Buchschmuck: D.; E.; EX.
- Prov.: Etienne Graf von Méjan.
- Bibliographien: Cat. Ital. Books S. 178; Ebert 4419.
- Sign.: Ald. Ren. 108,7.
- Abbildung: S. 130.

Nr. 438

Ovidius Naso, [Publius]: QVAE HOC VOLVMINE ‖ CONTINENTVR. ‖ … METAMORPHO- ‖ SEON LIBRI XV. ‖. EST: [Opera; T. 1]. (Venedig), 1534, (1533, MENSE SEPTEMBRI).
- Drucker: (Aldo [Manuzio I], Erben; Andrea [Torresano I], Erben).
- Buchbinder: Courteval.
- Umfang: [31], 204, [1] Bl.; 8°.
- Bogensign.: ⁸, ⁸, ⁸, a⁸-z⁸, A⁸-B⁸, C⁴.
- FP: i.en r.e. s:t. SuTa (3) 1534 (R).
- Buchschmuck: D.; E.; EX.
- Prov.: Etienne Graf von Méjan.
- Bibliographien: Adams O 489; Bibl. Aldina S. 51; Ebert 15356.
- Sign.: Ald. Ren. 109,8–1 [1. Ex.].
- Abbildungen: S. 132, 133.

Nr. 439

Ovidius Naso, [Publius]: … FASTORVM LIB. VI. ‖ TRISTIVM LIB. V. ‖ DE PONTO LIB. IIII. ‖ IN IBIN ‖ AD LIVIAM. ‖. EST: [Opera; T. 2]. Beigef.: Cla[udius] Ptolemaeus; <lat.>: … INERRANTIVM ‖ Stellarum significationes … . – (Venedig), (1533, MENSE DECEM= ‖ BRI).
- Drucker: (Aldo [Manuzio I], Erben; Andrea [Torresano I], Erben).
- Buchbinder: Courteval.
- Umfang: 21, [3], 227, [5] Bl.; 8°.
- Bogensign.: ⁸, ⁸, ⁸, aaa⁸-zzz⁸, AAA⁸-FFF⁸.
- FP: t:t. o.t. s.te TuDu (3) 1533 (R).
- Buchschmuck: D.; E.; EX.
- Prov.: Etienne Graf von Méjan.
- Bibliographien: Adams P 2239; Cat. Ital. Books S. 480; Bibl. Aldina S. 51; Ebert 25356.
- Sign.: Ald. Ren. 109,8–2 [1. Ex.].

Nr. 440

Ovidius Naso, [Publius]: … FASTORVM LIB. VI. ‖ TRISTIVM LIB. V. ‖ DE PONTO LIB. IIII. ‖ IN IBIN ‖ AD LIVIAM. ‖. EST: [Opera; T. 2]. Beigef.: Cla[udius] Ptolemaeus; <lat.>: … INERRANTIVM ‖ Stellarum significationes … . – (Venedig), (1533, MENSE DECEM= ‖ BRI).
- Drucker: (Aldo [Manuzio I], Erben; Andrea [Torresano I], Erben).
- Buchbinder: François Bozérian.
- Umfang: 21, [3], 227, [5] Bl.; 8°.
- Bogensign.: ⁸, ⁸, ⁸, aaa⁸-zzz⁸, AAA⁸-FFF⁸.
- FP: t:t. o.t. s.te TuDu (3) 1533 (R).
- Buchschmuck: D.; E.; EX.
- Prov.: Etienne Graf von Méjan.
- Bibliographien: Adams P 2239; Cat. Ital. Books S. 480; Bibl. Aldina S. 51; Ebert 25356.
- Sign.: Ald. Ren. 109,8–2 [2. Ex.].

Nr. 441

Ovidius Naso, P[ublius]: … HEROIDVM EPISTOLAE. ‖ AMORVM LIB. III. ‖ DE ARTE AMANDI LIB. II. ‖ DE REMEDIO AMORIS LIB. II. ‖ … . EST: [Opera; T. 3]. Beigef.: Aldo [Pio Manuzio]: P. Ouidij Nasonis uita … . – (Venedig), (1533, MENSE IANVARIO.).
- Drucker: (Aldo [Manuzio I], Erben; Andrea [Torresano I], Erben).
- Buchbinder: Courteval.
- Umfang: [12], 172, [8] Bl.; 8°.
- Bogensign.: Aa⁸, Bb⁸, aa⁸-hh⁸, ii⁴, kk⁸-oo⁸, pp⁴, qq⁸-zz⁸, AA⁴.
- FP: o-o- x,t. o:i. DiIt (3) 1533 (R).
- Buchschmuck: D.; E.; EX.
- Prov.: Etienne Graf von Méjan.
- Bibliographien: Adams O 432; Bibl. Aldina S. 51; Ebert 15356.
- Sign.: Ald. Ren. 109,8–3 [1. Ex.].

Nr. 442

Scriptores rei rusticae: LIBRI DE RE RVSTICA. ‖ M. CATONIS LIB. I. ‖ M. TERENTII VARRONIS LIB. III. ‖ L. IVNII MODERATI ‖ COLVMELLAE LIB. XII. ‖ Eiusdem de arboribus liber separatus ab alijs. ‖ PALLADII LIB. XIIII. ‖ … . EST: [Scriptores rei rusticae]. Hrsg.: (Aldo [Pio Manuzio]). – (Venedig), 1533, (MENSE ‖ DECEMBRI).
- Drucker: (Aldo [Manuzio I], Erben; Andrea [Torresano I], Erben).
- Umfang: [54], 295, [1] Bl.; 4°.
- Bogensign.: *⁴, A⁸-E⁸, F¹⁰, a⁸-z⁸, A⁸-O⁸.
- FP: ræa, .a.b r-er sace (3) 1533 (R).
- Buchschmuck: H.; D.; E.; EX.
- Prov.: Etienne Graf von Méjan.
- Bibliographien: Adams S 812; Cat. Ital. Books Suppl. S. 29; Ind. Aur. 134.373; Bibl. Aldina S. 51; Ebert 20737; Budapest S 392.
- Sign.: Ald. Ren. 109,9.
- Abbildung: S. 140.

Nr. 443

Capella, Galeazzo [Flavio]: L'ANTHROPOLOGIA … . – (Venedig), 1533, (del mese di Genaro).
- Drucker: (Aldo [Manuzio I], Erben; Andrea [Torresano I], Erben).
- Umfang: 74 [=75], [1] Bl.; 8°.
- Bogensign.: A⁸-I⁸, K⁴.
- FP: lan= men- n-,* luPa (3) 1533 (R).
- Buchschmuck: D.; E.
- Bibliographien: Adams C 578; Cat. Ital. Books S. 145; Ind. Aur. 131.489; Bibl. Aldina S. 51; Ebert 3479.
- Sign.: Ald. Ren. 110,10.

Nr. 444

Sannazaro, Jacopo: … DE PARTV VIRGINIS ‖ LIBRI III. ‖ EIVSDEM DE MORTE CHRISTI ‖ LAMENTATIO. ‖ … . Verf. in Vorlage: Actius Syncerus Sannazarius. – (Venedig), 1533.
- Drucker: (Aldo [Manuzio I], Erben; Andrea [Torresano I], Erben].
- Buchbinder: François Bozérian.
- Umfang: [4], 100 Bl.; 8°.
- Bogensign.: *⁴, A⁸-M⁸, N⁴.
- FP: s,o, ise: s.at AcDe (3) 1533 (R).
- Buchschmuck: D.; E.; EX.
- Prov.: Etienne Graf von Méjan.
- Bibliographien: Adams S 331; Cat.

Kat.-Nr. 354

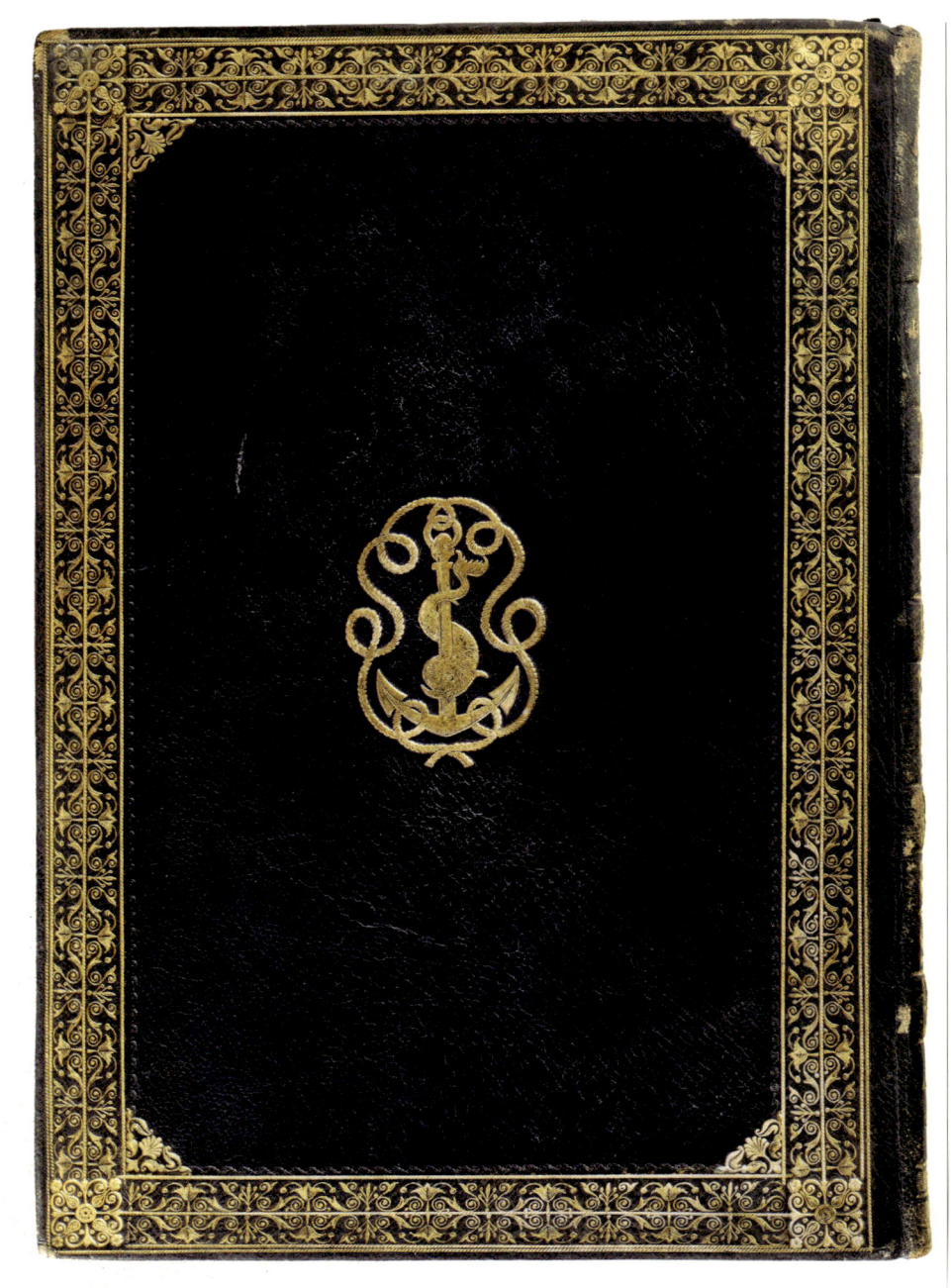

Kat.-Nr. 349
Das Signet der
Alduswerkstatt
als Supralibros

🐬 **1534**

Nr. 445
Priapea: DIVERSORVM VETE-RVM POETA- ‖ RVM IN PRIA-PVM LVSVS. ‖ … . EST: [Priapea]. Beigef.: P[ublius] V[ergilius] M[aro]: … CATALECTA. COPA. ROSAE. ‖ CVLEX. DIRAE. MORETVM. CIRIS. ‖ …; [Publius] Vergilius [Maro]: … AETNA. ELEGIA IN MECOENATIS ‖ OBITVM. ET ALIA NONNVLLA, ‖ QVAE FALSO' VIRGILII CRE- ‖ DVNTVR. ‖ …; Argumenta in Virgilii: … ARGVMENTA IN VIRGILII LI- ‖ BROS, ET ALIA DIVERSORVM ‖ COMPLVRA. ‖. Hrsg.: [Franciscus Asulanus]. – (Venedig), 1534, (MENSE MARTIO).
- Drucker: (Aldo [Manuzio I], Erben; Andrea [Torresano I], Erben).
- Buchbinder: René Simier.
- Umfang: 79, [1] Bl.; 8°.
- Bogensign.: a⁸-k⁸.
- FP: d=ul m.s∗ t∗t: ∗GQu (3) 1534 (R).
- Buchschmuck: D.; E.; EX.
- Prov.: Etienne Graf von Méjan.
- Bibliographien: Adams P 2085; Cat. Ital. Books S. 539; Bibl. Aldina S. 52; Ebert 12523.
- Sign.: Ald. Ren. 110,1.

Nr. 446
Valerius <Maximus>: VALERIVS MAXIMVS ‖ NVPER EDITVS ‖ …. EST: [Facta et dicta memorabilia]. Hrsg.: (Paolo Manuzio). – (Venedig), 1534, (MENSE MARTIO).
- Drucker: (Aldo [Manuzio I], Erben; Andrea [Torresano I], Erben).
- Umfang: [16], 209, [3] Bl.; 8°.
- Bogensign.: A⁸, B⁸, a⁸-z⁸, A⁸-C⁸, D⁴.
- FP: i,er 3031 s.t, lipi (3) 1534 (R).
- Buchschmuck: D.; E.; EX.
- Prov.: Etienne Graf von Méjan.
- Bibliographien: Adams V 104; Cat. Ital. Books S. 708; Bibl. Aldina S. 52; Ebert 23323.
- Sign.: Ald. Ren. 110,2.

Nr. 447
Themistius; <griech.>: … OMNIA … ‖ OPERA, HOC EST PARAPHRASES, ‖ ET ORATIONES. ‖ … . EST: [Opera]. Beigef.: Alexander <Aphrodisiensis>; <griech.>: … LIBRI DVO ‖ DE ANIMA, ET DE FATO VNVS. ‖ … . Hrsg.: (Vittore Trincavelli). – (Venedig), 1534, (mense Maio,).
- Drucker: (Aldo Manuzio [I], Erben; Andrea [Torresano I], Erben).
- Buchbinder: René Simier.
- Umfang: [4], 172, [2] Bl.; 2°.
- Bogensign.: ∗⁴, A⁸-O⁸, P¹⁰, Q⁸-X⁸, Y⁴.
- FP: i-q; ραοι ησα∗ φωδο (3) 1534 (R).
- Buchschmuck: D.; E.; EX.
- Prov.: Etienne Graf von Méjan.
- Bibliographien: Adams T 447; Cat. Ital. Books S. 667; Bibl. Aldina S. 52; Ebert 22730.
- Sign.: 2° Ald. Ren. 111,3 [1. Ex.].

Nr. 448
Themistius; <griech.>: … OMNIA … ‖ OPERA, HOC EST PARAPHRASES, ‖ ET ORATIONES. ‖ … . EST: [Opera]. Beigef.: Alexander <Aphrodisiensis>; <griech.>: … LIBRI DVO ‖ DE ANIMA, ET DE FATO VNVS. ‖ … . Hrsg.: (Vittore Trincavelli). – (Venedig), 1534, (mense Maio,).
- Drucker: (Aldo Manuzio [I], Erben; Andrea [Torresano I], Erben).
- Umfang: [4], 172, [2] Bl.; 2°.
- Bogensign.: ∗⁴, A⁸-O⁸, P¹⁰, Q⁸-X⁸, Y⁴.
- FP: i-q; ραοι ησα∗ φωδο (3) 1534 (R).
- Buchschmuck: D.
- Bibliographien: Adams T 447; Cat. Ital. Books S. 667; Bibl. Aldina S. 52; Ebert 22730.
- Sign.: 2° Ald. Ren. 111,3 [2. Ex.].

Nr. 449
Isocrates; <griech.>: … NVPER ACCVRATE RECO- ‖ GNITVS, ET AVCTVS. ‖ … ALCIDAMAS. ‖ … GORGIAS. ‖ … ARISTIDES. ‖ … HARPOCRATION. ‖. Hrsg.: (Aldo [Pio] Man[uzio]). – (Venedig), 1534, (mense Iulio,).
- Drucker: (Aldo Manuzio [I], Erben; Andrea [Torresano I], Erben).
- Umfang: 115, [1] Bl.; 2°.
- Bogensign.: A⁸-K⁸, L⁴, M⁸-P⁸.
- FP: I.e. ωσον ινιν παχη (3) 1534 (R).
- Buchschmuck: D.; E.; EX.
- Prov.: Etienne Graf von Méjan.
- Bibliographien: Adams O 245; Cat.

Ital. Books S. 341; Bibl. Aldina S. 52; Ebert 10582.
- Sign.: 2° Ald. Ren. 111,4.

Nr. 450
Sannazaro, (Jacopo): ARCADIA ‖ ... . – (Venedig), 1534.
- Drucker: (Aldo [Manuzio I], Erben; Andrea [Torresano I], Erben).
- Buchbinder: Motet.
- Umfang: 91, [1] Bl.; 8°.
- Bogensign.: A^8-L^8, M^4.
- FP: o.n= r=an noeg MoEt (3) 1534 (R).
- Buchschmuck: D.; E.; EX.
- Prov.: Etienne Graf von Méjan.
- Bibliographien: Adams S 320; Cat. Ital. Books S. 606; Bibl. Aldina S. 53; Ebert 20276.
- Sign.: Ald. Ren. 112,5.

Nr. 451
Sannazaro, (Jacopo): SONETTI, E' CANZONI ‖ ... – (Venedig), 1534, (nel mese di Luglio.).
- Drucker: (Aldo [Manuzio I], Erben; Andrea [Torresano I], Erben).
- Buchbinder: Motet.
- Umfang: 48, [4] Bl.; 8°.
- Bogensign.: A^8-F^8, G^4.
- FP: e.e; i.i; i?ai ChEd (3) 1534 (R).
- Buchschmuck: D.; E.; EX.
- Prov.: Etienne Graf von Méjan.
- Bibliographien: Ald. Ren. 112,6; Adams S 338; Cat. Ital. Books S. 605; Bibl. Aldina S. 53; Ebert 20286.
- Sign.: 1 an Ald. Ren. 112,5.

Nr. 452
Aetius <Amidenus>; <griech.>: ... LIBRORVM MEDICINALIVM ‖ TOMVS PRIMVS, ‖ PRIMI SCILICET LIBRI OCTO ... . EST: [Opera]. – (Venedig), 1534, (Mense Sept.).
- Drucker: (Aldo Manuzio [I], Erben; Andrea [Torresano I], Erben).
- Umfang: [4], 177, [1] Bl.; 2°.
- Bogensign.: *^{4}, a^8-t^8, u^{10}, x^8-y^8.
- FP: r.en ονσα ι,αι Κητι (3) 1534 (R).
- Buchschmuck: D.; E.; EX.
- Prov.: Etienne Graf von Méjan.
- Bibliographien: Adams A 305; Cat. Ital. Books S. 9; Ind. Aur. 101.325; Bibl. Aldina S. 53; Ebert 262.
- Sign.: 2° Ald. Ren. 112,7 [1. Ex.].

Nr. 453
Aetius <Amidenus>; <griech.>: ... LIBRORVM MEDICINALIVM ‖ TOMVS PRIMVS, ‖ PRIMI SCILICET LIBRI OCTO ... . EST: [Opera]. – (Venedig), 1534, (Mense Sept.).
- Drucker: (Aldo Manuzio [I], Erben; Andrea [Torresano I], Erben).
- Umfang: [4], 177, [1] Bl.; 2°.
- Bogensign.: *^{4}, a^8-t^8, u^{10}, x^8-y^8.
- FP: r.en ονσα ι,αι Κητι (3) 1534 (R).
- Buchschmuck: D.
- Prov.: Thomas von Rehdiger'sche Bibliothek, Breslau; Stadtbibliothek, Breslau.
- Bibliographien: Adams A 305; Cat. Ital. Books S. 9; Ind. Aur. 101.325; Bibl. Aldina S. 53; Ebert 262.
- Sign.: 2° Ald. Ren. 112,7 [2.Ex.].

Nr. 454
Tacitus, Cornelius: ... EXACTA ‖ CVRA RECOGNITVS, ‖ ET EMENDATVS. ‖ ... . EST: [Opera]. Hrsg.: (Beatus Rhenanus). Kommentator: (Andrea Alciati). – (Venedig), 1534, (MENSE NOVEMBRI).
- Drucker: (Aldo Manuzio [I], Erben; Andrea [Torresano I], Erben).
- Buchbinder: François Bozérian.
- Umfang: [12], 260 Bl.; 4°.
- Bogensign.: *^{8}, **^{4}, a^8-h^8, i^4, k^8, L^8, M^8, n^8-z^8, A^8-K^8.
- FP: n-.a ,a,b r.ta erpe (3) 1534 (R).
- Buchschmuck: D.; E.; EX.
- Prov.: Etienne Graf von Méjan.
- Bibliographien: Adams T 25; Cat. Ital. Books S. 654; Bibl. Aldina S. 3; Ebert 22143.
- Sign.: Ald. Ren. 112,8 [1. Ex.].

Nr. 455
Tacitus, Cornelius: ... EXACTA ‖ CVRA RECOGNITVS, ‖ ET EMENDATVS. ‖ ... . EST: [Opera]. Hrsg.: (Beatus Rhenanus). Kommentator: (Andrea Alciati). – (Venedig), 1534, (MENSE NOVEMBRI).
- Drucker: (Aldo Manuzio [I], Erben; Andrea [Torresano I], Erben).
- Buchbinder: C. G.
- Umfang: [12], 260 Bl.; 4°.
- Bogensign.: *^{8}, **^{4}, a^8-h^8, i^4, k^8, L^8, M^8, n^8-z^8, A^8-K^8.
- FP: n-.a ,a,b r.ta erpe (3) 1534 (R).
- Buchschmuck: D.; E.; KF.
- Prov.: H. Laubon, 1559.
- Bibliographien: Adams T 25; Cat. Ital. Books S. 654; Bibl. Aldina S. 3; Ebert 22143.
- Sign.: Ald. Ren. 112,8 [2. Ex.].

Nr. 456
Johannes <Grammaticus>; <griech.>: ... IN POSTERIORA RESOLVTORIA ‖ ARISTOTELIS, COMMENTARIVM. ‖ ... . – (Venedig), 1534, (Mense Decembri,).
- Drucker: (Aldo Manuzio [I], Erben; Andrea [Torresano I], Erben).
- Buchbinder: René Simier.
- Umfang: 123, [1], 67, [1] Bl.; 2°.
- Bogensign.: a^8-p^8, q^4, aa^8-hh^8, ii^4.
- FP: I.æ– ιστη ν-ο- ΟΥτ* (3) 1534 (R).
- Buchschmuck: H.; D.; E.; EX.
- Prov.: Etienne Graf von Méjan.
- Bibliographien: Adams P 1044; Cat. Ital. Books S. 50; Bibl. Aldina S. 53; Ebert 10803.
- Sign.: 2° Ald. Ren. 113,9.

Nr. 457
Poetae tres egregii: HOC VOLVMINE CONTINENTVR ‖ Poëtae tres egregij nunc primum in lucem editi, ‖ ... . EST: [Poetae tres egregii]. Beigef.: Grattius: ... de uenatione Lib. I. ‖ ...; P[ublius] Ovidius Naso: ... Halieuticôn liber acephalus. ‖ ...; M[arcus] Aurelius Olympius Nemesianus: ... Cynegeticôn Lib. I. ‖ Eiusdem carmen bucolicum. ‖ ...; T[itus] Calpurnius Siculus: ... Bucolica. ‖ ...; Adriano [Castellesi]: ... uenatio. ‖. Hrsg.: (Georgius Logus). – (Venedig), 1534, (Mense Februario.).
- Drucker: (Aldo Manuzio [I], Erben; Andrea [Torresano I], Erben).
- Umfang: [6], 47 [=46] Bl.; 8°.
- Bogensign.: A^8-F^8, G^4.
- FP: tiu= t.is s.os EtIm (3) 1534 (R).
- Buchschmuck: D.; E.; EX.
- Prov.: Etienne Graf von Méjan.
- Bibliographien: Adams P 1704; Cat. Ital. Books S. 312; Bibl. Aldina S. 54; Ebert 17551.
- Sign.: Ald. Ren. 113,10.

Nr. 458
Poetae tres egregii: HOC VOLVMINE CONTINENTVR ‖ Poëtae tres egregij nunc primum in lucem editi, ‖ ... . EST: [Poetae tres egregii]. Beigef.: Grattius: ... de uenatione Lib. I. ‖ ...; P[ublius] Ovidius Naso: ... Halieuticôn liber acephalus. ‖ ...; M[arcus] Aurelius Olympius Nemesianus: ... Cynegeticôn Lib. I. ‖ Eiusdem carmen bucolicum. ‖ ...; T[itus] Calpurnius Siculus: ... Bucolica. ‖ ...; Adriano [Castellesi]: ... uenatio. ‖. Hrsg.: (Georgius Logus). – (Venedig), 1534, (Mense Februario.).
- Drucker: (Aldo Manuzio [I], Erben; Andrea [Torresano I], Erben).
- Umfang: [6], 47 [=46] Bl.; 8°.
- Bogensign.: A^8-F^8, G^4.
- FP: tiu= t.is s.os EtIm (3) 1534 (R).
- Buchschmuck: D.; EX; HS.
- Prov.: Heinrich Friedrich von Diez.
- Bibliographien: Adams P 1704; Cat. Ital. Books S. 312; Bibl. Aldina S. 54; Ebert 17551; Ald. Ren. 113,10.
- Sign.: B. Diez c. n. mss. 8° 2544.

Nr. 459
Poetae tres egregii: HOC VOLVMINE CONTINENTVR ‖ Poëtae tres egregij nunc primum in lucem editi, ‖ ... . EST: [Poetae tres egregii]. Beigef.: Grattius: ... de uenatione Lib. I. ‖ ...; P[ublius] Ovidius Naso: ... Halieuticôn liber acephalus. ‖ ...; M[arcus] Aurelius Olympius Nemesianus: ... Cynegeticôn Lib. I. ‖ Eiusdem carmen bucolicum. ‖ ...; T[itus] Calpurnius Siculus: ... Bucolica. ‖ ...; Adriano [Castellesi]: ... uenatio. ‖. Hrsg.: (Georgius Logus). – (Venedig), 1534, (Mense Februario.).
- Drucker: (Aldo Manuzio [I], Erben; Andrea [Torresano I], Erben).
- Umfang: [6], 47 [=46] Bl.; 8°.
- Bogensign.: A^8-F^8, G^4.
- FP: tiu= t.is s.os EtIm (3) 1534 (R).
- Buchschmuck: D.; EX.
- Prov.: Heinrich Friedrich von Diez.
- Bibliographien: Ald. Ren. 113,10; Adams P 1704; Cat. Ital. Books S. 312; Bibl. Aldina S. 54; Ebert 17551.
- Sign.: B. Diez 8° 2543.

1535

Nr. 460
Iuvenalis, [Decimus Iunius]: IVVENALIS. ‖ PERSIVS. ‖. EST: [Satirae]. Beigef.: [Aulus] Persius [Flaccus]: [Satirae]. – (Venedig), 1535, (MENSE MAR- TIO).
- Drucker: (Aldo [Manuzio I], Erben; Andrea [Torresano I], Erben).
- Buchbinder: François Bozérian.
- Umfang: 78 Bl.; 8°.
- Bogensign.: A^8-G^8, H^{10}, a^8, b^4.
- FP: s;a: næn. itni deDe (3) 1535 (R).
- Buchschmuck: D.; E.; EX.
- Prov.: Etienne Graf von Méjan.
- Bibliographien: Adams J 777; Cat. Ital. Books S. 364; Bibl. Aldina S. 54; Ebert 11225.
- Sign.: Ald. Ren. 113,1.

Nr. 461
Lactantius, L[ucius] Coelius: ... DIVINARVM INSTITV- ‖ TIONVM LIBRI SEPTEM ‖ ... De ira Dei Liber I. ‖ De opificio Dei Liber I. ‖ Epitome in libros suos, liber acephalos. ‖ Phoenix. ‖ Carmen de dominica resurrectione. ‖ ... . EST: [Opera]. Beigef.: [Quintus Septimius Florens] Tertullianus: ... liber apologeticus ... . Hrsg.: (Onorato Fascitelli). – (Venedig), 1535, (MENSE MARTIO).
- Drucker: (Aldo [Manuzio I], Erben; Andrea [Torresano I], Erben).
- Buchbinder: François Bozérian.
- Umfang: [12], 328, [16], 47, [45] Bl.; 8°.
- Bogensign.: aa^8, bb^8, a^8-z^8, A^8-T^8, V^4, *^{4}, X^8-Z^8, AA^8-CC^8, DD^{12}, EE^8-HH^8 [2 Teile].
- FP: dile V.er den- mipe (3) 1535 (R).
- Buchschmuck: D.; E.; EX.
- Prov.: Etienne Graf von Méjan.
- Bibliographien: Adams L 22; Cat. Ital. Books S. 366; Bibl. Aldina S. 54; Ebert 11603.
- Sign.: Ald. Ren. 113,2.

Nr. 462
Sannazaro, Jacopo: ... OPERA ‖ OMNIA LATINE SCRIPTA, ‖ NVPER EDITA. ‖. Hrsg.: (Paolo Manuzio). – (Venedig), 1535, (MENSE ‖ SEPTEMBRI).
- Drucker: (Aldo Manuzio [I], Erben; Andrea [Torresano I], Erben).
- Buchbinder: Motet.
- Umfang: 40, 63, [1] Bl.; 8°.

- Bogensign.: a⁸-e⁸, A⁸-H⁸.
- FP: sii= ess, r,su SeSe (3) 1535 (R).
- Buchschmuck: D.; E.; EX.
- Prov.: Etienne Graf von Méjan.
- Bibliographien: Adams S 313; Cat. Ital. Books S. 605; Bibl. Aldina S. 54; Ebert 20260.
- Sign.: Ald. Ren. 114,3.

🌷 1536

Nr. 463
Plinius [Caecilius] Secundus, G[aius]: ... NATVRALIS HI- ‖ STORIAE ‖ PRIMA PARS. ‖. EST: [Historia naturalis; T. 1]. Hrsg.: (Andreas Rabirius). – (Venedig), 1536.
- Drucker: (Aldo [Manuzio I], Erben; Andrea [Torresano I], Erben).
- Buchbinder: François Bozérian.
- Umfang: [48], 314 [=308] Bl.; 8°.
- Bogensign.: A⁸-F⁸, a⁸-z⁸, A⁸-P⁸, Q⁴.
- FP: soum t,ns u.a. Spto (3) 1536 (R).
- Buchschmuck: D.; E.; EX.
- Prov.: Etienne Graf von Méjan.
- Bibliographien: Ald. Ren. 115,1; Adams P 1564; Cat. Ital. Books S. 526; Bibl. Aldina S. 55; Ebert 17279; Budapest P 652.
- Sign.: Ald. Ren. 114,4–1.

Nr. 464
Plinius [Caecilius] Secundus, G[aius]: ... NATVRALIS HI- ‖ STORIAE ‖ SECVNDA PARS. ‖. EST: [Historia naturalis; T. 2]. Hrsg.: [Andreas Rabirius]. – (Venedig), 1535.
- Drucker: (Aldo [Manuzio I], Erben; Andrea [Torresano I], Erben).
- Buchbinder: François Bozérian.
- Umfang: 303, [1] Bl.; 8°.
- Bogensign.: aa⁸-zz⁸, AA⁸-PP⁸.
- FP: u=m, iso= e-n– diNe (3) 1535 (R).
- Buchschmuck: D.; E.; EX.
- Prov.: Etienne Graf von Méjan.
- Bibliographien: Adams P 1564; Cat. Ital. Books S. 526; Bibl. Aldina S. 55; Ebert 17279.
- Sign.: Ald. Ren. 114,4–2.

Nr. 465
Plinius [Caecilius] Secundus, G[aius]: ... NATVRALIS HI- ‖ STORIAE ‖ TERTIA PARS. ‖. EST: [Historia naturalis; T. 3]. Hrsg.: [Andreas Rabirius]. – (Venedig), 1535, (1536).
- Drucker: (Aldo [Manuzio I], Erben; Andrea [Torresano I], Erben).
- Buchbinder: François Bozérian.
- Umfang: 295, [1] Bl.; 8°.
- Bogensign.: aaa⁸-zzz⁸, AAA⁸-OOO⁸.
- FP: s.e- osu– usis pssp(3) 1536 (R).
- Buchschmuck: D.; E.; EX.
- Prov.: Etienne Graf von Méjan.
- Bibliographien: Ald. Ren. 115,2; Adams P 1564; Cat. Ital. Books S. 526; Bibl. Aldina S. 55; Ebert 17279.
- Sign.: Ald. Ren. 114,4–3.

Nr. 466
Plinius [Caecilius] Secundus, G[aius]: INDEX IN ... NAT. ‖ Hist. libros ... . EST: [Historia naturalis; Index]. Hrsg.: [Andreas Rabirius]. – Venedig, 1538.
- Drucker: [Aldo Manuzio I, Erben; Andrea Torresano I, Erben].
- Buchbinder: François Bozérian.
- Umfang: [251] Bl.; 8°.
- Bogensign.: A⁸-Z⁸, AA⁸-GG⁸, HH¹¹.
- FP: 8..1 &.&. .3i= Anst (C) 1538 (R).
- Buchschmuck: D.; E.; EX.
- Prov.: Etienne Graf von Méjan.
- Bibliographien: Ald. Ren. 116,b1; Adams P 1564; Bibl. Aldina S. 55; Cat. Ital. Books S. 526; Ebert 17279.
- Sign.: Ald. Ren. 114,4–4.

Nr. 467
Plinius [Caecilius] Secundus, G[aius]: ... NATVRALIS HI- ‖ STORIAE ‖ PRIMA PARS. ‖. EST: [Historia naturalis; T. 1]. Hrsg.: (Andreas Rabirius). – (Venedig), 1536.
- Drucker: (Aldo [Manuzio I], Erben; Andrea [Torresano I], Erben).
- Umfang: [48], 314 [=308] Bl.; 8°.
- Bogensign.: A⁸-F⁸, a⁸-z⁸, A⁸-P⁸, Q⁴.
- FP: soum t,ns u.a. Spto (3) 1536 (R).
- Buchschmuck: D.; E.
- Bibliographien: Ald. Ren. 115,1; Adams P 1564; Cat. Ital. Books S. 526; Bibl. Aldina S. 55; Ebert 17279; Budapest P 652.
- Sign.: Wo 4190–1 EBD.

Nr. 468
Plinius [Caecilius] Secundus, G[aius]: ... NATVRALIS HI- ‖ STORIAE ‖ SECVNDA PARS. ‖. EST: [Historia naturalis; T. 2]. Hrsg.: [Andreas Rabirius]. – (Venedig), 1535.
- Drucker: (Aldo [Manuzio I], Erben; Andrea [Torresano I], Erben).
- Umfang: 303, [1] Bl.; 8°.
- Bogensign.: aa⁸-zz⁸, AA⁸-PP⁸.
- FP: u=m, iso= e-n– diNe (3) 1535 (R).
- Buchschmuck: D.; E.
- Bibliographien: Ald. Ren. 114,4; Adams P 1564; Cat. Ital. Books S. 526; Bibl. Aldina S. 55; Ebert 17279.
- Sign.: Wo 4190–2 EBD.

Nr. 469
Plinius [Caecilius] Secundus, G[aius]: ... NATVRALIS HI- ‖ STORIAE ‖ TERTIA PARS. ‖. EST: [Historia naturalis; T. 3]. Hrsg.: [Andreas Rabirius]. – (Venedig), 1535, (1536).
- Drucker: (Aldo [Manuzio I], Erben; Andrea [Torresano I], Erben).
- Umfang: 295, [1] Bl.; 8°.
- Bogensign.: aaa⁸-zzz⁸, AAA⁸-OOO⁸.
- FP: s.e- osu– usis pssp (3) 1536 (R).
- Buchschmuck: D.; E.
- Bibliographien: Ald. Ren. 115,2; Adams P 1564; Cat. Ital. Books S. 526; Bibl. Aldina S. 55; Ebert 17279.
- Sign.: Wo 4190–3 EBD.

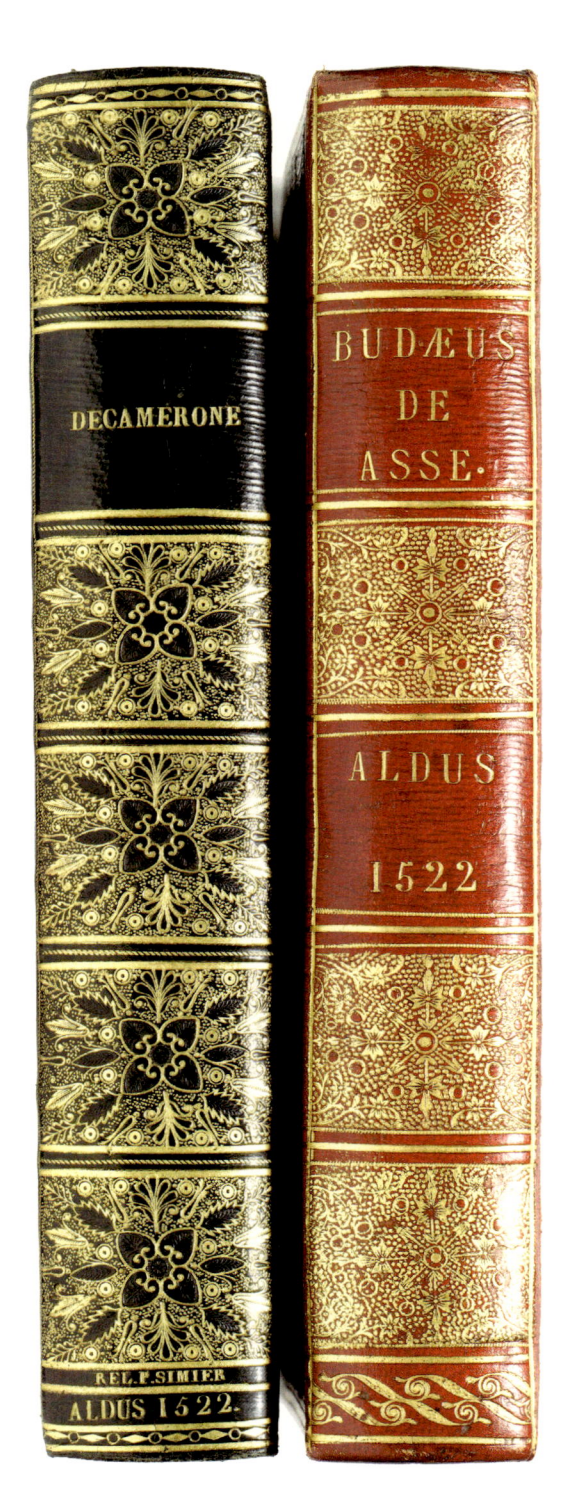

Kat.-Nr. 374
Kat.-Nr. 371

Nr. 470

Valla, Laurentius: … ELEGANTI-∥ARVM ∥ LIBRI SEX. ∥ … . Beigef.: Laurentius Valla: … DE RECIPROCATIONE SVI, ET SVVS ∥ libellus … . Hrsg.: (Andreas Rabirius). – (Venedig), 1536.
- Drucker: (Aldo [Manuzio I], Erben; Andrea [Torresano I], Erben).
- Buchbinder: François Bozérian.
- Umfang: [8], 199, [1] Bl.; 4°.
- Bogensign.: *⁸, a⁸-z⁸, A⁸, B⁸.
- FP: n-in X.I. i-et peGr (3) 1536 (R).
- Buchschmuck: D.; E.; EX.
- Prov.: Etienne Graf von Méjan.
- Bibliographien: Adams V 178; Cat. Ital. Books S. 709; Bibl. Aldina S. 55; Ebert 23357.
- Sign.: Ald. Ren. 115,3.

Nr. 471

Aristoteles; <griech. u. lat.>: … POETICA … . Übers.: Alessandro de' Pazzi. – (Venedig), (1536).
- Drucker: (Aldo [Manuzio I], Erben; Andrea [Torresano I], Erben).
- Buchbinder: François Bozérian.
- Umfang: 28, 26, [2] Bl.; 8°.
- Bogensign.: A⁸-C⁸, D⁴, αa⁸-γc⁸, δd⁴.
- FP: sii= o-l- t=a- tasu (3) 1536 (R).
- Buchschmuck: D.; E.; EX.
- Prov.: Etienne Graf von Méjan.
- Bibliographien: Adams A 1902; Cat. Ital. Books S. 52; Ind. Aur. 107.953; Bibl. Aldina S. 56; Ebert 1186.
- Sign.: Ald. Ren. 115,4.

Nr. 472

Gregorius <Nazianzenus>; <griech.>: … ORATIO ∥ NES NOVEM ELE- ∥ GANTISSIMAE. ∥ … . Beigef.: Gregorius <Nyssenus>; <griech.>: … liber de homine, … . – (Venedig), (1536).
- Drucker: (Aldo [Manuzio I], Erben; Andrea [Torresano I], Erben).
- Buchbinder: Motet.
- Umfang: 148, 68 [=76], [4] Bl.; 8°.
- Bogensign.: αa⁸-σs⁸, τt⁴, A⁸-K⁸.
- FP: i.m. δηι- ν.ρ- αιτα (3) 1536 (R).
- Buchschmuck: D.; E.; EX.
- Prov.: Etienne Graf von Méjan.
- Bibliographien: Adams G 1160; Cat. Ital. Books S. 313; Bibl. Aldina S. 56; Ebert 8900.
- Sign.: Ald. Ren. 116,5.

Nr. 473

Eustratius <Nicaenus>; <griech.>: … COMMENTARIA IN LIBROS ∥ DECEM ARISTOTELIS DE MORI- ∥ BVS AD NICOMACHVM, ∥ … . – (Venedig), (1536, MENSE IVLIO.).
- Drucker: (Aldo Manuzio [I], Erben; Andrea [Torresano I], Erben).
- Umfang: [2], 189, [1] Bl.; 2°.
- Bogensign.: ², a⁸-ψ⁸, ω⁶.
- FP: uium ν-ι- σ.ρ- ΚΑσι (3) 1536 (R).
- Buchschmuck: D.; E.; EX.
- Prov.: Etienne Graf von Méjan.
- Bibliographien: Adams A 1803; Cat. Ital. Books S. 46; Bibl. Aldina S. 56; Ebert 7170.
- Sign.: 2° Ald. Ren. 116,6 [1. Ex.].

Nr. 474

Eustratius <Nicaenus>; <griech.>: … COMMENTARIA IN LIBROS ∥ DECEM ARISTOTELIS DE MORI- ∥ BVS AD NICOMACHVM, ∥ … . – (Venedig), (1536, MENSE IVLIO.).
- Drucker: (Aldo Manuzio [I], Erben; Andrea [Torresano I], Erben).
- Umfang: [2], 189, [1] Bl.; 2°.
- Bogensign.: ², a⁸-ψ⁸, ω⁶.
- FP: uium ν-ι- σ.ρ- ΚΑσι (3) 1536 (R).
- Buchschmuck: D.; E.; HS.
- Bibliographien: Adams A 1803; Cat. Ital. Books S. 46; Bibl. Aldina S. 56; Ebert 7170.
- Sign.: 2° Ald. Ren. 116,6 [2. Ex.].

Nr. 475

Eustratius <Nicaenus>; <griech.>: … COMMENTARIA IN LIBROS ∥ DECEM ARISTOTELIS DE MORI- ∥ BVS AD NICOMACHVM, ∥ … . – (Venedig), (1536, MENSE IVLIO.).
- Drucker: (Aldo Manuzio [I], Erben; Andrea [Torresano I], Erben).
- Umfang: [2], 189, [1] Bl.; 2°.

Kat.-Nr. 371

Kat.-Nr. 374

- Bogensign.: ², a^8-ψ^8, ω^6.
- FP: uium v-t- $\sigma.\rho$- KA$\sigma\iota$ (3) 1536 (R).
- Buchschmuck: D.; EX.; HS.
- Prov.: Ezechiel von Spanheim.
- Bibliographien: Ald. Ren. 116,6; Adams A 1803; Cat. Ital. Books S. 46; Bibl. Aldina S. 56; Ebert 7170.
- Sign.: Libr. impr. c. n. mss. 2° 5.

1537

Nr. 476

Giorgi, Bernardo: ... Epistola ‖ AD OCTAVIVM STEPHA- ‖ NIVM ‖ De uita solitaria, et tran- ‖ quilla. ‖ ... . – (Venedig), (1537).
- Drucker: [Aldo Manuzio I, Erben].
- Umfang: [6] Bl.; 4°.
- Bogensign.: A^6.
- FP: t–o– s.s. s.ul utis (C) 1537 (R).
- Buchschmuck: D.; E.; EX.
- Prov.: Etienne Graf von Méjan.
- Sign.: Ald. Ren. 116,a2.

Nr. 477

Strozzi, Tito Vespasiano; Strozzi, Ercole: Strozzi Poetae Pater et Filivs. EST: [Carmina]. – Basel (?), um 1537.
- Drucker: Bartholomäus Westheimer (?).
- Sign.: Ald. Ren. 319,12 Kraków.

1538

Nr. 478

Appianus <Alexandrinus>; <ital.>: CIVILI. ‖ ... ‖ DELLE ‖ guerre Ciuili de Romani ... . EST: [Historia Romana; ital.]. Übers.: Alessandro Bracci. – (Venedig), 1538, (Mese d'Aprile.).
- Drucker: (Pietro Nicolini da Sabbio).
- Umfang: 287 Bl.; 8°.
- Bogensign.: A^8-Z^8, AA^8-NN^8.
- FP: a=oc etdi acen tach (3) 1538 (R).
- Buchschmuck: TE.; KF.
- Prov.: Nicolaus Albertus Emewoß (?).
- Bibliographien: Adams A 1356; Cat. Ital. Books S. 34; Ind. Aur. 106.556; Budapest A 452; GK 5.8917.
- Sign.: Ald. Ren. 116,b2.

Nr. 479

Appianus <Alexandrinus>; <ital.>: ESTERNE. ‖ ... ‖ DELLE ‖ guerre esterne de Romani ... . EST: [Historia Romana; ital.]. Übers.: Alessandro Bracci. – (Venedig), 1538, (Del mese di Genaio.).
- Drucker: (Pietro Nicolini da Sabbio).
- Umfang: 191 Bl.; 8°.
- Bogensign.: A^8, BB^8-ZZ^8, AAA^7.
- FP: o=tu i.i= e,e= reAs (3) 1538 (R).
- Buchschmuck: TE.; KF.
- Prov.: Nicolaus Albertus Emewoß (?).
- Bibliographien: Ald. Ren. 116,b3; Adams A 1357; Cat. Ital. Books S. 34; Ind. Aur. 106.557; Budapest A 453; GK 5.8906.
- Sign.: 1 an Ald. Ren. 116,b2.

Nr. 480

Finus, Finus: ... IN IVDAEOS ‖ FLAGELLVM ‖ EX ‖ SACRIS SCRIPTVRIS ‖ EXCERPTVM. ‖ ... . – (Venedig), (1538, Mensis Ianuarii.).
- Verleger: (Federico Torresano).
- Drucker: (Pietro Nicolini da Sabbio).
- Buchbinder: François Bozérian.
- Umfang: [20], 596 Bl.; 4°.
- Bogensign.: a^8, b^8, c^4, A^8-Z^8, AA^8-VV^8, XX^4, YY^8-ZZ^8, AAA^8-ZZZ^8, $AAAA^8$-$FFFF^8$ [2 Teile].
- FP: I.e. e.o. eaq∗ coue (3) 1538 (R).
- Buchschmuck: D.; TE.; TH.; E.; EX.
- Prov.: Etienne Graf von Méjan.
- Bibliographien: Adams F 480; Cat. Ital. Books S. 252; Bibl. Aldina S. 56.
- Sign.: Ald. Ren. 117,4.
- Abbildung: S. 143.

Nr. 481

Martorell, Joannot; <ital.>: TIRANTE IL BIAN ‖ CO VA- LOROSISSIMO CA ‖ VALIERE: NEL- QVALE CONTIEN ‖ si del principio della caualeria: ... ‖ della significatione dell'arme, ‖ ... con ‖ la morte di Abrain Re, e Si- ‖ gnore della gran Canaria, ‖ ... . Hrsg.: (Federicus Asulanus). Übers.: Lelio Manfredi. – (Venedig), (1538).
- Verleger: (Federico Torresano).
- Drucker: (Pietro Nicolini da Sabbio).
- Umfang: [4], 283, [1] Bl.; 4°.
- Bogensign.: $+^4$, A^8-Z^8, AA^8-MM^8, NN^4.
- FP: e.f– onza dao– uale (3) 1538 (R).
- Buchschmuck: D.; TE.; E.; EX.
- Prov.: Etienne Graf von Méjan.
- Bibliographien: Cat. Ital. Books S. 421; Ebert 22997.
- Sign.: Ald. Ren. 117,5.
- Abbildungen: S. 138, 139.

Nr. 482

Castiglione, Baldassare: IL LI- ‖ BRO DEL ‖ CORTEGIANO ... . – (Venedig), 1538.
- Verleger: (Federico Torresano).
- Drucker: (Giovanni Padovano).
- Buchbinder: Motet.
- Umfang: [200] Bl.; 8°.
- Bogensign.: A^8-Z^8, AA^8-BB^8.
- FP: l=co timo o=pò coal (C) 1538 (R).
- Buchschmuck: D.; E.; EX.
- Prov.: J. M. Lenzini; Etienne Graf von Méjan.
- Bibliographien: Cat. Ital. Books S. 156; Ind. Aur. 133.575; Bibl. Aldina S. 58.
- Sign.: Ald. Ren. 117,6.

1539

Nr. 483

Ramberti, Benedetto]: LIBRI TRE DELLE ‖ COSE DE TVRCHI. ‖ Nel primo si descriue il uiaggio da Venetia à Constanti= ‖ nopoli ... ‖ Nel secondo la Porta ... ‖ Nel terzo il modo del reggere il stato et imperio suo. ‖. – (Venedig), (1539).
- Drucker: (Aldo [Manuzio I], Erben).
- Umfang: 37, [1] Bl.; 8°.
- Bogensign.: A^8-E^8.
- FP: pou= n=no o=on PoPo (3) 1539 (R).
- Buchschmuck: D.; E.; EX.
- Prov.: Etienne Graf von Méjan.
- Bibliographien: Adams T 1136; Cat. Ital. Books S. 686; Bibl. Aldina S. 58; Ebert 11947; Budapest R 28.
- Sign.: Ald. Ren. 117,1.

Nr. 484

Ramberti, Benedetto]: LIBRI TRE DELLE ‖ COSE DE TVRCHI. ‖ Nel primo si descriue il uiaggio da Venetia à Constanti= ‖ nopoli ... ‖ Nel secondo la Porta ... ‖ Nel terzo il modo del reggere il stato et imperio suo. ‖. – (Venedig), (1539).
- Drucker: (Aldo [Manuzio I], Erben).
- Umfang: 37, [1] Bl.; 8°.
- Bogensign.: A^8-E^8.
- FP: pou= n=no o=on PoPo (3) 1539 (R).
- Buchschmuck: D.
- Bibliographien: Ald. Ren. 117,1; Adams T 1136; Cat. Ital. Books S. 686; Bibl. Aldina S. 58; Ebert 11947; Budapest R 28.
- Sign.: Ui 18 RAR.

Nr. 485

Manuel <Chrysoloras>; <griech. u. lat.>: ... GRAECAE GRAMMA- ‖ TICAE INSTITV ‖ TIONES. ‖ ... . Beigef.: [Demetrios] Chalkokondyles; <griech.>: ... De formatione tempòrum ... . Übers.: Dominicus Sylvius. – (Venedig), 1539, (Mensis Februarij.).
- Verleger: (Federico Torresano).
- Drucker: (Bartolomeo Zanetti).
- Umfang: [112] Bl.; 8°.
- Bogensign.: A^8-O^8.
- FP: t∗o– o.s? nûus $\pi\varepsilon\tau o$ (C) 1539 (R).
- Buchschmuck: D.; E.; EX.
- Prov.: Etienne Graf von Méjan.
- Bibliographien: Cat. Ital. Books S. 172; Ind. Aur. 136.703.
- Sign.: Ald. Ren. 118,2.

Nr. 486

Aretino, Pietro: LE LETTRE ‖ ... . – (Venedig), 1539.
- Verleger: (Federico Torresano).
- Drucker: (Giovanni Padovano).
- Umfang: 235 [=226], [6] Bl.; 8°.
- Bogensign.: A^8-Z^8, AA^8-FF^8.
- FP: eln= noto dear màII (3) 1539 (R).
- Buchschmuck: TH.; H.; EX.
- Prov.: Etienne Graf von Méjan.
- Bibliographien: Adams A 1572; Cat. Ital. Books S. 517; Ind. Aur. 107.055.
- Sign.: Ald. Ren. 118,4.
- Abbildung: S. 141.

1540

Nr. 487

Plinius [Caecilius] Secundus, G[aius]: ... NATVRALIS HI- ‖ STORIAE ‖ PRIMA PARS. ‖. EST: [Historia naturalis; T. 1]. Hrsg.: (Andreas Rabirius). – (Venedig), 1540.
- Drucker: (Aldo [Manuzio I], Erben; Andrea [Torresano I], Erben).
- Buchbinder: Motet.
- Umfang: [48], 314 [=308] Bl.; 8°.
- Bogensign.: A^8-F^8, a^8-z^8, A^8-P^8, Q^4.
- FP: soum t,ns u.a. Spto (3) 1540 (R).
- Buchschmuck: D.; E.; EX.
- Prov.: Etienne Graf von Méjan.
- Bibliographien: Bibl. Aldina S. 58; Ebert 17279.
- Sign.: Ald. Ren. 119,1–1.

Nr. 488

Plinius [Caecilius] Secundus, G[aius]: ... NATVRALIS HI- ‖ STORIAE ‖ SECVNDA PARS. ‖. EST: [Historia naturalis; T. 2]. Hrsg.: [Andreas Rabirius]. – (Venedig), 1540.
- Drucker: (Aldo [Manuzio I], Erben; Andrea [Torresano I], Erben).
- Buchbinder: Motet.
- Umfang: 303, [1] Bl.; 8°.
- Bogensign.: aa^8-zz^8, AA^8-PP^8.
- FP: u–m, iso– e–n– diNe (3) 1540 (R).
- Buchschmuck: D.; E.; EX.
- Prov.: Etienne Graf von Méjan.
- Bibliographien: Bibl. Aldina S. 58; Ebert 17279.
- Sign.: Ald. Ren. 119,1–2.

Nr. 489

Plinius [Caecilius] Secundus, G[aius]: ... NATVRALIS HI- ‖ STORIAE ‖ TERTIA PARS. ‖. EST: [Historia naturalis; T. 3]. Hrsg.: [Andreas Rabirius]. – (Venedig), 1540.
- Drucker: (Aldo [Manuzio I], Erben; Andrea [Torresano I], Erben).
- Buchbinder: Motet.
- Umfang: 295, [1] Bl.; 8°.
- Bogensign.: aaa^8-zzz^8, AAA^8-OOO^8.
- FP: s.e– osu– usis pssp (3) 1540 (R).
- Buchschmuck: D.; E.; EX.
- Prov.: Etienne Graf von Méjan.
- Bibliographien: Adams P 1567; Bibl. Aldina S. 58; Ebert 17279.
- Sign.: Ald. Ren. 119,1–3.

Nr. 490
Plinius [Caecilius] Secundus, G[aius]: INDEX IN ... NAT. ∥ Hist. libros ... . EST: [Historia naturalis; Index]. Hrsg.: [Andreas Rabirius]. – Venedig, 1538.
- Drucker: [Aldo Manuzio I, Erben; Andrea Torresano I, Erben].
- Buchbinder: Motet.
- Umfang: [251] Bl.; 8°.
- Bogensign.: A⁸–Z⁸, AA⁸–GG⁸, HH¹².
- FP: 8..1 &.&. .3i= Anst (C) 1538 (R).
- Buchschmuck: D.; E.; EX.
- Prov.: Etienne Graf von Méjan.
- Bibliographien: Ald. Ren. 116,b1; Adams P 1564; Cat. Ital. Books S. 526; Bibl. Aldina S. 55; Ebert 17279.
- Sign.: Ald. Ren. 119,1–4.

Nr. 491
Machiavelli, Niccolò: HISTORIE ... (... FIO ∥ rentine ...). – (Venedig), 1540.
- Drucker: (Aldo [Manuzio I], Erben).
- Umfang: [4], 259 [=255], [1] Bl.; 8°.
- Bogensign.: A⁸–Z⁸, AA⁸–II⁸, KK⁴.
- FP: S.ma etno Roi= VIso (3) 1540 (R).
- Buchschmuck: D.; E.; EX.
- Prov.: Etienne Graf von Méjan.
- Bibliographien: Adams M 25; Cat. Ital. Books S. 400; Bibl. Aldina S. 58; Ebert 12663.
- Sign.: Ald. Ren. 119,2.

Nr. 492
Machiavelli, Niccolò: HISTORIE ... (... FIO ∥ rentine ...). – (Venedig), 1540.
- Drucker: (Aldo [Manuzio I], Erben).
- Umfang: [4], 259 [=255], [1] Bl.; 8°.
- Bogensign.: A⁸–Z⁸, AA⁸–II⁸, KK⁴.
- FP: S.ma etno Roi= VIso (3) 1540 (R).
- Buchschmuck: D.
- Bibliographien: Ald. Ren. 119,2; Adams M 25; Cat. Ital. Books S. 400; Bibl. Aldina S. 58; Ebert 12663.
- Sign.: Rq 3746 RAR.

Nr. 493
Machiavelli, Niccolò: LIBRO DELL'ARTE DELLA GVER= ∥ RA ... . – (Venedig), 1540.
- Drucker: (Aldo [Manuzio I], Erben).
- Buchbinder: François Bozérian.
- Umfang: [2], 108, [10] Bl.; 8°.
- Bogensign.: A⁸–P⁸.
- FP: hena o=ol nama poch (3) 1540 (R).
- Buchschmuck: D.; E.; EX.
- Prov.: Etienne Graf von Méjan.
- Bibliographien: Adams M 33; Cat. Ital. Books S. 400; Bibl. Aldina S. 59; Ebert 12654.
- Sign.: Ald. Ren. 119,3 [1. Ex.].

Nr. 494
Machiavelli, Niccolò: LIBRO DELL'ARTE DELLA GVER= ∥ RA ... . – (Venedig), 1540.
- Drucker: (Aldo [Manuzio I], Erben).
- Umfang: [2], 108, [10] Bl.; 8°.
- Bogensign.: A⁸–P⁸.
- FP: hena o=ol nama poch (3) 1540 (R).
- Buchschmuck: D.; E.
- Prov.: Etienne Graf von Méjan.
- Bibliographien: Adams M 33; Cat. Ital. Books S. 400; Bibl. Aldina S. 59; Ebert 12654.
- Sign.: Ald. Ren. 119,3 [2. Ex.].

Nr. 495
Machiavelli, Niccolò: IL PRENCIPE ... ∥ LA VITA DI CASTRVCCIO ∥ Castracani da Lucca. ∥ IL MODO, CHE TENNE IL DVCA ∥ Valentino per ammazzare Vitellozzo Vitelli, ∥ Oliuerotto da Fermo ... . – (Venedig), 1540.
- Drucker: (Aldo [Manuzio I], Erben).
- Buchbinder: François Bozérian.
- Umfang: [3], 84, [1] Bl.; 8°.
- Bogensign.: A⁸–L⁸.
- FP: oro, mini a=he scti (3) 1540 (R).
- Buchschmuck: D.; E.; EX.
- Prov.: Etienne Graf von Méjan.
- Bibliographien: Adams M 40; Cat. Ital. Books S. 400; Bibl. Aldina S. 59; Ebert 12669.
- Sign.: Ald. Ren. 119,4.

Nr. 496
Machiavelli, Niccolò: Il Prencipe ... La Vita di Castruccio Castracani da Lucca. Il modo, che tenne il Dvca Valentino per ammazzare Vitellozzo Vitelli, Oliuerotto da Fermo ... . – Venedig, 1540.
- Drucker: Aldo Manuzio I, Erben.
- Sign.: Ald. Ren. 119,4 [2. Ex.?] Kraków.

Nr. 497
Machiavelli, Niccolò: DISCORSI ... ∥ SOPRA ∥ LA PRIMA DECA DI ∥ TITO LIVIO, ∥ ... . – (Venedig), 1540.
- Drucker: (Aldo [Manuzio I], Erben).
- Buchbinder: Motet.
- Umfang: [8], 215, [1] Bl.; 8°.
- Bogensign.: ∗⁸, A⁸–Z⁸, AA⁸–DD⁸.
- FP: hi,ò here n=ei caer (3) 1540 (R).
- Buchschmuck: D.; E.; EX.
- Prov.: Etienne Graf von Méjan.
- Bibliographien: Adams M 14; Cat. Ital. Books S. 400; Ebert 12657.
- Sign.: Ald. Ren. 120,5.

Nr. 498
Machiavelli, Niccolò: IL PRINCIPE ... ∥ LA VITA DI CASTRVCCIO CA ∥ stracani da Lucca ... ∥ IL MODO CHE TENNE IL DV= ∥ ca Valentino per ammazzare Vitelloz= ∥ zo, Oliuerotto da Fermo ... ∥ et il Duca di Gra ∥ uina ... . – Venedig, 1537.
- Drucker: [Bartolomeo Zanetti?].
- Umfang: 84 Bl.; 8°.
- Bogensign.: A⁸–K⁸, L⁴ [unvollst.: Bogen L fehlt].
- FP: a.i= nuti ioti reca (3) 1537 (R).
- Buchschmuck: EX.
- Prov.: Boineburg, Erfurt; Universitätsbibliothek, Erfurt; Königlich Preußische Bibliothek, Erfurt.
- Bibliogr.: Ald. Ren. 120,5 [Anm.]; Cat. Ital. Books S. 400.
- Sign.: 1 an Rq 3742 RAR.

Nr. 499
Cicero, M[arcus] Tullius: ... EPISTO= ∥ LAE FAMILIARES ... . EST: [Epistolae ad familiares]. Beigef.: Paolo Manuzio: ... SCHOLIA, ∥ quibus et loci familiarium epistolarum ob= ∥ scuriores explanantur ... . Hrsg.: Paolo Manuzio. – (Venedig), 1540, (MENSE IVLIO.).
- Drucker: (Aldo [Manuzio I], Erben).
- Umfang: [3], CCLXVII, [50] Bl.; 8°.
- Bogensign.: A⁸–Z⁸, AA⁸–MM⁸, AAA⁸–EEE⁸ [unvollst.: A² u. A³ fehlen].
- FP: ++++ n=n= umue gaci (3) 1540 (R).
- Buchschmuck: D.; E.; EX.
- Prov.: Etienne Graf von Méjan.
- Bibliographien: Adams C 1946; Cat. Ital. Books S. 178; Ind. Aur. 138.168; Bibl. Aldina S. 59; Ebert 4421.
- Sign.: Ald. Ren. 120,6.

Nr. 500
Cicero, M[arcus] Tullius: ... EPISTOLAE ∥ ad Atticum, ad M. Brutum, ad Quintum fratrem, ∥ ... . Beigef.: Paolo Manuzio: ... IN EASDEM EPI= ∥ stolas Scholia ... . Hrsg.: Paolo Manuzio. – (Venedig), 1540, (MENSE AVGVSTO.).
- Drucker: (Aldo [Manuzio I], Erben).
- Umfang: [2], 331, [35] Bl.; 8°.
- Bogensign.: A⁸–Z⁸, AA⁸–VV⁸, AAA⁸–CCC⁸.
- FP: e.me tae= umum lini (3) 1540 (R).
- Buchschmuck: D.; E.; EX.
- Prov.: Kapuzinerkloster, Verona; Etienne Graf von Méjan.
- Bibliographien: Adams C 1913; Cat. Ital. Books S. 177; Ind. Aur. 138.167; Bibl. Aldina S. 59; Ebert 4446.
- Sign.: Ald. Ren. 120,7.

Nr. 501
Cicero, M[arcus] Tullius: ... ORA= ∥ tionum uolumen primum, ... EST: [Orationes; T. 1]. Hrsg.: (Paolo Manuzio). – (Venedig), 1540, (MENSE OCTOBRI.).
- Drucker: Aldo [Manuzio I], Erben.
- Umfang: [4], 304 [=303], [1] Bl.; 8°.
- Bogensign.: A⁸–Z⁸, AA⁸–PP⁸, QQ⁴.
- FP: fat, s,u= e=es alsi (3) 1540 (R).
- Buchschmuck: D.; E.; EX.
- Prov.: Etienne Graf von Méjan.
- Bibliographien: Adams C 1855; Cat. Ital. Books S. 180; Ind. Aur. 138.166; Ebert 4340.
- Sign.: Ald. Ren. 121,8–1.

Nr. 502
Cicero, M[arcus] Tullius: ... ORATIONVM VOLVMEN SE ∥ CVNDVM, ... EST: [Orationes; T. 2]. Hrsg.: (Paolo Manuzio). – (Venedig), 1541, (MENSE FEBRVARIO.).
- Drucker: (Aldo [Manuzio I], Erben).
- Umfang: 281 [=283], [1] Bl.; 8°.
- Bogensign.: aa⁸–vv⁸, xx¹⁰, yy⁸–zz⁸, AA⁸–LL⁸, MM¹⁰.
- FP: n-uæ osud a=um tuue (3) 1541 (R).
- Buchschmuck: D.; E.; EX.
- Prov.: Etienne Graf von Méjan.
- Bibliographien: Adams C 1855; Cat. Ital. Books S. 180; Ind. Aur. 138.166; Ebert 4340.
- Sign.: Ald. Ren. 121,8–2.

Nr. 503
Cicero, M[arcus] Tullius: ... ORATIO= ∥ NVM VOLVMEN TERTIVM, ∥ ... . EST: [Orationes; T. 3]. Hrsg.: (Paolo Manuzio). – (Venedig), 1541, (MENSE MARTIO.).
- Drucker: Aldo [Manuzio I], Erben.
- Umfang: [1], 271 [=279] Bl.; 8°.
- Bogensign.: A⁸, bbb⁸–zzz⁸, AAA⁸–MMM⁸.
- FP: iss= moi= usut neba (3) 1541 (R).
- Buchschmuck: D.; E.; EX.
- Prov.: Etienne Graf von Méjan.
- Bibliographien: Adams C 1855; Cat. Ital. Books S. 180; Ind. Aur. 138.166; Ebert 4340.
- Sign.: Ald. Ren. 121,8–3.

Nr. 504
Laskaris, Konstantinos; <griech. u. lat.>: ... DE OCTO ORATIONIS PARTIBVS, ∥ ... . EST: [Grammatica; griech. u. lat.]. Beigef.: (Johannes <Philoponus>; <griech. u. lat.>: ... De Graecarum proprietate linguarum ...); [Gregorius <Pardus>; <griech. u. lat.>]: (... De Graecarum proprietate linguarum ex ijs, quae a Co ∥ rintho decerpta. ∥ ...); (Plutarchus; <griech. u. lat.>: ... de iis, quae apud Homerum, linguis. ∥ ...); (Cebes <Philosophus>; <griech. u. lat.>: ... Tabula. ∥ ...); (Laudatio in sanctissimam; <griech. u. lat.>: (Laudatio in sanctissimam ∥ dei genitricem. ∥); (Aldo Pio Manuzio: ... De literis graecis ac diphtongis et quemadmodum ad ∥ nos veniant. ∥ ...); (Aldo Pio Manuzio: ... Introductio per breuis ad hebraicam linguam. ∥ ...). – Venedig, 1540.
- Verleger: (Federico Torresano; Francesco Torresano).
- Drucker: (Giovanni Antonio Nicolini da Sabbio).
- Umfang: [356] Bl.; 8°.
- Bogensign.: a⁸–z⁸, A⁸–X⁸, a⁴.
- FP: X.e. ∗.as r,s, Αιχα (C) 1540 (R).

- Buchschmuck: D.; E.; EX.
- Prov.: Pierre Hennequin; Ezechiel von Spanheim.
- Bibliographien: vgl. Adams L 231; Cat. Ital. Books S. 370; Ebert 11742.
- Sign.: Ald. Ren. 121,9.

1541

Nr. 505

Castiglione, Baldassare: IL LIBRO DEL CORTEGIANO ... . – (Venedig), 1541.
- Drucker: (Aldo [Manuzio I], Erben).
- Buchbinder: François Bozérian.
- Umfang: [5], 195 Bl.; 8°.
- Bogensign.: A^8-Z^8, AA^8, BB^8.
- FP: l=o= timo b=mo po∗n (3) 1541 (R).
- Buchschmuck: D.; E.; EX.
- Prov.: Etienne Graf von Méjan.
- Bibliographien: Adams C 928; vgl. Cat. Ital. Books S. 156; Bibl. Aldina S. 60; Ebert 3673; Ind. Aur. 133.583.
- Sign.: Ald. Ren. 121,1.

Nr. 506

Fortunio, [Giovanni] Francesco: REGOLE GRAMMATICALI DELLA ‖ VOLGAR LINGVA ... . – (Venedig), 1541.
- Drucker: (Aldo [Manuzio I], Erben).
- Buchbinder: René Simier.
- Umfang: [4], 47, [1] Bl.; 8°.
- Bogensign.: A^8-F^8, G^4.
- FP: â=s= arz. delo tuco (3) 1541 (R).
- Buchschmuck: D.; E.; EX.
- Prov.: Etienne Graf von Méjan.
- Bibliographien: Adams F 795; Cat. Ital. Books S. 275; Bibl. Aldina S. 60.
- Sign.: Ald. Ren. 122,2.

Nr. 507

Cicero, M[arcus] Tullius: ... DE ‖ PHILOSOPHIA, PRIMA ‖ PARS, IDEST, ‖ Academicarum quaestionum ... ‖ De finibus bonorum et malorum libri V. ‖ Tusculanarum quaestionum libri v. ‖ ... . EST: [Opera philosophica; T. 1]. Hrsg.: (Paolo Manuzio). – (Venedig), 1541, (MENSE AVGVSTO.).
- Drucker: Aldo [Manuzio I], Erben.
- Umfang: [4], 251, [1] Bl.; 8°.
- Bogensign.: ∗^{4}, a^8-z^8, A^8-H^8, I^4.
- FP: a=e, uso= utt; Naid (3) 1541 (R).
- Buchschmuck: D.; E.; EX.
- Prov.: Etienne Graf von Méjan.
- Bibliographien: Adams C 1749; Cat. Ital. Books S. 175; Ind. Aur. 138.212; Bibl. Aldina S. 60; Ebert 4472.
- Sign.: Ald. Ren. 122,4 [1. Ex.].

Nr. 508

Cicero, M[arcus] Tullius: ... DE ‖ PHILOSOPHIA, PRIMA ‖ PARS, IDEST, ‖ Academicarum quaestionum ... ‖ De finibus bonorum et malorum libri V. ‖ Tusculanarum quaestionum libri v. ‖ ... . EST: [Opera philosophica; T. 1]. Hrsg.: (Paolo Manuzio). – (Venedig), 1541, (MENSE AVGVSTO.).
- Drucker: Aldo [Manuzio I], Erben.
- Umfang: [4], 251, [1] Bl.; 8°.
- Bogensign.: ∗^{4}, a^8-z^8, A^8-H^8, I^4.
- FP: a=e, uso= utt; Naid (3) 1541 (R).
- Buchschmuck: D.
- Bibliographien: Adams C 1749; Cat. Ital. Books S. 175; Ind. Aur. 138.212; Bibl. Aldina S. 60; Ebert 4472.
- Sign.: Ald. Ren. 122,4 [2. Ex.].

Nr. 509

Cicero, M[arcus] Tullius: ... DE ‖ PHI ‖ LOSOPHIA VOLVMEN SE= ‖ CVNDVM, IDEST, ‖ De natura deorum libri III. ‖ De diuinatione libri II. ‖ De fato liber I. ‖ ... . EST: [Opera philosophica; T. 2]. Beigef.: (Paolo Manuzio: SCHOLIA ... ‖ QVIBVS CICERONIS PHI= ‖ LOSOPHIA PARTIM ‖ CORRIGITVR, ‖ ...). Hrsg.: (Paolo Manuzio). – Venedig, 1541.
- Drucker: Aldo [Manuzio I], Erben.
- Umfang: [3], 214 [=207], [32] Bl.; 8°.
- Bogensign.: A^{10}, b^8-z^8, A^8-C^8, A^8-D^8.
- FP: t.in r.um e=cû encæ (3) 1541 (R).

Kat.-Nr. 382

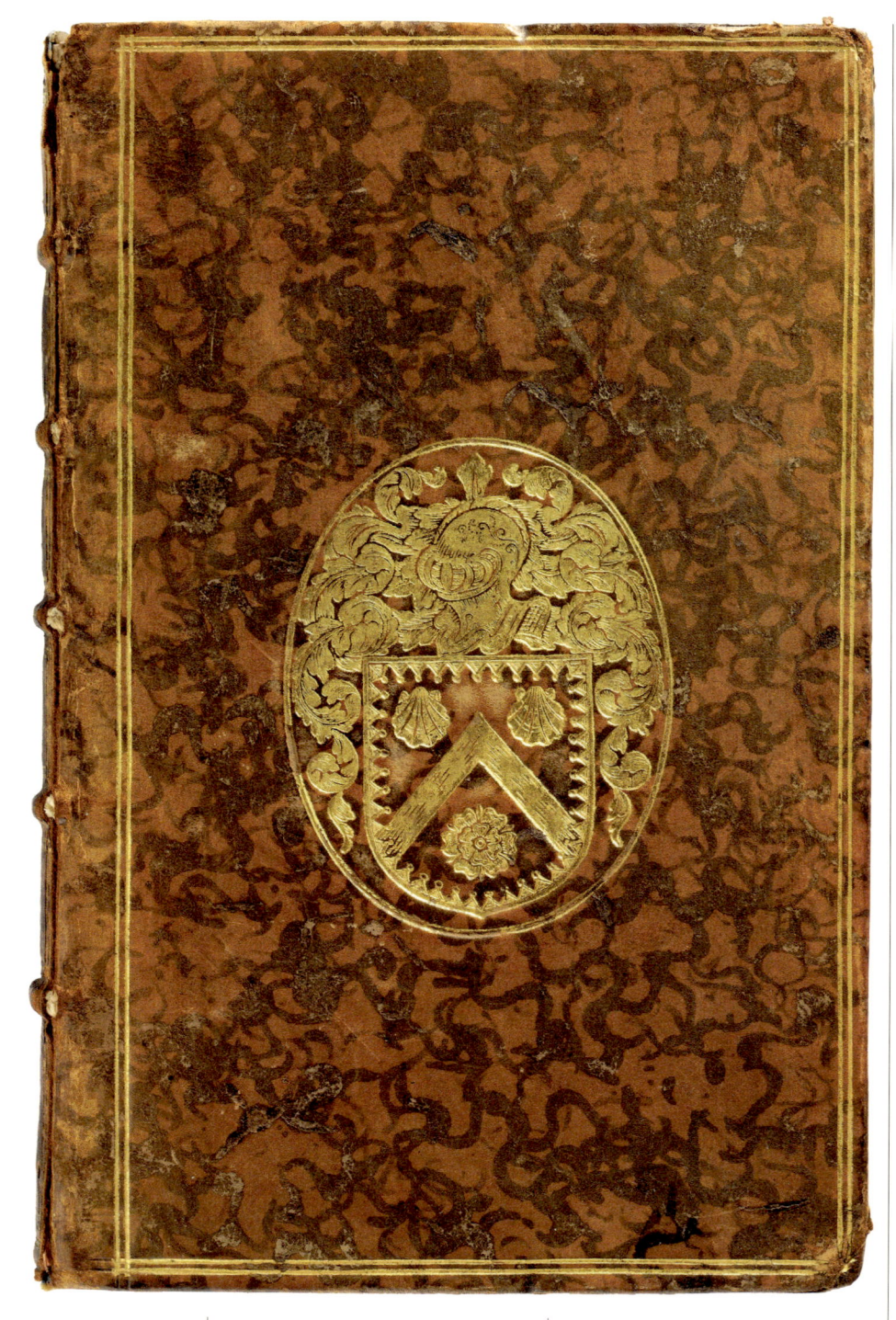

Kat.-Nr. 389
Einband aus der
Bibliothek von
Antoine Barillon
de Morangis

- Buchschmuck: D.; E.; EX.
- Prov.: Etienne Graf von Méjan.
- Bibliographien: Adams C 1749; Cat. Ital. Books S. 175; Ind. Aur. 138.212; Bibl. Aldina S. 60; Ebert 4472.
- Sign.: Ald. Ren. 122,5 [1. Ex.].

Nr. 510

Cicero, M[arcus] Tullius: ... DE PHI ∥ LOSOPHIA VOLVMEN SE= ∥ CVNDVM, IDEST, ∥ De natura deorum libri III. ∥ De diuinatione libri II. ∥ De fato liber I. ∥ ... . EST: [Opera philosophica; T. 2]. Beigef.: (Paolo Manuzio: SCHOLIA ... ∥ QVIBVS CICERONIS PHI= ∥ LOSOPHIA PARTIM ∥ CORRIGITVR, ∥ ...). Hrsg.: (Paolo Manuzio). – Venedig, 1541.
- Drucker: Aldo [Manuzio I], Erben.
- Umfang: [3], 214 [=207], [32] Bl.; 8°.
- Bogensign.: A¹⁰, b⁸-z⁸, A⁸-C⁸, A⁸-D⁸.
- FP: t.in r.um e=cû encæ (3) 1541 (R).
- Buchschmuck: D.
- Bibliographien: Adams C 1749; Cat. Ital. Books S. 175; Ind. Aur. 138.212; Bibl. Aldina S. 60; Ebert 4472.
- Sign.: Ald. Ren. 122,5 [2. Ex.].

Nr. 511

Cicero, Marcus Tullius: ... OFFI- ∥ CIORVM LIBRI TRES: ∥ CATO MAIOR, VEL DE SENECTVTE: ∥ LAELIVS, VEL DE AMICITIA: ∥ PA- RADOXA STOICORVM SEX: ∥ ... . EST: [Opera philosophica, Teils.]. (Venedig), 1541, (MENSE MAIO.).
- Drucker: Aldo [Manuzio I], Erben.
- Umfang: [2], 131, [3] Bl.; 8°.
- Bogensign.: A⁸-R⁸.
- FP: o-o. tapo maud gncu (3) 1541 (R).
- Buchschmuck: D.; E.; EX.
- Prov.: Etienne Graf von Méjan.
- Bibliographien: Adams C 1750; Cat. Ital. Books S. 175; Ind. Aur. 138.214; Bibl. Aldina S. 60; vgl. Ebert 4565.
- Sign.: Ald. Ren. 123,6.

Nr. 512

Vergilius Maro, [Publius]: VIRGILIVS. ∥. EST: [Opera]. – (Venedig), 1541, (MENSE IANVARIO.).
- Drucker: (Aldo [Manuzio I], Erben).
- Buchbinder: François Bozérian.
- Umfang: [2], 219, [3] Bl.; 8°.
- Bogensign.: A⁸-Z⁸, AA⁸-EE⁸.
- FP: a-in s,s. isa. DuAs (3) 1541 (R).
- Buchschmuck: D.; E.; EX.
- Prov.: Etienne Graf von Méjan.
- Bibliographien: Adams V 482; Cat. Ital. Books S. 730; Bibl. Aldina S. 60; Ebert 23680.
- Sign.: Ald. Ren. 123,7 [1. Ex.].

Nr. 513

Vergilius Maro, [Publius]: VIRGILIVS. ∥. EST: [Opera]. – (Venedig), 1541, (MENSE IANVARIO.).
- Drucker: (Aldo [Manuzio I], Erben).
- Buchbinder: François Bozérian.
- Umfang: [2], 219, [3] Bl.; 8°.
- Bogensign.: A⁸-Z⁸, AA⁸-EE⁸.
- FP: a-in s,s. isa. DuAs (3) 1541 (R).
- Buchschmuck: D.; E.; EX.
- Prov.: Etienne Graf von Méjan.
- Bibliographien: Adams V 482; Cat. Ital. Books S. 730; Bibl. Aldina S. 60; Ebert 23680.
- Sign.: Ald. Ren. 123,7 [2. Ex.].
- Abbildung: S. 144.

Nr. 514

Terentius Afer, [Publius]: ... COMOEDIAE, ∥ MVLTO, QVÀM ANTEA, DI ∥ LIGENTIVS EMEN ∥ DATAE. ∥. – (Venedig), 1541, (MENSE MAIO.).
- Drucker: Aldo [Manuzio I], Erben.
- Buchbinder: François Bozérian.
- Umfang: [16], 144 [=146], [2] Bl.; 8°.
- Bogensign.: a⁸, b⁸, 1⁸-18⁸, 19⁴.
- FP: a-ri s.re iss, auD. (3) 1541 (R).
- Buchschmuck: D.; E.; EX.
- Prov.: Etienne Graf von Méjan.
- Bibliographien: Adams T 331; Cat. Ital. Books S. 664; Bibl. Aldina S. 61; Ebert 22482.
- Sign.: Ald. Ren. 123,8 EBD.

Nr. 515
Terentius Afer, [Publius]: ... CO- ‖ MOEDIAE, ‖ MVLTO, QVÀM ANTEA, DI ‖ LIGENTIVS EMEN ‖ DATAE. ‖. – (Venedig), 1541, (MENSE MAIO.).
- Drucker: Aldo [Manuzio I], Erben.
- Umfang: [16], 144 [=146], [2] Bl.; 8°.
- Bogensign.: a⁸, b⁸, 1⁸-18⁸, 19⁴.
- FP: a-ri s.re iss, auD. (3) 1541 (R).
- Buchschmuck: D.; E.; EX.
- Prov.: Etienne Graf von Méjan.
- Bibliographien: Adams T 331; Cat. Ital. Books S. 664; Bibl. Aldina S. 61; Ebert 22482.
- Sign.: Ald. Ren. 123,8.

Nr. 516
Politianus, Angelus: STANZE ... ‖ COMINCIATE ‖ PER LA GIO- STRA DEL ‖ MAGNIFICO GIVLIA- ‖ NO DI PIERO DE ‖ MEDICI. ‖. – (Venedig), 1541.
- Drucker: (Aldo [Manuzio I], Erben).
- Umfang: [1], 29, [2] Bl.; 8°.
- Bogensign.: A⁸-D⁸.
- FP: a.a, a.a, a.a, LaL' (3) 1541 (R).
- Buchschmuck: D.; E.; EX.
- Prov.: Etienne Graf von Méjan.
- Bibliographien: Adams P 1777; Cat. Ital. Books S. 25; Bibl. Aldina S. 61; Ebert 17633.
- Sign.: Ald. Ren. 123,9.

Nr. 517
Leo <Hebraeus>: DIALOGI DI LAMORE ... . Verf. in Vorlage: Leone Medico Hebreo. – (Venedig), 1541.
- Drucker: (Aldo [Manuzio I], Erben).
- Umfang: [2], 261 [=241], [1] Bl.; 8°.
- Bogensign.: A⁸-Z⁸, AA⁸-GG⁸, HH⁴.
- FP: *na e-al iapo reti (3) 1541 (R).
- Buchschmuck: D.; E.; EX.
- Prov.: Etienne Graf von Méjan.
- Bibliographien: Adams A 60; Cat. Ital. Books S. 3; Bibl. Aldina S. 61; Ebert 11869.
- Sign.: Ald. Ren. 123,10.

Nr. 518
Giovio, Paolo: COMMENTARII DELLE COSE DE ‖ TVRCHI ... . EST: [Commentario de le cose de Turchi; ital.]. Beigef.: Andrea Cambini: (COMMENTARIO ... ‖ DELLA ORI ‖ GINE DE TVRCHI, ET IM- ‖ PERIO DELLA CASA ‖ OTTOMA- NA.); Vita di Scanderbeg: ... LA VITA DI SCAN ‖ DERBEG. ‖. – (Venedig), 1541.
- Drucker: (Aldo [Manuzio I], Erben).
- Buchbinder: François Bozérian.
- Umfang: 36, 76, 52 Bl.; 8°.
- Bogensign.: A⁸-D⁸, E⁴, A⁸-I⁸, K⁴, A⁸-F⁸, G⁴.
- FP: sito lidi c=t= giBa (3) 1541 (R).
- Buchschmuck: D.; E.; EX.
- Prov.: Etienne Graf von Méjan.
- Bibliographien: Adams G 682; Cat. Ital. Books S. 303; Bibl. Aldina S. 61; Ebert 10974; Budapest J 267.
- Sign.: Ald. Ren. 123,11.

1542

Nr. 519
Grimani, Marino]: COMMEN- TARII IN EPISTOLAS ‖ PAVLI, AD ROMANOS, ‖ ET AD GALA- TAS. ‖. – Venedig, 1542, (MENSE MARTIO.).
- Drucker: (Aldo [Manuzio I], Erben).
- Umfang: 173, [1] Bl.; 4°.
- Bogensign.: A⁴-Z⁴, AA⁴-TT⁴, VV⁶.
- FP: m.ad a=S. s.s= tiru (3) 1542 (R).
- Buchschmuck: D.; E.; EX.
- Prov.: Etienne Graf von Méjan.
- Bibliographien: Adams B 1850; Cat. Ital. Books S. 103; Bibl. Aldina S. 61.
- Sign.: Ald. Ren. 124,1.

Nr. 520
Grimani, Marino]: COMMEN- TARII IN EPISTOLAS ‖ PAVLI, AD ROMANOS, ‖ ET AD GALA- TAS. ‖. – Venedig, 1542, (MENSE MARTIO.).
- Drucker: (Aldo [Manuzio I], Erben).
- Umfang: 173, [1] Bl.; 4°.
- Bogensign.: A⁴-Z⁴, AA⁴-TT⁴, VV⁶.
- FP: m.ad a=S. s.s= tiru (3) 1542 (R).
- Buchschmuck: D.; E.; EX.
- Prov.: Boineburg, Erfurt; Königlich Preußische Bibliothek, Erfurt.
- Bibliographien: Ald. Ren. 124,1; Adams B 1850; Cat. Ital. Books S. 103; Bibl. Aldina S. 61.
- Sign.: Bt 1151 RAR.

Nr. 521
Barbaro, Daniele [Matteo Alvise]: EXQVISITAE IN PORPHI- ‖ RIVM COMMENTATIO- ‖ NES ... . – Venedig, 1542, (Mense Martio.).
- Drucker: (Aldo [Manuzio I], Erben).
- Umfang: [110] Bl.; 4°.
- Bogensign.: A⁴-Z⁴, AA⁴-CC⁴, DD⁶.
- FP: usum usr= i=m, cure (C) 1542 (R).
- Buchschmuck: D.; E.; EX.
- Prov.: Etienne Graf von Méjan.
- Bibliographien: Adams B 169; Cat. Ital. Books S. 70; Ind. Aur. 112.845; Bibl. Aldina S. 61; GK 11.1620.
- Sign.: Ald. Ren. 124,2.

Nr. 522
Calepino, Ambrogio: ... DICTIO- ‖ NARIVM MVLTARVM DI- ‖ CTIONVM ... . Hrsg.: (Paolo Manuzio). – Venedig, 1542, (MENSE AVGVSTO).
- Drucker: (Aldo [Manuzio I], Erben).
- Umfang: 495, [1] Bl.; 2°.
- Bogensign.: A⁸-Z⁸, AA⁸-ZZ⁸, AAA⁸-QQQ⁸.
- FP: æ-3. d.nt m,li prPl (3) 1542 (R).
- Buchschmuck: D.; EX.
- Prov.: Etienne Graf von Méjan.
- Bibliographien: Ind. Aur. 129.429; Bibl. Aldina S. 62; vgl. Ebert 3333.
- Sign.: 2° Ald. Ren. 124,3.

Nr. 523
Ferrari, Girolamo: ... EMENDA- ‖ TIONES IN PHILIPPI- ‖ CAS CICERONIS. ‖. – Venedig, 1542, (MENSE MARTIO.).
- Drucker: Aldo [Manuzio I], Erben.
- Buchbinder: Lefebvre.
- Umfang: [126] Bl.; 8°.
- Bogensign.: A¹⁰, B⁸-P⁸, Q⁴.
- FP: tae= enn= auri ples (C) 1542 (R).
- Buchschmuck: D.; E.; EX.
- Prov.: Etienne Graf von Méjan.
- Bibliographien: Ald. Ren. 125,5; Adams F 274; Cat. Ital. Books S. 247; Bibl. Aldina S. 62.
- Sign.: 1 an Ald. Ren. 136,9–3 [1. Ex.].

Nr. 524
Ferrari, Girolamo: ... EMENDA- ‖ TIONES IN PHILIPPI- ‖ CAS CICERONIS. ‖. – Venedig, 1542, (MENSE MARTIO.).
- Drucker: Aldo [Manuzio I], Erben.
- Buchbinder: René Simier.
- Umfang: [126] Bl.; 8°.
- Bogensign.: A¹⁰, B⁸-P⁸, Q⁴.
- FP: tae= enn= auri ples (C) 1542 (R).
- Buchschmuck: D.; E.; EX.
- Prov.: Etienne Graf von Méjan.
- Bibliographien: Adams F 274; Cat. Ital. Books S. 247; Bibl. Aldina S. 62.
- Sign.: Ald. Ren. 125,5.

Nr. 525
Speroni, Sperone: I DIALOGI ... . Hrsg.: (Daniele [Matteo Alvise] Barbaro). – Venedig, 1542.
- Drucker: (Aldo [Manuzio I], Erben).
- Umfang: [2], 176 Bl.; 8°.
- Bogensign.: A¹⁰, B⁸-Y⁸.
- FP: eno, ree= raer suMO (3) 1542 (R).
- Buchbinder: François Bozérian.
- Bibliographien: Adams S 1565; Cat. Ital. Books S. 636; Bibl. Aldina S. 62; Ebert 21604.
- Sign.: Ald. Ren. 125,7.

Nr. 526
Lettere volgari: LETTERE VOL- ‖ GARI DI DIVER- ‖ SI NOBILIS- SIMI HVOMINI ET ‖ ECCELLEN- TISSIMI INGE- ‖ GNI SCRITTE IN DI- ‖ VERSE MATERIE. ‖ LIBRO PRIMO. ‖. EST: [Lettere volgari; T. 1]. Hrsg.: (Paolo Manuzio). – Venedig, 1542, (Del mese d'Ottobrio.).
- Drucker: (Aldo [Manuzio I], Erben).
- Umfang: 187, [5] Bl.; 8°.
- Bogensign.: A⁸-Z⁸, AA⁸.
- FP: hami Etaà tea= foqu (3) 1542 (R).
- Buchschmuck: D.; E.; EX.
- Prov.: Etienne Graf von Méjan.
- Bibliographien: Adams L 571; Cat. Ital. Books Suppl. S. 53; Bibl. Aldina S. 62; Ebert 11891.
- Sign.: Ald. Ren. 126,8.

1543

Nr. 527
Sanutus, Petrus Aurelius: SOLI ‖ DEO ‖ HONOR ET ‖ GLORIA. ‖ RECENS LVTHERANARVM ‖ ASSERTIONVM OPPVGNATIO ... . – Venedig, 1543, (MENSE IVLIO.).
- Drucker: (Aldo [Manuzio I], Erben).
- Buchbinder: François Bozérian.
- Umfang: [8], 95, [1] Bl.; 4°.
- Bogensign.: A⁴-Z⁴, AA⁴-CC⁴.
- FP: s*n= a.o. r=ru chip (3) 1543 (R).
- Buchschmuck: D.; E.; EX.
- Prov.: Etienne Graf von Méjan.
- Bibliographien: Adams S 379; Cat. Ital. Books S. 609; Bibl. Aldina S. 62.
- Sign.: Ald. Ren. 127,1.

Nr. 528
Alunno, Francesco: LE RIC- CHEZZE ‖ DELLA LINGVA VOLGARE ‖ ... . – Venedig, 1543.
- Drucker: (Aldo [Manuzio I], Erben).
- Buchbinder: Luigi Lodigiani.
- Umfang: 225, [1] Bl.; 2°.
- Bogensign.: A⁸-Z⁸, AA⁸-DD⁸, EE¹⁰.
- FP: u.te Etro A.ta aldi (3) 1543 (R).
- Buchschmuck: D.; E.; EX.
- Prov.: Etienne Graf von Méjan.
- Bibliographien: Adams A 842; Cat. Ital. Books S. 21; Ind. Aur. 104.190; Bibl. Aldina S. 63; Budapest A 264.
- Sign.: 2° Ald. Ren. 127,2.

Nr. 529
Cicero, M[arcus] Tullius: ... EPI- ‖ STO- ‖ LAE FAMILIARES ... . EST: [Epistolae ad familiares]. Beigef.: Paolo Manuzio: ... SCHOLIA, ‖ quibus et loci familiarium epistolarum ob= ‖ scuriores explanantur ... . Hrsg.: Paolo Manuzio. – Venedig, 1543, (MENSE MAIO.).
- Drucker: Aldo [Manuzio I], Erben.
- Umfang: CCLXVII, [52] Bl.; 4°.
- Bogensign.: [A]⁵, B⁸-Z⁸, AA⁸-MM⁸, AAA⁸-DDD⁸, EEE¹⁰.
- FP: umum sa,* umue gaci (3) 1543 (R).
- Buchschmuck: D.; E.; EX.
- Prov.: Etienne Graf von Méjan.
- Bibliographien: Adams C 1948; Bibl. Aldina S. 63; Ebert 4421.
- Sign.: Ald. Ren. 127,3.

Nr. 530
Giraldi, Giambattista: ORBECCHE TRAGEDIA ‖ ... . – (Venedig), (1543).
- Drucker: (Aldo [Manuzio I], Erben).
- Buchbinder: François Bozérian (?).
- Umfang: 62, [2] Bl.; 8°.
- Bogensign.: A⁸–H⁸.
- FP: madi i.e, o.e. DiEt (3) 1543 (R).
- Buchschmuck: D.; H.; E.; EX.
- Prov.: Etienne Graf von Méjan.
- Bibliographien: Adams G 711; Cat. Ital. Books S. 305; Bibl. Aldina S. 63; Ebert 8564.
- Sign.: Ald. Ren. 127,4 [1. Ex.].

Nr. 531
Giraldi, Giambattista: ORBECCHE TRAGEDIA ‖ ... . – (Venedig), (1543).
- Drucker: (Aldo [Manuzio I], Erben).
- Buchbinder: François Bozérian (?).
- Umfang: 62, [2] Bl.; 8°.
- Bogensign.: A⁸–H⁸.
- FP: madi i.e, o.e. DiEt (3) 1543 (R).
- Buchschmuck: D.; E.; EX.
- Prov.: Etienne Graf von Méjan.
- Bibliographien: Adams G 711; Cat. Ital. Books S. 305; Bibl. Aldina S. 63; Ebert 8564.
- Sign.: Ald. Ren. 127,4 [2. Ex.].

Nr. 532
Giraldi, Giambattista: ORBECCHE TRAGEDIA ‖ ... . – (Venedig), (1543).
- Drucker: (Aldo [Manuzio I], Erben).
- Buchbinder: René Simier.
- Umfang: 63 Bl.; 8°.
- Bogensign.: A⁸–G⁸, H⁷.
- FP: e=te e,ui tao. OrCh (3) 1543 (R).
- Buchschmuck: TH.; E.; EX.
- Prov.: Etienne Graf von Méjan.
- Bibliographien: vgl. Adams G 711; Cat. Ital. Books S. 305; Bibl. Aldina S. 63; Ebert 8564.
- Sign.: Ald. Ren. 127,4ª EBD.
- Abbildung: S. 145.

Nr. 533
Speroni, Sperone: DIALOGI ... .
Hrsg.: (Daniele [Matteo Alvise] Barbaro). – Venedig, 1543.
- Drucker: (Aldo [Manuzio I], Erben).
- Buchbinder: François Bozérian.
- Umfang: 170, [2] Bl.; 8°.
- Bogensign.: A⁸–X⁸, Y⁴.
- FP: n=s= tuto eali Am∗d (3) 1543 (R).
- Buchschmuck: D.; E.; EX.
- Prov.: Etienne Graf von Méjan.
- Bibliographien: Adams S 1566; Cat. Ital. Books S. 636; Bibl. Aldina S. 63; Ebert 21604.
- Sign.: Ald. Ren. 128,5.

Nr. 534
Lettere volgari: LETTERE VOLGARI DI DIVERSI ‖ NOBILISSIMI HVOMINI ET ‖ ECCELLENTISSIMI IN- ‖ GEGNI SCRITTE IN ‖ DIVERSE MA- ‖ TERIE. ‖ ... LIBRO PRIMO. ‖. EST: [Lettere volgari; T. 1]. Hrsg.: (Paolo Manuzio). – Venedig, 1543.
- Drucker: (Aldo [Manuzio I], Erben).
- Buchbinder: François Bozérian (?).
- Umfang: 187, [5] Bl.; 8°.
- Bogensign.: A⁸–Z⁸, AA⁸.
- FP: hami u-to tea= foqu (3) 1543 (R).
- Buchschmuck: D.; E.; EX.
- Prov.: Etienne Graf von Méjan.
- Bibliographien: Adams L 572; Bibl. Aldina S. 63; vgl. Ebert 11891.
- Sign.: Ald. Ren. 128,6.

Nr. 535
Manuzio, Antonio): VIAGGI FATTI DA ‖ VINETIA, ALLA TANA, IN PER- ‖ SIA, IN INDIA, ET IN CONSTANTI ‖ NOPOLI ... . Mitarb.: (Giosafat Barbaro; Ambrogio Contarini; Aloigi di Giovanni). – Venedig, 1543.
- Drucker: (Aldo [Manuzio I], Erben).
- Buchbinder: François Bozérian.
- Umfang: 180 Bl.; 8°.
- Bogensign.: A⁸–Y⁸, Z⁴.
- FP: o-ta sia: tia= piro (3) 1543 (R).
- Buchschmuck: D.; E.; EX.
- Prov.: Etienne Graf von Méjan.
- Bibliographien: Adams V 623; Cat. Ital. Books S. 412; Ebert 23546; Budapest V 224.
- Sign.: Ald. Ren. 128,8 [1. Ex.].

Nr. 536
Manuzio, Antonio): VIAGGI FATTI DA ‖ VINETIA, ALLA TANA, IN PER- ‖ SIA, IN INDIA, ET IN CONSTANTI ‖ NOPOLI ... . Mitarb.: (Giosafat Barbaro; Ambrogio Contarini; Aloigi di Giovanni). – Venedig, 1543.
- Drucker: (Aldo [Manuzio I], Erben).
- Umfang: 180 Bl.; 8°.
- Bogensign.: A⁸–Y⁸, Z⁴.
- FP: o-ta sia: tia= piro (3) 1543 (R).
- Buchschmuck: D.
- Bibliographien: Adams V 623; Cat. Ital. Books S. 412; Ebert 23546; Budapest V 224.
- Sign.: Ald. Ren. 128,8 [2. Ex.].

🌿 1544

Nr. 537
Sforza, Isabella: DELLA VERA ‖ TRANQVILLITA' DELL'- ‖ ANIMO. ‖ Opera ... . – (Venedig), 1544, (nel mese di Luglio.).
- Drucker: (Aldo [Manuzio I], Erben).
- Umfang: 53, [1] Bl.; 4°.
- Bogensign.: A⁴–M⁴, N⁶.
- FP: e.a, n-a- iuo- mede (3) 1544 (R).
- Prov.: Etienne Graf von Méjan.
- Bibliographien: Adams S 1044; Cat. Ital. Books S. 624; Bibl. Aldina S. 63.
- Sign.: Ald. Ren. 129,1.

Nr. 538
Cicero, M[arcus] Tullius: ... EPISTOLAE ‖ ad Atticum, ad M. Brutum, ad Quintum ‖ fratrem ... . Hrsg.: Paolo Manuzio. – Venedig, 1544, (MENSE NOVEMBRI.).
- Drucker: (Aldo [Manuzio I], Erben).
- Buchbinder: Lefebvre (?).
- Umfang: 333 [=335], [13] Bl.; 8°.
- Bogensign.: aa⁸, B⁸–Z⁸, AA⁸–VV⁸, XX⁴.
- FP: n-uæ osud umum lini (3) 1544 (R).
- Buchschmuck: D.; E.; EX.
- Prov.: Etienne Graf von Méjan.
- Bibliographien: Adams C 1914; Cat. Ital. Books S. 177; Ind. Aur. 138.353; Bibl. Aldina S. 64; Ebert 4448.
- Sign.: Ald. Ren. 129,2.

Nr. 539
Terentius Afer, [Publius]; <ital.>: L'ANDRIA, ET L'EVNVCHO ... . Übers.: Gio[vanni] Giustiniano di Candia. – Venedig, 1544, (Nel Mese di Luglio.).
- Drucker: (Francesco Torresano).
- Umfang: [8], 72 Bl.; 8°.
- Bogensign.: ∗⁸, A⁸–I⁸.
- FP: onCO e=e- nema EtVo (3) 1544 (R).
- Buchschmuck: D.; E.; EX.
- Prov.: Etienne Graf von Méjan.
- Bibliographien: Adams T 391; Cat. Ital. Books S. 665.
- Sign.: Ald. Ren. 129,3.

Nr. 540
Vergilius Maro, [Publius]; <ital.>: I SEI PRIMI ‖ LIBRI DEL ENEIDE ... . EST: [Aeneis; ital.]. Hrsg.: (Vincentio di Pers). Übers.: (Alessandro Sansedoni; Ippolito de' Medici; Bernardo Borghesi; Bartolomeo Carli Piccolomini; Aldobrando Cerretani; Alessandro Piccolomini). – (Venedig), 1544.
- Verleger: (Federico Torresano).
- Drucker: (Niccolò Zoppino); (Giovanni Padovano).
- Umfang: 24, 23, [1], 20, 19, [1], 27, [1], 25, [6] Bl.; 8°.
- Bogensign.: A⁸–C⁸, A⁸–C⁸, Aa⁸, Bb⁸, Cc⁴, A⁸, B⁸, C⁴, Aaa⁸–Ccc⁸, Ddd⁴, AA⁸–DD⁸ [6 Teile].
- FP: e.il coi: meho EtAl (3) 1544 (R).
- Buchschmuck: TH.; H.; E.; EX.
- Prov.: Etienne Graf von Méjan.
- Bibliographien: Cat. Ital. Books S. 731; Bibl. Aldina S. 64; Budapest V 162.
- Sign.: Ald. Ren. 130,4.
- Abbildung: S. 149.

Nr. 541
Speroni, Sperone: DIALOGHI ... .
Hrsg.: (Daniele [Matteo Alvise] Barbaro). – Venedig, 1544, (1545, Del Mese di Decembre.).
- Drucker: (Aldo [Manuzio I], Erben).
- Umfang: 160 Bl.; 8°.
- Bogensign.: A⁸–V⁸.
- FP: n=s= dea= maL. moio (3) 1545 (R).
- Buchschmuck: D.; E.; EX.
- Prov.: Etienne Graf von Méjan.
- Bibliographien: Adams S 1567; Cat. Ital. Books S. 636; Bibl. Aldina S. 64; Ebert 21604.
- Sign.: Ald. Ren. 130,5 [1. Ex.].

Nr. 542
Speroni, Sperone: DIALOGHI ... .
Hrsg.: (Daniele [Matteo Alvise] Barbaro). – Venedig, 1544, (1545, Del Mese di Decembre.).
- Drucker: (Aldo [Manuzio I], Erben).
- Umfang: 160 Bl.; 8°.
- Bogensign.: A⁸–V⁸.
- FP: n=s= dea= maL. moio (3) 1545 (R).
- Buchschmuck: D.; EX.
- Prov.: Etienne Graf von Méjan.
- Bibliographien: Adams S 1567; Cat. Ital. Books S. 636; Bibl. Aldina S. 64; Ebert 21604.
- Sign.: Ald. Ren. 130,5 [2. Ex.].

Nr. 543
Lettere volgari: LETTERE VOLGARI DI DIVERSI ‖ NOBILISSIMI HVOMINI, ET ‖ ECCELLENTISSIMI IN- ‖ GEGNI, SCRITTE IN ‖ DIVERSE MA- ‖ TERIE, ‖ ... LIBRO PRIMO. ‖. EST: [Lettere volgari; T. 1]. Hrsg.: (Paolo Manuzio). – Venedig, 1544.
- Drucker: (Aldo [Manuzio I], Erben).
- Umfang: 179, [5] Bl.; 8°.
- Bogensign.: A⁸–Z⁸.
- FP: a-mi u-to tea= foqu (3) 1544 (R).
- Buchschmuck: D.; E.; EX.
- Prov.: Etienne Graf von Méjan.
- Bibliographien: Adams L 573; Cat. Ital. Books S. 413; Bibl. Aldina S. 64.
- Sign.: Ald. Ren. 130,6.

Nr. 544
Eparchos, Antonios; <griech.>: ... in euersionem Graeciae Deploratio. ‖ Eiusdem Epistolae quaedam spectantes ad concordiam ‖ Reipublicae Christianae. ‖ Eiusdem Epitaphium in Cardinalem Contarenum, ‖ praestantissimi consilij uirum. ‖. – Venedig, 1544.
- Drucker: [Aldo Manuzio I, Erben?].
- Umfang: [18] Bl.; 4°.
- Bogensign.: α^4–γ^4, δ^6.
- FP: m,em $\sigma.v$, $v\chi\sigma*$ $o\pi\gamma*$ (C) 1544 (R).
- Buchschmuck: E.
- Bibliographien: Ald. Ren. 487;

Kat.-Nr. 415
Einband für Heinrich II.,
König von Frankreich

Kat.-Nr. 393
Bucheinband
aus Deutschland,
1. Hälfte des
16. Jahrhunderts

🕮 **1545**

Nr. 545

Flaminio, M[arco] Antonio: ... IN LIBRVM PSALMORVM BRE- ‖ VIS EXPLANATIO ... . – Venedig, 1545.
- Drucker: (Aldo [Manuzio I], Erben).
- Umfang: [4], 272, [2] Bl.; 8°.
- Bogensign.: *⁴, A⁸-Z⁸, AA⁸-KK⁸, LL¹⁰.
- Adams E 200; Cat. Ital. Books S. 234.
- Sign.: Ald. Ren. 131,a7.

Nr. 546

Patricius, Franciscus; <ital.>: DE DISCORSI ... ‖ sopra alle ‖ cose appartenenti ad una città libera, e famiglia nobile; ‖ ... . Übers.: Giovanni Fabrini. – (Venedig), 1545.
- Drucker: (Aldo [Manuzio I], Erben).
- Umfang: 278, [4] Bl.; 8°.
- FP: e=p= d=es t,r, deEx (3) 1545 (R).
- Buchschmuck: D.; E.; EX.
- Prov.: Etienne Graf von Méjan.
- Bibliographien: Adams B 1423; Cat. Ital. Books S. 98; Bibl. Aldina S. 64; Ebert 7615.
- Sign.: Ald. Ren. 131,1.

- Bogensign.: A⁸-Z⁸, AA⁸-LL⁸, MM¹⁰.
- FP: e=ai i=ti bito tane (3) 1545 (R).
- Buchschmuck: D.; E.; EX.
- Prov.: Etienne Graf von Méjan.
- Bibliographien: Adams P 443; Cat. Ital. Books S. 493; Bibl. Aldina S. 65; Budapest P 143.
- Sign.: Ald. Ren. 131,3.

Nr. 547

Castiglione, Baldassare: IL LIBRO DEL CORTEGIANO ‖ ... . – Venedig, 1545.
- Drucker: (Aldo [Manuzio I], Erben).
- Buchbinder: René Simier.
- Umfang: [122] Bl.; 2°.
- Bogensign.: *⁴, a⁸-o⁸, p⁶.
- FP: e-cô n-bi heio dina (C) 1545 (R).
- Buchschmuck: D.; E.; EX.
- Prov.: Etienne Graf von Méjan.
- Bibliographien: Adams C 931; Cat. Ital. Books S. 156; Ind. Aur. 133.590; Bibl. Aldina S. 65; Ebert 3673.
- Sign.: 2° Ald. Ren. 131,4.

Nr. 548

Fortunio, [Giovanni] Francesco: REGOLE GRAMMATICALI DELLA ‖ VOLGAR LINGVA ... . – (Venedig), 1545.
- Drucker: (Aldo [Manuzio I], Erben).
- Umfang: [4], 41 [=47], [1] Bl.; 8°.
- Bogensign.: A⁸-F⁸, G⁴.
- FP: aner ar6. deo= tula (3) 1545 (R).
- Buchschmuck: D.; E.; EX.
- Prov.: Etienne Graf von Méjan.
- Bibliographien: Adams F 796.
- Sign.: Ald. Ren. 131,5.

Nr. 549

Ricci, Bartolomeo: ... DE IMI ‖ TATIONE LIBRI TRES ... . – Venedig, 1545.
- Drucker: (Aldo [Manuzio I], Erben).
- Umfang: 88 [=87], [1] Bl.; 8°.
- Bogensign.: A⁸-L⁸.
- FP: uri- gui= t.um dene (3) 1545 (R).
- Buchschmuck: D.; E.; EX.
- Prov.: Etienne Graf von Méjan.
- Bibliographien: Adams R 490; Cat. Ital. Books S. 554; Bibl. Aldina S. 65.
- Sign.: Ald. Ren. 131,6.

Nr. 550

Cicero, Marcus Tullius: ... OFFICIORVM LIBRI TRES: ‖ CATO MAIOR, VEL DE SENECTVTE: ‖ LAELIVS, VEL DE AMICITIA: ‖ PARADOXA STOICORVM SEX: ‖ ... . EST: [Opera philosophica, Teils.]. Hrsg.: (Paolo Manuzio). – (Venedig), 1545, (MENSE MARTIO.).
- Drucker: Aldo [Manuzio I], Erben.
- Buchbinder: Lefebvre.
- Umfang: [2], 125, [3] Bl.; 8°.
- Bogensign.: A⁸-P⁸, Q¹⁰.
- FP: eori ,*tu e=lo gu*p (3) 1545 (R).
- Buchschmuck: D.; E.; EX.
- Prov.: Etienne Graf von Méjan.
- Bibliographien: Adams C 1751; Cat.

Ital. Books S. 176; Ind. Aur. 138.397; Bibl. Aldina S. 65.
- Sign.: Ald. Ren. 131,b7.

Nr. 551
Cicero, [Marcus Tullius]; <ital.>: LE EPISTOLE FAMIG. ... ‖. EST: [Epistolae ad familiares; ital.]. Übers.: [Guido Loglio]. – (Venedig), 1545.
- Drucker: (Aldo [Manuzio I], Erben).
- Umfang: 305, [1] Bl.; 8°.
- Bogensign.: A⁸-Z⁸, AA⁸-OO⁸, PP¹⁰.
- FP: ena, e.i= o=er sech (3) 1545 (R).
- Buchschmuck: D.; E.; EX.
- Prov.: Etienne Graf von Méjan.
- Bibliographien: Adams C 1981; Ind. Aur. 138.398; Bibl. Aldina S. 65; Ebert 4626.
- Sign.: Ald. Ren. 132,9ª.

Nr. 552
Cicero, [Marcus Tullius]; <ital.>: LE EPISTOLE ‖ FAMIGLIARI .... EST: [Epistolae ad familiares; ital.]. Übers.: [Guido Loglio]. – (Venedig), 1545.
- Drucker: (Aldo [Manuzio I], Erben).
- Umfang: 333, [1] Bl.; 8°.
- Bogensign.: A⁸-Z⁸, AA⁸-SS⁸, TT⁶.
- FP: deu= i=n- lai- mopi (3) 1545 (R).
- Buchschmuck: D.; E.; EX.
- Prov.: Etienne Graf von Méjan.
- Bibliographien: Adams C 1980; Ind. Aur. 138.399; Ebert 4626.
- Sign.: Ald. Ren. 132,9ᵇ.

Nr. 553
Partenio, Bernardino: ... PRO PLIN- ‖ GVA LATINA ‖ ORATIO. ‖. – (Venedig), 1545, (MENSE OCTOBRI.).
- Drucker: (Aldo [Manuzio I], Erben).
- Buchbinder: François Bozérian.
- Umfang: [46] Bl.; 4°.
- Bogensign.: A⁴-K⁴, L⁶.
- FP: r,ta sæac piri feop (C) 1545 (R).
- Buchschmuck: D.; E.; EX.
- Prov.: Etienne Graf von Méjan.
- Bibliographien: Adams P 357; Cat. Ital. Books S. 490; Bibl. Aldina S. 66.
- Sign.: Ald. Ren. 132,10.

Nr. 554
Vergilius Maro, [Publius]: VIRGILIVS, ‖ POST OMNES OMNIVM ‖ EDITIONES ACCVRATE ‖ EMENDATVS. ‖. EST: [Opera]. – (Venedig), 1545.
- Drucker: (Aldo [Manuzio I], Erben).
- Buchbinder: René Simier.
- Umfang: 8, [1] Bl., Bl. 9–16, [1] Bl., Bl. 17–220; 8°.
- Bogensign.: A⁸, ¹, B⁸, ¹, C⁸-Z⁸, AA⁸-DD⁸, EE⁴.
- FP: n=o- s,s. m.s. TrFe (3) 1545 (R).
- Buchschmuck: D.; E.; EX.
- Prov.: Etienne Graf von Méjan.
- Bibliographien: Adams V 488; Cat. Ital. Books S. 730; Ebert 23680.
- Sign.: Ald. Ren. 132,11.

Nr. 555
Terentius Afer, P[ublius]: ... COMOEDIAE. ‖ Eae quàm diligenter, quamque multis in locis emen= ‖ datae sint ... . Hrsg.: (Guido Loglio). – (Venedig), 1545, (MENSE IVLIO.).
- Drucker: Aldo [Manuzio I], Erben.
- Buchbinder: François Bozérian.
- Umfang: [16], 146, [2] Bl.; 8°.
- Bogensign.: a⁸, b⁸, A⁸-S⁸, T⁴.
- FP: a=su dicũ iss, scD. (3) 1545 (R).
- Buchschmuck: D.; E.; EX.
- Prov.: Etienne Graf von Méjan.
- Bibliographien: Adams T 335; Bibl. Aldina S. 66; Ebert 22485.
- Sign.: Ald. Ren. 133,12.

Nr. 556
Ariosto, Ludovico: ORLANDO FVRIOSO ... . EST: [Orlando furioso; T. 1]. – Venedig, 1545.
- Drucker: (Aldo [Manuzio I], Erben).
- Buchbinder: François Bozérian.
- Umfang: 247, [1] Bl.; 4°.
- Bogensign.: A⁸-Z⁸, AA⁸-HH⁸.
- FP: o.mi i.ti o.ro ChMa (3) 1545 (R).
- Buchschmuck: D.; E.; EX.
- Prov.: Etienne Graf von Méjan.
- Bibliographien: Adams A 1663; Cat. Ital. Books S. 39; Ind. Aur. 107.413; Ebert 1014.
- Sign.: Ald. Ren. 133,13-1.2.

Nr. 557
Ariosto, Ludovico: CINQVE CANTI DI VN NVOVO LI- ‖ BRO ... ‖ I QVALI SEGVONO ‖ LA MATERIA DEL ‖ FVRIOSO. ‖ ... . EST: [Orlando furioso; T. 2]. – (Venedig), 1545.
- Drucker: (Aldo [Manuzio I], Erben).
- Buchbinder: François Bozérian.
- Umfang: 28 Bl.; 4°.
- Bogensign.: AAA⁸-CCC⁸, DDD⁴.
- FP: o.ro i.di i.i, ChNe (3) 1545 (R).
- Buchschmuck: D.; E.; EX.
- Prov.: Etienne Graf von Méjan.
- Bibliographien: Adams A 1663; Cat. Ital. Books S. 39; Ind. Aur. 107.413; Ebert 1014.
- Sign.: Ald. Ren. 133,13-1.2.

Nr. 558
Colonna, Francesco; <ital.>: ... LA HYPNEROTOMACHIA ... ‖ CIOE' PVGNA D' AMORE IN SOGNO. ‖ ... . Verf. in Vorlage: Poliphilus. – Venedig, 1545.
- Drucker: (Aldo [Manuzio I], Erben).
- Umfang: [234] Bl.; 2°.
- Bogensign.: ⁴, a⁸-y⁸, z¹⁰, A⁸-E⁸, F⁴.
- FP: næa, o-sa e.li gl&d (C) 1545 (R).
- Buchschmuck: H.; D.; E.; EX.
- Prov.: Etienne Graf von Méjan.
- Bibliographien: Adams C 2414; Cat. Ital. Books S. 530; Bibl. Aldina S. 66; Ebert 17610.
- Sign.: 2° Ald. Ren. 133,14.

Nr. 559
Leo <Hebraeus>: DIALOGHI DI AMORE ... . Verf. in Vorlage: Leone Medico Hebreo. – (Venedig), 1545.
- Drucker: (Aldo [Manuzio I], Erben).
- Umfang: [2], 261 [=241], [1] Bl.; 8°.
- Bogensign.: A⁸-Z⁸, AA⁸-GG⁸, HH⁴.
- FP: si:* e,ol rêue inti (3) 1545 (R).
- Buchschmuck: D.; E.; EX.
- Prov.: Etienne Graf von Méjan.
- Bibliographien: Adams A 61; Cat. Ital. Books S. 3; Bibl. Aldina S. 66; Ebert 11869.
- Sign.: Ald. Ren. 134,15.

Nr. 560
Lettere volgari: LETTERE VOLGARI DI DIVERSI ‖ NOBILISSIMI HVOMINI, ET ‖ ECCELLENTISSIMI IN= ‖ GEGNI, SCRITTE IN ‖ DIVERSE MA= ‖ TERIE. ‖ ... LIBRO PRIMO. ‖. EST: [Lettere volgari; T. 1]. Hrsg.: (Paolo Manuzio). – Venedig, 1545.
- Drucker: (Aldo [Manuzio I], Erben).
- Buchbinder: François Bozérian (?).
- Umfang: 179, [5] Bl.; 8°.
- Bogensign.: A⁸-Z⁸.
- FP: a-mi u=to tea- foqu (3) 1545 (R).
- Buchschmuck: D.; E.; EX.
- Prov.: Etienne Graf von Méjan.
- Bibliographien: Adams L 574; Cat. Ital. Books S. 413; Bibl. Aldina S. 66.
- Sign.: Ald. Ren. 134,16.

Nr. 561
Lettere volgari: LETTERE VOLGARI DI DI- ‖ VERSI ECCELLENTIS- ‖ SIMI HVOMINI, IN ‖ DIVERSE MA- ‖ TERIE. ‖ LIBRO SECONDO. ‖. EST: [Lettere volgari; T. 2]. Hrsg.: (Antonio Manuzio). – Venedig, 1545.
- Drucker: (Aldo [Manuzio I], Erben).
- Buchbinder: François Bozérian (?).
- Umfang: 132, [4] Bl.; 8°.
- Bogensign.: A⁸-R⁸.
- FP: a=er e.l. uiu= glni (3) 1545 (R).
- Buchschmuck: D.; E.; EX.
- Prov.: Etienne Graf von Méjan.
- Bibliographien: Adams L 583; vgl. Cat. Ital. Books S. 413; Bibl. Aldina S. 66; Ebert 11891.
- Sign.: Ald. Ren. 134,17.

Nr. 562
Manuzio, Antonio): VIAGGI FATTI DA ‖ VINETIA, ALLA TANA, IN PER- ‖ SIA, IN INDIA, ET IN COSTANTI- ‖ NOPOLI; ... . Mitarb.: (Giosafat Barbaro; Ambrogio Contarini; Aloigi di Giovanni). – Venedig, 1545.
- Drucker: (Aldo [Manuzio I], Erben).
- Buchbinder: François Bozérian (?).
- Umfang: 163, [1] Bl.; 8°.
- Bogensign.: A⁸-V⁸, X⁴.
- FP: toa= ilno alar zaui (3) 1545 (R).
- Buchschmuck: D.; E.; EX.
- Prov.: Etienne Graf von Méjan.
- Bibliographien: Adams V 624; Cat. Ital. Books S. 412; Bibl. Aldina S. 67; Ebert 23546.
- Sign.: Ald. Ren. 134,18.

Nr. 563
Appianus <Alexandrinus>; <ital.>: ... DELLE ‖ GVERRE CIVILI ET ESTERNE DE ‖ ROMANI ... . EST: [Historia Romana; ital., T. 1]. Übers.: (Aless[andro] Bracci). – (Venedig), 1545.
- Drucker: (Aldo [Manuzio I], Erben).
- Umfang: 258 Bl.; 8°.
- Bogensign.: a⁸-z⁸, A⁸-I⁸, K².
- FP: i.,* ere, c=om dapo (3) 1545 (R).
- Buchschmuck: D.; E.; EX.
- Prov.: Etienne Graf von Méjan.
- Bibliographien: Adams A 1358; Cat. Ital. Books S. 35; Ind. Aur. 106.560; Bibl. Aldina S. 67.
- Sign.: Ald. Ren. 134,19-1.

Nr. 564
Appianus <Alexandrinus>; <ital.>: HISTORIA DELLE GVERRE ESTERNE ‖ DE' ROMANI ... . EST: [Historia Romana; ital., T. 2]. Übers.: Alessandro Bracci. – Venedig, 1545.
- Drucker: (Aldo [Manuzio I], Erben).
- Umfang: 175, [1] Bl.; 8°.
- Bogensign.: aa⁸-yy⁸.
- FP: a-ri i.o= nade tore (3) 1545 (R).
- Buchschmuck: D.; E.; EX.
- Prov.: Etienne Graf von Méjan.
- Bibliographien: Adams A 1358; Cat. Ital. Books S. 35; Ind. Aur. 106.560; Bibl. Aldina S. 67.
- Sign.: Ald. Ren. 134,19-2.3.

Nr. 565
Appianus <Alexandrinus>; <ital.>: LIBRO ... ‖ NEL QVALE SI CONTENGONO LE ‖ GVERRE, CHE FECERO I ROMA ‖ NI CON LI CARTHAGINESI, ‖ ET CON GLI SPAGNVOLI ‖ NELLA SPAGNA:‖ ... . EST: [Historia Romana; ital., T. 3]. Übers.: [Alessandro Bracci]. – (Venedig), 1545.
- Drucker: (Aldo [Manuzio I], Erben).
- Umfang: 41, [1] Bl.; 8°.
- Bogensign.: aaa⁴-iii⁴, kkk⁶.
- FP: i,e= inlo cao. ilac (3) 1545 (R).
- Buchschmuck: D.; E.; EX.
- Prov.: Etienne Graf von Méjan.
- Bibliographien: Adams A 1358; Cat. Ital. Books S. 35; Ind. Aur. 106.560; Bibl. Aldina S. 67.
- Sign.: Ald. Ren. 134,19-2.3.

1546

Nr. 566
Folengo, Giambattista: COMMENTARIA IN PRIMAM ‖ D. IOANNIS EPISTOLAM, ‖ ... . – Venedig, 1546.
- Drucker: (Aldo [Manuzio I], Erben).
- Buchbinder: François Bozérian (?).
- Umfang: [12], 161, [1] Bl.; 8°.
- Bogensign.: *⁸, **⁴, A⁸-T⁸, V¹⁰.
- FP: .a.a .a.b gie= bequ (3) 1546 (R).
- Buchschmuck: D.; E.; EX.
- Prov.: Etienne Graf von Méjan.
- Bibliographien: Adams F 677; Bibl. Aldina S. 67.
- Sign.: Ald. Ren. 135,1.

Nr. 567
Ammonius <Hermiae>; <griech.>: ... IN QVIN= ‖ QVE VOCES PORPHYRII ‖ COMMENTARIVS, ‖ Correctionibus quamplurimis, et locorum ‖ imaginibus illustratus. ‖. Hrsg.: (Pietro Rosettini). Venedig, 1546.
- Drucker: (Aldo [Manuzio I], Erben).
- Buchbinder: François Bozérian.
- Umfang: [4], 78, [2] Bl.; 8°.
- Bogensign.: *⁴, A⁸-K⁸.
- FP: e.m) ου** ποεν Οντη (3) 1546 (R).
- Buchschmuck: D.; E.; EX.
- Prov.: Etienne Graf von Méjan.
- Bibliographien: Adams A 994; Cat. Ital. Books S. 48; Ind. Aur. 104.906; Bibl. Aldina S. 67; Ebert 540; Budapest A 309.
- Sign.: Ald. Ren. 135,2.

Nr. 568
Ammonius <Hermiae>; <griech.>: ... IN QVIN= ‖ QVE VOCES PORPHYRII ‖ COMMENTARIVS, ‖ Correctionibus quamplurimis, et locorum ‖ imaginibus illustratus. ‖. Hrsg.: (Pietro Rosettini). Venedig, 1546.
- Drucker: (Aldo [Manuzio I], Erben).
- Umfang: [4], 78, [2] Bl.; 8°.
- Bogensign.: *⁴, A⁸-K⁸.
- FP: e.m) ου** ποεν Οντη (3) 1546 (R).
- Buchschmuck: D; E.
- Prov.: Grutarius; L. Tibullus.
- Bibliographien: Ald. Ren. 135,2; Adams A 994; Cat. Ital. Books S. 48; Ind. Aur. 104.906; Bibl. Aldina S. 67; Ebert 540; Budapest A 309.
- Sign.: 1 an Ald. Ren. 135,3.

Nr. 569
Ammonius <Hermiae>; <griech.>: ... IN PRAEDI= ‖ CAMENTA ARISTOTELIS ‖ COMMENTARIVS. ‖ ARISTOTELIS VITA. ‖. – Venedig, 1546.
- Drucker: [Aldo Manuzio I, Erben].
- Umfang: 152 Bl.; 8°.
- Bogensign.: AA⁸-TT⁸.
- FP: κυ- δεα- ων*α δετω (3) 1546 (R).
- Buchschmuck: H.; D.; E.
- Prov.: Grutarius; L. Tibullus.
- Bibliographien: Adams A 986; Cat. Ital. Books S. 48; Ind. Aur. 104.907; Bibl. Aldina S. 67; Ebert 540; Budapest A 305.
- Sign.: Ald. Ren. 135,3.

Nr. 570
Ammonius <Hermiae>; <griech.>: ... IN PRAEDI= ‖ CAMENTA ARISTOTELIS ‖ COMMENTARIVS. ‖ ARISTOTELIS VITA. ‖. – Venedig, 1546.
- Drucker: [Aldo Manuzio I, Erben].
- Buchbinder: François Bozérian.
- Umfang: 152 Bl.; 8°.
- Bogensign.: AA⁸-TT⁸.
- FP: κυ- δεα- ων*α δετω (3) 1546 (R).
- Buchschmuck: H.; D.; E.; EX.
- Prov.: Etienne Graf von Méjan.
- Bibliographien: Ald. Ren. 135,3; Adams A 986; Cat. Ital. Books S. 48; Ind. Aur. 104.907; Bibl. Aldina S. 67; Ebert 540; Budapest A 305.
- Sign.: 1 an Ald. Ren. 135,2.

Nr. 571
Ammonius <Hermiae>; <griech.>: ... IN ARI= ‖ STOTELIS DE INTERPRE ‖ TATIONE LIBRVM COM ‖ MENTARIVS. ‖. – Venedig, 1546.
- Drucker: (Aldo [Manuzio I], Erben).
- Buchbinder: François Bozérian.
- Umfang: 188 Bl.; 8°.
- Bogensign.: AAA⁸-ZZZ⁸, ⁴.
- FP: οσε= τοοσ ι-vo τηασ (3) 1546 (R).
- Buchschmuck: D.; E.; EX.
- Prov.: Etienne Graf von Méjan.
- Bibliographien: Ald. Ren. 135,4; Adams A 991; Cat. Ital. Books S. 48; Ind. Aur. 104.908; Bibl. Aldina S. 67; Ebert 540; Budapest A 308.
- Sign.: 2 an Ald. Ren. 135,2.

Nr. 572
Ammonius <Hermiae>; <griech.>: ... IN ARI= ‖ STOTELIS DE INTERPE ‖ TATIONE LIBRVM COM ‖ MENTARIVS. ‖. – Venedig, 1546.
- Drucker: (Aldo [Manuzio I], Erben).
- Umfang: 188 Bl.; 8°.
- Bogensign.: AAA⁸-ZZZ⁸, ⁴.
- FP: οσε= τοοσ ι/vo τηασ (3) 1546 (R).
- Buchschmuck: D.; HS.; EX.
- Prov.: Ezechiel von Spanheim
- Bibliographien: Ald. Ren. 135,4; Adams A 991; Cat. Ital. Books S. 48; Ind. Aur. 104.908; Bibl. Aldina S. 67; Ebert 540; Budapest A 308.
- Sign.: Libr. impr. c. n. mss. 8° 56.

Nr. 573
Liburnio, Niccolò: LE OCCORRENZE HVMANE ... . – (Venedig), 1546.
- Drucker: (Aldo [Manuzio I], Erben).
- Buchbinder: François Bozérian.
- Umfang: [8], 147 [=146], [2] Bl.; 8°.
- Bogensign.: A⁸-T⁸, V⁴.
- FP: lea= a.a, zaI= chpi (3) 1546 (R).
- Buchschmuck: D.; E.; EX.
- Prov.: Etienne Graf von Méjan.
- Bibliographien: Adams L 653; Cat. Ital. Books S. 377; Bibl. Aldina S. 68; vgl. Ebert 11952.
- Sign.: Ald. Ren. 135,5 [1. Ex.].

Nr. 574
Liburnio, Niccolò: LE OCCORRENZE HVMANE ... . – (Venedig), 1546.
- Drucker: (Aldo [Manuzio I], Erben).
- Umfang: [8], 147 [=146], [2] Bl.; 8°.
- Bogensign.: A⁸-T⁸, V⁴.
- FP: lea= a.a, zaI= chpi (3) 1546 (R).
- Buchschmuck: D.
- Bibliographien: Adams L 653; Cat. Ital. Books S. 377; Bibl. Aldina S. 68; vgl. Ebert 11952.
- Sign.: Ald. Ren. 135,5 [2. Ex.].

Kat.-Nr. 437

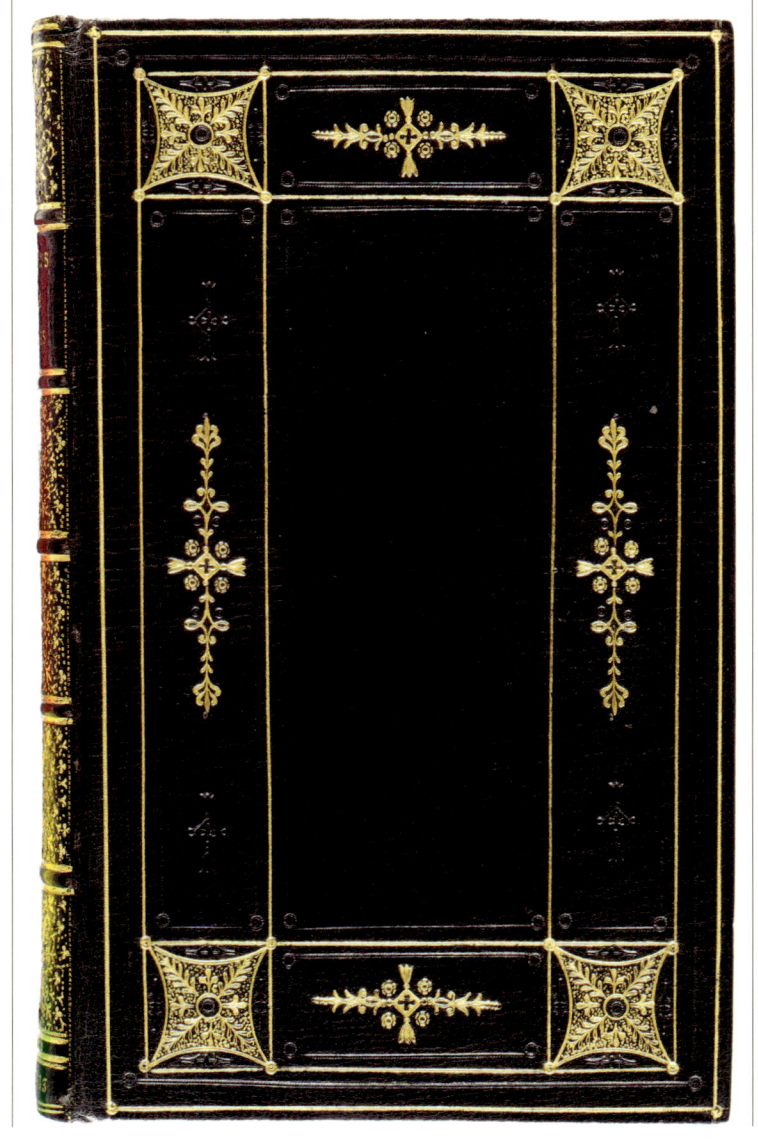

Nr. 575

Liburnio, Niccolò: LE OCCOR-
RENZE HVMANE ... . – (Vene-
dig), 1546.
- Drucker: (Aldo [Manuzio I], Er-
ben).
- Buchbinder: François Bozérian (?).
- Umfang: [8], 147 [=146], [2] Bl.; 8°.
- Bogensign.: A⁸-T⁸, V⁴.
- FP: lea= a.a, zaI= chpi (3) 1546 (R).
- Buchschmuck: D.; E.; EX.
- Prov.: Etienne Graf von Méjan.
- Bibliographien: Adams L 653; Cat. Ital. Books S. 377; Bibl. Aldina S. 68; vgl. Ebert 11952.
- Sign.: Ald. Ren. 135,5 [3. Ex.].

Nr. 576

Lacinius, Janus T.: PRETIOSA MARGARITA NOVEL= ‖ LA DE THESAVRO, AC PRETIO= ‖ SISSIMO PHILOSOPHO= ‖ RVM LAPIDE. ‖ Artis huius diuinae Typus, et Methodus ... . Mitarb.: Arnoldus <de Villa Nova>; Raimundus [Lullus]; [Muhammad Ibn-Zakariya] ar-Razi; Albertus [Magnus]; Michael <Scotus>. – (Venedig), 1546.
- Drucker: (Aldo [Manuzio I], Erben).
- Buchbinder: François Bozérian (?).
- Umfang: [20], 202, [16] Bl.; 8°.
- Bogensign.: *⁸, **⁸, ***⁴, A⁸-Z⁸, AA⁸-CC⁸, DD¹⁰.
- FP: s.um ini= ntre ctco (3) 1546 (R).
- Buchschmuck: H.; D.; E.; EX.
- Prov.: Etienne Graf von Méjan.
- Bibliographien: Adams L 11; Bibl. Aldina S. 68.
- Sign.: Ald. Ren. 135,6ᵃ.
- Abbildung: S. 146.

Nr. 577

Cicero, [Marcus Tullius]: RHE-TORICORVM AD C. HEREN ‖ NIVM LIBRI IIII. ... ‖ De inuentione libri II. ‖ De Oratore, ad Q. fratrem libri III. ‖ ... . EST: [Opera rhetorica; T. 1]. Hrsg.: Paolo Manuzio. – Venedig, 1546, (MENSE SEPTEMBRI.).
- Drucker: (Aldo [Manuzio I], Erben).
- Buchbinder: Lefebvre.
- Umfang: 179, [1] Bl.; 8°.
- Bogensign.: A⁸-Y⁸, Z⁴.
- FP: e.om umis ama= sine (3) 1546 (R).
- Buchschmuck: D.; E.; EX.
- Prov.: Etienne Graf von Méjan.
- Bibliographien: Adams C 1644; Cat. Ital. Books S. 176; Ind. Aur. 138.447; Bibl. Aldina S. 68; vgl. Ebert 4258.
- Sign.: Ald. Ren. 136,7-1.

Nr. 578

Cicero, [Marcus Tullius]: DE ORATORE, ‖ ... AD Q. FRATREM ‖ LIBRI III. ‖ . EST: [Opera rhetorica; T. 2]. Hrsg.: Paolo Manuzio. – Venedig, 1546.
- Drucker: (Aldo [Manuzio I], Erben).
- Buchbinder: Lefebvre.
- Umfang: 136 [=135], [1] Bl.; 8°.
- Bogensign.: A⁸-R⁸.
- FP: ácr= a=t, s,bo ceAn (3) 1546 (R).
- Buchschmuck: D.; E.; EX.
- Prov.: Etienne Graf von Méjan.
- Bibliographien: Cat. Ital. Books S. 176; Ind. Aur. 138.444; Bibl. Aldina S. 68; vgl. Ebert 4258.
- Sign.: Ald. Ren. 136,7-2.3.4.

Nr. 579

Cicero, [Marcus Tullius]: DE CLARIS ORATORIBVS, ‖ ... LIBER, QVI ‖ INSCRIBITVR BRV-TVS. ‖ ... . EST: [Opera rhetorica; T. 3]. Hrsg.: Paolo Manuzio. – Venedig, 1546.
- Drucker: (Aldo [Manuzio I], Erben).
- Buchbinder: Lefebvre.
- Umfang: 56 Bl.; 8°.
- Bogensign.: A⁸-G⁸.
- FP: i-er amte i-n= aspl (3) 1546 (R).
- Buchschmuck: D.; E.; EX.
- Prov.: Etienne Graf von Méjan.
- Bibliographien: Cat. Ital. Books S. 176; Ind. Aur. 138.445; Bibl. Aldina S. 68; vgl. Ebert 4258.
- Sign.: Ald. Ren. 136,7-2.3.4.

Nr. 580

Cicero, [Marcus Tullius]: ORA-TOR ‖ ... AD M. BRVTVM. ‖. EST: [Opera rhetorica; T. 4]. Hrsg.:

Kat.-Nr. 426
Marginalien von Pietro Bembo (1470-1547)

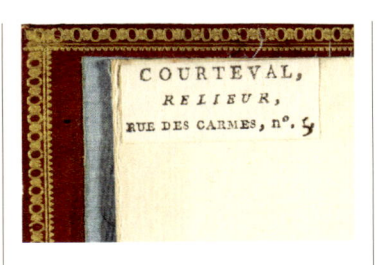

Kat.-Nr. 438
Buchbinderetikett von Courteval

Paolo Manuzio. – Venedig, 1546.
• Drucker: (Aldo [Manuzio I], Erben).
• Buchbinder: Lefebvre.
• Umfang: 45, [3] Bl.; 8°.
• Bogensign.: A⁸–F⁸ [A²–A⁴ vertauscht gebunden].
• FP: uto= s,i- e=ia tuco (3) 1546 (R).
• Buchschmuck: D.; E.; EX.
• Prov.: Etienne Graf von Méjan.
• Bibliographien: Cat. Ital. Books S. 176; Ind. Aur. 138.440; Bibl. Aldina S. 68; vgl. Ebert 4258.
• Sign.: Ald. Ren. 136,7–2.3.4.

Nr. 581

Commentaria in omnes: IN OMNES DE ARTE RHETORICA ‖ M. TVLLII CICERONIS LIBROS, ITEM IN EOS AD C. HEREN= ‖ NIVM SCRIPTOS, DOCTISSIMORVM VIRORVM COMMENTARIA, IN ‖ VNVM VELVTI CORPVS REDACTA ... . EST: [Commentaria in omnes de arte rhetorica Ciceronis libros]. – Venedig, 1546.
• Drucker: (Aldo [Manuzio I], Erben).
• Buchbinder: Luigi Lodigiani.
• Umfang: [10] Bl., 624, 492 Sp., [4] Bl., Sp. 493–824 [=826], [1] S., [1] Bl.; 2°.
• Bogensign.: *¹⁰, A⁸–S⁸, T⁶, V⁶, a⁸–o⁸, p⁶, q⁶, r⁸–z⁸, aa⁸–dd⁸.
• FP: a,o= 2712 a=u= tequ (3) 1546 (R).
• Buchschmuck: D.; E.; EX.
• Prov.: Etienne Graf von Méjan.
• Bibliographien: Adams C 1698; Cat. Ital. Books S. 184; Ind. Aur. 138.438; Bibl. Aldina S. 68.
• Sign.: 2° Ald. Ren. 136,8.
• Abbildung: S. 150.

Nr. 582

Cicero, M[arcus] Tullius: ... ORATIONVM ‖ PARS I. ‖. EST: [Orationes; T. 1]. Hrsg.: Paolo Manuzio. – Venedig, 1546.
• Drucker: (Aldo [Manuzio I], Erben).
• Buchbinder: Lefebvre.
• Umfang: [4], 303, [1] Bl.; 8°.
• Bogensign.: A⁸–Z⁸, AA⁸–PP⁸, QQ⁴.
• FP: a=t, s,u= e=es alsi (3) 1546 (R).
• Buchschmuck: D.; E.; EX.
• Prov.: Etienne Graf von Méjan.
• Bibliographien: Adams C 1644; Ind. Aur. 138.443; Bibl. Aldina S. 68; vgl. Ebert 4258.
• Sign.: Ald. Ren. 136,9–1 [1. Ex.].

Nr. 583

Cicero, M[arcus] Tullius: ... ORATIONVM ‖ PARS I. ‖. EST: [Orationes; T. 1]. Hrsg.: Paolo Manuzio. – Venedig, 1546.
• Drucker: (Aldo [Manuzio I], Erben).
• Buchbinder: François Bozérian.
• Umfang: [4], 303, [1] Bl.; 8°.
• Bogensign.: A⁸–Z⁸, AA⁸–PP⁸, QQ⁴.
• FP: a=t, s,u= e=es alsi (3) 1546 (R).
• Buchschmuck: D.; E.; EX.
• Prov.: Etienne Graf von Méjan.
• Bibliographien: Adams C 1644; Ind. Aur. 138.443; Bibl. Aldina S. 68; vgl. Ebert 4258.
• Sign.: Ald. Ren. 136,9–1 [2. Ex.].

Nr. 584

Cicero, M[arcus] Tullius: ... ORATIONVM ‖ PARS II. ‖. EST: [Orationes; T. 2]. Hrsg.: Paolo Manuzio. – Venedig, 1546, (MENSE MAII.).
• Drucker: (Aldo [Manuzio I], Erben).
• Buchbinder: Lefebvre.
• Umfang: [1], 281 [=282], [1] Bl.; 8°.
• Bogensign.: aa⁸–vv⁸, xx¹⁰, yy⁸–zz⁸, AA⁸–LL⁸, MM¹⁰ [unvollst.: aa²–aa⁷ fehlen, stattdessen aaa²–aaa⁷ aus T. 3 eingebunden].
• Buchschmuck: D.; E.; EX.
• Prov.: Etienne Graf von Méjan.
• Bibliographien: Adams C 1644; Ind. Aur. 138.443; Bibl. Aldina S. 68; vgl. Ebert 4258.
• Sign.: Ald. Ren. 136,9–2 [1. Ex.].

Nr. 585

Cicero, M[arcus] Tullius: ... ORATIONVM ‖ PARS III. ‖. EST: [Orationes; T. 3]. Hrsg.: Paolo Manuzio. – Venedig, 1546, (MENSE IVNIO.).
• Drucker: (Aldo [Manuzio I], Erben).
• Buchbinder: Lefebvre.
• Umfang: [2], 271 [=278] Bl.; 8°.
• Bogensign.: aaa⁸–zzz⁸, AAA⁸–MMM⁸ [unvollst.: aaa²–aaa⁷ u. xxx⁴–xxx⁵ fehlen, A²–A⁷ aus Epist. ad Attic.].
• FP: iss= modi usut neba (3) 1546 (R).
• Buchschmuck: D.; E.; EX.
• Prov.: Etienne Graf von Méjan.
• Bibliographien: Adams C 1644; Ind. Aur. 138.443; Bibl. Aldina S. 68; vgl. Ebert 4258.
• Sign.: Ald. Ren. 136,9–3 [1. Ex.].

Nr. 586

Cicero, M[arcus] Tullius: ... ORATIONVM ‖ PARS III. ‖. EST: [Orationes; T. 3]. Hrsg.: Paolo Manuzio. – Venedig, 1546, (MENSE IVNIO.).
• Drucker: (Aldo [Manuzio I], Erben).
• Buchbinder: François Bozérian.
• Umfang: [1], 271 [=279] Bl.; 8°.
• Bogensign.: aaa⁸–zzz⁸, AAA⁸–MMM⁸.
• FP: iss= modi usut neba (3) 1546 (R).
• Buchschmuck: D.; E.; EX.
• Prov.: Etienne Graf von Méjan.
• Bibliographien: Adams C 1644; Ind. Aur. 138.443; Bibl. Aldina S. 68; vgl. Ebert 4258.
• Sign.: Ald. Ren. 136,9–3 [2. Ex.].

Nr. 587

Cicero, M[arcus] Tullius: ... EPISTOLAE FAMILIARES. ‖ ... . EST: [Epistolae ad familiares]. Beigef.: Paolo Manuzio: ... SCHOLIA, ‖ quibus harum epistolarum locos complures ... ‖ interpretatur ... . Hrsg.: Paolo Manuzio. – Venedig, 1546, (MENSE AVGVSTO.).
• Drucker: Aldo [Manuzio I], Erben.
• Buchbinder: Lefebvre.
• Umfang: CCLXVII, [45] Bl.; 8°.
• Bogensign.: A⁸–Z⁸, AA⁸–LL⁸, AAA⁸–EEE⁸.
• FP: umum sa,* umue gaci (3) 1546 (R).
• Buchschmuck: D.; E.; EX.
• Prov.: Etienne Graf von Méjan.
• Bibliographien: Adams C 1644; Ind. Aur. 138.446; vgl. Ebert 4258.
• Sign.: Ald. Ren. 137,10.

Nr. 588

Cicero, M[arcus] Tullius: ... DE PHILOSOPHIA, PRIMA ‖ PARS, ... De finibus bonorum et malorum libri V. ‖ ... . EST: [Opera philosophica; T. 1]. Beigef.: M[arcus] Tullius Cicero: ... Tusculanarum quaestionum libri V. ‖ ... . Hrsg.: Paolo Manuzio. Kommentator: Paolo Manuzio. – (Venedig), 1546.
• Drucker: Aldo [Manuzio I], Erben.
• Buchbinder: Lefebvre.
• Umfang: [4], 147, [10] Bl., Bl. 148–251, [7] Bl.; 8°.
• Bogensign.: a⁸–u⁸, aa⁸–oo⁸.
• FP: a-e, uso= utle Naid (3) 1546 (R).
• Buchschmuck: D.; E.; EX.
• Prov.: Etienne Graf von Méjan.
• Bibliographien: Adams C 1644; Cat. Ital. Books S. 176; Ind. Aur. 138.439; Bibl. Aldina S. 69; Ebert 4472; Budapest C 706.
• Sign.: Ald. Ren. 137,11 EBD.

Nr. 589

Cicero, M[arcus] Tullius: ... DE PHI- ‖ LOSOPHIA VOLVMEN SE- ‖ CVNDVM ... . EST: [Opera philosophica; T. 2]. Hrsg.: Paolo Manuzio. Kommentator: Paolo Manuzio. – Venedig, 1546.
• Drucker: (Aldo [Manuzio I], Erben).
• Buchbinder: Lefebvre.
• Umfang: [2], 213 [=206], [16] Bl.; 8°.
• Bogensign.: A⁸–Z⁸, AA⁸–EE⁸.
• FP: t.in ,*ri e=cû encæ (3) 1546 (R).
• Buchschmuck: D.; E.; EX.
• Prov.: Etienne Graf von Méjan.
• Bibliographien: Adams C 1644; Cat. Ital. Books S. 176; Ind. Aur. 138.439; Bibl. Aldina S. 68f; Ebert 4472.
• Sign.: Ald. Ren. 137,12.

Nr. 590

Grifoli, Jacopo: M. TVLLII CICERONIS DEFEN= ‖ SIONES CONTRA CELII CAL ‖ CAGNINI DISQVISITIONES ‖ IN EIVS OFFICIA ... . Beigef.: Celio Calcagnini: ... DISQVISITIONES ‖ IN ... OFFICIA ... . – Venedig, 1546.
• Drucker: (Aldo [Manuzio I], Erben).
• Umfang: 75, [1] Bl.; 8°.
• Bogensign.: A⁸–I⁸, K⁴.

- FP: l=n= máiâ r.a= neue (3) 1546 (R).
- Buchschmuck: D.; E.; EX.
- Prov.: Etienne Graf von Méjan.
- Bibliographien: Adams G 1254; Cat. Ital. Books S. 136; Bibl. Aldina S. 69.
- Sign.: Ald. Ren. 137,13 [1. Ex.].

Nr. 591
Grifoli, Jacopo: M. TVLLII CICERONIS DEFEN- ‖ SIONES CONTRA CELII CAL ‖ CAGNINI DISQVISITIONES ‖ IN EIVS OFFICIA ... . Beigef.: Celio Calcagnini: ... DISQVISITIONES ‖ IN ... OFFICIA ... . – Venedig, 1546.
- Drucker: (Aldo [Manuzio I], Erben).
- Umfang: 75, [1] Bl.; 8°.
- Bogensign.: A^8-I^8, K^4 [unvollst.: K^4 fehlt].
- FP: l=n= máiâ r.a= neue (3) 1546 (R).
- Buchschmuck: D.
- Bibliographien: Adams G 1254; Cat. Ital. Books S. 136; Bibl. Aldina S. 69.
- Sign.: Ald. Ren. 137,13 [2. Ex.].

Nr. 592
Adda, Ferdinando d': ... ad omnes iuris ciuilis ‖ interpretes, ac eius disciplinae studiosos, ‖ contra iurisprudentiae uituperatores ‖ Oratio: ... ‖ Eiusdem Epigrammata nonnulla ... . Verf. in Vorlage: Ferdinandus Abduensis. – Venedig, 1546.
- Drucker: (Aldo [Manuzio I], Erben).
- Buchbinder: Motet (?).
- Umfang: 45, [3] Bl.; 8°.
- Bogensign.: A^8-F^8.
- FP: dee. edue ises name (3) 1546 (R).
- Buchschmuck: D.; E.; EX.
- Prov.: Etienne Graf von Méjan.
- Bibliographien: Adams A 146; Cat. Ital. Books S. 746; Ind. Aur. 100.094.
- Sign.: Ald. Ren. 137,14.

Nr. 593
Pedemonte, Francesco Filippi: ... ECPHRASIS IN ‖ HORATII FLACCI ARTEM ‖ POETICAM. ‖. – Venedig, 1546, (MENSE AVGVSTO.).
- Drucker: (Aldo [Manuzio I], Erben).
- Umfang: 65 Bl.; 4°.
- Bogensign.: A^4-P^4, Q^6.
- FP: i-ne itto cûe- cetu (3) 1546 (R).
- Buchschmuck: D.; E.; EX.
- Prov.: Etienne Graf von Méjan.
- Bibliographien: Adams H 971; Cat. Ital. Books S. 334; Bibl. Aldina S. 69; Ebert 10251.
- Sign.: Ald. Ren. 138,16.

Nr. 594
Terentius Afer, [Publius]; <ital.>: LE COMEDIE ... ‖ VOLGARI, ‖ ... . – Venedig, 1546.
- Drucker: (Aldo [Manuzio I], Erben).
- Buchbinder: François Bozérian.
- Umfang: 168 Bl.; 8°.
- Bogensign.: A^8-X^8.
- FP: e.n= toe. a.dô peze (3) 1546 (R).
- Buchschmuck: D.; E.; EX.
- Prov.: Etienne Graf von Méjan.
- Bibliographien: Adams T 380; Cat. Ital. Books S. 665; Bibl. Aldina S. 69; Ebert 22547.
- Sign.: Ald. Ren. 138,17.

Nr. 595
Capece, Scipione: ... DE PRINCIPIIS RERVM ‖ LIBRI DVO. ‖ ... . Beigef.: Scipione Capece: DE VATE MAXIMO ‖ LIBRI TRES. ‖. – Venedig, 1546.
- Drucker: (Aldo [Manuzio I], Erben).
- Buchbinder: Motet.
- Umfang: 61, [2] Bl.; 8°.
- Bogensign.: A^8-D^8, E^7, F^8-H^8 [vollständig!].
- FP: umla tae. ers, QuFr (3) 1546 (R).
- Buchschmuck: D.; E.; EX.
- Prov.: Etienne Graf von Méjan.
- Bibliographien: Adams C 589; Cat. Ital. Books S. 145; Ind. Aur. 131.479; Bibl. Aldina S. 69; Ebert 3487; Budapest C 202.
- Sign.: Ald. Ren. 138,18.

Kat.-Nr. 438

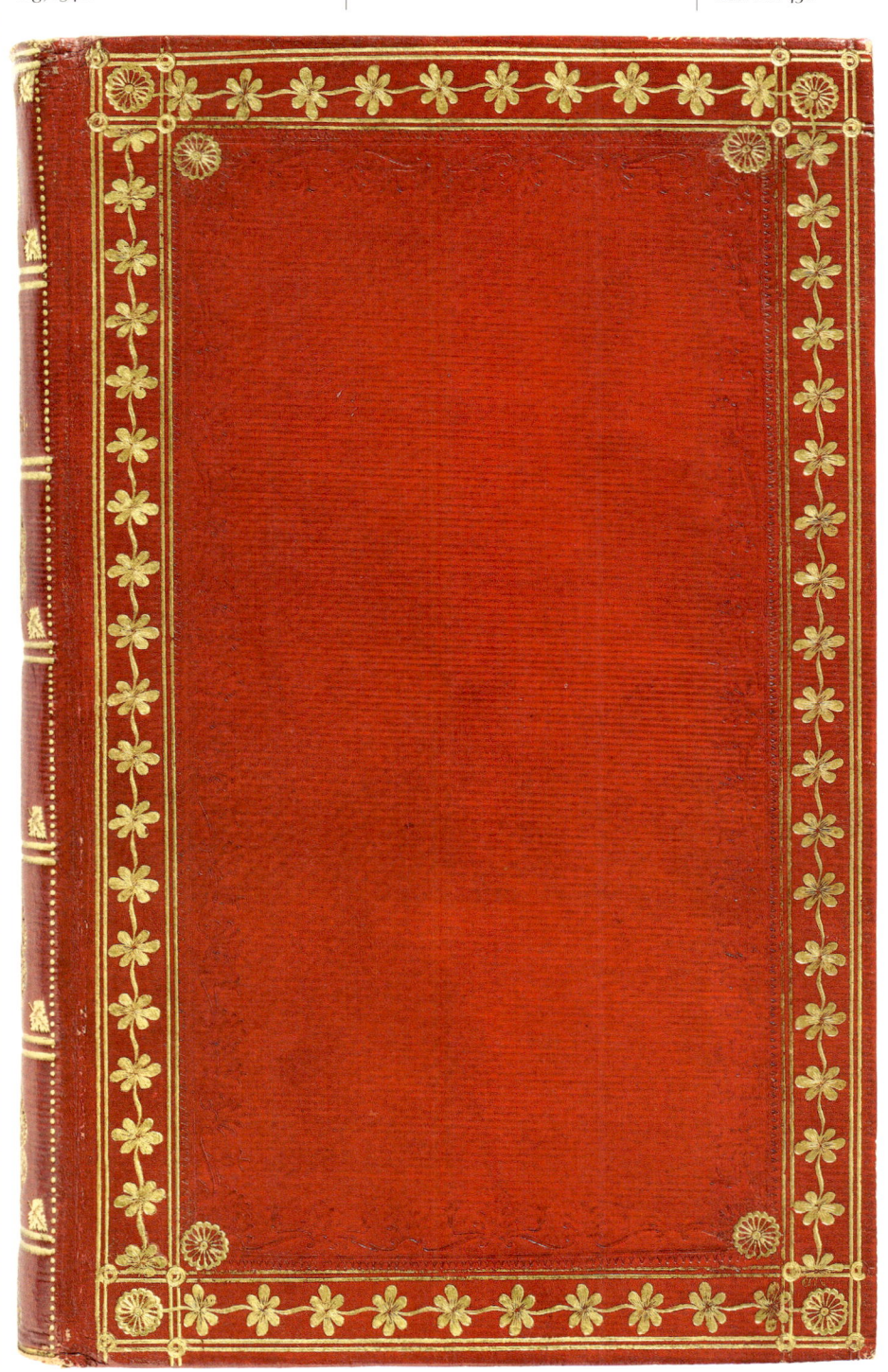

Kat.-Nr. 432

Nr. 596

Petrarca, [Francesco]: IL PE-PTRARCA. ‖. EST: [Canzoniere]. Venedig, 1546.
- Drucker: (Aldo [Manuzio I], Erben).
- Buchbinder: René Simier.
- Umfang: 176, [18] Bl.; 8°.
- Bogensign.: A⁸-Z⁸, AA¹⁰.
- FP: e.o; e.o, e;ne VeRu (3) 1546 (R).
- Buchschmuck: D.; E.; EX.
- Prov.: Etienne Graf von Méjan.
- Bibliographien: Adams P 811; Cat. Ital. Books S. 504; Bibl. Aldina S. 69; Ebert 16409.
- Sign.: Ald. Ren. 138,19.

Nr. 597

Alciati, Andrea: ... EMBLEMA-ATVM LI- ‖ BELLVS ... . EST: [Emblemata]. Hrsg.: (Pietro Rosettini). – Venedig, 1546, (MENSE IVNIO.).
- Drucker: (Aldo [Manuzio I], Erben).
- Buchbinder: René Simier.
- Umfang: 47, [1] Bl.; 8°.
- Bogensign.: A⁸-F⁸.
- FP: teti o.i: o.st SeEl (3) 1546 (R).
- Buchschmuck: H.; D.; E.; EX.
- Prov.: Etienne Graf von Méjan.
- Bibliographien: Adams A 602; Cat. Ital. Books S. 16; Ind. Aur. 102.953; Bibl. Aldina S. 70; Ebert 373; GK 2.12035.
- Sign.: Ald. Ren. 138,20.
- Abbildung: S. 153.

Nr. 598

Alciati, Andrea: ... EMBLEMA-ATVM LI- ‖ BELLVS, ... EST: [Emblemata]. Hrsg.: (Pietro Rosettini). – Venedig, 1546, (Mense IVNIO. ‖).
- Drucker: (Aldo Manuzio I, Erben).
- Umfang: 47, [1] Bl.; 8°.
- Bogensign.: A⁸-F⁸.
- FP: teti o.i: o.st SeEl (3) 1546 (R).
- Buchschmuck: H.; D.; KF.
- Bibliographien: Ald. Ren. 138,20; Adams A 602; Cat. Ital. Books S. 16; Ind. Aur. 102.953; Bibl. Aldina S. 70; Ebert 373; GK 2.12035.
- Sign.: Nv 7209 RAR.

Nr. 599

Machiavelli, Niccolò: IL PRENCIPE ... ‖ LA VITA DI CASTRVCCIO ‖ Castracani da Lucca. ‖ IL MODO, CHE TENNE IL DVCA ‖ Valentino per ammazare Vitellozzo Vitelli, ‖ Oliuerotto da Fermo ... . (Venedig), 1546.
- Drucker: (Aldo [Manuzio I], Erben).
- Buchbinder: Motet.
- Umfang: 3, 84, [1] Bl.; 8°.
- Bogensign.: A⁸-L⁸.
- FP: oro, i-ni a=he scti (3) 1546 (R).
- Buchschmuck: D.; E.; EX.
- Prov.: J. Richard; Etienne Graf von Méjan.
- Bibliographien: Cat. Ital. Books S. 400; Bibl. Aldina S. 70; Ebert 12669.
- Sign.: Ald. Ren. 139,21.

Nr. 600

Machiavelli, Niccolò: LIBRO DELL' ARTE DELLA GVER- ‖ RA ... . – [Venedig], 1546.
- Drucker: [Aldo Manuzio I, Erben].
- Buchbinder: Motet (?).
- Umfang: 104, [8] Bl.; 8°.
- Bogensign.: A⁸-N⁸, P⁸ [kein Bogen O vhd.].
- FP: hote cari o=o= fole (3) 1546 (R).
- Buchschmuck: H.; D.; E.; EX.
- Prov.: Etienne Graf von Méjan.
- Bibliographien: vgl. Adams M 35; Cat. Ital. Books S. 400; Bibl. Aldina S. 70; Ebert 12654.
- Sign.: Ald. Ren. 139,22.

Nr. 601

Machiavelli, Niccolò: DISCORSI ... ‖ SOPRA ‖ LA PRIMA DECA DI ‖ TITO LIVIO, ‖ ... . – (Venedig), 1546.
- Drucker: (Aldo [Manuzio I], Erben).
- Buchbinder: Motet (?).
- Umfang: [8], 207, [1] Bl.; 8°.
- Bogensign.: *⁸, A⁸-Z⁸, AA⁸-CC⁸.
- FP: sae, eij. neni fetr (3) 1546 (R).
- Buchschmuck: D.; E.; EX.
- Prov.: Convent San Antonii Clesii; Etienne Graf von Méjan.
- Bibliographien: Cat. Ital. Books S. 400; Bibl. Aldina S. 70; Ebert 12657.
- Sign.: Ald. Ren. 139,23.

Nr. 602

Machiavelli, Niccolò: HISTORIE ... (... FIO ‖ rentine ...). – (Venedig), 1546.
- Drucker: (Aldo [Manuzio I], Erben).
- Buchbinder: Motet.
- Umfang: 246, [2] Bl.; 8°.
- Bogensign.: A⁸-Z⁸, AA⁸-HH⁸.
- FP: sedo ueme dua= Frch (3) 1546 (R).
- Buchschmuck: D.; E.; EX.
- Prov.: Etienne Graf von Méjan.
- Bibliographien: Adams M 27; Cat. Ital. Books S. 400; Bibl. Aldina S. 70; Ebert 12663.
- Sign.: Ald. Ren. 139,24.

Nr. 603

Speroni, Sperone: DIALOGHI ... . Hrsg.: (Daniele [Matteo Alvise] Barbaro). – Venedig, 1546, (del mese di Marzo.).
- Drucker: (Aldo [Manuzio I], Erben).
- Buchbinder: François Bozérian (?).
- Umfang: 160 Bl.; 8°.
- Bogensign.: A⁸-V⁸.
- FP: n=s= dea= maL. moio (3) 1546 (R).
- Buchschmuck: D.; E.; EX.
- Prov.: Etienne Graf von Méjan.
- Bibliographien: Adams S 1568; Cat. Ital. Books S. 636; Bibl. Aldina S. 70; Ebert 21604.
- Sign.: Ald. Ren. 139,25.

Nr. 604

Lettere volgari: LETTERE VOLGA ‖ RI DI DIVERSI NOBILISSIMI ‖ HVOMINI, ET ECCELLENTIS- ‖ SIMI INGEGNI ... ‖ LIBRO PRIMO. ‖. EST: [Lettere volgari; T. 1]. Hrsg.: (Paolo Manuzio). – Venedig, 1546.
- Drucker: [Aldo Manuzio I, Erben].
- Umfang: 136 Bl.; 8°.
- Bogensign.: A⁸-R⁸.
- FP: onr= a.o. o.S. tite (3) 1546 (R).
- Buchschmuck: D.; EX.
- Prov.: Etienne Graf von Méjan.
- Bibliographien: Ald. Ren. 139,26; Adams L 575; Bibl. Aldina S. 71; vgl. Ebert 11891.
- Sign.: Ald. Ren. 139,26.27.

Nr. 605

Lettere volgari: LETTERE VOLGARI DI DI- ‖ VERSI ECCELLENTIS- ‖ SIMI HVOMINI ... ‖ LIBRO SECONDO ‖. EST: [Lettere volgari; T. 2]. Hrsg.: (Antonio Manuzio). – (Venedig), 1546.
- Drucker: (Aldo [Manuzio I], Erben).
- Umfang: 132, [4] Bl.; 8°.
- Bogensign.: A⁸-R⁸.
- FP: a-er e.I. uiu= glni (3) 1546 (R).
- Buchschmuck: D.; EX.
- Prov.: Etienne Graf von Méjan.
- Bibliographien: Ald. Ren. 139,27; Bibl. Aldina S. 71; vgl. Ebert 11891.
- Sign.: Ald. Ren. 139,26.27.

Nr. 606

Guevara, Antonio de; <ital.>]: VITA, GESTI, COSTVMI, DISCORSI, ‖ ... di Marco Aurelio Imperatore ... . EST: [Reloj de principes; ital.]. Beigef.: Marcus Aurelius Antoninus <Imperium Romanum, Imperator>; <ital.>: ... lettere ... . – Venedig, 1546.
- Drucker: (Aldo [Manuzio I], Erben).
- Buchbinder: François Bozérian.
- Umfang: 148, [4] Bl.; 8°.
- Bogensign.: A⁸-T⁸.
- FP: a.a= ero, z=il pipi (3) 1546 (R).
- Buchschmuck: D.; E.; EX.
- Prov.: Etienne Graf von Méjan.
- Bibliographien: Adams G 1500; Cat. Ital. Books S. 320.
- Sign.: Ald. Ren. 139,28.

1547

Nr. 607

Castiglione, Baldassare: IL LIBRO DEL CORTEGIANO ... . – (Venedig), 1547.
- Drucker: (Aldo [Manuzio I], Erben).
- Buchbinder: Lefebvre.
- Umfang: [5], 195, [8] Bl.; 8°.
- Bogensign.: A⁸-Z⁸, AA⁸-CC⁸.
- FP: alco timo b=mo po∗n (3) 1547 (R).
- Buchschmuck: D.; E.; EX.
- Prov.: Etienne Graf von Méjan.
- Bibliographien: Adams C 933; Cat. Ital. Books S. 156; Ind. Aur. 133.594; Bibl. Aldina S. 71; Ebert 3673; Budapest C 444.
- Sign.: Ald. Ren. 139,1.

Nr. 608

Medici antiqui omnes: MEDICI ANTIQVI ‖ OMNES, QVI LATINIS LI- ‖ TERIS DIVERSORVM MORBORVM ‖ genera et remedia persecuti sunt ... . Beigef.: (Trotulae antiquissimi authoris: TROTVLAE CVRANDARVM AEGRITV= ‖ DINVM MVLIEBRIVM ... ‖ LIBER VNICVS, ...). – Venedig, 1547.
- Drucker: (Aldo [Manuzio I], Erben).
- Umfang: [12], 8, [2] Bl., Bl. 9–317 [=318]; 2°.
- Bogensign.: *⁶, **⁶, a⁸, *², b⁸-h⁸, i⁶, k¹⁰, l⁸-z⁸, A⁸-Q⁸, R⁶.
- FP: s,s, .a.a i-si sopo (3) 1547 (R).
- Buchschmuck: D.; E.; EX.
- Prov.: Etienne Graf von Méjan.
- Bibliographien: Adams M 991; Cat. Ital. Books S. 371; Bibl. Aldina S. 71; Ebert 13515.
- Sign.: 2° Ald. Ren. 140,2.

Nr. 609

Asconius Pedianus, [Quintus]: ... expositio in IIII. orationes M. Tullij Ciceronis ‖ contra C. Verrem, ‖ In orationem pro C. Cornelio, ‖ ... . Hrsg.: Paolo Manuzio. Kommentator: Paolo Manuzio. – Venedig, 1547.
- Drucker: (Aldo [Manuzio I], Erben).
- Buchbinder: François Bozérian (?).
- Umfang: [10], 96 Bl.; 8°.
- Bogensign.: *¹⁰, A⁸-M⁸.
- FP: e.æ= ce2: i.us adas (3) 1547 (R).
- Buchschmuck: D.; E.; EX.
- Prov.: Etienne Graf von Méjan.
- Bibliographien: Adams A 2056; Cat. Ital. Books S. 59; Ind. Aur. 109.280; Bibl. Aldina S. 71; Ebert 1273.
- Sign.: Ald. Ren. 140,3.

Nr. 610

Lucubrationes in omnes: IN OMNES ‖ M. TVLLII CICERONIS ‖ ORATIONES DOCTISSIMO- ‖ RVM VIRORVM LVCVBRATIO- ‖ nes, accurate in unum uolumen collectae ... . EST: [Lucubrationes in omnes orationes Ciceronis]. Beigef.: Q[uintus] Asconius Pedianus: ... commentarijs, ‖ ... . Hrsg.: Paolo Manuzio. – Venedig, 1547, (1552).
- Drucker: [Aldo Manuzio I, Erben].
- Umfang: [1] Bl., 1406 [=1412] Sp., [14] Bl.; 2°.

Nr. 611

Manuzio, Paolo: IN EPISTO-LAS ‖ CICERONIS AD ATTI-CVM, ‖ ... . – Venedig, 1547.
- Drucker: (Aldo [Manuzio I], Erben).
- Buchbinder: Lefebvre (?).
- Umfang: [6], 469, [1] Bl.; 8°.
- Bogensign.: *⁶, A⁸-Z⁸, AA⁸-ZZ⁸, AAA⁸-MMM⁸, NNN⁶ [unvollst.: NNN⁶ fehlt].
- FP: cûur e.oy i=do MI3. (3) 1547 (R).
- Buchschmuck: D.; E.; EX.
- Prov.: Etienne Graf von Méjan.
- Bibliographien: Adams M 458; Bibl. Aldina S. 71; Ebert 4464.
- Sign.: Ald. Ren. 140,6.

Nr. 612

Manuzio, Paolo: IN EPISTO-LAS ‖ CICERONIS AD ATTI-CVM, ‖ ... . – Venedig, 1547.
- Drucker: (Aldo [Manuzio I], Erben).
- Umfang: [6], 469, [1] Bl.; 8°.
- Bogensign.: *⁶, A⁸-Z⁸, AA⁸-ZZ⁸, AAA⁸-MMM⁸, NNN⁶ [unvollst.: NNN⁶ fehlt].
- FP: cûur e.oy i=do MI3. (3) 1547 (R).
- Buchschmuck: D.
- Bibliographien: Ald. Ren. 140,6; Adams M 458; Bibl. Aldina S. 71; Ebert 4464.
- Sign.: 2 W 371 RAR.

Nr. 613

Dolce, Lodovico: DIDONE, ‖ TRAGEDIA ... . – Venedig, 1547.
- Drucker: (Aldo [Manuzio I], Erben).
- Buchbinder: François Bozérian (?).
- Umfang: 42 Bl.; 8°.
- Bogensign.: A⁸-D⁸, E¹⁰.
- FP: dire i.o, e,to DiD' (3) 1547 (R).
- Buchschmuck: D.; E.; EX.
- Prov.: Etienne Graf von Méjan.
- Bibliographien: Adams D 735; Cat. Ital. Books S. 220; Ind. Aur. 154.608; Bibl. Aldina S. 72.
- Sign.: Ald. Ren. 141,8.

Nr. 614

Bordone, Benedetto: [RS] ISO-LARIO ‖ ... Nel qual si ragiona di tutte l'Isole del mondo, ‖ ... . – (Venedig), 1547.
- Drucker: (Federico Torresano).
- Umfang: [10], LXXIIII Bl.; 2°.
- Bogensign.: AA⁴, BB²-DD², A⁶-D⁶, E⁴, F², G⁶-M⁶, N⁸.
- FP: o-e, tise e-l= apri (3) 1547 (R).
- Buchschmuck: TE.; H.; D.; E.; EX.
- Prov.: Etienne Graf von Méjan.
- Bibliographien: Adams B 2485; Cat. Ital. Books S. 120; Ind. Aur. 122.348; Bibl. Aldina S. 72; Budapest B 817.
- Sign.: 2° Ald. Ren. 141,9 [1. Ex.].

Nr. 615

Bordone, Benedetto: [RS] ISO-LARIO ‖ ... Nel qual si ragiona di tutte l'Isole del mondo, ‖ ... . – (Venedig), 1547.
- Drucker: (Federico Torresano).
- Umfang: [10], LXXIIII Bl.; 2°.
- Bogensign.: AA⁴, BB²-DD², A⁶-D⁶, E⁴, F², G⁶-M⁶, N⁸.
- FP: o-e, tise e-l= apri (3) 1547 (R).
- Buchschmuck: TE.; H.; D.; E.
- Prov.: Herman, Nürnberg 1566.
- Bibliographien: Adams B 2485; Cat. Ital. Books S. 120; Ind. Aur. 122.348; Bibl. Aldina S. 72; Budapest B 817.
- Sign.: 2° Ald. Ren. 141,9 [2. Ex.].
- Abbildung: S. 154.

Nr. 616

Caesar, Gaius Iulius; <ital.>: COMMENTARII ... . Übers.: Agostino Ortica Della Porta. – Venedig, 1547.
- Drucker: (Aldo [Manuzio I], Erben).
- Buchbinder: François Bozérian.
- Umfang: [2], 256 [=258] Bl.; 8°.
- Bogensign.: A¹⁰, B⁸-Z⁸, AA⁸-HH⁸, II¹⁰.
- FP: leu= ete. onsa qupa (3) 1547 (R).
- Buchschmuck: H.; D.; E.; EX.
- Prov.: Etienne Graf von Méjan.
- Bibliographien: Adams C 84; Cat. Ital. Books S. 135; Ind. Aur. 128.728; Bibl. Aldina S. 72; Ebert 3296.
- Sign.: Ald. Ren. 142,10.

Nr. 617

Giorgi, Bernardo: EPITOME ‖ PRINCIP. VENET. ‖ ... . Verf. in Vorlage: Bernardus Georgius. – Venedig, (1547).
- Drucker: [Aldo Manuzio I, Erben].
- Buchbinder: François Bozérian (?).
- Umfang: [18] Bl.; 4°.
- Bogensign.: +, A¹-H¹, ⁹.
- FP: rai– s.m, a.um PoIg (C) 1547 (R).
- Buchschmuck: D.; E.; EX.
- Prov.: Etienne Graf von Méjan.
- Bibliographien: Bibl. Aldina S. 72; Ebert 8351.
- Sign.: Ald. Ren. 142,11.

1548

Nr. 618

Calepino, Ambrogio; <lat. u. griech.>: ... DICTIONARIVM, ‖ In quo restituendo atque exornando haec praestitimus. ‖ ... . – Venedig, 1548.
- Drucker: Aldo [Manuzio I], Erben.
- Buchbinder: Luigi Lodigiani.
- Umfang: [732] Bl.; 2°.
- Bogensign.: a⁸-z⁸, aa⁸-yy⁸, zz¹⁰, A⁸-Z⁸, AA⁸-XX⁸, YY¹⁰.
- FP: ‚Aic nai= sas. AcPl (C) 1548 (R).
- Buchschmuck: D.; E.; EX.
- Prov.: Etienne Graf von Méjan.
- Bibliographien: Adams C 207; Ind. Aur. 129.439; Bibl. Aldina S. 73; vgl. Ebert 3333.
- Sign.: 2° Ald. Ren. 142,1.

Nr. 619

Cicero, [Marcus Tullius]; <ital.>: LE EPISTOLE FAMIGLIA-RI ‖ ... . EST: [Epistolae ad familiares; ital.]. Übers.: [Guido Loglio]. – (Venedig), 1548.
- Drucker: (Aldo [Manuzio I], Erben).
- Buchbinder: François Bozérian.
- Umfang: 305, [1] Bl.; 8°.
- Bogensign.: A⁸-Z⁸, AA⁸-OO⁸, PP¹⁰.
- FP: n=a, e.i= o=er sech (3) 1548 (R).
- Buchschmuck: D.; E.; EX.
- Prov.: Etienne Graf von Méjan.
- Bibliographien: Adams C 1982; Ind. Aur. 138.511; Bibl. Aldina S. 73.
- Sign.: Ald. Ren. 142,3.

Nr. 620

Cicero, M[arcus] Tullius: ... EPI-STOLAE ‖ ad Atticum, ad M. Brutum, ad Quintum fratrem, ‖ ... . Hrsg.: Paolo Manuzio. Kommentator: Paolo Manuzio. – Venedig, 1548, (1549).
- Drucker: Aldo [Manuzio I], Erben.
- Umfang: [2], 333, [13] Bl.; 8°.
- Bogensign.: A⁸-Z⁸, AA⁸-VV⁸, X⁴.
- FP: tuo= tuv= umum exop (3) 1549 (R).
- Buchschmuck: D.; E.; EX.
- Prov.: Etienne Graf von Méjan.
- Bibliographien: Adams C 1917; Cat. Ital. Books S. 177; vgl. Ind. Aur. 138.512 u. 138.560; vgl. Bibl. Aldina S. 73f; vgl. Ebert 4450.
- Sign.: Ald. Ren. 143,4.

Nr. 621

Cicero, Marcus Tullius: ... OFFI-CIORVM LIBRI TRES: ‖ CATO MAIOR, VEL DE SENECTVTE: ‖ LAELIVS, VEL DE AMICITIA: ‖ PA-RADOXA STOICORVM SEX: ‖ ... . EST: [Opera philosophica, Teils.]. – Venedig, 1548.
- Drucker: (Aldo [Manuzio I], Erben).
- Umfang: [2], 130, [4] Bl.; 8°.
- Bogensign.: A⁸-R⁸.
- FP: o=ed tapo emem gncu (3) 1548 (R).
- Buchschmuck: D.; E.; EX.
- Prov.: Etienne Graf von Méjan.
- Bibliographien: Adams C 1644; Cat. Ital. Books S. 176; Ind. Aur. 138.513; Bibl. Aldina S. 74; vgl. Ebert 4258.
- Sign.: Ald. Ren. 143,5.

Nr. 622

Pedro <Pascual>: ... ADVER-‖ SVS IOANNIS MAV-‖ LII PAR-RI-‖ CIDAS, in Senatu Veneto recitata. ‖ ... GALLIA, per prosopopoeiam inducta ad Ve-‖ netam Remp. ‖ ORATIO de Legibus, Romae habita, cùm Iuris ‖ insignia caperet. ‖ EPISTOLAE in Italica peregrinatione exaratae. ‖. Verf. in Vorlage: Petrus Paschalius. – Lyon, 1548.
- Drucker: Sébastien Gryphius.
- Umfang: 164 S., [2] Bl.; 8°.
- Bogensign.: a⁸-k⁸, l⁴.
- FP: usê. a-ia a-i= hîfu (3) 1548 (A).
- Buchschmuck: D.; E.; EX.
- Prov.: Georg Vincelius; Philipp Wilhelm Graf von Boineburg; Boineburg, Erfurt; Königlich Preußische Bibliothek, Erfurt.
- Bibliographien: Ald. Ren. 143,7; Cat. French Books S. 340; Gültlingen Lyon 5 S. 169; Baudrier VIII S. 226.
- Sign.: 1 an Nl 3454 RAR.

Nr. 623

Pedro <Pascual>: ... ADVER-‖ SVS IOANNIS MAV-‖ LII PAR-RI-‖ CIDAS Actio, in Senatu Veneto recitata. ‖ ... GALLIA, per prosopopoeiam inducta ad Ve-‖ netam Remp. ‖ ORATIO de Legibus, Romae habita, cùm Iuris ‖ insignia caperet. ‖ EPISTOLAE in Italica peregrinatione exaratae. ‖. Verf. in Vorlage: Petrus Paschalius. – Lyon, 1548.
- Drucker: Sébastien Gryphius.
- Umfang: 164 S., [2] Bl.; 8°.
- Bogensign.: a⁸-k⁸, l⁴.
- FP: usê. a-ia a-i= hîfu (3) 1548 (A).
- Buchschmuck: D.; E.; EX.
- Prov.: Jacobus Vignatus Vicontini; Etienne Graf von Méjan.
- Bibliographien: Cat. French Books S. 340; Gültlingen Lyon 5 S. 169; Baudrier VIII S. 226.
- Sign.: Ald. Ren. 143,7.

Nr. 624

Catharina <Senensis>: EPISTO-LE ‖ ET ORATIONI ... ‖ Vi è aggionta la vita, et Canonizatione ‖ della detta Santa: ... . – Venedig, 1548.
- Verleger: Federico Torresano.
- Drucker: (Pietro Nicolini da Sabbio).
- Umfang: [8], 305, [1] Bl.; 4°.
- Bogensign.: +⁸, A⁸-Z⁸, AA⁸-OO⁸, PP¹⁰.
- FP: roon a-a= dehe papl (3) 1548 (R).
- Buchschmuck: TE.; H.; D.; E.; EX.
- Prov.: Etienne Graf von Méjan.
- Bibliographien: Adams C 1106; Cat. Ital. Books S. 159; Ind. Aur. 134.032; Bibl. Aldina S. 74; Ebert 3722a.
- Sign.: Ald. Ren. 144,9.

Nr. 625

Lettere volgari: LETTERE VOL-∥GARI DI ∥ DIVERSI NOBILIS-∥SIMI HVOMI-∥ NI, ET ECCELLEN-∥TISSIMI IN=∥ GEGNI, ... ∥ LIBRO PRIMO. ∥. EST: [Lettere volgari; T. 1]. Hrsg.: (Paolo Manuzio). – Venedig, 1548.
- Drucker: (Aldo [Manuzio I], Erben).
- Umfang: 129, [5] Bl.; 8°.
- Bogensign.: A⁸–Q⁸, R⁶.
- FP: e=o, laia soa, giue (3) 1548 (R).
- Buchschmuck: D.; E.; EX.
- Prov.: Etienne Graf von Méjan.
- Bibliographien: Adams L 576; Cat. Ital. Books S. 413; Bibl. Aldina S. 74.
- Sign.: Ald. Ren. 144,10–1.

Nr. 626

Lettere volgari: LETTERE VOL-∥GARI ∥ DI DIVERSI NOBILIS-∥SIMI ∥ HVOMINI, ET ECCELLEN-∥ TISS. INGEGNI, ... ∥ LIBRO SECON-∥DO. ∥. EST: [Lettere volgari; T. 2]. Hrsg.: (Antonio Manuzio). – (Venedig), 1548.
- Drucker: (Aldo [Manuzio I], Erben).
- Umfang: 117, [3] Bl.; 8°.
- Bogensign.: A⁸–P⁸.
- FP: uio, fua= sene ClDi (3) 1548 (R).
- Buchschmuck: D.; E.; EX.
- Prov.: Etienne Graf von Méjan.
- Bibliographien: Adams L 585; Cat. Ital. Books S. 413; Bibl. Aldina S. 74.
- Sign.: Ald. Ren. 144,10–2.

Nr. 627

Zantani, Antonio]: LE IMAGINI ∥ CON TVTTI I RIVERSI ∥ TROVATI ∥ ET LE VITE DE GLI ∥ IMPERATORI ∥ TRATTE DALLE MEDAGLIE ∥ ET DALLE HISTORIE ∥ DE GLI ANTICHI. ∥ LIBRO PRIMO ∥. Illustrator: Enea Vico. – [Venedig?; Parma], 1548.
- Drucker: [Enea Vico?].
- Umfang: [53] Bl.; 4°.
- Bogensign.: ⁶, 2⁹, 3⁴, 4³, 5³, 6⁴, 7³, 8³, 9³, 10⁵, 11⁵, 12⁵.
- FP: X.X. ro,& i-i– ee,lo (C) 1548 (R).
- Buchschmuck: TE.; K.
- Prov.: Bruno Kaiser.
- Bibliographien: vgl. Ald. Ren. 158,21; Cat. Ital. Books S. 741; Adams Z 68; Mortimer Ital. Nr. 556.
- Sign.: 19 ZZ 10541.

1549

Nr. 628

Akoluthia; <griech.>: [RS] ΑΚΟΛΟΥΤΙΑ ΤΟΥ ∥ ἀναγνώσου. ἤγουν τὰ ∥ συλλειτουργικὰ. ∥. EST: [Akoluthia; griech.]. – Venedig, 1549.
- Drucker: Federico Torresano.
- Buchbinder: Lefebvre.
- Umfang: [15] Bl.; 8°.
- Bogensign.: α⁴–δ⁴.
- FP: v=a= $μ.ov$ $ovι$= *ι*π (C) 1549 (R).
- Buchschmuck: H.; D.; E.; EX.
- Prov.: Etienne Graf von Méjan.
- Bibliographien: GK 2.26874.
- Sign.: Ald. Ren. 144,1.

Nr. 629

Vigo, Giovanni de; <ital.>: PRATICA ∥ VNIVERSALE IN CIRVGIA ∥ ... . Beigef.: Mariano [Santo]; <ital.>: ... COMPENDIO (... DI ∥ CIRVGIA VTILISSIMO A STV= ∥ DIOSI ...). Übers.: Lorenzo Chrisaorio. – Venedig, 1549.
- Verleger: Federico Torresano.
- Drucker: (Pietro Nicolini da Sabbio).
- Umfang: [4], 258, [4] Bl.; 4°.
- Bogensign.: *⁴, A⁸–Z⁸, AA⁸–II⁸, KK⁶.
- FP: uoet o–a– 5.on nalu (3) 1549 (R).
- Buchschmuck: H.; D.; E.; EX.
- Prov.: Etienne Graf von Méjan.
- Bibliographien: Durling 4623.
- Sign.: Ald. Ren. 144,1a.

Nr. 630

Tomai, Camillo: RATIONALIS METHO-∥ DVS ATQVE COMPENDIOSA ∥ ad omnes ferè curandos morbos ∥ internarum partium humani ∥ corporis ... . Verf. in Vorla-

Kat.-Nr. 421
Einband im italienisch-orientalischen Stil

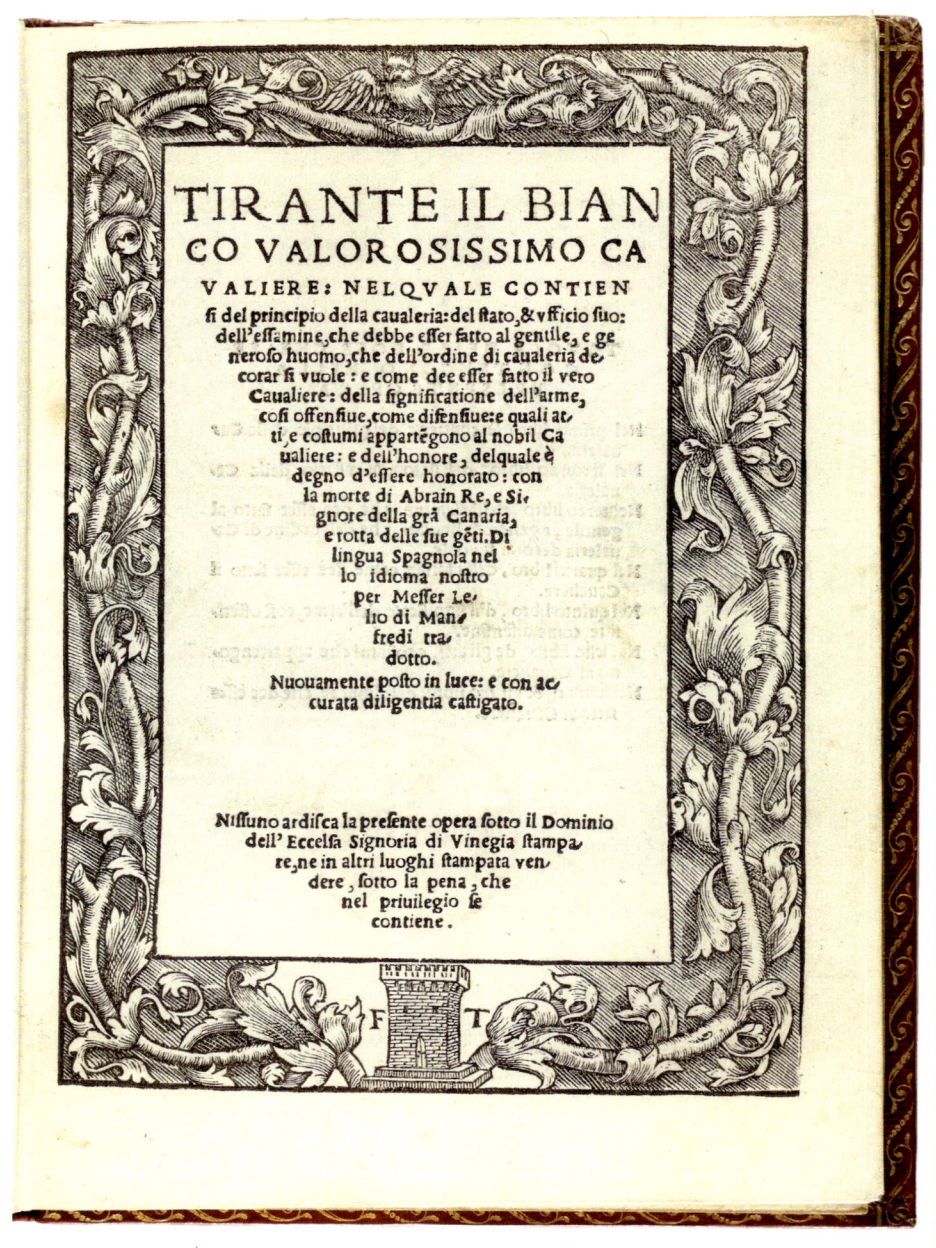

Kat.-Nr. 481

ge: Camillus Thomaius. – Venedig, 1549, (MEMSE SEPTEMBRI.).
- Drucker: Aldo [Manuzio I], Erben.
- Umfang: [48] Bl.; 8°.
- Bogensign.: A⁸-F⁸.
- FP: n-s. n.i= umcû INDE (C) 1549 (R).
- Buchschmuck: D.; E.; EX.
- Prov.: Etienne Graf von Méjan.
- Bibliographien: Cat. Ital. Books S. 669; Bibl. Aldina S. 75; Durling 4372.
- Sign.: Ald. Ren. 144,2.

Nr. 631

Manuel] <Chrysoloras>; <griech.>: ... Erotemata ... ‖ De anomalis uerbis. ‖ ... De tribubus Atheniensium. Et Symorijs. ‖. Beigef.: [Demetrios] Chalkokondyles; <griech.>: ... De formatione temporum ...; [Theodorus] <Gaza>; <griech.>:... Quartus ... de Constructione. ‖ ...; [Aelius Herodianus]; <griech.>: ... De Encleticis. ‖ ...; [Dionysius] Cato; <griech.>: (... ΓΝΩΜΑΙ ‖ ...); Guarinus <Veronensis; <griech.>: ... Erotemata ... . Hrsg.: (Aldo [Pio Manuzio]). – Venedig, 1549.
- Drucker: Federico Torresano.
- Buchbinder: François Bozérian (?).
- Umfang: 278 S., [1] Bl., Bl. 279–380, [1] Bl.; 8°.
- Bogensign.: A⁸-Q⁸, R⁴, S⁸-Z⁸, a⁸, b⁴.
- FP: χ..ρ οσει χϕν, μαχε (3) 1549 (R).
- Buchschmuck: D.; E.; EX.
- Prov.: Etienne Graf von Méjan.
- Bibliographien: Adams C 1511; Ind. Aur. 136.115; Ebert 4184.
- Sign.: Ald. Ren. 144,3.

Nr. 632

Etymologicum magnum; <griech.>: ... MAGNVM ETYMOLOGICVM ‖ Graecae linguae ... . EST: [Etymolocicum magnum; griech.]. Hrsg.: (Federico Torresano). – Venedig, 1549.
- Verleger: Federico Torresano.
- Drucker: [Paolo Manuzio].
- Buchbinder: François Bozérian.
- Umfang: 156, [2] Bl., Bl. 157–175, [1] Bl.; 2°.
- Bogensign.: AA⁸-TT⁸, VY¹⁰, XΦ⁸-YX⁸.
- FP: *.** ω.*α αιυμ τ*Αλ (3) 1549 (R).
- Buchschmuck: D.; E.; EX.
- Prov.: Etienne Graf von Méjan.
- Bibliographien: Adams E 966; Cat. Ital. Books S. 238; Bibl. Aldina S. 75; Ebert 6996.
- Sign.: 2° Ald. Ren. 145,4 [1. Ex.].

Nr. 633

Etymologicum magnum; <griech.>: ... MAGNVM ETYMOLOGICVM ‖ Graecae linguae ... . EST: [Etymolocicum magnum; griech.]. Hrsg.: (Federico Torresano). – Venedig, 1549.
- Verleger: Federico Torresano.
- Drucker: [Paolo Manuzio].
- Umfang: 156, [2] Bl., Bl. 157–175, [1] Bl.; 2°.
- Bogensign.: AA⁸-TT⁸, VY¹⁰, XΦ⁸-YX⁸.
- FP: *.** ω.*α αιυμ τ*Αλ (3) 1549 (R).
- Buchschmuck: D.; E.; KF.
- Prov.: Jo. Crato von Craftheim; Aldus Manutius.
- Bibliographien: Adams E 966; Cat. Ital. Books S. 238; Bibl. Aldina S. 75; Ebert 6996.
- Sign.: 2° Ald. Ren. 145,4 [2. Ex.].

Nr. 634

Aeschines <Orator>; <griech.>: ... GRAECIAE ECCELLENTIVM ‖ oratorum Aeschinis et Demosthenis ora- ‖ tiones quatuor inter se contrariae. ‖. EST: [Teilsamml., griech.]. Beigef.: Demosthenes; <griech.>: (... de corona aurea. ‖ ... de male acta legatione. ‖). – Venedig, 1549.
- Drucker: Federico Torresano.
- Buchbinder: François Bozérian (?).
- Umfang: [4], 75, [1], 112 Bl.; 8°.
- Bogensign.: *⁴, A⁸-E⁸, F⁴, G⁸-K⁸, A⁸-O⁸ [unvollst.: K⁸ fehlt].
- FP: m-e- ηντι ισμα ζωρα (3) 1549 (R).
- Buchschmuck: D.; E.; EX.
- Prov.: Etienne Graf von Méjan.
- Bibliographien: Adams A 255; Cat. Ital. Books S. 7; Ind. Aur. 100.894; Bibl. Aldina S. 75; Ebert 168.
- Sign.: Ald. Ren. 145,5 [1. Ex.].

Nr. 635

Aeschines <Orator>; <griech.>: ... GRAECIAE ECCELLENTIVM ‖ oratorum Aeschinis et Demosthenis ora- ‖ tiones quatuor inter se contrariae. ‖. EST: [Teilsamml., griech.]. Beigef.: Demosthenes; <griech.>: (... de corona aurea. ‖ ... de male acta legatione. ‖). – Venedig, 1549.
- Drucker: Federico Torresano.
- Umfang: [4], 75, [1], 112 Bl.; 8°.
- Bogensign.: *⁴, A⁸-E⁸, F⁴, G⁸-K⁸,

A⁸-O⁸ [unvollst.: K⁸ fehlt].
- FP: m-e- ηντι ισμα ζωρα (3) 1549 (R).
- Buchschmuck: D.; E.; KF.
- Bibliographien: Adams A 255; Cat. Ital. Books S. 7; Ind. Aur. 100.894; Bibl. Aldina S. 75; Ebert 168.
- Sign.: Ald. Ren. 145,5 [2. Ex.].

Nr. 636

Demosthenes; <lat.>: ... ORATIONES QVATVOR ‖ CONTRA PHILIPPVM, ‖ ... . Übers.: Paolo Manuzio. – Venedig, 1549.
- Drucker: Aldo [Manuzio I], Erben.
- Buchbinder: François Bozérian.
- Umfang: [52] Bl.; 4°.
- Bogensign.: A⁴-N⁴.
- FP: iafa n-s, a-uo teti (C) 1549 (R).
- Buchschmuck: D.; E.; EX.
- Prov.: Etienne Graf von Méjan.
- Bibliographien: Adams D 288; Cat. Ital. Books S. 213; Ind. Aur. 151.285; Bibl. Aldina S. 75; Ebert 5960.
- Sign.: Ald. Ren. 146,6 [1. Ex.].

Nr. 637

Demosthenes; <lat.>: ... ORATIONES QVATVOR ‖ CONTRA PHILIPPVM, ‖ ... . Übers.: Paolo Manuzio. – Venedig, 1549.
- Drucker: Aldo [Manuzio I], Erben.
- Umfang: [52] Bl.; 4°.
- Bogensign.: A⁴-N⁴.
- FP: iafa n-s, a-uo teti (C) 1549 (R).
- Buchschmuck: D.
- Prov.: Bibliothek des Königlichen Joachimsthalschen Gymnasiums.
- Bibliographien: Adams D 288; Cat. Ital. Books S. 213; Ind. Aur. 151.285; Bibl. Aldina S. 75; Ebert 5960.
- Sign.: Ald. Ren. 146,6 [2. Ex.].

Nr. 638

Plato; <griech.>; Thucydides; <griech.>; Demosthenes; <griech.>: ... FVNE= ‖ BRES ORATIONES. ‖ . – Venedig, 1549.
- Drucker: Aldo [Manuzio I], Erben.
- Umfang: [24] Bl.; 8°.
- Bogensign.: A⁴-Z⁴.
- FP: τεπα ωσε- ωυισ χ∗ει (C) 1549 (R).
- Buchschmuck: D.; E.; EX.
- Prov.: Etienne Graf von Méjan.
- Bibliographien: Ebert 17089.
- Sign.: Ald. Ren. 146,7.

Nr. 639

Cicero, [Marcus Tullius]; <ital.>: LE EPISTOLE FAMIGLIARI ‖ ... . EST: [Epistolae ad familiares; ital.]. Übers.: [Guido Loglio]. – (Venedig), 1549, (1548).
- Drucker: (Aldo [Manuzio I], Erben).
- Umfang: 305, [1] Bl.; 8°.
- Bogensign.: A⁸-Z⁸, AA⁸-OO⁸, PP¹⁰.
- FP: ena, e.i= o-er sech (3) 1549 (R).
- Buchschmuck: D.; E.; EX.
- Prov.: Etienne Graf von Méjan.
- Bibliographien: Ind. Aur. 138.561.
- Sign.: Ald. Ren. 146,9.

Nr. 640

Priscianese, Francesco: ... ARGVMENTORVM OBSERVATIONES ‖ IN OMNEIS CICERONIS ‖ EPISTOLAS. ‖ . – Venedig, 1549, (MENSE SEPTEMBRI.).
- Drucker: (Aldo [Manuzio I], Erben).
- Umfang: 63, [1] Bl.; 8°.
- Bogensign.: A⁸-H⁸.
- FP: l-l= iote o.2. baPe (3) 1549 (R).
- Buchschmuck: D.; EX.
- Prov.: Etienne Graf von Méjan.
- Bibliographien: Adams P 2105; Cat. Ital. Books S. 539; Bibl. Aldina S. 75.
- Sign.: Ald. Ren. 146,10.

Nr. 641

Dolce, Lodovico: GIOCASTA. ‖ TRAGEDIA ... . – Venedig, 1549, (il mese di Marzo.).
- Drucker: (Aldo [Manuzio I], Erben).
- Buchbinder: François Bozérian.
- Umfang: 54, [1] Bl.; 8°.
- Bogensign.: A⁸-G⁸.
- FP: t=c= e,o; tero ApEt (3) 1549 (R).
- Buchschmuck: D.; E.; EX.
- Prov.: Etienne Graf von Méjan.
- Bibliographien: Adams D 739; Cat. Ital. Books S. 220; Ind. Aur. 154.613.
- Sign.: Ald. Ren. 146,11.

Nr. 642

Dolce, Lodovico: FABRITIA. ‖ COMEDIA ... . – [Venedig], 1549.
- Drucker: Aldo [Manuzio I], Erben.
- Buchbinder: François Bozérian (?).
- Umfang: 60 Bl.; 8°.
- Bogensign.: A⁸-G⁸, H⁴.
- FP: n=o∗ i-fa lool dele (3) 1549 (R).
- Buchschmuck: D.; E.; EX.
- Prov.: Etienne Graf von Méjan.
- Bibliographien: Adams D 736; Ind. Aur. 154.612.
- Sign.: Ald. Ren. 146,12.

Kat.-Nr. 481

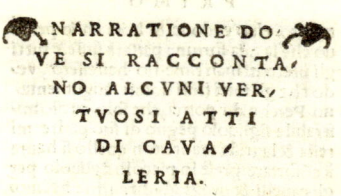

Kat.-Nr. 442
Dublüre,
Marmorpapier

Nr. 643

Leo <Hebraeus>: DIALOGHI DI AMORE … . Verf. in Vorlage: Leone Medico Hebreo. – Venedig, 1549.
• Drucker: (Aldo [Manuzio I], Erben).
• Buchbinder: François Bozérian.
• Umfang: 228 Bl.; 8°.
• Bogensign.: A⁸-Z⁸, AA⁸-EE⁸, FF⁴.
• FP: sino hei, onmi caut (3) 1549 (R).
• Buchschmuck: D.; E.; EX.
• Prov.: Etienne Graf von Méjan.
• Bibliographien: Adams A 62; Cat. Ital. Books S. 3; Bibl. Aldina S. 76; Ebert 11869.

Nr. 644

Lettere volgari: LETTERE VOLGARI DI ∥ DIVERSI NOBILISSIMI HVOMI= ∥ NI, ET ECCELLENTISSIMI IN= ∥ GEGNI, … ∥ LIBRO PRIMO. ∥.EST: [Lettere volgari; T. 1]. Hrsg.: (Paolo Manuzio). – Venedig, 1549, (1550).
• Drucker: (Aldo [Manuzio I], Erben).
• Buchbinder: François Bozérian.
• Umfang: 129, [7] Bl.; 8°.
• Bogensign.: A⁸-R⁸.
• FP: e=o, laia soia giue (3) 1550 (R).
• Buchschmuck: D.; E.; EX.
• Prov.: Etienne Graf von Méjan.
• Bibliographien: Adams L 577; Bibl. Aldina S. 76.
• Sign.: Ald. Ren. 146,14 [1. Ex.].

Nr. 645

Lettere volgari: LETTERE VOLGARI DI ∥ DIVERSI NOBILISSIMI HVOMI= ∥ NI, ET ECCELLENTISSIMI IN= ∥ GEGNI, … ∥ LIBRO PRIMO. ∥.EST: [Lettere volgari; T. 1]. Hrsg.: (Paolo Manuzio). – Venedig, 1549, (1550).
• Drucker: (Aldo [Manuzio I], Erben).
• Umfang: 129, [7] Bl.; 8°.
• Bogensign.: A⁸-R⁸.
• FP: e=o, laia soia giue (3) 1550 (R).
• Buchschmuck: D.; EX.
• Prov.: Etienne Graf von Méjan.
• Bibliographien: Adams L 577; Bibl. Aldina S. 76.
• Sign.: Ald. Ren. 146,14 [2. Ex.].

Nr. 646

Lettere volgari: LETTERE VOLGARI DI ∥ DIVERSI NOBILISSIMI HVO- ∥ MINI, ET ECCELLENTISS. ∥ INGEGNI … ∥ LIBRO SECONDO. ∥. EST: [Lettere volgari; T. 2]. Hrsg.: (Antonio Manuzio). – (Venedig), 1549.
• Drucker: (Aldo [Manuzio I], Erben).
• Umfang: 117, [3] Bl.; 8°.
• Bogensign.: A⁸-P⁸.
• FP: uio, fua= sene ClDi (3) 1549 (R).
• Buchschmuck: D.; EX.
• Prov.: Etienne Graf von Méjan.
• Bibliographien: Adams L 586; Cat. Ital. Books S. 413; Bibl. Aldina S. 76.
• Sign.: Ald. Ren. 147,15.

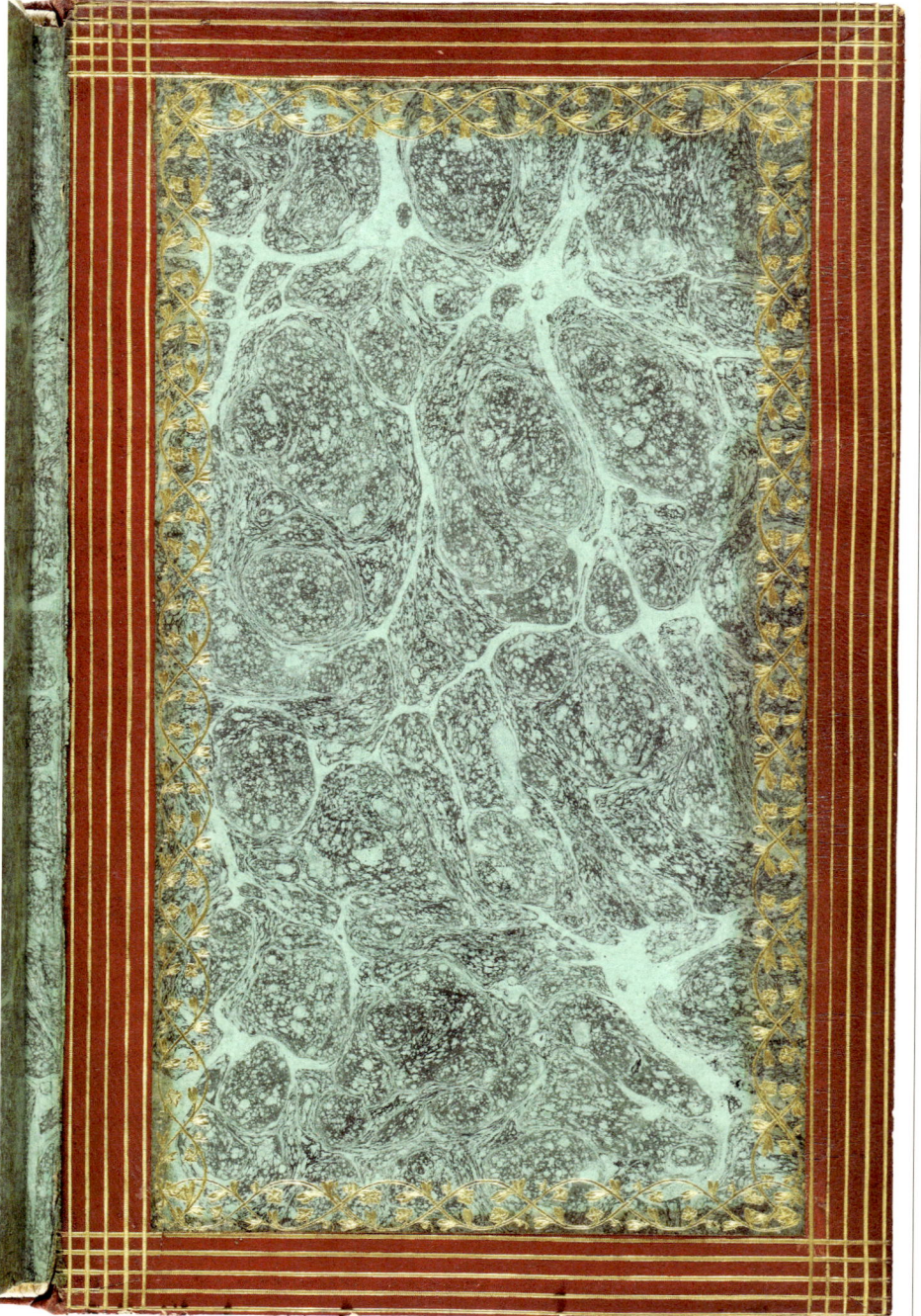

1550

Nr. 647

Bustamente Paz, Benedictus: METHODVS IN SEPTEM APHORISMORVM ∥ libris ab Hippocrate obseruata … . – (Venedig), (1550).
• Drucker: (Aldo [Manuzio I], Erben).
• Buchbinder: François Bozérian.
• Umfang: [4], 67, [1] Bl.; 4°.
• Bogensign.: A⁴-S⁴.
• FP: o=te u=cu usu= miru (3) 1550 (R).
• Buchschmuck: TH.; E.; EX.
• Prov.: Etienne Graf von Méjan.
• Bibliographien: Adams C 3346; Cat. Ital. Books S. 132; Ind. Aur. 128.289.
• Sign.: Ald. Ren. 147,3 [1. Ex.].

Nr. 648

Bustamente Paz, Benedictus: METHODVS IN SEPTEM APHORISMORVM ∥ libris ab Hippocrate obseruata … . – (Venedig), (1550).
• Drucker: (Aldo [Manuzio I], Erben).
• Umfang: [4], 67, [1] Bl.; 4°.
• Bogensign.: A⁴-S⁴.

- FP: o=te u=cu usu= miru (3) 1550 (R).
- Buchschmuck: TH.; E.; EX.
- Prov.: Christoph Ginlastius (?); Etienne Graf von Méjan.
- Bibliographien: Adams C 3346; Cat. Ital. Books S. 132; Ind. Aur. 128.289.
- Sign.: Ald. Ren. 147,3 [2. Ex.].

Nr. 649
Calepino, Ambrogio; <polygl.>: ... DICTIONARIVM. ‖ POST OMNES ALIAS AEDITIONES ... . – Venedig, 1550.
- Drucker: [Aldo Manuzio I, Erben; Giovanni Griffio I].
- Umfang: 515, [1] Bl.; 2°.
- Bogensign.: A⁶-Z⁶, AA⁶-ZZ⁶, AAA⁶-ZZZ⁶, AAAA⁶-RRRR⁶.
- FP: u-A. nsρω uot. amad (3) 1550 (R).
- Buchschmuck: D.; EX.
- Prov.: Etienne Graf von Méjan.
- Bibliographien: Adams C 208; Ind. Aur. 129.445; Bibl. Aldina S. 76; vgl. Ebert 3333.
- Sign.: 2° Ald. Ren. 148,4.

Nr. 650
Cicero, [Marcus Tullius]: RHETORICORVM AD C. HEREN- ‖ NIVM LIBRI IIII. ... ‖ De Inuentione libri II. ‖ De oratore, ad Q. fratrem libri III. ‖ ... . EST: [Opera rhetorica; T. 1]. Hrsg.: Paolo Manuzio. – Venedig, 1550, (MENSE IANVARIO.).
- Drucker: (Aldo [Manuzio I], Erben).
- Umfang: 179, [1] Bl.; 8°.
- Bogensign.: A⁸-Y⁸, Z⁴.
- FP: e.ô= umis ama= sine (3) 1550 (R).
- Buchschmuck: D.; E.; EX.
- Prov.: Etienne Graf von Méjan.
- Bibliographien: Adams C 1682; Cat. Ital. Books S. 176; Ind. Aur. 138.624; Bibl. Aldina S. 77.
- Sign.: Ald. Ren. 148,5–1.

Nr. 651
Cicero, [Marcus Tullius]: DE ORATORE, ‖ ... AD Q. FRATREM ‖ LIBRI III. ‖. EST: [Opera rhetorica; T. 2]. Hrsg.: Paolo Manuzio. – Venedig, 1550.
- Drucker: (Aldo [Manuzio I], Erben).
- Umfang: 136 [=137], [1] Bl.; 8°.
- Bogensign.: A⁸-Q⁸, R¹⁰.
- FP: âcr= a=t, s,bo ceAn (3) 1550 (R).
- Buchschmuck: D.; E.; EX.
- Prov.: Etienne Graf von Méjan.
- Bibliographien: Adams C 1682; Cat. Ital. Books S. 176; Ind. Aur. 138.624; Bibl. Aldina S. 77.
- Sign.: Ald. Ren. 148,5–2.3.4.

Nr. 652
Cicero, [Marcus Tullius]: DE CLARIS ORATORIBVS, ‖ ... LIBER, QVI ‖ INSCRIBITVR BRVTVS. ‖ ... . EST: [Opera rhetorica; T. 3]. Hrsg.: Paolo Manuzio. – Venedig, 1550.
- Drucker: (Aldo [Manuzio I], Erben).
- Umfang: 56 Bl.; 8°.
- Bogensign.: A⁸-G⁸.
- FP: i-er amte i=n= aspl (3) 1550 (R).
- Buchschmuck: D.; E.; EX.
- Prov.: Etienne Graf von Méjan.
- Bibliographien: Adams C 1682; Cat. Ital. Books S. 176; Ind. Aur. 138.624; Bibl. Aldina S. 77.
- Sign.: Ald. Ren. 148,5–2.3.4.

Nr. 653
Cicero, [Marcus Tullius]: ORATOR ‖ ... AD M. BRVTVM. ‖. EST: [Opera rhetorica; T. 4]. Hrsg.: Paolo Manuzio. – Venedig, 1550.
- Drucker: (Aldo [Manuzio I], Erben).
- Umfang: 45, [3] Bl.; 8°.
- Bogensign.: A⁸-F⁸.
- FP: uto= s,i= e=ia tuco (3) 1550 (R).
- Buchschmuck: D.; E.; EX.
- Prov.: Etienne Graf von Méjan.
- Bibliographien: Adams C 1682; Cat. Ital. Books S. 176; Ind. Aur. 138.624; Bibl. Aldina S. 77.
- Sign.: Ald. Ren. 148,5–2.3.4.

Kat.-Nr. 486
Porträt des Pietro Aretino (Holzschnitt)

Nr. 654

Cicero, M[arcus] Tullius: ... ORA-║TIONVM. ║ PARS I. ║. EST: [Orationes; T. 1]. Hrsg.: Paolo Manuzio. – Venedig, 1550.
- Drucker: (Aldo [Manuzio I], Erben).
- Umfang: [4], 303, [1] Bl.; 8°.
- Bogensign.: A⁸-Z⁸, AA⁸-PP⁸, QQ⁴.
- FP: a=t, s,u= e=es alsi (3) 1550 (R).
- Buchschmuck: D.; E.; EX.
- Prov.: Etienne Graf von Méjan.
- Bibliographien: Adams C 1857; Cat. Ital. Books S. 180; Ind. Aur. 138.616; Bibl. Aldina S. 77.
- Sign.: Ald. Ren. 148,6–1.

Nr. 655

Cicero, M[arcus] Tullius: ... ORATIONVM ║ PARS II. ║. EST: [Orationes; T. 2]. Hrsg.: Paolo Manuzio. – Venedig, 1550.
- Drucker: (Aldo [Manuzio I], Erben).
- Umfang: 281 [= 283], [1] Bl.; 8°.
- Bogensign.: aa⁸-uu⁸, xx¹⁰, yy⁸-zz⁸, AA⁸-LL⁸, MM¹⁰.
- FP: onuæ osud tare tuue (3) 1550 (R).
- Buchschmuck: D.; E.; EX.
- Prov.: Andrée; Etienne Graf von Méjan.
- Bibliographien: Adams C 1857; Cat. Ital. Books S. 180; Ind. Aur. 138.616; Bibl. Aldina S. 77.
- Sign.: Ald. Ren. 148,6–2.

Nr. 656

Cicero, M[arcus] Tullius: ... ORATIONVM ║ PARS III. ║. EST: [Orationes; T. 3]. Hrsg.: Paolo Manuzio. – Venedig, 1550, (MENSE IVLIO.).
- Drucker: (Aldo [Manuzio I], Erben).
- Umfang: [1], 217 [=279] Bl.; 8°.
- Bogensign.: aaa⁸-zzz⁸, AAA⁸-MMM⁸.
- FP: iss= moi= usut nede (3) 1550 (R).
- Buchschmuck: D.; E.; EX.
- Prov.: Etienne Graf von Méjan.
- Bibliographien: Adams C 1857; Cat. Ital. Books S. 180; Ind. Aur. 138.616; Bibl. Aldina S. 77.
- Sign.: Ald. Ren. 148,6–3.

Nr. 657

Anthologia graeca; <griech.>: ... FLORILEGIVM DIVERSO-RVM EPI- ║ grammatum in septem libros distinctum ... . EST: [Anthologia graeca; griech.]. – Venedig, 1550, (1551).
- Drucker: Aldo [Manuzio I], Erben.
- Umfang: 288, [12] Bl.; 8°.
- Bogensign.: A⁸-Z⁸, AA⁸-NN⁸, *⁸, **⁴.
- FP: υσου σ.τα σ.*η οβκα (3) 1551 (R).
- Buchschmuck: D.; E.; EX.
- Prov.: Etienne Graf von Méjan.
- Bibliographien: Adams A 1185; Cat. Ital. Books S. 313; Bibl. Aldina S. 77; Ebert 686.
- Sign.: Ald. Ren. 148,7 [1. Ex.].

Nr. 658

Anthologia graeca; <griech.>: ... FLORILEGIVM DIVERSO-RVM EPI- ║ grammatum in septem libros distinctum ... . EST: [Anthologia graeca; griech.]. – Venedig, 1550, (1551).
- Drucker: Aldo [Manuzio I], Erben.
- Umfang: 288, [12] Bl.; 8°.
- Bogensign.: A⁸-Z⁸, AA⁸-NN⁸, *⁸, **⁴ [unvollst.: **³ fehlt; d. letzten beiden Bogen in sich vertauscht gebunden].
- FP: υσου σ.τα σ.*η οβκα (3) 1551 (R).
- Buchschmuck: D.
- Prov.: Harilaus Salmonius Macrinus.
- Bibliographien: Adams A 1185; Cat. Ital. Books S. 313; Bibl. Aldina S. 77; Ebert 686.
- Sign.: Ald. Ren. 148,7 [2. Ex.].

Nr. 659

Marini, Domizio: CARMINA ... ║ Adiecto eiusdem ... consilio ... . Hrsg.: Paolo Manuzio. – Venedig, 1550.
- Drucker: Aldo [Manuzio I], Erben.
- Umfang: [4], 35, [1] Bl.; 4°.
- Bogensign.: A⁴-K⁴.
- FP: dire dâs. r.o. ReIn (3) 1550 (R).
- Buchschmuck: D.
- Bibliographien: Adams M 595; Cat. Ital. Books S. 418; Bibl. Aldina S. 77.
- Sign.: Ald. Ren. 148,9.

Nr. 660

Parisetti, Lodovico: ... AD VARI-VM TOLOMAEVM ║ FRATREM THEO- ║ POEIAE, ║ LIBRI SEX. ║. – Venedig, 1550, (1551).
- Drucker: Aldo [Manuzio I], Erben.
- Buchbinder: François Bozérian (?).
- Umfang: 116 Bl.; 8°.
- Bogensign.: A⁸-O⁸, P⁴.
- FP: u=s: m.ri q;i, AdSe (3) 1551 (R).
- Buchschmuck: D.; E.; EX.
- Prov.: Etienne Graf von Méjan.
- Bibliographien: Adams P 343; Cat. Ital. Books S. 490; Bibl. Aldina S. 77.
- Sign.: Ald. Ren. 148,10 [1. Ex.].

Nr. 661

Parisetti, Lodovico: ... AD VARI-VM TOLOMAEVM ║ FRATREM THEO- ║ POEIAE, ║ LIBRI SEX. ║. – Venedig, 1550, (1551).
- Drucker: Aldo [Manuzio I], Erben.
- Umfang: 124 [=116] Bl.; 8°.
- Bogensign.: A⁸-O⁸, P⁴.
- FP: u=s: m.ri q;i, AdSe (3) 1551 (R).
- Buchschmuck: D.
- Prov.: Königlich Preußische Bibliothek, Erfurt.
- Bibliographien: Adams P 343; Cat. Ital. Books S. 490; Bibl. Aldina S. 77.
- Sign.: Ald. Ren. 148,10 [2. Ex.].

Nr. 662

Speroni, Sperone: DIALOGHI ... . Hrsg.: (Daniele [Matteo Alvise] Barbaro). – Venedig, 1550.
- Drucker: (Aldo [Manuzio I], Erben).
- Umfang: 144 Bl.; 8°.
- Bogensign.: A⁸-S⁸.
- FP: ilut ,èdi i-fa chne (3) 1550 (R).
- Buchschmuck: D.; EX.
- Prov.: Etienne Graf von Méjan.
- Bibliographien: Adams S 1569; Cat. Ital. Books S. 636; Bibl. Aldina S. 77; Ebert 21604; Budapest S 748.
- Sign.: Ald. Ren. 149,13.

Nr. 663

Lettere volgari: LETTERE VOLGARI DI ║ DIVERSI NOBILISSIMI HVO- ║ MINI ET ECCELLENTISS. ║ INGEGNI ... ║ LIBRO SECONDO. ║. EST: [Lettere volgari; T. 2]. Hrsg.: (Antonio Manuzio). – (Venedig), 1550.
- Drucker: (Aldo [Manuzio I], Erben).
- Umfang: 117, [3] Bl.; 8°.
- Bogensign.: A⁸-P⁸.
- FP: n–o, fua= sene ClDi (3) 1550 (R).
- Buchschmuck: D.; E.; EX.
- Prov.: Etienne Graf von Méjan.
- Bibliographien: Adams L 587; Bibl. Aldina S. 78.
- Sign.: Ald. Ren. 149,14.

🕮 1551

Nr. 664

Camozzi, Giambattista; <griech.>: ... COMMENTARI-ORVM ║ IN PRIMVM METAPHYSICES THEO= ║ PHRASTI LIBRI TRES, ║ ... . Verf. in Vorlage: Ioannes Baptista Camotius. – Venedig, 1551, (1550).
- Drucker: Federico Torresano.
- Buchbinder: René Simier.
- Umfang: [2], 111, [1] Bl.; 2°.
- Bogensign.: A⁸, B⁶-S⁶, T⁴.
- FP: ι.α. αια= **α; μετε (3) 1551 (R).
- Buchschmuck: H.; D.; E.; EX.
- Prov.: Etienne Graf von Méjan.
- Bibliographien: Adams C 463; Cat. Ital. Books S. 141; Ind. Aur. 130.705; Bibl. Aldina S. 76.
- Sign.: 2° Ald. Ren. 147,2.

Nr. 665

Bembo, Pietro: DELLE LETTE-RE ║ ... PRIMO VOLVME. ║ ... . 2. Aufl. – Venedig, 1552.
- Drucker: (Gualtiero Scoto).
- Buchbinder: René Simier.
- Umfang: [8] Bl., 336, 48 S.; 8°.
- Bogensign.: *⁸, A⁸-X⁸, Aa⁸-Cc⁸.
- FP: 3.9. a=a* r-ua oumi (3) 1552 (R).
- Buchschmuck: D.; E.; EX.
- Prov.: Etienne Graf von Méjan.
- Bibliographien: Adams B 591; Cat. Ital. Books S. 80; Ind. Aur. 116.432; Bibl. Aldina S. 78; Ebert 1922; Budapest B 224.
- Sign.: Ald. Ren. 149,15–1.2 [1. Ex.].

Nr. 666

Bembo, Pietro: DELLE LETTE-RE ║ ... PRIMO VOLVME. ║ ... . 2. Aufl. – Venedig, 1552.
- Drucker: (Gualtiero Scoto).
- Umfang: [8] Bl., 336 S.; 8°.
- Bogensign.: *⁸, A⁸-X⁸ [unvollst.: Suppl. fehlt].
- FP: 3.9. a=a* r–ua oumi (3) 1552 (R).
- Buchschmuck: D.
- Bibliographien: Adams B 591; Cat. Ital. Books S. 80; Ind. Aur. 116.432; Bibl. Aldina S. 78; Ebert 1922; Budapest B 224.
- Sign.: Ald. Ren. 149,15–1 [2. Ex.].

Nr. 667

Bembo, Pietro: DELLE LETTE-RE ║ ... SECONDO VOLVME. ║ ... . Venedig, 1551, (1550, Mese di Ottobre).
- Verleger: (Carlo Gualteruzzi).
- Drucker: (Aldo [Manuzio I], Erben).
- Buchbinder: René Simier.
- Umfang: [8], 170, [2] Bl.; 8°.
- Bogensign.: *⁸, a⁸-x⁸, y⁴ [zw. y³ u. y⁴ leeres Bl. zwischengebunden].
- FP: 1.o: e,mi a.u= cupa (3) 1551 (R).
- Buchschmuck: D.; E.; EX.
- Prov.: Etienne Graf von Méjan.
- Bibliographien: Adams B 590; Cat. Ital. Books Suppl. S. 18; Ind. Aur. 116.420; Bibl. Aldina S. 78; Ebert 1922; Budapest B 223.
- Sign.: Ald. Ren. 149,15–1.2 [1. Ex.].

Nr. 668

Bembo, Pietro: DELLE LETTE-RE ║ ... QVARTO VOLVME. ║. – Venedig, 1552.
- Drucker: [Gualtiero Scoto].
- Umfang/Format: [8] Bl., 268 S.; 8°.
- Bogensign.: *⁸, A⁸-R⁸.
- FP: o605 lato moun d'AV (3) 1552 (R).
- Buchschmuck: D.
- Bibliogr.: Adams B 591; Cat. Ital. Books S. 80; Ind. Aur. 116.432; Ebert 1922; Budapest B 224.
- Sign.: 1 an Ald. Ren. 149,15–1 [2. Ex.].

Nr. 669

Aretino, Pietro: ... il Genesi l'Humanita di Christo, et i Salmi. ║ OPERE ... . – Venedig, (1551).
- Drucker: Aldo [Manuzio I], Erben.
- Buchbinder: François Bozérian.
- Umfang: [4], 80, 82, 33 [=31], [1] Bl.; 4°.
- Bogensign.: *¹, A⁴, B⁸-K⁸, L⁴, A⁸-K⁸, L², A⁴, B⁸-D⁸, E⁴.
- FP: muli reio alto moMo (3) 1551 (R).
- Buchschmuck: D.; E.; EX.
- Prov.: Etienne Graf von Méjan.
- Bibliographien: Ind. Aur. 107.111; Ebert 941.
- Sign.: Ald. Ren. 149,1.

FINI HADRIANI
FINI FERRARIENSIS
IN IVDAEOS FLAGELLVM
EX
SACRIS SCRIPTVRIS
EXCERPTVM.

Bis Finus: bis uiuo: bis est mea imago superstes:
Libro animi impressa est: corporis hac tabula.

Venetorum decreto, ne quis aliquo in loco Venetę ditionis hunc librum imprimat, impressum'ue alibi vendat, cautum est.

Kat.-Nr. 480
Porträt des Finus Finus (Holzschnitt)

Kat.-Nr. 513

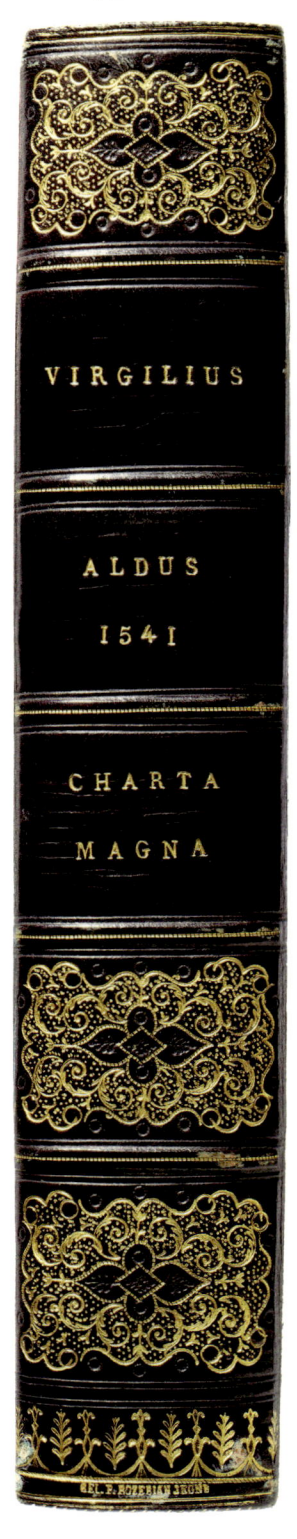

Nr. 670
Generalia statuta sive: GENE- RALIA STATVTA, ‖ Siue Decreta Fratrum tertij ordinis sancti ‖ Francisci ... . – (Venedig), (1551).
- Drucker: (Aldo [Manuzio I], Erben).
- Umfang: 39, [3] Bl.; 4°.
- Bogensign.: A⁴-K⁴, ².
- FP: i-ni ism- a.ri nuCV (3) 1551 (R).
- Buchschmuck: TH.; D.; E.; EX.
- Prov.: Etienne Graf von Méjan.
- Sign.: Ald. Ren. 149,2.
- Abbildung: S. 157.

Nr. 671
Apostolica privilegia fratrum: APOSTOLICA PRIVI- ‖ legia Fratrum tertij ordinis sancti Francisci ... . – (Venedig), (1551).
- Drucker: (Aldo [Manuzio I], Erben).
- Umfang: 26, [2] Bl.; 4°.
- Bogensign.: AA⁴-GG⁴.
- FP: utus doê- ô-e- ceau (3) 1551 (R).
- Buchschmuck: TH.; D.; E.; EX.
- Prov.: Etienne Graf von Méjan.
- Bibliographien: Ald. Ren. 150,3.
- Sign.: 2 an Ald. Ren. 149,2.

Nr. 672
Ordinazioni delli frati: ORDINA- TIONI DELLI ‖ frati osseruanti, et Regolari del terzo ordine ‖ di san Francesco ... . – (Venedig), (1551).
- Drucker: (Aldo [Manuzio I], Erben).
- Umfang: 4 Bl.; 4°.
- Bogensign.: a⁴.
- FP: nol- els- a.na oni- (3) 1551 (R).
- Buchschmuck: TH.; E.; EX.
- Prov.: Etienne Graf von Méjan.
- Bibliographien: Ald. Ren. 150,4.
- Sign.: 1 an Ald. Ren. 149,2.

Nr. 673
Aristoteles; <griech.>: ... OM- NEM LOGICAM, RHETORI ‖ CAM, ET POETICAM DISCI ‖ PLI- NAM CONTINENS. ‖ TOMVS I. ‖. EST: [Opera; griech., T. 1]. Hrsg.: (Giambattista Camozzi). – Venedig, (1551).
- Verleger: (Federico Torresano).
- Drucker: (Aldo [Manuzio I], Erben).
- Umfang: [10] Bl., 679, [1] S.; 8°.
- Bogensign.: *¹⁰, a⁸-z⁸, aa⁸-dd⁸, ee⁴, ff⁸-uu⁸.
- FP: neni 2827 ν.το ρονα (3) 1551 (R).
- Buchschmuck: D.; E.; KF.
- Prov.: I. M. S. D., 1579.
- Bibliographien: Adams A 1733; Cat. Ital. Books S. 42; Ind. Aur. 108.218; Bibl. Aldina S. 78; Ebert 1113.
- Sign.: Ald. Ren. 150,5–1.2 [1. Ex.].

Nr. 674
Aristoteles; <griech.>: ... DE PHYSICA AVSCVLTATIONE, DE ‖ COELO, DE MVNDO AD ALEX. DE GE- ‖ NERATIONE ET CORRVPTIONE, ET ‖ METEORO- LOGICAM DISCIPLI- ‖ NAM CONTINENS TOMVS II. ‖. EST: [Opera; griech., T. 2]. Hrsg.: (Giambattista Camozzi). – Venedig, 1551.
- Verleger: (Federico Torresano).
- Drucker: (Aldo [Manuzio I], Erben).
- Umfang: [8] Bl., 438 [=442] S., [1] Bl.; 8°.
- Bogensign.: *⁸, A⁸-Ω⁸, α⁸-γ⁸, δ⁶.
- FP: e.or 7871 ι-ε- κατω (3) 1551 (R).
- Buchschmuck: D.; E.; KF.
- Prov.: I. M. S. D., 1579.
- Bibliographien: Adams A 1733; Cat. Ital. Books S. 42; Ind. Aur. 108.218; Bibl. Aldina S. 78; Ebert 1113.
- Sign.: Ald. Ren. 150,5–1.2 [1. Ex.].

Nr. 675
Aristoteles; <griech.>: ... DE HISTORIA ANIMALIVM DI- SCI- ‖ PLINAM ET RELIQVOS HVIC DI- ‖ SCIPLINAE AGNATOS LIBROS ‖ CONTINENS TOMVS III. ‖. EST: [Opera; griech., T. 3]. Hrsg.: (Giambattista Camozzi). Kommentator: (Georgius <Pachymeres>). – Venedig, 1553, (1552).
- Verleger: (Federico Torresano).
- Drucker: (Aldo [Manuzio I], Erben).
- Buchbinder: Balthasar und Bartholomaeus Ziehenaus.
- Umfang: [16] Bl., 948 [=928] S.; 8°.
- Bogensign.: *⁸, **⁸, AAA⁸-ZZZ⁸, aaa⁸-zzz⁸, AAa⁸-MMm⁸.
- FP: e.ra 50τα ν.*σ ταρι (3) 1553 (R).
- Buchschmuck: D.; E.; KF.
- Bibliographien: Adams A 1733; Cat. Ital. Books S. 42; Ind. Aur. 108.218; Bibl. Aldina S. 78; Ebert 1113.
- Sign.: Ald. Ren. 150,5–3.4 [1. Ex.].
- Abbildung: S. 158.

Nr. 676
Aristoteles; <griech.>: ... DE HISTORIA ANIMALIVM DI- SCI- ‖ PLINAM ET RELIQVOS HVIC DI- ‖ SCIPLINAE AGNATOS LIBROS ‖ CONTINENS TOMVS III. ‖. EST: [Opera; griech., T. 3]. Hrsg.: (Giambattista Camozzi). Kommentator: (Georgius <Pachymeres>). – Venedig, 1553, (1552).
- Verleger: (Federico Torresano).
- Drucker: (Aldo [Manuzio I], Erben).
- Umfang: [16] Bl., 948 [=928] S.; 8°.
- Bogensign.: *⁸, **⁸, AAA⁸-ZZZ⁸, aaa⁸-zzz⁸, AAa⁸-MMm⁸.
- FP: e.ra 50τα ν.*σ ταρι (3) 1553 (R).
- Buchschmuck: D.; E.; EX.
- Prov.: Etienne Graf von Méjan.
- Bibliographien: Adams A 1733; Cat. Ital. Books S. 42; Ind. Aur. 108.218; Bibl. Aldina S. 78; Ebert 1113.
- Sign.: Ald. Ren. 150,5–3 [2. Ex.].

Nr. 677
Aristoteles; <griech.>: ... PROBLEMATA CVM ALEX. APHRO- ‖ DIS. PROBL. ET MECHANICA, ET ME ‖ TAPHYSICES DI- SCIPLINAM CON- ‖ TINENS TO- MVS IIII. ‖. EST: [Opera; griech., T. 4]. Hrsg.: (Giambattista Camozzi). – Venedig, 1552.
- Verleger: (Federico Torresano).
- Drucker: (Aldo [Manuzio I], Erben).
- Buchbinder: Balthasar und Bartholomaeus Ziehenaus.
- Umfang: [8] Bl., 607, [1] S.; 8°.
- Bogensign.: **⁸, AAAA⁸-ZZZZ⁸, aaaa⁸-pppp⁸.
- FP: e.i– 0302 ρ-τ* λ*το (3) 1552 (R).
- Buchschmuck: D.; E.; KF.
- Bibliogr.: Adams A 1733; Cat. Ital. Books S. 42; Ind. Aur. 108.218; Bibl. Aldina S. 78; Ebert 1113.
- Sign.: Ald. Ren. 150,5–3.4 [1. Ex.].
- Abbildung: S. 158.

Nr. 678
Aristoteles; <griech.>: ... PROBLEMATA CVM ALEX. APHRO- ‖ DIS. PROBL. ET MECHANICA, ET ME ‖ TAPHYSICES DISCIPLINAM CON- ‖ TINENS TOMVS IIII. ‖. EST: [Opera; griech., T. 4]. Hrsg.: (Giambattista Camozzi). – Venedig, 1552.
- Verleger: (Federico Torresano).
- Drucker: (Aldo [Manuzio I], Erben).
- Umfang: [8] Bl., 607, [1] S.; 8°.
- Bogensign.: **⁸, AAAA⁸-ZZZZ⁸, aaaa⁸-pppp⁸ [unvollst.: ZZZZ⁷-ZZZZ⁸, aaaa⁸-pppp⁸ fehlen].
- FP: e.i– 0302 ρ-τ* λ*το (3) 1552 (R).
- Buchschmuck: D.; E.
- Prov.: Etienne Graf von Méjan.
- Bibliographien: Adams A 1733; Cat. Ital. Books S. 42; Ind. Aur. 108.218; Bibl. Aldina S. 78; Ebert 1113.
- Sign.: Ald. Ren. 150,5–4 [2. Ex.].

Nr. 679
Aristoteles; <griech.>: ... MORA- LIA MAGNA, ET MORALIA ‖ EVDEM. ET MORALIA NICO- MACH. ‖ ET REI FAMILIARIS, CIVILIS' ‖ QVE DISCIPLINAM CON- ‖ TINENS TOMVS V. ‖. EST: [Opera; griech., T. 5]. Hrsg.: (Giambattista Camozzi). – Venedig, 1552, (1551).
- Verleger: (Federico Torresano).
- Drucker: (Aldo [Manuzio I], Erben).
- Buchbinder: Balthasar und Bartholomaeus Ziehenaus.
- Umfang: [12] Bl., 646 S., [1] Bl.; 8°.
- Bogensign.: *⁸, **⁴, AA⁸-ZZ⁸, aa⁸-rr⁸, ss⁴ [unvollst.: **⁴ fehlt].
- FP: e-n* 58ι- λ-ω- αχϑε (3) 1552 (R).
- Buchschmuck: D.; E.; KF.
- Bibliographien: Adams A 1733; Cat. Ital. Books S. 42; Ind. Aur. 108.218; Bibl. Aldina S. 78; Ebert 1113.
- Sign.: Ald. Ren. 150,5–5.6 [1. Ex.].
- Abbildungen: S. 160, 161.

Nr. 680
Theophrastus; <griech.>: ... HISTORIAM DE PLANTIS, ET DE ‖ CAVSIS PLANTARVM, ET

QVOS- ‖ DAM ALIOS IPSIVS LI-BROS ‖ CONTINENS TOMVS VI. ‖. EST: [Opera omnia Aristotelis; griech., T. 6]. Hrsg.: (Giambattista Camozzi). – Venedig, 1552.
- Verleger: (Federico Torresano).
- Drucker: (Aldo [Manuzio I], Erben).
- Buchbinder: Balthasar und Bartholomaeus Ziehenaus.
- Umfang: [8] Bl., 652 S., [1] Bl.; 8°.
- Bogensign.: **⁸, Aa⁸-Zψ⁸, AAαα⁸-SSσσ⁸.
- FP: I.I. ι=αι ***α ουνα (3) 1552 (R).
- Buchschmuck: D.; E.; KF.
- Bibliographien: Adams A 1733; Adams T 579; Cat. Ital. Books S. 42; Ind. Aur. 108.218; Bibl. Aldina S. 78; Ebert 1113.
- Sign.: Ald. Ren. 150,5–5.6 [1. Ex.].
- Abbildungen: S. 160, 161.

Nr. 681

Theophrastus; <griech.>: ... HISTORIAM DE PLANTIS, ET DE ‖ CAVSIS PLANTARVM, ET QVOS- ‖ DAM ALIOS IPSIVS LI-BROS ‖ CONTINENS TOMVS VI. ‖. EST: [Opera omnia Aristotelis; griech., T. 6]. Hrsg.: (Giambattista Camozzi). – Venedig, 1552.
- Verleger: (Federico Torresano).
- Drucker: (Aldo [Manuzio I], Erben).
- Umfang: [8] Bl., 652 S., [1] Bl.; 8°.
- Bogensign.: **⁸, Aa⁸-Zψ⁸, AAαα⁸-SSσσ⁸.
- FP: I.I. ι=αι ***α ουνα (3) 1552 (R).
- Buchschmuck: D.
- Bibliographien: Adams A 1733; Adams T 579; Cat. Ital. Books S. 42; Ind. Aur. 108.218; Bibl. Aldina S. 78; Ebert 1113.
- Sign.: Ald. Ren. 150,5–6 [1. Ex.].

Nr. 682

Olympiodorus <Alexandrinus>; <griech.>: ... IN METEO- ‖ RA ARISTOTELIS COMMENTARII. ‖ ... . Beigef.: Johannes <Grammaticus>; <griech.>:... SCHOLIA ‖ IN PRIMVM METEORVM ARISTOTELIS. ‖ ... . – Venedig, 1551.
- Drucker: (Federico Torresano; Aldo [Manuzio I], Erben).
- Buchbinder: René Simier.
- Umfang: 108 Bl.; 2°.
- Bogensign.: A⁶-L⁶, M⁸, N⁶-R⁶, S⁴.
- FP: ρaπο *νι- ρ-σ. ν*γι (3) 1551 (R).
- Buchschmuck: H.; D.; E.; EX.
- Prov.: Etienne Graf von Méjan.
- Bibliographien: Adams O 168; Cat. Ital. Books S. 47; Bibl. Aldina S. 78; Ebert 15112.
- Sign.: 2° Ald. Ren. 151,6–1 [1. Ex.].
- Abbildung: S. 163.

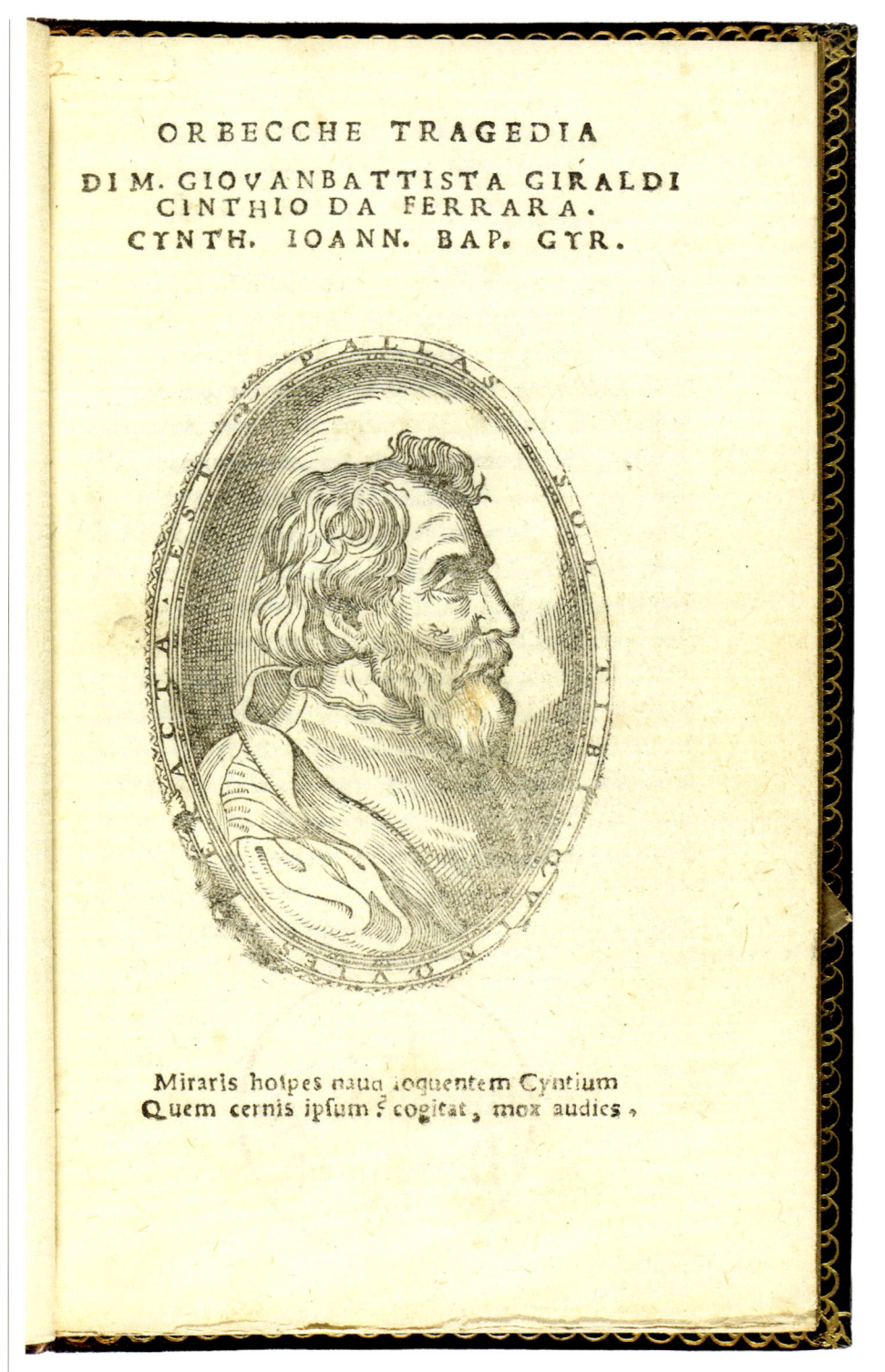

Nr. 683

Olympiodorus <Alexandrinus>; <griech.>: ... IN METEO- ‖ RA ARISTOTELIS COMMENTARII. ‖ ... . Beigef.: Johannes <Grammaticus>; <griech.>:... SCHOLIA ‖ IN PRIMVM METEORVM ARISTOTELIS. ‖ ... . – Venedig, 1551.
- Drucker: (Federico Torresano; Aldo [Manuzio I], Erben).
- Umfang: 108 Bl.; 2°.
- Bogensign.: A⁶-L⁶, M⁸, N⁶-R⁶, S⁴.
- FP: ρaπο *νι- ρ-σ. ν*γι (3) 1551 (R).
- Buchschmuck: H.; D.
- Bibliographien: Adams O 168; Cat. Ital. Books S. 47; Bibl. Aldina S. 78; Ebert 15112.
- Sign.: 2° Ald. Ren. 151,6–1 [2. Ex.].

Nr. 684

Olympiodorus <Alexandrinus>; <griech.>: ... IN METEO- ‖ RA ARISTOTELIS COMMENTARII. ‖ ... . Beigef.: Johannes <Grammaticus>; <griech.>:... SCHOLIA ‖ IN PRIMVM METEORVM ARISTOTELIS. ‖ ... . – Venedig, 1551.
- Drucker: (Federico Torresano; Aldo [Manuzio I], Erben).
- Umfang: 108 Bl.; 2°.
- Bogensign.: A⁶-L⁶, M⁸, N⁶-R⁶, S⁴.
- FP: ρaπο *νι- ρ-σ. ν*γι (3) 1551 (R).
- Buchschmuck: H.; D.; E.

Kat.-Nr. 532
Porträt des Giambattista Giraldi (Holzschnitt)

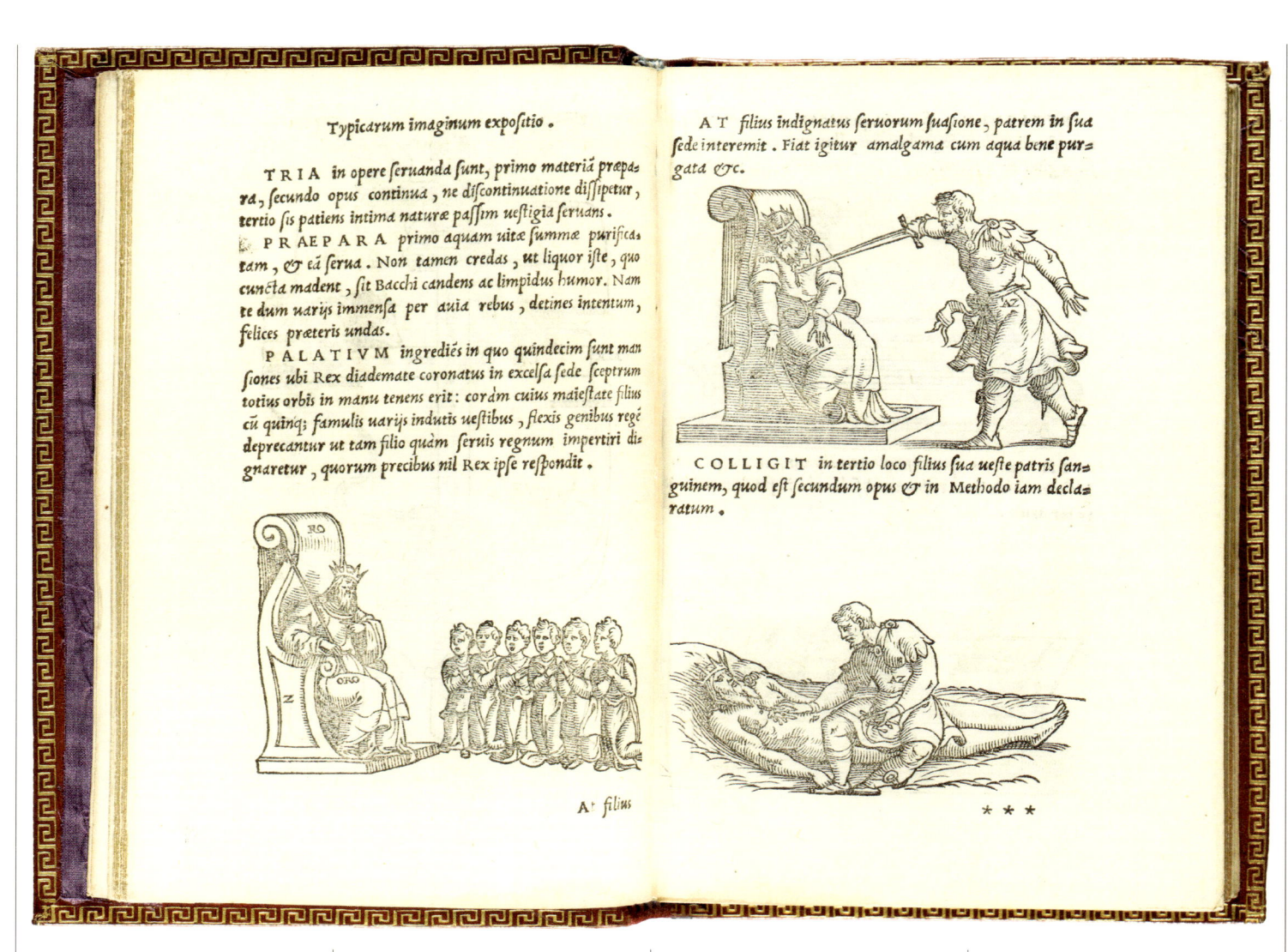

Kat.-Nr. 576
Allegorische Darstellung der Verwandlung unedler Metalle in Gold (Holzschnitt)

- Bibliographien: Adams O 168; Cat. Ital. Books S. 47; Bibl. Aldina S. 78; Ebert 15112.
- Sign.: 2° Ald. Ren. 151,6–1 [3. Ex.].

Nr. 685

Olympiodorus <Alexandrinus>; <griech.>: ... IN METEO- ‖ RA ARISTOTELIS COMMENTARII. ‖ ... . Beigef.: Johannes <Grammaticus>; <griech.>:... SCHOLIA ‖ IN PRIMVM METEORVM ARISTOTELIS. ‖ ... . – Venedig, 1551.
- Drucker: (Federico Torresano; Aldo [Manuzio I], Erben).
- Umfang: 108 Bl.; 2°.
- Bogensign.: A⁶-L⁶, M⁸, N⁶-R⁶, S⁴.
- FP: ραπο *νι- ρ-σ. ν*γι (3) 1551 (R).
- Buchschmuck: H.; D.; E.; HS.
- Bibliographien: Adams O 168; Cat. Ital. Books S. 47; Bibl. Aldina S. 78; Ebert 15112; Ald. Ren. 151,6-1.
- Sign.: Libr. impr. c. n. mss. 2° 8.

Nr. 686

Olympiodorus <Alexandrinus>; <lat.>: ... IN METEORA ARISTOTELIS COMMENTARII. ‖ ... . Beigef.: Johannes <Grammaticus>; <lat.>: ... SCHOLIA ‖ IN I. METEORVM ARISTOTELIS. ‖ ... . Übers.: Giambattista Camozzi. – Venedig, 1551.
- Drucker: (Federico Torresano; Aldo [Manuzio I], Erben).
- Buchbinder: René Simier.
- Umfang: [4], 139, [1] Bl.; 2°.
- Bogensign.: ⁴, A⁶-Y⁶, Z⁸.
- FP: m.n= bilo tûum ADEc (3) 1551 (R).
- Buchschmuck: H.; D.; E.; EX.
- Prov.: Etienne Graf von Méjan.
- Bibliographien: Adams O 169; Cat. Ital. Books S. 47; Bibl. Aldina S. 78; Ebert 15112.
- Sign.: 2° Ald. Ren. 151,6–2 [1. Ex.].

Nr. 687

Olympiodorus <Alexandrinus>; <lat.>: ... IN METEORA ARISTOTELIS COMMENTARII. ‖ ... . Beigef.: Johannes <Grammaticus>; <lat.>: ... SCHOLIA ‖ IN I. METEORVM ARISTOTELIS. ‖ ... . Übers.: Giambattista Camozzi. – Venedig, 1551.
- Drucker: (Federico Torresano; Aldo [Manuzio I], Erben).
- Umfang: [4], 139, [1] Bl.; 2°.
- Bogensign.: ⁴, A⁶-Y⁶, Z⁸.
- FP: m.n= bilo tûum ADEc (3) 1551 (R).
- Buchschmuck: H.; D.
- Prov.: Laurentius Joannesius.
- Bibliographien: Adams O 169; Cat. Ital. Books S. 47; Bibl. Aldina S. 78; Ebert 15112.
- Sign.: 2° Ald. Ren. 151,6–2 [2. Ex.].

Nr. 688

Olympiodorus <Alexandrinus>; <lat.>: ... IN METEORA ARISTOTELIS COMMENTARII. ‖ ... . Beigef.: Johannes <Grammaticus>; <lat.>: ... SCHOLIA ‖ IN I. METEORVM ARISTOTELIS. ‖ ... . Übers.: Giambattista Camozzi. – Venedig, 1551.
- Drucker: (Federico Torresano; Aldo [Manuzio I], Erben).
- Umfang: [4], 139, [1] Bl.; 2°.
- Bogensign.: ⁴, A⁶-Y⁶, Z⁸.
- FP: m.n= bilo tûum ADEc (3) 1551 (R).
- Buchschmuck: H.; D.; E.
- Bibliographien: Ald. Ren. 151,6; Adams O 169; Cat. Ital. Books S. 47; Bibl. Aldina S. 78; Ebert 15112.
- Sign.: 2 an 4° Ald. Ren. 77,6 [2. Ex.].

Nr. 689

Alunno, Francesco: LE RIC-∥ CHEZZE ∥ DELLA LINGVA VOLGARE ∥ ... . – Venedig, 1551.
- Drucker: (Aldo [Manuzio I], Erben).
- Buchbinder: Luigi Lodigiani.
- Umfang: 220 Bl.; 2°.
- Bogensign.: A⁸-Z⁸, AA⁸-CC⁸, DD⁶, EE⁶.
- FP: I.lo ràe, r=l= giad (3) 1551 (R).
- Buchschmuck: TH.; D.; E.; EX.
- Prov.: Etienne Graf von Méjan.
- Bibliographien: Adams A 843; Cat. Ital. Books S. 21; Ind. Aur. 104.194; Bibl. Aldina S. 79.
- Sign.: 2° Ald. Ren. 151,7.
- Abbildung: S. 162.

Nr. 690

Demosthenes; <lat.>: ... ORA-∥ TIONES QVATVOR ∥ CONTRA PHILIPPVM. ∥ ... . Übers.: Paolo Manuzio. – Venedig, 1551.
- Drucker: Aldo [Manuzio I], Erben.
- Buchbinder: François Bozérian (?).
- Umfang: [52] Bl.; 4°.
- Bogensign.: A⁴-N⁴.
- FP: iat, n-s, a-m- tide (C) 1551 (R).
- Buchschmuck: D.; E.; EX.
- Prov.: A. Q. P.; Etienne Graf von Méjan.
- Bibliographien: Adams D 289; Cat. Ital. Books S. 213; Ind. Aur. 151.299; Bibl. Aldina S. 79; Ebert 5960.
- Sign.: Ald. Ren. 151,8 [1. Ex.].

Nr. 691

Demosthenes; <lat.>: ... ORA-∥ TIONES QVATVOR ∥ CONTRA PHILIPPVM. ∥ ... . Übers.: Paolo Manuzio. – Venedig, 1551.
- Drucker: Aldo [Manuzio I], Erben.
- Umfang: [52] Bl.; 4°.
- Bogensign.: A⁴-N⁴.
- FP: iat, n-s, a-m- tide (C) 1551 (R).
- Buchschmuck: D.
- Bibliographien: Adams D 289; Cat. Ital. Books S. 213; Ind. Aur. 151.299; Bibl. Aldina S. 79; Ebert 5960.
- Sign.: Ald. Ren. 151,8 [2. Ex.].

Nr. 692

Commentaria in omnes: IN OM-∥ NES DE ARTE RHETORICA ∥ M. TVLLII CICERONIS LIBROS, ITEM IN EOS AD C. HEREN ∥ NIVM SCRIPTOS, DOCTISSIMORVM VIRORVM COMMENTARIA, IN ∥ VNVM VELVTI CORPVS REDAC-TA ... . EST: [Commentaria in omnes de arte rhetorica Ciceronis libros]. – Venedig, 1551.
- Drucker: (Aldo [Manuzio I], Erben).
- Umfang: [10] Bl., 624, 492 Sp., [4] Bl., Sp. 493-824 [=826], [1] S., [1] Bl.; 2°.
- Bogensign.: *¹⁰, A⁸-S⁸, T⁶, V⁶, a⁸-o⁸, p⁶, q⁶, r⁸-z⁸, aa⁸-dd⁸.
- FP: a,o= 2712 sala tequ (3) 1551 (R).
- Buchschmuck: D.; E.; EX.
- Prov.: Etienne Graf von Méjan.
- Bibliographien: Adams C 1699; Cat. Ital. Books S. 184; Ind. Aur. 138.652; Bibl. Aldina S. 79.
- Sign.: 2° Ald. Ren. 152,10.

Nr. 693

Cicero, M[arcus] Tullius: ... EPI-∥ STOLAE ∥ ad Atticum, ad M. Brutum, ad Quintum fratrem, ∥ ... . Hrsg.: Paolo Manuzio. Kommentator: Paolo Manuzio. – Venedig, 1551, (MENSE OCTOBRI.).
- Drucker: (Aldo [Manuzio I], Erben).
- Umfang: [2], 333, [13] Bl.; 8°.
- Bogensign.: A⁸-Z⁸, AA⁸-VV⁸, XX⁴.
- FP: tuo- tuµ= umum lini (3) 1551 (R).
- Buchschmuck: D.; E.; EX.
- Prov.: Etienne Graf von Méjan.
- Bibliographien: Adams C 1919; Cat. Ital. Books S. 177; Ind. Aur. 138.651; Bibl. Aldina S. 79f.
- Sign.: Ald. Ren. 152,11.

Nr. 694

Cicero, [Marcus Tullius]; <ital.>: LE EPISTOLE FAMIGLIA-∥ RI ∥ ... . EST: [Epistolae ad familiares; ital.]. Übers.: [Guido Loglio]. – (Venedig), 1551.
- Drucker: (Aldo [Manuzio I], Erben).
- Umfang: 305, [1] Bl.; 8°.
- Bogensign.: A⁸-Z⁸, AA⁸-OO⁸, PP¹⁰.
- FP: ê=ca e.i= poer sech (3) 1551 (R).
- Buchschmuck: D.; E.; EX.
- Prov.: Etienne Graf von Méjan.
- Bibliographien: Ind. Aur. 138.653; Bibl. Aldina S. 80.
- Sign.: Ald. Ren. 152,12.

Nr. 695

Fausto, Vittore: ... ORATIONES ∥ QVINQVE ∥ ... . Hrsg.: (Paolo Rannusio). – (Venedig), (1551).
- Drucker: (Aldo [Manuzio I], Erben).
- Buchbinder: François Bozérian.
- Umfang: [6], 84 Bl.; 4°.
- Bogensign.: *⁶, A⁸-K⁸, L⁴.
- FP: e-e- 7.se ueue bulu (3) 1551 (R).
- Buchschmuck: D.; E.; EX.
- Prov.: Etienne Graf von Méjan.
- Bibliographien: Adams F 186; Cat. Ital. Books S. 244; Bibl. Aldina S. 80.
- Sign.: Ald. Ren. 152,13 [1. Ex.].

Nr. 696

Fausto, Vittore: ... ORATIONES ∥ QVINQVE ∥ ... . Hrsg.: [Paolo Rannusio]. – (Venedig), (1551).
- Drucker: (Aldo [Manuzio I], Erben).
- Umfang: [6], 84 Bl.; 4°.
- Bogensign.: *⁶, A⁸-K⁸, L⁴.
- FP: e-e- 7.se ueue bulu (3) 1551 (R).
- Buchschmuck: D.; EX.
- Prov.: Etienne Graf von Méjan.
- Bibliographien: Adams F 186; Cat. Ital. Books S. 244; Bibl. Aldina S. 80.
- Sign.: Ald. Ren. 152,13 [2. Ex.].

Nr. 697

Conti, Natale: ... DE VENA-∥ TIONE, LIBRI IIII. ∥ ... . Verf. in Vorlage: Natalis Comitum. Kommentator: Girolamo Ruscelli. – Venedig, 1551.
- Drucker: (Aldo [Manuzio I], Erben).
- Umfang: 44, [4] Bl.; 8°.
- Bogensign.: A⁴-M⁴.
- FP: mori ess. a,æ, VeSi (3) 1551 (R).
- Buchschmuck: D.; E.; EX.
- Prov.: Karmeliterkloster, Venedig; Etienne Graf von Méjan.
- Bibliographien: Adams C 2431; Cat. Ital. Books S. 196; Ind. Aur. 144.003; Bibl. Aldina S. 80; Ebert 5036.
- Sign.: Ald. Ren. 152,14.

Nr. 698

Lettere volgari: LETTERE VOL-∥ GARI DI ∥ DIVERSI NOBILISSI-MI HVOMI-∥ NI, ET ECCELLENTIS-SIMI IN-∥ GEGNI, ... ∥ LIBRO PRI-MO. ∥ . EST: [Lettere volgari; T. 1]. Hrsg.: (Paolo Manuzio). – Venedig, 1551.
- Drucker: (Aldo [Manuzio I], Erben).
- Umfang: 129, [7] Bl.; 8°.
- Bogensign.: A⁸-R⁸.
- FP: ueo, laia soia giue (3) 1551 (R).
- Buchschmuck: D.; EX.
- Prov.: Etienne Graf von Méjan.
- Bibliographien: Adams L 578; Cat. Ital. Books S. 413; Bibl. Aldina S. 80.
- Sign.: Ald. Ren. 152,15-1.

Nr. 699

Lettere volgari: LETTERE VOL-∥ GARI DI ∥ DIVERSI NOBILISSI-MI HVO-∥ MINI, ET ECCELLEN-TISS. ∥ INGEGNI ... ∥ LIBRO SECVN-DO. ∥ . EST: [Lettere volgari; T. 2]. Hrsg.: (Antonio Manuzio). – Venedig, 1551.
- Drucker: (Aldo [Manuzio I], Erben).
- Umfang: 117, [3] Bl.; 8°.
- Bogensign.: A⁸-P⁸.
- FP: n-ma fua= seal ClDi (3) 1551 (R).
- Buchschmuck: D.; EX.
- Bibliographien: Adams L 588; Cat. Ital. Books S. 413; Bibl. Aldina S. 80.
- Sign.: Ald. Ren. 152,15-2.

Nr. 700

Appianus <Alexandrinus>; <ital.>: ... DELLE GVERRE CIVILI ... ∥ DE ROMANI, ∥ ... . EST: [Historia Romana; ital., T. 1]. Beigef.: Appianus <Alexandrinus>; <ital.>: ... DELLE GVERRE ... ∥ ESTERNE DE ROMANI, ∥ ...; Appianus <Alexandrinus>; <ital.>: ... delle guerre di Hispagna ... . Übers.: (Aless[andro] Bracci). – Venedig, 1551.
- Drucker: Aldo [Manuzio I], Erben.
- Buchbinder: François Bozérian (?).
- Umfang: 258, 175, [1], 41, [1] Bl.; 8°.
- Bogensign.: a⁸-z⁸, A⁸-I⁸, K², aa⁸-yy⁸, aaa⁸-ddd⁸, eee¹⁰.
- FP: i.f= o*e, eccò dalo (3) 1551 (R).
- Buchschmuck: D.; E.; EX.
- Prov.: Etienne Graf von Méjan.
- Bibliographien: Adams A 1359; Cat. Ital. Books S. 35; Ind. Aur. 106.565; Bibl. Aldina S. 80.
- Sign.: Ald. Ren. 152,16.

Nr. 701

Bembo, Pietro: ... HISTO-∥ RIAE VENETAE ∥ LIBRI XII. ∥. – Venedig, 1551.
- Drucker: (Aldo [Manuzio I], Erben).
- Umfang: [4], 203, [1] Bl.; 2°.
- Bogensign.: *⁴, A⁴-Z⁴, a²-z⁴, Aa⁴-Ee⁴.
- FP: æ-ne t.i- oma- dulo (3) 1551 (R).
- Buchschmuck: TH.; D.; E.; EX.
- Prov.: Jesuitenkolleg, Augsburg (?); P. Canisius, 1578; Etienne Graf von Méjan.
- Bibliographien: Adams B 597; Cat. Ital. Books S. 80; Ind. Aur. 116.419; Bibl. Aldina S. 80; Ebert 1924; Budapest B 235.
- Sign.: 4° Ald. Ren. 152,17 [1. Ex.].

Nr. 702

Bembo, Pietro: ... HISTO-∥ RIAE VENETAE ∥ LIBRI XII. ∥. – Venedig, 1551.
- Drucker: (Aldo [Manuzio I], Erben).
- Umfang: [4], 203, [1] Bl.; 2°.
- Bogensign.: *⁴, A⁴-Z⁴, a²-z⁴, Aa⁴-Ee⁴.
- FP: æ-ne t.i- oma- dulo (3) 1551 (R).
- Buchschmuck: D.; E.; EX.
- Prov.: Etienne Graf von Méjan.
- Bibliographien: Adams B 597; Cat. Ital. Books S. 80; Ind. Aur. 116.419; Bibl. Aldina S. 80; Ebert 1924; Budapest B 235.
- Sign.: 4° Ald. Ren. 152,17 [2. Ex.].

Nr. 703

Landi, Giulio: LA VITA DI ∥ CLE-OPATRA REINA D'EGITTO.∥ ... . Beigef.: Giulio Landi: ... oratione ... recitata nell' Academia ∥ dell' Ignoranti; in lode dell'Ignoranza. ∥. Hrsg.: (Antonio Francesco Doni). – Venedig, 1551.
- Drucker: [Aldo Manuzio I, Erben].
- Umfang: [8], 62, [1] Bl.; 8°.
- Bogensign.: *⁸, A⁸-H⁸.
- FP: oneà e.de u=el more (3) 1551 (R).
- Buchschmuck: D.; E.; EX.
- Prov.: Etienne Graf von Méjan.
- Bibliographien: Adams L 113; Cat. Ital. Books S. 368; Bibl. Aldina S. 81; Ebert 11688.
- Sign.: Ald. Ren. 153,18.

Nr. 704

Gribaldi, Matteo: ... in .L. ∥ non puto .ff. de iure fisci. ∥ elegans interpre= ∥ tatio. ∥. – Venedig, 1551.
- Drucker: (Domenico Giglio).
- Buchbinder: François Bozérian (?).
- Umfang: 23 Bl.; 8°.
- Bogensign.: A⁴-F⁴.
- FP: q;eo e=on ocod iupa (3) 1551 (R).

- Buchschmuck: D.; E.; EX.
- Prov.: Etienne Graf von Méjan.
- Bibliographien: Ald. Ren. 156,4.
- Sign.: 2 an Ald. Ren. 155,3.

Nr. 705
Dio <Chrysostomus>; <griech.>: ... Orationes LXXX. ... . – Venedig, ca. 1551.
- Drucker: Aldo Manuzio I, Erben.
- Sign.: Ald. Ren. 264,24 Kraków.

Nr. 706
Secchi, Niccolò: De Origine Pilae maioris, et Cingvli militaris, quo flvmina svperantvr, ... Verf. in Vorlage: Nicolaus Siccus. – Venedig, ca. 1551.
- Drucker: Aldo Manuzio I, Erben.
- Sign.: Ald. Ren. 264,25 Kraków.

1552

Nr. 707
Calepino, Ambrogio; <lat. u. griech.>: ... DICTIONARIVM, In quo restituendo atque exornando cum multa praestitimus. ... . Beigef.: Ambrogio Calepino; <griech. u. lat.>: (DICTIONES PLVRIMAE, QVARVM SIGNIFICATIO PERVTILIS AC NECESSARIA EST ...). – Venedig, 1552.
- Drucker: Aldo [Manuzio I], Erben.
- Umfang: [794] Bl.; 2°.
- Bogensign.: a⁸-z⁸, aa⁸-yy⁸, zz¹⁰, A⁸-Z⁸, AA⁸-XX⁸, YY¹⁰, a⁴-o⁴, p⁶.
- FP: ‚Aic nai= sas. AcPl (C) 1552 (R).
- Buchschmuck: D.; E.; EX.
- Prov.: Etienne Graf von Méjan.
- Bibliographien: Ind. Aur. 129.447; Bibl. Aldina S. 81; vgl. Ebert 3333.
- Sign.: 4° Ald. Ren. 153,2.

Nr. 708
Fortunio, [Giovanni] Francesco: REGOLE GRAMMATICALI DELLA VOLGAR LINGVA ... . – (Venedig), 1552.
- Drucker: (Aldo [Manuzio I], Erben).
- Umfang: 51, [1] Bl.; 8°.
- Bogensign.: A⁸-F⁸, G⁴.
- FP: râs= tole e:du uasa (3) 1552 (R).
- Buchschmuck: D.; EX.
- Prov.: Etienne Graf von Méjan.
- Bibliographien: Adams F 797; Cat. Ital. Books S. 275; Bibl. Aldina S. 81.
- Sign.: Ald. Ren. 153,3.

Nr. 709
Lucubrationes in omnes: IN OMNES M. TVLLII CICERONIS ORATIONES DOCTISSIMORVM VIRORVM LVCVBRATIONES, accurate in unum uolumen collectae ... . EST: [Lucubrationes in omnes orationes Ciceronis]. Beigef.: Q[uintus] Asconius Pedianus: ... commentarijs, ... Hrsg.: Paolo Manuzio. – Venedig, 1552.
- Drucker: (Aldo [Manuzio I], Erben).
- Umfang: [1] Bl., 1406 [=1412] Sp., [14] Bl.; 2°.
- Bogensign.: a⁸-z⁸, A⁸-V⁸, X¹⁰, Y⁸, Z⁶ [2 Teile].
- FP: i-um i.t. d=o. coti (C) 1552 (R).
- Buchschmuck: D.; E.; EX.
- Prov.: Etienne Graf von Méjan.
- Bibliographien: Adams C 1903; Cat. Ital. Books S. 180; Ind. Aur. 138.674; Bibl. Aldina S. 81; Ebert 4384ᵇ.
- Sign.: 4° Ald. Ren. 153,4.

Nr. 710
Cicero, M[arcus] Tullius: ... EPISTOLAE FAMILIARES. ... . EST: [Epistolae ad familiares]. Beigef.: Paolo Manuzio: ... SCHOLIA, quibus harum epistolarum locos complures, ... interpretatur ... . – Venedig, 1552.
- Drucker: (Aldo [Manuzio I], Erben).
- Umfang: 267, [45] Bl.; 8°.
- Bogensign.: A⁸-Z⁸, AA⁸-LL⁸, AAA⁸-EEE⁸.
- FP: umin sa,* umue roci (3) 1552 (R).
- Buchschmuck: D.; E.; EX.
- Prov.: Etienne Graf von Méjan.
- Bibliographien: Adams C 1954; Ind. Aur. 138.679; Bibl. Aldina S. 81.
- Sign.: Ald. Ren. 153,5.

Nr. 711
Cicero, [Marcus Tullius]; <ital.>: LE EPISTOLE FAMIGLIARI ... . EST: [Epistolae ad familiares; ital.]. Übers.: [Guido Loglio]. – (Venedig), 1552.
- Drucker: (Aldo [Manuzio I], Erben).
- Umfang: 305, [1] Bl.; 8°.
- Bogensign.: A⁸-Z⁸, AA⁸-OO⁸, PP¹⁰.
- FP: ano= fuhe o=di uopa (3) 1552(R).
- Buchschmuck: D.; E.; EX.
- Prov.: Etienne Graf von Méjan.
- Bibliographien: Adams C 1984; Cat. Ital. Books S. 179; Ind. Aur. 138.680; Bibl. Aldina S. 82.
- Sign.: Ald. Ren. 154,6.

Nr. 712
Cicero, M[arcus] Tullius: ... DE PHILOSOPHIA, PRIMA PARS, ... De finibus bonorum et malorum libri V. ... . EST: [Opera philosophica; T. 1]. Beigef.: M[arcus] Tullius Cicero: ... Tusculanarum quaestionum libri V. ... . Hrsg.: Paolo Manuzio. Kommentator: Paolo Manuzio. – (Venedig), 1552.
- Drucker: (Aldo [Manuzio I], Erben).
- Umfang: [4], 147, [10] Bl., Bl. 148–251, [7] Bl.; 8°.
- Bogensign.: a⁸-u⁸, aa⁸-oo⁸.
- FP: mae, usto utle Naid (3) 1552 (R).
- Buchschmuck: D.; E.; EX.
- Prov.: Etienne Graf von Méjan.
- Bibliographien: Adams C 1757; Cat. Ital. Books S. 176; Ind. Aur. 138.676; Bibl. Aldina S. 82.
- Sign.: Ald. Ren. 154,7–1.

Nr. 713
Cicero, M[arcus] Tullius: ... DE PHILOSOPHIA VOLVMEN SECVNDVM ... . EST: [Opera philosophica; T. 2]. Hrsg.: Paolo Manuzio. Kommentator: Paolo Manuzio. – Venedig, 1552.
- Drucker: (Aldo [Manuzio I], Erben).
- Umfang: [2], 213 [=206], [16] Bl.; 8°.
- Bogensign.: A⁸-Z⁸, AA⁸-EE⁸.
- FP: t.in ,*ri e=cû encæ (3) 1552 (R).
- Buchschmuck: D.; E.; EX.
- Prov.: Etienne Graf von Méjan.
- Bibliographien: Adams C 1757; Cat. Ital. Books S. 176; Ind. Aur. 138.676; Bibl. Aldina S. 82.
- Sign.: Ald. Ren. 154,7–2.

Nr. 714
Cicero, Marcus Tullius: ... OFFICIORVM LIBRI TRES: CATO MAIOR, VEL DE SENECTVTE: LAELIVS, VEL DE AMICITIA: PARADOXA STOICORVM SEX: ... . EST: [Opera philosophica, Teils.]. – (Venedig), 1552, (MENSE FEBRVARIO.).
- Drucker: Aldo Manuzio I, Erben.
- Umfang: 125, [=127], [3] Bl.; 8°.
- Bogensign.: A⁸-P⁸, Q¹⁰.
- FP: eoi=, *tu i=n= ruop (3) 1552 (R).
- Buchschmuck: D.; E.; EX.
- Prov.: Etienne Graf von Méjan.
- Bibliographien: Adams C 1756; Cat. Ital. Books S. 176; Ind. Aur. 138.678; Bibl. Aldina S. 82.
- Sign.: Ald. Ren. 154,8.

Nr. 715
Parisetti, Lodovico: ... DE DIVINA IN HOMINEM BENE VOLENTIA, ATQVE BENEFICENTIA ORATIONES TRES ... . – Venedig, 1552.
- Drucker: (Aldo [Manuzio I], Erben).
- Umfang: 239, [1] Bl.; 8°.
- Bogensign.: A⁸-Z⁸, AA⁸-GG⁸.
- FP: icas umn= t:uo uiam (3) 1552 (R).
- Buchschmuck: D.; E.; EX.
- Prov.: Etienne Graf von Méjan.
- Bibliographien: Cat. Ital. Books S. 490; Bibl. Aldina S. 82.
- Sign.: Ald. Ren. 154,9.

Nr. 716
Adeodatus Senensis: ... Oratio in die Cinerum ad Patres habita in Con- cilio Tridentino. . – Venedig, 1552.
- Drucker: [Aldo Manuzio I, Erben].
- Buchbinder: François Bozérian.
- Umfang: [12] Bl.; 4°.
- Bogensign.: A⁴-C⁴.
- FP: bên- tæx- e,nè dini (C) 1552 (R).
- Buchschmuck: D.; E.; EX.
- Prov.: Etienne Graf von Méjan.
- Bibliographien: Ind. Aur. 100.612.
- Sign.: Ald. Ren. 154,10.

Nr. 717
Speroni, Sperone: DIALOGHI ... . Hrsg.: (Daniele [Matteo Alvise] Barbaro). – Venedig, 1552.
- Drucker: (Aldo [Manuzio I], Erben).
- Buchbinder: François Bozérian (?).
- Umfang: 144 Bl.; 8°.
- Bogensign.: A⁸-S⁸.
- FP: ilut ‚edi pifa chce (3) 1552 (R).
- Buchschmuck: D.; E.; EX.
- Prov.: Etienne Graf von Méjan.
- Bibliographien: Adams S 1570; Cat. Ital. Books S. 636; Bibl. Aldina S. 82; Ebert 21604.
- Sign.: Ald. Ren. 154,12.

Nr. 718
Leo <Hebraeus>: DIALOGHI DI AMORE ... . Verf. in Vorlage: Leone Medico Hebreo. – Venedig, 1552.
- Drucker: (Aldo [Manuzio I], Erben).
- Buchbinder: François Bozérian (?).
- Umfang: 228 Bl.; 8°.
- Bogensign.: A⁸-Z⁸, AA⁸-EE⁸, FF⁴.
- FP: sino heuo hoa: degu (3) 1552 (R).
- Buchschmuck: D.; E.; EX.
- Prov.: Etienne Graf von Méjan.
- Bibliographien: Cat. Ital. Books S. 3; Bibl. Aldina S. 82; Ebert 11869.
- Sign.: Ald. Ren. 154,13.

Nr. 719
Gribaldi, Matteo: ... subtiles atque perutiles interpretationes in l. rerum mistura, et l. si is qui pro emptore de usucapio. . – Venedig, 1552.
- Drucker: (Gualtiero Scoto).
- Buchbinder: François Bozérian (?).
- Umfang: [8], 38, [1] Bl.; 8°.
- Bogensign.: *⁸, a⁸-e⁸.
- FP: sie= tûd= q;en stQV (3) 1552 (R).
- Buchschmuck: D.; E.; EX.
- Prov.: Etienne Graf von Méjan.
- Bibliographien: Ald. Ren. 156,5; Adams G 1251.
- Sign.: 1 an Ald. Ren. 155,3.

1553

Nr. 720
Gregorius <Nyssenus>; <lat.>: ... DOCTISSIMVS IN HEXAEMERON COMMENTARIVS: ... . Beigef.: (Gregorius <Nazianzenus>; <lat.>: ... DE PAVPERIBVS AMANDIS ET BENIGNITATE COMPLECTENDIS ORATIO.); Gregorius <Thaumaturgus>; <lat.>: ... rerum admirabilium effectoris, de anima libellus: ... . Übers.: Pie-

tro Francesco Zini. – Venedig, 1553, (X. Cal. Septembris.).
- Drucker: (Paolo Manuzio).
- Buchbinder: René Simier.
- Umfang: 183 Bl.; 8°.
- Bogensign.: A⁸-Z⁸.
- FP: i=mi ,&um cue- matu (3) 1553 (R).
- Buchschmuck: D.; E.; EX.
- Prov.: Etienne Graf von Méjan.
- Bibliogr.: Adams G 1123; Cat. Ital. Books S. 313; Bibl. Aldina S. 83.
- Sign.: Ald. Ren. 155,1.

Nr. 721

Patricius, Franciscus; <ital.>): IL SACRO REGNO ∥ DE'L GRAN PATRITIO, ∥ DE'L VERO REGGIMENTO, ∥ E DE LA VERA FELICITA' ∥ DE'L PRINCIPE, E BEA= ∥ TITVDINE HVMANA. ∥ EST: [Enneas de regno et regis institutione; ital.]. Übers.: (Giovanni Fabrini). – Venedig, 1553.
- Drucker: (Aldo [Manuzio I], Erben).
- Buchbinder: René Simier.
- Umfang: [24], 368 Bl.; 8°.
- Bogensign.: *⁸-***⁸, A⁸-Z⁸, AA⁸-ZZ⁸.
- FP: loa– o=3. u=on pere (3) 1553 (R).
- Buchschmuck: D.; E.; EX.
- Prov.: Etienne Graf von Méjan.
- Bibliographien: Adams F 107; Adams P 459; Cat. Ital. Books S. 493; Bibl. Aldina S. 83.
- Sign.: Ald. Ren. 155,2.

Nr. 722

Gribaldi, Matteo: ... sub= ∥ tiles atque perutiles interpretatio= ∥ nes in difficillimam .l.ij. C. commu. ∥ de lega. et in .l. Verbis ∥ legis, de Verbo. ∥ signifi. ∥. – Venedig, 1553.
- Drucker: [Aldo Manuzio I, Erben].
- Buchbinder: François Bozérian (?).
- Umfang: 48 Bl.; 8°.
- Bogensign.: A⁸-F⁸.
- FP: usum r.rû uman mire (7) 1553 (R).
- Buchschmuck: D.; E.; EX.
- Prov.: Etienne Graf von Méjan.
- Bibliographien: Bibl. Aldina S. 83.
- Sign.: Ald. Ren. 155,3.

Nr. 723

Straccha, Benvenuto: ... DE MERCATVRA, SEV ∥ MERCATORE ∥ TRACTATVS. ∥. – Venedig, 1553.
- Drucker: [Paolo Manuzio].
- Umfang: [40], 287 Bl.; 8°.
- Bogensign.: *⁸-*****⁸, A⁸-Z⁸ Aa⁸-Nn⁸.
- FP: rir= n-68 n-um Frca (3) 1553 (R).
- Buchschmuck: D.; E.; EX.
- Prov.: Etienne Graf von Méjan.
- Bibliographien: Bibl. Aldina S. 83.
- Sign.: Ald. Ren. 156,6.

Nr. 724

Manuzio, Paolo: IN EPISTOLAS ∥ CICERONIS AD ATTICVM, ∥ ... – Venedig, 1553.
- Drucker: (Paolo Manuzio).
- Buchbinder: François Bozérian.
- Umfang: [4], 414 [=416] Bl.; 8°.
- Bogensign.: *⁴, A⁸-Z⁸, AA⁸-ZZ⁸, AAA⁸-FFF⁸.
- FP: e=m. iar. isio tino (3) 1553 (R).
- Buchschmuck: D.; E.; EX.
- Prov.: Etienne Graf von Méjan.
- Bibliographien: Adams M 459; Bibl. Aldina S. 84.
- Sign.: Ald. Ren. 157,11.

Nr. 725

Asconius Pedianus, [Quintus]: ... expositio in IIII. orationes M. Tullij Ciceronis ∥ contra C. Verrem, ∥ In orationem pro C. Cornelio, ∥ ... . Hrsg.: Paolo Manuzio. Kommentator: Paolo Manuzio. – Venedig, 1553.
- Drucker: Paolo Manuzio.
- Umfang: [8], 96 Bl.; 8°.
- Bogensign.: *⁸, A⁸-M⁸.
- FP: e.u– 4.5: i.us adas (3) 1553 (R).
- Buchschmuck: D.
- Bibliographien: Adams A 2058; Cat. Ital. Books S. 59; Ind. Aur. 109.282; Bibl. Aldina S. 84; Ebert 1273.
- Sign.: Ald. Ren. 157,12.

Kat.-Nr. 540

Kat.-Nr. 581

Nr. 726
Vergilius Maro, [Publius]: VIRGILIVS, ‖ POST OMNES OMNIVM ‖ EDITIONES ACCVRA= ‖ TE ‖ EMENDATVS. ‖. EST: [Opera]. Hrsg.: Paolo Manuzio. – (Venedig), 1553.
- Drucker: (Paolo Manuzio).
- Buchbinder: Motet.
- Umfang: [1], 7, [2] Bl., Bl. 9–220 [=219] Bl.; 8°.
- Bogensign.: A^{10}, B^8-Z^8, AA^8-DD^8, EE^4.
- FP: esem e:o: m.s. TrFe (3) 1553 (R).
- Buchschmuck: D.; E.; EX.
- Prov.: Etienne Graf von Méjan.
- Sign.: Ald. Ren. 157,13.

Nr. 727
Nores, Giasone de: IN EPISTO- LAM Q. HORA- ‖ tij Flacci de Arte Poetica ... ‖ interpretatio. ‖ EIVSDEM BREVIS, ET DISTINC- TA ‖ summa praeceptorem de arte dicendi ex tri= ‖ bus Ciceronis libris de oratore collecta. ‖. Beigef.: Trifone Gabrielli: (... DE ‖ SPHERICA RATIONE EX MACRO= ‖ BIO, ET PLINIO BREVIS, ET DI ‖ STINCTA TRACTA= ‖ TIO.). – Venedig, 1553.
- Drucker: Andrea Arrivabene.
- Umfang: 165 [=175] Bl.; 8°.
- Bogensign.: A^8-Y^8.
- FP: a.mû retû i=ra paSu (3) 1553 (R).
- Buchschmuck: D.; E.; EX.
- Prov.: I. E. Neudorf; Heinrich Friedrich von Diez.
- Bibliographien: Ald. Ren. 157,14; Cat. Ital. Books S. 334; Bibl. Aldina S. 85; Ebert 10254.
- Sign.: B. Diez 8° 3359.

Nr. 728
Nores, Giasone de: IN EPISTO- LAM Q. HORA- ‖ tij Flacci de Arte Poetica ... ‖ interpretatio. ‖ EIVSDEM BREVIS, ET DISTINC- TA ‖ summa praeceptorum de arte dicendi ex tri= ‖ bus Ciceronis libris de oratore collecta. ‖. Beigef.: Trifone Gabrielli: (... DE ‖ SPHERICA RATIONE EX MACRO= ‖ BIO, ET PLINIO BREVIS, ET DI ‖ STINCTA TRACTA= ‖ TIO.). – Venedig, 1553.
- Drucker: Aldo [Manuzio I], Erben.
- Umfang: 165 [=175] Bl.; 8°.
- Bogensign.: A^8-Y^8.
- FP: a.mû retû i=ra paSu (3) 1553 (R).
- Buchschmuck: D.; E.; EX.
- Prov.: Etienne Graf von Méjan.
- Bibliographien: Adams H 974; vgl. Cat. Ital. Books S. 334; Bibl. Aldina S. 84; Ebert 10254.
- Sign.: Ald. Ren. 157,14.

Nr. 729
Terentius Afer, P[ublius]: ... CO- MOEDIAE. ‖ ... . Hrsg.: Paolo Manuzio. – (Venedig), 1553.
- Drucker: (Paolo Manuzio).
- Buchbinder: François Bozérian.
- Umfang: [16], 14 [=151], [1] Bl.; 8°.
- Bogensign.: a^8, b^8, A^8-T^8.
- FP: a=b= dium coet Meai (3) 1553 (R).
- Buchschmuck: D.; E.; EX.
- Prov.: Etienne Graf von Méjan.
- Bibliographien: Adams T 344; Bibl. Aldina S. 85; Ebert 22488.
- Sign.: Ald. Ren. 157,15.
- Abbildung: S. 165.

Nr. 730
Parisetti, Lodovico: ... EPISTO- LARVM ‖ POSTERIORVM ‖ LI- BRI TRES. ‖. – Venedig, 1553.
- Drucker: Aldo [Manuzio I], Erben.
- Buchbinder: Motet (?).
- Umfang: 84 [=82], [1] Bl.; 8°.
- Bogensign.: A^8-I^8, K^{10}, ¹.
- FP: ams, m.em tuum SiQu (3) 1553 (R).
- Buchschmuck: D.; E.; EX.
- Prov.: Etienne Graf von Méjan.
- Bibliographien: Bibl. Aldina S. 85.
- Sign.: Ald. Ren. 157,17.

Nr. 731
Castiglione, Baldassare; Gonzaga, Cesare: STANZE PASTORA- LI, ‖ ... . Beigef.: Antonio Giacomo Corso: ... RIME ... . Hrsg.: Antonio Giacomo Corso. – Venedig, 1553.
- Drucker: [Aldo Manuzio I, Erben].
- Buchbinder: Motet.
- Umfang: 112, [7] Bl.; 8°.
- Bogensign.: A^8-P^8.
- FP: hoon e.me e.e, DiGe (7) 1553 (R).
- Buchschmuck: D.; E.; EX.
- Prov.: Etienne Graf von Méjan.
- Bibliographien: Adams C 945; Cat. Ital. Books S. 156; Ind. Aur. 133.604; Bibl. Aldina S. 85; Ebert 3675.
- Sign.: Ald. Ren. 157,18.

Nr. 732

Lettere volgari: LETTERE VOL-GARI DI ∥ DIVERSI NOBILIS-SIMI HVOMI= ∥ NI, ET ECCELLEN-TISSIMI IN- ∥ GEGNI, ... ∥ LIBRO PRIMO. ∥. EST: [Lettere volgari; T. 1]. Hrsg.: (Paolo Manuzio). – Venedig, 1553.
- Drucker: (Aldo [Manuzio I], Erben).
- Umfang: 129, [7] Bl.; 8°.
- Bogensign.: A⁸–R⁸.
- FP: lao, laia soia uisc (3) 1553 (R).
- Buchschmuck: D.; EX.
- Prov.: Etienne Graf von Méjan.
- Bibliographien: Adams L 579; Cat. Ital. Books S. 413; Bibl. Aldina S. 85.
- Sign.: Ald. Ren. 158,20–1.2 [1. Ex.].

Nr. 733

Lettere volgari: LETTERE VOL-GARI DI ∥ DIVERSI NOBILIS-SIMI HVO= ∥ MINI, ET ECCELLEN-TISS. ∥ INGEGNI ... ∥ LIBRO SECON-DO. ∥. EST: [Lettere volgari; T. 2]. Hrsg.: (Antonio Manuzio). – (Venedig), 1553.
- Drucker: (Aldo [Manuzio I], Erben).
- Umfang: 117, [3] Bl.; 8°.
- Bogensign.: A⁸–P⁸.
- FP: n–ma fua= seal ClDi (3) 1553 (R).
- Buchschmuck: D.; EX.
- Prov.: Etienne Graf von Méjan.
- Bibliographien: Cat. Ital. Books S. 413; Bibl. Aldina S. 85.
- Sign.: Ald. Ren. 158,20–1.2 [1. Ex.].

Nr. 734

Lettere volgari: LETTERE VOL-GARI DI ∥ DIVERSI NOBILIS-SIMI HVO= ∥ MINI, ET ECCELLEN-TISS. ∥ INGEGNI ... ∥ LIBRO PRI-MO. ∥. EST: [Lettere volgari; T. 1]. Hrsg.: (Paolo Manuzio). – (Venedig), 1553.
- Drucker: (Aldo [Manuzio I], Erben).
- Umfang: 129, [7] Bl.; 8°.
- Bogensign.: A⁸–R⁸.
- FP: lao, laia soia uisc (3) 1553 (R).
- Buchschmuck: D.; EX.
- Prov.: Etienne Graf von Méjan.
- Bibliographien: Adams L 579; Cat. Ital. Books S. 413; Bibl. Aldina S. 85.
- Sign.: Ald. Ren. 158,20–1.2 [2. Ex.].

Nr. 735

Lettere volgari: LETTERE VOL-GARI DI ∥ DIVERSI NOBILIS-SIMI HVO= ∥ MINI, ET ECCELLEN-TISS. ∥ INGEGNI ... ∥ LIBRO SE-CONDO. ∥. EST: [Lettere volgari; T. 2]. Hrsg.: (Antonio Manuzio). – (Venedig), 1553.
- Drucker: (Aldo [Manuzio I], Erben).
- Umfang: 117, [3] Bl.; 8°.
- Bogensign.: A⁸–P⁸.
- FP: n–ma fua= seal ClDi (3) 1553 (R).
- Buchschmuck: D.; EX.
- Prov.: Etienne Graf von Méjan.
- Bibliographien: Cat. Ital. Books S. 413; Bibl. Aldina S. 85.
- Sign.: Ald. Ren. 158,20–1.2 [2. Ex.].

Nr. 736

Vico, Enea: OMNIVM CAESA-RVM ∥ VERISSIMAE IMAGINES EX ∥ ANTIQVIS NVMISMATIS ∥ DE-SVMPTAE ∥ ... LIBRI PRIMI, ∥ ... . Hrsg.: (Antonio Zantani). – 2. Aufl. – [Venedig], 1553.
- Drucker: [Paolo Manuzio].
- Umfang: [86] Bl.; 4°.
- Bogensign.: [70], A⁴–D⁴.
- FP: n–r– r,es isa– secu (C) 1553 (R).
- Buchschmuck: TK.; K.
- Prov.: Flattwell; Reinsdorp.
- Bibliographien: Adams V 632; Cat. Ital. Books S. 724.
- Sign.: Ald. Ren. 158,21.
- Abbildung: S. 166.

Nr. 737

Vico, Enea: OMNIVM CAESA-RVM ∥ VERISSIMAE IMAGINES EX ∥ ANTIQVIS NVMISMATIS ∥ DE-SVMPTAE ∥ ... LIBRI PRIMI, ∥ ... . Hrsg.: (Antonio Zantani). – 2. Aufl. – [Venedig], 1553.
- Drucker: [Paolo Manuzio].
- Umfang: [88] Bl.; 4°.
- FP: n–r– isa– t?io onid (C) 1553 (R).
- Buchschmuck: TK.; K.
- Prov.: Ch. Michel (?); Bruno Kaiser.
- Bibliographien: vgl. Ald. Ren. 158,21; Cat. Ital. Books S. 724; Adams V 632; Mortimer Ital. Nr. 557.
- Sign.: 19 ZZ 10542.

Nr. 738

Straccha, Benvenuto: ... De Mer-catvra, Sev Mercatore Tracta-tvs. – Venedig, ca. 1553.
- Drucker: Paolo Manuzio.
- Sign.: Ald. Ren. 265,28 Kraków.

1554

Nr. 739

Paulus <Aegineta>; <lat.>: ... OPERA. ∥ ... . Hrsg.: Giambat-tista Camozzi. Übers.: Johann Winter. Kommentator: Jacques Goupyl. – Venedig, 1554, (1553).
- Drucker: (Federico Torresano).
- Buchbinder: René Simier.
- Umfang: [34], 383 Bl.; 8°.
- Bogensign.: *⁸, aa⁸, bb⁸, cc¹⁰, A⁸–Z⁸, Aa⁸–Nn⁸, a⁸–m⁸.
- FP: u=e= olè, t.ru vetu (3) 1554 (R).
- Buchschmuck: D.; E.; EX.
- Prov.: Etienne Graf von Méjan.
- Bibliographien: vgl. Adams P 486; Cat. Ital. Books S. 494; Bibl. Aldina S. 84; vgl. Ebert 124.
- Sign.: Ald. Ren. 156,8.

Nr. 740

Johannes <Chrysostomus>; <ital.>: ... Libri tre della Proui-denza di ∥ Dio à Stargirio Monaco. ∥ TRATTATO DEL MEDESI- ∥ mo ... ∥ Epistola à Teodoro esortatoria alla penitenza. ∥ ... . EST: [Teilsamml., ital.]. Übers.: Cristofano Serarrig-hi. – Venedig, 1554.
- Drucker: (Federico Torresano).
- Umfang: 161, [1] Bl.; 8°.
- Bogensign.: A⁸–T⁸, V¹⁰.
- FP: lona ,&l– ree– fa&s (3) 1554 (R).
- Buchschmuck: D.; EX.
- Prov.: Etienne Graf von Méjan.
- Bibliographien: Adams C 1548; Cat. Ital. Books S. 359; Bibl. Aldina S. 86.
- Sign.: Ald. Ren. 158,1.

Nr. 741

Johannes <Damascenus>; <lat.>: ... ADVER- SVS SANCTARVM IMAGI- ∥ NVM OPPVGNATORES ∥ ORATIONES ∥ TRES, ∥ ... . Übers.: Pietro Francesco Zini. – Venedig, 1554.
- Drucker: [Paolo Manuzio].
- Buchbinder: René Simier.
- Umfang: 100 Bl.; 8°.
- Bogensign.: A⁸–M⁸, N⁴.
- FP: eiim ioi– i–cû pene (3) 1554 (R).
- Buchschmuck: D.; E.; EX.
- Prov.: Etienne Graf von Méjan.
- Bibliographien: Adams J 270; Cat. Ital. Books S. 359; Bibl. Aldina S. 86; Ebert 10794.
- Sign.: Ald. Ren. 158,2.

Nr. 742

Vantius, Sebastianus: TRAC-TATVS ∥ DE ∥ NVLLITATIBVS ∥ PROCESSVVM AC ∥ SENTENTI-ARVM ... . – (Venedig), (1554).
- Drucker: (Aldo [Manuzio I], Erben).
- Buchbinder: René Simier.
- Umfang: [8], 273, [53] Bl.; 8°.
- Bogensign.: +⁸, A⁸–Z⁸, AA⁸–KK⁸, LL¹⁰, AAA⁸–FFF⁸, GGG⁴.
- FP: m–io i=n– t.ad quad (3) 1554 (R).
- Buchschmuck: D.; E.; EX.
- Prov.: Etienne Graf von Méjan.
- Bibliographien: Adams V 244; Cat. Ital. Books S. 711; Bibl. Aldina S. 86.
- Sign.: Ald. Ren. 159,4.

Nr. 743

Fumus, Bartholomaeus: ... SVM-MA: quae AVREA ∥ ARMILIA ∥ inscribitur, ∥ CONTINENS BREVI-TER, ET ∥ strictim quaecunque in iure Canonico, et apud ∥ Theologos circa animarum curam diffuse ∥ dispersimqúe tractantur. ∥. – (Venedig), (1554).
- Drucker: (Aldo [Manuzio I], Erben).
- Buchbinder: René Simier.
- Umfang: [8], 468 [=488] Bl.; 8°.
- Bogensign.: +⁸, A⁸–Z⁸, AA⁸–ZZ⁸, AAA⁸–PPP⁸.
- FP: i=i– 5252 o–t, &adu (3) 1554 (R).
- Buchschmuck: H.; D.; E.; EX.
- Prov.: Etienne Graf von Méjan.
- Bibliographien: Adams F 1161; Cat. Ital. Books S. 283; Bibl. Aldina S. 86.
- Sign.: Ald. Ren. 159,5 EBD.

Nr. 744

Michael <Psellus>; <lat.>: ... IN PHYSICEN ∥ ARISTOTELIS COMMENTARII, ∥ ... . Übers.: Giambattista Camozzi. – Venedig, 1554.
- Drucker: (Federico Torresano).
- Umfang: [6], 81 Bl.; 2°.
- Bogensign.: +⁶, A⁶–N⁶, O⁴.
- FP: .2.2 iû29 sanæ cute (3) 1554 (R).
- Buchschmuck: D.; E.
- Bibliographien: Ald. Ren. 159,6; Adams P 2198; Cat. Ital. Books S. 542; Bibl. Aldina S. 86; Ebert 18203.
- Sign.: 1 an 4° Ald. Ren. 77,6 [2. Ex.].

Nr. 745

Michael <Psellus>; <lat.>: ... IN PHYSICEN ∥ ARISTOTELIS COMMENTARII, ∥ ... . Übers.: Giambattista Camozzi. – Venedig, 1554.
- Drucker: (Federico Torresano).
- Umfang: [6], 81 Bl.; 2°.
- Bogensign.: +⁶, A⁶–N⁶, O⁴.
- FP: .2.2 iû29 sanæ cute (3) 1554 (R).
- Buchschmuck: D.; E.; EX.
- Prov.: Jesuitenkolleg, Perugia; Etienne Graf von Méjan.
- Bibliographien: Adams P 2198; Cat. Ital. Books S. 542; Bibl. Aldina S. 86; Ebert 18203.
- Sign.: 4° Ald. Ren. 159,6.

Nr. 746

Michael <Psellus>; <lat.>: ... IN PHYSICEN ∥ ARISTOTELIS COMMENTARII, ∥ ... . Übers.: Giambattista Camozzi. – Venedig, 1554.
- Drucker: (Federico Torresano).
- Umfang: [6], 81 Bl.; 2°.
- Bogensign.: +⁶, A⁶–N⁶, O⁴.
- FP: .2.2 iû29 sanæ cute (3) 1554 (R).
- Buchschmuck: D.; EX.
- Prov.: Heinrich Friedrich von Diez.
- Bibliographien: Ald. Ren. 159,6; Adams P 2198; Cat. Ital. Books S. 542; Bibl. Aldina S. 86; Ebert 18203.
- Sign.: B. Diez 2° 318.

Nr. 747

Oribasius; <lat.>: ... SYNOP-SEOS AD EVSTATHIVM ∥ FILIVM LIBRI NOVEM: ∥ QVIBVS TOTA MEDICINA ∥ IN COMPEN-DIVM REDA- ∥ CTA CONTINEN-TVR: ∥ ... . Übers.: Giovanni Battista Rasario. – Venedig, (1554).
- Drucker: (Paolo Manuzio).
- Umfang: 216 Bl.; 8°.
- Bogensign.: A⁸–Z⁸, AA⁸–DD⁸.
- FP: a=io ,*ia t.os QVDe (3) 1554 (R).
- Buchschmuck: D.; E.; EX.
- Prov.: Etienne Graf von Méjan.
- Bibliographien: Adams O 272; Cat. Ital. Books S. 477; Bibl. Aldina S. 87;

Ebert 15202; Budapest O 127.
- Sign.: Ald. Ren. 159,7.

Nr. 748
Cataneo, Pietro: I QVATTRO PRIMI LIBRI ∥ DI ARCHITETTVRA ∥ ... . – (Venedig), (1554).
- Drucker: (Aldo [Manuzio I], Erben).
- Buchbinder: Luigi Lodigiani.
- Umfang: [2], 54, [2] Bl.; 2°.
- Bogensign.: ²,A⁴–O⁴.
- FP: i.en enc= n-me sust (3) 1554 (R).
- Buchschmuck: H.; D.; E.; EX.
- Prov.: Etienne Graf von Méjan.
- Bibliographien: Adams C 1024; Cat. Ital. Books S. 158; Ind. Aur. 133.948; Bibl. Aldina S. 87; Ebert 3709b.
- Sign.: 2° Ald. Ren. 159,8 [1. Ex.].

Nr. 749
Cataneo, Pietro: I QVATTRO PRIMI LIBRI ∥ DI ARCHITETTVRA ∥ ... . – (Venedig), (1554).
- Drucker: (Aldo [Manuzio I], Erben).
- Umfang: [2], 54, [2] Bl.; 2°.
- Bogensign.: ²,A⁴–O⁴.
- FP: i.en enc= n-me sust (3) 1554 (R).
- Buchschmuck: H.; D.; E.; KF.
- Bibliographien: Adams C 1024; Cat. Ital. Books S. 158; Ind. Aur. 133.948; Bibl. Aldina S. 87; Ebert 3709b.
- Sign.: 2° Ald. Ren. 159,8 [2. Ex.].

Nr. 750
Rapicio, Giovita: ... DE NVMERO ORATORIO ∥ LIBRI QVINQVE, ∥ ... Eiusdem paraphrasis in psalmos Dauidis, ∥ et quaedam carmina. ∥. – Venedig, 1554.
- Drucker: (Paolo Manuzio).
- Buchbinder: Luigi Lodigiani.
- Umfang: 56, 20 Bl.; 2°.
- Bogensign.: A²–Z², AA²–EE², A²–K².
- FP: o,i- a–en esia sune (3) 1554 (R).
- Buchschmuck: D.; E.; EX.
- Prov.: Etienne Graf von Méjan.
- Bibliographien: Adams R 160; Cat. Ital. Books S. 549; Bibl. Aldina S. 87.
- Sign.: 4° Ald. Ren. 159,9.

Nr. 751
Demosthenes; <griech.>: ... ORATIONVM ∥ PARS PRIMA: ∥ IN QVA DELIBERATIVAE ∥ sexdecim eius orationes, una cum exordiis ∥ deliberatiuis, et duae demon- ∥ stratiuae continentur. ∥. EST: [Opera; T. 1]. Hrsg.: Paolo Manuzio. – Venedig, 1554.
- Drucker: (Paolo Manuzio).
- Umfang: [8], 122, [2] Bl.; 8°.
- Bogensign.: *⁸, a⁸–p⁸, q⁴ [ii¹–ii⁴ aus T.2 zwischen Bogen * gebunden].
- FP: γω** α.ov α=*= φοKα (3) 1554 (R).
- Buchschmuck: D.; EX.
- Prov.: Etienne Graf von Méjan.
- Bibliographien: Adams D 264; Cat. Ital. Books S. 213; Ind. Aur. 151.312; Bibl. Aldina S. 87; Ebert 5940.
- Sign.: Ald. Ren. 160,10–1 [1. Ex.].

Nr. 752
Demosthenes; <griech.>: ... ORATIONVM ∥ PARS PRIMA: ∥ IN QVA DELIBERATIVAE ∥ sexdecim eius orationes, una cum exordiis ∥ deliberatiuis, et duae demon- ∥ stratiuae continentur. ∥. EST: [Opera; T. 1]. Hrsg.: Paolo Manuzio. – Venedig, 1554.
- Drucker: (Paolo Manuzio).
- Umfang: [8], 122, [2] Bl.; 8°.
- Bogensign.: *⁸, a⁸–p⁸, q⁴.
- FP: γω** α.ov α=*= φοKα (3) 1554 (R).
- Buchschmuck: D.; E.; EX.
- Prov.: Karl Ferdinand Friedrich von Nagler.
- Bibliographien: Adams D 264; Cat. Ital. Books S. 213; Ind. Aur. 151.312; Bibl. Aldina S. 87; Ebert 5940.
- Sign.: Ald. Ren. 160,10–1.2.3 [2. Ex.].

Nr. 753
Demosthenes; <griech.>: ... ORATIONVM ∥ PARS SECVNDA: ∥ IN QVA IVDICIALES NOVEM ∥ EIVS PVBLICAE ORATIONES ∥ CONTINENTVR. ∥. EST: [Opera; T. 2]. Hrsg.: Paolo Manuzio. – Venedig, 1554.
- Drucker: [Paolo Manuzio].
- Umfang: 248, [3] Bl.; 8°.
- Bogensign.: A⁸–Z⁸, aa⁸–hh⁸, ii⁴.
- FP: 4533 ω** * σισ τι** (3) 1554 (R).
- Buchschmuck: D.; E.; EX.
- Prov.: Karl Ferdinand Friedrich von Nagler.
- Bibliographien: Adams D 264; Cat. Ital. Books S. 213; Ind. Aur. 151.312; Bibl. Aldina S. 87; Ebert 5940.
- Sign.: Ald. Ren. 160,10–1.2.3 [2. Ex.].

Nr. 754
Demosthenes; <griech.>: ... ORATIONVM ∥ PARS TERTIA: ∥ QVAE IVDICIALES TRES, ET ∥ TRIGINTA PRIVATAS ∥ EIVS CONTINET ∥ ORATIONES. ∥. EST: [Opera; T. 3]. Hrsg.: Paolo Manuzio. – Venedig, 1554.
- Drucker: (Paolo Manuzio).
- Umfang: [2], 243 [=242], [2] Bl.; 8°.
- Bogensign.: *², A⁸–Z⁸, AA⁸–FF⁸, G⁸, H⁴.
- FP: 2313 α–ov σ.v= τ*σι (3) 1554 (R).
- Buchschmuck: D.; E.; EX.
- Prov.: Karl Ferdinand Friedrich von Nagler.
- Bibliographien: Adams D 264; Cat. Ital. Books S. 213; Ind. Aur. 151.312; Bibl. Aldina S. 87; Ebert 5940.
- Sign.: Ald. Ren. 160,10–1.2.3 [2. Ex.].

Nr. 755
Demosthenes; <griech.>: ... ORATIONVM ∥ PARS SECVNDA: ∥ IN QVA IVDICIALES NOVEM ∥ EIVS PVBLICAE ORATIONES ∥ CONTINENTVR. ∥. EST: [Opera; T. 2]. Hrsg.: Paolo Manuzio. – Venedig, 1554.
- Drucker: [Paolo Manuzio].
- Umfang: 248, [3] Bl.; 8°.
- Bogensign.: A⁸–Z⁸, aa⁸–hh⁸, ii⁴ [ii¹–ii⁴ in T. 1 zwischen Bogen * gebunden].
- FP: 4533 ω** * σισ τι** (3) 1554 (R).
- Buchschmuck: D.; EX.
- Prov.: Etienne Graf von Méjan.
- Bibliographien: Adams D 264; Cat. Ital. Books S. 213; Ind. Aur. 151.312; Bibl. Aldina S. 87; Ebert 5940.
- Sign.: Ald. Ren. 160,10–2 [1. Ex.].

Nr. 756
Demosthenes; <griech.>: ... ORATIONVM ∥ PARS TERTIA: ∥ QVAE IVDICIALES TRES, ET ∥ TRIGINTA PRIVATAS ∥ EIVS CONTINET ∥ ORATIONES. ∥. EST: [Opera; T. 3]. Hrsg.: Paolo Manuzio. – Venedig, 1554.
- Drucker: (Paolo Manuzio).
- Umfang: [2], 243 [=242], [2] Bl.; 8°.
- Bogensign.: *², A⁸–Z⁸, AA⁸–FF⁸, G⁸, H⁴.
- FP: 2313 α–ov σ.v= τ*σι (3) 1554 (R).
- Buchschmuck: D.; EX.
- Prov.: Etienne Graf von Méjan.
- Bibliographien: Adams D 264; Cat. Ital. Books S. 213; Ind. Aur. 151.312; Bibl. Aldina S. 87; Ebert 5940.
- Sign.: Ald. Ren. 160,10–3 [1. Ex.].

Nr. 757
Aeschines <Orator>; <ital.>: ... DVE ORATIONI, ∥ L'VNA ... ∥ CONTRA DI TESIFONTE, ∥ ... . EST: [Oratio in Ctesiphontem; ital.]. Beigef.: Demosthenes; <ital.>: ... ORATIONI, ∥ A' SVA DIFESA, ∥ (DI TESIFONTE.) ... . Übers.: [Girolamo Ferro?]. – Venedig, 1554.
- Drucker: (Aldo [Manuzio I], Erben).
- Buchbinder: René Simier.
- Umfang: 106 Bl.; 8°.
- Bogensign.: A⁸–N⁸, O².
- FP: o–na e,ei a–n– esdi (3) 1554 (R).
- Buchschmuck: D.; E.; EX.
- Prov.: Etienne Graf von Méjan.
- Bibliographien: Adams A 259; Ind. Aur. 100.898; Bibl. Aldina S. 87f; Ebert 175.
- Sign.: Ald. Ren. 160,11.

Nr. 758
Cicero, [Marcus Tullius]: RHETORICORVM ∥ AD C. HERENNIVM ∥ LIBRI IIII. ... ∥ De Inuentione libri II. ∥ Topica ad Trebatium, ∥ Oratoriae partitiones. ∥. EST: [Opera rhetorica; T. 1]. Hrsg.: Paolo Manuzio. – Venedig, 1554.
- Drucker: (Paolo Manuzio).
- Buchbinder: René Simier.
- Umfang: 184 Bl.; 8°.
- Bogensign.: A⁸–Z⁸.
- FP: e.em a–am A'st trar (3) 1554 (R).
- Buchschmuck: D.; E.; EX.
- Prov.: Etienne Graf von Méjan.
- Bibliographien: Adams C 1683; Cat. Ital. Books S. 176; Ind. Aur. 138.744; Bibl. Aldina S. 88; Ebert 4285.
- Sign.: Ald. Ren. 161,12–1 [1. Ex.].

Nr. 759
Cicero, [Marcus Tullius]: RHETORICORVM ∥ AD C. HERENNIVM ∥ LIBRI IIII. ... ∥ De Inuentione libri II. ∥ Topica ad Trebatium, ∥ Oratoriae partitiones. ∥. EST: [Opera rhetorica; T. 1]. Hrsg.: Paolo Manuzio. – Venedig, 1554.
- Drucker: (Paolo Manuzio).
- Umfang: 184 Bl.; 8°.
- Bogensign.: A⁸–Z⁸.
- FP: e.em a–am A'st trar (3) 1554 (R).
- Buchschmuck: D.; E.; KF.
- Prov.: I. F. M. B., 1564.
- Bibliographien: Adams C 1683; Cat. Ital. Books S. 176; Ind. Aur. 138.744; Bibl. Aldina S. 88; Ebert 4285.
- Sign.: Ald. Ren. 161,12–1 [2. Ex.].

Nr. 760
Cicero, [Marcus Tullius]: RHETORICORVM ∥ AD C. HERENNIVM ∥ LIBRI IIII. ... ∥ De Inuentione libri II. ∥ Topica ad Trebatium, ∥ Oratoriae partitiones. ∥. EST: [Opera rhetorica; T. 1]. Hrsg.: Paolo Manuzio. – Venedig, 1554.
- Drucker: (Paolo Manuzio).
- Buchbinder: François Bozérian.
- Umfang: 184 Bl.; 8°.
- Bogensign.: A⁸–Z⁸.
- FP: e.em a–am A'st trar (3) 1554 (R).
- Buchschmuck: D.; E.; EX.
- Prov.: Henricus Ireus Vtinus; Etienne Graf von Méjan.
- Bibliographien: Adams C 1683; Cat. Ital. Books S. 176; Ind. Aur. 138.744; Bibl. Aldina S. 88; Ebert 4285.
- Sign.: Ald. Ren. 161,12–1 [3. Ex.].
- Abbildung: S. 168.

Nr. 761
Cicero, [Marcus Tullius]: ... DE ORATORE LIBRI III. ∥ ORATOR, ∥ DE CLARIS ORATORIBVS. ∥. EST: [Opera rhetorica; T. 2]. Hrsg.: Paolo Manuzio. – Venedig, 1554.
- Drucker: (Paolo Manuzio).
- Buchbinder: René Simier.
- Umfang: 240 [=248] Bl.; 8°.
- Bogensign.: A⁸–Z⁸, AA⁸–HH⁸.
- FP: inr= cim= a,js orat (3) 1554 (R).
- Buchschmuck: D.; E.; EX.
- Prov.: Etienne Graf von Méjan.
- Bibliographien: Adams C 1683; Cat. Ital. Books S. 176; Ind. Aur. 138.744; Bibl. Aldina S. 88; Ebert 4285.
- Sign.: Ald. Ren. 161,12–2 [1. Ex.].

Nr. 762
Cicero, [Marcus Tullius]: ... DE ORATORE LIBRI III. ∥ ORATOR, ∥ DE CLARIS ORATORIBVS. ∥. EST: [Opera rhetorica; T. 2]. Hrsg.: Paolo Manuzio. – Venedig, 1554.
- Drucker: (Paolo Manuzio).
- Umfang: 240 [=248] Bl.; 8°.
- Bogensign.: A⁸–Z⁸, AA⁸–HH⁸.
- FP: inr= cim= a,js orat (3) 1554 (R).
- Buchschmuck: D.; E.; KF.
- Prov.: I. F. M. B., 1564.
- Bibliographien: Adams C 1683; Cat. Ital. Books S. 176; Ind. Aur. 138.744; Bibl. Aldina S. 88; Ebert 4285.
- Sign.: Ald. Ren. 161,12–2 [2. Ex.].

Nr. 763

Cicero, M[arcus] Tullius:
C... ORATIONVM ‖ PARS I. ‖ ... .
EST: [Orationes; T. 1]. Hrsg.: Paolo Manuzio. – Venedig, 1554.
- Drucker: (Paolo Manuzio).
- Buchbinder: René Simier (?).
- Umfang: [4], 323, [1] Bl.; 8°.
- Bogensign.: A^8–Z^8, AA^8–SS^8.
- FP: ase. ,ài= ume= sthu (3) 1554 (R).
- Buchschmuck: D.; E.; EX.
- Prov.: Etienne Graf von Méjan.
- Bibliographien: Adams C 1858; Cat. Ital. Books S. 180; Ind. Aur. 138.741; Bibl. Aldina S. 88; Ebert 4340.
- Sign.: Ald. Ren. 161,13–1.

Nr. 764

Cicero, M[arcus] Tullius:
C... ORATIONVM ‖ PARS II. ‖ ... .
EST: [Orationes; T. 2]. Hrsg.: Paolo Manuzio. – Venedig, 1554.
- Drucker: (Paolo Manuzio).
- Buchbinder: René Simier (?).
- Umfang: [3], 295 [=296], [1] Bl.; 8°.
- Bogensign.: aa^8–zz^8, Aa^8–Oo^8, Pp^4.
- FP: exi= isum m=æc caci (3) 1554 (R).
- Buchschmuck: D.; E.; EX.
- Prov.: Etienne Graf von Méjan.
- Bibliographien: Adams C 1858; Cat. Ital. Books S. 180; Ind. Aur. 138.741; Bibl. Aldina S. 88; Ebert 4340.
- Sign.: Ald. Ren. 161,13–2.

Nr. 765

Cicero, M[arcus] Tullius:
C... ORATIONVM ‖ PARS III. ‖ ... .
EST: [Orationes; T. 3]. Hrsg.: Paolo Manuzio. – Venedig, 1554.
- Drucker: (Paolo Manuzio).
- Buchbinder: René Simier (?).
- Umfang: [3], 291, [1] Bl.; 8°.
- Bogensign.: aaa^8–zzz^8, AAA^8–OOO^8.
- FP: æ=us mon= dai= trtr (3) 1554 (R).
- Buchschmuck: D.; E.; EX.
- Prov.: Etienne Graf von Méjan.
- Bibliographien: Adams C 1858; Cat. Ital. Books S. 180; Ind. Aur. 138.741; Bibl. Aldina S. 88; Ebert 4340.
- Sign.: Ald. Ren. 161,13–3.

Nr. 766

Cicero, [Marcus Tullius]; <ital.>:
C ORATIONE ... ‖ IN DIFE- ‖ SA DI MILONE, ‖ ... . EST: [Oratio pro Milone; ital.]. Übers.: Jacopo Bonfadio. – Venedig, 1554.
- Drucker: (Aldo [Manuzio I], Erben).
- Buchbinder: René Simier (?).
- Umfang: 38 Bl.; 8°.
- Bogensign.: A^8–D^8, E^6.
- FP: laa, i-e, c=no ilqu (3) 1554 (R).
- Buchschmuck: D.; E.; EX.
- Prov.: Etienne Graf von Méjan.
- Bibliographien: Adams C 1893; Cat. Ital. Books S. 180; Ind. Aur. 138.748; Bibl. Aldina S. 88; Ebert 4624.
- Sign.: Ald. Ren. 161,14.

Nr. 767

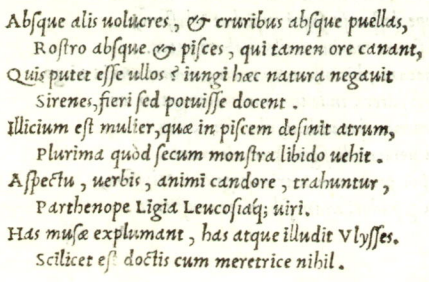

Cicero, M[arcus] Tullius: ... EPISTOLAE FAMILIARES. ‖ ... .
EST: [Epistolae ad familiares]. Beigef.: Paolo Manuzio: ... SCHOLIA, ‖ quibus harum epistolarum locos complures, ‖ ... interpretatur, ‖ ... . Hrsg.: Paolo Manuzio. – Venedig, 1554.
- Drucker: (Paolo Manuzio).
- Buchbinder: René Simier (?).
- Umfang: [3], 267, [46] Bl.; 8°.
- Bogensign.: A^8–Z^8, AA^8–QQ^8, RR^4.
- FP: maa= n=s; ueu= rome (3) 1554 (R).
- Buchschmuck: D.; E.; EX.
- Prov.: Etienne Graf von Méjan.
- Bibliographien: Ind. Aur. 138.746; Bibl. Aldina S. 88f.
- Sign.: Ald. Ren. 161,15.

Kat.-Nr. 597

Kat.-Nr. 615
Kolorierte Landkarte von Island
(Holzschnitt)

Nr. 768
Cicero, [Marcus Tullius]; <ital.>: LE EPISTOLE FAMIGLIARI ‖ … . EST: [Epistolae ad familiares; ital.]. Übers.: [Guido Loglio]. – (Venedig), 1554, (1555).
- Drucker: (Aldo [Manuzio I], Erben).
- Buchbinder: René Simier (?).
- Umfang: 319, [1] S.; 8°.
- Bogensign.: A⁸-Z⁸, AA⁸-RR⁸.
- FP: oneà heo= o,in mofo (3) 1555 (R).
- Buchschmuck: D.; E.; EX.
- Prov.: Etienne Graf von Méjan.
- Bibliographien: Adams C 1985; Cat. Ital. Books S. 179; Bibl. Aldina S. 89; Ind. Aur. 138.747.
- Sign.: Ald. Ren. 161,16.

Nr. 769
Cicero, M[arcus] Tullius: … EPISTOLAE AD ATTICVM, ‖ AD M. BRVTVM, ‖ AD QVINTVM ‖ FRATREM, ‖ … . Hrsg.: Paolo Manuzio. – Venedig, 1554, (1555).
- Drucker: (Paolo Manuzio).
- Buchbinder: René Simier (?).
- Umfang: [2], 333, [13] Bl.; 8°.
- Bogensign.: A⁸-Z⁸, AA⁸-VV⁸, XX⁴.
- FP: o=a= tuµ= umum list (3) 1555 (R).
- Buchschmuck: D.; E.; EX.
- Prov.: Etienne Graf von Méjan.
- Bibliographien: Adams C 1921; Cat. Ital. Books S. 177; Ind. Aur. 138.745; Bibl. Aldina S. 89.
- Sign.: Ald. Ren. 162,17.

Nr. 770
Sigonio, Carlo]: … ORATIO, HABITA IN FVNERE ‖ M. ANTONII TRIVISANI, ‖ … VENETIARVM PRINCIPIS. ‖ . Verf. in Vorlage: Bernardinus Lauredanus; [Pseud.]. – Venedig, 1554, (MENSE IVNIO.).
- Drucker: (Aldo [Manuzio I], Erben).
- Buchbinder: François Bozérian (?).
- Umfang: [17] Bl.; 4°.
- Bogensign.: A⁴-C⁴, D⁵.
- FP: uet. m,ed r-er mola (C) 1554 (R).
- Buchschmuck: D.; E.; EX.
- Prov.: Etienne Graf von Méjan.
- Bibliographien: Adams S 1126; Cat. Ital. Books S. 372; Bibl. Aldina S. 89.
- Sign.: Ald. Ren. 162,18.

Nr. 771
Catullus, [Gaius Valerius]: CATVLLVS. ‖ … . EST: [Elegiae]. Kommentator: M[arc]-Antoine Muret. – Venedig, 1554.
- Drucker: Paolo Manuzio.
- Buchbinder: François Bozérian (?).
- Umfang: [4], 134 [=136], [2] Bl.; 8°.
- Bogensign.: *⁴, A⁸-Q⁸, R¹⁰.
- FP: e=e, idet s,um rois (3) 1554 (R).
- Buchschmuck: D.; E.; EX.
- Prov.: Etienne Graf von Méjan.
- Bibliographien: Adams C 1145; Cat. Ital. Books S. 161; Ind. Aur. 134.473; Bibl. Aldina S. 89; Ebert 3758; Budapest C 481.
- Sign.: Ald. Ren. 162,19 [1. Ex.].

Nr. 772
Catullus, [Gaius Valerius]: CATVLLVS. ‖ … . EST: [Elegiae]. Kommentator: M[arc]-Antoine Muret. – Venedig, 1554.
- Drucker: Paolo Manuzio.
- Umfang: [4], 134 [=136], [2] Bl.; 8°.
- Bogensign.: *⁴, A⁸-Q⁸, R¹⁰.
- FP: e=e, idet s,um rois (3) 1554 (R).
- Buchschmuck: D.; KF.
- Bibliographien: Adams C 1145; Cat. Ital. Books S. 161; Ind. Aur. 134.473; Bibl. Aldina S. 89; Ebert 3758; Budapest C 481.
- Sign.: Ald. Ren. 162,19 [2. Ex.].

Nr. 773
Catullus, [Gaius Valerius]: CATVLLVS. ‖ … . EST: [Elegiae]. Kommentator: M[arc]-Antoine Muret. – Venedig, 1554.
- Drucker: Paolo Manuzio.
- Umfang: [4], 134 [=136], [2] Bl.; 8°.
- Bogensign.: *⁴, A⁸-Q⁸, R¹⁰.
- FP: e=e, idet s,um rois (3) 1554 (R).
- Buchschmuck: D.; EX.; HS.

- Prov.: Heinrich Christian Henninius; Abraham van Goorle; Heinrich Friedrich von Diez.
- Bibliographien: Adams C 1145; Cat. Ital. Books S. 161; Ind. Aur. 134.473; Bibl. Aldina S. 89; Ebert 3758; Budapest C 481; Ald. Ren. 162,19.
- Sign.: B. Diez c. n. mss. 8° 2483.

Nr. 774

Luisini, Francesco: ... IN LIBRVM ‖ Q. HORATII FLACCI ‖ DE ARTE POETICA ‖ COMMENTARIVS. ‖. – Venedig, 1554.
- Drucker: (Aldo [Manuzio I], Erben).
- Buchbinder: René Simier.
- Umfang: 86, [2] Bl.; 4°.
- Bogensign.: A⁴-Y⁴.
- FP: o-n= *σoc s,t. ueCr (3) 1554 (R).
- Buchschmuck: D.; E.; EX.
- Prov.: Etienne Graf von Méjan.
- Bibliographien: Adams H 975; Cat. Ital. Books S. 334; Bibl. Aldina S. 89.
- Sign.: Ald. Ren. 162,20.

Nr. 775

Parisetti, Lodovico: ... PAVSITHEA ‖ ... . – Venedig, 1554.
- Drucker: Aldo [Manuzio I], Erben.
- Umfang: 28, [2] Bl.; 8°.
- Bogensign.: A⁸-D⁸.
- FP: inu- seem ilt; SeVt (3) 1554 (R).
- Buchschmuck: D.
- Prov.: Reinwald.
- Bibliographien: Adams P 342; Bibl. Aldina S. 89.
- Sign.: Ald. Ren. 162,21.

Nr. 776

Medici, Lorenzo de': POESIE VOLGARI, ‖ ... Col commento del medesimo sopra alcuni de' suoi sonetti. ‖. – Venedig, 1554.
- Drucker: (Aldo [Manuzio I], Erben).
- Buchbinder: François Bozérian.
- Umfang: 205, [3] Bl.; 8°.
- Bogensign.: A⁸-Z⁸, AA⁸-CC⁸.
- FP: i.na a:gi e.a. TuMa (3) 1554 (R).
- Buchschmuck: D.; E.; EX.
- Prov.: Etienne Graf von Méjan.
- Bibliographien: Adams M 1005; Cat. Ital. Books S. 430; Bibl. Aldina S. 90; Ebert 13525.
- Sign.: Ald. Ren. 162,23.

Nr. 777

Lettere volgari: LETTERE VOLGARI ‖ DI DIVERSI NOBILISSIMI ‖ HVOMINI, ET ECCELLENTIS- ‖ SIMI INGEGNI ... ‖ LIBRO PRIMO. ‖. EST: [Lettere volgari; T. 1]. Hrsg.: (Paolo Manuzio). – Venedig, 1554.
- Drucker: (Aldo [Manuzio I], Erben).
- Umfang: 138, [5] Bl.; 8°.
- Bogensign.: A⁸-S⁸.
- FP: hee. miu- eton dete (3) 1554 (R).
- Buchschmuck: D.; EX.
- Prov.: Etienne Graf von Méjan.
- Bibliographien: Adams L 580; Bibl. Aldina S. 90.
- Sign.: Ald. Ren. 163,24–1.

Nr. 778

Vico, Enea: OMNIVM CAESARVM ‖ VERISSIMAE IMAGINES EX ‖ ANTIQVIS NVMISMATIS ‖ DESVMPTAE ‖ ... [LIBRI PRIMI.] ‖ ... . Hrsg.: (Antonio Zantani). 2. Aufl. – [Venedig], 1554.
- Drucker: [Paolo Manuzio].
- Buchbinder: François Bozérian.
- Umfang: [77] Bl.; 4°.
- Bogensign.: [61], A⁴-D⁴ [Titelbl.: Text teilweise ausradiert].
- Buchschmuck: TK.; K.; E.; EX.
- Prov.: Etienne Graf von Méjan.
- Bibliographien: Cat. Ital. Books S. 724; Bibl. Aldina S. 90.
- Sign.: Ald. Ren. 164,25 [1. Ex.].

Nr. 779

Vico, Enea: OMNIVM CAESARVM ‖ VERISSIMAE IMAGINES EX ‖ ANTIQVIS NVMISMATIS ‖ DESVMPTAE ‖ ... LIBRI PRIMI. ‖ ... . Hrsg.: (Antonio Zantani). – 2. Aufl. – [Venedig], 1554.
- Drucker: [Paolo Manuzio].
- Umfang: [76] Bl.; 4°.
- Bogensign.: [60], A⁴-D⁴.
- Buchschmuck: TK.; K.; EX.
- Prov.: Ezechiel von Spanheim.
- Bibliographien: Cat. Ital. Books S. 724; Bibl. Aldina S. 90.
- Sign.: Ald. Ren. 164,25 [2. Ex.].

Nr. 780

Oribasius; <lat.>: ... Collectorvm Medicinalium, libri XVII, qvi ex magno septvaginta librorum volvmine ad nostram aetatem soli peruenerunt Ioanne Baptista Rasario, medico, Nouariensi, interprete. – Venedig, ca. 1554.
- Drucker: Paolo Manuzio.
- Sign.: Ald. Ren. 265,32 Kraków.

Nr. 781

Egnazio, Giovanni Battista: ... de exemplis illustrium virorum Venetae ciuitatis, atque aliarum gentium. – Paris, 1554.
- Drucker: Bernard Turrisan.
- Sign.: Ald. Ren. 295,1 Kraków.

🌿 1555

Nr. 782

Campeggio, Tommaso: OPVS ‖ ... De Auctoritate, et Potestate Romani ‖ Pontificis, et alia opuscula, ‖ ... . – Venedig, 1555.
- Drucker: Paolo Manuzio.
- Buchbinder: François Bozérian (?).
- Umfang: [12], 223 Bl.; 8°.
- Bogensign.: *¹², A⁸-Z⁸, a⁸-e⁸.
- FP: a-i- m.m. u-t, pita (3) 1555 (R).
- Buchschmuck: D.; E.; EX.
- Prov.: Etienne Graf von Méjan.
- Bibliographien: Adams C 477; Cat. Ital. Books S. 142; Ind. Aur. 130.808; Bibl. Aldina S. 90; Budapest C 173.
- Sign.: Ald. Ren. 164,1.

Nr. 783

Longinus, Dionysius Cassius; <griech.>: ... DE SVBLIMI GENERE ‖ DICENDI. ‖ ... . EST: [De sublimitate; griech.]. Hrsg.: (Paolo Manuzio). – Venedig, 1555.
- Drucker: Paolo Manuzio.
- Umfang: 23, [1] Bl.; 4°.
- Bogensign.: α⁴-ζ⁴.
- FP: ω–σ– ησεσ γ-ιπ Ταει (3) 1555 (R).
- Buchschmuck: D.; E.; EX.
- Prov.: Etienne Graf von Méjan.
- Bibliographien: Adams L 1435; Cat. Ital. Books S. 392; Bibl. Aldina S. 91; Ebert 12202.
- Sign.: Ald. Ren. 164,2.

Nr. 784

Demosthenes; <ital.>: ORATIONE ‖ ... CONTRA LA LEGGE DI LEPTINE, ‖ la quale toglieua uia tutte ‖ l'esentioni. ‖ ... . EST: [Oratio adversus Leptinem; ital.]. Übers.: [Girolamo Ferro]. – Venedig, 1555.
- Drucker: [Paolo Manuzio].
- Umfang: 23 [=30], [1] Bl.; 8°.
- Bogensign.: a⁸-d⁸.
- FP: a-u- eal- i-n- etst (3) 1555 (R).
- Buchschmuck: D.; EX.
- Prov.: Etienne Graf von Méjan.
- Bibliographien: Adams D 291; Cat. Ital. Books S. 213; Ind. Aur. 151.314; Bibl. Aldina S. 91.
- Sign.: Ald. Ren. 164,3.

Nr. 785

Cicero, [Marcus Tullius]; <ital.>: ‖ LE PISTOLE ... ‖ ad Attico, ‖ ... . EST: [Epistolae ad Atticum; ital.]. Übers.: Matteo Senarega. – Venedig, 1555.
- Drucker: (Aldo [Manuzio I], Erben).
- Buchbinder: René Simier.
- Umfang: 399, [1] Bl.; 8°.
- Bogensign.: A⁸-Z⁸, a⁸-z⁸, aa⁸-dd⁸.
- FP: a.an sine i-u- sege (3) 1555 (R).
- Buchschmuck: D.; E.; EX.
- Prov.: Etienne Graf von Méjan.
- Bibliographien: Adams C 1996; Cat. Ital. Books S. 179; Ind. Aur. 138.785; Bibl. Aldina S. 91; Ebert 4631.
- Sign.: Ald. Ren. 164,4.

Nr. 786

Cicero, [Marcus Tullius]; <ital.>: ‖ LE PISTOLE ... ‖ ad Attico, ‖ ... . EST: [Epistolae ad Atticum; ital.]. Übers.: Matteo Senarega. – Venedig, 1555.
- Drucker: (Aldo [Manuzio I], Erben).
- Umfang: 399, [1] Bl.; 8°.
- Bogensign.: A⁸-Z⁸, a⁸-z⁸, aa⁸-dd⁸.
- FP: a.an sine i-u- sege (3) 1555 (R).
- Buchschmuck: D.; E.
- Prov.: Thomas Buccius.
- Bibliographien: Ald. Ren. 164,4; Adams C 1996; Cat. Ital. Books S. 179; Ind. Aur. 138.785; Bibl. Aldina S. 91; Ebert 4631.
- Sign.: Wq 5805 EBD.

Nr. 787

Cicero, M[arcus] Tullius: ... DE PHILOSOPHIA, ‖ PRIMA PARS. ‖ ... De finibus bonorum et malorum libri V. ‖ ... . EST: [Opera philosophica; T. 1]. Beigef.: M[arcus] Tullius Cicero: ... Tusculanarum quaestionum libri V. ‖ ... . Hrsg.: Paolo Manuzio. Kommentator: Paolo Manuzio. – Venedig, 1555, (1556).
- Drucker: (Paolo Manuzio).
- Buchbinder: René Simier (?).
- Umfang: [4], 251, [24] Bl.; 8°.
- Bogensign.: a⁸-z⁸, Aa⁸-Mm⁸.
- FP: e,te uso, utle Naid (3) 1556 (R).
- Buchschmuck: D.; E.; EX.
- Prov.: Etienne Graf von Méjan.
- Bibliographien: Adams C 1761; Cat. Ital. Books S. 176; Ind. Aur. 138.784; Bibl. Aldina S. 91; Ebert 4472; Budapest C 707.
- Sign.: Ald. Ren. 164,5–1.

Nr. 788

Cicero, M[arcus] Tullius: ... DE PHILOSOPHIA ‖ VOLVMEN SECVNDVM, ‖ De natura deorum, De diuinatione, De fato, ‖ ... . EST: [Opera philosophica; T. 2]. Hrsg.: Paolo Manuzio. Kommentator: Paolo Manuzio. – Venedig, 1555.
- Drucker: (Paolo Manuzio).
- Buchbinder: René Simier (?).
- Umfang: [2], 227, [34] Bl.; 8°.
- Bogensign.: A⁸-Z⁸, a⁸-i⁸, k⁷.
- FP: t.uæ s,tû r-t, ipuo (3) 1555 (R).
- Buchschmuck: D.; E.; EX.
- Prov.: Etienne Graf von Méjan.
- Bibliographien: Adams C 1761; Cat. Ital. Books S. 176; Ind. Aur. 138.784; Bibl. Aldina S. 91; Ebert 4472; Budapest C 707.
- Sign.: Ald. Ren. 164,5–2.

Nr. 789

Cicero, M[arcus] Tullius: ... DE PHILOSOPHIA, ‖ PRIMA PARS. ‖ ... De finibus bonorum et malorum libri V. ‖ ... . EST: [Opera philosophica; T. 1]. Beigef.: M[arcus] Tullius Cicero: ... Tusculanarum quaestionum libri V. ‖ ... . Hrsg.: Paolo Manuzio. Kommentator: Paolo Manuzio. – Venedig, 1555, (1556).
- Drucker: (Paolo Manuzio).
- Umfang: [4], 251, [24] Bl.; 8°.
- Bogensign.: a⁸-z⁸, Aa⁸-Mm⁸.
- FP: e,te uso, utle Naid (3) 1556 (R).
- Buchschmuck: D.
- Bibliographien: Ald. Ren. 164,5; Adams C 1761; Cat. Ital. Books S. 176; Ind. Aur. 138.784; Bibl. Aldina S. 91; Ebert 4472; Budapest C 707.
- Sign.: Wr 330ᵃ–1 RAR.

Nr. 790
Cicero, [Marcus Tullius]: ... DE OFFICIIS ‖ LIBRI TRES: ‖ CATO MAIOR, VEL DE SENECTVTE: ‖ LAELIVS, VEL DE AMICITIA ‖ ... . EST: [Opera philosophica,Teils.]. – (Venedig), 1555.
- Drucker: (Paolo Manuzio).
- Buchbinder: René Simier (?).
- Umfang: 127, [21] Bl.; 8°.
- Bogensign.: A⁸–S⁸, T⁴.
- FP: a,il l-s, i-n- ruop (3) 1555 (R).
- Buchschmuck: D.; E.; EX.
- Prov.: Etienne Graf von Méjan.
- Bibliographien: Adams C 1758; Cat. Ital. Books S. 176; Ind. Aur. 138.783; Bibl. Aldina S. 91; Ebert 4565.
- Sign.: Ald. Ren. 165,6.

Nr. 791
Cicero, [Marcus Tullius]: ... DE OFFICIIS ‖ LIBRI TRES: ‖ CATO MAIOR, VEL DE SENECTVTE: ‖ LAELIVS, VEL DE AMICITIA ‖ ... . EST: [Opera philosophica, Teils.]. – (Venedig), 1555.
- Drucker: (Paolo Manuzio).
- Umfang: 127, [21] Bl.; 8°.
- Bogensign.: A⁸–S⁸, T⁴.
- FP: a,il l-s, i-n- ruop (3) 1555 (R).
- Buchschmuck: D.; EX.
- Prov.: Johannes Leopoldus Magirus, 1692; E. W. B. (?); Ezechiel von Spanheim.
- Bibliographien: Ald. Ren. 165,6; Adams C 1758; Cat. Ital. Books S. 176; Ind. Aur. 138.783; Bibl. Aldina S. 91; Ebert 4565.
- Sign.: 1 an Ald. Ren. 177,6–1 [2. Ex.].

Nr. 792
Ragazzoni, Girolamo: ... IN ‖ epistolas Ciceronis ‖ familiares ‖ COMMENTARIVS: ‖ ... . – Venedig, 1555.
- Drucker: Paolo Manuzio.
- Buchbinder: François Bozérian (?).
- Umfang: [12], 86, [1] Bl.; 8°.
- Bogensign.: *⁸, **⁴, A⁸–K⁸, L⁷.
- FP: r-t, s9s9 i-D. tidi (3) 1555 (R).
- Buchschmuck: D.; E.; EX.
- Prov.: Etienne Graf von Méjan.
- Bibliographien: Adams R 27; Cat. Ital. Books S. 547; Bibl. Aldina S. 91.
- Sign.: Ald. Ren. 165,7.

Nr. 793
Sigonio, Carlo: ... Pro Eloquentia ‖ Orationes ‖ IIII. ‖. – Venedig, 1555.
- Drucker: [Paolo Manuzio].
- Umfang: [4], 32 Bl.; 4°.
- Bogensign.: a⁴, A⁴–H⁴.
- FP: s-e- e-li m-is quin (3) 1555 (R).
- Buchschmuck: D.; E.; EX.
- Prov.: Etienne Graf von Méjan.
- Bibliographien: Adams S 1130; Cat. Ital. Books S. 627; Bibl. Aldina S. 92.
- Sign.: Ald. Ren. 165,8.

Nr. 794
Muret, M[arc]-Antoine: ... ORATIONES TRES DE ‖ STVDIIS LITERARVM, ‖ VENETIIS HABITAE. ‖. – Venedig, 1555.
- Drucker: [Paolo Manuzio].
- Umfang: [20] Bl.; 4°.
- Bogensign.: ², A⁴–D⁴, E².
- FP: àmu- naus I.s. fino (C) 1555 (R).
- Buchschmuck: D.; E.; EX.
- Prov.: Etienne Graf von Méjan.
- Bibliographien: Adams M 1947; Bibl. Aldina S. 92; Ebert 14525.
- Sign.: Ald. Ren. 165,9.

Nr. 795
Theocritus; <lat.>: ... idyllia taliquot, ‖ ... . Beigef.: Moschus <Syracusanus>; <lat.>: ... idyllia ...; Bion <Smyrnaeus>; <lat.>: ... idyllia ...; Henri Estienne: ... carmina ... . Übers.: Henri Estienne. – Venedig, 1555.
- Drucker: [Paolo Manuzio].
- Umfang: [28] Bl.; 4°.
- Bogensign.: A⁴–G⁴.
- FP: s,m- m,s. a.s, VnAt (C) 1555 (R).
- Buchschmuck: D.; E.; EX.
- Prov.: Etienne Graf von Méjan.
- Bibliographien: Adams M 1839; Cat. Ital. Books S. 450; Bibl. Aldina S. 92.
- Sign.: Ald. Ren. 165,10.

Nr. 796
Horatius Flaccus, [Quintus]: HORATIVS. ‖ ... . EST: [Opera]. Beigef.: Aldo Pio Manuzio: ... de metris Horatianis. ‖ ... . Hrsg.: M[arc]-Antoine Muret. Kommentator: Aldo Pio Manuzio. – Venedig, 1555.
- Drucker: Paolo Manuzio.
- Buchbinder: Motet.
- Umfang: [8], 144, [36] Bl.; 8°.
- Bogensign.: *⁸, a⁸–y⁸, z⁴.
- FP: a-n- ist: e,da DeAr (3) 1555 (R).
- Buchschmuck: D.; E.; EX.
- Prov.: Etienne Graf von Méjan.
- Bibliographien: Adams H 899; Cat. Ital. Books S. 333; Bibl. Aldina S. 92; Ebert 10158.
- Sign.: Ald. Ren. 165,12.

Nr. 797
Terentius Afer, [Publius]: TERENTIVS, ‖ ... . EST: [Comoediae]. Beigef.: M[arc]-Antoine Muret: ... argumenta in singulas comoedias, et ‖ annotationes ... . Hrsg.: M[arc]-Antoine Muret. – Venedig, 1555.
- Drucker: Paolo Manuzio.
- Buchbinder: Motet.
- Umfang: [16], 152, 35, [1] Bl.; 8°.
- Bogensign.: a⁸, b⁸, A⁸–T⁸, a⁸–d⁸, e⁴.
- FP: umes isr. coet baAl (3) 1555 (R).
- Buchschmuck: D.; E.; EX.
- Prov.: Etienne Graf von Méjan.
- Bibliographien: Adams T 346; Cat. Ital. Books S. 664; Bibl. Aldina S. 92; Ebert 22489.
- Sign.: Ald. Ren. 166,13.

Nr. 798
Livius, T[itus]: ... historiarum ab urbe condita, ‖ LIBRI, QVI EXTANT, ‖ XXXV. ‖ ... . Beigef.: Carlo Sigonio: ... scholia ... (... QVIBVS T. LIVII PATAVINI HISTORIAE, ‖ ET EARVM EPITOME ... ‖ EXPLANANTVR. ‖ Eiusdem ... Chronologia ...). Hrsg.: Carlo Sigonio. – Venedig, 1555.
- Drucker: Paolo Manuzio.
- Buchbinder: Luigi Lodigiani.
- Umfang: [4], 478, 98, [40] Bl.; 2°.
- Bogensign.: A⁴, a⁸–z⁸, aa⁸–zz⁸, aaa⁸–nnn⁸, ooo⁶, A⁴–Z⁴, AA⁴, BB², a⁴–k⁴.
- FP: n–am obin m.,& ciru (3) 1555 (R).
- Buchschmuck: D.; E.; EX.
- Prov.: Etienne Graf von Méjan.
- Bibliographien: Adams L 1342; Cat. Ital. Books S. 390; Bibl. Aldina S. 92; Ebert 12095.
- Sign.: 4° Ald. Ren. 166,15.

Nr. 799
Sigonio, Carlo: REGVM, CONSVLVM, DICTA- ‖ TORVM, AC CENSORVM ROMANORVM ‖ FASTI ... ‖ Eiusdem de Nominibus Romanorum liber. ‖ Kalendarium uetus Romanum ... . EST: [Opera, Teils.]. Beigef.: Paolo Manuzio: ... de ueterum dierum ordine opinio ... . – Venedig, 1555.
- Drucker: Paolo Manuzio.
- Umfang: [34] Bl.; 2°.
- Bogensign.: A⁴, B²–Q².
- FP: V.t. //a. n,n. IdTi (C) 1555 (R).
- Buchschmuck: H.; D.; E.; EX.
- Prov.: Christoforus Guarinonus Veronensis; Etienne Graf von Méjan.
- Bibliographien: Adams S 1131; Cat. Ital. Books S. 626; Bibl. Aldina S. 92.
- Sign.: 4° Ald. Ren. 166,16.

Nr. 800
Cicero, Marcus Tullius; <ital.>: Le Pistole ... ad Attico, fatte volgari da M. Matteo Senarega. EST: [Epistolae ad Atticum; ital.]. – Venedig, ca. 1555.
- Drucker: Aldo Manuzio I, Erben.
- Sign.: Ald. Ren. 265,31 Kraków.

Nr. 801
Oribasius; <lat.>: ... collectorvm Medicinalium, libri XVII, Qvi ex magno septvaginta librorum volvmine ad nostram aetatem soli peruenerunt Ioanne Baptista Rasario, medico, Nouariensi, interprete. – Paris, 1555.
- Drucker: Bernard Turrisan.
- Sign.: Ald. Ren. 296,2 Kraków.

Nr. 802
Palladius <Helenopolitanus>; <lat.>: ... LAVSIA- ‖ ca quae dicitur historia, ‖ ... . Beigef.: Theodoretus <Cyrensis>; <lat.>: ... ΘΕΟΦΙΛΗΣ ID ‖ est religiosa historia ... . Übers.: Gentian Hervet. – Paris, 1555.
- Drucker: Bernard Turrisan.
- Umfang: [10] Bl., 477 S.; 4°.
- Bogensign.: a⁴, b⁶, A⁴–Z⁴, AA⁴–HH⁴, II², KK⁴–ZZ⁴, AAA⁴–NNN⁴, OOO⁶.
- FP: uii– 9469 m.nt siti (3) 1555 (A).
- Buchschmuck: D.; EX.
- Prov.: Etienne Graf von Méjan.
- Bibliographien: Adams P 102; Bibl. Aldina S. 163; Bibl. Palat. H 255-257.
- Sign.: Ald. Ren. 296,3.

Nr. 803
Carranza, Bartholomé: Summa Conciliorum et Pontificum à Petro, usque ad Iulium tertium, succincte complectens omnia quae alibi sparsim tradita sunt: ... . – Paris, 1555.
- Drucker: Bernard Turrisan.
- Sign.: Ald. Ren. 296,4 Kraków.

1556

Nr. 804
Athenagoras <Atheniensis>; <ital.>: ... della risurrettione de' morti, ‖ ... . Beigef.: Girolamo Falletti: ... oratione della natiuità ‖ di Christo ... . Übers.: Girolamo Falletti. – Venedig, 1556.
- Drucker: [Paolo Manuzio].
- Umfang: [4], LVI [=LX] Bl.; 4°.
- Bogensign.: A⁴–Q⁴.
- FP: mesa toam i-i- regl (3) 1556 (R).
- Buchschmuck: D.; E.; EX.
- Prov.: Etienne Graf von Méjan.
- Bibliographien: Adams A 2108; Cat. Ital. Books S. 60; Ind. Aur. 109.430; Bibl. Aldina S. 93; Ebert 1324.
- Sign.: Ald. Ren. 167,1.

Nr. 805
Athenagoras <Atheniensis>; <ital.>: ... della risurrettione de' morti, ‖ ... . Beigef.: Girolamo Falletti: ... oratione della natiuità ‖ di Christo ... . Übers.: Girolamo Falletti. – Venedig, 1556.
- Drucker: [Paolo Manuzio].
- Umfang: [4], LVI [=LX] Bl.; 4°.
- Bogensign.: A⁴–Q⁴.
- FP: mesa toam i-i- regl (3) 1556 (R).
- Buchschmuck: D.; EX.
- Prov.: Girolamo Faletti, 1563; Heinrich Friedrich von Diez.
- Bibliographien: Ald. Ren. 167,1; Adams A 2108; Cat. Ital. Books S. 60; Ind. Aur. 109.430; Bibl. Aldina S. 93; Ebert 1324.
- Sign.: 2 an B. Diez 4° 901.

Nr. 806
Colonna, Vittoria]: PIANTO ‖ ... sopra ‖ la passione di Christo. ‖ ORATIONE ‖ della medesima, sopra l'Aue Maria. ‖ ... . Verf. in Vorlage: Marchesa di Pescara. – Venedig, 1556.

GENERALIA STATVTA,

Siue Decreta Fratrum tertij ordinis sancti Francisci, de pœnitentia nuncupati, regularis obseruantiæ congregationis Longobardæ in habitu heremitico degentium.

CVM GRATIA, ET PRIVILEGIO ILLVSTRISSIMI SENATVS VENETI.

Kat.-Nr. 670
Darstellung des Heiligen Franciscus
(Holzschnitt)

Kat.-Nr. 675/677
*Deutscher Renaissance-Einband mit
blindgeprägter Platte*

- Drucker: [Paolo Manuzio].
- Umfang: 28 Bl.; 8°.
- Bogensign.: A⁸–C⁸, D⁴.
- FP: coe, o-li n.ia anse (3) 1556 (A).
- Buchschmuck: D.; E.; EX.
- Prov.: Etienne Graf von Méjan.
- Bibliographien: Ind. Aur. 143.192.
- Sign.: Ald. Ren. 167,2.

Nr. 807
Manuzio, Aldo: ELEGANZE DELLA ∥ LINGVA TOSCANA ∥ E LATINA, ∥ ... . – Venedig, 1556.
- Drucker: [Paolo Manuzio].
- Umfang: 73, [9] Bl.; 8°.
- Bogensign.: A⁸–I⁸, K¹⁰.
- FP: ont- t.o- ams. Siru (3) 1556 (A).
- Buchschmuck: D.; EX.
- Prov.: Etienne Graf von Méjan.
- Bibliographien: Ebert 12997.
- Sign.: Ald. Ren. 167,3.

Nr. 808
Manuzio, Paolo: ... IN ORATIONEM ∥ CICERONIS ∥ PRO P. SEXTIO ∥ commentarius. ∥. – Venedig, 1556.
- Drucker: (Paolo Manuzio).
- Umfang: 146, [2] Bl.; 8°.
- Bogensign.: a⁸–s⁸, t⁴.
- FP: boti t.i- umsi GAer (3) 1556 (R).
- Buchschmuck: D.; EX.
- Prov.: Etienne Graf von Méjan.
- Bibliographien: Adams C 1894; Cat. Ital. Books S. 180; Bibl. Aldina S. 93; Ebert 4373.
- Sign.: Ald. Ren. 168,4.

Nr. 809
Cicero, Marcus T[ullius]; <ital.>: C LE ∥ FILIPPICHE ∥ ... Contra Marco Antonio, ∥ ... . Übers.: Girolamo Ragazzoni. – (Venedig), (1556).
- Drucker: (Paolo Manuzio).
- Buchbinder: François Bozérian.
- Umfang: [4], 165, [2] Bl.; 4°.
- Bogensign.: a⁴, a⁴–z⁴, aa⁴–tt⁴.
- FP: e,do a–pa dir– detu (3) 1556 (R).
- Buchschmuck: D.; E.; EX.
- Prov.: Etienne Graf von Méjan.
- Bibliographien: Adams C 1887; Cat. Ital. Books S. 180; Ind. Aur. 138.835; Bibl. Aldina S. 93; Ebert 4622.
- Sign.: Ald. Ren. 168,5.

Nr. 810
Cicero, M[arcus] Tullius: ... EPISTOLAE FAMILIARES. ∥ ... . EST: [Epistolae ad familiares]. Beigef.: Paolo Manuzio: ... SCHOLIA, ∥ quibus harum epistolarum complures locos, ... ∥ ... in- ∥ terpretatur ... . Hrsg.: Paolo Manuzio. – Venedig, 1556.
- Drucker: (Paolo Manuzio).
- Buchbinder: François Bozérian (?).
- Umfang: [3], 267, [53] Bl.; 8°.
- Bogensign.: A⁸–Z⁸, AA⁸–RR⁸, SS⁴.
- FP: maa- n-s; ueu- rome (3) 1556 (R).
- Buchschmuck: D.; E.; EX.; HS.
- Prov.: Ludovicus Locatelli (?); Etienne Graf von Méjan.
- Bibliographien: Adams C 1957; Cat. Ital. Books S. 178; Ind. Aur. 138.833; Ebert 4421.
- Sign.: Ald. Ren. 168,6.

Nr. 811
Cicero, M[arcus] Tullius; <ital.>: C L' EPISTOLE ... ∥ SCRITTE A' MARCO ∥ BRVTO, ∥ ... . EST: [Epistolae ad Brutum; ital.]. Übers.: Ottaviano Maggi. – Venedig, 1556.
- Drucker: [Paolo Manuzio].
- Umfang: 55 S.; 8°.
- Bogensign.: A⁸–C⁸, D⁴.
- FP: i-,* oni= laua loso (3) 1556 (R).
- Buchschmuck: D.; E.; EX.
- Prov.: Etienne Graf von Méjan.
- Bibliographien: Adams C 1998; Cat. Ital. Books S. 179; Ind. Aur. 138.834; Bibl. Aldina S. 93; Ebert 4633.
- Sign.: Ald. Ren. 168,7.

Nr. 812
Taxaquet, Miguel Tomás: ... ORATIONES ∥ DVAE CIVILES: ∥ VNA DE TOTA IVRIS ∥ ratione; altera de ratione discendi Ius ciuile. ∥ ... . – Bologna, 1556.
- Drucker: Antonio Manuzio.
- Umfang: 79, [1] S., [4] Bl.; 4°.
- Bogensign.: A⁴–L⁴.
- FP: ise- ulDe usem stte (3) 1556 (R).
- Buchschmuck: D.; E.; EX.
- Prov.: Etienne Graf von Méjan.
- Bibliographien: Cat. Ital. Books Suppl. S. 77; Bibl. Aldina S. 93.
- Sign.: Ald. Ren. 168,8.

Nr. 813
Tomitano, Bernardino: ... CLONICVS, ∥ SIVE ∥ DE REGINALDI POLI, ∥ CARD. AMPLISS. ∥ LAVDIBVS. ∥. – Venedig, 1556.
- Drucker: [Paolo Manuzio].
- Umfang: 12 Bl.; 8°.
- Bogensign.: A⁸, B⁴.
- FP: usa- n,s, asr, roo, (3) 1556 (R).
- Buchschmuck: D.; E.; EX.
- Prov.: Etienne Graf von Méjan.
- Bibliographien: Adams T 792; Cat. Ital. Books S. 675; Bibl. Aldina S. 94.
- Sign.: Ald. Ren. 168,10.11.

Nr. 814
Tomitano, Bernardino: ... CORIDON, ∥ SIVE ∥ DE VENETORVM ∥ LAVDIBVS. ∥ (AD LAVRENTIVM PRIOLVM ∥ ...). – Venedig, 1556.
- Drucker: [Paolo Manuzio].
- Umfang: 16, [4] Bl.; 8°.
- Bogensign.: A⁸, B⁸, A⁴.
- FP: x-ij næis æ,es ViVi (3) 1556 (R).
- Buchschmuck: D.; E.; EX.
- Prov.: Etienne Graf von Méjan.
- Bibliographien: Adams T 793; Cat. Ital. Books S. 675; Bibl. Aldina S. 94.
- Sign.: Ald. Ren. 168,10.11.

Nr. 815
Sambigucci, Gavino: ... IN HERMATHENAM ∥ BOCCHIAM INTERPRETATIO ∥ ... . – Bologna, 1556, (XIIII Decembris).
- Drucker: Antonio Manuzio.
- Umfang: 141 [=161], [1] S., [1] Bl.; 4°.
- Bogensign.: A⁴–V⁴, X².
- FP: t.q; isin rom- micu (3) 1556 (R).
- Buchschmuck: K.; D.; E.; EX.
- Prov.: Etienne Graf von Méjan.
- Bibliographien: Cat. Ital. Books S. 601; Bibl. Aldina S. 94.
- Sign.: Ald. Ren. 169,12.

Nr. 816
Epistolae clarorum virorum: EPISTOLAE ∥ CLARORVM VIRORVM, ∥ SELECTAE DE QVAMPLVRIMIS ∥ optimae, ∥ ... . – Venedig, 1556.
- Drucker: Paolo Manuzio.
- Umfang: 129, [3] Bl.; 8°.
- Bogensign.: A⁸–Q⁸, R⁴.
- FP: uses i-ti made utui (3) 1556 (R).
- Buchschmuck: D.; E.; EX.
- Prov.: Etienne Graf von Méjan.
- Bibliographien: Adams E 275; Cat. Ital. Books S. 235; Bibl. Aldina S. 94; Ebert 6848.
- Sign.: Ald. Ren. 169,13.

Nr. 817
Lettere volgari: LETTERE VOLGARI ∥ DI DIVERSI NOBILISSIMI ∥ huomini, et eccellentissimi ingegni, ∥ ... LIBRO SECONDO. ∥. EST: [Lettere volgari; T. 2]. Hrsg.: (Antonio Manuzio). – (Venedig), 1556.
- Drucker: (Aldo [Manuzio I], Erben).
- Umfang: 117, [3] Bl.; 8°.
- Bogensign.: A⁸–P⁸.
- FP: o-te fua- seal ClDi (3) 1556 (R).
- Buchschmuck: D.; EX.
- Prov.: Etienne Graf von Méjan.
- Bibliographien: Adams L 589; Bibl. Aldina S. 94.
- Sign.: Ald. Ren. 169,14.

Nr. 818
Lettere volgari: LETTERE VOLGARI ∥ DI DIVERSI NOBILISSIMI ∥ huomini, et eccellentissimi ingegni, ∥ ... LIBRO SECONDO. ∥. EST: [Lettere volgari; T. 2]. Hrsg.: (Antonio Manuzio). – (Venedig), 1554, (1556).
- Drucker: (Aldo [Manuzio I], Erben).
- Umfang: 117, [3] Bl.; 8°.
- Bogensign.: A⁸–P⁸.
- FP: o-te fua- seal ClDi (3) 1556 (R).
- Buchschmuck: D.; EX.
- Prov.: Etienne Graf von Méjan.
- Bibliographien: Ald. Ren. 169,14; Adams L 589; Bibl. Aldina S. 90.
- Sign.: Ald. Ren. 163,24–2.

Nr. 819
Manuzio, Paolo: TRE LIBRI DI ∥ LETTERE VOLGARI ∥ ... . – Venedig, 1556.
- Drucker: [Paolo Manuzio].
- Umfang: 135, [1] Bl.; 8°.
- Bogensign.: A⁸–R⁸.
- FP: iuoi o.5. nola mimi (3) 1556 (R).
- Buchschmuck: D.; E.; EX.
- Prov.: Etienne Graf von Méjan.
- Bibliographien: Adams M 496; Cat. Ital. Books S. 413; Bibl. Aldina S. 94; Ebert 12989.
- Sign.: Ald. Ren. 169,15.

Nr. 820
Sigonio, Carlo: ... FASTI CONSVLARES, ∥ ac triumphi acti ∥ A' ROMVLO REGE VSQVE AD ∥ TI. CAESAREM. ∥ ... IN FASTOS, ET TRIVMPHOS, ∥ IDEST IN VNIVERSAM ROMANAM ∥ HISTORIAM COMMENTARIVS. ∥ ... de Nominibus Romanorum liber. ∥. EST: [Opera, Teils.]. – Venedig, 1556.
- Drucker: Paolo Manuzio.
- Buchbinder: Luigi Lodigiani.
- Umfang: 16, 169 [=165], [1] Bl.; 2°.
- Bogensign.: aa⁴–dd⁴, a⁴–z⁴, A⁴–S⁴, T² [2 Teile].
- FP: retê s.s. a.to SeSi (3) 1556 (R).
- Buchschmuck: H.; D.; E.; EX.
- Prov.: Etienne Graf von Méjan.
- Bibliographien: Adams S 1115; Cat. Ital. Books S. 626; Bibl. Aldina S. 94f; Budapest S 523.
- Sign.: 4° Ald. Ren. 169,16.

Nr. 821
Sigonio, Carlo: ... FASTI CONSVLARES, ∥ ac triumphi acti ∥ A' ROMVLO REGE VSQVE AD ∥ TI. CAESAREM. ∥ ... IN FASTOS, ET TRIVMPHOS, ∥ IDEST IN VNIVERSAM ROMANAM ∥ HISTORIAM COMMENTARIVS. ∥ ... de Nominibus Romanorum liber. ∥. EST: [Opera, Teils.]. – Venedig, 1556.
- Drucker: Paolo Manuzio.
- Umfang: 16, 169 [=165], [1] Bl.; 2°.
- Bogensign.: aa⁴–dd⁴, a⁴–z⁴, A⁴–S⁴, T² [2 Teile].
- FP: retê s.s. a.to SeSi (3) 1556 (R).
- Buchschmuck: H.; D.; E.
- Prov.: David Engler Wagrain.
- Bibliographien: Adams S 1115; Cat. Ital. Books S. 626; Bibl. Aldina S. 94f; Budapest S 523.
- Sign.: 4° Ald. Ren. 169,16ᵃ.

Nr. 822
Piccolomini, Arcangelo: ... in librum Galeni de humoribus, commentarij. ... . – Paris, 1556.
- Drucker: Bernard Turrisan.
- Sign.: Ald. Ren. 296,5 Kraków.

Nr. 823
Johannes Zacharias <Actuarius>; <lat.>: ... Opera. De actionibvs et spiritus animalis affectibus, eiusque nutritione Lib. II. De vrinis Lib. VII. Methodi medendi Lib. VI. ... . – Paris, 1556.
- Drucker: Bernard Turrisan.
- Sign.: Ald. Ren. 296,6 Kraków.

Kat.-Nr. 679/680

Nr. 824

Epistolae clarorum virorum: Epistolae clarorvm virorvm selectae de qvamplvrimis optimae. ... . – Paris, 1556.
- Drucker: Bernard Turrisan.
- Sign.: Ald. Ren. 296,7 Kraków.

🐚 1557

Nr. 825

Lacinius, Janus T.: PRETIOSA MARGARITA ‖ NOVELLA DE THESAVRO, ‖ AC PRETIOSISSIMO ‖ PHILOSOPHORVM ‖ LAPIDE. ‖ Artis huius diuinae Typus, et Methodus ... . Mitarb.: Arnoldus <de Villa Nova>; Raimundus [Lullus]; [Muhammad Ibn-Zakariya] ar-Razi; Albertus [Magnus]; Michael <Scotus>. – (Venedig), 1557, (1546).
- Drucker: [Giordano Ziletti]; (Aldo [Manuzio I], Erben).
- Umfang: [20], 202, [16] Bl.; 8°.
- Bogensign.: *⁸, **⁸, ***⁴, A⁸–Z⁸, AA⁸–CC⁸, DD¹⁰.
- FP: s.um ini= ntre ctco (3) 1557 (R).
- Buchschmuck: H.; D.; EX.
- Prov.: Etienne Graf von Méjan.
- Bibliographien: Budapest L 1.
- Sign.: Ald. Ren. 135,6ᵇ.

Nr. 826

Discussio theologica articuli: ARTICVLI ILLIVS ‖ AN PRAELATVS ECCLESIAE PRO ‖ usu spiritualis potestatis, ad quem ex officio tenetur, ‖ possit absqúe uitio simoniae à sponte dantibus ... ‖ aliquid accipere uel exigere. ‖ ... DISCVSSIO THEOLOGICA. ‖. EST: [Discussio theologica articuli]. Hrsg.: Julius Carrarius. – Bologna, 1557, (1556, vii Idus Aprilis.).
- Drucker: Antonio Manuzio.
- Umfang: 29 S.; 8°.
- Bogensign.: A⁴–C⁴, D³.
- FP: o.m, i-la i-am tean (3) 1557 (R).
- Buchschmuck: H.; D.; E.; EX.
- Prov.: Etienne Graf von Méjan.
- Sign.: Ald. Ren. 170,1.

Nr. 827

Odoni, Rinaldo: DISCORSO ‖ ... per uia Peripatetica, oue si dimostra, ‖ se l'anima, secondo Aristotele, ‖ è mortale, o immortale. ‖. – Venedig, 1557.
- Drucker: [Paolo Manuzio].
- Umfang: [4], XXXVI Bl.; 4°.
- Bogensign.: A⁴–K⁴.
- FP: oan– teim inn– cisi (3) 1557 (R).
- Buchschmuck: D.; E.; EX.
- Prov.: Etienne Graf von Méjan.
- Bibliographien: Adams O 82; Cat. Ital. Books S. 473; Bibl. Aldina S. 95.
- Sign.: Ald. Ren. 170,3.

Nr. 828

Manuzio, Paolo): DE GLI ELEMENTI, ‖ E DI MOLTI LORO ‖ NOTABILI EFFETTI. ‖. – Venedig, 1557.
- Drucker: [Paolo Manuzio].
- Umfang: XXXIIII Bl.; 4°.
- Bogensign.: A⁴–H⁴, I².
- FP: m–de sehe r–on gepo (3) 1557 (R).
- Buchschmuck: D.; E.; EX.
- Prov.: Etienne Graf von Méjan.
- Bibliographien: Adams M 470; Cat. Ital. Books S. 413; Bibl. Aldina S. 95; Ebert 12994.
- Sign.: Ald. Ren. 170,4.

Nr. 829

Laskaris, Konstantinos; <griech. u. lat.>: ... GRAMMATICAE ‖ COMPENDIVM. ‖ ... . Beigef.: (Johannes <Philoponus>; <griech. u. lat.>: DE GRAECARVM PROPRIETA- ‖ te linguarum, ex scriptis de arte ‖ ...); (Plutarchus; <griech. u. lat.>: ... DE DIALECTIS, ‖ quae apud Homerum. ‖ ...); ([Gregorius <Pardus>]; <griech. u. lat.>: DE DIALECTIS ...); (Cebes <Philosophus>; <griech. u. lat.>: ... TABVLA. ‖); (Aldo [Pio] Manuzio: ALPHABETVM GRAECVM. ‖ ...); (Pythagoras; <griech. u. lat.>: AVREA CARMINA ...); (Phocylides <Milesius>; <griech. u. lat.>: ... poema ad- ‖ monitorium. ‖); ([Urbano] Bolzanio: De uerbis in mi, ...). – Venedig, 1557.
- Drucker: Paolo Manuzio.
- Umfang: 464 Bl.; 8°.
- Bogensign.: a⁸–z⁸, aa⁸–zz⁸, Aaa⁸–Mmm⁸.
- FP: σ.σ. v,v. ι.η– *sna (3) 1557 (R).
- Buchschmuck: D.; EX.
- Prov.: Etienne Graf von Méjan.
- Bibliographien: Adams L 235; Cat.

Ital. Books S. 370; Bibl. Aldina S. 95; Ebert 11743.
- Sign.: Ald. Ren. 170,5.

Nr. 830

Bolzanio, Urbano: ... GRAMMATICAE INSTITVTIONES ‖ ad graecam linguam, ... – Venedig, 1557.
- Drucker: Paolo Manuzio.
- Umfang: 322 Bl.; 8°.
- Bogensign.: A⁸-Z⁸, Aa⁸-Qq⁸, Rr¹⁰.
- FP: 8.i– α:t. t.o, καδη (3) 1557 (R).
- Buchschmuck: D.; EX.
- Prov.: Etienne Graf von Méjan.
- Bibliographien: Adams B 2366; Cat. Ital. Books S. 117; Ind. Aur. 121.556; Bibl. Aldina S. 95; Ebert 23215; Budapest B 779.
- Sign.: Ald. Ren. 171,6.

Nr. 831

Linacre, Thomas: ... De emendata structura ‖ Latini sermonis ‖ libri sex, ‖ ... . – Venedig, 1557.
- Drucker: (Paolo Manuzio).
- Umfang: 212, [20] Bl.; 8°.
- Bogensign.: A⁸-Z⁸, Aa⁸-Cc⁸, DD⁸, B⁸, Ff⁸.
- FP: e-:∗ exut o.m- dete (3) 1557 (R).
- Buchschmuck: D.; EX.
- Prov.: Etienne Graf von Méjan.
- Bibliographien: Adams L 694; Cat. Ital. Books S. 378; Bibl. Aldina S. 96; Ebert 11992.
- Sign.: Ald. Ren. 171,7.

Nr. 832

Demosthenes; <ital.>: CINQVE ORATIONI ‖ ... . EST: [Opera, Teils.; ital.]. Beigef.: Aeschines <Orator>; <ital.>: (... CONTRO TESIFONTE. ‖). Übers.: [Girolamo Ferro?]. – Venedig, 1557.
- Drucker: [Paolo Manuzio].
- Umfang: 254, [1] Bl.; 8°.
- Bogensign.: A⁸-Z⁸, AA⁸-II⁸.
- FP: lare a-a- a.ti rid' (3) 1557 (R).
- Buchschmuck: D.; EX.
- Prov.: Etienne Graf von Méjan.
- Bibliographien: Adams D 276; Cat. Ital. Books S. 213; Ind. Aur. 151.318; Bibl. Aldina S. 96; Ebert 5963.
- Sign.: Ald. Ren. 171,8.

Nr. 833

Manuzio, Paolo: IN EPISTOLAS ‖ CICERONIS AD ATTICVM, ‖ ... COMMENTARIVS. ‖. – Venedig, 1557.
- Drucker: [Paolo Manuzio].
- Umfang: [4], 432 Bl.; 8°.
- Bogensign.: A⁸-Z⁸, AA⁸-XX⁸, YY⁸-ZZ⁸, AAA⁸-GGG⁸, HHH⁴ [XX⁸ doppelt].
- FP: uæa- s.um m]em epqu (3) 1557 (R).
- Buchschmuck: D.; E.; EX.
- Prov.: Friedrich Jacob Roloff.
- Bibliographien: Adams M 460; Cat. Ital. Books S. 413; Bibl. Aldina S. 96; Ebert 4464.
- Sign.: Ald. Ren. 171,9.

Nr. 834

Manuzio, Paolo: COMMENTARIVS ‖ ... IN EPISTOLAS M. TVLLII ‖ CICERONIS ‖ ad M. Iunium Brutum, et ad Q. ‖ Ciceronem fratrem. ‖. – Venedig, 1557.
- Drucker: [Paolo Manuzio].
- Umfang: [10], 144 Bl.; 8°.
- Bogensign.: A⁸, B², C⁸-V⁸.
- FP: àmuæ nta- a-u- reco (3) 1557 (R).
- Buchschmuck: D.; EX.
- Prov.: Etienne Graf von Méjan.
- Bibliographien: Adams M 465; Cat. Ital. Books S. 413; Bibl. Aldina S. 96; Ebert 4466.
- Sign.: Ald. Ren. 171,10.

Nr. 835

Cicero, [Marcus Tullius]; <ital.>: LE PISTOLE ... ‖ AD ‖ ATTICO, ‖ ... . EST: [Epistolae ad Atticum; ital.]. Übers.: Matteo Senarega. – Venedig, 1557.
- Drucker: [Aldo Manuzio I, Erben].
- Umfang: 399 Bl.; 8°.
- Bogensign.: A⁸-Z⁸, AA⁸-ZZ⁸, AAA⁸-DDD⁸.
- FP: elon e-ra i=u= sege (3) 1557 (R).
- Buchschmuck: D.; EX.
- Prov.: Etienne Graf von Méjan.
- Bibliographien: Adams C 1996; Cat. Ital. Books S. 179; Ind. Aur. 138.871; vgl. Ebert 4631.
- Sign.: Ald. Ren. 172,11.

Nr. 836

Grifoli, Jacopo: ... ORATIONES VARIAE VARIIS ‖ IN LOCIS HABITAE. ‖. – Venedig, 1557.
- Drucker: [Paolo Manuzio].
- Buchbinder: François Bozérian (?).
- Umfang: 147, [1] S.; 4°.
- Bogensign.: A⁴-S⁴, T².

Kat.-Nr. 679/680

LE RICCHEZZE
DELLA LINGVA VOLGARE DI
M. FRANCESCO, ALVNNO DA FERRARA
SOPRA IL BOCCACCIO NOVAMENTE RISTAMPATE,
ET CON DILIGENZA RICORRETTE, ET MOLTO AMPLIATE DALLO
isteſſo Autore. cõ le dechiarationi, regole, & oſſeruationi delle uoci, &
dell'altre particelle; & con le annotationi della uarietà de teſti an-
tichi, & moderni; & il tutto collocato a i luoghi loro ſecõdo l'or-
dine dell'Alphabeto: inſieme col Boccaccio, nel quale ſono
ſegnate le carte co i numeri corriſpondenti all'Opera
per piu commodità de ſtudioſi.

LE RICCHEZZE DELLA
LINGVA VOLGARE, DI
M. FRANCESCO ALVNNO

FRANCSCO ALVNNO

CON PRIVILEGII DI DIVERSI PRINCIPI.
IN VINEGIA, M. D. LI.

Ex Biblioth. Regia Berolinenſi.

Kat.-Nr. 689
Porträt des
Francesco Alunno
(1485–1556)
(Holzschnitt)

- FP: r-n- o-s- e-tû motu (3) 1557 (R).
- Buchschmuck: E.; EX.
- Prov.: Etienne Graf von Méjan.
- Bibliographien: Adams G 1256; Cat. Ital. Books S. 314; Bibl. Aldina S. 96.
- Sign.: Ald. Ren. 172,12.

Nr. 837

Falletti, Girolamo: ... DE BELLO SICAMBRICO ‖ LIBRI IIII. ‖ ET EIVSDEM ALIA POEMATA, ‖ LIBRI VIII. ‖. – Venedig, 1557.
- Drucker: [Paolo Manuzio].
- Buchbinder: François Bozérian.
- Umfang: [8], CXXXVII, [1] Bl.; 4°.
- Bogensign.: A⁴, a⁴, B⁴-Z⁴, AA⁴-MM⁴, NN².
- FP: x-i- m:om ess. SiEu (7) 1557 (R).
- Buchschmuck: D.; E.; EX.
- Prov.: Etienne Graf von Méjan.
- Bibliographien: Adams F 132; Cat. Ital. Books S. 242; Bibl. Aldina S. 96; Ebert 7326.
- Sign.: Ald. Ren. 172,13.

Nr. 838

Massolo, Pietro: SONETTI MORALI ‖ ... . – Bologna, 1557.
- Drucker: Antonio Manuzio.
- Buchbinder: Motet.
- Umfang: [116] Bl.; 8°.
- Bogensign.: *⁴, A⁸-O⁸.
- FP: lame e.li e.o, etet (C) 1557 (R).
- Buchschmuck: D.; E.; EX.
- Prov.: Etienne Graf von Méjan.
- Bibliographien: Adams M 865; Cat. Ital. Books S. 425.
- Sign.: Ald. Ren. 172,14.
- Abbildung: S. 169.

Nr. 839

Sigonio, Carlo: ... EMENDATIONVM ‖ LIBRI DVO. ‖ ... . – Venedig, 1557.
- Drucker: [Paolo Manuzio].
- Buchbinder: François Bozérian.
- Umfang: [12], 159 [=155] Bl.; 4°.
- Bogensign.: A⁴, a⁴, B⁴-Z⁴, Aa⁴-Ss⁴.
- FP: i-ue 37nc s,or nuri (3) 1557 (R).
- Buchschmuck: H.; D.; E.; EX.
- Prov.: Etienne Graf von Méjan.
- Bibliographien: Adams S 1114; Cat. Ital. Books S. 627; Bibl. Aldina S. 96.
- Sign.: Ald. Ren. 172,16.

Nr. 840

Sallustius Crispus, G[aius]: ... DE CONIVRATIONE CATILINAE, ‖ ET DE BELLO IVGVRTHINO. ‖ Eiusdem orationes quaedam ex libris ‖ historiarum. ‖ ... . EST: [Opera]. Beigef.: ([Marcus] Porcius Latro: ... DECLAMATIO CONTRA ‖ L. SERGIVM CATILINAM. ‖); (M[arcus] Tullius Cicero: ... IN SALVSTIVM ‖ ORATIO. ‖). Hrsg.: (Paolo Manuzio). – Venedig, 1557.
- Drucker: [Paolo Manuzio].
- Umfang: [8], 140, [8] Bl.; 8°.
- Bogensign.: A⁸-T⁸, V⁴.
- FP: r-n- o.i- mita bude (3) 1557 (R).
- Buchschmuck: D.; EX.
- Prov.: Etienne Graf von Méjan.
- Bibliographien: Cat. Ital. Books S. 599; Bibl. Aldina S. 97; Ebert 19991.
- Sign.: Ald. Ren. 172,17.

Nr. 841

Manuzio, Paolo: ANTIQVITATVM ‖ ROMANARVM ‖ ... LIBER DE LEGIBVS. ‖ ... . – Venedig, 1557.
- Drucker: [Paolo Manuzio].
- Buchbinder: Luigi Lodigiani (?).
- Umfang: [4], LXXX, [2] Bl.; 2°.
- Bogensign.: A⁴-X⁴, Y² [unvollst.: A⁴ fehlt; B² u. B³ vertauscht gebunden].
- FP: x-u- s,re sea- stpr (3) 1557 (R).
- Buchschmuck: D.; E.; EX.
- Prov.: Etienne Graf von Méjan.
- Bibliographien: Adams M 473; Bibl. Aldina S. 97; Ebert 12990.
- Sign.: 4° Ald. Ren. 172,18 [1. Ex.].
- Abbildung: S. 170.

Nr. 842

Manuzio, Paolo: ANTIQVITATVM ‖ ROMANARVM ‖ ... LIBER DE LEGIBVS. ‖ ... . – Venedig, 1557.
- Drucker: [Paolo Manuzio].
- Umfang: [4], LXXX, [2] Bl.; 2°.
- Bogensign.: A⁴-X⁴, Y² [unvollst.: A⁴ fehlt].
- FP: mia- s,e- sea- stpr (3) 1557 (R).
- Buchschmuck: D.; E.; EX.
- Prov.: Etienne Graf von Méjan.
- Bibliographien: Adams M 474; Bibl. Aldina S. 97; Ebert 12990.
- Sign.: 4° Ald. Ren. 172,18 [2. Ex.].

Nr. 843
Manuzio, Paolo: ANTIQVITATVM ‖ ROMANARVM ‖ ... LIBER DE LEGIBVS. ‖ ... . – Venedig, 1557.
- Drucker: [Paolo Manuzio].
- Umfang: [4], LXXX, [2] Bl.; 2°.
- Bogensign.: A⁴–X⁴, Y² [unvollst.: A⁴ fehlt].
- FP: x-u– s,re sea– stpr (3) 1557 (R).
- Buchschmuck: D.
- Bibliographien: Ald. Ren. 172,18; Adams M 473; Bibl. Aldina S. 97; Ebert 12990.
- Sign.: 4° Ga 1674 RAR.

Nr. 844
Al molto magnifico: AL MOLTO MAG.ᶜᵒ ‖ M. CAMILLO VEZZATO ‖ AMICO NOSTRO CAR.ᵐᵒ ET HON.ᵐᵒ. Hrsg.: Academia Veneta. (1557).
- Buchbinder: François Bozérian.
- Umfang: [2] Bl.; 4°.
- Bogensign.: ².
- Buchschmuck: E.; EX.
- Prov.: Etienne Graf von Méjan.
- Bibliographien: Ald. Ren. 277,29.
- Sign.: Ald. Ren. 267 Nr. 8.

Nr. 845
Instrumento tra alcuni: INSTRVMENTO ‖ TRA ALCVNI ACADEMICI, ‖ ET MINISTRI INTERRESALI. ‖. Hrsg.: Academia Veneta. – (1557).
- Buchbinder: François Bozérian.
- Umfang: [5] Bl.; 4°.
- Bogensign.: ⁶.
- FP: e.ui n-si iáa. t-lo (C) 1557 (A).
- Buchschmuck: E.; EX.
- Prov.: Etienne Graf von Méjan.
- Bibliographien: Ald. Ren. 277,32.
- Sign.: Ald. Ren. 267 Nr. 11.

Nr. 846
Ricci, Bartolomeo: ... de Imitatione libri tres, ... – Paris, 1557.
- Drucker: Bernard Turrisan.
- Sign.: Ald. Ren. 297,8 Kraków.

Nr. 847
Manuzio, Paolo: Antiqvitatvm Romanarvm ... liber de Legibvs. ... . – Paris, 1557.
- Drucker: Bernard Turrisan.
- Sign.: Ald. Ren. 297,9 Kraków.

Nr. 848
Vergara, Francisco: ... de graecae lingvae, grammatica, lib. V. Adiecta sunt per auctorem tribus medijs Scholia non paenitenda. Item admonitio de operis ordine, simulque de eius perdiscendi modo, et de Graecanici studij ratione. ... . – Paris, 1557.
- Drucker: Guillaume Morel; Bernard Turrisan.
- Sign.: Ald. Ren. 297,10 Kraków.

1558

Nr. 849
Pacinus, Jacobus: DE TENVIS HVMORIS ‖ FEBREM FACIENTE ANTE ‖ purgationem per artem ‖ incrassatione, ‖ ... . – Venedig, 1558.
- Drucker: (Paolo Manuzio).
- Umfang: [8], 267, [1] Bl.; 8°.
- Bogensign.: a⁸, A⁸–Z⁸, Aa⁸–Ii⁸, kk⁸, Ll⁴.
- FP: exn– σ.a, o-a– dusc (3) 1558 (R).
- Buchschmuck: D.; EX.
- Prov.: Etienne Graf von Méjan.
- Bibliographien: Adams P 6; Cat. Ital. Books S. 483; Bibl. Aldina S. 97.
- Sign.: Ald. Ren. 173,2.

Nr. 850
Archimedes; <lat.>: ... OPERA NON NVLLA ‖ ... . Beigef.: Federico Commandino; (Eutocius <Ascalonius>): (COMMENTARII ‖ IN OPERA NON NVLLA ‖ ARCHIMEDIS. ‖). Übers.: Federico Commandino. – Venedig, 1558.
- Drucker: Paolo Manuzio.
- Buchbinder: Luigi Lodigiani.
- Umfang: [4], 55, [3], 63, [1] Bl.; 2°.
- Bogensign.: *⁴, a⁴, B⁴–O⁴, a², b⁴–r⁴ [2 Teile].
- FP: aco– ete– umo. spdi (3) 1558 (R).
- Buchschmuck: H.; D.; E.; EX.
- Prov.: Etienne Graf von Méjan.
- Bibliographien: Adams A 1532; Cat. Ital. Books S. 36; Ind. Aur. 106.870; Ebert 922.
- Sign.: 4° Ald. Ren. 173,3 [1. Ex.].
- Abbildung: S. 171.

Kat.-Nr. 682

Nr. 851

Archimedes; <lat.>: ... OPERA NON NVLLA ∥ ... . Beigef.: Federico Commandino; (Eutocius <Ascalonius>): (COMMENTARII IN OPERA NON NVLLA ∥ ARCHIMEDIS. ∥). Übers.: Federico Commandino. – Venedig, 1558.
- Drucker: Paolo Manuzio.
- Umfang: [4], 55, [3], 63, [1] Bl.; 2°.
- Bogensign.: *⁴, a⁴, B⁴-O⁴, a², b⁴-r⁴ [2 Teile].
- FP: aco- ete- umo. spdi (3) 1558 (R).
- Buchschmuck: H.; D.
- Prov.: Mich. Richey, 1727; J.G. Tralles, 1782.
- Bibliographien: Adams A 1532; Cat. Ital. Books S. 36; Ind. Aur. 106.870; Ebert 922.
- Sign.: 4° Ald. Ren. 173,3 [2. Ex.].

Nr. 852

Ptolemaeus, Claudius; <lat.>: ... PLANISPHAERIVM. ∥ ... . Beigef.: Iordanus <Nemomarius>: ... PLANISPHAERIVM. ∥ ...; Federico Commandino: ... IN PTOLEMAEI ∥ PLANISPHAERIVM ∥ COMMENTARIVS. ∥ ... . Übers.: Federico Commandino. – Venedig, 1558.
- Drucker: [Paolo Manuzio].
- Umfang: [4], 37, [1], 28 Bl.; 4°.
- Bogensign.: A⁴-K⁴, L², a⁴-g⁴.
- FP: i-me cuat eaio deac (3) 1558 (R).
- Buchschmuck: H.; D.; E.; EX.
- Prov.: Etienne Graf von Méjan.
- Bibliographien: Adams P 2242; Cat. Ital. Books S. 543; Bibl. Aldina S. 98; Ebert 18249.
- Sign.: Ald. Ren. 173,4 [1. Ex.].

Nr. 853

Ptolemaeus, Claudius; <lat.>: ... PLANISPHAERIVM. ∥ ... . Beigef.: Iordanus <Nemomarius>: ... PLANISPHAERIVM. ∥ ...; Federico Commandino: ... IN PTOLEMAEI ∥ PLANISPHAERIVM ∥ COMMENTARIVS. ∥ ... . Übers.: Federico Commandino. – Venedig, 1558.
- Drucker: [Paolo Manuzio].
- Umfang: [4], 37, [1], 28 Bl.; 4°.
- Bogensign.: A⁴-K⁴, L², a⁴-g⁴.
- FP: i-me cuat eaio deac (3) 1558 (R).
- Buchschmuck: H.; D.; EX.
- Prov.: Ezechiel von Spanheim.
- Bibliographien: Adams P 2242; Cat. Ital. Books S. 543; Bibl. Aldina S. 98; Ebert 18249.
- Sign.: Ald. Ren. 173,4 [2. Ex.].

Nr. 854

Ptolemaeus, Claudius; <lat.>: ... PLANISPHAERIVM. ∥ ... . Beigef.: Iordanus <Nemomarius>: ... PLANISPHAERIVM. ∥ ...; Federico Commandino: ... IN PTOLEMAEI ∥ PLANISPHAERIVM ∥ COMMENTARIVS. ∥ ... . Übers.: Federico Commandino. – Venedig, 1558.
- Drucker: [Paolo Manuzio].
- Buchbinder: Jakob Krause.
- Umfang: [4], 37, [1], 28 Bl.; 4°.
- Bogensign.: A⁴-K⁴, L², a⁴-g⁴.
- FP: i-me cuat eaio deac (3) 1558 (R).
- Buchschmuck: H.; D.; E.; KF.; HS.
- Prov.: August Kurfürst von Sachsen, 1569; V. E., 1569; Faust, 1642; Adam Thilo, 1642.
- Bibliographien: Adams P 2242; Cat. Ital. Books S. 543; Bibl. Aldina S. 98; Ebert 18249.
- Sign.: Ald. Ren. 173,4 EBD.
- Abbildungen: S. 172, 175.

Nr. 855

Manuzio, Aldo Pio: ... grammaticarum institutionum ∥ libri IIII. ∥ . – Venedig, 1558.
- Drucker: Paolo Manuzio.
- Umfang: 218 Bl.; 8°.
- Bogensign.: A⁸-Z⁸, Aa⁸-Cc⁸, Dd¹⁰.
- FP: n-e, ræω. n-e- niQu (3) 1558 (R).
- Buchschmuck: D.; EX.
- Prov.: G. G.; Etienne Graf von Méjan.
- Bibliographien: Adams M 431; Bibl. Aldina S. 98; Ebert 12985.
- Sign.: Ald. Ren. 173,5.

Nr. 856

Manuzio, Aldo: ELEGANZE, ∥ INSIEME CON LA COPIA, ∥ DELLA LINGVA TO- ∥ SCANA E LATINA, ∥ ... . – Venedig, 1558.
- Drucker: [Paolo Manuzio].
- Umfang: [191] Bl.; 8°.
- Bogensign.: +⁸, A⁸-N⁸, E⁸, F⁸, P⁸-Y⁸.
- FP: noan e.o. uæa- grno (C) 1558 (R).
- Buchschmuck: D.; HS.
- Prov.: Julius Cliuonius.
- Bibliographien: Adams E 100; Cat. Ital. Books S. 412; Bibl. Aldina S. 98; Ebert 12997.
- Sign.: Ald. Ren. 173,6 [1. Ex.].

Nr. 857

Manuzio, Aldo: ELEGANZE, ∥ INSIEME CON LA COPIA, ∥ DELLA LINGVA TO- ∥ SCANA E LATINA, ∥ ... . – Venedig, 1558.
- Drucker: [Paolo Manuzio].
- Buchbinder: René Simier.
- Umfang: [191] Bl.; 8°.
- Bogensign.: +⁸, A⁸-N⁸, E⁸, F⁸, P⁸-Y⁸.
- FP: noan e.o. uæa- grno (C) 1558 (R).
- Buchschmuck: D.; E.; EX.
- Prov.: Etienne Graf von Méjan.
- Bibliographien: Adams E 100; Cat. Ital. Books S. 412; Bibl. Aldina S. 98; Ebert 12997.
- Sign.: Ald. Ren. 173,6 [2. Ex.].

Nr. 858

Calepino, Ambrogio; <polygl.>: ... DICTIONARIVM, ∥ IN QVO RESTITVENDO, ATQVE EXOR- ∥ nando haec praestitimus. ∥ PRIMVM, ∥ ... . Beigef.: Ambrogio Calepino; <polygl.>: ... DICTIONARIVM, ∥ ... (SECVNDA PARS ∥ ...). Hrsg.: Paolo Manuzio. Kommentator: Paolo Manuzio. – Venedig, 1558.
- Drucker: Paolo Manuzio.
- Umfang: 232, 254, [2] Bl.; 2°.
- Bogensign.: A⁸-Z⁸, AA⁸-FF⁸, a⁸-z⁸, aa⁸-ff⁸, gg⁴-mm⁴.
- FP: e-t- udd. e-o- ciAe (3) 1558 (R).
- Buchschmuck: H.; D.; EX.
- Prov.: Etienne Graf von Méjan.
- Bibliographien: Ind. Aur. 129.460; Bibl. Aldina S. 98.
- Sign.: 4° Ald. Ren. 173,7.

Nr. 859

Sigonio, Carlo]: ... IN M. TVLLII ∥ CICERONIS ∥ ORATIONES DE LEGE AGRARIA ∥ CONTRA P. SERVILIVM RVLLVM ∥ TRIBVNVM PL. ∥ COMMENTARIVS. ∥. Verf. in Vorlage: Bernardinus Lauredanus; [Pseud.]. – Venedig, 1558, mense Iunio.
- Drucker: Paolo Manuzio.
- Buchbinder: François Bozérian.
- Umfang: 297, [1] S., [1] Bl.; 4°.
- Bogensign.: A⁴-Z⁴, AA⁴-OO⁴, PP².
- FP: i-o- e-ra a.em mebe (3) 1558 (R).
- Buchschmuck: D.; E.; EX.
- Prov.: Etienne Graf von Méjan.
- Bibliographien: Adams C 1877; Cat. Ital. Books S. 180; Bibl. Aldina S. 98; Ebert 4361.
- Sign.: Ald. Ren. 174,8.

Nr. 860

Sigonio, Carlo]: ... IN M. TVLLII ∥ CICERONIS ∥ ORATIONES DE LEGE AGRARIA ∥ CONTRA P. SERVILIVM RVLLVM ∥ TRIBVNVM PL. ∥ COMMENTARIVS. ∥. Verf. in Vorlage: Bernardinus Lauredanus; [Pseud.]. – Venedig, 1558, mense Iunio.
- Drucker: Paolo Manuzio.
- Umfang: 297, [1] S., [1] Bl.; 4°.
- Bogensign.: A⁴-Z⁴, AA⁴-OO⁴, PP².
- FP: i-o- e-ra a.em mebe (3) 1558 (R).
- Buchschmuck: D.; EX.
- Prov.: Heinrich Friedrich von Diez.
- Bibliographien: Ald. Ren. 174,8; Adams C 1877; Cat. Ital. Books S. 180; Bibl. Aldina S. 98; Ebert 4361.
- Sign.: B. Diez 4° 1343.

Nr. 861

Cicero, M[arcus] Tullius: ... EPISTOLAE AD ATTICVM, ∥ AD M. BRVTVM, ∥ AD QVINCTVM ∥ FRATREM, ∥ ... . Beigef.: (Cornelius Nepos: T. POMPONII ATTICI VITA ∥ ...). Hrsg.: Paolo Manuzio. – Venedig, 1558, (1559).
- Drucker: (Paolo Manuzio).
- Umfang: [4], 332, [16] Bl.; 8°.
- Bogensign.: A⁸-Z⁸, AA⁸-XX⁸.
- FP: r.co nee= umum list (3) 1559 (R).
- Buchschmuck: D.; EX.
- Prov.: Etienne Graf von Méjan.
- Bibliographien: Cat. Ital. Books S. 177; Ind. Aur. 138.906; Bibl. Aldina S. 99.
- Sign.: Ald. Ren. 174,9.

Nr. 862

Falletti, Girolamo: ORATIONES XII. ∥ ... . – Venedig, 1558.
- Drucker: [Paolo Manuzio].
- Umfang: 97, [13] Bl.; 2°.
- Bogensign.: A⁴-Z⁴, Aa⁴, Bb²-Hh².
- FP: t,mi asu- mac- tidi (3) 1558 (R).
- Buchschmuck: D.; E.; EX.
- Prov.: Etienne Graf von Méjan.
- Bibliographien: Adams F 131; Cat. Ital. Books S. 242; Bibl. Aldina S. 99.
- Sign.: 4° Ald. Ren. 174,10.

Nr. 863

Falletti, Girolamo: ORATIONES XII. ∥ ... . – Venedig, 1558.
- Drucker: [Paolo Manuzio].
- Umfang: 97, [13] Bl.; 2°.
- Bogensign.: A⁴-Z⁴, Aa⁴, Bb²-Hh² [unvollst.: Bb² fehlt].
- FP: t,mi asu- mac- tidi (3) 1558 (R).
- Buchschmuck: D.
- Bibliographien: Ald. Ren. 174,10; Adams F 131; Cat. Ital. Books S. 242; Bibl. Aldina S. 99.
- Sign.: 4° Xg 11040 RAR.

Nr. 864

Catullus, [Gaius Valerius]: CATVLLVS, ∥ ... TIBVLLVS, ET PROPERTIVS. ∥. EST: [Elegiae]. Beigef.: [Albius] Tibullus: [Elegiae]; [Sextus] Propertius: [Elegiae]. Hrsg.: M[arc]-Antoine Muret. Kommentator: M[arc]-Antoine Muret. – Venedig, 1558.
- Drucker: (Paolo Manuzio).
- Buchbinder: Motet.
- Umfang: 147, [1], 57, [3], [93], [2] Bl.; 8°.
- Bogensign.: A⁸-S⁸, T⁴, a⁸-g⁸, h², A¹⁰, B⁸-L⁸, M⁷.
- FP: n-æ- i,s; idn= remo (3) 1558 (R).
- Buchschmuck: D.; E.; EX.
- Prov.: Etienne Graf von Méjan.
- Bibliographien: Adams C 1146; Cat. Ital. Books S. 161; Ind. Aur. 134.478; Bibl. Aldina S. 99; Ebert 3758.
- Sign.: Ald. Ren. 174,11.

Nr. 865

Catullus, [Gaius Valerius]: CATVLLVS, ∥ ... TIBVLLVS, ET PROPERTIVS. ∥. EST: [Elegiae]. Beigef.: [Albius] Tibullus: [Elegiae]; [Sextus] Propertius: [Elegiae]. Hrsg.: M[arc]-Antoine Muret. Kommentator: M[arc]-Antoine Muret. – Venedig, 1558.
- Drucker: (Paolo Manuzio).
- Umfang: 147, [1], 57, [3], [93], [2] Bl.; 8°.
- Bogensign.: A⁸-S⁸, T⁴, a⁸-g⁸, h², A¹⁰, B⁸-L⁸, M⁷.
- FP: n=æ- i,s; idn= remo (3) 1558 (R).
- Buchschmuck: D.; EX.
- Prov.: D. Lambinus; Antonius Mu-

retus; Stephanus Baluzius; Heinrich Friedrich von Diez.
- Bibliographien: Adams C 1146; Cat. Ital. Books S. 161; Ind. Aur. 134.478; Bibl. Aldina S. 99; Ebert 3758; Ald. Ren. 174,11.
- Sign.: B. Diez c. n. mss. 8° 2485.

Nr. 866
Catullus, [Gaius Valerius]:
CATVLLVS, ‖ ... TIBVLLVS, ET PROPERTIVS. ‖. EST: [Elegiae]. Beigef.: [Albius] Tibullus: [Elegiae]; [Sextus] Propertius: [Elegiae]. Hrsg.: M[arc]-Antoine Muret. Kommentator: M[arc]-Antoine Muret. – Venedig, 1558.
- Drucker: (Paolo Manuzio).
- Umfang: 147, [1], 57, [3], [93], [2] Bl.; 8°.
- Bogensign.: A^8-S^8, T^4, a^8-g^8, h^2, A^{10}, B^8-M^8.
- FP: n=æ= i,s; idn= remo (3) 1558 (R).
- Buchschmuck: D.; EX.
- Prov.: Heinrich Friedrich von Diez.
- Bibliographien: Ald. Ren. 174,11; Adams C 1146; Cat. Ital. Books S. 161; Ind. Aur. 134.478; Bibl. Aldina S. 99; Ebert 3758.
- Sign.: B. Diez 8° 2484.

Nr. 867
Vergilius Maro, P[ublius]:
P. VIRGILIVS MARO, ‖ ... . EST: [Opera]. Hrsg.: Paolo Manuzio. – Venedig, 1558.
- Drucker: Paolo Manuzio.
- Buchbinder: François Bozérian.
- Umfang: 243, [1] Bl.; 8°.
- Bogensign.: A^8-Z^8, AA^8-GG^8, HH^4.
- FP: o-i- n,s, a.i) SeIn (3) 1558 (R).
- Buchschmuck: D.; E.; EX.
- Prov.: Etienne Graf von Méjan.
- Bibliographien: Adams V 494; Cat. Ital. Books S. 731; Ebert 23684.
- Sign.: Ald. Ren. 174,12.

Nr. 868
Terentius Afer, [Publius]:
TERENTIVS, ‖ ... . EST: [Comoediae]. Beigef.: M[arc]-Antoine Muret: ... argumenta in singulas comoe- ‖ dias, et annotationes ... . Hrsg.: M[arc]-Antoine Muret. – Venedig, 1558, (1559).
- Drucker: (Paolo Manuzio).
- Buchbinder: Motet (?).
- Umfang: [16], 152, 39, [1] Bl.; 8°.
- Bogensign.: a^8, b^8, A^8-T^8, a^8-e^8.
- FP: asis isr. coet hoAl (3) 1559 (R).
- Buchschmuck: D.; E.; EX.
- Prov.: Etienne Graf von Méjan.
- Bibliographien: Adams T 352; Cat. Ital. Books S. 664; Bibl. Aldina S. 99; Ebert 22492.
- Sign.: Ald. Ren. 175,13.
- Abbildung: S. 176.

Nr. 869
Giorgi, Bernardo: ... EPITAPHIA, ‖ ET EPIGRAMMATA ‖ ALIQVOT, QVAE DVM PRAETOREM ‖ PATAVII AGERET OBITER ‖ COMPOSVIT. ‖ ... . Verf. in Vorlage: Bernardus Georgius. – (Venedig), (1558).
- Drucker: [Paolo Manuzio].
- Buchbinder: René Simier.
- Umfang: [15] Bl.; 4°.
- Bogensign.: A^{14}, B^2.
- FP: uniâ t,t. t.s, PaPh (C) 1558 (R).
- Buchschmuck: D.; E.; EX.
- Prov.: Etienne Graf von Méjan.
- Bibliographien: Bibl. Aldina S. 99.
- Sign.: Ald. Ren. 175,14 [1. Ex.].

Nr. 870
Giorgi, Bernardo: ... EPITAPHIA, ‖ ET EPIGRAMMATA ‖ ALIQVOT, QVAE DVM PRAETOREM ‖ PATAVII AGERET OBITER ‖ COMPOSVIT. ‖ ... . Verf. in Vorlage: Bernardus Georgius. – (Venedig), (1558).
- Drucker: [Paolo Manuzio].
- Umfang: [17] Bl.; 4°.
- Bogensign.: A^{14}, B^4.
- FP: uniâ t,t. t.s, PaPh (C) 1558 (R).
- Buchschmuck: D.; E.; EX.
- Prov.: Etienne Graf von Méjan.
- Bibliographien: Bibl. Aldina S. 99.
- Sign.: Ald. Ren. 175,14 [2. Ex.].

Nr. 871
Vico, Enea; <lat.>: AVGVSTARVM IMAGINES ‖ AEREIS FORMIS EXPRESSAE; ‖ Vitae quoque earundem breuiter enarratae, ‖ ... . EST: [Le imagini delle donne Au-

Kat.-Nr. 729

Kat.-Nr. 736
Darstellung von Bronzemünzen aus der Zeit des Augustus (Kupferstich)

guste; lat.]. Übers.: (Natale Conti). – Venedig, 1558.
- Drucker: [Paolo Manuzio].
- Buchbinder: François Bozérian.
- Umfang: [10] Bl., 192 S., [2] Bl.; 4°.
- Bogensign.: A⁴, b⁶, A²-Z⁴, AA⁴, *².
- FP: s-a; o-r- amar geui (3) 1558 (R).
- Buchschmuck: TK.; K.; E.; EX.
- Prov.: Etienne Graf von Méjan.
- Bibliographien: Adams V 634; Cat. Ital. Books S. 723; Bibl. Aldina S. 100.
- Sign.: Ald. Ren. 176,18 [1. Ex.].

Nr. 872
Vico, Enea; <lat.>: AVGVSTA-RVM IMAGINES ‖ AEREIS FORMIS EXPRESSAE; ‖ Vitae quoque earundem breuiter enarratae, ‖ ... . EST: [Le imagini delle donne Auguste; lat.]. Übers.: (Natale Conti). – Venedig, 1558.
- Drucker: [Paolo Manuzio].
- Umfang: [10] Bl., 192 S., [2] Bl.; 4°.
- Bogensign.: A⁴, b⁶, A²-Z⁴, AA⁴, *².
- FP: s-a; o-r- amar geui (3) 1558 (R).
- Buchschmuck: TK.; K.; E.; EX.
- Prov.: Ezechiel von Spanheim.
- Bibliographien: Adams V 634; Cat. Ital. Books S. 723; Bibl. Aldina S. 100.
- Sign.: Ald. Ren. 176,18 [2. Ex.].

Nr. 873
De legato pontificio: DE LEGATO ‖ PONTIFICIO. ‖. Beigef.: (Leon Battista Alberti: TRIVIA SENATORIA ...). Hrsg.: (Raphael Cyllenius). – [Venedig], 1558.
- Drucker: IN ACADEMIA VENETA [= Paolo Manuzio].
- Buchbinder: François Bozérian.
- Umfang: [4], 20 [=19], [1] Bl.; 4°.
- Bogensign.: a⁴, A², B⁴-E⁴, F².
- FP: e-s- e.t, s,e- spte (3) 1558 (R).
- Buchschmuck: D.; E.; EX.
- Prov.: Etienne Graf von Méjan.
- Bibliographien: Ald. Ren. 272,10; Adams C 3145; Cat. Ital. Books S. 488; Budapest C 1278; Bibl. Aldina S. 159.
- Sign.: Ald. Ren. 267 Nr. 1.

Nr. 874
Cavretto, Pietro: DE MISERIA ‖ CHVMANA. ‖ ... LIBRI QVINQVE. ‖. Verf. in Vorlage: Petrus Haedus. – [Venedig], 1558.
- Drucker: IN ACADEMIA VENETA [= Paolo Manuzio].
- Buchbinder: François Bozérian.
- Umfang: [4], 64 Bl.; 4°.
- Bogensign.: A⁴-R⁴.
- FP: a,n- a.àm m.nt quPA (3) 1558 (R).
- Buchschmuck: D.; E.; EX.
- Prov.: Etienne Graf von Méjan.
- Bibliographien: Adams H 2; Cat. Ital. Books S. 323; Bibl. Aldina S. 160; Ald. Ren. 272,12.
- Sign.: Ald. Ren. 267 Nr. 2.

Nr. 875
Sansovino, Francesco): ORDINE ‖ DE CAVALIERI ‖ DEL TOSONE. ‖. – [Venedig], 1558.
- Drucker: Accademia Veneziana [= Paolo Manuzio].
- Buchbinder: François Bozérian.
- Umfang: [4], 18 Bl.; 4°.
- Bogensign.: A⁴-E⁴, F².
- FP: saa- moi- eahe guse (3) 1558 (R).
- Buchschmuck: D.; E.; EX.
- Prov.: Etienne Graf von Méjan.
- Bibliographien: Adams S 351; Cat. Ital. Books S. 308; Budapest S 125; Ebert 15182; Ald. Ren. 272,11.
- Sign.: Ald. Ren. 267 Nr. 4.

Nr. 876
Discorso intorno alle: DISCORSO ‖ INTORNO ALLE COSE ‖ DELLA GVERRA, ‖ ... . Beigef.: ([Reginald] Pole): ... ORATIONE ‖ DELLA PACE. ‖. Hrsg.: (Antonio Girardi). – [Venedig], 1558.
- Drucker: Accademia Veneziana [= Paolo Manuzio].
- Buchbinder: François Bozérian.

- Umfang: [4], 28 [=24], 22 Bl.; 4°.
- Bogensign.: A⁴–G⁴, A⁴–E⁴, F².
- FP: e-e, o,a- oisi etmo (7) 1558 (R).
- Buchschmuck: D.; E.; EX.
- Prov.: Etienne Graf von Méjan.
- Bibliographien: Adams G 739; Cat. Ital. Books S. 306; Bibl. Aldina S. 160; Ald. Ren. 273,15.
- Sign.: Ald. Ren. 267 Nr. 5.

Nr. 877
Mandatum Academiae Venetae: MANDATVM ∥ ACADEMIAE VENETAE ∥ AB. MORLVP. ∥. Hrsg.: Academia Veneta. – (1558, die Fe- ∥ bruarii uigesimo tertio.).
- Buchbinder: François Bozérian.
- Umfang: [2] Bl.; 4°.
- Bogensign.: ².
- Buchschmuck: E.; EX.
- Prov.: Etienne Graf von Méjan.
- Bibliographien: Ald. Ren. 277,33.
- Sign.: Ald. Ren. 267 Nr. 12.

Nr. 878
Supplica dell' Academia: SVPPLICA DELL' ACADEMIA ALLA SERENISS. ∥ SIGNORIA. ∥. Hrsg.: Academia Veneta. – [1558].
- Buchbinder: François Bozérian.
- Umfang: [4] Bl.; 4°.
- Bogensign.: ⁴.
- FP: n-l- ueei s-,& coia (C) 1558 (Q).
- Buchschmuck: E.; EX.
- Prov.: Etienne Graf von Méjan.
- Bibliographien: Ald. Ren. 277,34.
- Sign.: Ald. Ren. 267 Nr. 13.

Nr. 879
Privilegio dell illustrissimo: Privilegio ∥ DELL ILLVSTRISS. SENATO ∥ ALL' ACADEMIA. ∥. Hrsg.: Academia Veneta. – (1558, die quarto Octobris ∥ indictione secunda.).
- Buchbinder: François Bozérian.
- Umfang: [1] Bl.; 4°.
- Buchschmuck: E.; EX.
- Prov.: Etienne Graf von Méjan.
- Bibliographien: Ald. Ren. 277,35.
- Sign.: Ald. Ren. 267 Nr. 14.

Nr. 880
Conto de mistro: Conto de Mistro Nicolo Stampator. ∥. Hrsg.: Academia Veneta. – 1558.
- Buchbinder: François Bozérian.
- Umfang: [2] Bl.; 4°.
- Bogensign.: ².
- FP: a.al deal reue ale= (C) 1558 (A).
- Buchschmuck: E.; EX.
- Prov.: Etienne Graf von Méjan.
- Bibliographien: Ald. Ren. 278,40.
- Sign.: Ald. Ren. 267 Nr. 19.

Nr. 881
Manuzio, Paolo: POLIZZE DI M. ∥ PAOLO MANVTIO. ∥. Hrsg.: Academia Veneta. – 1558, 6. di Luglio.
- Buchbinder: François Bozérian.
- Umfang: [8] Bl.; 4°.
- Bogensign.: ⁸.
- FP: o.m. dig. e=di uodi (C) 1558 (A).
- Buchschmuck: E.; EX.
- Prov.: Etienne Graf von Méjan.
- Bibliographien: Ald. Ren. 278,41.
- Sign.: Ald. Ren. 267 Nr. 20.

Nr. 882
Natta, Marco Antonio: DE DEI LOCVTIONE ∥ ... ORATIO. ∥. – [Venedig], 1558.
- Drucker: IN ACADEMIA VENETA [= Paolo Manuzio].
- Buchbinder: René Simier.
- Umfang: [4], 19 Bl.; 4°.
- Bogensign.: A⁴–F⁴ [unvollst.: A⁴ fehlt].
- FP: acno e-u- ume- qura (3) 1558 (R).
- Buchschmuck: D.; E.; EX.
- Prov.: Etienne Graf von Méjan.
- Bibliographien: Adams N 65; Cat. Ital. Books S. 462; Ebert 14660; Bibl. Aldina S. 158.
- Sign.: Ald. Ren. 270,6.

Nr. 883
Butigella, Hieronymus: ... In primam partem C. commentaria, ac repetitiones, ∥ ... . Hrsg.: Academia Veneta. – [Venedig], 1558.
- Drucker: IN ACADEMIA VENETA [= Paolo Manuzio].
- Umfang: [2], 76 [= 77], [17] Bl.; 2°.
- Bogensign.: ², A⁴–S⁴, T⁵, a⁴–c⁴, d⁶.
- FP: p-es u:o, t.o- cist (3) 1558 (R).
- Buchschmuck: D; H.; E.; EX.
- Prov.: Etienne Graf von Méjan.
- Bibliographien: Adams B 3360; Cat. Ital. Books S. 132; Ind. Aur. 128.334; Bibl. Aldina S. 158.
- Sign.: 4° Ald. Ren. 271,7.

Nr. 884
Raviglio Rosso, Giulio: Historia delle cose occorse nel regno d'Inghilterra, in materia del duca di Notomberlan dopo la morte di Odoardo VI. – Venedig, 1558.
- Drucker: Accademia Veneziana [= Paolo Manuzio].
- Sign.: Ald. Ren. 271,8 Kraków.

Nr. 885
Manuzio, Paolo: ... Epistolae, et Praefationes qvae dicvntvr. – Venedig, 1558.
- Drucker: Accademia Veneziana [= Paolo Manuzio].
- Sign.: Ald. Ren. 271,9 Kraków.

Nr. 886
De legato pontificio: DE LEGATO ∥ PONTIFICIO. ∥. Beigef.: (Leon Battista Alberti: TRIVIA SENATORIA ...). Hrsg.: (Raphael Cyllenius). – [Venedig], 1558.
- Drucker: IN ACADEMIA VENETA [= Paolo Manuzio].
- Buchbinder: René Simier.
- Umfang: [4], 20 [=19], [1] Bl.; 4°.
- Bogensign.: a⁴, A², B⁴–E⁴, F².
- FP: e-s- e.t, s,e- spte (3) 1558 (R).
- Buchschmuck: D.; E.; EX.
- Prov.: Etienne Graf von Méjan.
- Bibliographien: Adams C 3145; Cat. Ital. Books S. 488; Budapest C 1278; Bibl. Aldina S. 159.
- Sign.: Ald. Ren. 272,10.

Nr. 887
Sansovino, Francesco): ORDINE ∥ DE CAVALIERI ∥ DEL TOSONE. ∥. – [Venedig], 1558.
- Drucker: Accademia Veneziana [= Paolo Manuzio].
- Buchbinder: René Simier.
- Umfang: [4], 18 Bl.; 4°.
- Bogensign.: A⁴–E⁴, F².
- FP: saa- raI. eahe guse (3) 1558 (R).
- Buchschmuck: D.; E.; EX.
- Prov.: Etienne Graf von Méjan.
- Bibliographien: Adams S 351; Cat. Ital. Books S. 308; Budapest S 125; Ebert 15182.
- Sign.: Ald. Ren. 272,11.
- Abbildung: S. 177.

Nr. 888
Cavretto, Pietro: DE MISERIA ∥ CHVMANA, ∥ ... LIBRI QVINQVE. ∥. Verf. in Vorlage: Petrus Haedus. – [Venedig], 1558.
- Drucker: IN ACADEMIA VENETA [= Paolo Manuzio].
- Umfang: [4], 64 Bl.; 4°.
- Bogensign.: A⁴–R⁴.
- FP: a,n- a.àm m.nt quPA (3) 1558 (R).
- Buchschmuck: D.; E.; EX.
- Prov.: Etienne Graf von Méjan.
- Bibliographien: Adams H 2; Cat. Ital. Books S. 323; Bibl. Aldina S. 160.
- Sign.: Ald. Ren. 272,12.
- Abbildung: S. 179.

Nr. 889
Syrianus <Philosophus>: ... ANTIQVISSIMI INTERPRETIS ∥ IN II. XII. ET XIII. ARISTOTELIS ∥ LIBROS METAPHYSICES ∥ Commentarius, ... Verf. in Vorlage: Syrianus. Übers.: Girolamo Bagolino. – [Venedig], 1558.
- Drucker: IN ACADEMIA VENETA [= Paolo Manuzio].
- Buchbinder: René Simier.
- Umfang: [4], 132 [= 123] Bl.; 4°.
- Bogensign.: *⁴, A⁴–Z⁴, Aa⁴–Gg⁴, Hh³ [unvollst.: *⁴ fehlt].
- FP: e-ra e.i- s-l- tifi (3) 1558 (R).
- Buchschmuck: D.; E.; EX.
- Prov.: Etienne Graf von Méjan.
- Bibliographien: Adams S 2220; Cat. Ital. Books S. 653; Ebert 22112; Bibl. Aldina S. 160.
- Sign.: Ald. Ren. 272,13 [1. Ex.].

Nr. 890
Syrianus <Philosophus>: ... ANTIQVISSIMI INTERPRETIS ∥ IN II. XII. ET XIII. ARISTOTELIS ∥ LIBROS METAPHYSICES ∥ Commentarius, ... Verf. in Vorlage: Syrianus. Übers.: Girolamo Bagolino. – [Venedig], 1558.
- Drucker: IN ACADEMIA VENETA [= Paolo Manuzio].
- Umfang: [4], 132 [= 123] Bl.; 4°.
- Bogensign.: *⁴, A⁴–Z⁴, Aa⁴–Gg⁴, Hh³ [unvollst.: *⁴ fehlt].
- FP: e-ra e.i- s-l- tifi (3) 1558 (R).
- Buchschmuck: D.; E.
- Prov.: Bibliotheca Colbertina, Paris; Bibliotheca Regia, Parma.
- Bibliographien: Adams S 2220; Cat. Ital. Books S. 653; Ebert 22112; Bibl. Aldina S. 160.
- Sign.: Ald. Ren. 272,13 [2. Ex.].

Nr. 891
Gregorius <Corrarius>: PROGNE ∥ TRAGOEDIA. ∥ NVNC PRIMVM ∥ EDITA. ∥. Hrsg.: (Johannes Riccius). – [Venedig], 1558.
- Drucker: IN ACADEMIA VENETA [= Paolo Manuzio].
- Buchbinder: René Simier.
- Umfang: [6], 27 [=23] Bl.; 4°.
- Bogensign.: A⁴, a², B⁴–G⁴.
- FP: e-ra e.i- s-l- tifi (3) 1558 (R).
- Buchschmuck: D.; E.; EX.
- Prov.: Etienne Graf von Méjan.
- Bibliographien: Adams C 2690; Cat. Ital. Books S. 541; Ebert 18019; Bibl. Aldina S. 160.
- Sign.: Ald. Ren. 273,14.

Nr. 892
Discorso intorno alle: DISCORSO ∥ INTORNO ALLE COSE ∥ DELLA GVERRA, ∥ ... . Beigef.: (Reginald Pole): ... ORATIONE ∥ DELLA PACE. ∥. Hrsg.: (Antonio Girardi). – [Venedig], 1558.
- Drucker: Accademia Veneziana [= Paolo Manuzio].
- Buchbinder: René Simier.
- Umfang: [4], 28 [=24], 22 Bl.; 4°.
- Bogensign.: A⁴–G⁴, A⁴–E⁴, F².
- FP: e-e, o,a- oisi etmo (7) 1558 (R).
- Buchschmuck: D.; E.; EX.
- Prov.: Etienne Graf von Méjan.
- Bibliographien: Adams G 739; Cat. Ital. Books S. 306; Bibl. Aldina S. 160.
- Sign.: Ald. Ren. 273,15.

Nr. 893
Faenzi, Valerio): I DIECE CIRCOLI ∥ DELL' IMPERIO, ∥ ... . – [Venedig], 1558.
- Drucker: ACADEMIA VENETIANA [= Paolo Manuzio].
- Buchbinder: René Simier.
- Umfang: [4], 39 Bl.; 4°.
- Bogensign.: a⁴, A⁴–K⁴.
- FP: a-i- iae. m.m. riBa (3) 1558 (R).
- Buchschmuck: D.; E.; EX.
- Prov.: Etienne Graf von Méjan.
- Bibliographien: vgl. Adams G 493; Cat. Ital. Books S. 241; Budapest F 66; Bibl. Aldina S. 160.
- Sign.: Ald. Ren. 273,16.

Nr. 894
Boccadiferro, Lodovico: EXPLANATIO ∥ LIBRI I. PHYSICORVM ∥ ARISTOTELIS. ∥ ... . – [Venedig], 1558.
- Drucker: IN ACADEMIA VENETA [= Paolo Manuzio].

- Umfang: [4], 134 Bl.; 2°.
- Bogensign.: a⁴, A⁴–Z⁴, Aa⁴–Ll⁴.
- FP: odi- o:e- O.s. sæsi (3) 1558 (R).
- Buchschmuck: D.; E.; EX.
- Prov.: Etienne Graf von Méjan.
- Bibliographien: Adams B 3007; Cat. Ital. Books S. 112; Ind. Aur. 120.456.
- Sign.: 4° Ald. Ren. 274,19.

1559

Nr. 895
Natta, Marco Antonio: ... DE DEO LIBRI XV. ‖. – Venedig, 1559.
- Drucker: Paolo Manuzio.

Kat.-Nr. 760

- Umfang: [4], 165, [1] Bl.; 2°.
- Bogensign.: *⁴, B[=A]⁴–Z⁴, AA⁴–RR⁴, SS⁶.
- FP: eme- t.u- S.us tedi (3) 1559 (R).
- Buchschmuck: D.; E.; EX.
- Prov.: Etienne Graf von Méjan.
- Bibliographien: Adams N 66; Cat. Ital. Books S. 462; Bibl. Aldina S. 100; Ebert 14660.
- Sign.: 4° Ald. Ren. 177,1.

Nr. 896
Plinius [Caecilius] Secundus, G[aius]: ... NATVRALIS HISTORIAE ‖ LIBRI TRIGINTASEPTEM, ‖ ... . EST: [Historia naturalis]. Hrsg.: Paolo Manuzio; Sigismundus Gelenius. – Venedig, 1559, (1558).
- Drucker: Paolo Manuzio.

- Buchbinder: Luigi Lodigiani (?).
- Umfang: [14] Bl., 976 Sp., [84] Bl.; 2°.
- Bogensign.: A⁶, B⁸, a⁶–z⁶, A⁶–R⁶, S⁴, aaa⁶–ccc⁶, A⁶–L⁶.
- FP: e.nt o,i- eno- moIt (3) 1559 (R).
- Buchschmuck: D.; E.; EX.
- Prov.: Etienne Graf von Méjan.
- Bibliographien: Adams P 1575; Cat. Ital. Books S. 526; Bibl. Aldina S. 101; Ebert 17284.
- Sign.: 4° Ald. Ren. 177,2.

Nr. 897
Manuzio, Aldo Pio: ... Grammaticarum institutionum ‖ libri IIII. ‖. – Venedig, 1559.
- Drucker: Paolo Manuzio.
- Buchbinder: I. K.
- Umfang: 218 Bl.; 8°.
- Bogensign.: A⁸–Z⁸, Aa⁸–Cc⁸, Dd¹⁰.
- FP: sino ræω. e-s, niQu (3) 1559 (R).
- Buchschmuck: D.; E.
- Prov.: Jesuitenkolleg, Heiligenstadt, 1581; Tobias Maritor, 1643.
- Bibliographien: Ald. Ren. 177,3; Adams M 432; Cat. Ital. Books S. 411; Bibl. Aldina S. 101; Ebert 12985.
- Sign.: W 680 RAR.

Nr. 898
Manuzio, Aldo Pio: ... Grammaticarum institutionum ‖ libri IIII. ‖. – Venedig, 1559.
- Drucker: Paolo Manuzio.
- Buchbinder: René Simier.
- Umfang: 218 Bl.; 8°.
- Bogensign.: A⁸–Z⁸, Aa⁸–Cc⁸, Dd¹⁰.
- FP: sino ræω. e-s, niQu (3) 1559 (R).
- Buchschmuck: D.; E.; EX.
- Prov.: Etienne Graf von Méjan.
- Bibliographien: Adams M 432; Cat. Ital. Books S. 411; Bibl. Aldina S. 101; Ebert 12985.
- Sign.: Ald. Ren. 177,3.

Nr. 899
Manuzio, Aldo: ELEGANZE, ‖ INSIEME CON LA COPIA ‖ della lingua Toscana, e Latina, ‖ ... . – Venedig, 1559.
- Drucker: [Paolo Manuzio].
- Umfang: [8], 183 Bl.; 8°.
- Bogensign.: *⁸, A⁸–Z⁸.
- FP: tàl- e.o. r-in leno (3) 1559 (R).
- Buchschmuck: D.; EX.
- Prov.: Etienne Graf von Méjan.
- Bibliographien: Adams E 101; Cat. Ital. Books S. 412.
- Sign.: Ald. Ren. 177,4.

Nr. 900
Calepino, Ambrogio; <polygl.>: ... DICTIONARIVM, ‖ IN QVO RESTITVENDO, ATQVE EXOR- ‖ nando haec praestitimus. ‖ PRIMVM, ‖ ... . Beigef.: Ambrogio Calepino; <polygl.>: ... DICTIONARIVM, ... (SECVNDA PARS ‖ ...). Hrsg.: Paolo Manuzio. Kommentator: Paolo Manuzio. – Venedig, 1559.
- Drucker: Paolo Manuzio.
- Umfang: [498] Bl.; 2°.

- Bogensign.: A⁸-Z⁸, Aa⁸-Dd⁸, Ee¹⁰, Ff¹⁰, a⁸-z⁸, A⁸-I⁸, K⁶.
- FP: mei– â,i– s.rê ctAn (C) 1559 (R).
- Buchschmuck: D.; E.; EX.
- Prov.: Etienne Graf von Méjan.
- Bibliographien: Ind. Aur. 129.463.
- Sign.: 4° Ald. Ren. 177,5.

Nr. 901

Cicero, [Marcus Tullius]: RHETORICORVM ‖ AD C. HERENNIVM ‖ libri IIII. ... ‖ De inuentione libri II. ‖ Topica ad Trebatium, ‖ Oratoriae partitiones. ‖ ... . EST: [Opera rhetorica; T. 1]. Hrsg.: Paolo Manuzio. – Venedig, 1559.
- Drucker: (Paolo Manuzio).
- Umfang: 184 Bl.; 8°.
- Bogensign.: A⁸-Z⁸.
- FP: e.em a=am A'st trar (3) 1559 (R).
- Buchschmuck: D.; EX.
- Prov.: Etienne Graf von Méjan.
- Bibliographien: Adams C 1684; Ind. Aur. 138.923; Bibl. Aldina S. 101.
- Sign.: Ald. Ren. 177,6–1 [1. Ex.].

Nr. 902

Cicero, [Marcus Tullius]: RHETORICORVM ‖ AD C. HERENNIVM ‖ libri IIII. ... ‖ De inuentione libri II. ‖ Topica ad Trebatium, ‖ Oratoriae partitiones. ‖ ... . EST: [Opera rhetorica; T. 1]. Hrsg.: Paolo Manuzio. – Venedig, 1559.
- Drucker: (Paolo Manuzio).
- Umfang: 184 Bl.; 8°.
- Bogensign.: A⁸-Z⁸.
- FP: e.em a=am A'st trar (3) 1559 (R).
- Buchschmuck: D.; EX.
- Prov.: Johannes Leopoldus Magirus, 1692; E. W. B. (?); Ezechiel von Spanheim.
- Bibliographien: Adams C 1684; Ind. Aur. 138.923; Bibl. Aldina S. 101.
- Sign.: Ald. Ren. 177,6–1 [2. Ex.].

Nr. 903

Cicero, [Marcus Tullius]: ... DE ORATORE LIBRI III. ‖ ORATOR. ‖ DE CLARIS ORATORIBVS. ‖ ... . EST: [Opera rhetorica; T. 2]. Hrsg.: Paolo Manuzio. – Venedig, 1559.
- Drucker: [Paolo Manuzio].
- Umfang: 240 [=248] Bl.; 8°.
- Bogensign.: A⁸-Z⁸, AA⁸-HH⁸.
- FP: inr= cim– a,js orat (3) 1559 (R).
- Buchschmuck: D.; EX.
- Prov.: Kapuzinerkloster, Verona; Etienne Graf von Méjan.
- Bibliographien: Adams C 1684; Cat. Ital. Books S. 176; Ind. Aur. 138.923; Bibl. Aldina S. 101.
- Sign.: Ald. Ren. 177,6–2.

Nr. 904

Cicero, M[arcus] Tullius: ... ORATIONVM ‖ PARS I. ‖ ... . EST: [Orationes; T. 1]. Hrsg.: Paolo Manuzio. – Venedig, 1559.
- Drucker: [Paolo Manuzio].
- Umfang: [4], 323, [1] Bl.; 8°.
- Bogensign.: A⁸-Z⁸, AA⁸-SS⁸.
- FP: m∗e– ,ài– umNe sthu (3) 1559 (R).
- Buchschmuck: D.; E.
- Bibliographien: Adams C 1859; Bibl. Aldina S. 101; Ebert 4340.
- Sign.: Ald. Ren. 177,7–1.

Nr. 905

Cicero, M[arcus] Tullius: ... ORATIONVM ‖ PARS II. ‖ ... . EST: [Orationes; T. 2]. Hrsg.: Paolo Manuzio. – Venedig, 1559.
- Drucker: [Paolo Manuzio].
- Umfang: [2], 295 [=297], [1] Bl.; 8°.
- Bogensign.: aa⁸-zz⁸, Aa⁸-Oo⁸, Pp⁴.
- FP: erex isa– m–æc caex (3) 1559 (R).
- Buchschmuck: D.; E.
- Bibliographien: Bibl. Aldina S. 101; Ebert 4340.
- Sign.: Ald. Ren. 177,7–2.

Nr. 906

Cicero, M[arcus] Tullius: ... ORATIONVM ‖ PARS III. ‖ ... . EST: [Orationes; T. 3]. Hrsg.: Paolo Manuzio. – Venedig, 1559.
- Drucker: [Paolo Manuzio].
- Umfang: [3], 291 Bl.; 8°.
- Bogensign.: aaa⁸-zzz⁸, AAA⁸-NNN⁸, OOO⁶.
- FP: tiis p.û, dai– trtr (3) 1559 (R).
- Buchschmuck: D.; E.
- Bibliographien: Adams C 1859; Bibl. Aldina S. 101; Ebert 4340.
- Sign.: Ald. Ren. 177,7–3.

Nr. 907

Manuzio, Paolo: ... IN ORATIONEM ‖ CICERONIS ‖ PRO P. SEXTIO ‖ commentarius, ‖ ... . – Venedig, 1559.
- Drucker: (Paolo Manuzio).

Kat.-Nr. 838

Kat.-Nr. 841

- Umfang: 166, [2] Bl.; 8°.
- Bogensign.: a⁸, B⁸-X⁸ [unvollst.: X⁸ fehlt].
- FP: oda- i-r- l-ne dict (3) 1559 (R).
- Buchschmuck: D.; EX.
- Prov.: Etienne Graf von Méjan.
- Bibliographien: Adams C 1895; Cat. Ital. Books S. 180; Bibl. Aldina S. 101; Ebert 4373.
- Sign.: Ald. Ren. 177,8.

Nr. 908
Cicero, [Marcus Tullius]; <ital.>: LE EPISTOLE ∥ FAMIGLIA-RI ... . EST: [Epistolae ad familiares; ital.]. Hrsg.: Aldo Manuzio. Übers.: [Guido Loglio]. – Venedig, 1559.
- Drucker: [Paolo Manuzio].
- Umfang: 379 [=367] Bl.; 8°.
- Bogensign.: A⁸-Z⁸, Aa⁸-Zz⁸.
- FP: i,r- a-la hea- popa (3) 1559 (R).
- Buchschmuck: D.; EX.
- Prov.: Etienne Graf von Méjan.
- Bibliographien: Adams C 1986; Ind. Aur. 138.925; Bibl. Aldina S. 102; Ebert 4626.
- Sign.: Ald. Ren. 178,9.

Nr. 909
Cicero, [Marcus Tullius]: ... DE OFFICIIS ∥ LIBRI III. ∥ Cato maior, uel de senectute: ∥ Laelius, uel de amicitia: ∥ ... . EST: [Opera philosophica, Teils.]. Hrsg.: Paolo Manuzio. Kommentator: Paolo Manuzio. – Venedig, 1559.
- Drucker: (Paolo Manuzio).
- Umfang: 138, [10] Bl.; 8°.
- Bogensign.: A⁸-I⁸, k⁸, L⁸-S⁸, T⁴.
- FP: etd= sot, a=o- duin (3) 1559 (R).
- Buchschmuck: D.; EX.
- Prov.: Etienne Graf von Méjan.
- Bibliographien: Cat. Ital. Books S. 176; Ind. Aur. 138.922; Bibl. Aldina S. 102; Ebert 4565.
- Sign.: Ald. Ren. 178,10.

Nr. 910
Parisetti, Lodovico: ... de diuina in hominem beneuolentia, ∥ atque beneficentia, ∥ Orationes tres ad uiros ∥ Regiensis habitae. ∥. – Venedig, 1559.
- Drucker: (Aldo [Manuzio I], Erben).
- Umfang: 239, [1] Bl.; 8°.
- Bogensign.: A⁸-Z⁸, AA⁸-GG⁸.
- FP: icas umn= t:uo uiam (3) 1559 (R).
- Buchschmuck: D.; EX.
- Prov.: Etienne Graf von Méjan.
- Sign.: Ald. Ren. 178,11.

Nr. 911
Pigna, Giovanni Battista: ... ORA-TIO ∥ IN FVNERE HERCVLIS ∥ DVCIS FERRARIAE ∥ ... . – [Venedig], [1559].
- Drucker: [Aldo Manuzio I, Erben].
- Umfang: [10] Bl.; 4°.
- Bogensign.: A²-E².
- FP: amri siic I.ri erre (C) 1559 (Q).
- Bibliographien: Ald. Ren. S. 490; Adams P 1205; vgl. Cat. Ital. Books S. 519.
- Sign.: Ald. Ren. 178,12m.

Nr. 912
Horatius Flaccus, [Quintus]: HORATIVS. ∥ ... . EST: [Opera]. Beigef.: Aldo [Pio] Manuzio: ... de metris Horatianis. ∥ ... . Hrsg.: M[arc]-Antoine Muret. Kommentator: Aldo [Pio] Manuzio. – Venedig, 1559.
- Drucker: [Paolo Manuzio].
- Umfang: [8], 144, [36] Bl.; 8°.
- Bogensign.: a⁸, a⁸-y⁸, z⁴.
- FP: ret: ê-d- e,da DeAr (3) 1559 (R).
- Buchschmuck: D.; E.; EX.
- Prov.: Charbonier; Etienne Graf von Méjan.
- Bibliographien: Adams H 902; Cat. Ital. Books S. 333; Bibl. Aldina S. 102; Ebert 10158.
- Sign.: Ald. Ren. 178,15.

Nr. 913
Giorgi, Bernardo: ... PERIOCHA, ∥ In XIIII. Publicas Solennitates ... . Verf. in Vorlage: Bernardus Georgius. – Venedig, 1559.
- Drucker: [Paolo Manuzio].
- Umfang: [10] Bl.; 8°.
- Bogensign.: A¹⁰.
- FP: I.is s,s, a?e. t.r, (C) 1559 (R).
- Buchschmuck: D.
- Bibliographien: Ald. Ren. 178,17; Bibl. Aldina S. 102.
- Sign.: 1 an Rp 8172 RAR.

Nr. 914
Caesar, G[aius] Iulius): HOC VOLVMINE ∥ CONTINENTVR, ∥ Commentariorum de bello Gallico libri VIII, ∥ De bello ciuili Pompeiano libri III, ∥ De bello Alexandrino liber I, ∥ De bello Africano liber I, ∥ De bello Hispaniensi liber I. ∥ ... . EST: [Opera]. Hrsg.:

Paolo Manuzio. Mitarb.: (Aulus Hirtius). – Venedig, 1559.
- Drucker: (Paolo Manuzio).
- Umfang: [16], 318, [2] Bl.; 8°.
- Bogensign.: a⁸, b⁸, A⁸–Z⁸, Aa⁸–Rr⁸.
- FP: s,i= e.o= i-uæ glCæ (3) 1559 (R).
- Buchschmuck: H.; D.; EX.
- Prov.: Etienne Graf von Méjan.
- Bibliographien: Adams C 44; Cat. Ital. Books S. 135; Ind. Aur. 128.756; Bibl. Aldina S. 103; Ebert 3262.
- Sign.: Ald. Ren. 179,21.

Nr. 915
Manuzio, Paolo: ANTIQVITATVM ‖ ROMANARVM ‖ ... LIBER DE LEGIBVS. ‖ ... . – Venedig, 1559.
- Drucker: [Paolo Manuzio].
- Umfang: 170, [34] Bl.; 8°.
- Bogensign.: A⁸–Y⁸, Zz⁸, Aa⁸, Bb⁸, Cc⁴.
- FP: e-ar u-u- n-os lipo (3) 1559 (R).
- Buchschmuck: D.; EX.
- Prov.: Etienne Graf von Méjan.
- Bibliographien: Adams M 476; Cat. Ital. Books S. 412; Bibl. Aldina S. 103; Ebert 12990; Budapest M 180.
- Sign.: Ald. Ren. 179,22.

Nr. 916
Manuzio, Paolo: ANTIQVITATVM ‖ ROMANARVM ‖ ... LIBER DE LEGIBVS. ‖ ... . – Venedig, 1559.
- Drucker: [Paolo Manuzio].
- Umfang: 170, [34] Bl.; 8°.
- Bogensign.: A⁸–Y⁸, Zz⁸, Aa⁸, Bb⁸, Cc⁴.
- FP: e-ar u-u- n-os lipo (3) 1559 (R).
- Buchschmuck: D.; EX.
- Prov.: Gottlieb Ernst Schmid.
- Bibliographien: Ald. Ren. 179,22; Adams M 476; Cat. Ital. Books S. 412; Bibl. Aldina S. 103; Ebert 12990; Budapest M 180.
- Sign.: Ga 1678 RAR.

Nr. 917
Ugonius, Flavius Alexius: ... De maximis Italiae atque Graeciae ‖ calamitatibus. ‖... . – [Venedig], 1559.
- Drucker: IN ACADEMIA VENETA [= Paolo Manuzio].
- Buchbinder: François Bozérian.
- Umfang: [4], 74, [2]Bl.; 4°.
- Bogensign.: a⁴, A⁴–H⁴, I⁶, K⁴–S⁴, ².
- FP: i-us eòri s,t, diri (3) 1559 (R).
- Buchschmuck: D.; E.; EX.
- Prov.: Etienne Graf von Méjan.
- Bibliographien: Adams U 27; Cat. Ital. Books S. 704; Bibl. Aldina S. 161; Ald. Ren. 275,22.
- Sign.: Ald. Ren. 267 Nr. 3.

Nr. 918
Summa librorum quos: SVMMA LIBRORVM, ‖ QVOS IN OMNIBVS SCIENTIIS, ‖ AC NOBILIORIBVS ARTIBVS, ‖ VARIIS LINGVIS CONSCRIPTOS, ‖ ... . Hrsg.: Academia Veneta. – [Venedig], 1559.
- Drucker: IN ACADEMIA VENETA [= Paolo Manuzio].
- Buchbinder: François Bozérian.
- Umfang: [4], 39 Bl.; 4°.
- Bogensign.: a⁴, A⁴–K⁴.
- FP: t,em s.s. a.ti dede (3) 1559 (R).
- Buchschmuck: D.; E.; EX.
- Prov.: Etienne Graf von Méjan.
- Bibliographien: Adams V 377; Cat. Ital. Books S. 717; Ald. Ren. 270,2.
- Sign.: Ald. Ren. 267 Nr. 7.

Nr. 919
Procura del Giovanni: PROCVRA DEL ... ‖ ... GIOVANNI BADOARO ‖ ALL' ABATE MORLUPINO, ‖ ET A VINCENTIO ALESSANDRI. ‖. Hrsg.: [Academia Veneta]. – [1559].
- Buchbinder: François Bozérian.
- Umfang: [2] Bl.; 4°.
- Bogensign.: ².
- FP: o.t. o.m. o=cû b.i, (C) 1559 (Q).
- Buchschmuck: E.; EX.
- Prov.: Etienne Graf von Méjan.
- Bibliographien: Ald. Ren. 277,36.
- Sign.: Ald. Ren. 267 Nr. 15.

Nr. 920
Obigo de reggenti: OBIGO DE' ‖ REGGENTI. ‖. Hrsg.: Academia Veneta. – 1559, XXI di Giugno.
- Buchbinder: François Bozérian.
- Umfang: [1] Bl.; 4°.
- Bogensign.: ².
- Buchschmuck: E.; EX.
- Prov.: Etienne Graf von Méjan.
- Bibliographien: Ald. Ren. 278,37.
- Sign.: Ald. Ren. 267 Nr. 16.

Nr. 921
Lettera: LETTERA DEL ‖ CARD. ALESSANDRINO. ‖. EST: [Lettera]. Hrsg.: Academia Veneta. – [1559], (XIII. ‖ d' Agosto).
- Buchbinder: François Bozérian.
- Umfang: [1] Bl.; 4°.
- Bogensign.: ².
- Buchschmuck: E.; EX.
- Prov.: Etienne Graf von Méjan.
- Bibliographien: Ald. Ren. 280,50.
- Sign.: Ald. Ren. 267 Nr. 27.

Nr. 922
Lettera: LETTERA DEL ‖ CARDINAL DI MANTOVA. ‖ ... . EST: [Lettera]. Hrsg.: Academia Veneta. – (1559, x. di Febraro).
- Buchbinder: François Bozérian.
- Umfang: [1] Bl.; 4°.
- Bogensign.: ².
- Buchschmuck: E.; EX.
- Prov.: Etienne Graf von Méjan.
- Bibliographien: Ald. Ren. 280,50.
- Sign.: Ald. Ren. 267 Nr. 28.

Nr. 923
Lettera: LETTERA DEL ‖ CARDINAL DI FERRARA. ‖ ... . EST: [Lettera]. Hrsg.: Academia Veneta. – 1559, xix. di Febraro.
- Buchbinder: François Bozérian.
- Umfang: [1] Bl.; 4°.
- Bogensign.: ².
- Buchschmuck: E.; EX.
- Prov.: Etienne Graf von Méjan.
- Bibliographien: Ald. Ren. 280,50.
- Sign.: Ald. Ren. 267 Nr. 29.

Nr. 924
Lettera: LETTERA DEL ‖ CARDINAL DI NAPOLI. ‖ ... . EST: [Lettera]. Hrsg.: Academia Veneta. – (1559, viii. di Giugno).
- Buchbinder: François Bozérian.
- Umfang: [1] Bl.; 4°.
- Bogensign.: ².
- Buchschmuck: E.; EX.
- Prov.: Etienne Graf von Méjan.
- Bibliographien: Ald. Ren. 280,50.
- Sign.: Ald. Ren. 267 Nr. 30.

Nr. 925
Lettera: LETTERA DEL ‖ CARDINAL DI TRENTO. ‖ ... . EST: [Lettera]. Hrsg.: Academia Veneta. – (1559, xv. di Giugno).
- Buchbinder: François Bozérian.
- Umfang: [1] Bl.; 4°.
- Bogensign.: ².
- Buchschmuck: E.; EX.
- Prov.: Etienne Graf von Méjan.
- Bibliographien: Ald. Ren. 280,50.
- Sign.: Ald. Ren. 267 Nr. 31.

Nr. 926
Somma delle opere: SOMMA DELLE OPERE ‖ CHE IN TVTTE LE SCIENZE ‖ ET ARTI PIV NOBILI, ET IN VARIE LINGVE ‖ HA DA MANDARE IN LVCE ‖ ... . Hrsg.: Academia Veneta. – [Venedig], 1558.
- Drucker: IN ACADEMIA VENETA [= Paolo Manuzio].
- Umfang: [31] Bl.; 2°.
- Bogensign.: A²–Q².
- FP: i-a- o.en e.re itLE (C) 1558 (R).
- Buchschmuck: D.; E.; EX.
- Prov.: Etienne Graf von Méjan.
- Bibliographien: Cat. Ital. Books S. 717.
- Sign.: 4° Ald. Ren. 269,1.

Nr. 927
Summa librorum quos: SVMMA LIBRORVM, ‖ QVOS IN OMNIBVS SCIENTIIS, ‖ AC NOBILIORIBVS ARTIBVS, ‖ VARIIS LINGVIS CONSCRIPTOS, ‖ ... . Hrsg.: Academia Veneta. – [Venedig], 1559.
- Drucker: IN ACADEMIA VENETA [= Paolo Manuzio].
- Buchbinder: François Bozérian.
- Umfang: [4], 39 Bl.; 4°.
- Bogensign.: a⁴, A⁴–K⁴.
- FP: t,em s.s. a.ti dede (3) 1559 (R).
- Buchschmuck: D.; E.; EX.
- Prov.: Etienne Graf von Méjan.
- Bibliographien: Adams V 377; Cat. Ital. Books S. 717.
- Sign.: Ald. Ren. 270,2 [1. Ex.].
- Abbildung: S. 178.

Nr. 928
Summa librorum quos: SVMMA LIBRORVM, ‖ QVOS IN OMNIBVS SCIENTIIS, ‖ AC NOBILIORIBVS ARTIBVS, ‖ VARIIS LINGVIS

Kat.-Nr. 850

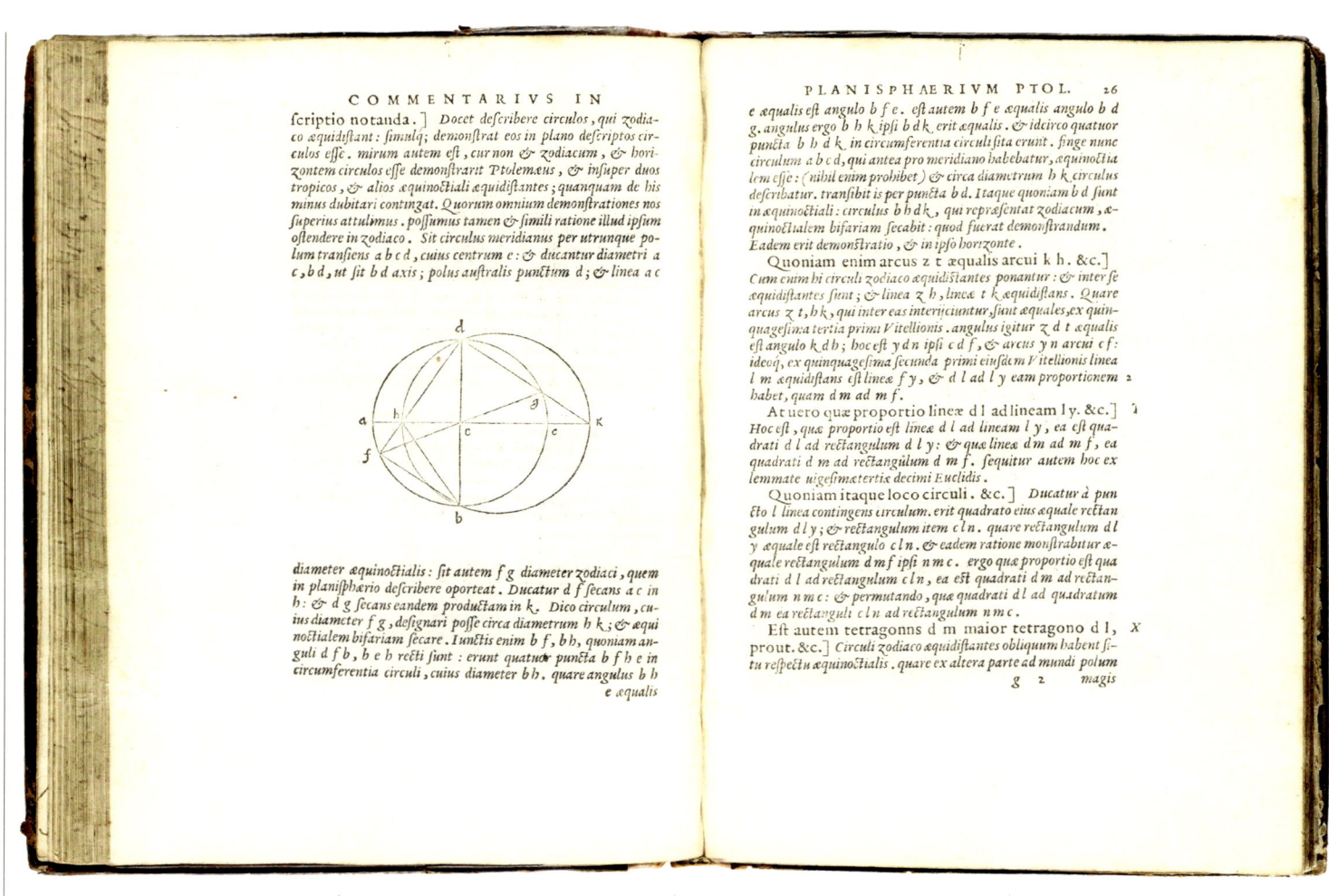

Kat.-Nr. 854

CONSCRIPTOS, ‖ ... . Hrsg.: Academia Veneta. – [Venedig], 1559.
- Drucker: IN ACADEMIA VENETA [= Paolo Manuzio].
- Umfang: [4], 39 Bl.; 4°.
- Bogensign.: a⁴, A⁴–K⁴.
- FP: t,em s.s. a.ti dede (3) 1559 (R).
- Buchschmuck: D.; E.; EX.
- Prov.: David Peltzer, 1566; Etienne Graf von Méjan.
- Bibliographien: Adams V 377; Cat. Ital. Books S. 717.
- Sign.: Ald. Ren. 270,2 [2. Ex.].

Nr. 929

Karl <Römisch-Deutsches Reich, Kaiser, IV.>; <ital.>: LE INSTITVTIONI ‖ DELL' IMPERIO ‖ CONTENVTE NELLA ‖ BOLLA DORO, ‖ ... . EST: [Bulla Aurea; ital.]. Übers.: (Luigi Conti). – [Venedig], 1559, (1558).
- Drucker: Accademia Veneziana [= Paolo Manuzio].
- Umfang: [4], 55 [= 59] Bl.; 4°.
- Bogensign.: A⁴–Q⁴ [unvollst.: A⁴ fehlt].
- FP: ,&mo tie- à,n- ponu (3) 1559 (R).
- Buchschmuck: D.; E.; EX.
- Prov.: Etienne Graf von Méjan.
- Bibliographien: vgl. Adams G 493; Cat. Ital. Books S. 297; Budapest C 289; Bibl. Aldina S. 161; Ebert 3138.
- Sign.: Ald. Ren. 274,17.

Nr. 930

Aristoteles; <lat.>: NOVA ‖ EXPLANATIO ‖ TOPICORVM ‖ ... . EST: [Topica; lat.]. – [Venedig], 1559.
- Drucker: IN ACADEMIA VENETA [= Paolo Manuzio].
- Umfang: [2], 129 Bl.; 2°.
- Bogensign.: a², A⁴–Z⁴, Aa⁴–Kk⁴.
- FP: der: esoι n–o– Siil (3) 1559 (R).
- Buchschmuck: D.; E.; EX.
- Prov.: Etienne Graf von Méjan.
- Bibliographien: Bibl. Aldina S. 161.
- Sign.: 4° Ald. Ren. 274,20.

Nr. 931

Delphinus, Federicus: ... DE FLVXV ET REFLVXV AQVAE MARIS, ‖ ... . Beigef.: Federicus Delphinus: ... DE MOTV OCTAVAE SPHAERAE. ‖. Hrsg.: Academia Veneta. – [Venedig], 1559.
- Drucker: IN ACADEMIA VENETA [= Paolo Manuzio].
- Umfang: [4], 14, [8] Bl., Bl. 19–30; 2°.
- Bogensign.: a⁴, A⁴–C⁴, D², E⁸, F⁴–H⁴.
- FP: i-er t.i- iss, goue (3) 1559 (R).
- Buchschmuck: D; H.; EX.
- Prov.: Etienne Graf von Méjan.
- Bibliographien: Adams D 232; Cat. Ital. Books S. 212; Bibl. Aldina S. 161.
- Sign.: 4° Ald. Ren. 275,21.

Nr. 932

Ugonius, Flavius Alexius: ... De maximis Italiae atque Graeciae ‖ calamitatibus. ‖... . – [Venedig], 1559.
- Drucker: IN ACADEMIA VENETA [= Paolo Manuzio].
- Umfang: [4], 74, [2] Bl.; 4°.
- Bogensign.: a⁴, A⁴–H⁴, I⁶, K⁴–S⁴, 2 [unvollst.: ¹, ² fehlen].
- FP: i-us èòri s,t, diri (3) 1559 (R).
- Buchschmuck: D.; EX.
- Prov.: Etienne Graf von Méjan.
- Bibliographien: Adams U 27; Cat. Ital. Books S. 704; Bibl. Aldina S. 161.
- Sign.: Ald. Ren. 275,22.

Nr. 933

Ugonius, Flavius Alexius: ... De maximis Italiae atque Graeciae ‖ calamitatibus. ‖... . – [Venedig], 1559.
- Drucker: IN ACADEMIA VENETA [= Paolo Manuzio].
- Umfang: [4], 74, [2] Bl.; 4°.
- Bogensign.: a⁴, A⁴–H⁴, I⁶, K⁴–S⁴, 2.
- FP: i-us èòri s,t, diri (3) 1559 (R).
- Buchschmuck: D.; E.; HS.
- Prov.: Kirchenministerial-Bibliothek, Celle.
- Bibliographien: Adams U 27; Cat. Ital. Books S. 704; Bibl. Aldina S. 161; Ald. Ren. 275,22.
- Sign.: Rm 2255 RAR.

Nr. 934

Orationes clarorum hominum: ORATIONES ∥ CLARORVM HOMINVM, ∥ VEL HONORIS OFFI- CIIQVE ∥ CAVSA AD PRINCIPES, ∥ VEL IN FVNERE DE VIRTV- ∥ TIBVS EORVM HABITAE. ∥. Mitarb.: (Bernardus Iustinianus; Hector Fliscus; Johannes Camerarius; Tito Vespasiano Strozzi; Jacobus Spinola; Giasone DalMaino; Gentilis Becchius; Angelus Politianus; Niccolò Tegrimi; Ermolao Barbaro; Girolamo Donati; Marcus Dandulus; Giambattista Giraldi; Leonello Chiericati; Girolamo Negri; Stanislaw Orzechowski; Andrea Navagero; Carlo Sigonio; Gabriel Maurus; Leonardo Giustiniani; Marcus Antonius Sabellicus; Giovanni Battista Ramusio; Lodovico Odassi; Vittore Fausto). – [Venedig], 1559.
- Drucker: IN ACADEMIA VENETA [= Paolo Manuzio].
- Umfang: [8], 176 [= 170] Bl.; 4°.
- Bogensign.: *⁴, **⁴, A⁴-Z⁴, Aa⁴-Vu⁴.
- FP: uet, m.46 m;ti ceit (3) 1559 (R).
- Buchschmuck: D.; E.; EX.
- Prov.: Etienne Graf von Méjan.
- Bibliographien: Adams O 236; Cat. Ital. Books S. 717; Bibl. Aldina S. 161; Ebert 15172; Budapest O 96.
- Sign.: Ald. Ren. 275,23 [1. Ex.].

Nr. 935

Orationes clarorum hominum: ORATIONES ∥ CLARORVM HOMINVM, ∥ VEL HONORIS OFFI- CIIQVE ∥ CAVSA AD PRINCIPES, ∥ VEL IN FVNERE DE VIRTV- ∥ TIBVS EORVM HABITAE. ∥. Mitarb.: (Bernardus Iustinianus; Hector Fliscus; Johannes Camerarius; Tito Vespasiano Strozzi; Jacobus Spinola; Giasone DalMaino; Gentilis Becchius; Angelus Politianus; Niccolò Tegrimi; Ermolao Barbaro; Girolamo Donati; Marcus Dandulus; Giambattista Giraldi; Leonello Chiericati; Girolamo Negri; Stanislaw Orzechowski; Andrea Navagero; Carlo Sigonio; Gabriel Maurus; Leonardo Giustiniani; Marcus Antonius Sabellicus; Giovanni Battista Ramusio; Lodovico Odassi; Vittore Fausto). – [Venedig], 1559.
- Drucker: IN ACADEMIA VENETA [= Paolo Manuzio].
- Umfang: [8], 176 [= 170] Bl.; 4°.
- Bogensign.: *⁴, **⁴, A⁴-Z⁴, Aa⁴-Vu⁴.
- FP: uet, m.46 m;ti ceit (3) 1559 (R).
- Buchschmuck: D.; EX.
- Prov.: Friedrich Jacob Roloff.
- Bibliographien: Adams O 236; Cat. Ital. Books S. 717; Bibl. Aldina S. 161; Ebert 15172; Budapest O 96.
- Sign.: Ald. Ren. 275,23 [2. Ex.].

Nr. 936

Placidus <Parmensis>: SACRA ∥ AC ∥ RECENS PSALMORVM ∥ OMNIVM DAVIDIS ∥ INTERPRETA- TIO, ∥ … . – [Venedig], 1559.
- Drucker: IN ACADEMIA VENETA [= Paolo Manuzio].
- Umfang: [4], 335 Bl.; 4°.
- Bogensign.: *⁴, A⁸-Z⁸, Aa⁸-Tt⁸.
- FP: â-a- uem- s,o. inin (3) 1559 (R).
- Buchschmuck: D.; EX.
- Prov.: Etienne Graf von Méjan.
- Bibliographien: Adams P 1382; Cat. Ital. Books S. 523; Bibl. Aldina S. 162.
- Sign.: Ald. Ren. 276,24.

Nr. 937

Alciati, Andrea: … In secundam Infortiati partem de legatis praeclarissima ∥ commentaria, … . – [Venedig], 1559.
- Drucker: IN ACADEMIA VENETA [= Paolo Manuzio].
- Umfang: [4] Bl., 151 S.; 2°.
- Bogensign.: *⁴, ?, C⁴, D²-Z², a²-p² [unvollst.: *³-*⁴ u. S. 1 – 8 fehlen].
- FP: a-i- u,id d-i- raga (3) 1559 (R).
- Buchschmuck: D.; EX.
- Prov.: Etienne Graf von Méjan.
- Bibliographien: Ind. Aur. 102.997; Bibl. Aldina S. 162.
- Sign.: 4° Ald. Ren. 276,25.

Nr. 938

Sadoleto, Jacopo: DVO ∥ TVM GRAVISSIMA, ∥ TVM LEPIDISSIMA ∥ POEMATA HEROICA. ∥ … Curtius, … . Beigef.: Francesco Sfondrati: … De raptu Helenae. ∥. – [Venedig], 1559.
- Drucker: IN ACADEMIA VENETA [= Paolo Manuzio].
- Buchbinder: Lefebvre (?).
- Umfang: [4], 24 Bl.; 4°.
- Bogensign.: *⁴, A⁴-F⁴ [unvollst.: *⁴ fehlt].
- FP: orap i,bæ s,s. OrVo (3) 1559 (R).
- Buchschmuck: D.; E.; EX.
- Prov.: Etienne Graf von Méjan.
- Bibliographien: Adams S 60; Cat. Ital. Books S. 597; Bibl. Aldina S. 162.
- Sign.: Ald. Ren. 276,26.

🐚 1560

Nr. 939

Scala, Pace: DE CONSILIO SAPIENTIS, ∥ IN FORENSIBVS CAVSIS ∥ ADHIBENDO, LIBRI IIII. ∥ … Eiusdem de contractuum, et ultimarum ∥ uoluntatum compositione ad sen- ∥ sum Sapientis liber unus. ∥ … . – Venedig, 1560.
- Drucker: [Paolo Manuzio].
- Buchbinder: François Bozérian.
- Umfang: 125, [11] Bl.; 4°.
- Bogensign.: A⁴-Z⁴, AA⁴-LL⁴.
- FP: ecm, u-s- i-en uoSa (3) 1560 (R).
- Buchschmuck: D.; E.; EX.
- Prov.: Etienne Graf von Méjan.
- Bibliographien: Adams S 549; Cat. Ital. Books S. 616; Bibl. Aldina S. 103; Budapest S 168.
- Sign.: Ald. Ren. 179,1 [1. Ex.].

Nr. 940

Scala, Pace: DE CONSILIO SAPIENTIS, ∥ IN FORENSIBVS CAVSIS ∥ ADHIBENDO, LIBRI IIII. ∥ … Eiusdem de contractuum, et ultimarum ∥ uoluntatum compositione ad sen- ∥ sum Sapientis liber unus. ∥ … . – Venedig, 1560.
- Drucker: [Paolo Manuzio].
- Umfang: 125, [11] Bl.; 4°.
- Bogensign.: A⁴-Z⁴, AA⁴-LL⁴ [Titelbl. beschädigt].
- FP: ecm, u-s- i-en uoSa (3) 1560 (R).
- Buchschmuck: D.; EX.
- Prov.: Etienne Graf von Méjan.
- Bibliographien: Adams S 549; Cat. Ital. Books S. 616; Bibl. Aldina S. 103; Budapest S 168.
- Sign.: Ald. Ren. 179,1 [2. Ex.].

Nr. 941

Scala, Pace: DE CONSILIO SAPIENTIS, ∥ IN FORENSIBVS CAVSIS ∥ ADHIBENDO, LIBRI IIII. ∥ … Eiusdem de contractuum, et ultimarum ∥ uoluntatum compositione ad sen- ∥ sum Sapientis liber unus. ∥ … . – Venedig, 1560.
- Drucker: [Paolo Manuzio].
- Umfang: 125, [11] Bl.; 4°.
- Bogensign.: A⁴-Z⁴, AA⁴-LL⁴.
- FP: ecm, u-s- i-en uoSa (3) 1560 (R).
- Buchschmuck: D.; EX.
- Prov.: Universitätsbibliothek, Erfurt; Königlich Preußische Bibliothek, Erfurt.
- Bibliographien: Ald. Ren. 179,1; Adams S 549; Cat. Ital. Books S. 616; Bibl. Aldina S. 103; Budapest S 168.
- Sign.: 1 an Fr 324ᵃ RAR.

Nr. 942

Ferrari, Ottaviano: … DE DISCIPLINA ENCYCLIO, ∥ AD ∥ L. ANNIBALEM CRVCEIVM, ∥ LIBER. ∥ … . – Venedig, 1560.
- Drucker: Paolo Manuzio.
- Umfang: [4], 18, [6] Bl.; 4°.
- Bogensign.: *⁴, A⁴-F⁴.
- FP: .ao- n-ea peòd nota (3) 1560 (R).
- Buchschmuck: D.; E.; EX.
- Prov.: Etienne Graf von Méjan.
- Bibliographien: Cat. Ital. Books S. 247; Bibl. Aldina S. 103.
- Sign.: Ald. Ren. 179,2.

Nr. 943

Odoni, Rinaldo: DISCORSO ∥ … per uia Peripatetica, oue si dimostra, ∥ se l' anima, secondo Aristotele, è mortale, o immortale. ∥. – Venedig, 1560.
- Drucker: [Paolo Manuzio].
- Umfang: [4], XXXVI Bl.; 4°.
- Bogensign.: A⁴-K⁴.
- FP: oan- teim inn- cisi (3) 1560 (R).
- Buchschmuck: D.
- Bibliographien: Adams O 82; Cat. Ital. Books S. 473.
- Sign.: Ald. Ren. 179,3.

Nr. 944

Bolzanio, Urbano: … GRAMMATICAE INSTITVTIONES ∥ AD GRAECAM LINGVAM, ∥ … . – Venedig, 1560.
- Drucker: [Paolo Manuzio].
- Umfang: 322 Bl.; 8°.
- Bogensign.: A⁸-Z⁸, Aa⁸-Qq⁸, Rr¹⁰.
- FP: 8.er t,μι t.ut νωδη (3) 1560 (R).
- Buchschmuck: D.; EX.
- Prov.: Etienne Graf von Méjan.
- Bibliographien: vgl. Adams B 2367; Cat. Ital. Books S. 117; Ind. Aur. 121.557; Bibl. Aldina S. 103; Ebert 23215.
- Sign.: Ald. Ren. 180,4.

Nr. 945

Cicero, M[arcus] Tullius: … DE PHILOSOPHIA, ∥ PRIMA PARS, ∥ Academicarum quaestionum … ∥ De finibus bonorum et malorum libri V. ∥ Tusculanarum quaestionum libri V. ∥ … . EST: [Opera philosophica; T. 1]. Kommentator: Paolo Manuzio. – Venedig, 1560.
- Drucker: [Paolo Manuzio].
- Umfang: 286, [45] Bl.; 8°.
- Bogensign.: a⁸-z⁸, aa⁸-rr⁸, ss⁴, tt⁸.
- FP: liam i,re odm; muqu (3) 1560 (R).
- Buchschmuck: D.; E.; KF.
- Prov.: I. F. M. B., 1564.
- Bibliographien: Adams C 1764; Cat. Ital. Books S. 176; Ind. Aur. 138.964; Bibl. Aldina S. 103; Ebert 4472.
- Sign.: Ald. Ren. 180,5-1.

Nr. 946

Cicero, M[arcus] Tullius]: … DE PHILOSOPHIA ∥ VOLVMEN SECVNDVM. ∥ De natura deorum, De diuinatione, De fato, ∥ … EST: [Opera philosophica; T. 2]. Kommentator: Paolo Manuzio. – Venedig, 1560.
- Drucker: [Paolo Manuzio].
- Umfang: 258, [34] Bl.; 8°.
- Bogensign.: A⁸-Z⁸, AA⁸-II⁸, Kk⁸-Mm⁸, Mm⁸, Nn⁴ [Mm⁸ doppelt].
- FP: am,* oros a-a, nodu (3) 1560 (R).
- Buchschmuck: D.; E.; KF.
- Prov.: I. F. M. B., 1564.
- Bibliographien: Adams C 1764; Cat. Ital. Books S. 176; Ind. Aur. 138.964; Bibl. Aldina S. 103; Ebert 4472.
- Sign.: Ald. Ren. 180,5-2.

Nr. 947

Cicero, M[arcus] Tullius: … EPISTOLAE FAMILIARES. ∥ … . EST: [Epistolae ad familiares]. Beigef.: Paolo Manuzio: … scholia. ∥. Hrsg.: Paolo Manuzio. – Venedig, 1560.
- Drucker: [Paolo Manuzio].
- Umfang: 320, [48] Bl.; 8°.
- Bogensign.: A⁸-Z⁸, AA⁸-ZZ⁸.
- FP: utiu e-a- r-s- dedi (3) 1560 (R).
- Buchschmuck: D.; EX.

- Prov.: Etienne Graf von Méjan.
- Bibliographien: Ind. Aur. 138.965; Bibl. Aldina S. 104.
- Sign.: Ald. Ren. 180,6 [1. Ex.].

Nr. 948
Cicero, M[arcus] Tullius: ... EPISTOLAE FAMILIARES. ‖ ... . EST: [Epistolae ad familiares]. Beigef.: Paolo Manuzio: ... scholia. ‖. Hrsg.: Paolo Manuzio. – Venedig, 1560.
- Drucker: [Paolo Manuzio].
- Umfang: 320, [48] Bl.; 8°.
- Bogensign.: A⁸–Z⁸, AA⁸–ZZ⁸.
- FP: utiu e-a- r-s- dedi (3) 1560 (R).
- Buchschmuck: D.; E.
- Prov.: C. K. B., 1565; W. Gramberg; Gymnasialbibliothek, Neustrelitz.
- Bibliographien: Ind. Aur. 138.965; Bibl. Aldina S. 104.
- Sign.: Ald. Ren. 180,6 [2. Ex.].

Nr. 949
Sigonio, Carlo: ORATIONES ‖ SEPTEM ‖ ... . – Venedig, 1560.
- Drucker: [Paolo Manuzio].
- Umfang: 52 Bl.; 4°.
- Bogensign.: A⁴–N⁴.
- FP: s-ui isdo I.e- inan (3) 1560 (R).
- Buchschmuck: D.; E.; EX.
- Prov.: Etienne Graf von Méjan.
- Bibliographien: Adams S 1127; Cat. Ital. Books S. 626; Bibl. Aldina S. 104.
- Sign.: Ald. Ren. 180,8 [1. Ex.].

Nr. 950
Sigonio, Carlo: ... ORATIONES SEPTEM. ‖ ... . – Venedig, 1560.
- Drucker: Giordano Ziletti.
- Umfang: 52 Bl.; 4°.
- Bogensign.: A⁴–N⁴.
- FP: s-ui isdo I.e- inan (3) 1560 (R).
- Buchschmuck: D.; EX.
- Prov.: Etienne Graf von Méjan.
- Bibliographien: Adams S 1128; Budapest S 529.
- Sign.: Ald. Ren. 180,8 [2. Ex.].

Nr. 951
Rocco, Girolamo: AD ... ‖ HIERONYMVM PRIOLVM, ‖ VENETIARVM DVCEM, ‖ pro eius electione ... ‖ congratulatio. ‖. Verf. in Vorlage: Hieronymus Rocha. – Venedig, 1560.
- Drucker: [Paolo Manuzio?].
- Buchbinder: René Simier.
- Umfang: [4] Bl.; 4°.
- Bogensign.: A⁴.
- FP: s,er isx- ado- o-s, (C) 1560 (R).
- Buchschmuck: D.; E.; EX.
- Prov.: Etienne Graf von Méjan.
- Sign.: Ald. Ren. 180,9.

Nr. 952
Vergilius Maro, P[ublius]: P. VIRGILIVS MARO. ‖ ... . EST: [Opera]. Hrsg.: Paolo Manuzio. – Venedig, 1560.
- Drucker: Paolo Manuzio.
- Buchbinder: François Bozérian.
- Umfang: 243, [1] Bl.; 8°.
- Bogensign.: A⁸–Z⁸, AA⁸–GG⁸, HH⁴.
- FP: b-io n,s, a:i) SeIn (3) 1560 (R).
- Buchschmuck: D.; E.; EX.
- Prov.: Etienne Graf von Méjan.
- Bibliographien: Ebert 23684.
- Sign.: Ald. Ren. 180,10.

Nr. 953
Terentius Afer, [Publius]: TERENTIVS, ‖ ... . EST: [Comoediae]. Beigef.: M[arc]-Antoine Muret: ... argumenta in singulas ‖ comoedias, et annotationes, ‖ ... . Hrsg.: M[arc]-Antoine Muret. – Venedig, 1560.
- Drucker: [Paolo Manuzio].
- Umfang: [16], 200 Bl.; 8°.
- Bogensign.: A⁸–Z⁸, AA⁸–DD⁸.
- FP: t,ue umti o.am AtNo (3) 1560 (R).
- Buchschmuck: D.; EX.
- Prov.: Etienne Graf von Méjan.
- Bibliographien: Adams T 357; Ebert 22492.
- Sign.: Ald. Ren. 180,11.

Nr. 954
Manuzio, Paolo: EPISTOLARVM ‖ ... LIBRI IIII. ‖ ... . Beigef.: Paolo Manuzio: ... praefationes ‖ (... QVIBVS LIBRI, AD ILLVSTRES ‖ VIROS, AVT AD AMICOS ‖ MISSI, COMMEN- ‖ DANTVR. ‖) ... . – Venedig, 1560.
- Drucker: [Paolo Manuzio].
- Umfang: [8], 168, [4] Bl., Bl. 169–229, [3] Bl.; 8°.
- Bogensign.: A⁸–Y⁸, yy⁴, Z⁸, AA⁸–GG⁸.
- FP: a-i- uis, e-a- iubu (3) 1560 (R).
- Buchschmuck: D.; EX.
- Prov.: Etienne Graf von Méjan.
- Bibliographien: Adams M 484; Cat. Ital. Books S. 413; Bibl. Aldina S. 104; Ebert 12987.
- Sign.: Ald. Ren. 180,12.

Nr. 955
Manuzio, Paolo: LETTERE VOLGARI ‖ ... DIVISE IN QVATTRO ‖ LIBRI. ‖. – Venedig, 1560.
- Drucker: [Paolo Manuzio].
- Umfang: 165, [3] Bl.; 8°.
- Bogensign.: A⁸–X⁸.
- FP: i-un o-i- bere Beap (3) 1560 (R).
- Buchschmuck: D.; E.; EX.
- Prov.: Etienne Graf von Méjan.
- Bibliographien: Adams M 497; Cat. Ital. Books S. 413; Bibl. Aldina S. 104.
- Sign.: Ald. Ren. 180,13.

Nr. 956
Dionysius <Halicarnassensis>; <lat.>: ... DE THVCYDIDIS ‖ HISTORIA IVDICIVM, ‖ ... . Übers.: András Dudith. – Venedig, 1560.
- Drucker: [Paolo Manuzio].
- Umfang: [94] Bl.; 4°.
- Bogensign.: A⁴–Y⁴, Z⁶.
- FP: x-n- o-el a-eà cost (C) 1560 (R).
- Buchschmuck: D.; E.; EX.
- Prov.: Etienne Graf von Méjan.
- Bibliographien: Adams D 638; Cat. Ital. Books S. 217; Ind. Aur. 154.242; Bibl. Aldina S. 104; Ebert 6234; Budapest D 192.
- Sign.: Ald. Ren. 181,15.

Nr. 957
Sallustius Crispus, [Gaius]: ... De coniuratione Catilinae, et de ‖ bello Iugurthino. ‖ Eiusdem orationes quaedam ex ‖ libris historiarum. ‖ ... . EST: [Opera]. Beigef.: ([Marcus] Porcius Latro: ... DECLAMATIO CONTRA ‖ L. SERGIVM CATILINAM. ‖); (M[arcus] Tullius Cicero: ... IN SAL- ‖ LVSTIVM ‖ ORATIO. ‖). – Venedig, 1560.
- Drucker: [Paolo Manuzio].
- Umfang: [8], 128, [8] Bl.; 8°.
- Bogensign.: A⁸–S⁸.
- FP: nôp- û.it o–l- almi (3) 1560 (R).
- Buchschmuck: D.; EX.
- Prov.: Etienne Graf von Méjan.
- Bibliographien: Adams S 158; Cat. Ital. Books S. 599; Bibl. Aldina S. 104; Ebert 19992.
- Sign.: Ald. Ren. 181,16.

Nr. 958
Vico, Enea: EX LIBRIS XXIII ‖ COMMENTARIORVM ‖ IN VETERA IMPERATORVM ‖ ROMANORVM NVMISMATA ‖ ... LIBER PRIMVS ‖. – Venedig, 1560.
- Drucker: [Paolo Manuzio].
- Buchbinder: François Bozérian.
- Umfang: 130 S., [7] Bl.; 4°.
- Bogensign.: ², A², B⁴–Q⁴, R², α⁴, β².
- FP: uss; s,o– ipha tict (3) 1560 (R).
- Buchschmuck: TK.; K.; T.; E.; EX.
- Prov.: Etienne Graf von Méjan.
- Bibliographien: Adams V 637; Cat. Ital. Books S. 723.
- Sign.: Ald. Ren. 181,17 [1. Ex.].

Nr. 959
Vico, Enea: EX LIBRIS XXIII ‖ COMMENTARIORVM ‖ IN VETERA IMPERATORVM ‖ ROMANORVM NVMISMATA ‖ ... LIBER PRIMVS ‖. – Venedig, 1560.
- Drucker: [Paolo Manuzio].
- Umfang: 130 S., [7] Bl.; 4°.
- Bogensign.: ², A², B⁴–Q⁴, R², α⁴, β² [Lagen α u. β nach d. Titelbl.].
- FP: uss; s,o– ipha tict (3) 1560 (R).
- Buchschmuck: TK.; K.; T.
- Bibliographien: Adams V 637; Cat. Ital. Books S. 723.
- Sign.: Ald. Ren. 181,17 [2. Ex.].

Nr. 960
Baduaro, Giovanni: PROCVRA ... . Verf. in Vorlage: Joannes Baduarius. Hrsg.: (Academia Veneta). – (1560, Die 30 mensis Martij.).
- Buchbinder: François Bozérian.
- Umfang: [3] Bl.; 4°.
- Bogensign.: ⁴.
- FP: us,* e=n, ruom n=,* (C) 1560 (A).
- Buchschmuck: E.; EX.
- Prov.: Etienne Graf von Méjan.
- Bibliographien: Ald. Ren. 279,43.
- Sign.: Ald. Ren. 267 Nr. 21.

Nr. 961
Concessione dell' eccelso: CONCESSIONE ‖ DELL' ECCELSO CONSIGLIO ‖ DI DIECI ALL' ACADEMIA ‖ 1560 A DI VLTIMO DI MAGGIO. ‖. Hrsg.: Academia Veneta. – 1560.
- Buchbinder: François Bozérian.
- Umfang: [1] Bl.; 4°.
- Bogensign.: ².
- Buchschmuck: E.; EX.
- Prov.: Etienne Graf von Méjan.
- Bibliographien: Ald. Ren. 279,45.
- Sign.: Ald. Ren. 267 Nr. 22.

Nr. 962
Lettere di cambio: LETTERE ‖ DI CAMBIO ‖ DI DIVERSE RIMESSE AL MAG. ‖ M. GIOVANNI BADOARO, ‖ E FRATELLI DITTA DELL'ACAD. VEN. ‖ Nel' ANNO MDLX. ‖. Hrsg.: Academia Veneta. – [1560].
- Buchbinder: François Bozérian.
- Umfang: [6] Bl.; 4°.
- Bogensign.: ⁶.
- FP: o.o. a.i. n=r. ioi. (C) 1560 (Q).
- Buchschmuck: E.; EX.
- Prov.: Etienne Graf von Méjan.
- Bibliographien: Ald. Ren. 279,47.
- Sign.: Ald. Ren. 267 Nr. 23.

Nr. 963
Lettere di cambio: LETTERE ‖ DI CAMBIO ‖ NEL MAG. M. GIOVANNI BADOARO, E FRATELLI DITTA DELL' ACADEMIA ‖ VENETIANA. ‖. Hrsg.: Academia Veneta. – [ca. 1560].
- Buchbinder: François Bozérian.
- Umfang: [8] Bl.; 4°.
- Bogensign.: ⁸.
- FP: a.a. a.i. uio= i=i= (C) 1560 (Q).
- Buchschmuck: E.; EX.
- Prov.: Etienne Graf von Méjan.
- Bibliographien: Ald. Ren. 279,48.
- Sign.: Ald. Ren. 267 Nr. 24.

Nr. 964
Accordo della ditta: ACCORDO ‖ DELLA ‖ DITTA, E FRATELLI ‖ CO' L TASSO. ‖. Hrsg.: Academia Veneta. – (1560, VI. di Gennaro.).
- Buchbinder: François Bozérian.
- Umfang: [1] Bl.; 4°.
- Bogensign.: ².
- Buchschmuck: E.; EX.
- Prov.: Etienne Graf von Méjan.
- Bibliographien: Ald. Ren. 278,42.
- Sign.: Ald. Ren. 267 Nr. 26.

Nr. 965
Lettera: LETTERA DEL ‖ DVCA DI SAVOIA. ‖ ... . EST: [Lettera]. Hrsg.: Academia Veneta. – (1560, 7. di Genaro).
- Buchbinder: François Bozérian.
- Umfang: [1] Bl.; 4°.
- Bogensign.: ².
- Buchschmuck: E.; EX.
- Prov.: Etienne Graf von Méjan.
- Bibliographien: Ald. Ren. 280,50.
- Sign.: Ald. Ren. 267 Nr. 32.

Kat.-Nr. 854

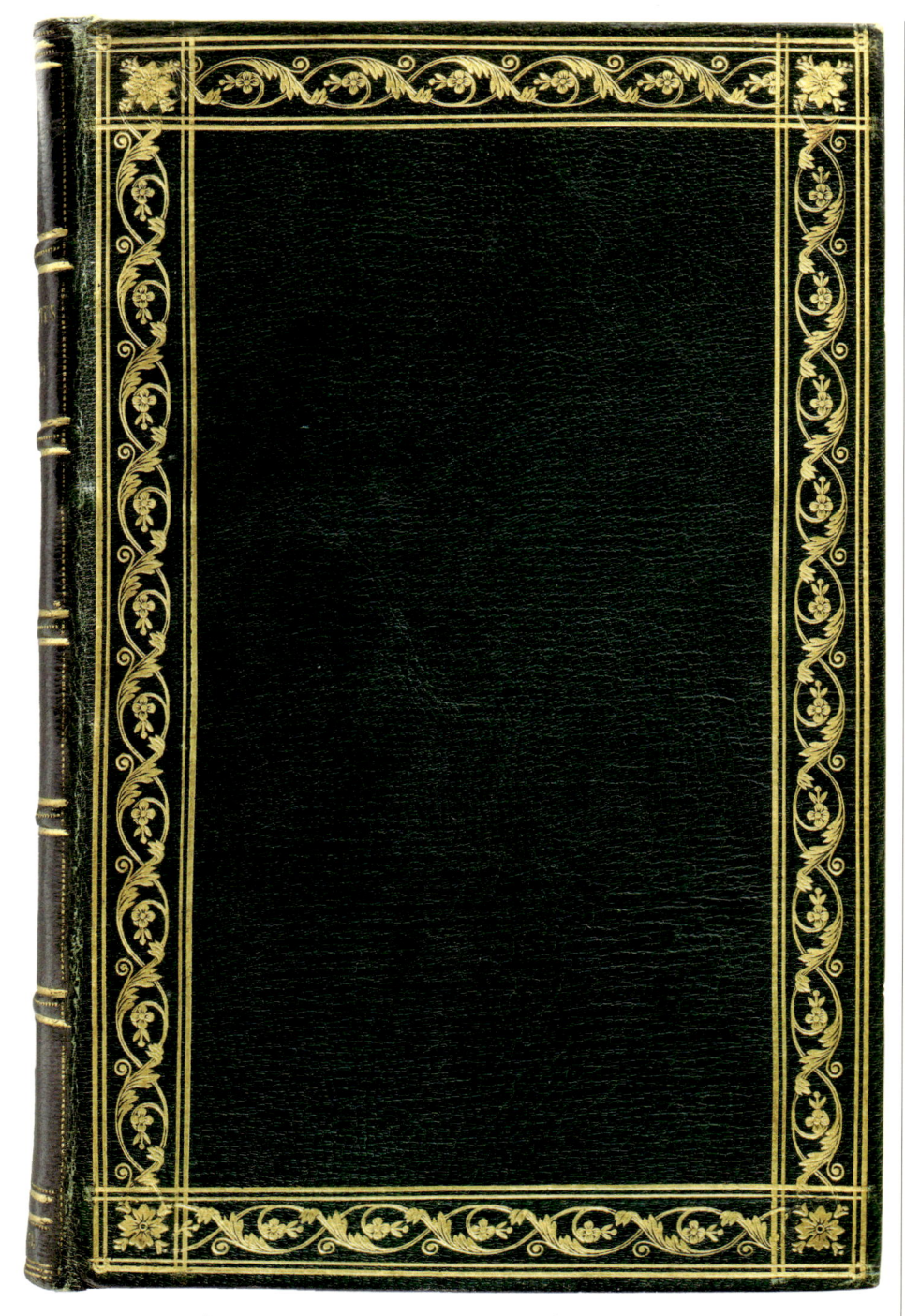

Kat.-Nr. 868

Nr. 966
Concessione del medesimo: CONCESSIONE ‖ DEL MEDE- SIMO. ‖. Hrsg.: Academia Veneta. – 1560, xxviii di no= ‖ uembre.
- Buchbinder: François Bozérian.
- Umfang: [2] Bl.; 4°.
- Bogensign.: ².
- FP: p.e. V.X. nate cali (C) 1560 (R).
- Buchschmuck: E.; EX.
- Prov.: Etienne Graf von Méjan.
- Bibliographien: Ald. Ren. 280,50.
- Sign.: Ald. Ren. 267 Nr. 33.

Nr. 967
Instrumento tra alcuni: INSTRV- ‖ MENTO ‖ TRA ALCVNI DE GLI ‖ ACADEMICI ACET- ‖ tato ne' Ban- chi. ‖. Hrsg.: Academia Veneta. – (1560, xxx. mensis Martii).
- Buchbinder: François Bozérian.
- Umfang: [2] Bl.; 4°.
- Bogensign.: ².
- FP: uen. iaie ana. dite (C) 1560 (R).
- Buchschmuck: E.; EX.
- Prov.: Etienne Graf von Méjan.
- Bibliographien: Ald. Ren. 280,51.
- Sign.: Ald. Ren. 267 Nr. 34.

Nr. 968
In Venezia in: 1560. 30. Decem- ‖ bre. ‖ In Venetia in contrada di San Cantian nella ca= ‖ sa dell' habitatione del Clarissimo M. Feri- ‖ go Badoer. ‖. EST: [In Venezia in contrada]. Hrsg.: Academia Vene- ta. – [nach 1560].
- Buchbinder: François Bozérian.
- Umfang: 11 Bl.; 4°.
- Bogensign.: A⁴, B⁴, C³.
- FP: inae s-e, u-ro o.l- (3) 1560 (Q).
- Buchschmuck: E.; EX.
- Prov.: Etienne Graf von Méjan.
- Bibliographien: Ald. Ren. 280,52.
- Sign.: Ald. Ren. 267 Nr. 35.

🌹 1561

Nr. 969
Gabuccini, Geronimo: ... DE COMITIALI MORBO ‖ LIBRI III. ‖ ... . – Venedig, 1561.
- Drucker: [Paolo Manuzio].
- Buchbinder: François Bozérian.
- Umfang: [4], 99, [17] Bl.; 4°.
- Bogensign.: *⁴, A⁴-Z⁴, AA⁴-FF⁴.
- FP: dêon uero umon poce (3) 1561 (R).
- Buchschmuck: D.; E.; EX.
- Prov.: Etienne Graf von Méjan.
- Bibliographien: Adams G 7; Cat. Ital. Books S. 285; Bibl. Aldina S. 105.
- Sign.: Ald. Ren. 182,3.

Nr. 970
Gabuccini, Geronimo: ... DE COMITIALI MORBO ‖ LIBRI III. ‖ ... . – Venedig, 1561.
- Drucker: [Paolo Manuzio].
- Umfang: [4], 99, [17] Bl.; 4°.
- Bogensign.: *⁴, A⁴-Z⁴, AA⁴-FF⁴.
- FP: dêon uero umon poce (3) 1561 (R).
- Buchschmuck: D.; HS.
- Bibliographien: Ald. Ren. 182,3; Adams G 7; Cat. Ital. Books S. 285; Bibl. Aldina S. 105.
- Sign.: 2 an If 215 RAR.

Nr. 971
Camillus, Johannes: DE ORDINE AC METHODO ‖ IN SCIENTIA SERVANDIS ‖ LIBER VNVS, ‖ ... . – Venedig, 1561.
- Drucker: Paolo Manuzio.
- Umfang: 29, [3] Bl.; 4°.
- Bogensign.: A⁴-H⁴.
- FP: tou- eaom s-i- tuem (3) 1561 (R).
- Buchschmuck: D.; EX.
- Prov.: Etienne Graf von Méjan.
- Bibliographien: Adams C 459; Cat. Ital. Books S. 140; Ind. Aur. 130.620; vgl. Bibl. Aldina S. 105.
- Sign.: Ald. Ren. 182,4 [1. Ex.].

Nr. 972
Camillus, Johannes: DE ORDINE AC METHODO ‖ IN SCIENTIA SERVANDIS, ‖ ... DISPVTATIO. ‖. – Venedig, 1561.
- Drucker: Paolo Manuzio.
- Umfang: 29, [3] Bl.; 4°.
- Bogensign.: A⁴-H⁴.

- FP: asin eaom s-i- tuem (3) 1561 (R).
- Buchschmuck: D.; EX.
- Prov.: Etienne Graf von Méjan.
- Bibliographien: vgl. Adams C 459; vgl. Cat. Ital. Books S. 140; vgl. Ind. Aur. 130.620; Bibl. Aldina S. 105.
- Sign.: Ald. Ren. 182,4 [2. Ex.].

Nr. 973

Camillus, Johannes: DE ORDINE ∥ AC METHODO ∥ IN SCIENTIA SERVANDIS ∥ LIBER VNVS, ∥ ... . – Venedig, 1561.
- Drucker: Paolo Manuzio.
- Umfang: 29, [3] Bl.; 4°.
- Bogensign.: A^4–H^4.
- FP: tou- eaom s-i- tuem (3) 1561 (R).
- Buchschmuck: D.
- Bibliographien: Ald. Ren. 182,4; Adams C 459; Cat. Ital. Books S. 140; Ind. Aur. 130.620; vgl. Bibl. Aldina S. 105.
- Sign.: A 1600 RAR.

Nr. 974

Manuzio, Aldo Pio: ... Grammaticarum institutionum ∥ libri IIII. ∥. – Venedig, 1561.
- Drucker: Paolo Manuzio.
- Umfang: 218 Bl.; 8°.
- Bogensign.: A^8–Z^8, Aa^8–Cc^8, Dd^{10}.
- FP: iso- inω. e-s, niQu (3) 1561 (R).
- Buchschmuck: D.; EX.
- Prov.: Gio. Pellegrino Santi di Brassilico; Etienne Graf von Méjan.
- Bibliographien: Bibl. Aldina S. 105; Ebert 12985.
- Sign.: Ald. Ren. 182,5.

Nr. 975

Manuzio, Aldo: ORTHOGRAPHIAE ∥ RATIO, ∥ ... . – Venedig, 1561.
- Drucker: [Paolo Manuzio].
- Umfang: 55 Bl.; 8°.
- Bogensign.: A^8–F^8, G^7.
- FP: umq. t.ml i.l. reCE (3) 1561 (R).
- Buchschmuck: D.; EX.
- Prov.: Etienne Graf von Méjan.
- Bibliographien: Adams M 452; Cat. Ital. Books S. 412; Bibl. Aldina S. 105; Ebert 12996.
- Sign.: Ald. Ren. 182,6.

Nr. 976

Manuzio, Aldo: ELEGANZE, ∥ INSIEME CON LA COPIA ∥ DELLA LINGVA TOSCANA, ∥ E LATINA, ∥ ... . – Venedig, 1561.
- Drucker: [Paolo Manuzio].
- Buchbinder: Lefebvre.
- Umfang: 201 [=192] Bl.; 8°.
- Bogensign.: A^8–Z^8, AA^8.
- FP: e-to uæm, i-in bupr (3) 1561 (R).
- Buchschmuck: D.; E.; EX.
- Prov.: Etienne Graf von Méjan.
- Bibliographien: Cat. Ital. Books S. 412; Bibl. Aldina S. 105.
- Sign.: Ald. Ren. 182,7.

Nr. 977

Cicero, M[arcus] Tullius: ... EPISTOLAE FAMILIARES. ∥ ... . EST: [Epistolae ad familiares]. Beigef.: Paolo Manuzio: ... scholia (... IN FAMILIARES ∥ CICERONIS EPISTOLAS. ∥) ... . Hrsg.: Paolo Manuzio. – Venedig, 1561.
- Drucker: [Paolo Manuzio].
- Umfang: [8], 315, [49] Bl.; 8°.
- Bogensign.: A^8–Z^8, AA^8–ZZ^8, Aa^4.
- FP: utiu amrs umin rise (3) 1561 (R).
- Buchschmuck: D.; E.; KF.
- Prov.: I. F. D. G. M. B., 1564 [= Joachim Friedrich Markgraf von Brandenburg].
- Bibliographien: Ind. Aur. 139.001; Ebert 4424.
- Sign.: Ald. Ren. 183,10.

Nr. 978

Cicero, M[arcus] Tullius: ... EPISTOLAE AD ATTICVM, ∥ AD M. BRVTVM, ∥ AD QVINCTVM ∥ FRATREM, ∥ ... . Hrsg.: Paolo Manuzio. – Venedig, 1561.
- Drucker: [Paolo Manuzio].
- Umfang: 387, [21] Bl.; 8°.
- Bogensign.: A^8–Z^8, AA^8–ZZ^8, Aa^8–Ee^8.
- FP: t,a- t,io m?o- Pomu (3) 1561 (R).
- Buchschmuck: D.; EX.
- Prov.: Etienne Graf von Méjan.
- Bibliographien: Adams C 1924; Ind. Aur. 139.000; Bibl. Aldina S. 105.
- Sign.: Ald. Ren. 183,11.

Nr. 979

Manuzio, Paolo: COMMENTARIVS ∥ ... IN EPISTOLAS CICERONIS ∥ AD ATTICVM. ∥ ... . – Venedig, 1561.
- Drucker: [Paolo Manuzio].
- Umfang: 429 [=427], [8] Bl.; 8°.
- Bogensign.: A^8–Z^8, AA^8–ZZ^8, AAA^8–GGG^8, HHH^4, III^7.
- FP: ena- sei- a.i- mare (3) 1561 (R).
- Buchschmuck: D.; EX.
- Prov.: Etienne Graf von Méjan.
- Bibliographien: Adams M 461; Cat.

Kat.-Nr. 887
Signet der Academia Veneta: »Fama«

Nr. 980
Cicero, [Marcus Tullius]: ... DE OFFICIIS ‖ LIBRI III. ‖ CATO MAIOR, VEL DE SENECTVTE: ‖ LAELIVS, VEL DE AMICITIA: ‖ ... . EST: [Opera philosophica, Teils.]. Hrsg.: Paolo Manuzio. Kommentator: Paolo Manuzio. – Venedig, 1561.
- Drucker: [Paolo Manuzio].
- Umfang: 151, [12] Bl.; 8°.
- Bogensign.: A⁸–V⁸, X³.
- FP: t.i– a,e, i–io esse (3) 1561 (R).
- Buchschmuck: D.; EX.
- Prov.: Etienne Graf von Méjan.
- Bibliographien: Cat. Ital. Books S. 176; Ind. Aur. 138.999; Bibl. Aldina S. 106.
- Sign.: Ald. Ren. 183,13.

Nr. 981
Orationes duae virorum: ORATIONES DVAE ‖ CLARISS. ET AMPLISS. ‖ VIRORVM, ‖ ... . EST: [Orationes duae virorum]. Beigef.: Jacopo Sadoleto: ... DE PACE ‖ AD IMP. CAROLVM V. ‖ ...; Giovanni Battista Campeggi: ... DE TVENDA RELIGIONE, ‖ IN CONCILIO TRIDEN- ‖ TINO HABITA. ‖. – Venedig, 1561.
- Drucker: [Paolo Manuzio].
- Umfang: [4], 26 Bl.; 4°.
- Bogensign.: A⁴–G⁴, H².
- FP: o-i- e–um oni– dane (3) 1561 (R).
- Buchschmuck: D.; E.; EX.
- Prov.: Etienne Graf von Méjan.
- Bibliographien: Adams S 73; Cat. Ital. Books S. 597; Bibl. Aldina S. 106.
- Sign.: Ald. Ren. 183,15.

Nr. 982
Horatius [Flaccus], [Quintus]: HORATIVS. ‖ ... . EST: [Opera]. Beigef.: Aldo [Pio] Manuzio: ... de metris Horatianis. ‖ ... . Hrsg.: M[arc]-Antoine Muret. Kommentator: M[arc]-Antoine Muret; Aldo [Pio] Manuzio. – Venedig, 1561.
- Drucker: [Paolo Manuzio].
- Umfang: [8], 183 Bl.; 8°.
- Bogensign.: a⁸–z⁸, aa⁸.
- FP: q;lo ist: o,o: MoPu (3) 1561 (R).
- Buchschmuck: D.; EX.
- Prov.: Desmeure.
- Bibliographien: Adams H 906; Cat. Ital. Books S. 333; Bibl. Aldina S. 106; Ebert 10158.
- Sign.: Ald. Ren. 183,17.

Nr. 983
Terentius [Afer], [Publius]: TERENTIVS, ‖ ... . EST: [Comoediae]. Beigef.: M[arc]-Antoine Muret: ... argumenta in singulas ‖ comoedias, et annotationes, ‖ ... . Hrsg.: M[arc]-Antoine Muret. – Venedig, 1561.
- Drucker: [Paolo Manuzio].
- Buchbinder: Lefebvre.
- Umfang: [16], 200 Bl.; 8°.
- Bogensign.: A⁸–Z⁸, AA⁸–DD⁸.
- FP: t,ue umti o.am AtNo (3) 1561 (R).
- Buchschmuck: D.; E.; EX.
- Prov.: Etienne Graf von Méjan.
- Bibliographien: Adams T 358; Bibl. Aldina S. 106; Ebert 22492.
- Sign.: Ald. Ren. 183,18.

Nr. 984
Manuzio, Paolo: EPISTOLARVM ‖ ... LIBRI V. ‖ Quincto nuper addito. ‖ ... . Beigef.: Paolo Manuzio: ... praefationes ‖ (... QVIBVS LIBRI, AD ILLVSTRES ‖ VIROS, AVT AD AMICOS MISSI, ‖ COMMENDANTVR. ‖) ... . – Venedig, 1561.
- Drucker: [Paolo Manuzio].
- Umfang: [8], 237, [3] Bl.; 8°.
- Bogensign.: A⁸–Z⁸, AA⁸–HH⁸.
- FP: a,i- i–e- utuæ stfo (3) 1561 (R).
- Buchschmuck: D.; EX.
- Prov.: Franciscus Citineus (?); Etienne Graf von Méjan.
- Bibliographien: Adams M 485; Cat. Ital. Books S. 413; Bibl. Aldina S. 106; Ebert 12987.
- Sign.: Ald. Ren. 184,19 [1. Ex.].

Nr. 985
Manuzio, Paolo: EPISTOLARVM ‖ ... LIBRI V. ‖ Quincto nuper addito. ‖ ... . Beigef.: Paolo Manuzio: ... praefationes ‖ (... QVIBVS LIBRI, AD ILLVSTRES ‖ VIROS, AVT AD AMICOS MISSI, ‖ COMMENDANTVR. ‖) ... . – Venedig, 1561.
- Drucker: [Paolo Manuzio].
- Umfang: [8], 237, [3] Bl.; 8°.
- Bogensign.: A⁸–Z⁸, AA⁸–HH⁸.
- FP: a,i- i–e- utuæ stfo (3) 1561 (R).
- Buchschmuck: D.; EX.
- Prov.: Ezechiel von Spanheim.
- Bibliographien: Adams M 485; Cat. Ital. Books S. 413; Bibl. Aldina S. 106; Ebert 12987.
- Sign.: Ald. Ren. 184,19 [2. Ex.].

Nr. 986
Caesar, G[aius] Iulius: ... COMMENTARIORVM ‖ [1.Sp.] De bello ‖ [2.Sp.] Gallico, libri VIII. ‖ Ciuili Pompeiano, lib. III. ‖ Alexan-

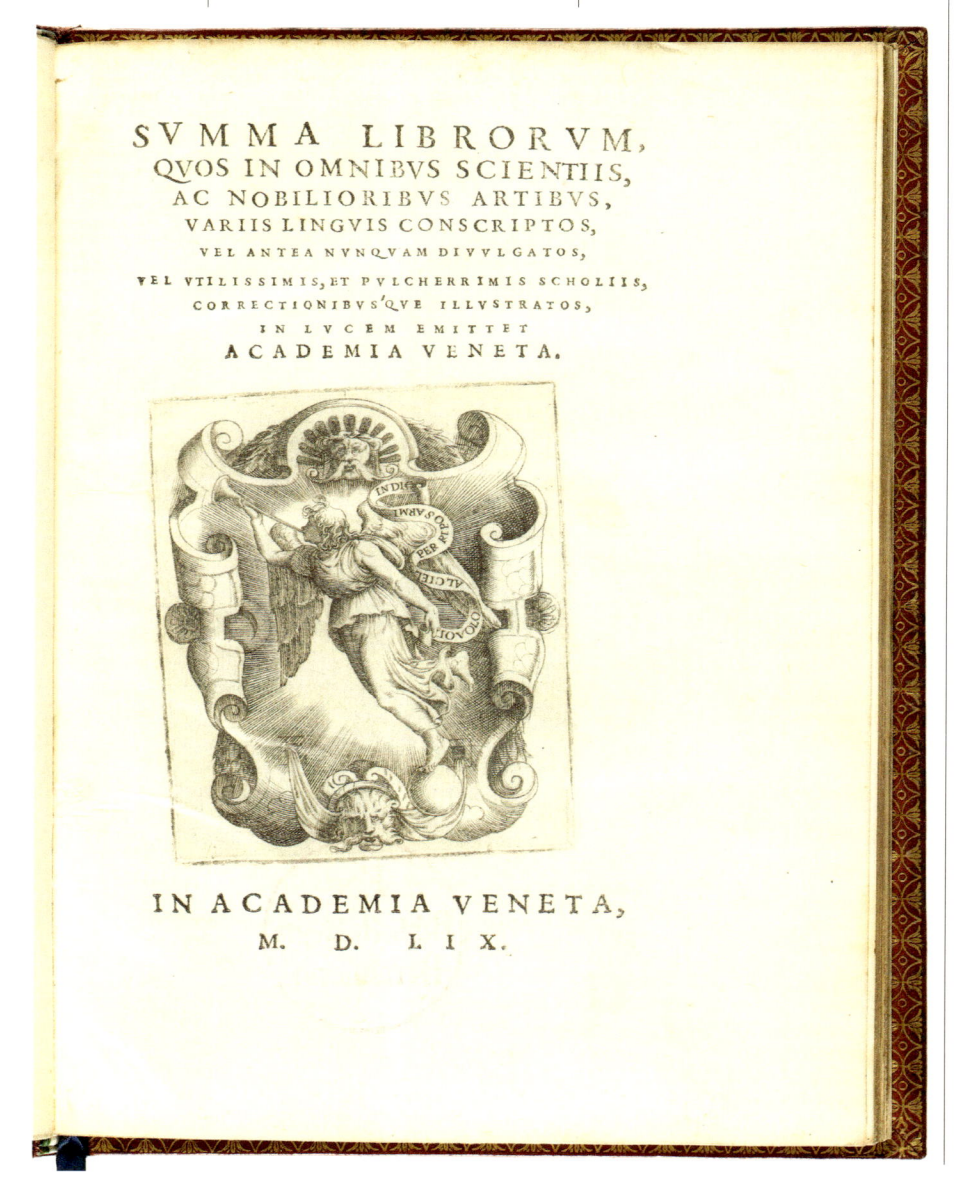

Kat.-Nr. 927 Signet der Academia Veneta: »Fama«

SVMMA LIBRORVM,
QVOS IN OMNIBVS SCIENTIIS,
AC NOBILIORIBVS ARTIBVS,
VARIIS LINGVIS CONSCRIPTOS,
VEL ANTEA NVNQVAM DIVVLGATOS,
VEL VTILISSIMIS, ET PVLCHERRIMIS SCHOLIIS,
CORRECTIONIBVS'QVE ILLVSTRATOS,
IN LVCEM EMITTET
ACADEMIA VENETA.

IN ACADEMIA VENETA,
M. D. LIX.

drino, lib. I. ‖ Africano, lib. I. ‖ Hispaniensi, lib. I. ‖ … . EST: [Opera]. Hrsg.: Paolo Manuzio. Mitarb.: (Aulus Hirtius). – Venedig, 1561.
- Drucker: [Paolo Manuzio].
- Umfang: [16], 318, [2] Bl.; 8°.
- Bogensign.: a⁸, b⁸, A⁸–Z⁸, Aa⁸–Rr⁸.
- FP: e–de t.ri i–e, nequ (3) 1561 (R).
- Buchschmuck: H.; D.; EX.
- Prov.: Etienne Graf von Méjan.
- Bibliographien: Adams C 47; Cat. Ital. Books S. 135; Ind. Aur. 128.761; Bibl. Aldina S. 107.
- Sign.: Ald. Ren. 184,20.

Nr. 987
Faenzi, Valerio: DE ‖ MONTIVM ‖ ORIGINE, ‖ … . Verf. in Vorlage: Valerius Faventies. – [Venedig], 1561.
- Drucker: IN ACADEMIA VENETA [= Paolo Manuzio].
- Umfang: [4], 16 Bl.; 4°.
- Bogensign.: A⁴–E⁴.
- FP: enam odua m,m. pari (3) 1561 (R).
- Buchschmuck: D.; E.; EX.
- Prov.: Etienne Graf von Méjan.
- Bibliographien: Adams F 114; Bibl. Aldina S. 162.
- Sign.: Ald. Ren. 281,56.
- Abbildung: S. 181.

1562

Nr. 988
Theodoretus <Cyrensis>; <lat.>: … IN VISIONES ‖ DANIELIS PROPHETAE ‖ COMMENTARIVS, ‖ … . Übers.: Giovanni Battista Gabia. – Rom, 1562.
- Drucker: Paolo Manuzio.
- Buchbinder: François Bozérian.
- Umfang: [4] Bl., 144 S., [6] Bl.; 2°.
- Bogensign.: *⁴, A⁶–N⁶.
- FP: a–l– a–a– inm– time (3) 1562 (R).
- Buchschmuck: D.; E.; EX.
- Prov.: Etienne Graf von Méjan.
- Bibliographien: Adams B 1606; Bibl. Aldina S. 107.
- Sign.: 4° Ald. Ren. 184,1.

Nr. 989
Thomas <de Aquino>: … in librum B. Iob expositio, ‖ … . – Rom, 1562.
- Drucker: Paolo Manuzio.
- Umfang: 442 [=450] S., [9] Bl.; 4°.
- Bogensign.: A⁴–Z⁴, AA⁴–ZZ⁴, AAA⁴–LLL⁴, MMM⁶.
- FP: m,,* ini, ueû? diqu (3) 1562 (R).
- Buchschmuck: D.; EX.
- Prov.: Etienne Graf von Méjan.
- Bibliographien: Adams A 1468; Cat. Ital. Books S. 669; Bibl. Aldina S. 107; Budapest T 176.
- Sign.: Ald. Ren. 184,2.

Nr. 990
Pole, Reginald: DE CONCILIO ‖ LIBER ‖ … . Beigef.: Reginald Pole: (… DE BAPTISMO ‖ CONSTANTINI MAGNI ‖ IMPERATORIS. ‖). Hrsg.: (Paolo Manuzio). – Rom, 1562.
- Drucker: Paolo Manuzio.
- Buchbinder: François Bozérian (?).
- Umfang: [8], 64 Bl.; 4°.
- Bogensign.: A⁴–S⁴ [unvollst.: B⁴ fehlt].
- FP: den– e,o– m&re du&i (3) 1562 (R).
- Buchschmuck: D.; E.; EX.
- Prov.: Etienne Graf von Méjan.
- Bibliographien: Adams P 1744; Cat. Ital. Books S. 529; Bibl. Aldina S. 107; Budapest P 734.
- Sign.: Ald. Ren. 185,3.
- Abbildung: S. 182.

Nr. 991
Pole, Reginald: REFORMATIO ANGLIAE ‖ EX DECRETIS REGINALDI ‖ POLI CARDINALIS, ‖ … ANNO M. D. LVI. ‖. – Rom, 1562.
- Drucker: Paolo Manuzio.
- Buchbinder: François Bozérian (?).
- Umfang: 27, [1] Bl.; 4°.
- Bogensign.: A⁴–G⁴.
- FP: s,e– tim, r,um qusu (3) 1562 (R).
- Buchschmuck: D.; E.; EX.
- Prov.: Etienne Graf von Méjan.
- Bibliographien: Ald. Ren. 185,4; Adams P 1752; Cat. Ital. Books S. 530; Bibl. Aldina S. 107.
- Sign.: 1 an Ald. Ren. 185,3.

Kat.-Nr. 888
Signet der Academia Veneta: »Fama«

Nr. 992

Johannes <Chrysostomus>; <lat.>: ... DE VIRGINITATE ‖ LIBER, ‖ ... . Übers.: Giulio Poggiani. – Rom, 1562.
- Drucker: Paolo Manuzio.
- Umfang: [8], 64 Bl.; 4°.
- Bogensign.: a⁴, b⁴, A⁴-Q⁴.
- FP: tear ame, r-em eosi (3) 1562 (R).
- Buchschmuck: D.; E.; EX.
- Prov.: Etienne Graf von Méjan.
- Bibliographien: Ald. Ren. 186,5; Adams C 1559; Cat. Ital. Books S. 359; Bibl. Aldina S. 108.
- Sign.: Ald. Ren. 186,5.6.7.

Nr. 993

Gregorius <Nyssenus>; <lat.>: ... LIBER ‖ DE VIRGINITATE, ‖ ... . Übers.: Pietro Galesini. – Rom, 1562.
- Drucker: Paolo Manuzio.
- Umfang: [4] Bl., 90 S.; 4°.
- Bogensign.: *⁴, A⁴-K⁴, L⁶.
- FP: s,ro t.t. s,is sire (3) 1562 (R).
- Buchschmuck: D.; E.; EX.
- Prov.: Etienne Graf von Méjan.
- Bibliographien: Ald. Ren. 186,6; Cat. Ital. Books S. 313; Bibl. Aldina S. 108.
- Sign.: Ald. Ren. 186,5.6.7.

Nr. 994

Ambrosius <Mediolanensis>; Hieronymus, [Sophronius Eusebius]; Augustinus, [Aurelius]: DE VIRGINITATE ‖ OPVSCVLA ... . – Rom, 1562.
- Drucker: Paolo Manuzio.
- Umfang: 109, [7] Bl.; 4°.
- Bogensign.: A⁴-Z⁴, AA⁴-FF⁴.
- FP: urta iau: e,am tese (3) 1562 (R).
- Buchschmuck: D.; E.; EX.
- Prov.: Etienne Graf von Méjan.
- Bibliographien: Ald. Ren. 186,7; Adams A 950; Cat. Ital. Books S. 25; Ind. Aur. 104.682; Bibl. Aldina S. 108.
- Sign.: Ald. Ren. 186,5.6.7.

Nr. 995

Victorius, Marianus: De Sacramento confessionis, ‖ seu paenitentiae, historia, ‖ ... De antiquis paenitentiis utilis libellus, ... – Rom, 1562.
- Drucker: Paolo Manuzio.
- Umfang: 244 S., [5] Bl.; 8°.
- Bogensign.: A⁸-Q⁸.
- FP: ame- s,a, pium orob (3) 1562 (R).
- Buchschmuck: D.; EX.
- Prov.: Etienne Graf von Méjan.
- Bibliographien: Adams V 669; Cat. Ital. Books S. 724; Bibl. Aldina S. 108.
- Sign.: Ald. Ren. 186,8.

Nr. 996

Natta, Marco Antonio: ... VOLVMINA QVAEDAM NVPER EXCVSSA, ‖ ... De libris suis ‖ De Principum doctrina ... ‖ In funere Io. Francisci Nattae patruelis, Oratio. ‖ ... . EST: [Opera, Teils.]. – Venedig, 1562.
- Drucker: [Paolo Manuzio].
- Umfang: 83 Bl.; 2°.
- Bogensign.: A⁴-V⁴, X³.
- FP: u-i- rau- r,e- ALqu(3) 1562 (R).
- Buchschmuck: D.; EX.
- Prov.: Etienne Graf von Méjan.
- Bibliographien: Adams N 71; Bibl. Aldina S. 108; Ebert 14660.
- Sign.: 4° Ald. Ren. 186,9.

Nr. 997

Baglioni, Luca: L'ARTE ‖ DEL PREDICARE ‖ CONTENVTA IN ‖ TRE LIBRI, SECONDO I PRECETTI ‖ RHETORICI, ‖ ... . – Venedig, 1562.
- Drucker: Andrea Torresano [II] u. Brüder.
- Umfang: 118, [1] Bl.; 8°.
- Bogensign.: A⁸-P⁸.
- FP: seià e,uo hoo, anmi (3) 1562 (R).
- Buchschmuck: D.; EX.
- Prov.: Etienne Graf von Méjan.
- Bibliographien: Adams B 31; Cat. Ital. Books S. 67; Ind. Aur. 111.577; Bibl. Aldina S. 108.
- Sign.: Ald. Ren. 186,10.

Nr. 998

Bernardi, Antonio: IN LOGICAM VNIVERSAM ‖ INSTITVTIO ‖ ... . Rom, 1562.
- Drucker: Paolo Manuzio.
- Umfang: 94 S.; 4°.
- Bogensign.: A⁴-M⁴.
- FP: i-a- sto- n-an cudi (3) 1562 (R).
- Buchschmuck: D.; EX.
- Prov.: Etienne Graf von Méjan.
- Bibliographien: Adams B 742; Ind. Aur. 117.388; Bibl. Aldina S. 109.
- Sign.: Ald. Ren. 186,11.

Nr. 999

Curtius, Matthaeus: ... DE PRANDII ‖ AC CAENAE MODO ‖ libellus. ‖ . – Rom, 1562.
- Drucker: Paolo Manuzio.
- Umfang: [4] Bl., 90 S.; 4°.
- Bogensign.: *⁴, A⁴-K⁴, L⁶.
- FP: Tio- â,ra t.t, ruct (3) 1562 (R).
- Buchschmuck: D.; EX.
- Prov.: Etienne Graf von Méjan.
- Bibliographien: Adams C 3111; Cat. Ital. Books S. 207; Ind. Aur. 148.739.
- Sign.: Ald. Ren. 187,12 [1. Ex.].

Nr. 1000

Curtius, Matthaeus: ... DE PRANDII ‖ AC CAENAE MODO ‖ libellus. ‖ . – Rom, 1562.
- Drucker: Paolo Manuzio.
- Umfang: [4] Bl., 90 S.; 4°.
- Bogensign.: *⁴, A⁴-K⁴, L⁶.
- FP: Tio- â,ra t.t, ruct (3) 1562 (R).
- Buchschmuck: D.; EX.
- Prov.: Georg Freund; [Theodor] Drexel.
- Bibliographien: Adams C 3111; Cat. Ital. Books S. 207; Ind. Aur. 148.739.
- Sign.: Ald. Ren. 187,12 [2. Ex.].

Nr. 1001

Curtius, Matthaeus: ... DE PRANDII ‖ AC CAENAE MODO ‖ libellus. ‖ . – Rom, 1562.
- Drucker: Paolo Manuzio.
- Umfang: [4] Bl., 90 S.; 4°.
- Bogensign.: *⁴, A⁴-K⁴, L⁶.
- FP: Tio- â,ra t.t, ruct (3) 1562 (R).
- Buchschmuck: D.; EX.
- Prov.: Georg Freund.
- Bibliographien: Adams C 3111; Cat. Ital. Books S. 207; Ind. Aur. 148.739.
- Sign.: Ald. Ren. 187,12 [3. Ex.].

Nr. 1002

Ptolemaeus, Claudius; <lat.>: ... LIBER DE ANALEMMATE, ‖ ... . Beigef.: Federico Commandino: ... liber ‖ de Horologiorum descriptione. ‖ . Hrsg.: Federico Commandino. Kommentator: Federico Commandino. – Rom, 1562.
- Drucker: Paolo Manuzio.
- Buchbinder: François Bozérian.
- Umfang: [4], 93, [3] Bl.; 4°.
- Bogensign.: *⁴, A⁴-Z⁴, &⁴.
- FP: uma- e-o- ton- itso (3) 1562 (R).
- Buchschmuck: H.; D.; E.; EX.
- Prov.: Etienne Graf von Méjan.
- Bibliographien: Adams P 2216; Cat. Ital. Books S. 542; Bibl. Aldina S. 109.
- Sign.: Ald. Ren. 187,13 [1. Ex.].

Nr. 1003

Ptolemaeus, Claudius; <lat.>: ... LIBER DE ANALEMMATE, ‖ ... . Beigef.: Federico Commandino: ... liber ‖ de Horologiorum descriptione. ‖ . Hrsg.: Federico Commandino. Kommentator: Federico Commandino. – Rom, 1562.
- Drucker: Paolo Manuzio.
- Buchbinder: François Bozérian (?).
- Umfang: [4], 93, [3] Bl.; 4°.
- Bogensign.: *⁴, A⁴-Z⁴, &⁴.
- FP: uma- e-o- ton- itso (3) 1562 (R).
- Buchschmuck: H.; D.; E.; EX.
- Prov.: Etienne Graf von Méjan.
- Bibliographien: Adams P 2216; Cat. Ital. Books S. 542; Bibl. Aldina S. 109.
- Sign.: Ald. Ren. 187,13 [2. Ex.].

Nr. 1004

Cicero, M[arcus] Tullius: ... ORATIONVM ‖ PARS I. ‖ ... . EST: [Orationes; T. 1]. Hrsg.: Paolo Manuzio. – Venedig, 1562.
- Drucker: [Paolo Manuzio].
- Umfang: 348 Bl.; 8°.
- Bogensign.: A⁸-Z⁸, AA⁸-VV⁸, XX⁴.
- FP: t,c- amin bius erpe (3) 1562 (R).
- Buchschmuck: D.; EX.
- Prov.: Etienne Graf von Méjan.
- Bibliographien: Adams C 1862; Cat. Ital. Books S. 180; Ind. Aur. 139.049; Bibl. Aldina S. 109; Ebert 4340.
- Sign.: Ald. Ren. 187,14–1 [1. Ex.].

Nr. 1005

Cicero, M[arcus] Tullius: ... ORATIONVM ‖ PARS I. ‖ ... . EST: [Orationes; T. 1]. Hrsg.: Paolo Manuzio. – Venedig, 1562.
- Drucker: [Paolo Manuzio].
- Umfang: 348 Bl.; 8°.
- Bogensign.: A⁸-Z⁸, AA⁸-VV⁸, XX⁴.
- FP: t,c- amin bius erpe (3) 1562 (R).
- Buchschmuck: D.; E.; KF.
- Prov.: I. F. M. B., 1564.
- Bibliographien: Adams C 1862; Cat. Ital. Books S. 180; Ind. Aur. 139.049; Bibl. Aldina S. 109; Ebert 4340.
- Sign.: Ald. Ren. 187,14–1 [2. Ex.].

Nr. 1006

Cicero, M[arcus] Tullius: ... ORATIONVM ‖ PARS II. ‖ ... . EST: [Orationes; T. 2]. Hrsg.: Paolo Manuzio. – Venedig, 1562.
- Drucker: [Paolo Manuzio].
- Umfang: [3], 295 [=297], [1] Bl.; 8°.
- Bogensign.: aa⁸-zz⁸, Aa⁸-Oo⁸, Pp⁴.
- FP: erex isa- m-æc caex (3) 1562 (R).
- Buchschmuck: D.; EX.
- Prov.: Etienne Graf von Méjan.
- Bibliographien: vgl. Adams C 1862; Cat. Ital. Books S. 180; vgl. Ind. Aur. 139.049; Bibl. Aldina S. 109; Ebert 4340.
- Sign.: Ald. Ren. 187,14–2 [1. Ex.].

Nr. 1007

Cicero, M[arcus] Tullius: ... ORATIONVM ‖ PARS II. ‖ ... . EST: [Orationes; T. 2]. Hrsg.: Paolo Manuzio. – Venedig, 1562.
- Drucker: (Paolo Manuzio).
- Umfang: 312 Bl.; 8°.
- Bogensign.: aa⁸-zz⁸, Aa⁸-Qq⁸.
- FP: isuæ los, t;ij riue (3) 1562 (R).
- Buchschmuck: D.; E.; KF.
- Prov.: I. F. M. B., 1564.
- Bibliographien: Adams C 1862; Cat. Ital. Books S. 180; Ind. Aur. 139.049; Bibl. Aldina S. 109; Ebert 4340.
- Sign.: Ald. Ren. 187,14–2 [2. Ex.].

Nr. 1008

Cicero, M[arcus] Tullius: ... ORATIONVM ‖ PARS III. ‖ ... . EST: [Orationes; T. 3]. Hrsg.: Paolo Manuzio. – Venedig, 1562.
- Drucker: (Paolo Manuzio).
- Umfang: 296 [=304] Bl.; 8°.
- Bogensign.: aaa⁸-zzz⁸, AAA⁸-PPP⁸.
- FP: enli t-s, e-ta sumi (3) 1562 (R).
- Buchschmuck: D.; EX.
- Prov.: Etienne Graf von Méjan.
- Bibliographien: Adams C 1862; Cat. Ital. Books S. 180; Ind. Aur. 139.049; Bibl. Aldina S. 109; Ebert 4340.
- Sign.: Ald. Ren. 187,14–3 [1. Ex.].

Nr. 1009

Manuzio, Paolo: IN EPISTOLAS ‖ M. TVLLII CICERONIS ‖ AD M. IVNIVM BRVTVM, ‖ ET AD

DE MONTIVM ORIGINE,
VALERII FAVENTIES,
ORDINIS PRAEDICATORVM,

DIALOGVS.

IN ACADEMIA VENETA,
M D LXI.

Kat.-Nr. 987
Signet der Academia Veneta: »Fama«

Kat.-Nr. 990
Porträt des Verfassers Reginald Pole (Kupferstich)

Q. CICERONEM ‖ FRATREM, ‖ ... commentarius. ‖. – Venedig, 1562.
- Drucker: [Paolo Manuzio].
- Umfang: [8], 168 [=160] Bl.; 8°.
- Bogensign.: A⁸–X⁸.
- FP: reo– amer i–en eust (3) 1562 (R).
- Buchschmuck: D.; EX.
- Prov.: Etienne Graf von Méjan.
- Bibliographien: Adams M 467; Bibl. Aldina S. 109; Ebert 4466.
- Sign.: Ald. Ren. 187,16.

Nr. 1010

Sigonio, Carlo: ... DE DIALOGO ‖ LIBER. ‖ AD IOANNEM MORONVM ‖ CARDINALEM. ‖. – Venedig, 1562.
- Drucker: Giordano Ziletti.
- Umfang: [4], 57, [3] Bl.; 4°.
- Bogensign.: A⁴–Q⁴.
- FP: r.a– ecr– dota muni (3) 1562 (R).
- Buchschmuck: D.; EX.
- Prov.: Etienne Graf von Méjan.
- Bibliographien: Adams S 1104.
- Sign.: Ald. Ren. 187,18.

Nr. 1011

Catullus, [Gaius Valerius]: CATVLLVS, ‖ ... TIBVLLVS, ET PROPERTIVS. ‖. EST: [Elegiae]. Beigef.: [Albius] Tibullus: [Elegiae]; [Sextus] Propertius: [Elegiae]. Hrsg.: M[arc]-Antoine Muret. Kommentator: M[arc]-Antoine Muret. – Venedig, 1562.
- Drucker: [Paolo Manuzio].
- Buchbinder: François Bozérian.
- Umfang: 152, 56, 93 [=95] Bl.; 8°.
- Bogensign.: A⁸–T⁸, a⁸–g⁸, A⁸–M⁸.
- FP: q.û, isi– i–,] elPe (3) 1562 (R).
- Buchschmuck: D.; E.; EX.
- Prov.: Etienne Graf von Méjan.
- Bibliographien: Adams C 1150; Cat. Ital. Books S. 161; Ind. Aur. 134.482; Bibl. Aldina S. 109; Ebert 3758; Budapest C 482.
- Sign.: Ald. Ren. 187,19.

Nr. 1012

Catullus, [Gaius Valerius]: CATVLLVS, ‖ ... TIBVLLVS, ET PROPERTIVS. ‖. EST: [Elegiae]. Beigef.: [Albius] Tibullus: [Elegiae]; [Sextus] Propertius: [Elegiae]. Hrsg.: M[arc]-Antoine Muret. Kommentator: M[arc]-Antoine Muret. – Venedig, 1562.
- Drucker: [Paolo Manuzio].
- Umfang: 152, 56, 93 [=95] Bl.; 8°.
- Bogensign.: A⁸–T⁸, a⁸–g⁸, A⁸–M⁸ [T. 2 u. T. 3 vertauscht gebunden].
- FP: q.û, isi– i–,] elPe (3) 1562 (R).
- Buchschmuck: D.; E.; EX.
- Prov.: ... lariniere (?); Heinrich Friedrich von Diez.
- Bibliographien: Ald. Ren. 187,19; Adams C 1150; Cat. Ital. Books S. 161; Ind. Aur. 134.482; Bibl. Aldina S. 109; Ebert 3758; Budapest C 482.
- Sign.: B. Diez 8° 2487.

Nr. 1013

Vico, Enea: EX LIBRIS XXIII ‖ COMMENTARIORVM ‖ IN VETERA IMPERATORVM ‖ ROMANORVM NVMISMATA ‖ ... LIBER PRIMVS ‖. – Venedig, 1562.
- Drucker: [Paolo Manuzio].
- Umfang: 130 S., [7] Bl.; 4°.
- Bogensign.: ², A², B⁴–Q⁴, R², α⁴, β² [zw. K² u. K³ zusätzliche Kupfertafel eingebunden].
- FP: uss; r–n– s,o– nivi (3) 1562 (R).
- Buchschmuck: TK.; K.; T.; D.; E.; EX.
- Prov.: Cinio Sperandio; Etienne Graf von Méjan.
- Bibliographien: Adams V 638; Cat. Ital. Books S. 723; Bibl. Aldina S. 109 f.
- Sign.: Ald. Ren. 187,20.

Nr. 1014

Vico, Enea: EX LIBRIS XXIII ‖ COMMENTARIORVM ‖ IN VETERA IMPERATORVM ‖ ROMANORVM NVMISMATA ‖ ... LIBER PRIMVS ‖. – Venedig, 1562.
- Drucker: [Paolo Manuzio].

- Umfang: 130 S., [7] Bl.; 4°.
- Bogensign.: ², A², B⁴-Q⁴, R², α⁴, β² [zw. K² u. K³ zusätzliche Kupfertafel eingebunden].
- FP: uss; r-n- s,o- nivi (3) 1562 (R).
- Buchschmuck: TK.; K.; T.; D.; EX.
- Prov.: Ezechiel von Spanheim.
- Bibliographien: Ald. Ren. 187,20; Adams V 638; Cat. Ital. Books S. 723; Bibl. Aldina S. 109 f.
- Sign.: 1 an Ald. Ren. 164,25 [2. Ex.].

Nr. 1015
Falloppio, Gabriello: ... OBSERVATIONES ∥ ANATOMICAE, ∥ ... . – Paris, 1562.
- Drucker: Bernard Turrisan.
- Umfang: 133, [1] Bl.; 8°.
- Bogensign.: a⁸-q⁸, r⁶.
- FP: eni- mèus tour ptal (3) 1562 (A).
- Buchschmuck: D.
- Prov.: Claud. de La Vigne da Frecheuille, 1728.
- Bibliographien: Ald. Ren. 297,11; Adams F 144; Durling 142.
- Sign.: Kt 3420 RAR.

Nr. 1016
Falloppio, Gabriello: ... Observationes Anatomicae, ... – Paris, 1562.
- Drucker: Bernard Turrisan.
- Sign.: Ald. Ren. 297,11 Kraków.

🌸 1563

Nr. 1017
Theodoretus <Cyrensis>; <lat.>: ... IN ∥ CANTICVM CANTICORVM ∥ EXPLANATIO, ∥ ... . Übers.: [Pietro] Francesco Zini. – Rom, 1563.
- Drucker: Paolo Manuzio.
- Buchbinder: François Bozérian.
- Umfang: [4], 61, [6] Bl.; 2°.
- Bogensign.: a⁴, A⁶-K⁶, L⁸.
- FP: rias uist tuu- toqu (3) 1563 (R).
- Buchschmuck: D.; E.; EX.
- Prov.: Etienne Graf von Méjan.
- Bibliographien: Ald. Ren. 188,1; Bibl. Aldina S. 110.
- Sign.: 2 an 4° Ald. Ren. 184,1.

Nr. 1018
Theodoretus <Cyrensis>; <lat.>: ... IN ∥ EZECHIELEM PROPHETAM ∥ COMMENTARIVS, ∥ ... . Übers.: Giovanni Battista Gabia. – Rom, 1563.
- Drucker: Paolo Manuzio.
- Buchbinder: François Bozérian.
- Umfang: [4], 111, [6] Bl.; 2°.
- Bogensign.: a⁴, A⁶-T⁶, V⁴.
- FP: rei- neb- t.m. EtFi (3) 1563 (R).
- Buchschmuck: D.; E.; EX.
- Prov.: Etienne Graf von Méjan.
- Bibliographien: Ald. Ren. 188,2; Adams B 1597; Cat. Ital. Books S. 101; Bibl. Aldina S. 110.
- Sign.: 1 an 4° Ald. Ren. 184,1.

Nr. 1019
Cyprianus, [Thascius] Caecilius: ... OPERA, ∥ ... addito etiam quinto epistolarum ∥ libro ... . – Rom, 1563.
- Drucker: Paolo Manuzio.
- Umfang: [14] Bl., 424 S., [25] Bl.; 2°.
- Bogensign.: a⁴, b⁶, c⁴, A⁶-Z⁶, AA⁶-MM⁶, NN⁴-SS⁴, TT³.
- FP: rii- odAd e.te utsa (3) 1563 (R).
- Buchschmuck: D.; E.; EX.
- Prov.: Etienne Graf von Méjan.
- Bibliographien: Adams C 3161; Cat. Ital. Books S. 207; Ind. Aur. 149.101; Bibl. Aldina S. 110; Ebert 5582.
- Sign.: 4° Ald. Ren. 188,3 [1. Ex.].

Nr. 1020
Cyprianus, [Thascius] Caecilius: ... OPERA, ∥ ... addito etiam quinto epistolarum ∥ libro ... . – Rom, 1563.
- Drucker: Paolo Manuzio.
- Umfang: [14] Bl., 424 S., [25] Bl.; 2°.
- Bogensign.: a⁴, b⁶, c⁴, A⁶-Z⁶, AA⁶-MM⁶, NN⁴-SS⁴, TT³.
- FP: rii- odAd e.te utsa (3) 1563 (R).
- Buchschmuck: D.; E.; EX.
- Prov.: Etienne Graf von Méjan.
- Bibliographien: Adams C 3161; Cat. Ital. Books S. 207; Ind. Aur. 149.101; Bibl. Aldina S. 110; Ebert 5582.
- Sign.: 4° Ald. Ren. 188,3 [2. Ex.].

Nr. 1021
Gregorius <Nyssenus>; <lat.>: ... CONCIONES QVINQVE ∥ DE ORATIONE DOMINI. ∥ ... . Beigef.: Gregorius <Nyssenus>; <lat.>: ... CONCIONES OCTO ∥ DE BEATA VITA COMPARANDA. ∥ ... . Übers.: Pietro Galesini. – Rom, 1563.
- Drucker: Paolo Manuzio.
- Umfang: [10] Bl., 164 S., [1] Bl.; 4°.
- Bogensign.: A⁴, b⁶, A⁴-V⁴, X³.
- FP: adæ- sela uiAc pema (3) 1563 (R).
- Buchschmuck: D.; EX.
- Prov.: Jesuitenkolleg, Venedig; Etienne Graf von Méjan.
- Bibliographien: Adams G 1122; Cat. Ital. Books S. 313; Bibl. Aldina S. 110.
- Sign.: Ald. Ren. 188,4.

Nr. 1022
Isotta <Nogarola>: ... DIALOGVS, ∥ QVO, VTRVM ADAM VEL EVA ∥ MAGIS PECCAVERIT, ∥ QVAESTIO SATIS NOTA, SED NON ∥ ADEO EXPLICATA, ∥ CONTINETVR. ∥ Verf. in Vorlage: Isota Nogarola. – Venedig, 1563.
- Drucker: [Paolo Manuzio].
- Umfang: [3] Bl., 34 S.; 4°.
- Bogensign.: A⁴-E⁴.
- FP: e,m- tûin a-s, tise (3) 1563 (R).
- Buchschmuck: D.; E.; EX.
- Prov.: Etienne Graf von Méjan.
- Bibliographien: Budapest N 239.
- Sign.: Ald. Ren. 188,5.

Nr. 1023
Vargas Mejia, Francisco de: ... De Episcoporum iurisdictione, ∥ Et Pontificis Max. auctoritate, ∥ RESPONSVM. ∥. – Rom, 1563.
- Drucker: Paolo Manuzio.
- Umfang: [8] Bl., 160 S.; 4°.
- Bogensign.: A⁴-Y⁴.
- FP: n-s, inA, e-i- rine (3) 1563 (R).
- Buchschmuck: D.; E.; EX.
- Prov.: Etienne Graf von Méjan.
- Bibliographien: Adams V 272; Bibl. Aldina S. 110; Budapest V 77.
- Sign.: Ald. Ren. 188,6.

Nr. 1024
Vargas Mejia, Francisco de: ... De Episcoporum iurisdictione, ∥ Et Pontificis Max. auctoritate, ∥ RESPONSVM. ∥. – Rom, 1563.
- Drucker: Paolo Manuzio.
- Umfang: [8] Bl., 160 S.; 4°.
- Bogensign.: A⁴-Y⁴.
- FP: n-s, inA, e-i- rine (3) 1563 (R).
- Buchschmuck: D.; EX.
- Prov.: Görtz-Wrisberg auf Wrisbergholzen.
- Bibliographien: Ald. Ren. 188,6; Adams V 272; Bibl. Aldina S. 110; Budapest V 77.
- Sign.: Fr 9018 RAR.

Nr. 1025
Manuzio, Aldo: ELEGANZE, ∥ INSIEME CON LA COPIA ∥ DELLA LINGVA TOSCANA, ∥ E LATINA, ∥ ... . – Venedig, 1563.
- Drucker: [Paolo Manuzio].
- Umfang: 192 Bl.; 8°.
- Bogensign.: Aa⁸, B⁸-Z⁸, AA⁸.
- FP: e-to uæm, i-in bupr (3) 1563 (R).
- Buchschmuck: D.; EX.
- Prov.: Jesuitenkolleg, Rom; Etienne Graf von Méjan.
- Bibliographien: vgl. Adams E 102; Cat. Ital. Books S. 412; Bibl. Aldina S. 111.
- Sign.: Ald. Ren. 189,7.

Nr. 1026
Calepino, Ambrogio; <polygl.>: ... DICTIONARIVM, ∥ IN QVO RESTITVENDO ATQVE ∥ EXORNANDO HAEC PRAESTITIMVS. ∥ PRIMVM, ∥ ... . Beigef.: Ambrogio Calepino; <polygl.>: ... DICTIONARIVM, ... (SECVNDA PARS ∥ ...). Kommentator: Paolo Manuzio. – Venedig, 1563.
- Drucker: Paolo Manuzio.
- Umfang: [457] Bl.; 2°.
- Bogensign.: A⁸-Z⁸, Aa⁸-Cc⁸, Dd⁶, a⁸-z⁸, Aa⁸-Cc⁸, Dd⁶, E⁶-H⁶, I⁵ [unvollst.: Dd⁶ fehlt].
- FP: iaon uib- p.n. ADut (C) 1563 (R).
- Buchschmuck: H.; D.; E.; EX.
- Prov.: Etienne Graf von Méjan.
- Bibliographien: Ind. Aur. 129.469; Bibl. Aldina S. 111.
- Sign.: 4° Ald. Ren. 189,8.

Nr. 1027
Cicero, [Marcus Tullius]; <ital.>: LE EPISTOLE ∥ FAMIGLIARI ∥ ... . EST: [Epistolae ad familiares; ital.]. Hrsg.: Aldo Manuzio. Übers.: [Guido Loglio]. – Venedig, 1563.
- Drucker: [Paolo Manuzio].
- Buchbinder: Luigi Lodigiani (?).
- Umfang: 379 [=367] Bl.; 8°.
- Bogensign.: A⁸-Z⁸, Aa⁸-Zz⁸.
- FP: i,r- a-la hea- popa (3) 1563 (R).
- Buchschmuck: D.; E.; EX.
- Prov.: Etienne Graf von Méjan.
- Bibliographien: Adams C 1987; Ind. Aur. 139.090; Ebert 4626.
- Sign.: Ald. Ren. 189,9.

Nr. 1028
Cicero, M[arcus] Tullius: ... EPISTOLAE AD ATTICVM, ∥ AD M. BRVTVM, ∥ AD QVINCTVM ∥ FRATREM, ∥ ... . Hrsg.: Paolo Manuzio. – Venedig, 1563.
- Drucker: [Paolo Manuzio].
- Umfang: 387, [21] Bl.; 8°.
- Bogensign.: A⁸-Z⁸, AA⁸-ZZ⁸, Aa⁸-Ee⁸.
- FP: t,a- t,io m?o- Pomu (3) 1563 (R).
- Buchschmuck: D.; E.; KF.
- Prov.: I. F. M. B., 1564.
- Bibliographien: Adams C 1926; Cat. Ital. Books S. 177; Ind. Aur. 139.088; Bibl. Aldina S. 111.
- Sign.: Ald. Ren. 189,10.

Nr. 1029
Asconius Pedianus, [Quintus]: ... EXPLANATIO ∥ In Ciceronis orationes in C. Verrem, ∥ In orationem pro C. Cornelio, ∥ ... . Hrsg.: Paolo Manuzio. Kommentator: Paolo Manuzio. – Venedig, 1563.
- Drucker: [Paolo Manuzio].
- Umfang: [12], 104 Bl.; 8°.
- Bogensign.: *⁸, AA⁴, B⁸-O⁸.
- FP: i-t, .bde u-7. quiu (3) 1563 (R).
- Buchschmuck: D.; EX.
- Prov.: Etienne Graf von Méjan.
- Bibliographien: Adams A 2059; Cat. Ital. Books S. 59; Ind. Aur. 109.283; Bibl. Aldina S. 111; Ebert 1273.
- Sign.: Ald. Ren. 189,11 [1. Ex.].

Nr. 1030
Asconius Pedianus, [Quintus]: ... EXPLANATIO ∥ In Ciceronis orationes in C. Verrem, ∥ In orationem pro C. Cornelio, ∥ ... . Hrsg.: Paolo Manuzio. Kommentator: Paolo Manuzio. – Venedig, 1563.
- Drucker: [Paolo Manuzio].
- Umfang: [12], 104 Bl.; 8°.
- Bogensign.: *⁸, AA⁴, B⁸-O⁸.
- FP: i-t, .bde u-7. quiu (3) 1563 (R).
- Buchschmuck: D.; E.
- Prov.: H. W., 1573; Georgius Fridericus Scharfelius, Gelnhausen 1687.
- Bibliographien: Adams A 2059; Cat. Ital. Books S. 59; Ind. Aur. 109.283; Bibl. Aldina S. 111; Ebert 1273.
- Sign.: Ald. Ren. 189,11 [2. Ex.].

Nr. 1031
Terentius Afer, [Publius]: TE-RENTIVS, ‖ ... . EST: [Comoediae]. Beigef.: M[arc]-Antoine Muret: ... argumenta in singulas ‖ comoedias, et annotationes, ‖ ... . Hrsg.: M[arc]-Antoine Muret. – Venedig, 1563.
- Drucker: [Paolo Manuzio].
- Umfang: [16], 200 Bl.; 8°.
- Bogensign.: A⁸–Z⁸, AA⁸–DD⁸.
- FP: t,*e umti o.am AtNo (3) 1563 (R).
- Buchschmuck: D.; EX.
- Prov.: Etienne Graf von Méjan.
- Bibliographien: Bibl. Aldina S. 112; Ebert 22492.
- Sign.: Ald. Ren. 189,14.

Nr. 1032
Sallustius Crispus, G[aius]: S ... CONIVRATIO CATILINAE, ‖ ET BELLVM IVGVRTHINVM. ‖ ... . EST: [Opera]. Beigef.: ([Marcus] Porcius Latro: ... DECLAMATIO CONTRA ‖ L. SERGIVM CATILINAM. ‖); ([Marcus Tullius] Cicero: IN SALLVSTIVM ORATIO, ‖ ...). Hrsg.: Aldo Manuzio. Kommentator: Aldo Manuzio. – Venedig, 1563.
- Drucker: (Paolo Manuzio).
- Buchbinder: François Bozérian.
- Umfang: [12], 128, [44] Bl.; 8°.
- Bogensign.: A⁸–Z⁸.
- FP: æ-os û.it o-el almi (3) 1563 (R).
- Buchschmuck: D.; E.; EX.
- Prov.: Etienne Graf von Méjan.
- Bibliographien: Adams S 159; Bibl. Aldina S. 112; Ebert 19994.
- Sign.: Ald. Ren. 189,15.

Nr. 1033
Sallustius Crispus, G[aius]: S ... CONIVRATIO. CATILINAE ‖ ET. BELLVM. IVGVRTHINVM ‖ ... . EST: [Opera]. Beigef.: ([Marcus] Porcius Latro: ... DECLAMATIO. CONTRA ‖ L. SERGIVM. CATILINAM ‖); ([Marcus Tullius] Cicero: IN. SALLVSTIVM. ORATIO ‖ ...); Aldo Manuzio: ... SCHOLIA. (... IN CATILINAM ‖). Hrsg.: Aldo Manuzio. – Rom, 1563, (1564).
- Drucker: (Paolo Manuzio).
- Umfang: [8], 178, [17] Bl.; 8°.
- Bogensign.: A⁸, A⁸–Z⁸, AA⁸, BB⁴.
- FP: umos r.to o–l– almi (3) 1564 (R).
- Buchschmuck: D.; EX.
- Prov.: Heinrich Menius (?); Heinrich Friedrich von Diez.
- Bibliographien: Ald. Ren. 189,16; Cat. Ital. Books S. 599; Ebert 19995.
- Sign.: B. Diez 8° 2842.

Nr. 1034
Sallustius Crispus, G[aius]: S ... CONIVRATIO. CATILINAE ‖ ET. BELLVM. IVGVRTHINVM ‖ ... . EST: [Opera]. Beigef.: ([Marcus] Porcius Latro: ... DECLAMATIO. CONTRA ‖ L. SERGIVM. CATILINAM ‖); ([Marcus Tullius] Cicero: IN. SALLVSTIVM. ORATIO ‖ ...); Aldo Manuzio: ... SCHOLIA. ... (... IN CATILINAM ‖). Hrsg.: Aldo Manuzio. – Rom, 1563, (1564).
- Drucker: (Paolo Manuzio).
- Buchbinder: François Bozérian.
- Umfang: [8], 178, [17] Bl.; 8°.
- Bogensign.: A⁸, A⁸–Z⁸, AA⁸, BB⁴.
- FP: umos r.to o–l– almi (3) 1564 (R).
- Buchschmuck: D.; E.; EX.
- Prov.: Etienne Graf von Méjan.
- Bibliographien: Cat. Ital. Books S. 599; Ebert 19995.
- Sign.: Ald. Ren. 189,16.

🙶 1564

Nr. 1035
Eucherius <Lugdunensis>: E ... COMMENTARII ‖ in Genesim, et in libros Regum. ‖ Reliquos eiusdem libros uersa pagina indicabit. ‖. Hrsg.: (Pietro Galesini). – Rom, 1564.
- Drucker: Paolo Manuzio.
- Buchbinder: Luigi Lodigiani.
- Umfang: [4] Bl., 391 S.; 2°.
- Bogensign.: *⁸, A⁶–Z⁶, AA⁶–II⁶, KK⁴.
- FP: inuæ i–o– emi– miti (3) 1564 (R).
- Buchschmuck: D.; E.; EX.
- Prov.: Etienne Graf von Méjan.
- Bibliographien: Adams E 968; Cat. Ital. Books S. 238; Bibl. Aldina S. 112; Budapest E 475.
- Sign.: 4° Ald. Ren. 190,1.

Nr. 1036
Flaminio, M[arco] Antonio: ... IN LIBRVM PSALMORVM ‖ BREVIS EXPLANATIO, ‖ ... . – Venedig, 1564.
- Drucker: [Paolo Manuzio].
- Buchbinder: François Bozérian (?).
- Umfang: [8], 350 [=358], [2] Bl.; 8°.
- Bogensign.: A⁸, A⁸–Z⁸, AA⁸–YY⁸.
- FP: n-it n-at e–i– viQu (3) 1564 (R).
- Buchschmuck: D.; E.; EX.
- Prov.: Etienne Graf von Méjan.
- Bibliographien: Adams B 1442; Cat. Ital. Books S. 99; Bibl. Aldina S. 112; Ebert 7615.
- Sign.: Ald. Ren. 190,2.

Nr. 1037
Canones et decreta: CANONES, ET DECRETA ‖ SACROSANCTI OECVMENICI ‖ ET GENERALIS CONCILII ‖ TRIDENTINI, ‖ ... . – Rom, 1564.
- Drucker: Paolo Manuzio.
- Buchbinder: François Bozérian (?).
- Umfang: 284 S.; 4°.
- Bogensign.: A⁴–Z⁴, AA⁴–MM⁴, NN².
- FP: ræa– X–e– emm, togi (3) 1564 (R).
- Buchschmuck: D.; E.; EX.
- Prov.: Etienne Graf von Méjan.
- Bibliographien: Adams C 2795; Bibl. Aldina S. 113; Ebert 3462.
- Sign.: Ald. Ren. 190,4 [1. Ex.].

Nr. 1038
Canones et decreta: CANONES, ET DECRETA ‖ SACROSANCTI OECVMENICI ‖ ET GENERALIS CONCILII ‖ TRIDENTINI, ‖ ... . – Rom, 1564.
- Drucker: Paolo Manuzio.
- Buchbinder: Luigi Lodigiani.
- Umfang: CCXXXIX S.; 2°.
- Bogensign.: A⁶–V⁶.
- FP: V.la dææ– i–c– HiBl (3) 1564 (R).
- Buchschmuck: D.; E.; EX.
- Prov.: Etienne Graf von Méjan.
- Bibliographien: Adams C 2797; Cat. Ital. Books S. 679; Bibl. Aldina S. 112; Ebert 3461.
- Sign.: 2° Ald. Ren. 190,4 [1. Ex.].

Nr. 1039
Canones et decreta: CANONES, ET DECRETA ‖ SACROSANCTI OECVMENICI ‖ ET GENERALIS CONCILII ‖ TRIDENTINI, ‖ ... Index Dogmatum, et Reformationis. ‖. Beigef.: (Pius <Papa, IV.>: BVLLA ... ‖ SVPER CONFIRMATIONE ‖ oecumenici generalis Concilii ‖ Tridentini. ‖). – Rom, 1564.
- Drucker: Paolo Manuzio.
- Buchbinder: Luigi Lodigiani (?).
- Umfang: CCXXXIX, [1] S., [8] Bl.; 2°.
- Bogensign.: A⁶–X⁶, ².
- FP: V.la dæræ i–e– HiBl (3) 1564 (R).
- Buchschmuck: D.; E.; EX.
- Prov.: Etienne Graf von Méjan.
- Bibliographien: Adams C 2796; Cat. Ital. Books S. 679; Bibl. Aldina S. 113; Ebert 3461.
- Sign.: 2° Ald. Ren. 190,4 [2. Ex.].

Nr. 1040
Canones et decreta: CANONES, ET DECRETA ‖ SACROSANCTI OECVMENICI ‖ ET GENERALIS CONCILII ‖ TRIDENTINI, ‖ ... Index Dogmatum, et Reformationis. ‖. – Rom, 1564.
- Drucker: Paolo Manuzio.
- Umfang: 335 [=337], [1] S., [23] Bl.; 8°.
- Bogensign.: A⁸–Z⁸, AA⁸.
- FP: omr: i–n– i–a– *tco (3) 1564 (R).
- Buchschmuck: D.; E.; EX.
- Prov.: Etienne Graf von Méjan.
- Bibliographien: Adams C 2801; Cat. Ital. Books S. 679; Ebert 3463.
- Sign.: Ald. Ren. 190,4 [2. Ex.].

Nr. 1041
Canones et decreta: CANONES, ET DECRETA ‖ SACROSANCTI OECVMENICI ‖ ET GENERALIS CONCILII ‖ TRIDENTINI, ‖ ... Index Dogmatum, et Reformationis. ‖. Beigef.: (Pius <Papa, IV.>: BVLLA ... ‖ SVPER CONFIRMATIONE ‖ oecumenici generalis Concilii ‖ Tridentini. ‖). – Rom, 1564.
- Drucker: Paolo Manuzio.
- Buchbinder: Luigi Lodigiani.
- Umfang: 239, [1] S., [8] Bl.; 2°.
- Bogensign.: A⁶–X⁶, ².
- FP: V.la dæræ i–e– HiBl (3) 1564 (R).
- Buchschmuck: D.; E.; EX.
- Prov.: Etienne Graf von Méjan.
- Bibliographien: Cat. Ital. Books S. 679; Bibl. Aldina S. 113; Ebert 3461.
- Sign.: 2° Ald. Ren. 190,4 [3. Ex.].

Nr. 1042
Canones et decreta: CANONES, ET DECRETA ‖ SACROSANCTI OECVMENICI ‖ ET GENERALIS CONCILII ‖ TRIDENTINI, ‖ ... Index Dogmatum, et Reformationis. ‖. – Venedig, 1564.
- Drucker: [Paolo Manuzio].
- Buchbinder: François Bozérian.
- Umfang: 184, [24] Bl.; 8°.
- Bogensign.: A⁸–Z⁸, AA⁸–CC⁸.
- FP: i–t– cæan n–ni tuIo (3) 1564 (R).
- Buchschmuck: D.; T.; E.; EX.
- Prov.: Etienne Graf von Méjan.
- Sign.: Ald. Ren. 190,4 [3. Ex.].
- Abbildung: S. 185.

Nr. 1043
Canones et decreta: CANONES, ET DECRETA ‖ SACROSANCTI OECVMENICI ‖ ET GENERALIS CONCILII ‖ TRIDENTINI, ‖ ... . – Venedig, 1564.
- Drucker: [Paolo Manuzio].
- Buchbinder: François Bozérian.
- Umfang: 186 Bl.; 8°.
- Bogensign.: A⁸–Z⁸, AA².
- FP: i–t– cæan n–ni tuIo (3) 1564 (R).
- Buchschmuck: D.; E.; EX.
- Prov.: Etienne Graf von Méjan.
- Bibliographien: Adams C 2802; Bibl. Aldina S. 113.
- Sign.: Ald. Ren. 190,4 [4. Ex.].

Nr. 1044
Canones et decreta: CANONES, ET DECRETA ‖ SACROSANCTI OECVMENICI ‖ ET GENERALIS CONCILII ‖ TRIDENTINI, ‖ ... Index Dogmatum, et Reformationis. ‖. – Rom, 1564.
- Drucker: Paolo Manuzio.
- Buchbinder: Joseph Thouvenin.
- Umfang: 336 S., [23] Bl.; 8°.
- Bogensign.: A⁸–Z⁸, AA⁸.
- FP: côr. i–n– i–a– *tco (3) 1564 (R).
- Buchschmuck: D.; E.; EX.
- Prov.: Etienne Graf von Méjan.
- Bibliographien: Adams C 2801; Cat. Ital. Books S. 679; vgl. Bibl. Aldina S. 113.
- Sign.: Ald. Ren. 190,4 EBD.
- Abbildungen: S. 186, 187, 188.

Nr. 1045
Salvianus <Massiliensis>: S ... DE VERO IVDICIO ET PROVIDENTIA DEI ‖ LIBRI VIII. ‖ ... . Beigef.: Maximus <Taurinensis>: ... homiliae. ‖ ...; Pacianus <Barcinonensis>: ... de paenitentia, et confessione. ‖ ...; Sulpicius <Severus>: ... sacrae historiae libri duo. ‖ ...; Dorotheus <Tyrius>: ... de prophetis, et discipulis Domini. ‖ ... (... synopsis. ‖); Haimo <Halbersta-

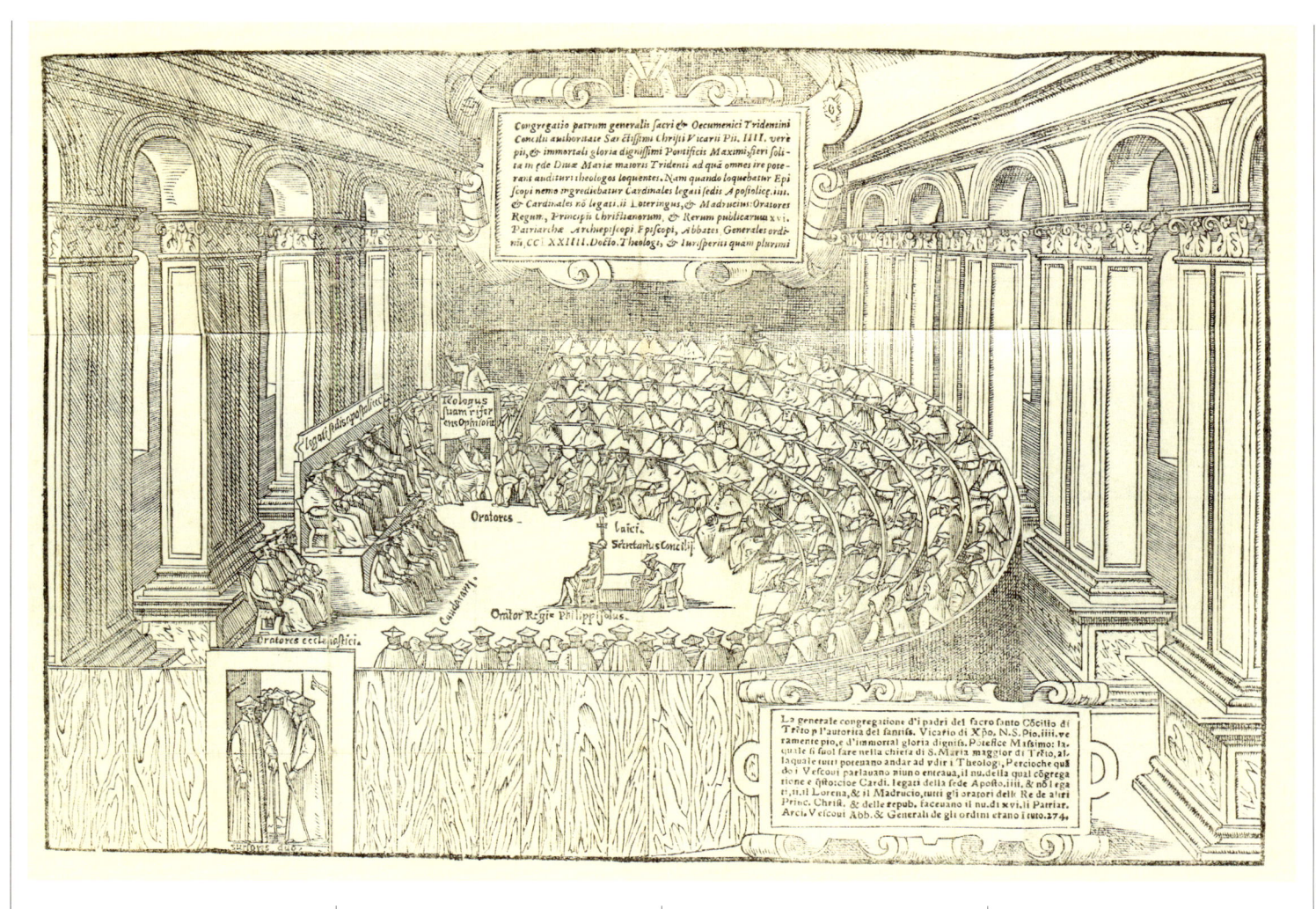

densis>: ... sacrae historiae epitome. ‖ ... . Hrsg.: Pietro Galesini. – Rom, 1564.
- Drucker: Paolo Manuzio.
- Buchbinder: François Bozérian (?).
- Umfang: [6] Bl., 385 [=383], [1] S., [16] Bl.; 2°.
- Bogensign.: a⁶, A⁶–Z⁶, AA⁶–CC⁶, DD⁴, EE⁶–II⁶, kk⁶–mm⁶.
- FP: i-sa lee– u-si qudo (3) 1564 (R).
- Buchschmuck: D.; E.; EX.
- Prov.: S. R.; Etienne Graf von Méjan.
- Bibliographien: Adams S 200; Cat. Ital. Books S. 600; Bibl. Aldina S. 114.
- Sign.: 4° Ald. Ren. 194,5.

Nr. 1046

Salvianus <Massiliensis>:
... DE VERO IVDICIO ET PROVIDENTIA DEI ‖ LIBRI VIII. ‖ ... .
Beigef.: Maximus <Taurinensis>: ... homiliae. ‖ ...; Pacianus <Barcinonensis>: ... de paenitentia, et confessione. ‖ ...; Sulpicius <Severus>: ... sacrae historiae libri duo. ‖ ...; Dorotheus <Tyrius>: ... de prophetis, et discipulis Domini. ‖ ... (... synopsis. ‖); Haimo <Halberstadensis>: ... sacrae historiae epitome. ‖ ... . Hrsg.: Pietro Galesini. – Rom, 1564.
- Drucker: Paolo Manuzio.
- Umfang: [6] Bl., 385 [=383], [1] S., [16] Bl.; 2°.
- Bogensign.: a⁶, A⁶–Z⁶, AA⁶–CC⁶, DD⁴, EE⁶–II⁶, kk⁶–mm⁶.
- FP: i-sa lee– u-si qudo (3) 1564 (R).
- Buchschmuck: D.
- Prov.: Valentinus Cusberski (?); Stanislaus Cnez... (?).
- Bibliographien: Ald. Ren. 194,5; Adams S 200; Cat. Ital. Books S. 600; Bibl. Aldina S. 114.
- Sign.: 4° Bb 7530 RAR.

Nr. 1047

Salvianus <Massiliensis>:
... DE VERO IVDICIO ET PROVIDENTIA DEI ‖ LIBRI VIII. ‖ ... .
Beigef.: Maximus <Taurinensis>: ... homiliae. ‖ ...; Pacianus <Barcinonensis>: ... de paenitentia, et confessione. ‖ ...; Sulpicius <Severus>: ... sacrae historiae libri duo. ‖ ...; Dorotheus <Tyrius>: ... de prophetis, et discipulis Domini. ‖ ... (... synopsis. ‖); Haimo <Halberstadensis>: ... sacrae historiae epitome. ‖ ... . Hrsg.: Pietro Galesini. – Rom, 1564.
- Drucker: Paolo Manuzio.
- Umfang: [6] Bl., 385 [=383], [1] S., [16] Bl.; 2°.
- Bogensign.: a⁶, A⁶–Z⁶, AA⁶–CC⁶, DD⁴, EE⁶–II⁶, kk⁶–mm⁶.
- FP: i-sa lee– u-si qudo (3) 1564 (R).
- Buchschmuck: D.; E.
- Prov.: Kirchenministerial-Bibliothek, Celle.
- Bibliographien: Ald. Ren. 194,5; Adams S 200; Cat. Ital. Books S. 600; Bibl. Aldina S. 114.
- Sign.: 4° Bb 7530ᵃ RAR.

Nr. 1048

Natta, Marco Antonio:
... Opera. ‖ De Immortalitate animae libri V. ‖ In Domini Natale, Oratio. ‖ De Quadragesimali ieiunio, Oratio. ‖ ... . – Venedig, 1564.
- Drucker: [Paolo Manuzio].
- Buchbinder: Luigi Lodigiani.
- Umfang: [4], 126 Bl.; 2°.
- Bogensign.: A⁴–Z⁴, AA⁴–HH⁴, II⁶.
- FP: a-e- ecta ula– lufl (3) 1564 (R).
- Buchschmuck: D.; E.; EX.
- Prov.: Etienne Graf von Méjan.
- Bibliographien: Adams N 63; Cat. Ital. Books S. 462; Bibl. Aldina S. 114; Ebert 14660.
- Sign.: 4° Ald. Ren. 194,6.

Nr. 1049

Manuzio, Aldo Pio: ... Grammaticarum institutionum ‖ libri IIII. ‖ . – Venedig, 1564.
- Drucker: [Paolo Manuzio].
- Umfang: 218 Bl.; 8°.

Kat.-Nr. 1042
Abbildung des Konzils von Trient (Holzschnitt, gefaltet eingebunden)

Kat.-Nr. 1044

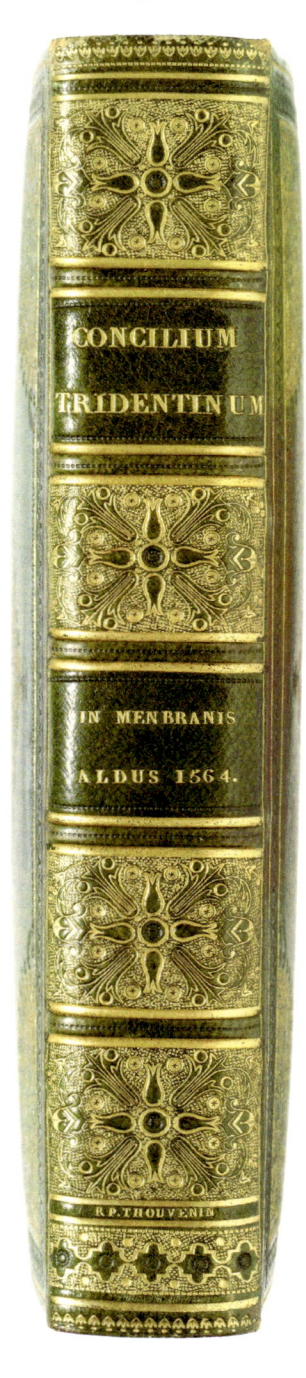

- Bogensign.: A⁸-Z⁸, Aa⁸-Cc⁸, Dd¹⁰.
- FP: n-o- æ-ω. n-e- niQu (3) 1564 (R).
- Buchschmuck: D.; EX.
- Prov.: Etienne Graf von Méjan.
- Bibliographien: Adams M 433; Cat. Ital. Books S. 411; Bibl. Aldina S. 114; Ebert 12985.
- Sign.: Ald. Ren. 194,7.

Nr. 1050
Calepino, Ambrogio; <polygl.>: ... DICTIONARIVM, ‖ IN QVO RESTITVENDO ATQVE ‖ EXORNANDO HAEC PRAESTITIMVS. ‖ PRIMVM, ‖ ... . Beigef.: Ambrogio Calepino; <polygl.>: ... DICTIONARIVM, ... (SECVNDA PARS ‖ ...). Hrsg.: Paolo Manuzio. Kommentator: Paolo Manuzio. – Venedig, 1564.
- Drucker: Paolo Manuzio.
- Buchbinder: François Bozérian (?).
- Umfang: [457] Bl.; 2°.
- Bogensign.: A⁸-Z⁸, AA⁸-CC⁸, DD⁶, Aa⁸-Zz⁸, AAA⁸-CCC⁸, DDD⁶-HHH⁶, III⁵.
- FP: iaon uib- p.n. ADut (C) 1564 (R).
- Buchschmuck: H.; D.; E.; EX.
- Prov.: Etienne Graf von Méjan.
- Bibliographien: Ind. Aur. 129.471; Bibl. Aldina S. 114.
- Sign.: 4° Ald. Ren. 194,8.

Nr. 1051
Cicero, [Marcus Tullius]: RHETORICORVM ‖ AD C. HERENNIVM ‖ libri IIII. ... ‖ De inuentione libri II. ‖ Topica ad Trebatium, ‖ Oratoriae partitiones. ‖ ... . EST: [Opera rhetorica; T. 1]. Hrsg.: Paolo Manuzio. – Venedig, 1564.
- Drucker: [Paolo Manuzio].
- Umfang: 198 [=200] Bl.; 8°.
- Bogensign.: A⁸-Z⁸, AA⁸, BB⁸.
- FP: teed sie- odu- deid (3) 1564 (R).
- Buchschmuck: D.; EX.
- Prov.: Etienne Graf von Méjan.
- Bibliographien: Cat. Ital. Books S. 176; Bibl. Aldina S. 114; Ind. Aur. 139.123; Ebert 4285.
- Sign.: Ald. Ren. 195,9-1.

Nr. 1052
Cicero, [Marcus Tullius]: ... De Oratore libri III. ‖ De optimo genere Oratorum. ‖ De claris Oratoribus. ‖ ... . EST: [Opera rhetorica; T. 2]. Hrsg.: Paolo Manuzio. Kommentator: Paolo Manuzio. – Venedig, 1564.
- Drucker: [Paolo Manuzio].
- Umfang: 272, [26] Bl.; 8°.
- Bogensign.: A⁸-Z⁸, Aa⁸-Oo⁸, Pp².
- FP: e-is inci o-e- cepu (3) 1564 (R).
- Buchschmuck: D.; EX.
- Prov.: Etienne Graf von Méjan.
- Bibliographien: Cat. Ital. Books S. 176; Bibl. Aldina S. 114; Ind. Aur. 139.123; Ebert 4285.
- Sign.: Ald. Ren. 195,9-2.

Nr. 1053
Cicero, M[arcus] Tullius: ... EPISTOLAE AD ATTICVM, ‖ AD M. BRVTVM, ‖ AD QVINCTVM ‖ FRATREM, ‖ ... . Hrsg.: Paolo Manuzio. – Venedig, 1564.
- Drucker: [Paolo Manuzio].
- Umfang: 387, [21] Bl.; 8°.
- Bogensign.: A⁸-Z⁸, AA⁸-ZZ⁸, Aa⁸-Ee⁸.
- FP: t,a- t,io m?o- Pomu (3) 1564 (R).
- Buchschmuck: D.; EX.
- Prov.: Etienne Graf von Méjan.
- Bibliographien: Bibl. Aldina S. 114; Ind. Aur. 139.124.
- Sign.: Ald. Ren. 195,11.

Nr. 1054
Cicero, [Marcus Tullius]: ... DE OFFICIIS ‖ LIBRI III. ‖ CATO MAIOR, VEL DE SENECTVTE: ‖ LAELIVS, VEL DE AMICITIA: ‖ ... . EST: [Opera philosophica, Teils.]. Hrsg.: Paolo Manuzio. Kommentator: Paolo Manuzio. – Venedig, 1564.
- Drucker: [Paolo Manuzio].
- Umfang: 151, [17] Bl.; 8°.
- Bogensign.: A⁸-X⁸.
- FP: t.i- a,e, piio eses (3) 1564 (R).
- Buchschmuck: D.; EX.
- Prov.: Etienne Graf von Méjan.
- Bibliographien: Cat. Ital. Books S. 176; Bibl. Aldina S. 115; Ind. Aur. 139.121; Ebert 4565.
- Sign.: Ald. Ren. 195,13.

Nr. 1055
Palermus, Valerius): ORATIONES DVAE, ‖ ... Quibus funera trium fratrum Noga- ‖ rolarum, Comitum Veronen- ‖ sium defluntur. ‖. Beigef.: (Dante <Alighieri>): ... PASTORALE ‖ CARMEN, ‖ ... (... IN FVNERE LEONARDI ‖ NOGAROLAE ...). – Venedig, 1564.
- Drucker: [Paolo Manuzio].
- Umfang: 54 S., [1] Bl.; 4°.
- Bogensign.: A⁴-G⁴.
- FP: t,a- s,s, ræi, ro&s (3) 1564 (R).
- Buchschmuck: D.; E.; EX.
- Prov.: Etienne Graf von Méjan.
- Bibliographien: Cat. Ital. Books S. 485; Bibl. Aldina S. 115; Budapest P 23.
- Sign.: Ald. Ren. 195,14.

Nr. 1056
Horatius Flaccus, [Quintus]: HORATIVS. ‖ ... . EST: [Opera]. Beigef.: Aldo [Pio] Manuzio: ... de metris Horatianis libellus. ‖ ... . Kommentator: M[arc]-Antoine Muret; Gio[vanni] Michele Bruto; (Aldo [Pio] Manuzio). – Venedig, 1564.
- Drucker: [Paolo Manuzio].
- Umfang: [16], 176 [=183] Bl.; 8°.
- Bogensign.: A⁸, a⁸-z⁸, aa⁸.
- FP: iodi uris o,o; MoPu (3) 1564 (R).
- Buchschmuck: D.; EX.
- Prov.: Etienne Graf von Méjan.
- Bibliographien: Adams H 908; Cat. Ital. Books S. 333; Bibl. Aldina S. 115; Ebert 10158; Budapest H 518.
- Sign.: Ald. Ren. 195,16.

Nr. 1057
Amico, Faustino: ... EPISTOLA ‖ AD ‖ ALEXANDRVM CAMPESANVM. ‖. – [Venedig], 1564.
- Drucker: [Paolo Manuzio].
- Umfang: 6 Bl.; 4°.
- Bogensign.: A⁴, B².
- FP: e,s. s,s, a,o; dam, (3) 1564 (R).
- Bibliographien: Ind. Aur. 104.778.
- Sign.: Ald. Ren. 195,18.

Nr. 1058
Lettere volgari: LETTERE VOLGARI ‖ DI DIVERSI NOBILISSIMI ‖ HVOMINI, ET ECCELLEN- ‖ TISSIMI INGEGNI, ‖ ... LIBRO PRIMO. ‖. EST: [Lettere volgari; T. 1]. Hrsg.: (Paolo Manuzio). – Venedig, 1564.
- Drucker: [Paolo Manuzio].
- Buchbinder: François Bozérian (?).
- Umfang: 141, [3] Bl.; 8°.
- Bogensign.: A⁸-S⁸.
- FP: enn- o,me tàt- seco (3) 1564 (R).
- Buchschmuck: D.; E.; EX.
- Prov.: Etienne Graf von Méjan.
- Bibliographien: Adams L 591; Cat. Ital. Books S. 413; Bibl. Aldina S. 115.
- Sign.: Ald. Ren. 195,19-1.

Nr. 1059
Lettere volgari: LETTERE VOLGARI ‖ DI DIVERSI NOBILISSIMI ‖ HVOMINI, ET ECCEL- ‖ LENTISSIMI INGEGNI, ‖ ... LIBRO SECONDO. ‖. EST: [Lettere volgari; T. 2]. Hrsg.: [Paolo Manuzio]. – Venedig, 1564.
- Drucker: [Paolo Manuzio].
- Buchbinder: François Bozérian (?).
- Umfang: 128 [=126], [2] Bl.; 8°.
- Bogensign.: a⁸-q⁸.
- FP: e.V. oni- uite tono (3) 1564 (R).
- Buchschmuck: D.; E.; EX.
- Prov.: Etienne Graf von Méjan.
- Bibliographien: Adams L 591; Cat. Ital. Books S. 413; Bibl. Aldina S. 115.
- Sign.: Ald. Ren. 195,19-2.

Nr. 1060
Lettere volgari: LETTERE VOLGARI ‖ DI DIVERSI NOBILISSIMI ‖ HVOMINI, ET ECCEL- ‖ LENTISSIMI INGEGNI, ‖ ... LIBRO TERZO. ‖ ... . EST: [Lettere volgari; T. 3]. Hrsg.: [Paolo Manuzio]. – Venedig, 1564.
- Drucker: [Paolo Manuzio].
- Buchbinder: François Bozérian (?).
- Umfang: [4] Bl., Bl. 9–214 [=222], [6] Bl.; 8°.
- Bogensign.: Aa⁴, Bb⁸-Zz⁸, Aaa⁸-Eee⁸, Fff⁴ [letztes Bl. beschädigt].
- FP: toua neru e.a. LaV. (3) 1564 (R).
- Buchschmuck: D.; E.; EX.
- Prov.: Etienne Graf von Méjan.
- Bibliographien: Adams L 591; Cat. Ital. Books S. 413; Bibl. Aldina S. 115.
- Sign.: Ald. Ren. 195,19-3.

Nr. 1061
Caesar, G[aius] Iulius: ... COMMENTARIORVM ‖ [1.Sp.] De bello [2.Sp.] Gallico, libri VIII. ‖ Ciuili Pompeiano, lib. III. ‖ Alexandrino, lib. I. ‖ Africano, lib. I. ‖ Hispaniensi, lib. I. ‖ ... . EST: [Opera]. Mitarb.: (Aulus Hirtius; Raimundus Marlianus; Giovanni Giocondo). Kommentator: Giovanni Michele Bruto; (Aulus Hirtius). – Venedig, 1564.
- Drucker: [Paolo Manuzio].
- Umfang: [16], 318, [46] Bl.; 8°.
- Bogensign.: a^8, b^8, A^8–Z^8, Aa^8–Yy^8, Zz^4.
- FP: naad l–i– die, nequ (3) 1564 (R).
- Buchschmuck: H.; D.; EX.
- Prov.: Etienne Graf von Méjan.
- Bibliographien: Adams C 49; Cat. Ital. Books S. 135; Bibl. Aldina S. 115; Ind. Aur. 128.766.
- Sign.: Ald. Ren. 196,21.

Nr. 1062
Index librorum prohibitorum: INDEX ‖ LIBRORVM PROHIBITORVM, ‖ cum Regulis ‖ confectis per Patres a Tridentina Synodo ‖ delectos, ... – Rom, 1564.
- Drucker: Paolo Manuzio.
- Umfang: 72 S.; 4°.
- Bogensign.: A^4–I^4.
- FP: esle nae– isia cego (3) 1564 (R).
- Buchschmuck: D.; E.; EX.
- Prov.: Etienne Graf von Méjan.
- Bibliographien: Adams I 94; Cat. Ital. Books S. 565; Bibl. Aldina S. 115.
- Sign.: Ald. Ren. 196,23.

Nr. 1063
Index librorum prohibitorum: INDEX LIBRORVM ‖ PROHIBITORVM, ‖ CVM REGVLIS CONFECTIS ‖ per Patres a Tridentina Synodo delectos, ‖ ... . – Venedig, 1564.
- Drucker: [Paolo Manuzio].
- Umfang: 32 Bl.; 8°.
- Bogensign.: A^8–D^8.
- FP: i–el t.io s.s. ruli (3) 1564 (R).
- Buchschmuck: D.; E.; EX.
- Prov.: Etienne Graf von Méjan.
- Bibliographien: Adams I 95; Cat. Ital. Books S. 565.
- Sign.: Ald. Ren. 196,24 [1. Ex.].

Nr. 1064
Index librorum prohibitorum: INDEX LIBRORVM ‖ PROHIBITORVM, ‖ CVM REGVLIS CONFECTIS ‖ per Patres à Tridentina Synodo delectos, ‖ ... . – Venedig, 1564.
- Drucker: [Paolo Manuzio].
- Umfang: 32 Bl.; 8°.
- Bogensign.: A^8–D^8.
- FP: i–el t.di s.s. adCi (3) 1564 (R).
- Buchschmuck: TH.; E.; EX.
- Prov.: Etienne Graf von Méjan.
- Bibliographien: Adams I 95; Cat. Ital. Books S. 565.
- Sign.: Ald. Ren. 196,24 [2. Ex.].
- Abbildung: S. 191.

Nr. 1065
Botalli, Leonardo: De Catarrho Commentarivs, ... Addita est in fine monstrosorum renum figura ... . – Paris, 1564.
- Drucker: Bernard Turrisan.
- Sign.: Ald. Ren. 297,12 Kraków.

1565

Nr. 1066
Angelomus <Luxoviensis>: ... ENARRATIONES ‖ IN LIBROS REGVM. ‖. – Rom, 1565.
- Drucker: Paolo Manuzio.
- Umfang: [4] Bl., 236 S., [6] Bl.; 2°.
- Bogensign.: ^{4}, A^6–T^6, V^4, *^{6} [4. Bl. vor 2. Bl. gebunden].
- FP: iti– diq. m.um adgu (3) 1565 (R).
- Buchschmuck: D.; E.; EX.
- Prov.: Etienne Graf von Méjan.
- Bibliographien: Adams A 1109; Cat. Ital. Books S. 29; Ind. Aur. 105.730; Bibl. Aldina S. 116.
- Sign.: 4° Ald. Ren. 196,1.

Nr. 1067
Canones et decreta: CANONES, ‖ ET DECRETA ‖ SACROSANCTI OECVMENICI ‖ ET GENERALIS CONCILII ‖ TRIDENTINI, ‖ ... . – Venedig, 1565.

Kat.-Nr. 1044

Kat.-Nr. 1044

- Drucker: [Paolo Manuzio].
- Buchbinder: François Bozérian (?).
- Umfang: 184, [24] Bl.; 8°.
- Bogensign.: A⁸-Z⁸, AA⁸-CC⁸.
- FP: i–t- cæn- n-ni tuIo (3) 1565 (R).
- Buchschmuck: D.; E.; EX.
- Prov.: Etienne Graf von Méjan.
- Bibliographien: vgl. Adams C 2805; Cat. Ital. Books S. 679; Bibl. Aldina S. 116.
- Sign.: Ald. Ren. 197,2 [1. Ex.].

Nr. 1068
Canones et decreta: CANONES, ‖ ET DECRETA ‖ SACROSANCTI OECVMENICI, ‖ ET GENERALIS CONCILII ‖ TRIDENTINI, ‖ ... Et bulla Confirmationis. ... . – Venedig, 1565.
- Drucker: [Paolo Manuzio].
- Umfang: 184, [23] Bl.; 8°.
- Bogensign.: A⁸-Z⁸, AA⁸-BB⁸, CC⁷.
- FP: usr: cæn- n-ni quDe (3) 1565 (R).
- Buchschmuck: D.; EX.
- Prov.: Etienne Graf von Méjan.
- Bibliographien: Adams C 2805; Cat. Ital. Books S. 679; vgl. Bibl. Aldina S. 116.
- Sign.: Ald. Ren. 197,2 [2. Ex.].

Nr. 1069
Hieronymus, [Sophronius Eusebius]: EPISTOLAE ‖ ... ET LIBRI CONTRA HAERETICOS, ‖ ... . EST: [Epistolae; T. 1]. Hrsg.: Marianus Victorius. Kommentator: Marianus Victorius. – Rom, 1565.
- Drucker: Paolo Manuzio.
- Buchbinder: François Bozérian.
- Umfang: [12] Bl., 187 S.; 2°.
- Bogensign.: ², a⁶, b⁴, A⁶-P⁶, Q⁴.
- FP: i-is urci mæe- Enta (3) 1565 (R).
- Buchschmuck: D.; E.; EX.
- Prov.: Etienne Graf von Méjan.
- Bibliographien: Adams J 132; Cat. Ital. Books S. 346; Bibl. Aldina S. 117; Ebert 9684.
- Sign.: 2° Ald. Ren. 197,3–1.2. [1. Ex.].

Nr. 1070
Hieronymus, [Sophronius Eusebius]: ALTER TOMVS ‖ EPISTOLARVM ... . EST: [Epistolae; T. 2]. Hrsg.: [Marianus Victorius]. Kommentator: [Marianus Victorius]. – Rom, 1564.
- Drucker: Paolo Manuzio.
- Buchbinder: François Bozérian.
- Umfang: 291 S.; 2°.
- Bogensign.: Aa⁶-Zz⁶, &&⁸.
- FP: taum uts- ;&s; &Equ (3) 1564 (R).
- Buchschmuck: D.; E.; EX.
- Prov.: Etienne Graf von Méjan.
- Bibliographien: Adams J 132; Cat. Ital. Books S. 346; Bibl. Aldina S. 117; Ebert 9684.
- Sign.: 2° Ald. Ren. 197,3–1.2. [1. Ex.].

Nr. 1071
Hieronymus, [Sophronius Eusebius]: ... OPERA OMNIA ‖ ... IN NOVEM TOMOS DIGESTA, ‖ Et ex antiquissimis exemplaribus emendata: ... . EST: [Opera; T. 1]. Hrsg.: Marianus Victorius. Kommentator: Marianus Victorius. – Rom, 1576.
- Drucker: Stamperia del Popolo Romano.

- Buchbinder: René Simier.
- Umfang: [12] Bl., 244 S.; 2°.
- Bogensign.: [a]⁶, b⁶, A⁶–P⁶, Q⁴, R⁶–V⁶, X⁴.
- FP: a-sa o-t. mæe- EnTâ (3) 1576 (R).
- Buchschmuck: D.; E.; EX.
- Prov.: Etienne Graf von Méjan.
- Bibliographien: vgl. Cat. Ital. Books S. 346; vgl. Bibl. Aldina S. 116; Ebert 9684.
- Sign.: 2° Ald. Ren. 197,3–1 [2. Ex.].

Nr. 1072

Hieronymus, [Sophronius Eusebius]: ALTER TOMVS ‖ EPISTOLARVM … . EST: [Opera; T. 2]. Hrsg.: [Marianus Victorius]. Kommentator: [Marianus Victorius]. – Rom, 1575.
- Drucker: Stamperia del Popolo Romano.
- Buchbinder: René Simier.
- Umfang: 372 S.; 2°.
- Bogensign.: Aa⁶–Zz⁶, &&⁸, Aaa⁶–Fff⁶, Ggg⁴.
- FP: taum uts- ;&s; &Equ (3) 1575 (R).
- Buchschmuck: D.; E.; EX.
- Prov.: Etienne Graf von Méjan.
- Bibliographien: Cat. Ital. Books S. 346; vgl. Bibl. Aldina S. 116; Ebert 9684.
- Sign.: 2° Ald. Ren. 197,3–2 [2. Ex.].

Nr. 1073

Hieronymus, [Sophronius Eusebius]: TERTIVS TOMVS ‖ EPISTOLARVM … . EST: [Epistelae; T. 3]. Hrsg.: Marianus Victorius. Kommentator: Marianus Victorius. – Rom, 1565.
- Drucker: Paolo Manuzio.
- Buchbinder: François Bozérian.
- Umfang: 458 S., [28] Bl.; 2°.
- Bogensign.: Aaa⁶–Zzz⁶, &&&⁶, A⁶–N⁶, O⁸, A⁴–G⁴ [unvollst.: O⁸ fehlt].
- FP: t.is isdi a,e- tuni (3) 1565 (R).
- Buchschmuck: D.; E.; EX.
- Prov.: Etienne Graf von Méjan.
- Bibliographien: Adams J 132; Cat. Ital. Books S. 346; Bibl. Aldina S. 117; Ebert 9684.
- Sign.: 2° Ald. Ren. 197,3–3 [1. Ex.].

Nr. 1074

Hieronymus, [Sophronius Eusebius]: TERTIVS TOMVS ‖ EPISTOLARVM … . EST: [Opera; T. 3]. Hrsg.: [Marianus Victorius]. Kommentator: [Marianus Victorius]. – Rom, 1575.
- Drucker: Stamperia del Popolo Romano.
- Buchbinder: René Simier.
- Umfang: 320 S.; 2°.
- Bogensign.: Aaa⁶–Yyy⁶, Zzz⁸, Aaaa⁶, Bbbb⁶, Cccc⁷ [unvollst.: Index fehlt].
- FP: t.is a-i- a,e- bota (3) 1575 (R).
- Buchschmuck: D.; E.; EX.
- Prov.: Etienne Graf von Méjan.
- Bibliographien: Cat. Ital. Books S. 346; vgl. Bibl. Aldina S. 116; Ebert 9684.
- Sign.: 2° Ald. Ren. 197,3–3 [2. Ex.].

Nr. 1075

Hieronymus, [Sophronius Eusebius]: TOMVS QVARTVS ‖ OPERVM … ‖ Continens Commentaria in Quattuor Prophetas Maiores: ‖. EST: [Opera; T. 4]. Hrsg.: Marianus Victorius. Kommentator: Marianus Victorius. – Rom, 1571.
- Drucker: Stamperia del Popolo Romano.
- Buchbinder: René Simier.
- Umfang: [4] Bl., 707 [=709], [1] S., [1] Bl.; 2°.
- Bogensign.: *⁴, A⁴, B⁶–Z⁶, Aa⁶–Zz⁶, Aaa⁶–Mmm⁶, Nnn¹⁰.
- FP: d-um ers. s.la situ (3) 1571 (R).
- Buchschmuck: D.; E.; EX.
- Prov.: Etienne Graf von Méjan.
- Bibliographien: Cat. Ital. Books S. 346; Bibl. Aldina S. 116; Ebert 9684.
- Sign.: 2° Ald. Ren. 197,3–4 [2. Ex.].

Nr. 1076

Hieronymus, [Sophronius Eusebius]: TOMVS QVINTVS ‖ OPERVM … ‖ Continens Ecclesiasten, et duodecim Prophetas Minores. ‖. EST: [Opera; T. 5]. Hrsg.: Marianus Victorius. Kommentator: Marianus Victorius. – Rom, 1571.
- Drucker: Stamperia del Popolo Romano.
- Buchbinder: René Simier.
- Umfang: 391 S.; 2°.
- Bogensign.: A⁶–Z⁶, Aa⁶–Hh⁶, Ii¹⁰.
- FP: mûri neâ. a–au uere (3) 1571 (R).
- Buchschmuck: D.; E.; EX.
- Prov.: Etienne Graf von Méjan.
- Bibliographien: Cat. Ital. Books S. 346; Bibl. Aldina S. 116; Ebert 9684.
- Sign.: 2° Ald. Ren. 197,3–5 [2. Ex.].

Nr. 1077

Hieronymus, [Sophronius Eusebius]: TOMVS SEXTVS ‖ OPERVM … ‖ Continens commentaria in Matthaeum, et Epistolas Pauli ad ‖ Galatas, ad Ephesios, ad Titum, et Philemonem, ‖ … . EST: [Opera; T. 6]. Beigef.: Didymus <Caecus>; <lat.>: … librum … de spiritu sancto … . Hrsg.: Marianus Victorius. Kommentator: Marianus Victorius. – Rom, 1571.
- Drucker: Stamperia del Popolo Romano.
- Buchbinder: René Simier.
- Umfang: [6] Bl., 319, [1], 92 S.; 2°.
- Bogensign.: a⁶, A⁶–Z⁶, Aa⁶–Cc⁶, Dd⁴, A⁶–G⁶, H⁴.
- FP: o,r- s-am ueut d*te (3) 1571 (R).
- Buchschmuck: D.; E.; EX.
- Prov.: Etienne Graf von Méjan.
- Bibliographien: Cat. Ital. Books S. 346; Bibl. Aldina S. 116; Ebert 9684.
- Sign.: 2° Ald. Ren. 197,3–6 [2. Ex.].

Nr. 1078

Hieronymus, [Sophronius Eusebius]: TOMVS SEPTIMVS ‖ COMMENT. … ‖ SVPER PSALMOS, ‖ … . EST: [Opera; T. 7]. Beigef.: Biblia, VT, Psalmi; <lat.>: … Psalterium ipsum … . Hrsg.: Marianus Victorius. Kommentator: Marianus Victorius. – Rom, 1572.
- Drucker: Stamperia del Popolo Romano.
- Buchbinder: René Simier.
- Umfang: [2] Bl., 251, [1], 48 S.; 2°.
- Bogensign.: A⁸, B⁶–X⁶, a⁶–d⁶.
- FP: n.n- a-te use- muui (3) 1572 (R).
- Buchschmuck: D.; E.; EX.
- Prov.: Etienne Graf von Méjan.
- Bibliographien: Cat. Ital. Books S. 346; Bibl. Aldina S. 116; Ebert 9684.
- Sign.: 2° Ald. Ren. 197,3–7 [2. Ex.].

Nr. 1079

Hieronymus, [Sophronius Eusebius]: TOMVS OCTAVVS ‖ COMMENTARIORVM … ‖ Commentarij in Iob. ‖ … in Prouerbia Salomonis. ‖ Homiliae quattuor Origenis in Canticum canticorum. ‖ Commentarii in omnes Pauli Apostoli epistolas. ‖ … . EST: [Opera; T. 8]. Hrsg.: Marianus Victorius. Kommentator: Marianus Victorius. – Rom, 1572.
- Drucker: Stamperia del Popolo Romano.
- Buchbinder: René Simier.
- Umfang: 236, 152 S.; 2°.
- Bogensign.: a⁶–t⁶, u⁴, A⁶–M⁶, N⁴.
- FP: s-n- .)t, ,&i- uuct (3) 1572 (R).
- Buchschmuck: D.; E.; EX.
- Prov.: Etienne Graf von Méjan.
- Bibliographien: Cat. Ital. Books S. 346; Bibl. Aldina S. 116; Ebert 9684.
- Sign.: 2° Ald. Ren. 197,3–8 [2. Ex.].

Nr. 1080

Hieronymus, [Sophronius Eusebius]: TOMVS NONVS ‖ EPISTOLARVM D. HIERONYMO ‖ FALSO ADSCRIPTARVM … . EST: [Opera; T. 9]. Hrsg.: Marianus Victorius. – Rom, 1572.
- Drucker: Stamperia del Popolo Romano.
- Buchbinder: René Simier.
- Umfang: [2] Bl., 460 S.; 2°.
- Bogensign.: +², A⁶–Z⁶, Aa⁶–Oo⁶, Pp⁸.
- FP: t.ui tê,& têia uoin (3) 1572 (R).
- Buchschmuck: D.; E.; EX.
- Prov.: Etienne Graf von Méjan.
- Bibliographien: Cat. Ital. Books S. 346; Bibl. Aldina S. 116; Ebert 9684.
- Sign.: 2° Ald. Ren. 197,3–9 [2. Ex.].

Nr. 1081

Hieronymus, [Sophronius Eusebius]: INDEX ‖ … IN SEX TOMOS OPERVM ‖ … . EST: [Opera; Index]. Hrsg.: Marianus Victorius. – Rom, 1572.
- Drucker: Stamperia del Popolo Romano.
- Buchbinder: René Simier.
- Umfang: [181] Bl.; 2°.
- Bogensign.: [a]¹, b⁴–z⁴, aa⁴–oo⁴, PP⁴–ZZ⁴.
- FP: .bis .h.e i-.b ciOm (C) 1572 (R).
- Buchschmuck: D.; E.; EX.
- Prov.: Etienne Graf von Méjan.
- Bibliographien: Cat. Ital. Books S. 346; Bibl. Aldina S. 116; Ebert 9684.
- Sign.: 2° Ald. Ren. 197,3–10 [2. Ex.].

Nr. 1082

Hieronymus, [Sophronius Eusebius]: EPISTOLAE ‖ … ET LIBRI CONTRA HAERETICOS, ‖ … . EST: [Epistolae; T. 1]. Hrsg.: Marianus Victorius. Kommentator: Marianus Victorius. – Rom, 1576.
- Drucker: Stamperia del Popolo Romano.
- Umfang: [12] Bl., 244 S.; 2°.
- Bogensign.: a⁶, b⁶, A⁶–P⁶, Q⁴, R⁶–V⁶, X⁴ [Titelbl. beschädigt].
- FP: a-sa o-t. mæe- Entâ (3) 1576 (R).
- Buchschmuck: D.
- Bibliographien: Ald. Ren. 197,3; Cat. Ital. Books S. 346; Graesse III S. 274.
- Sign.: 4° 4 B 439–1.2.3 RAR.

Nr. 1083

Hieronymus, [Sophronius Eusebius]: ALTER TOMVS ‖ EPISTOLARVM … . EST: [Epistolae; T. 2]. Hrsg.: [Marianus Victorius]. Kommentator: [Marianus Victorius]. – Rom, 1575.
- Drucker: Stamperia del Popolo Romano.
- Umfang: 372 S.; 2°.
- Bogensign.: Aa⁶–Zz⁶, &&⁸, Aaa⁶–Fff⁶, Ggg⁴.
- FP: taum uts- ;&s; &Equ (3) 1575 (R).
- Buchschmuck: D.
- Bibliographien: Ald. Ren. 197,3; Cat. Ital. Books S. 346; Graesse III S. 274.
- Sign.: 4° 4 B 439–1.2.3 RAR.

Nr. 1084

Hieronymus, [Sophronius Eusebius]: TERTIVS TOMVS ‖ EPISTOLARVM … (INDEX). EST: [Epistolae; T. 3]. – Rom, 1575, (1576).
- Drucker: Stamperia del Popolo Romano.
- Umfang: 320 S., [28] Bl.; 2°.
- Bogensign.: Aaa⁶–Yyy⁶, Zzz⁸, Aaaa⁶, Bbbb⁶, Cccc⁸, A⁶–D⁶, E⁴.
- FP: t.is a-i- a,e- bota (3) 1576 (R).
- Buchschmuck: D.
- Bibliographien: Ald. Ren. 197,3; Cat. Ital. Books S. 346; Graesse III S. 274.
- Sign.: 4° 4 B 439–1.2.3 RAR.

Nr. 1085

Hosius, Stanislaus: CONFES-SIO ‖ CATHOLICAE FIDEI CHRISTIANA, ‖ VEL POTIVS EX-PLICATIO QVAEDAM ‖ CONFESSI-ONIS, ‖ In Synodo Petricouiensi a patribus prouinciarum Gnesnensis, ‖ et Leopoliensis in regno Poloniae factae ‖ ... . – Rom, 1565.
- Drucker: Paolo Manuzio.
- Umfang: [6] Bl., 507, [1] S., [9] Bl.; 2°.
- Bogensign.: *⁶, A⁶–Z⁶, Aa⁶–Xx⁶.
- FP: teum m.ei i-ub NoVi (3) 1565 (R).
- Buchschmuck: D.; E.; EX.
- Prov.: Etienne Graf von Méjan.
- Bibliographien: Bibl. Aldina S. 117.
- Sign.: 4° Ald. Ren. 197,4.

Nr. 1086

Manuzio, Aldo: ELEGANZE, ‖ INSIEME CON LA COPIA ‖ DELLA LINGVA TOSCANA, ‖ E LATINA, ‖ ... . – Venedig, 1565.
- Drucker: [Paolo Manuzio].
- Umfang: 192 Bl.; 8°.
- Bogensign.: A⁸–Z⁸, AA⁸.
- FP: e-to uæâ, i-in bupr (3) 1565 (R).
- Buchschmuck: D.; EX.
- Prov.: Etienne Graf von Méjan.
- Bibliographien: Cat. Ital. Books S. 412; Bibl. Aldina S. 117.
- Sign.: Ald. Ren. 198,7.

Nr. 1087

Cicero, M[arcus] Tullius: ... ORA-TIONVM ‖ PARS I. ‖ ... . EST: [Orationes; T. 1]. Hrsg.: Paolo Manuzio. – Venedig, 1565.
- Drucker: [Paolo Manuzio].
- Umfang: 347 [=348] Bl.; 8°.
- Bogensign.: A⁸–Z⁸, AA⁸–VV⁸, XX⁴.
- FP: t,c- amin bius erpe (3) 1565 (R).
- Buchschmuck: D.; EX.
- Prov.: Etienne Graf von Méjan.
- Bibliographien: Adams C 1865; Ind. Aur. 139.158; Bibl. Aldina S. 118; Ebert 4340.
- Sign.: Ald. Ren. 198,9–1.

Nr. 1088

Cicero, M[arcus] Tullius: ... ORA-TIONVM ‖ PARS II. ‖ ... . EST: [Orationes; T. 2]. Hrsg.: Paolo Manuzio. – Venedig, 1565.
- Drucker: (Paolo Manuzio).
- Umfang: 312 Bl.; 8°.
- Bogensign.: aa⁸–zz⁸, AA⁸–Qq⁸.
- FP: isae los, t:ij riue (3) 1565 (R).
- Buchschmuck: D.; EX.
- Prov.: Etienne Graf von Méjan.
- Bibliographien: Adams C 1865; Ind. Aur. 139.158; Bibl. Aldina S. 118; Ebert 4340.
- Sign.: Ald. Ren. 198,9–2.

Nr. 1089

Cicero, M[arcus] Tullius: ... ORA-TIONVM ‖ PARS III. ‖ ... . EST: [Orationes; T. 3]. Hrsg.: Paolo Manuzio. – Venedig, 1565.
- Drucker: (Paolo Manuzio).
- Umfang: 304 Bl.; 8°.
- Bogensign.: aaa⁸–zzz⁸, AAA⁸–PPP⁸.
- FP: enli t-s, e-ta sumi (3) 1565 (R).
- Buchschmuck: D.; EX.
- Prov.: Etienne Graf von Méjan.
- Bibliographien: Adams C 1865; Ind. Aur. 139.158; Bibl. Aldina S. 118; Ebert 4340.
- Sign.: Ald. Ren. 198,9–3.

Nr. 1090

Cicero, M[arcus] Tullius: ... EPI-STOLAE FAMILIARES. ‖ ... . EST: [Epistolae ad familiares]. Beigef.: Paolo Manuzio: ... scholia (... IN FAMILIARES ‖ CICERONIS EPISTOLAS. ‖) ... . Hrsg.: Paolo Manuzio. – Venedig, 1565.
- Drucker: [Paolo Manuzio].
- Umfang: [8], 315, [49] Bl.; 8°.
- Bogensign.: A⁸–Z⁸, AA⁸–ZZ⁸, aa⁴.
- FP: utiu amrs umin risi (3) 1565 (R).
- Buchschmuck: D.; E.; EX.
- Prov.: Etienne Graf von Méjan.
- Bibliographien: Ind. Aur. 139.161; Bibl. Aldina S. 118.
- Sign.: Ald. Ren. 198,10.
- Abbildung: S. 192.

Nr. 1091

Cicero, M[arcus] Tullius: ‖ ... DE PHILOSOPHIA, ‖ PRIMA PARS, ‖ Academicarum quaestionum ... ‖ De finibus bonorum et malorum libri V. ‖ Tusculanarum quaestionum libri V. ‖ ... . EST: [Opera philosophica; T. 1]. Kommentator: Paolo Manuzio. – Venedig, 1565.
- Drucker: [Paolo Manuzio].
- Umfang: 286, [50] Bl.; 8°.
- Bogensign.: a⁸–z⁸, aa⁸–tt⁸.
- FP: liam i,re odm; muqu (3) 1565 (R).
- Buchschmuck: D.; EX.
- Prov.: Etienne Graf von Méjan.
- Bibliographien: Adams C 1768; Cat. Ital. Books S. 176; Ind. Aur. 139.160; Ebert 4472.
- Sign.: Ald. Ren. 198,11–1.

Nr. 1092

Cicero, M[arcus Tullius]: ... DE PHILOSOPHIA ‖ VOLVMEN SECVNDVM. ‖ De natura deorum, De diuinatione, De fato, ‖ ... . EST: [Opera philosophica; T. 2]. Kommentator: Paolo Manuzio. – Venedig, 1565.
- Drucker: [Paolo Manuzio].
- Umfang: 258, [30] Bl.; 8°.
- Bogensign.: A⁸–Z⁸, AA⁸–II⁸, Kk⁸–Nn⁸.
- FP: am,* oros a-a, nodu (3) 1565 (R).
- Buchschmuck: D.; EX.
- Prov.: Etienne Graf von Méjan.
- Bibliographien: Adams C 1768; Cat. Ital. Books S. 176; Ind. Aur. 139.160; Bibl. Aldina S. 118; Ebert 4472.
- Sign.: Ald. Ren. 198,11–2.

Nr. 1093

Cyllenius, Raphael: ... ORA-TIONES TRES. ‖ I. ANTE IN-TERPRETATIONEM CICERONIS ‖ OFFICIORVM. ‖ II. ANTE INTER-PRETATIONEM CICERONIS ‖ LIBRI DE PERFECTO ORATORE. ‖ III. DE GRAECAE LATINAEQ. LINGVAE PRAE- ‖ STANTIA. ‖. – Venedig, 1565.
- Verleger: [Niccolò] Bevilacqua.
- Drucker: [Paolo Manuzio].
- Umfang: 32 S.; 4°.
- Bogensign.: A⁴–D⁴.
- FP: t?i- r-am e-io adho (3) 1565 (R).
- Buchschmuck: D.; E.; EX.
- Prov.: Etienne Graf von Méjan.
- Sign.: Ald. Ren. 198,12.

Nr. 1094

Terentius Afer, [Publius]: TE-RENTIVS, ‖ ... . EST: [Comoediae]. Beigef.: M[arc]-Antoine Muret: ... argumenta in singulas ‖ comoedias, et annotationes, ‖ ... . Hrsg.: M[arc]-Antoine Muret. – Venedig, 1565.
- Drucker: [Paolo Manuzio].
- Umfang: [16], 200 Bl.; 8°.
- Bogensign.: A⁸–Z⁸, AA⁸–DD⁸.
- FP: t,q. umti o.am AtNa (3) 1565 (R).
- Buchschmuck: D.; EX.
- Prov.: Etienne Graf von Méjan.
- Bibliographien: Bibl. Aldina S. 118; Ebert 22492.
- Sign.: Ald. Ren. 198,14.

Nr. 1095

Bizzarri, Pietro: ... VARIA OPVS-CVLA, ‖ ... . – Venedig, 1565.
- Drucker: [Paolo Manuzio].
- Umfang: 156 Bl.; 8°.
- Bogensign.: A⁸–T⁸, V⁴.
- FP: i-n- o-i- e.n- sptu (3) 1565 (R).
- Buchschmuck: D.; EX.
- Prov.: Etienne Graf von Méjan.
- Bibliographien: Adams B 2090; Cat. Ital. Books S. 106; Ind. Aur. 119.702.
- Sign.: Ald. Ren. 198,15 [1. Ex.].

Nr. 1096

Bizzarri, Pietro: ... VARIA OPVS-CVLA, ‖ ... . – Venedig, 1565.
- Drucker: [Paolo Manuzio].
- Umfang: 156 Bl.; 8°.
- Bogensign.: A⁸–T⁸, V⁴.
- FP: i-n- o-i- e.n- sptu (3) 1565 (R).
- Buchschmuck: D.; KF.; HS.
- Prov.: Melchior Arengius.
- Bibliographien: Adams B 2090; Cat. Ital. Books S. 106; Ind. Aur. 119.702.
- Sign.: Ald. Ren. 198,15 [2. Ex.].

Nr. 1097

Bizzarri, Pietro: ... VARIA OPVS-CVLA, ‖ ... . – Venedig, 1565.
- Drucker: [Paolo Manuzio].
- Umfang: 156 Bl.; 8°.
- Bogensign.: A⁸–T⁸, V⁴.
- FP: i-n- o-i- e.n- sptu (3) 1565 (R).
- Buchschmuck: D.
- Prov.: Philipp Wilhelm Graf von Boineburg; Königlich Preußische Bibliothek, Erfurt.
- Bibliographien: Ald. Ren. 198,15; Adams B 2090; Cat. Ital. Books S. 106; Ind. Aur. 119.702.
- Sign.: Ai 5961 RAR.

Nr. 1098

Taurellus, Jacobus: ... Exquisitior patronymia. ‖. – Venedig, 1565.
- Drucker: [Paolo Manuzio].
- Umfang: [4] Bl., 54 S., [1] Bl.; 4°.
- Bogensign.: A⁴–H⁴.
- FP: ispe s.an i-o. lepr (3) 1565 (R).
- Buchschmuck: D.; EX.
- Prov.: Etienne Graf von Méjan.
- Bibliographien: Adams T 279; Bibl. Aldina S. 119.
- Sign.: Ald. Ren. 199,17.

Nr. 1099

Porzio, Camillo: LA ‖ CONGIV-RA ‖ DE' BARONI ‖ DEL REGNO DI NAPOLI, ‖ CONTRA IL RE ‖ FERDINANDO ‖ PRIMO, ‖ ... . – Rom, 1565.
- Drucker: [Paolo Manuzio].
- Umfang: [4], 84, [3] Bl.; 4°.
- Bogensign.: *⁴, A⁴–Y⁴.
- FP: leal a-ol mare sefa (3) 1565 (R).
- Buchschmuck: D.; E.; EX.
- Prov.: Etienne Graf von Méjan.
- Bibliographien: Adams P 1952; Cat. Ital. Books S. 537; Bibl. Aldina S. 119; Ebert 17816.
- Sign.: Ald. Ren. 199,18 [1. Ex.].

Nr. 1100

Porzio, Camillo: [LA ‖ CONGIV-RA ‖ DE' BARONI ‖ DEL REGNO DI NAPOLI, ‖ CONTRA IL RE ‖ FERDINANDO ‖ PRIMO, ‖ ...]. – [Rom], [1565].
- Drucker: [Paolo Manuzio].
- Umfang: [4], 84, [3] Bl.; 4°.
- Bogensign.: *⁴, A⁴–X⁴, Y³ [unvollst.: Lage * einschl. Titelbl. fehlt].
- Buchschmuck: D.; EX.
- Prov.: Etienne Graf von Méjan.
- Bibliographien: Adams P 1952; Cat. Ital. Books S. 537, Bibl. Aldina S. 119; Ebert 17816.
- Sign.: Ald. Ren. 199,18 [2. Ex.].

🙞 1566

Nr. 1101

Canones et decreta: CANONES, ‖ ET DECRETA ‖ SACROSANCTI OECVMENICI, ‖ ET GENERALIS CONCILII ‖ TRIDENTINI. ‖ ... . Hrsg.: (Paolo Manuzio). – Venedig, 1566.
- Drucker: [Paolo Manuzio].
- Umfang: 184, [23] Bl.; 8°.
- Bogensign.: A⁸–Z⁸, AA⁸–CC⁸.
- FP: t-us cæn- usn- quDe (3) 1566 (R).

- Buchschmuck: D.; EX.
- Prov.: Etienne Graf von Méjan.
- Bibliographien: Bibl. Aldina S. 119.
- Sign.: Ald. Ren. 199,1 [1. Ex.].

Nr. 1102
Canones et decreta: CANONES, ‖ ET DECRETA ‖ SACROSANCTI OECVMENICI, ‖ ET GENERALIS CONCILII ‖ TRIDENTINI. ‖ ... .Hrsg.: (Paolo Manuzio). – Venedig, 1566.
- Drucker: [Paolo Manuzio].
- Umfang: 18 [=184], [23] Bl.; 8°.
- Bogensign.: A^8–Z^8, AA^8, BB^8, CC^7.
- FP: t–us cæn– enni uiDe (3) 1566 (R).
- Buchschmuck: D.; EX.
- Prov.: Etienne Graf von Méjan.
- Bibliographien: Bibl. Aldina S. 119.
- Sign.: Ald. Ren. 199,1 [2. Ex.].

Nr. 1103
Borromeo, Carolo: CONSTITV-TIONES ‖ ET DECRETA ‖ CONDITA ‖ IN PROVINCIALI SYNODO ‖ MEDIOLANENSI. ‖ ... . Hrsg.: (Pietro Galesini). – Venedig, 1566.
- Drucker: [Paolo Manuzio].
- Umfang: [8] Bl., 216 S., [40] Bl.; 8°.
- Bogensign.: *^{8}, A^8–S^8, T^4.
- FP: e–pu i–i– poos ptqu (3) 1566 (R).
- Buchschmuck: D.; EX.
- Prov.: Etienne Graf von Méjan.
- Bibliographien: Adams M 1442; Cat. Ital. Books S. 438; Ind. Aur. 122.510; Bibl. Aldina S. 119.
- Sign.: Ald. Ren. 199,2.

Nr. 1104
Hieronymus, Sophronius Eusebius: EPISTOLAE ‖ ... ET LIBRI CONTRA HAERETICOS, ‖ ... (ALTER TOMVS ‖ ...). EST: [Epistolae; T. 1 u. 2.]. Verf. in Vorlage: Hieronymus Stridoniensis. Hrsg.: Marianus Victorius. Kommentator: Marianus Victorius. – Rom, 1566.
- Drucker: Paolo Manuzio.
- Umfang: [36] Bl., 1179 [=1149] S.; 8°.
- Bogensign.: +^{8}– ++++^{8}, +^{4}, A^8–Z^8, Aa^8–Zz^8, Aaa^8–Zzz^8, Aaaa^8–Cccc^8 [in 2 Bdn. gebunden].
- FP: o–nê o–s: uinô Meeo (3) 1566 (R).
- Buchschmuck: D.; EX.
- Prov.: Etienne Graf von Méjan.
- Bibliographien: Adams J 133; Cat. Ital. Books S. 346; Bibl. Aldina S. 119; Ebert 9693.
- Sign.: Ald. Ren. 199,3–1.2.

Nr. 1105
Hieronymus, Sophronius Eusebius: TERTIVS TOMVS ‖ EPISTOLARVM ‖ ... . EST: [Epistolae; T. 3 u. 4.]. Verf. in Vorlage: Hieronymus Stridoniensis. Hrsg.: (Marianus Victorius). Kommentator: (Marianus Victorius). – Rom, 1566.
- Drucker: Paolo Manuzio.
- Umfang: 672, 496 S., [91] Bl.; 8°.
- Bogensign.: A^8–Z^8, Aa^8–Tt^8, a^8–z^8, &^{8}, aa^8–kk^8, LL^8, MM^8, nn^8–ss^8, tt^4 [in 2 Bdn. gebunden].
- FP: o–am i–i– a–m, giCr (3) 1566 (R).
- Buchschmuck: D.; EX.
- Prov.: Etienne Graf von Méjan.
- Bibliographien: Adams J 133; Cat. Ital. Books S. 346; Bibl. Aldina S. 119; Ebert 9693.
- Sign.: Ald. Ren. 199,3–3.4.

Nr. 1106
Victorius, Marianus: De Sacramento confessionis, ‖ seu paenitentiae, historia, ‖ ... De antiquis paenitentiis utilis libellus, ... – Rom, 1566.
- Drucker: Paolo Manuzio.
- Umfang: [4] Bl.; S. 17–248, [4] Bl.; 8°.
- Bogensign.: A^4, B^8–Q^8.
- FP: tuie byI. r.er getu (C) 1566 (R).
- Buchschmuck: D.; EX.
- Prov.: Etienne Graf von Méjan.
- Bibliographien: Adams V 670; Cat. Ital. Books S. 724; Bibl. Aldina S. 119.
- Sign.: Ald. Ren. 200,4.

Nr. 1107
Catechismus Romanus; <lat.>: CATECHISMVS, ‖ Ex Decreto Concilii Tridentini, ‖ AD PAROCHOS. ‖ ... . EST: [Catechismus Romanus; lat.]. Hrsg.: Pius <Papa, V.>. – Rom, 1566.
- Drucker: Paolo Manuzio.
- Umfang: [2] Bl., 359, [1] S., [6] Bl.; 2°.
- Bogensign.: A^2, B^6–Z^6, AA^6–II^6.
- FP: s,a– t.er s,tú quha (3) 1566 (R).
- Buchschmuck: D.; E.; EX.

Kat.-Nr. 1064 Darstellung der Arma Christi (Holzschnitt)

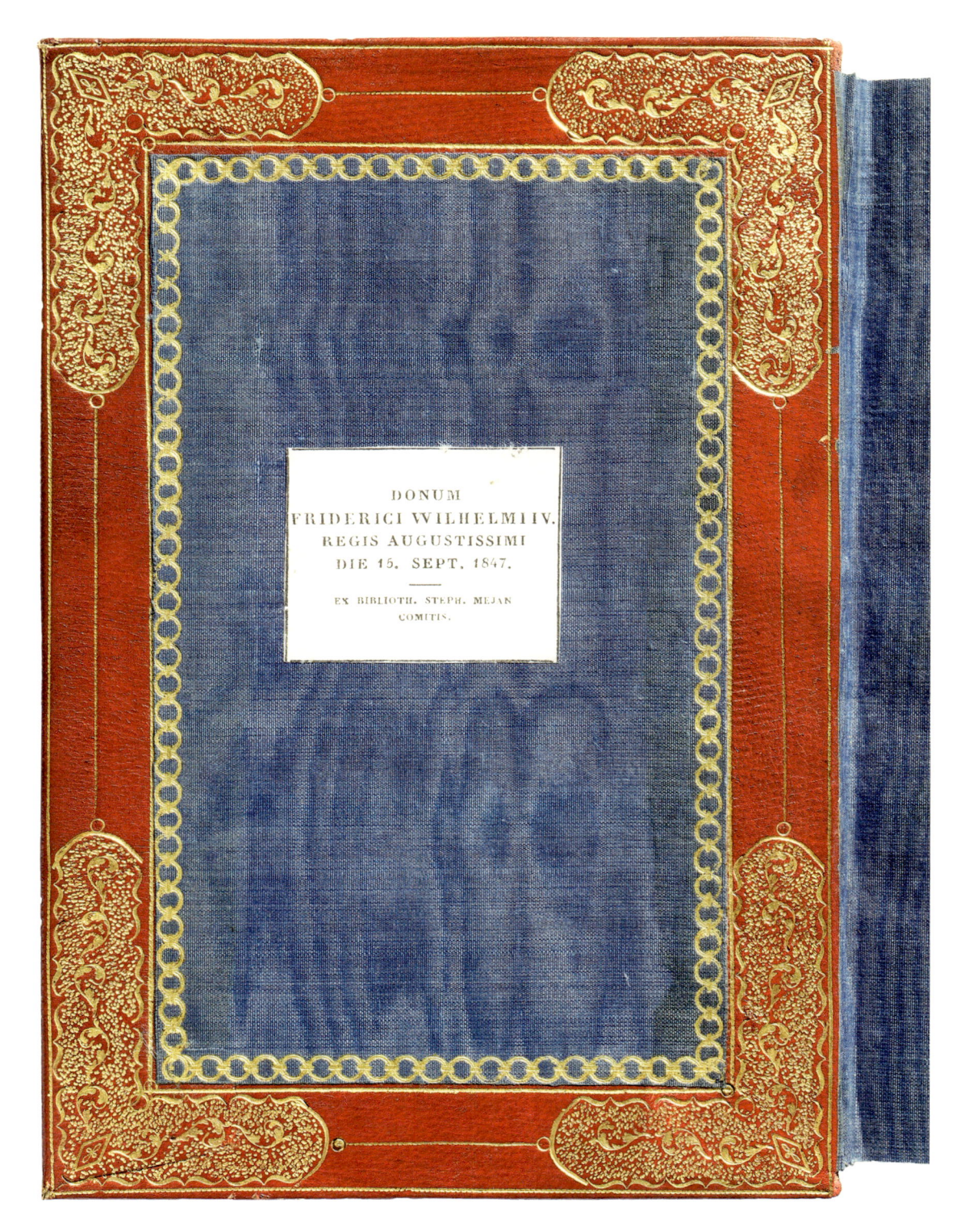

Kat.-Nr. 1090
Seidendublüre

Nr. 1108

Catechismus Romanus; <lat.>: CATECHISMVS, ‖ Ex Decreto Concilii Tridentini, ‖ AD PAROCHOS. ‖ ... . EST: [Catechismus Romanus; lat.]. Hrsg.: Pius <Papa, V.>. – Rom, 1566.
- Drucker: Paolo Manuzio.
- Buchbinder: François Bozérian (?).
- Umfang: [2] Bl., 359, [1] S., [6] Bl.; 2°.
- Bogensign.: A², B⁶-Z⁶, AA⁶-II⁶.
- FP: s,a- t.er s.tú opfi (3) 1566 (R).
- Buchschmuck: D.; E.; EX.
- Prov.: Etienne Graf von Méjan.
- Bibliographien: Adams C 1056; Cat. Ital. Books S. 679; Bibl. Aldina S. 120.
- Sign.: 4° Ald. Ren. 200,5 [2. Ex.].

Nr. 1109

Catechismus Romanus; <lat.>: CATECHISMVS, ‖ Ex Decreto Concilii Tridentini, ‖ AD PAROCHOS, ‖ ... . EST: [Catechismus Romanus; lat.]. Hrsg.: Pius <Papa, V.>. – Rom, 1566.
- Drucker: Paolo Manuzio.
- Umfang: [4] Bl., 650 S., [17] Bl.; 8°.
- Bogensign.: A⁴, B⁸-Z⁸, AA⁸-XX⁸.
- FP: u-am utam o,E. euil (3) 1566 (R).
- Buchschmuck: D.; EX.
- Prov.: S. Andreas, Rom; Etienne Graf von Méjan.
- Bibliographien: Cat. Ital. Books S. 679; Bibl. Aldina S. 120.
- Sign.: Ald. Ren. 200,6.

Nr. 1110

Catechismus Romanus; <ital.>: CATECHISMO, ‖ CIOE ISTRVTTIONE, ‖ SECONDO IL DECRETO ‖ del Concilio di Trento, ‖ a' Parochi, ‖ ... . EST: [Catechismus Romanus; ital.]. Hrsg.: Pius <Papa, V.>. Übers.: Felice Figliucci. – Rom, 1566.
- Drucker: [Paolo Manuzio].
- Umfang: [16] Bl., 606 S.; 8°.
- Bogensign.: a⁸, b⁸, A⁸-Z⁸, AA⁸-PP⁸ [unvollst.: A¹ fehlt].
- FP: o-55 62-- uoDe liqu (3) 1566 (R).
- Buchschmuck: D.; EX.
- Prov.: Etienne Graf von Méjan.
- Bibliographien: Cat. Ital. Books S. 680.
- Sign.: Ald. Ren. 200,8.

Nr. 1111

Marini, Andrea: DISCORSO ‖ ... Contra la falsa opinione ‖ dell'Alicorno. ‖. – Venedig, 1566.
- Drucker: [Paolo Manuzio].
- Buchbinder: François Bozérian.
- Umfang: 39 S.; 4°.
- Bogensign.: A⁴-E⁴.
- FP: aèi, eèa- tono bisi (3) 1566 (R).
- Buchschmuck: D.; E.; EX.
- Prov.: Etienne Graf von Méjan.
- Bibliographien: Cat. Ital. Books S. 418.
- Sign.: Ald. Ren. 200,9.

Nr. 1112

Curtius, Matthaeus: ... DE PRANDII ‖ AC CENAE MODO ‖ libellus. ‖. – Rom, 1566.
- Drucker: Paolo Manuzio.
- Umfang: [3] Bl., 78 S.; 8°.
- Bogensign.: A⁸-D⁸, E¹⁰.
- FP: o,o, nca- uep- quex (3) 1566 (R).
- Buchschmuck: D.; E., EX.
- Prov.: Etienne Graf von Méjan.
- Bibliographien: Adams C 3112; Durling 1054; Ind. Aur. 148.743.
- Sign.: Ald. Ren. 201,10.

Nr. 1113

Bolzanio, Urbano: ... GRAMMATICAE INSTITVTIONES ‖ AD GRAECAM LINGVAM, ‖ ... . – Venedig, 1566.
- Drucker: [Paolo Manuzio].
- Umfang: 320 [= 322] Bl.; 8°.
- Bogensign.: A⁸-Z⁸, Aa⁸-Qq⁸, Rr¹⁰.
- FP: 8.er- t,i- t.ut κα∗η (3) 1566 (R).
- Buchschmuck: D; EX.
- Prov.: Caesar Naue (?); Etienne Graf von Méjan.
- Bibliographien: Adams B 2368; Bibl. Aldina S. 120; Ind. Aur. 121.560; Ebert 23215.
- Sign.: Ald. Ren. 201,11.

Nr. 1114

Manuzio, Aldo: ELEGANZE, ‖ INSIEME CON LA COPIA ‖ DELLA LINGVA TOSCANA, ‖ E LATINA, ‖ ... . – Venedig, 1566.
- Drucker: [Paolo Manuzio].
- Umfang: 192 Bl.; 8°.
- Bogensign.: A⁸-Z⁸, AA⁸.
- FP: e-to uæá, i-in bupr (3) 1566 (R).
- Buchschmuck: D.; EX.
- Prov.: Etienne Graf von Méjan.
- Bibliographien: Brunet 3 Sp. 1385.
- Sign.: Ald. Ren. 201,13.

Nr. 1115

Cicero, [Marcus Tullius]; <ital.>: LE ‖ EPISTOLE ‖ FAMIGLIARI ‖ ... . EST: [Epistolae ad familiares; ital.]. Hrsg.: Aldo Manuzio. Übers.: [Guido] Loglio. – Venedig, 1566.
- Drucker: [Paolo Manuzio].
- Umfang: 379 [=367] Bl.; 8°.
- Bogensign.: A⁸-Z⁸, Aa⁸-Yy⁸, Zz⁷.
- FP: i,r- a–la hea– popa (3) 1566 (R).
- Buchschmuck: D.; E.; EX.
- Prov.: Etienne Graf von Méjan.
- Bibliographien: Adams C 1988; Ind. Aur. 139.189; Bibl. Aldina S. 120.
- Sign.: Ald. Ren. 201,14.

Nr. 1116

Catullus, [Gaius Valerius]: CATVLLVS. ‖ ... . EST: [Elegiae]. Kommentator: Aquiles Estaço. – Venedig, 1566.
- Drucker: [Paolo] Manuzio.
- Umfang: 415, [1] S., [4] Bl.; 8°.
- Bogensign.: A⁸-Z⁸, AA⁸-CC⁸, DD⁴.
- FP: idec lix, s,no AnAt (3) 1566 (R).
- Buchschmuck: D.; E.; EX.
- Prov.: Etienne Graf von Méjan.
- Bibliographien: Adams C 1151; Cat. Ital. Books S. 161; Ind. Aur. 134.489; Bibl. Aldina S. 120.
- Sign.: Ald. Ren. 201,15 [1. Ex.].

Nr. 1117

Catullus, [Gaius Valerius]: CATVLLVS. ‖ ... . EST: [Elegiae]. Kommentator: Aquiles Estaço. – Venedig, 1566.
- Drucker: [Paolo] Manuzio.
- Umfang: 415, [1] S., [4] Bl.; 8°.
- Bogensign.: A⁸-Z⁸, AA⁸-CC⁸, DD⁴.
- FP: idec lix, s,no AnAt (3) 1566 (R).
- Buchschmuck: D.; E.; EX.
- Prov.: Marq[uard] Gude (?); Friedrich Jacob Roloff.
- Bibliographien: Adams C 1151; Cat. Ital. Books S. 161; Ind. Aur. 134.489; Bibl. Aldina S. 120.
- Sign.: Ald. Ren. 201,15 [2. Ex.].

Nr. 1118

Horatius Flaccus, Q[uintus]: ... EX FIDE ATQVE AVCTORITATE ‖ decem librorum manuscriptorum, ‖ ... . Beigef.: Giovanni Michele Bruto: ... in quatuor libros Carminum, atque in librum ‖ Epodon explicationes. ‖ ... . Hrsg.: Denis Lambin. Kommentator: Denis Lambin. – Venedig, 1566.
- Drucker: Domenico Guerra; Giovanni Battista Guerra.
- Umfang: [8], 242, [12] Bl.; 4°.
- Bogensign.: ∗⁸, A⁸-Z⁸, AA⁸-HH⁸, II⁶.
- FP: s,a- ,∗ad làa- GrPe (3) 1566 (R).
- Buchschmuck: D.; E.; EX.
- Prov.: Gaspar Selingard; Jesuitenkolleg, Modena; Etienne Graf von Méjan.
- Bibliographien: Adams H 911; Cat. Ital. Books S. 333; Bibl. Aldina S. 121.
- Sign.: Ald. Ren. 201,16-1 [1. Ex.].

Nr. 1119

Horatius Flaccus, Q[uintus]: ... EX FIDE ATQVE AVCTORITATE ‖ decem librorum manuscriptorum, ‖ ... . Beigef.: Giovanni Michele Bruto: ... in quatuor libros Carminum, atque in librum ‖ Epodon explicationes. ‖ ... . Hrsg.: Denis Lambin. Kommentator: Denis Lambin. – Venedig, 1566.
- Drucker: Paolo Manuzio.
- Buchbinder: François Bozérian.
- Umfang: [8], 242, [12] Bl.; 4°.
- Bogensign.: ∗⁸, A⁸-Z⁸, AA⁸-HH⁸, II⁶.
- FP: s,a- ,∗ad làa- GrPe (3) 1566 (R).
- Buchschmuck: D.; E.; EX.
- Prov.: Etienne Graf von Méjan.
- Bibliographien: Adams H 911; Cat. Ital. Books S. 333; Bibl. Aldina S. 121.
- Sign.: Ald. Ren. 201,16-1 [2. Ex.].

Nr. 1120

Horatius Flaccus, Q[uintus]: ... SERMONVM LIBRI QVATTVOR, ‖ SEV, ‖ SATYRARVM Libri duo. ‖ EPISTOLARVM Libri duo. ‖ .... Beigef.: Q[uintus] Horatius Flaccus: (DE ARTE POETICA. ‖). Hrsg.: Denis Lambin. Kommentator: Denis Lambin. – Venedig, 1566.
- Drucker: Domenico Guerra; Giovanni Battista Guerra.
- Umfang: [4], 210, [10] Bl.; 4°.
- Bogensign.: +⁴, A⁸-Z⁸, AA⁸-DD⁸, EE⁴.
- FP: t,de m.um s,t. quFa (3) 1566 (R).
- Buchschmuck: D.; E.; EX.
- Prov.: Etienne Graf von Méjan.
- Bibliographien: Adams H 911; Cat. Ital. Books S. 333; Bibl. Aldina S. 121.
- Sign.: Ald. Ren. 201,16-2 [1. Ex.].

Nr. 1121

Horatius Flaccus, Q[uintus]: ... SERMONVM LIBRI QVATTVOR, ‖ SEV, ‖ SATYRARVM Libri duo. ‖ EPISTOLARVM Libri duo. ‖ .... Beigef.: Q[uintus] Horatius Flaccus: (DE ARTE POETICA. ‖). Hrsg.: Denis Lambin. Kommentator: Denis Lambin. – Venedig, 1566.
- Drucker: Paolo Manuzio.
- Buchbinder: François Bozérian.
- Umfang: [4], 210, [10] Bl.; 4°.
- Bogensign.: +⁴, A⁸-Z⁸, AA⁸-DD⁸, EE⁴.
- FP: t,de m.um s,t. quFa (3) 1566 (R).
- Buchschmuck: D.; E.; EX.
- Prov.: Etienne Graf von Méjan.
- Bibliographien: Adams H 911; Cat. Ital. Books S. 333; Bibl. Aldina S. 121.
- Sign.: Ald. Ren. 201,16-2 [2. Ex.].

Nr. 1122

Horatius Flaccus, Q[uintus]: ... EX FIDE ATQVE AVCTORITATE ‖ decem librorum manuscriptorum, ‖ ... . Beigef.: Giovanni Michele Bruto: ... in quatuor libros Carminum, atque in librum ‖ Epodon explicationes. ‖ ... . Hrsg.: Denis Lambin. Kommentator: Denis Lambin. – Venedig, 1566.
- Drucker: Paolo Manuzio.
- Umfang: [8], 242, [12] Bl.; 4°.
- Bogensign.: ∗⁸, A⁸-Z⁸, AA⁸-HH⁸, II⁶.
- FP: s,a- ,∗ad làa- GrPe (3) 1566 (R).
- Buchschmuck: D.; E.; KF.
- Prov.: Johannes Crato von Krafftheim.
- Bibliographien: Adams H 911; Cat. Ital. Books S. 333; Bibl. Aldina S. 121.
- Sign.: Ald. Ren. 201,16-1.2 [3. Ex.].
- Abbildung: S. 201.

Nr. 1123

Horatius Flaccus, Q[uintus]: ... SERMONVM LIBRI QVATTVOR, ‖ SEV, ‖ SATYRARVM Libri duo. ‖ EPISTOLARVM Libri duo. ‖ .... Beigef.: Q[uintus] Horatius Flaccus: (DE ARTE POETICA. ‖). Hrsg.: Denis Lambin. Kommentator: Denis Lambin. – Venedig, 1566.

Kat.-Nr. 1139

- Drucker: Paolo Manuzio.
- Umfang: [4], 210, [10] Bl.; 4°.
- Bogensign.: +⁴, A⁸-Z⁸, AA⁸-DD⁸, EE⁴.
- FP: t,de m.um s,t. quFa (3) 1566 (R).
- Buchschmuck: D.; E.; KF.
- Prov.: Johannes Crato von Krafftheim.
- Bibliographien: Adams H 911; Cat. Ital. Books S. 333; Bibl. Aldina S. 121.
- Sign.: Ald. Ren. 201,16–1.2 [3. Ex.].
- Abbildung: S. 201.

Nr. 1124

Horatius Flaccus, Q[uintus]: ... SERMONVM LIBRI QVATTVOR, ‖ SEV, ‖ SATYRARVM Libri duo. ‖ EPISTOLARVM Libri duo. ‖ .... Beigef.: Q[uintus] Horatius Flaccus: (DE ARTE POETICA. ‖). Hrsg.: Denis Lambin. Kommentator: Denis Lambin. – Venedig, 1566.
- Drucker: Paolo Manuzio.
- Umfang: [4], 210, [10] Bl.; 4°.
- Bogensign.: +⁴, A⁸-Z⁸, AA⁸-DD⁸, EE⁴.
- FP: t,de m.um s,t. quFa (3) 1566 (R).
- Buchschmuck: D.; E.
- Bibliographien: Adams H 911; Cat. Ital. Books S. 333; Bibl. Aldina S. 121.
- Sign.: Ald. Ren. 201,16–2 [4. Ex.].

Nr. 1125

Terentius Afer, [Publius]: TERENTIVS, ‖ ... . EST: [Comoediae]. Beigef.: M[arc]-Antoine Muret: ... argumenta in singulas ‖ comoedias, et annotationes, ‖ ... . Hrsg.: M[arc]-Antoine Muret. – Venedig, 1566.
- Drucker: [Paolo Manuzio].
- Umfang: [16], 200 Bl.; 8°.
- Bogensign.: A⁸-Z⁸, AA⁸-DD⁸.
- FP: t,ue umti o.am AtNo (3) 1566 (R).
- Buchschmuck: D.; EX.
- Prov.: Etienne Graf von Méjan.
- Bibliographien: Bibl. Aldina S. 121; Ebert 22492.
- Sign.: Ald. Ren. 202,18.

Nr. 1126

Livius, T[itus]: ... Historiarum ab vrbe condita, ‖ LIBRI, QVI EXTANT, ‖ XXXV. ‖ ... . Beigef.: Carlo Sigonio: (... SCHOLIA , ‖ QVIBVS T. LIVII PATAVINI HISTORIAE, ET ‖ EARVM EPITOMAE ... ‖ EXPLANANTVR. ‖ Eiusdem ... Chronologia, ...). Hrsg.: Carlo Sigonio. 2. Aufl. – Venedig, 1566.
- Drucker: Paolo Manuzio.
- Buchbinder: François Bozérian (?).
- Umfang: [6], 399, [1], 107, [47] Bl.; 2°.
- Bogensign.: a⁶, A⁸-Z⁸, Aa⁸-Zz⁸, Aaa⁸-Ddd⁸, A⁸-N⁸, O⁴, a⁴-e⁴, f⁸, a⁸-e⁸, f⁶.
- FP: i–m, e–si s,ne tutu (3) 1566 (R).
- Buchschmuck: D.; E.; EX.
- Prov.: Etienne Graf von Méjan.
- Bibliographien: Adams L 1346; Cat. Ital. Books S. 390; Bibl. Aldina S. 121; Ebert 12096.
- Sign.: 4° Ald. Ren. 202,19.

Nr. 1127

Caesar, G[aius] Iulius: ... COMMENTARIORVM ‖ [1.Sp.] De bello [2.Sp.] Gallico, libri IIX ‖ Ciuili Pompeiano, lib. III ‖ Alexandrino, lib. I ‖ Africano, lib. I ‖ Hispaniensi, lib. I ‖ ... . EST: [Opera]. Hrsg.: Aldo Manuzio. Mitarb.: (Aulus Hirtius; Raimundus Marlianus; Giovanni Giocondo). Kommentator: Giovanni Michele Bruto. – Venedig, 1566.
- Drucker: [Paolo] Manuzio.
- Umfang: [16], 320, [40] Bl.; 8°.
- Bogensign.: a⁸, b⁸, A⁸-Z⁸, Aa⁸-Yy⁸.
- FP: sao. pos, die, nequ (3) 1566 (R).
- Buchschmuck: H.; D.; EX.
- Prov.: Etienne Graf von Méjan.
- Bibliographien: Adams C 51; Cat. Ital. Books S. 135; Bibl. Aldina S. 121; Ind. Aur. 128.773.
- Sign.: Ald. Ren. 202,20.

Nr. 1128

Cicero, M[arcus] Tullius: ... OPERA OMNIA. ‖ ... EST: [Opera; T. 1]. Hrsg.: Denis Lambin. Kommentator: Denis Lambin. – Paris, 1566.
- Verleger: Philipp Gaultier; [Jacques Du Puys I; Bernard Turrisan].
- Drucker: [Fleury Prévost].
- Umfang: [8] Bl., 384 S.; 2°.
- Bogensign.: *⁸, a⁸-z⁸, aa⁸.
- FP: riui adem eren tasp (3) 1566 (R).
- Buchschmuck: D.; E.; EX.
- Prov.: Etienne Graf von Méjan.

- Bibliographien: Adams C 1656; Cat. French Books S. 109; Ind. Aur. 139.151; Ind. Aur. 139.187.
- Sign.: 2° Ald. Ren. 297,13–1.

Nr. 1129

Cicero, M[arcus] Tullius: TOMVS SECVNDVS ‖ OPERVM … ‖ omneis eius orationes comple- ‖ ctens … . EST: [Opera; T. 2]. Hrsg.: Denis Lambin. Kommentator: Denis Lambin. – Paris, 1565.
- Verleger: Philipp Gaultier; [Jacques Du Puys I; Bernard Turrisan].
- Drucker: [Fleury Prévost].
- Umfang: 852 S.; 2°.
- Bogensign.: aa^8-zz^8, aaa^8-zzz^8, Aaa^8-Ggg^8, Hhh^2.
- FP: n-is e–em i-t. prva (3) 1565 (A).
- Buchschmuck: D.; E.; EX.
- Prov.: Etienne Graf von Méjan.
- Bibliographien: Adams C 1656; Cat. French Books S. 109; Ind. Aur. 139.151; Ind. Aur. 139.187.
- Sign.: 2° Ald. Ren. 297,13–2.

Nr. 1130

Cicero, M[arcus] Tullius: TOMVS TERTIVS ‖ OPERVM … ‖ omneis eius epistolas complectens. ‖ … . EST: [Opera; T. 3]. Hrsg.: Denis Lambin. Kommentator: Denis Lambin. – Paris, 1565.
- Verleger: Philipp Gaultier; [Jacques Du Puys I; Bernard Turrisan].
- Drucker: [Fleury Prévost].
- Umfang: 566 S.; 2°.
- Bogensign.: A^8-Z^8, Aa^8-Ll^8, Mm^6, Nn^6.
- FP: e.e- t,re ods, cusu (3) 1565 (R).
- Buchschmuck: D.; E.; EX.
- Prov.: Etienne Graf von Méjan.
- Bibliographien: Adams C 1656; Cat. French Books S. 109; Ind. Aur. 139.151; Ind. Aur. 139.187.
- Sign.: 2° Ald. Ren. 297,13–3.

Nr. 1131

Cicero, M[arcus] Tullius: TOMVS QVARTVS ‖ OPERVM … ‖ philosophicos eius libros … . EST: [Opera; T. 4]. Hrsg.: Denis Lambin. Kommentator: Denis Lambin. – Paris, 1565, (1566, Mense Februario).
- Verleger: Philipp Gaultier; (Jacques Du Puys [I]; Bernard Turrisan).
- Drucker: (Fleury Prévost).
- Umfang: 627 S.; 2°.
- Bogensign.: AA^8-ZZ^8, AAA^8-PPP^8, QQQ^{10}.
- FP: itàm sti– isam nign (3) 1566 (R).
- Buchschmuck: D.; E.; EX.
- Prov.: Etienne Graf von Méjan.
- Bibliographien: Adams C 1656; Cat. French Books S. 109; Ind. Aur. 139.151; Ind. Aur. 139.187.
- Sign.: 2° Ald. Ren. 297,13–4.

Nr. 1132

Politi, Lancelotto: IN OMNES DIVI ‖ PAVLI APOSTOLI, ET ‖ ALIAS SEPTEM CANONICAS EPI- ‖ STOLAS … ‖ com- ‖ mentaria: ‖ … . Verf. in Vorlage: Ambrosius Catharinus. – Paris, 1566.
- Drucker: Bernard Turrisan.
- Umfang: [20] Bl., 602 S.; 2°.
- Bogensign.: +^{8}, ++^{6}, +++^{6}, a^6-z^6, A^6-Z^6, Aa^6-Cc^6, Dd^8.
- FP: s.nt 1.em esi, exSe (3) 1566 (R).
- Buchschmuck: D.; E.; EX.
- Prov.: Etienne Graf von Méjan.
- Bibliographien: Adams C 1092; Cat. French Books S. 66.
- Sign.: 4° Ald. Ren. 298,14.

Nr. 1133

Statuta nobilis artis: STATVTA ‖ NOBILIS ARTIS ‖ AGRICVLTV- ‖ RAE ‖ VRBIS. ‖ . – Rom, 1566.
- Drucker: [Paolo Manuzio].
- Umfang: 103 [=101], [1] S., [1] Bl.; 4°.
- Bogensign.: A^4-N^4.
- FP: i-o- innt orn- faal (3) 1566 (R).
- Buchschmuck: TH.; D.
- Sign.: Hl 16584 RAR.

1567

Nr. 1134

Orationes responsa literae: ORATIONES ‖ RESPONSA ‖ LITERAE, AC MANDATA ‖ EX ACTIS CONCILII ‖ TRIDENTINI ‖ COLLECTA, ‖ … . – Venedig, 1567.
- Drucker: Aldo [Manuzio II].
- Buchbinder: François Bozérian.
- Umfang: [6] Bl., 189 [=211] S.; 8°.
- Bogensign.: A^6, a^8-f^8, G^8-N^8, O^2.

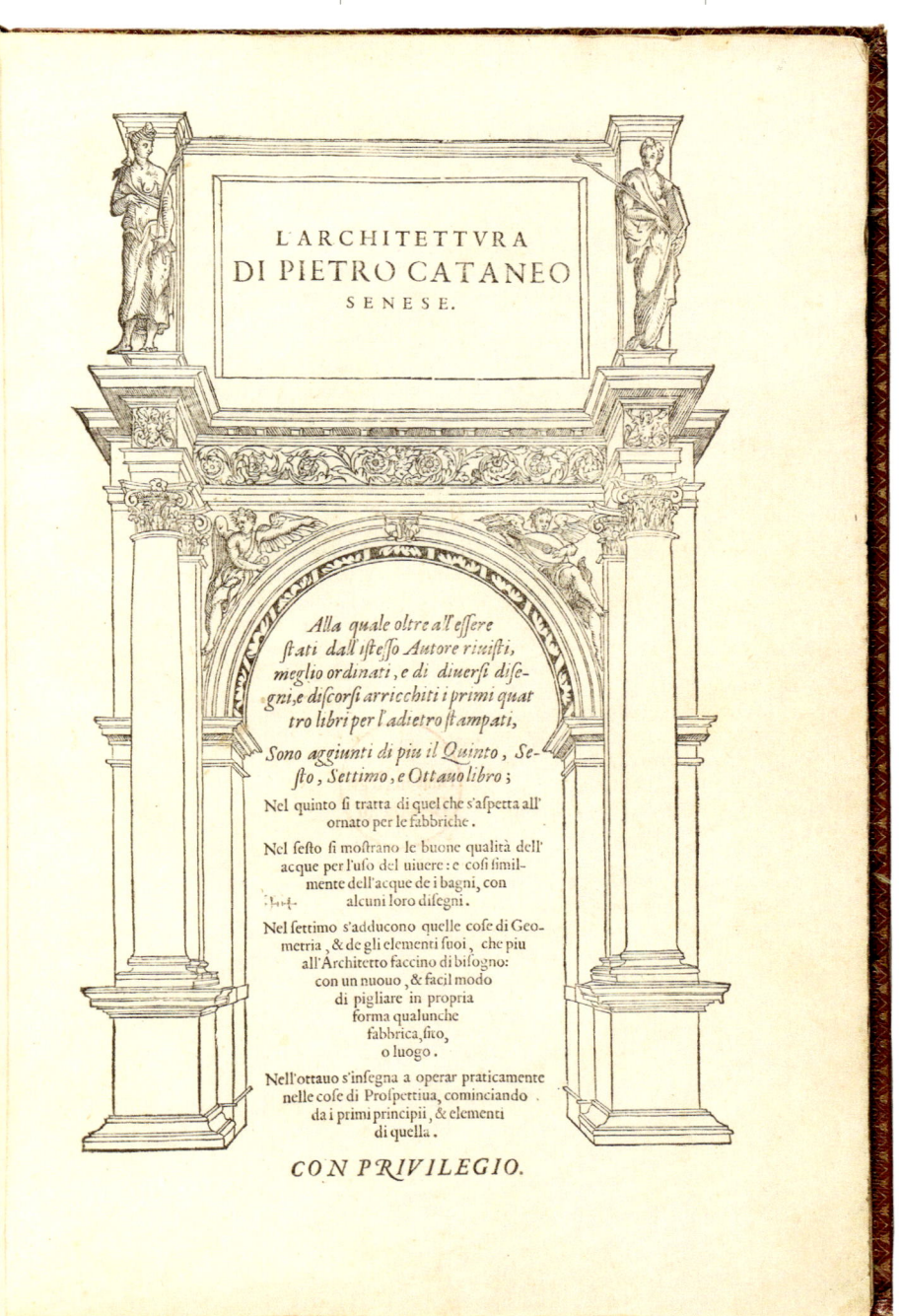

Kat.-Nr. 1139

- FP: a-l= pear cûin peca (3) 1567 (R).
- Buchschmuck: D.; E.; EX.
- Prov.: Etienne Graf von Méjan.
- Bibliographien: Bibl. Aldina S. 122.
- Sign.: Ald. Ren. 202,2.

Nr. 1135

Orationes responsa literae: ORATIONES ∥ RESPONSA ∥ LITERAE, AC MANDATA ∥ EX ACTIS CONCILII ∥ TRIDENTINI ∥ COLLECTA, ∥ … . – Venedig, 1567.
- Drucker: Aldo [Manuzio II].
- Umfang: [6] Bl., 189 [=211] S.; 8°.
- Bogensign.: A^6, a^8-f^8, G^8-M^8, N^{10}.
- FP: a=l= o-æ, æ-ue nico (3) 1567 (R).
- Buchschmuck: D.; E.; EX.
- Prov.: Etienne Graf von Méjan.
- Bibliographien: Ald. Ren. 202,2; Bibl. Aldina S. 122.
- Sign.: 1 an Ald. Ren. 204,3.

Nr. 1136

Catechismus Romanus; <lat.>: CATECHISMVS, ∥ Ex Decreto Concilii Tridentini, ∥ AD PAROCHOS, ∥ … . EST: [Catechismus Romanus; lat.]. Hrsg.: Pius <Papa, V.>. – Rom, 1567.
- Drucker: Paolo Manuzio.
- Buchbinder: François Bozérian.
- Umfang: [4] Bl., 650 S., [18] Bl.; 8°.
- Bogensign.: A^4, B^8-Z^8, AA^8-XX^8.
- FP: s-du utam o,E. euil (3) 1567 (R).
- Buchschmuck: D.; E.; EX.
- Prov.: Etienne Graf von Méjan.
- Bibliographien: Adams C 1057; Cat. Ital. Books S. 679; Bibl. Aldina S. 122.
- Sign.: Ald. Ren. 202,3.

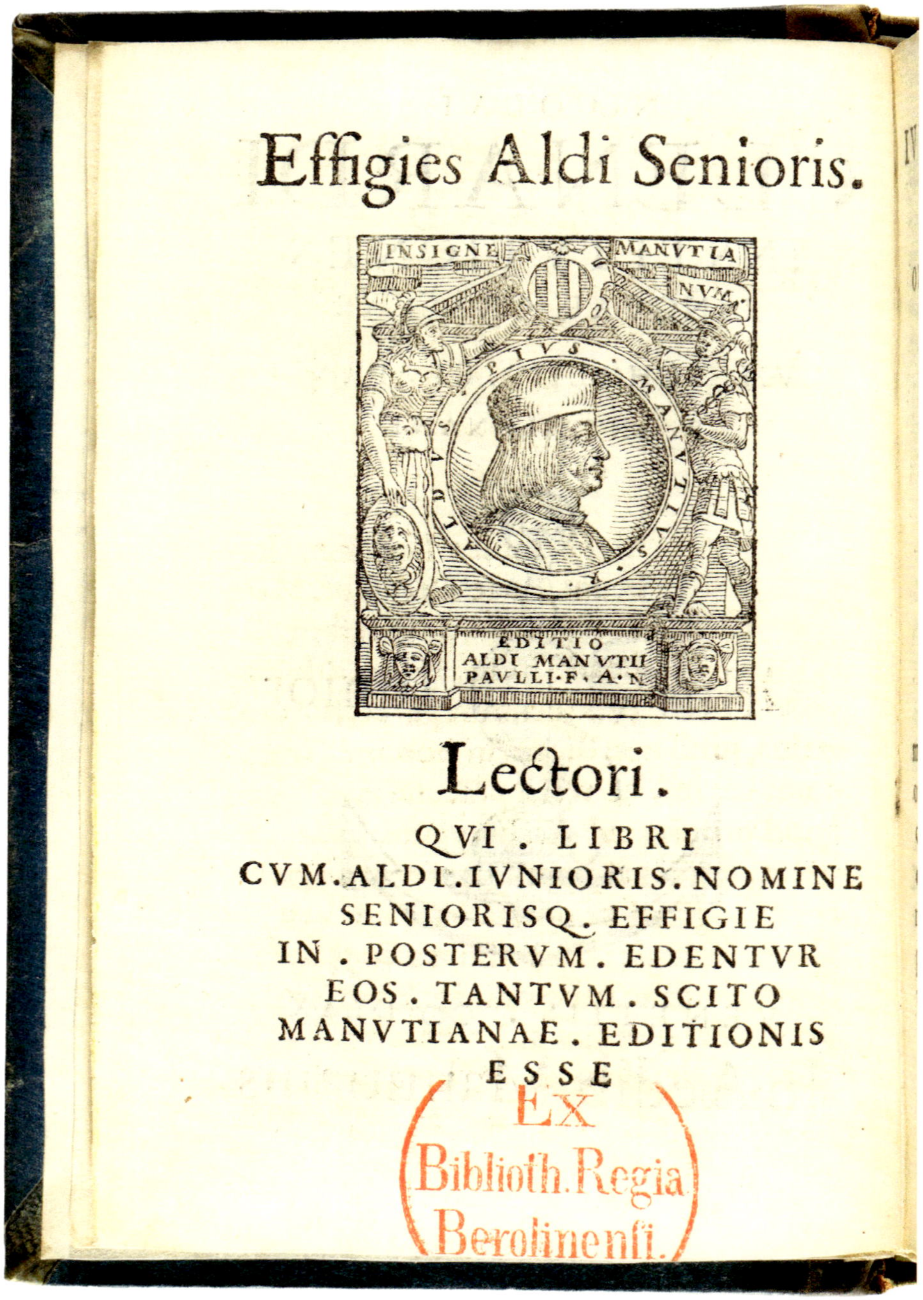

Nr. 1137

Catechismus Romanus; <ital.>: CATECHISMO, ∥ CIOE ISTRVTTIONE, ∥ SECONDO IL DECRETO ∥ del Concilio di Trento, ∥ a' Parochi, ∥ … . EST: [Catechismus Romanus; ital.]. Hrsg.: Pius <Papa, V.>. Übers.: Felice Figliucci. – Rom, 1567.
- Drucker: [Paolo Manuzio].
- Umfang: 606 S., [17] Bl.; 8°.
- Bogensign.: A^8-Z^8, AA^8-PP^8, a^8-b^8.
- FP: n-m, ,èoa uoDe liqu (3) 1567 (R).
- Buchschmuck: D.; EX.
- Prov.: Etienne Graf von Méjan.
- Bibliographien: Cat. Ital. Books S. 680.
- Sign.: Ald. Ren. 202,4.

Nr. 1138

Catechismus Romanus; <ital.>: CATECHISMO, ∥ CIOE ISTRVTTIONE, ∥ SECONDO IL DECRETO ∥ DEL CONCILIO DI TRENTO, ∥ A' PAROCHI, ∥ … . EST: [Catechismus Romanus; ital.]. Hrsg.: Pius <Papa, V.>. Übers.: Felice Figliucci. – Venedig, 1567.
- Drucker: Aldo Manuzio [II].
- Buchbinder: René Simier.
- Umfang: [4] Bl., 519, [1] S., [8] Bl.; 4°.
- Bogensign.: ^{4}, A^4-Z^4, AA^4-ZZ^4, aa^4-xx^4.
- FP: r-s- eófe a,e- rore (3) 1567 (R).
- Buchschmuck: D.; E.; EX.
- Prov.: Etienne Graf von Méjan.
- Bibliographien: Adams C 1058; Cat. Ital. Books S. 680; Bibl. Aldina S. 122.
- Sign.: Ald. Ren. 203,5.

Nr. 1139

Cataneo, Pietro: L'ARCHITETTVRA ∥ … . – (Venedig), (1567).
- Drucker: [Paolo Manuzio].
- Umfang: [2] Bl., 196 S., [4] Bl.; 2°.
- Bogensign.: ^{2}, A^4-Z^4, AA^4, BB^2, CC^4.
- FP: o.re e-a- r-o- nogn (3) 1567 (R).
- Buchschmuck: TH.; H.; D.; E.; EX.
- Prov.: Etienne Graf von Méjan.
- Bibliographien: Adams C 1025; Cat. Ital. Books S. 158; Ind. Aur. 133.951; Bibl. Aldina S. 123.
- Sign.: 2° Ald. Ren. 203,6.
- Abbildungen: S. 194, 195.

Nr. 1140

Cicero, M[arcus] Tullius: … EPISTOLAE AD ATTICVM, ∥ AD M. BRVTVM, ∥ AD QVINCTVM ∥ FRATREM, ∥ … . Hrsg.: Paolo Manuzio. – Venedig, 1567.
- Drucker: Aldo [Manuzio II].
- Umfang: 387, [21] Bl.; 8°.
- Bogensign.: A^8-Z^8, AA^8-ZZ^8, Aa^8-Ee^8.
- FP: t,a- t,io m?o- Pomu (3) 1567 (R).
- Buchschmuck: D.; EX.
- Prov.: Etienne Graf von Méjan.
- Bibliographien: Cat. Ital. Books S. 177; Ind. Aur. 139.209; Bibl. Aldina S. 122.
- Sign.: Ald. Ren. 203,7 [1. Ex.].

Kat.-Nr. 1180
Porträt des Aldus Manutius des Älteren (Holzschnitt)

Nr. 1141

Cicero, M[arcus] Tullius: ... EPISTOLAE AD ATTICVM, ‖ AD M. BRVTVM, ‖ AD QVINCTVM ‖ FRATREM, ‖ ... . Hrsg.: Paolo Manuzio. – Venedig, 1567.
- Drucker: Aldo [Manuzio II].
- Umfang: 387, [21] Bl.; 8°.
- Bogensign.: A⁸-Z⁸, AA⁸-ZZ⁸, Aa⁸-Ee⁸.
- FP: t,a- t,io m?o- Pomu (3) 1567 (R).
- Buchschmuck: D.; E.
- Prov.: Schubert, 1753.
- Bibliographien: Cat. Ital. Books S. 177; Ind. Aur. 139.209; Bibl. Aldina S. 122.
- Sign.: Ald. Ren. 203,7 [2. Ex.].

Nr. 1142

Cicero, M[arcus] Tullius: ... EPISTOLAE FAMILIARES. ‖ ... . EST: [Epistolae ad familiares]. Beigef.: Paolo Manuzio: ... scholia. ‖ ... . Hrsg.: Paolo Manuzio. – Venedig, 1567.
- Drucker: Aldo [Manuzio II].
- Umfang: [8], 315, [49] Bl.; 8°.
- Bogensign.: A⁸-Z⁸, AA⁸-ZZ⁸, aa⁴.
- FP: utiu amrs umin *rsi (3) 1567 (R).
- Buchschmuck: D.; EX.
- Prov.: Etienne Graf von Méjan.
- Bibliographien: Ind. Aur. 139.210; Bibl. Aldina S. 122.
- Sign.: Ald. Ren. 203,8.

Nr. 1143

Cicero, [Marcus Tullius]: ... DE OFFICIIS ‖ LIBRI III. ‖ CATO MAIOR, VEL DE SENECTVTE: ‖ LAELIVS, VEL DE AMICITIA: ‖ ... . EST: [Opera philosophica, Teils.]. Hrsg.: Paolo Manuzio. Kommentator: Paolo Manuzio. – Venedig, 1567.
- Drucker: Aldo [Manuzio II].
- Umfang: 151, [17] Bl.; 8°.
- Bogensign.: A⁸-X⁸.
- FP: t.i- a,e, i-io esse (3) 1567 (R).
- Buchschmuck: D.; EX.
- Prov.: Etienne Graf von Méjan.
- Bibliographien: Ind. Aur. 139.208.
- Sign.: Ald. Ren. 203,9.

Nr. 1144

Tibullus, [Albius]: TIBVLLVS ‖ CVM. COMMENTARIO ‖ ACHILLIS . STATII ‖ LVSITANI ‖ ... . Kommentator: Aquiles Estaço. – Venedig, 1567.
- Drucker: [Paolo] Manuzio.
- Umfang: 272 S., [7] Bl.; 8°.
- Bogensign.: A⁸-S⁸.
- FP: i.us tie- e-m, tube (3) 1567 (R).
- Buchschmuck: D.; EX.
- Prov.: Etienne Graf von Méjan.
- Bibliographien: Adams T 702; Cat. Ital. Books S. 673; Bibl. Aldina S. 123.
- Sign.: Ald. Ren. 203,10.

Nr. 1145

Lettere volgari: DELLE ‖ LETTERE VOLGARI ‖ DI DIVERSI NOBILISSIMI ‖ HVOMINI, ET ECCELLEN- ‖ TISSIMI INGEGNI, ... ‖ LIBRO PRIMO. ‖. EST: [Lettere volgari; T. 1]. Hrsg.: (Paolo Manuzio). – Venedig, 1567.
- Drucker: Aldo [Manuzio II].
- Buchbinder: François Bozérian (?).
- Umfang: 295, [1] S., [4] Bl.; 8°.
- Bogensign.: A⁸-T⁸.
- FP: i-do iora a.o. esmi (3) 1567 (R).
- Buchschmuck: D.; E.; EX.
- Prov.: Etienne Graf von Méjan.
- Bibliographien: Adams L 592; Bibl. Aldina S. 123.
- Sign.: Ald. Ren. 203,12–1.

Nr. 1146

Lettere volgari: DELLE ‖ LETTERE VOLGARI ‖ DI DIVERSI NOBILISSIMI ‖ HVOMINI, ET ECCELLEN- ‖ TISSIMI INGEGNI, ... ‖ LIBRO SECONDO. ‖. EST: [Lettere volgari; T. 2]. Hrsg.: (Paolo Manuzio). – Venedig, 1567.
- Drucker: Aldo [Manuzio II].
- Buchbinder: François Bozérian (?).
- Umfang: 259, [1] S., [2] Bl.; 8°.
- Bogensign.: A⁸-Q⁸, R⁴.
- FP: e.V. eror arsi Hull (3) 1567 (R).
- Buchschmuck: D.; E.; EX.
- Prov.: Etienne Graf von Méjan.
- Bibliographien: Adams L 592; Bibl. Aldina S. 123.
- Sign.: Ald. Ren. 203,12–2.

Nr. 1147

Lettere volgari: DELLE ‖ LETTERE VOLGARI ‖ DI DIVERSI NOBILISSIMI ‖ HVOMINI, ET ECCELLEN- ‖ TISSIMI INGEGNI, ... ‖ LIBRO TERZO, ‖ ... . EST: [Lettere volgari; T. 3]. Hrsg.: (Paolo Manuzio). – Venedig, 1567.

Kat.-Nr. 1180

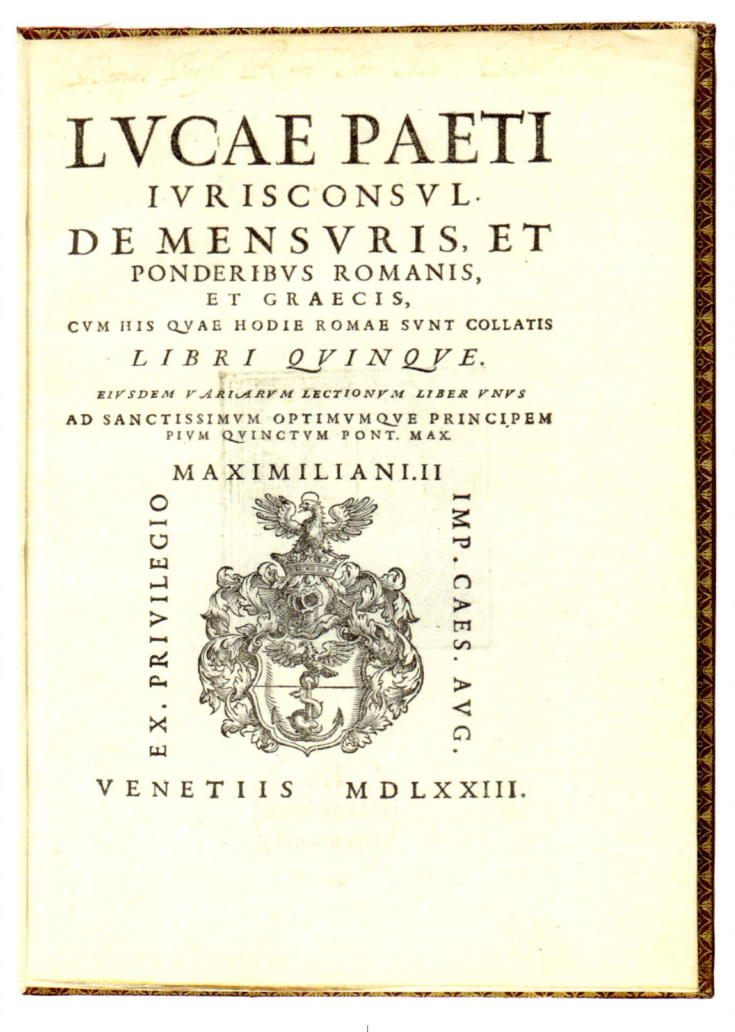

Kat.-Nr. 1229

- Drucker: Aldo [Manuzio II].
- Buchbinder: François Bozérian.
- Umfang: 427, [1] S., [6] Bl.; 8°.
- Bogensign.: AA⁸-ZZ⁸, AAA⁸-DDD⁸, EEE⁴.
- FP: tor- o,e, mio- hato (3) 1567 (R).
- Buchschmuck: D.; E.; EX.
- Prov.: Etienne Graf von Méjan.
- Bibliographien: Adams L 592; Bibl. Aldina S. 123.
- Sign.: Ald. Ren. 203,12–3.

Nr. 1148
Sallustius Crispus, G[aius]: ... CONIVRATIO. CATILINAE ‖ ET. BELLVM. IVGVRTHINVM ‖ ... . EST: [Opera]. Beigef.: ([Marcus] Porcius Latro: ... declamatio, in L. Catilinam, ...); Aldo Manuzio: SCHOLIA (IN. CATALINAM ‖ ...). Hrsg.: Aldo Manuzio. Kommentator: Aldo Manuzio. – Venedig, 1567.
- Drucker: (Aldo Manuzio [II]).
- Umfang: [8], 189, [19] Bl.; 8°.
- Bogensign.: A⁸, A⁸-Z⁸, AA⁸-CC⁸.
- FP: ioin a,mo o-l- almi (3) 1567 (R).
- Buchschmuck: D.; EX.
- Prov.: Etienne Graf von Méjan.
- Bibliographien: Adams S 163; Cat. Ital. Books S. 599; Bibl. Aldina S. 123; Ebert 19998.
- Sign.: Ald. Ren. 203,13 [1. Ex.].

Nr. 1149
Sallustius Crispus, G[aius]: ... CONIVRATIO. CATILINAE ‖ ET. BELLVM. IVGVRTHINVM ‖ ... . EST: [Opera]. Beigef.: ([Marcus] Porcius Latro: ... declamatio, in L. Catilinam, ...); Aldo Manuzio: SCHOLIA (IN. CATALINAM ‖ ...). Hrsg.: Aldo Manuzio. Kommentator: Aldo Manuzio. – Venedig, 1567.
- Drucker: Aldo [Manuzio II].
- Umfang: [8], 189, [19] Bl.; 8°.
- Bogensign.: A⁸, A⁸-Z⁸, AA⁸-CC⁸ [unvollst.: CC⁸ fehlt.]
- FP: ioin a,mo o-l- almi (3) 1567 (R).
- Buchschmuck: D.; EX.
- Prov.: Etienne Graf von Méjan.
- Bibliographien: Adams S 163; Cat. Ital. Books S. 599; Bibl. Aldina S. 123; Ebert 19998.
- Sign.: Ald. Ren. 203,13 [2. Ex.].

Nr. 1150
Paetus, Lucas: ... DE IVDICIARIA FORM. ‖ CAPITOLINI FORI ‖ AD S.P.Q.R. ‖ LIBRI IX. ‖. – Rom, 1567.
- Drucker: Paolo Manuzio.
- Umfang: [4] Bl., 515, [1] S., [28] Bl.; 8°.
- Bogensign.: ⁴, A⁸-Z⁸, AA⁸-MM⁸, NN⁶.
- FP: uaê- 2.4. a-ro nuCl (3) 1567 (R).
- Buchschmuck: D.
- Bibliographien: Cat. Ital. Books S. 484; Bibl. Aldina S. 123.
- Sign.: Ald. Ren. 204,14.

Nr. 1151
Kling, Konrad: Loci Communes theologici ... in libros quinque digesti ... . – Paris, 1567.
- Drucker: Bernard Turrisan.
- Sign.: Ald. Ren. 298,16 Kraków.

1568

Nr. 1152
Canones et decreta: CANONES ‖ ET DECRETA ‖ SACROSANCTI OECVME- ‖ NICI ET GENERALIS CON- ‖ CILII TRIDENTINI. ‖ ... . Hrsg.: (Paolo Manuzio). – Venedig, 1568.
- Drucker: Aldo [Manuzio II].
- Umfang: 168 [= 184], [30] Bl.; 8°.
- Bogensign.: A⁸-Z⁸, AA⁸-DD⁸.
- FP: cue- cæn- m-n- IoDe (3) 1568 (R).
- Buchschmuck: D.; EX.
- Prov.: Rauizoli; Etienne Graf von Méjan.
- Bibliographien: Adams C 2809.
- Sign.: Ald. Ren. 204,3.

Nr. 1153
Catechismus Romanus; <ital.>: Catechismo, ‖ CIOE ISTRVTTIONE, ‖ SECONDO IL DECRETO ‖ DEL CONCILIO DI TRENTO, ‖ A' PAROCHI, ‖ ... . EST: [Catechismus Romanus; ital.]. Hrsg.: Pius <Papa, V.>. Übers.: Felice Figliucci. – Venedig, 1568.
- Drucker: Aldo Manuzio [II].
- Umfang: 608 S., [16] Bl.; 8°.
- Bogensign.: A⁸-Z⁸, AA⁸-PP⁸, a⁸, b⁸.
- FP: lioe lii: ,èoa deHo (3) 1568 (R).
- Buchschmuck: D.; EX.
- Prov.: Etienne Graf von Méjan.
- Bibliographien: Cat. Ital. Books S. 680.
- Sign.: Ald. Ren. 204,4.

Nr. 1154
Manuzio, Aldo Pio: ... Grammaticarum Institutionum ‖ libri IV. ‖ ... . Hrsg.: Aldo Manuzio. – Venedig, 1568.
- Drucker: Aldo Manuzio [II].
- Umfang: 428 [=436] S.; 8°.
- Bogensign.: A⁸-Z⁸, Aa⁸-Cc⁸, Dd¹⁰.
- FP: sio- aeω. x,û. feno (3) 1568 (R).
- Buchschmuck: D.; EX.
- Prov.: Etienne Graf von Méjan.
- Bibliographien: Cat. Ital. Books S. 411; Bibl. Aldina S. 123; Ebert 12985.
- Sign.: Ald. Ren. 205,6.

Nr. 1155
Manuzio, Aldo: ELEGANZE, ‖ INSIEME CON LA COPIA ‖ DELLA LINGVA TOSCANA E LATINA, ‖ ... . – Venedig, 1568.
- Drucker: [Aldo Manuzio II].
- Umfang: 365 S.; 8°.
- Bogensign.: A⁸-Z⁸.
- FP: moc- t,is o.no suxi (3) 1568 (R).
- Buchschmuck: D.; EX.
- Prov.: Etienne Graf von Méjan.
- Bibliographien: Bibl. Aldina S. 123.
- Sign.: Ald. Ren. 205,7.

Nr. 1156
Manuzio, Paolo: COMMENTARIVS ‖ ... IN . EPISTOLAS . CICERONIS . AD . ATTICVM ‖ ... . Beigef.: Paolo Manuzio: (IN .ATTICI . VITAM ‖ SCHOLIA ‖ ...). – Venedig, 1568.
- Drucker: Aldo Manuzio [II].
- Umfang: 752, 18 S., [35] Bl.; 8°.
- Bogensign.: A⁸-Z⁸, Aa⁸-Zz⁸, Aaa⁸, A⁸-E⁸, F⁴.
- FP: e-n- i-n- e-i- IVeo (3) 1568 (R).
- Buchschmuck: D.; EX.
- Prov.: Etienne Graf von Méjan.
- Bibliographien: Adams M 462; Cat. Ital. Books S. 413; Bibl. Aldina S. 124.
- Sign.: Ald. Ren. 205,8.

1569

Nr. 1157
Canones et decreta: CANONES ‖ ET DECRETA ‖ SACROSANCTI OECVME- ‖ NICI ET GENERALIS CON- ‖ CILII TRIDENTINI. ‖ ... .

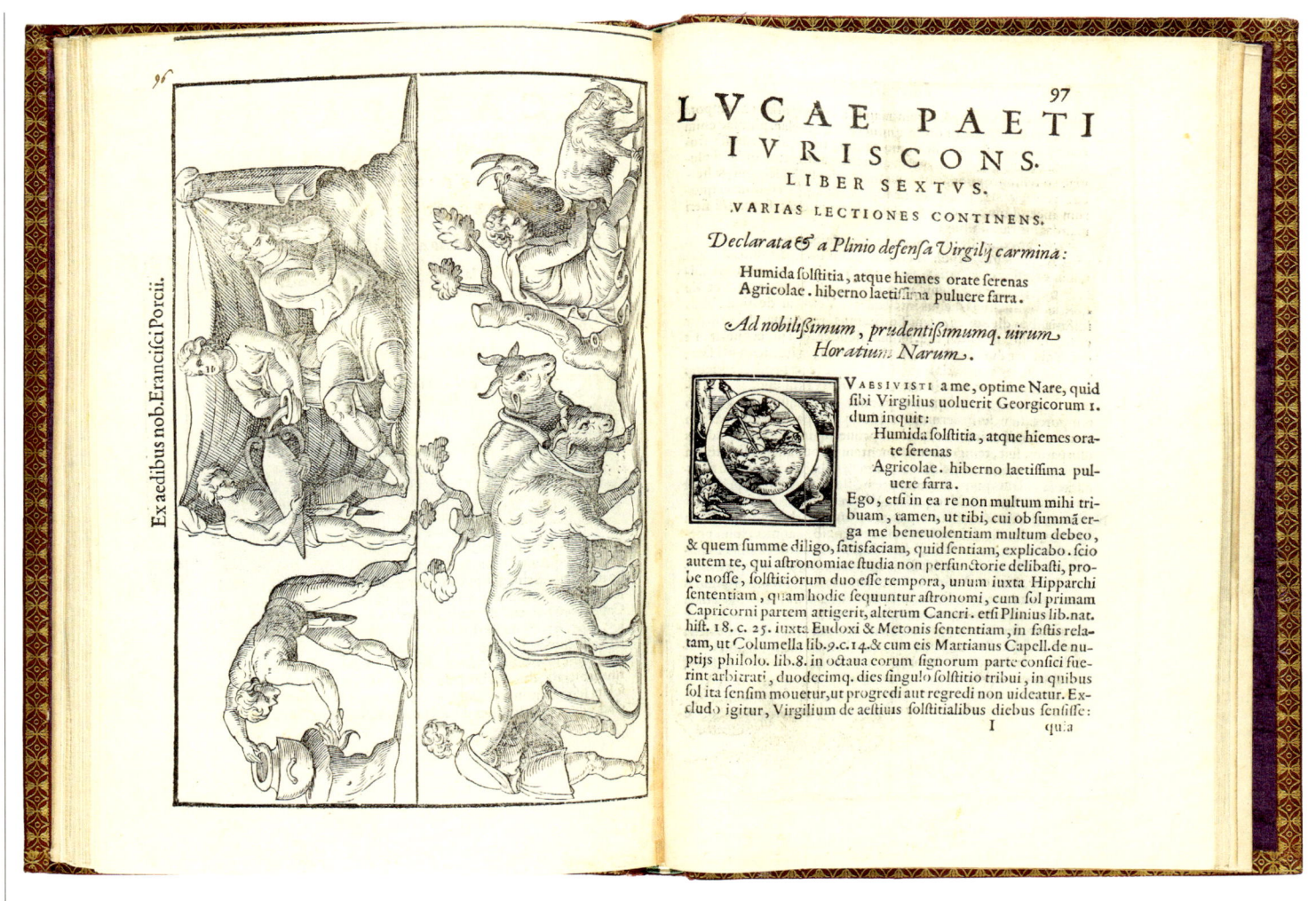

Hrsg.: (Paolo Manuzio). – Venedig, 1569.
- Drucker: Aldo [Manuzio II].
- Umfang: 168 [= 184], [30] Bl.; 8°.
- Bogensign.: A⁸-Z⁸, AA⁸-DD⁸ [falsch gebunden: AA⁸-DD⁸ nach angebundenem Titel].
- FP: cue- cæn- m-n- IoDe (3) 1569 (R).
- Buchschmuck: D.; E.
- Prov.: V. L., 1572; Reichenb. (?); Gymnasialbibliothek, Luckau.
- Bibliographien: Adams C 2810; Cat. Ital. Books S. 679; Bibl. Aldina S. 124.
- Sign.: Ald. Ren. 205,1.

Nr. 1158

O*rationes responsa literae:* ORATIONES ‖ RESPONSA ‖ LITERAE, AC MANDATA ‖ EX ACTIS CONCILII ‖ TRIDENTINI ‖ COLLECTA, ‖ ... . – Venedig, 1569.
- Drucker: Domenico Farri.
- Buchbinder: Luigi Lodigiani (?).
- Umfang: [4] Bl., 189 [= 211] S.; 8°.
- Bogensign.: A⁴, a⁸-f⁸, G⁸-N⁸, O².
- FP: in4. ,*ce æ-ue nico (3) 1569 (R).
- Buchschmuck: D.; E.; EX.
- Prov.: Etienne Graf von Méjan.
- Bibliographien: Adams C 2789; Cat. Ital. Books S. 679.
- Sign.: Ald. Ren. 205,2 [1. Ex.].

Nr. 1159

O*rationes responsa literae:* ORATIONES ‖ RESPONSA ‖ LITERAE, AC MANDATA ‖ EX ACTIS CONCILII ‖ TRIDENTINI ‖ COLLECTA, ‖ ... . – Venedig, 1569.
- Drucker: Domenico Farri.
- Buchbinder: B. M. (?).
- Umfang: [4] Bl., 186 [= 211] S.; 8°.
- Bogensign.: A⁴, a⁸-f⁸, G⁸-N⁸, O².
- FP: in4. etce cûin peca (3) 1569 (R).
- Buchschmuck: D.; E.; EX.
- Prov.: Etienne Graf von Méjan.
- Bibliographien: Adams C 2789; Cat. Ital. Books S. 679.
- Sign.: Ald. Ren. 205,2 [2. Ex.].

Nr. 1160

O*rationes responsa literae:* ORATIONES ‖ RESPONSA ‖ LITERAE, AC MANDATA ‖ EX ACTIS CONCILII ‖ TRIDENTINI ‖ COLLECTA, ‖ ... . – Venedig, 1569.
- Drucker: Domenico Farri.
- Umfang: [4] Bl., 189 [= 211] S.; 8°.
- Bogensign.: A⁴, a⁸-f⁸, G⁸-N⁸, O² [falsch gebunden 189 S. vor dem Titelbl.].
- FP: in4. etce cûin peca (3) 1569 (R).
- Buchschmuck: D.; E.
- Prov.: V. L., 1577; Reichenb. (?); Gymnasialbibliothek, Luckau.
- Bibliographien: Ald. Ren. 205,2; Adams C 2789; Cat. Ital. Books S. 679.
- Sign.: 1 an Ald. Ren. 205,1.

Nr. 1161

C*anones et decreta:* CANONES ‖ ET DECRETA ‖ SACROSANCTI OECVME- ‖ NICI ET GENERALIS CON- ‖ CILII TRIDENTINI. ‖ ... . Hrsg.: (Paolo Manuzio). – Venedig, 1569.
- Drucker: Aldo [Manuzio II].
- Umfang: 168 [= 184], [30] Bl.; 8°.
- Bogensign.: A⁸-Z⁸, AA⁸-DD⁸.
- FP: cue- cæn- m-n- IoDe (3) 1569 (R).
- Buchschmuck: D.; EX.
- Prov.: Bonifacius Guarinoni; Kapuzinerkloster, Bergamo; Etienne Graf von Méjan.
- Bibliographien: Adams C 2810; Cat. Ital. Books S. 679; Bibl. Aldina S. 124.
- Sign.: Ald. Ren. 205,1.2.

Nr. 1162

O*rationes responsa literae:* ORATIONES ‖ RESPONSA ‖ LITERAE, AC MANDATA ‖ EX ACTIS CONCILII ‖ TRIDENTINI ‖ COLLECTA, ‖ ... . – Venedig, 1569.
- Drucker: Domenico Farri.
- Umfang: [4] Bl., 189 [= 211] S.; 8°.

Kat.-Nr. 1229

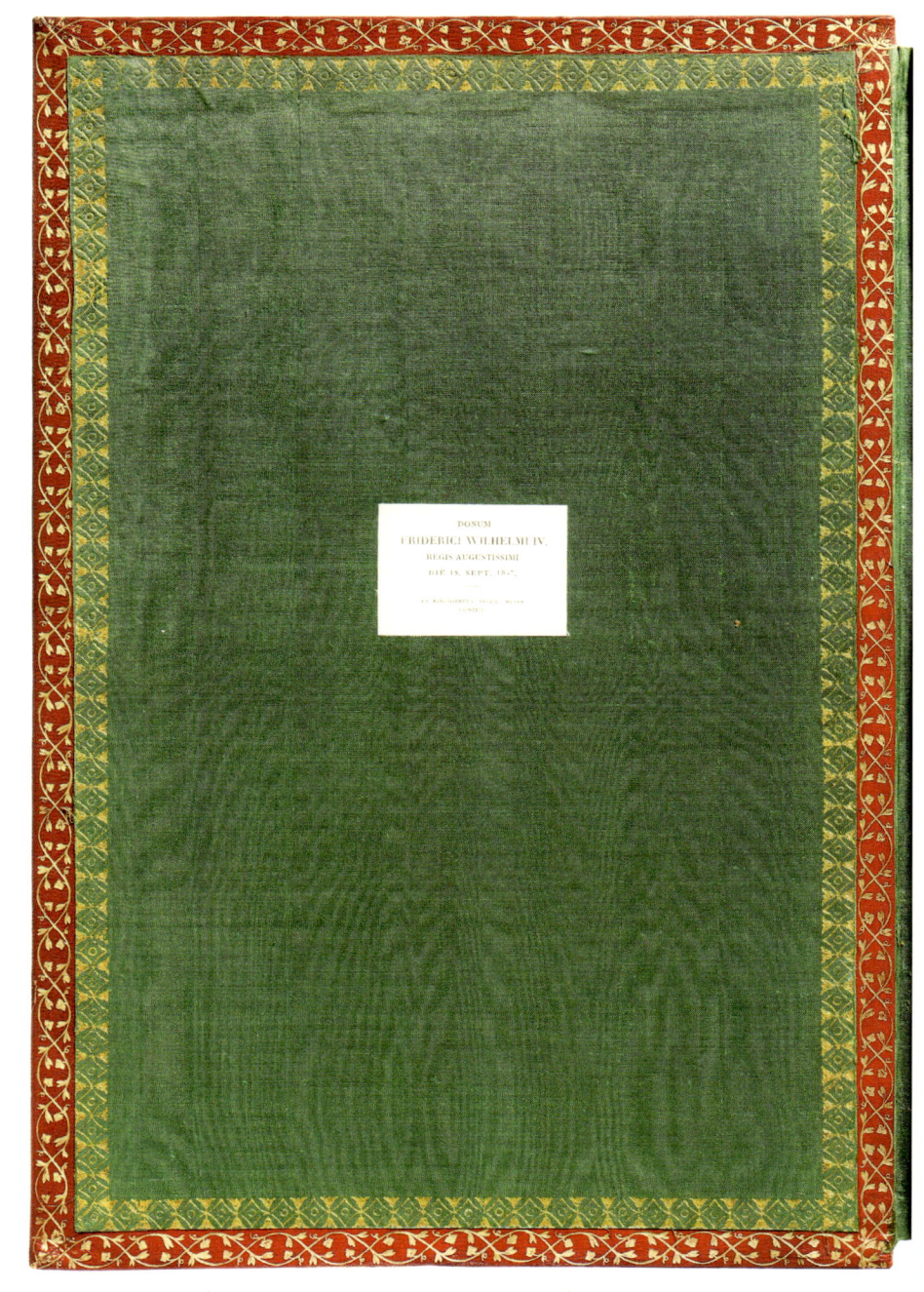

Kat.-Nr. 1190
Seidendublüre

- Bogensign.: A⁴, a⁸–f⁸, G⁸–N⁸, O².
- FP: in4. etce cûin peca (3) 1569 (R).
- Buchschmuck: D.; EX.
- Prov.: Etienne Graf von Méjan.
- Bibliographien: Ald. Ren. 205,2; Adams C 2789; Cat. Ital. Books S. 679.
- Sign.: Ald. Ren. 205,1.2.

Nr. 1163

Catechismus Romanus; <lat.>: CATECHISMVS, ‖ Ex Decreto Concilii Tridentini, ‖ AD PAROCHOS. ‖ ... . EST: [Catechismus Romanus; lat.]. Hrsg.: Pius <Papa, V.>. – Rom, 1569.
- Drucker: Paolo Manuzio.
- Umfang: [4] Bl., 650 S., [19] Bl.; 8°.
- Bogensign.: A⁴, B⁸–Z⁸, AA⁸–XX⁸.
- FP: isum utam o,E. euil (3) 1569 (R).
- Buchschmuck: D.; EX.
- Prov.: Etienne Graf von Méjan.
- Bibliographien: Adams C 1063; Bibl. Aldina S. 124.
- Sign.: Ald. Ren. 206,3.

Nr. 1164

Catechismus Romanus; <ital.>: Catechismo, ‖ CIOE ISTRVTTIONE, ‖ SECONDO IL DECRETO ‖ DEL CONCILIO DI TRENTO, ‖ A' PAROCHI, ‖ ... . EST: [Catechismus Romanus; ital.]. Hrsg.: Pius <Papa, V.>. Übers.: Felice Figliucci. – Venedig, 1569.
- Drucker: Aldo Manuzio [II].
- Umfang: 608 S., [12] Bl.; 8°.
- Bogensign.: A⁸–Z⁸, AA⁸–PP⁸, a⁸, b⁴.
- FP: omi- lii: ,èoa deHo (3) 1569 (R).
- Buchschmuck: D.; EX.
- Prov.: Etienne Graf von Méjan.
- Bibliographien: Cat. Ital. Books S. 680; Bibl. Aldina S. 124.
- Sign.: Ald. Ren. 206,4.

Nr. 1165

Cicero, [Marcus Tullius]: RHETORICORVM ‖ AD. C. HERENNIVM ‖ LIBRI. IV ... ‖ De inuentione libri. II ‖ Topica ad Trebatium, ‖ Partiones oratoriae. ‖ ... . EST: [Opera rhetorica; T. 1]. Hrsg.: Paolo Manuzio. – Venedig, 1569.
- Drucker: Aldo [Manuzio II].
- Umfang: 400 S.; 8°.
- Bogensign.: A⁸–Z⁸, AA⁸–BB⁸.
- FP: teed sie- u-o- ceco (3) 1569 (R).
- Buchschmuck: D.; EX.
- Prov.: Etienne Graf von Méjan.
- Bibliographien: Adams C 1690; Ind. Aur. 139.276; Bibl. Aldina S. 124; Ebert 4285.
- Sign.: Ald. Ren. 206,5.6.

Nr. 1166

Cicero, [Marcus Tullius]: ... De Oratore libri. III ‖ De Optimo genere Oratorum. ‖ De claris Oratoribus. ‖ ... . EST: [Opera rhetorica; T. 2]. Hrsg.: Paolo Manuzio. – Venedig, 1569.
- Drucker: Aldo [Manuzio II].
- Umfang: 543, [1] S., [24] Bl.; 8°.
- Bogensign.: A⁸–Z⁸, Aa⁸–Oo⁸.
- FP: e-is inci i-t, mine (3) 1569 (R).
- Buchschmuck: D.; EX.
- Prov.: Etienne Graf von Méjan.
- Bibliographien: Adams C 1690; Ind. Aur. 139.276; Bibl. Aldina S. 124; Ebert 4285.
- Sign.: Ald. Ren. 206,5.6.

Nr. 1167

Cicero, M[arcus] Tullius: ... ORATIONVM ‖ PARS. I ‖. EST: [Orationes; T. 1]. Hrsg.: Paolo Manuzio. – Venedig, 1569.
- Drucker: Aldo Manuzio [II].
- Umfang: 703 S.; 8°.
- Bogensign.: A⁸–Z⁸, AA⁸–XX⁸.
- FP: i,m- inot o-ue fico (3) 1569 (R).
- Buchschmuck: D.; EX.
- Prov.: Etienne Graf von Méjan.
- Bibliographien: Ind. Aur. 139.271.
- Sign.: Ald. Ren. 206,7-1.

Nr. 1168

Cicero, M[arcus] Tullius: ... ORATIONVM ‖ PARS. II ‖. EST: [Orationes; T. 2]. Hrsg.: Paolo Manuzio. – Venedig, 1569.
- Drucker: Aldo Manuzio [II].
- Umfang: 629, [1] S., [1] Bl.; 8°.
- Bogensign.: aa⁸–zz⁸, aaa⁸–qqq⁸, rrr⁴.
- FP: t,sa loe- r-e- hami (3) 1569 (R).
- Buchschmuck: D.; EX.
- Prov.: Etienne Graf von Méjan.
- Bibliographien: Ind. Aur. 139.271.
- Sign.: Ald. Ren. 206,7-2.

Nr. 1169

Cicero, M[arcus] Tullius: ... ORATIONVM ‖ PARS. III ‖. EST: [Orationes; T. 3]. Hrsg.: Paolo

Manuzio. – Venedig, 1569.
- Drucker: Aldo Manuzio [II].
- Umfang: 621, [1] S., [1] Bl.; 8°.
- Bogensign.: aaa⁸-zzz⁸, aaaa⁸-qqqq⁸.
- FP: amae e-is m-r; inni (3) 1569 (R).
- Buchschmuck: D.; EX.
- Prov.: Etienne Graf von Méjan.
- Bibliographien: Ind. Aur. 139.271.
- Sign.: Ald. Ren. 206,7-3.

Nr. 1170
Caro, Annibale: RIME ‖ ... – Venedig, 1569.
- Drucker: Aldo Manuzio [II].
- Buchbinder: René Simier.
- Umfang: [4] Bl., 103, [1] S., [4] Bl.; 4°.
- Bogensign.: *⁴, B⁴-P⁴.
- FP: pota o.o, e.lo FuOr (3) 1569 (R).
- Buchschmuck: D.; E.; EX.
- Prov.: Etienne Graf von Méjan.
- Bibliographien: Adams C 746; Cat. Ital. Books S. 150; Bibl. Aldina S. 125; Ind. Aur. 132.468.
- Sign.: Ald. Ren. 206,9 [1. Ex.].

Nr. 1171
Caro, Annibale: RIME ‖ ... – Venedig, 1569.
- Drucker: Aldo Manuzio [II].
- Buchbinder: François Bozérian (?).
- Umfang: [4] Bl., 103, [1] S., [5] Bl.; 4°.
- Bogensign.: *⁴, B⁴-P⁴, ¹.
- FP: pota o.o, e.lo FuOr (3) 1569 (R).
- Buchschmuck: D.; E.; EX.
- Prov.: Etienne Graf von Méjan.
- Bibliographien: Adams C 746; Cat. Ital. Books S. 150; Bibl. Aldina S. 125; Ind. Aur. 132.468.
- Sign.: Ald. Ren. 206,9 [2. Ex.].

Nr. 1172
Caro, Annibale: RIME ‖ ... – Venedig, 1569.
- Drucker: Aldo Manuzio [II].
- Buchbinder: François Bozérian.
- Umfang: [4] Bl., 103, [1] S., [4] Bl.; 4°.
- Bogensign.: *⁴, B⁴-P⁴.
- FP: pota o.o, e.lo FuOr (3) 1569 (R).
- Buchschmuck: D.; E.; EX.
- Prov.: Etienne Graf von Méjan.
- Bibliographien: Adams C 746; Cat. Ital. Books S. 150; Bibl. Aldina S. 125; Ind. Aur. 132.468.
- Sign.: Ald. Ren. 206,9 [3. Ex.].

Nr. 1173
Gregorius <Nazianzenus>; <ital.>: DVE ORATIONI ‖ ... Jn una de le quali, si tratta quel che sia Vescouado, et ‖ quali debbiano essere i Vescoui. ‖ Ne l'altra, de l'amor verso i Poueri. ‖ ... . EST: [Orationes; ital.]. Beigef.: [Thascius] Caecilius Cyprianus; <ital.>: ... IL PRIMO SERMONE ‖ ... sopra l'Elemosina. ‖ ... . Übers.: Annibale Caro. – Venedig, 1569.
- Drucker: Aldo Manuzio [II].
- Buchbinder: François Bozérian.
- Umfang: [4] Bl., 146 S., [1] Bl.; 4°.
- Bogensign.: *⁴, B⁴-S⁴, T⁶.
- FP: seua hel- erla coto (3) 1569 (R).
- Buchschmuck: D.; E.; EX.

- Prov.: Etienne Graf von Méjan.
- Bibliographien: Adams G 1161; Cat. Ital. Books S. 313; Bibl. Aldina S. 125.
- Sign.: Ald. Ren. 206,10 [1. Ex.].

Nr. 1174
Gregorius <Nazianzenus>; <ital.>: DVE ORATIONI ‖ ... Jn una de le quali, si tratta quel che sia Vescouado, et ‖ quali debbiano essere i Vescoui. ‖ Ne l'altra, de l'amor verso i Poueri. ‖ ... . EST: [Orationes; ital.]. Beigef.: [Thascius] Caecilius Cyprianus; <ital.>: ... IL PRIMO SERMONE ‖ ... sopra l'Elemosina. ‖ ... . Übers.: Annibale Caro. – Venedig, 1569.
- Drucker: Aldo Manuzio [II].
- Umfang: [4] Bl., 146 S., [1] Bl.; 4°.
- Bogensign.: *⁴, B⁴-S⁴, T⁶.
- FP: seua hel- erla coto (3) 1569 (R).
- Buchschmuck: D.; EX.
- Prov.: Etienne Graf von Méjan.
- Bibliographien: Adams G 1161; Cat. Ital. Books S. 313; Bibl. Aldina S. 125.
- Sign.: Ald. Ren. 206,10 [2. Ex.].

Nr. 1175
Manuzio, Paolo: EPISTOLARVM ‖ ... LIBRI. IIX ‖ Tribus nuper additis. ‖ Eiusdem quae Praefationes ‖ appellantur. ‖. – Venedig, 1569.
- Drucker: Aldo Manuzio [II].
- Umfang: [8] Bl., 470 S., [1] Bl., 139, [1] S., [6] Bl.; 8°.
- Bogensign.: A⁸-Z⁸, AA⁸-GG⁸, HH⁴, A⁸-I⁸, K⁴.
- FP: asum i-e- r,n- mede (3) 1569 (R).
- Buchschmuck: D.; EX.
- Prov.: Etienne Graf von Méjan.
- Bibliographien: Adams M 488; Cat. Ital. Books S. 413; Bibl. Aldina S. 125.
- Sign.: Ald. Ren. 206,11.

Nr. 1176
Manuzio, Paolo: ANTIQVITATVM ‖ ROMANARVM ‖ ... LIBER. DE . LEGIBVS ‖ ... . – Venedig, 1569.
- Drucker: Aldo Manuzio [II].
- Umfang: 303, [1] S., [36] Bl.; 8°.
- Bogensign.: A⁸-Z⁸, Aa⁴.
- FP: r-i- uaum m-i- decl (3) 1569 (R).
- Buchschmuck: D.; EX.
- Prov.: Etienne Graf von Méjan.
- Bibliographien: Adams M 477; Bibl. Aldina S. 125; Cat. Ital. Books S. 412; Ebert 12991.
- Sign.: Ald. Ren. 207,12.

Nr. 1177
Cicero, [Marcus Tullius]: RHETORICORVM ‖ AD C. HERENNIVM ‖ LIBRI IIII. ‖ ... ‖ De inuentione libri II. ‖ Topica ad Trebatium, ‖ Oratoriae partitiones. ‖ ... . EST: [Opera rhetorica]. Beigef.: Denis Lambin: ... annotationibus ... (... IN CORNI- ‖ FICII LIBROS IIII. ‖ RHETORIC. AD HERENNIVM.). Kommentator: Denis Lambin. – Venedig, 1569.
- Drucker: Bibliotheca Aldina.
- Buchbinder: Gregor Bernutz.
- Umfang: [24], 184, 38, [1] Bl.; 8°.
- Bogensign.: *⁸-***⁸, A⁸-Z⁸, A⁸-E⁸.
- FP: d-u- t,i- A'st trar (3) 1569 (R).
- Buchschmuck: D.; E.
- Prov.: A. S. H., 1571; Eberhardt Heinrich Mohr.
- Bibliographien: Adams C 1689; Cat. Ital. Books S. 176; Ind. Aur. 138.447; Bibl. Aldina S. 125; vgl. Ebert 4258.
- Sign.: Ald. Ren. 207,13.

Nr. 1178
Cicero, [Marcus Tullius]: ... DE ORATORE LIBRI III. ‖ ORATOR, ‖ DE CLARIS ORATORIBVS. ‖ ... . EST: [Opera rhetorica; T. 2]. Beigef.: Denis Lambin: ... annotationibus (DE ORAT. AD Q. FRATREM. ‖ ...). Hrsg.: (Paolo Manuzio). Kommentator: Denis Lambin. – Venedig, 1569.
- Drucker: Bibliotheca Aldina.
- Buchbinder: Gregor Bernutz.
- Umfang: 240 [=248], 48 Bl.; 8°.
- Bogensign.: A⁸-Z⁸, AA⁸-HH⁸, A⁸-F⁸.
- FP: inr- cim- a,js orat (3) 1569 (R).
- Buchschmuck: D.; E.; KF.
- Prov.: A. S. H., 1571; Eberhardt Heinrich Mohr.
- Bibliographien: Cat. Ital. Books S. 176; Ind. Aur. 139.273; Bibl. Aldina S. 126.
- Sign.: Ald. Ren. 207,14.

Kat.-Nr. 1122/1123
Supralibros von Johannes Crato von Krafftheim

Nr. 1179

Caesar, G[aius] Iulius: ... COMMENTARIORVM ‖ [1.Sp.] De bello [2.Sp.] Gallico, libri VIII. ‖ Ciuili Pompeiano, lib. III. ‖ Alexandrino, lib. I. ‖ Africano, lib. I. ‖ Hispaniensi, lib. I. ‖ ... . EST: [Opera]. Mitarb.: (Aulus Hirtius; Raimundus Marlianus; Giovanni Giocondo). Kommentator: Henricus [Loriti] Glareanus. – Venedig, 1569.
- Drucker: Bibliotheca Aldina.
- Umfang: [12], 398, [1] Bl.; 8°.
- Bogensign.: a⁸, b⁴, A⁸-Z⁸, AA⁸-ZZ⁸, AAA⁸-DDD⁸.
- FP: aut, esis Idú) sude (3) 1569 (R).
- Buchschmuck: H.; D.; EX.
- Prov.: Etienne Graf von Méjan.
- Bibliographien: Adams C 52; Cat. Ital. Books S. 135; Bibl. Aldina S. 126.
- Sign.: Ald. Ren. 207,15.

🦠 1570

Nr. 1180

Cleynaerts, Nicolaus: ... INSTITVTIONES ‖ LINGVAE. GRAECAE ‖ ... . Verf. in Vorlage: Nicolaus Clenardus. Hrsg.: (Aldo Manuzio). Kommentator: Pierre Antesignan. – Venedig, 1570.
- Drucker: Aldo Manuzio [II].
- Umfang: [12] Bl., 538 S., [17] Bl.; 8°.
- Bogensign.: *⁸, **⁴, A⁸-Z⁸, Aa⁸-Nn⁸.
- FP: t,en i-10 i.tu lâmi (3) 1570 (R).
- Buchschmuck: H.; D.; EX.
- Prov.: Etienne Graf von Méjan.
- Bibliographien: Adams C 2149; Cat. Ital. Books S. 187; Bibl. Aldina S. 126; Ind. Aur. 141.436.
- Sign.: Ald. Ren. 208,2
- Abbildungen: S. 196, 197.

Nr. 1181

Manuzio, Aldo: ELEGANZE INSIEME ‖ CON LA COPIA DELLA LINGVA ‖ TOSCANA, E LATINA, ‖ ... . – Venedig, 1570.
- Drucker: Bibliotheca Aldina.
- Umfang: 163, [1] Bl.; 8°.
- Bogensign.: A⁸-V⁸, X⁴.
- FP: uadi i-a, o.s. rupr (3) 1570 (R).
- Buchschmuck: D.; EX.
- Prov.: Etienne Graf von Méjan.
- Bibliographien: Adams E 104; Cat. Ital. Books S. 412; Bibl. Aldina S. 126.
- Sign.: Ald. Ren. 208,4.

Nr. 1182

Cicero, M[arcus] Tullius: ... ORA-‖ TIONVM VOLVMEN ‖ PRIMVM. ‖ ... . EST: [Orationes; T.1]. Hrsg.: Paolo Manuzio. Kommentator: Denis Lambin. – Venedig, 1570.
- Drucker: Bibliotheca Aldina.
- Buchbinder: François Bozérian.
- Umfang: 236 [=346], [1] Bl.; 8°.
- Bogensign.: A⁸-Z⁸, AA⁸-VV⁸, XX³.
- FP: l-æ- esuo *-m, pupo (3) 1570 (R).
- Buchschmuck: D.; E.; EX.
- Prov.: Etienne Graf von Méjan.
- Bibliographien: Bibl. Aldina S. 126; Ebert 4343; Ind. Aur. 139.309.
- Sign.: Ald. Ren. 209,5–1.

Nr. 1183

Cicero, M[arcus] Tullius: ... ORATIONVM ‖ PARS II. ‖ ... . EST: [Orationes; T. 2]. Hrsg.: Paolo Manuzio. Kommentator: Denis Lambin. – Venedig, 1570.
- Drucker: Bibliotheca Aldina.
- Buchbinder: François Bozérian.
- Umfang: 315, [1] Bl.; 8°.
- Bogensign.: aa⁸-zz⁸, aaa⁸-qqq⁸, rrr⁴.
- FP: uæum a-n- i-os mapu (3) 1570 (R).
- Buchschmuck: D.; E.; EX.
- Prov.: Etienne Graf von Méjan.
- Bibliographien: Bibl. Aldina S. 126; Ebert 4343; Ind. Aur. 139.309.
- Sign.: Ald. Ren. 209,5–2.

Nr. 1184

Cicero, M[arcus] Tullius: ... ORATIONVM ‖ PARS III. ‖ ... . EST: [Orationes; T. 3]. Hrsg.: Paolo Manuzio. Kommentator: Denis Lambin. – Venedig, 1570.
- Drucker: Bibliotheca Aldina.
- Buchbinder: François Bozérian.
- Umfang: 302, [1] Bl.; 8°.
- Bogensign.: aaa⁸-zzz⁸, aaaa⁸-oooo⁸, pppp⁷.
- FP: romo i-ri n-s? flue (3) 1570 (R).
- Buchschmuck: D.; E.; EX.
- Prov.: Etienne Graf von Méjan.
- Bibliographien: Bibl. Aldina S. 126; Ebert 4343; Ind. Aur. 139.309.
- Sign.: Ald. Ren. 209,5–3.

Nr. 1185

Cicero, M[arcus] Tullius: ... EPISTOLAE ‖ AD. ATTICVM. AD. BRVTVM ‖ AD. Q. FRATREM ‖ ... . Hrsg.: Paolo Manuzio. – Venedig, 1570.
- Drucker: Paolo Manuzio.
- Umfang: 406 [=774] S., [21] Bl.; 8°.
- Bogensign.: A⁸-Z⁸, AA⁸-ZZ⁸, Aa⁸-Ee⁸.
- FP: ueor t,io uses omst (3) 1570 (R).
- Buchschmuck: D.; EX.
- Prov.: Etienne Graf von Méjan.
- Bibliographien: Adams C 1929; vgl. Cat. Ital. Books S. 177; Ind. Aur. 139.312; Bibl. Aldina S. 126.
- Sign.: Ald. Ren. 209,6.

Nr. 1186

Cicero, M[arcus] Tullius: ... EPISTOLAE AD ATTICVM, ‖ AD M. BRVTVM, AD ‖ QVINCTVM FRAT. ‖ ... . Hrsg.: P[aolo] Manuzio; D[enis] Lambin. – Venedig, 1570.
- Drucker: Bibliotheca Aldina.
- Buchbinder: François Bozérian.
- Umfang: 399, [1] Bl.; 8°.
- Bogensign.: A⁸-Z⁸, AA⁸-ZZ⁸, AAA⁸-DDD⁸.
- FP: uet, ad.2 n-a- tuPo (3) 1570 (R).
- Buchschmuck: D.; E.; EX.
- Prov.: Etienne Graf von Méjan.
- Bibliographien: Adams C 1928; Cat. Ital. Books S. 177; Ind. Aur. 139.311; Bibl. Aldina S. 127.
- Sign.: Ald. Ren. 209,7.

Nr. 1187

Cicero, M[arcus] Tullius: ... EPISTOLAE FAMILIARES. ‖ ... . EST: [Epistolae ad familiares]. Beigef.: Paolo Manuzio: ... SCHOLIIS ‖. Kommentator: Denis Lambin; Marc-Antoine Muret. – Venedig, 1570.
- Drucker: Bibliotheca Aldina.
- Buchbinder: François Bozérian.
- Umfang: 365 Bl.; 8°.
- Bogensign.: A⁸-Z⁸, AA⁸-ZZ⁸.
- FP: uas- nao- æ-am muno (3) 1570 (R).
- Buchschmuck: D.; E.; EX.
- Prov.: Etienne Graf von Méjan.
- Bibliographien: Adams C 1966; Ind. Aur. 139.313.
- Sign.: Ald. Ren. 209,9.

Nr. 1188

Cicero, Marcus Tullius: ... OFFICIORVM LIBRI TRES: ‖ Cato maior, uel de Senectute: ‖ Laelius, uel de amicitia: ‖ Paradoxa Stoicorum sex: ‖ Somnium Scipionis, ex libro VI. de Rep. ‖ ... . EST: [Opera philosophica, Teils.]. Kommentator: Denis Lambin. – Venedig, 1570.
- Drucker: Bibliotheca Aldina.
- Buchbinder: François Bozérian.
- Umfang: 152, [4] Bl.; 8°.
- Bogensign.: A⁸-T⁸, V⁴.
- FP: eoi- ,*tu riuú rúte (3) 1570 (R).
- Buchschmuck: D.; E.; EX.
- Prov.: Etienne Graf von Méjan.
- Bibliographien: Adams C 1771; Ind. Aur. 139.307; Bibl. Aldina S. 127; Ebert 4571.
- Sign.: Ald. Ren. 209,11.

Nr. 1189

Nuñez, P[edro] Juan: EPITHETA ‖ M.T. CICERONIS ‖ ... . – Venedig, 1570.
- Drucker: Aldo Manuzio [II].
- Buchbinder: François Bozérian.
- Umfang: [8] Bl., 627, [1] S., [2] Bl.; 8°.
- Bogensign.: *⁸, a⁸-z⁸, aa⁸-qq⁸, rr⁴.
- FP: teum rev- s.t. OpMe (3) 1570 (R).
- Buchschmuck: D.; E.; EX.
- Prov.: Etienne Graf von Méjan.
- Bibliographien: Adams N 377; Cat. Ital. Books S. 471; Bibl. Aldina S. 127.
- Sign.: Ald. Ren. 209,13.

Nr. 1190

Nizzoli, Mario: ... THESAVRVS ‖ CICERONIANVS, ‖ ... . – Venedig, 1570.
- Drucker: [Aldo Manuzio II].
- Umfang: [8], 427, [1] Bl.; 2°.
- Bogensign.: a⁸, A⁸-Z⁸, Aa⁸-Zz⁸, Aaa⁸-Ggg⁸, Hhh⁴.
- FP: a-q; 3b2i u.or doa, (3) 1570 (R).
- Buchschmuck: D.; E.; EX.
- Prov.: Etienne Graf von Méjan.
- Bibliographien: Bibl. Aldina S. 127; Budapest N 231.
- Sign.: 4° Ald. Ren. 209,14.
- Abbildung: S. 200.

Nr. 1191

Horatius [Flaccus], [Quintus]: HORATIVS. ‖ ... . EST: [Opera]. Beigef.: Aldo Pio Manuzio: ... de metris Horatianis. ‖ ... . Hrsg.: M[arc]-Antoine Muret. Kommentator: Aldo Pio Manuzio. – Venedig, 1570.
- Drucker: Paolo Manuzio.
- Umfang: [8] Bl., 149 [=297] S., [34] Bl.; 8°.
- Bogensign.: a⁸-z⁸, aa⁸.
- FP: r-st e252 s:r: TuTu (3) 1570 (R).
- Buchschmuck: D.; EX.
- Prov.: Etienne Graf von Méjan.
- Bibliographien: Adams H 917; Cat. Ital. Books S. 333; Bibl. Aldina S. 127.
- Sign.: Ald. Ren. 210,16.

Nr. 1192

Terentius Afer, Publius): TERENTIVS. ‖ ... . EST: [Comoediae]. Beigef.: M[arc]-Antoine Muret: ... argumenta, et scholia ‖ in singulas comoedias. ‖. Hrsg.: M[arc]-Antoine Muret. – Venedig, 1570.
- Drucker: Aldo Manuzio [II].
- Umfang: [16], 108 [= 208] Bl.; 8°.
- Bogensign.: A⁸-Z⁸, AA⁸-EE⁸.
- FP: t,ue umti o.am AtNo (3) 1570 (R).
- Buchschmuck: D.; EX.
- Prov.: Etienne Graf von Méjan.
- Bibliographien: Adams T 364; Cat. Ital. Books S. 664.
- Sign.: Ald. Ren. 210,18.

Nr. 1193

Terentius Afer, P[ublius]: ... COMOEDIAE SEX, ... EST: [Comoediae]. Kommentator: Vinc[entius] Cordatus. – Venedig, 1570.
- Drucker: Bibliotheca Aldina.
- Umfang: 249, [2] Bl.; 8°.
- Bogensign.: A⁸-Z⁸, AA⁸-HH⁸, II⁴.
- FP: àmrû ulci s,o- tede (3) 1570 (R).
- Buchschmuck: D.; EX.
- Prov.: Etienne Graf von Méjan.
- Bibliographien: Adams T 365; Cat. Ital. Books S. 664; Bibl. Aldina S. 128; Ebert 22497; Budapest T 85.
- Sign.: Ald. Ren. 210,19.

Nr. 1194

Sannazaro, Jacopo; <lat.>: ... OPERA OMNIA, ‖ ... . – Venedig, 1570.
- Drucker: Bibliotheca Aldina.
- Umfang: 104 Bl.; 8°.
- Bogensign.: A⁸-N⁸.
- FP: é,q; t.n- s.em SuHe (3) 1570 (R).
- Buchschmuck: D.; EX.
- Prov.: Etienne Graf von Méjan.
- Bibliographien: Adams S 314; Cat. Ital. Books S. 605; Bibl. Aldina S. 128; Ebert 20260.
- Sign.: Ald. Ren. 211,20.

Nr. 1195

Eustachia Comedia: EVSTA-CHIA ‖ COMEDIA. ‖. Hrsg.: (Niccolò Guidani). – Venedig, 1570.
- Drucker: [Paolo Manuzio].
- Umfang: 47, [1] Bl.; 8°.
- Bogensign.: A⁸-F⁸.
- FP: e,to sion i.na Eudi (3) 1570 (R).
- Buchschmuck: D.; EX.
- Prov.: Etienne Graf von Méjan.
- Sign.: Ald. Ren. 211,21.

Nr. 1196

Morando, Francesco: AD . NI-COLAVM ‖ ORMANETVM ‖ PATAVII. EPISCOPVM ‖ ... EPISTO-LA ‖. – Venedig, 1570.
- Drucker: Aldo Manuzio [II].
- Buchbinder: René Simier.
- Umfang: [4] Bl.; 4°.
- Bogensign.: ⁴.
- FP: i.us t.em s,m, o-a, (C) 1570 (R).
- Buchschmuck: D.; E.; EX.
- Prov.: Etienne Graf von Méjan.
- Sign.: Ald. Ren. 211,22.

Nr. 1197

Morando, Francesco: AD IACO-BVM ‖ FOSCARENVM ‖ V.C. ‖ Veronae Praetorem, ‖ ... EPISTO-LA. ‖. – Venedig, 1570.
- Drucker: Aldo Manuzio [II].
- Buchbinder: René Simier.
- Umfang: [4] Bl.; 4°.
- Bogensign.: ⁴.
- FP: asm. gata t,ra dam? (C) 1570 (R).
- Buchschmuck: D.; E.; EX.
- Prov.: Etienne Graf von Méjan.
- Sign.: Ald. Ren. 211,23.

Nr. 1198

Breviarium Romanum: [RS] BREVIARIVM ‖ ROMANVM. ‖ EX DECRETO SACROSANCTI ‖ Concilii Tridentini restitutum, ‖ ... . EST: [Breviarium Romanum]. – Rom, 1570.
- Drucker: Paolo Manuzio.
- Umfang: [32] Bl., 872, 118 S., [1] Bl.; 2°.
- Bogensign.: aa⁴, bb⁸,⁴, cc⁸-dd⁸, A⁶-Z⁶, AA⁶-ZZ⁶, AAa⁶-ZZz⁶, AAAa⁶-CCCc⁶, DDDd⁴, a⁶-k⁶.
- FP: uet: a.n- m.i- toDi (3) 1570 (R).
- Buchschmuck: H.; D.; EX.
- Prov.: Etienne Graf von Méjan.
- Bibliographien: Bohatta Breviere 280; Brunet 1 Sp. 1243; Graesse VII S. 120.
- Sign.: 2° Ald. Ren. 211,25.

1571

Nr. 1199

Palacio, Paulus de: ... ENARRA-TIONES IN SACRO- ‖ sanctum Iesu Christi Euangelium ‖ secundum Matthaeum. ‖ PRIMA PARS. ‖. – Venedig, 1571.
- Drucker: Bibliotheca Aldina.
- Umfang: 383, [16] Bl.; 8°.
- Bogensign.: A⁸-Z⁸, AA⁸-ZZ⁸, AAA⁸-DDD⁸.
- FP: n-ui c.u- iou- tino (3) 1571 (R).
- Buchschmuck: D.; EX.
- Prov.: Etienne Graf von Méjan.
- Bibliographien: Adams P 63; Cat. Ital. Books S. 751; Bibl. Aldina S. 128.
- Sign.: Ald. Ren. 211,1-1.

Nr. 1200

Palacio, Paulus de: ... ENARRA-TIONES IN SACRO- ‖ sanctum Iesu Christi Euangelium ‖ secundum Matthaeum. ‖ SECVNDA PARS. ‖. – Venedig, 1571.
- Drucker: Bibliotheca Aldina.
- Umfang: 361, [14] Bl.; 8°.
- Bogensign.: a⁸-z⁸, aa⁸-zz⁸, aaa⁸.
- FP: ilâ, eion n-it paap (3) 1571 (R).
- Buchschmuck: D.; EX.
- Prov.: Etienne Graf von Méjan.
- Bibliographien: Adams P 63; Cat.

Kat.-Nr. 1230

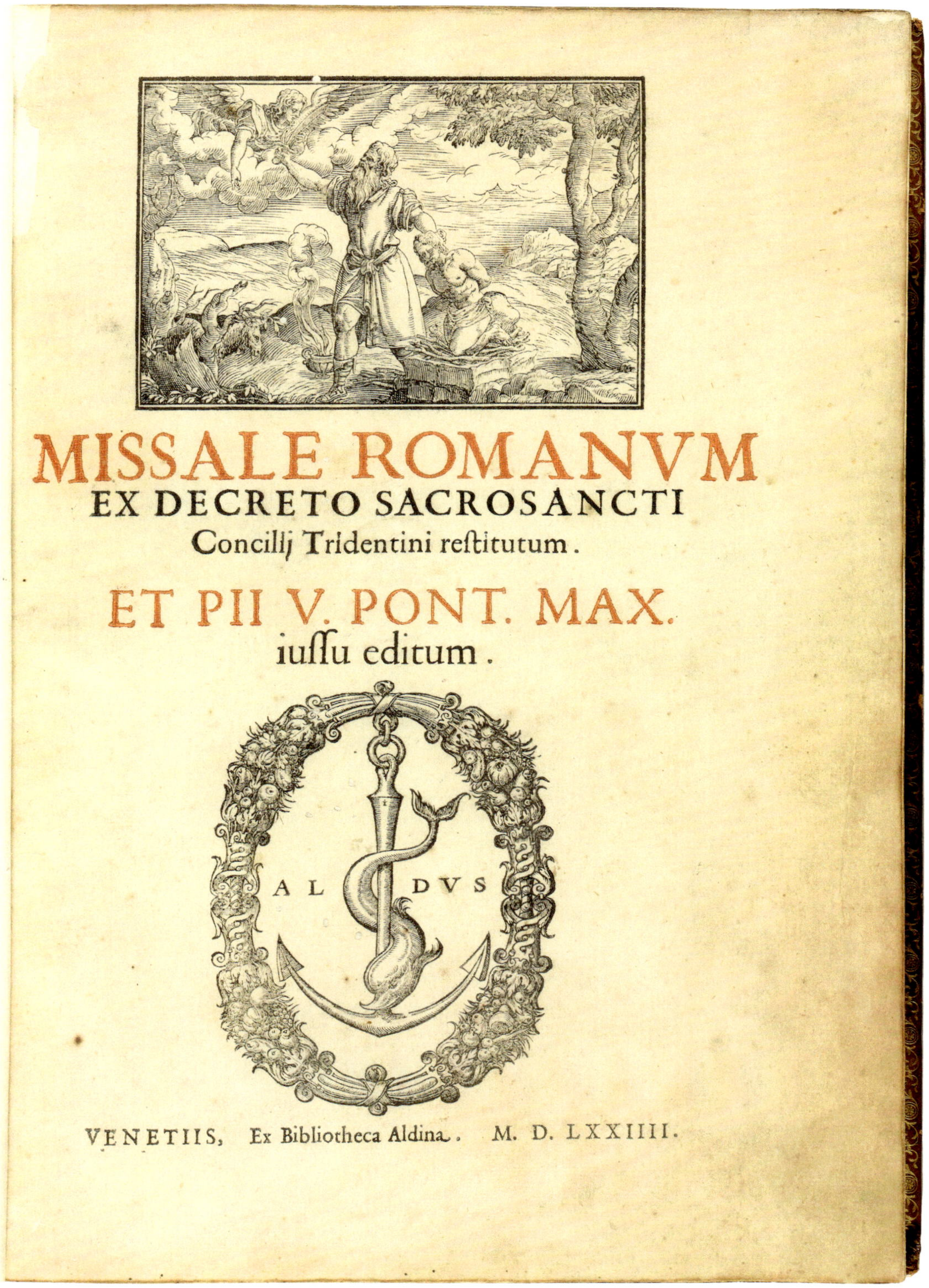

MISSALE ROMANVM EX DECRETO SACROSANCTI Concilij Tridentini restitutum. ET PII V. PONT. MAX. iussu editum. VENETIIS, Ex Bibliotheca Aldina. M. D. LXXIIII.

Kat.-Nr. 1230

Ital. Books S. 751; Bibl. Aldina S. 128.
- Sign.: Ald. Ren. 211,1–2.

Nr. 1201
Canisius, Petrus; (Busaeus, Petrus): AVTHORITATVM ∥ SACRAE SCRIPTVRAE, ∥ ET SAN-CTORVM PATRVM, ∥ ... PARS PRIMA. ∥ ... . – Venedig, 1571.
- Drucker: Bibliotheca Aldina.
- Buchbinder: René Simier.
- Umfang: 185 [=186], [21] Bl.; 4°.
- Bogensign.: A^8–Z^8, AA^8–CC^8.
- FP: a-dâ n-e- caus quep (3) 1571 (R).
- Buchschmuck: D.; E.; EX.
- Prov.: Etienne Graf von Méjan.
- Bibliographien: Adams C 516; Bibl. Aldina S. 128; Ind. Aur. 131.132; Budapest C 181.
- Sign.: Ald. Ren. 211,2–1.2.3.

Nr. 1202
Canisius, Petrus; (Busaeus, Petrus): AVTHORITATVM ∥ SACRAE SCRIPTVRAE, ∥ ET SAN-CTORVM PATRVM, ∥ ... PARS SE-CVNDA. ∥ ... . – Venedig, 1571.
- Drucker: Bibliotheca Aldina.
- Buchbinder: René Simier.
- Umfang: 179, [25] Bl.; 4°.
- Bogensign.: A^8–Z^8, AA^8–BB^8, CC^4.
- FP: res? m-uo o,t? àpcr (3) 1571 (R).
- Buchschmuck: D.; E.; EX.
- Prov.: Etienne Graf von Méjan.
- Bibliographien: Adams C 516; Bibl. Aldina S. 128; Ind. Aur. 131.132.
- Sign.: Ald. Ren. 211,2–1.2.3.

Nr. 1203
Canisius, Petrus; (Busaeus, Petrus): AVTHORITATVM ∥ SACRAE SCRIPTVRAE, ∥ ET SAN-CTORVM PATRVM, ∥ ... PARS TER-TIA. ∥ ... . – Venedig, 1571.
- Drucker: Bibliotheca Aldina.
- Buchbinder: René Simier.
- Umfang: 130, [14] Bl.; 4°.
- Bogensign.: a^8–s^8.
- FP: ets: s-e- r.o- àuIA (3) 1571 (R).
- Buchschmuck: D.; E.; EX.
- Prov.: Etienne Graf von Méjan.
- Bibliographien: Adams C 516; Bibl. Aldina S. 128; Ind. Aur. 131.132.
- Sign.: Ald. Ren. 211,2–1.2.3.

Nr. 1204
Canisius, Petrus; [Busaeus, Petrus]: AVTHO- ∥ RITATVM ∥ SA- ∥ CRAE SCRIPTV- ∥ RAE, ET SANCTORVM ∥ PATRVM, ∥ ... PARS QVARTA ∥ ... . – Köln, 1570.
- Drucker: Gerwin Calenius, Johann Quentel, Erben.
- Buchbinder: René Simier.
- Umfang: [4] Bl.; 829, [1] S., [41] Bl.; 4°.
- Bogensign.: $**A^4$, a^4–z^4, aa^4–zz^4, aaa^4–zzz^4, $aaaa^4$–$zzzz^4$, $aaaaa^4$–$yyyyy^4$.
- FP: n-a- e,e- iaam nepr (3) 1570 (R).
- Buchschmuck: D.; E.; EX.
- Prov.: Etienne Graf von Méjan.
- Bibliographien: VD 16 C 0694; Adams C 515; Bibl. Aldina S. 128; Ind. Aur. 131.117.
- Sign.: Ald. Ren. 211,2–4.

Nr. 1205
Quintianus, Vincentius: DE SA-CROSANCTO ∥ MISSAE, ∥ Venerabili Sacramento. ∥ ... . Verf. in Vorlage: Vincentius Quintianus Patina. – Venedig, 1571.
- Verleger: (Girolamo Torresano; Bernardino Torresano).
- Drucker: Bibliotheca Aldina.
- Umfang: [4] Bl., 100 S., [1] Bl.; 4°.
- Bogensign.: A^4–O^4.
- FP: emi- e-i. ems- vivi (3) 1571 (R).
- Buchschmuck: D.; EX.
- Prov.: Etienne Graf von Méjan.
- Bibliographien: Adams Q 20; Cat. Ital. Books S. 493; Bibl. Aldina S. 128.
- Sign.: Ald. Ren. 211,3.

Nr. 1206

Catechismus Romanus; <ital.>: Catechismo, ‖ CIO E ISTRVT- TIONE ‖ SECONDO IL DECRETO ‖ DEL CONCILIO DI TRENTO, ‖ A' PAROCHI, ‖ … . EST: [Catechismus Romanus; ital.]. Übers.: Felice Figliucci. – Venedig, 1571.
- Drucker: Aldo Manuzio [II].
- Umfang: 608 S., [12] Bl.; 8°.
- Bogensign.: A⁸-Z⁸, AA⁸-PP⁸, a⁸, b⁴.
- FP: tæa, lii; ,eòà deHo (3) 1571 (R).
- Buchschmuck: D.; EX.
- Prov.: Etienne Graf von Méjan.
- Bibliographien: Cat. Ital. Books S. 680; Bibl. Aldina S. 129.
- Sign.: Ald. Ren. 212,4.

Nr. 1207

Manuzio, Paolo: EPISTOLA- RVM ‖ … LIBRI . X ‖ DVOBVS. NVPER. ADDITIS ‖ Eiusdem quae Praefationes ‖ appellantur. ‖. Beigef.: Paolo Manuzio: (EPISTOLA- RVM ‖ LIB. IX ‖ ET. X. ‖ …). – Venedig, 1571.
- Drucker: [Aldo] Manuzio [II].
- Umfang: [8] Bl., 469, [1] S., [1] Bl., 139, [1] S., [6] Bl., 67, [1] S., [2] Bl.; 8°.
- Bogensign.: A⁸-Z⁸, AA⁸-GG⁸, HH⁴, A⁸-I⁸, K⁴, a⁸-d⁸, e⁴.
- FP: asum i–e- r,n– mede (3) 1571 (R).
- Buchschmuck: H.; D.; EX.
- Prov.: Etienne Graf von Méjan.
- Bibliographien: Adams M 489; Cat. Ital. Books S. 413; Bibl. Aldina S. 125.
- Sign.: Ald. Ren. 212,7 [1. Ex.].

Nr. 1208

Manuzio, Paolo: EPISTOLA- RVM ‖ … LIBRI . X ‖ DVOBVS. NVPER. ADDITIS ‖ Eiusdem quae Praefationes ‖ appellantur. ‖. Beigef.: Paolo Manuzio: (EPISTOLA- RVM ‖ LIB. IX ‖ ET. X. ‖ …). – Venedig, 1571.
- Drucker: [Aldo] Manuzio [II].
- Umfang: [8] Bl., 469, [1] S., [1] Bl., 139, [1] S., [6] Bl., 67, [1] S., [2] Bl.; 8°.
- Bogensign.: A⁸-Z⁸, AA⁸-GG⁸, HH⁴, A⁸-I⁸, K⁴, a⁸-d⁸, e⁴.
- FP: asum i–e- r,n– mede (3) 1571 (R).
- Buchschmuck: H.; D.; EX.
- Prov.: Friedrich Jacob Roloff.
- Bibliographien: Adams M 489; Cat. Ital. Books S. 413; Bibl. Aldina S. 125.
- Sign.: Ald. Ren. 212,7 [2. Ex.].

Nr. 1209

Velleius <Paterculus>: … HISTO- RIAE . ROMANAE ‖ AD . M. VI- NICIVM . COS. ‖ LIBRI . II ‖ … . Beigef.: Aldo Manuzio: … Scholiis … . Hrsg.: Aldo Manuzio. – Venedig, 1571.
- Drucker: Aldo Manuzio [II].
- Buchbinder: René Simier.
- Umfang: 143, [1] S., [36] Bl.; 8°.
- Bogensign.: A⁸-N⁸, O⁴.
- FP: umm, e–os t,um maqu (3) 1571 (R).
- Buchschmuck: H.; D.; E.; EX.
- Prov.: Etienne Graf von Méjan.
- Bibliographien: Adams P 415; Cat. Ital. Books S. 714; Bibl. Aldina S. 129; Ebert 23472.
- Sign.: Ald. Ren. 213,10.

Nr. 1210

Velleius <Paterculus>: … HISTO- RIAE . ROMANAE ‖ AD . M. VINICIVM . COS. ‖ LIBRI . ‖ … . Beigef.: Aldo Manuzio: … Scholiis ‖ … . Hrsg.: Aldo Manuzio. – Venedig, 1571.
- Drucker: Aldo Manuzio [II].
- Umfang: 143, [1] S., [36] Bl.; 8°.
- Bogensign.: A⁸-N⁸, O⁴.
- FP: umm, e–os t,um maqu (3) 1571 (R).
- Buchschmuck: H.; D.; EX.
- Prov.: Heinrich Wilhelm Graf von Starhemberg; Starhemberg No. III. 134.
- Bibliographien: Ald. Ren. 213,10; Adams P 415; Cat. Ital. Books S. 714; Bibl. Aldina S. 129; Ebert 23472.
- Sign.: Wm 3822 RAR.

Nr. 1211

Caesar, G[aius] Iulius: … COM- MENTARIORVM ‖ [1.Sp.] De Bello [2.Sp.] Gallico, libri IIX ‖

Kat.-Nr. 1230
Einfassung mit der Darstellung von Heiligen und Szenen aus dem Leben Jesu (Holzschnitt)

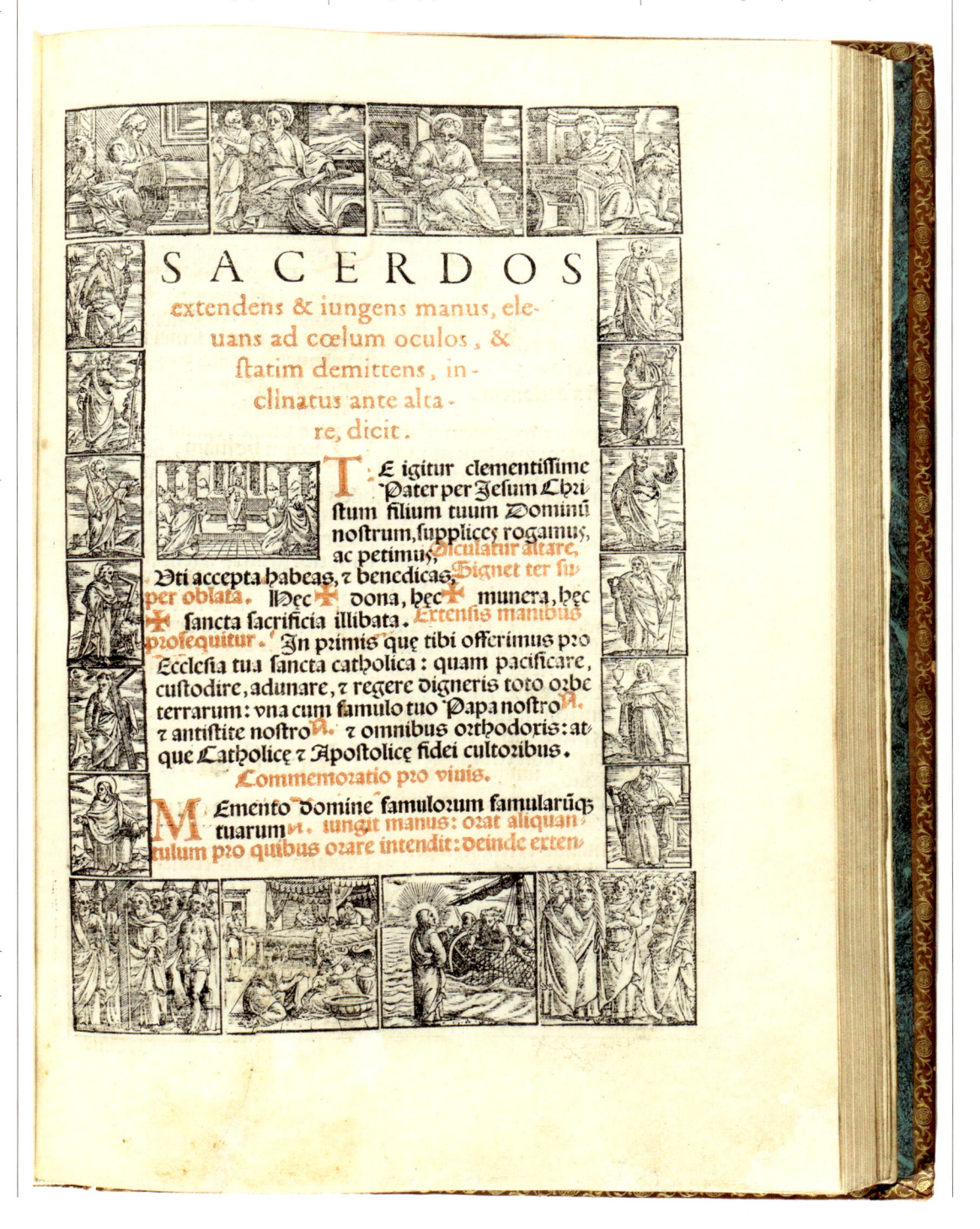

205

Kat.-Nr. 1231
Italienischer Bucheinband

Ciuili Pompeiano, libri III ‖ Alexandrino, lib. I ‖ Africano, lib. I ‖ Hispaniensi, lib. I ‖ ... . EST: [Opera]. Mitarb.: Fulvius Ursinus; (Aulus Hirtius; Raimundus Marlianus; Giovanni Giocondo). Kommentator: Aldo Manuzio. – Venedig, 1571.
- Drucker: Aldo Manuzio [II].
- Umfang: [57] Bl., 646 S., [125] Bl.; 8°.
- Bogensign.: a^8-b^8, *^{8}, **^{8}, +^{9}, ++^{8}, +++^{8}, A^8-Z^8, Aa^8-Zz^8, Aaa^8-Ccc^8, a^8-g^8.
- FP: umo- t.n- umr- dase (3) 1571 (R).
- Buchschmuck: H.; D.; EX.
- Prov.: Etienne Graf von Méjan.
- Bibliographien: Adams C 54; Bibl. Aldina S. 129; Ind. Aur. 128.780.
- Sign.: Ald. Ren. 213,11.

Nr. 1212

Strein von Schwarzenau, Richard: DE. GENTIB. ET ‖ FAMILIIS ‖ ROMANORVM, ‖ ... . – Venedig, 1571.
- Drucker: [Aldo] Manuzio [II].
- Buchbinder: René Simier.
- Umfang: [8] Bl., 229, [1] S., [1] Bl.; 4°.
- Bogensign.: *^{4}, **^{4}, A^4-Z^4, AA^4-FF^4.
- FP: per- gige o.Ci VIci (3) 1571 (R).
- Buchschmuck: D.; E.; EX.
- Prov.: Etienne Graf von Méjan.
- Bibliographien: Adams S 1929; Cat. Ital. Books S. 649; Bibl. Aldina S. 129; Budapest S 907.
- Sign.: Ald. Ren. 214,12.

🌿 1572

Nr. 1213

Cyllenius, Raphael: ... ORATIONES TRES ‖ ... . Verf. in Vorlage: Raphael Cyllenius Angelus. – Venedig, 1572.
- Drucker: [Aldo] Manuzio [II].
- Umfang: 54 S.; 8°.
- Bogensign.: A^8-C^8, D^4.
- FP: der- enæ- yris uede (3) 1572 (R).
- Buchschmuck: D.; EX.
- Prov.: Etienne Graf von Méjan.
- Bibliographien: Adams C 3147; Cat. Ital. Books Suppl. S. 32; Ind. Aur. 149.003.
- Sign.: Ald. Ren. 214,2.

Nr. 1214

Manuzio, Aldo: ELEGANZE ‖ INSIEME ‖ CON LA COPIA ‖ Della Lingua Toscana, e Latina, ‖ ... . – Venedig, 1572.
- Drucker: [Aldo] Manuzio [II].
- Umfang: [8] Bl., 360 S., [20] Bl.; 8°.
- Bogensign.: *^{8}, A^8-Z^8, Aa^8-Bb^8.
- FP: 1110 2828 u=o. diuu (3) 1572 (R).
- Buchschmuck: D.
- Prov.: Francesco Todesco (?); S. Hier[onimus] Mylius (?).
- Bibliographien: Bibl. Aldina S. 130.
- Sign.: Ald. Ren. 214,3.

Nr. 1215

Cicero, M[arcus] Tullius: ... EPISTOLAE ‖ FAMILIARES. ... . EST: [Epistolae ad familiares]. Beigef.: Paolo Manuzio: ... SCHOLIA, ... Hrsg.: Paolo Manuzio. – Venedig, 1572.
- Drucker: [Aldo] Manuzio [II].
- Buchbinder: François Bozérian.
- Umfang: [6] Bl., 604 S., [4] Bl., 219 S.; 8°.
- Bogensign.: A^8-Z^8, AA^8-QQ^8, a^8-n^8, o^6.
- FP: bibi e.o- imat ruen (3) 1572 (R).
- Buchschmuck: D.; E.; EX.
- Prov.: Bibliothek, Ferrara; Ioseph de Cardis; Etienne Graf von Méjan.
- Bibliographien: Ind. Aur. 139.366; Bibl. Aldina S. 130.
- Sign.: Ald. Ren. 215,6.

Nr. 1216

Manuzio, Paolo: COMMENTARIVS ‖ ... IN . EPISTOLAS . CICERONIS ‖ AD . ATTICVM ‖ ... . – Venedig, 1572.
- Drucker: [Aldo Manuzio II].
- Umfang: 808 S., [31] Bl.; 8°.
- Bogensign.: A^8-Z^8, Aa^8-Zz^8, Aaa^8-Hhh^8, Iii^4.
- FP: uem- i-n- e-i- IVeo (3) 1572 (R).
- Buchschmuck: D.; EX.
- Prov.: Etienne Graf von Méjan.
- Bibliographien: Adams M 463; Cat. Ital. Books S. 413; Bibl. Aldina S. 130.
- Sign.: Ald. Ren. 215,7.

Nr. 1217

Caro, Annibale: RIME ‖ ... . – Venedig, 1572.
- Drucker: Aldo Manuzio [II].
- Buchbinder: René Simier.
- Umfang: [4] Bl., 103, [1] S., [4] Bl.; 4°.
- Bogensign.: *^{4}, B^4-P^4.
- FP: oniù o.o, e.lo FuOr (3) 1572 (R).
- Buchschmuck: D.; E.; EX.
- Prov.: Etienne Graf von Méjan.
- Bibliographien: Adams C 747; Cat. Ital. Books S. 150; Bibl. Aldina S. 130; Ind. Aur. 132.469.
- Sign.: Ald. Ren. 215,8.

Nr. 1218

Caro, Annibale: DE LE LETTERE ‖ FAMILIARI ‖ ... VOLVME PRIMO. ‖ ... . – Venedig, 1572.
- Drucker: Aldo Manuzio [II].
- Buchbinder: René Simier.
- Umfang: [4] Bl., 296 S., [4] Bl.; 4°.
- Bogensign.: (^{4}, A^4-Z^4, Aa^4-Oo^4, +^{4} [unvollst.: +^{3} u. +^{4} fehlen].
- FP: e-he I.o. ane- faan (3) 1572 (R).
- Buchschmuck: D.; E; EX.
- Prov.: Etienne Graf von Méjan.
- Bibliographien: Adams C 740; vgl. Cat. Ital. Books S. 150; Bibl. Aldina S. 130; Ind. Aur. 132.470.
- Sign.: Ald. Ren. 215,9.

Nr. 1219

Livius, T[itus]: ... Historiarum ab vrbe condita, ‖ LIBRI. QVI. EXTANT ‖ XXXV ‖ ... . Beigef.: Carlo Sigonio: ... Scholia ... (... QVIBVS. T. LIVII. PATAVINI. HISTORIAE. ET ‖ EARVM. EPITOME. ... ‖ EXPLANANTVR. ‖ ... Eiusdem ... Chronologia, ...); Carlo Sigonio: (... SCHOLIORVM ALIQVOT. DEFENSIONES ‖ ...). Hrsg.: Carlo Sigonio. – Venedig, 1572.
- Drucker: [Paolo Manuzio].
- Umfang: [52], 399, [1], 109, [1], Bl., 52 S., [2] Bl.; 2°.
- Bogensign.: a^6, a^8-f^8, A^8-Z^8, Aa^8-Zz^8, Aaa^8-Ddd^8, A^8-N^8, O^6, a^4-e^4, f^8.
- FP: i-m, o.o, s,ne tutu (3) 1572 (R).
- Buchschmuck: D.; E.; EX.
- Prov.: Bibliot. Bossianae Alexandrinae; Etienne Graf von Méjan.
- Bibliographien: Adams L 1346; Cat. Ital. Books S. 390; Bibl. Aldina S. 130; Ebert 12098.
- Sign.: 4° Ald. Ren. 215,10.

Nr. 1220

Rossi, Girolamo: HISTORIARVM ‖ ... LIBRI X. ‖ Gothorum, atque Longobardorum res gestas, ...Verf.in Vorlage: Hieronymus Rubeus. – Venedig, 1572.
- Drucker: [Aldo Manuzio II].
- Umfang: [6] Bl., 558 S., [33] Bl.; 2°.
- Bogensign.: a^6, A^4-Z^4, Aa^4-Zz^4, AAa^4-ZZz^4, AAAa^4, ^{2}, a^4-b^4, a^4-d^4, e^6 [falsch gebunden a^3, a^4 nach a^5-a^6 gebunden].
- FP: ise- o.e- con- mose (3) 1572 (R).
- Buchschmuck: D.; E.; EX.
- Prov.: Etienne Graf von Méjan.
- Bibliographien: Adams R 843; Cat. Ital. Books S. 590; vgl. Bibl. Aldina S. 130.
- Sign.: 4° Ald. Ren. 215,11 [1. Ex.].

Nr. 1221

Rossi, Girolamo: ... HISTORIARVM ‖ RAVENNATVM ‖ LIBRI . DECEM ‖ ... . Verf. in Vorlage: Hieronymus Rubeus. – Venedig, 1572.
- Drucker: [Aldo Manuzio II].
- Umfang: [6] Bl., 558 S., [31] Bl.; 2°.
- Bogensign.: a^6, A^4-Z^4, Aa^4-Zz^4, AAa^4-ZZz^4, AAAa^4, a^4-d^4, e^6, a^4-b^4.
- FP: ise- o.e- con- mose (3) 1572 (R).
- Buchschmuck: D.; E.; EX.
- Prov.: Etienne Graf von Méjan.
- Bibliographien: Adams R 842; Cat. Ital. Books S. 590; Bibl. Aldina S. 130.
- Sign.: 4° Ald. Ren. 215,11 [2. Ex.].

🌿 1573

Nr. 1222

Catechismus Romanus; <ital.>: Catechismo, ‖ CIO E ISTRVTTIONE ‖ SECONDO IL DECRETO ‖ DEL CONCILIO DI TRENTO, ‖ A' PAROCHI, ‖ ... . EST: [Catechismus Romanus; ital.]. Übers.: Felice Figliucci. – Venedig, 1573.
- Drucker: Aldo Manuzio [II].
- Umfang: 570 S., [18] Bl.; 8°.
- Bogensign.: A^8-Z^8, AA^8-PP^8.
- FP: i-s- i-e- gein CRre (3) 1573 (R).
- Buchschmuck: D.; EX.; HS.
- Prov.: Etienne Graf von Méjan.
- Bibliographien: Cat. Ital. Books S. 680; Bibl. Aldina S. 131.
- Sign.: Ald. Ren. 215,2.

Nr. 1223

Calepino, Ambrogio; <lat. u. griech.>: ... DICTIONARIVM, ‖ IN QVO RESTITVENDO ATQVE ‖ EXORNANDO HAEC PRAESTITIMVS. ‖ PRIMVM, ‖ ... . Beigef.: (Antonio Bevilacqua: VOCABVLARIO ‖ VOLGARE, ET ‖ LATINO, ‖ ...). Hrsg.: Paolo Manuzio. Kommentator: Paolo Manuzio. – Venedig, 1573.
- Drucker: [Aldo Manuzio II]; (Niccolò Bevilacqua).
- Buchbinder: Luigi Lodigiani (?).
- Umfang: 471, [1], 470 S., [1] Bl., 38 S., 75 Bl.; 2°.
- Bogensign.: A^8-Z^8, AA^8-ZZ^8, AAAA^8-EEEE^8, FFFF^6-GGGG^6, a^8, b^6, c^6, a^4-l^8, m^6.
- FP: a-te lot. isi. sipo (3) 1573 (R).
- Buchschmuck: D.; E.; EX.
- Prov.: Etienne Graf von Méjan.
- Bibliographien: Ind. Aur. 129.486; Bibl. Aldina S. 131; vgl. Ebert 3333.
- Sign.: 4° Ald. Ren. 216,4.

Nr. 1224

Cicero, [Marcus Tullius]; <ital.>: LE ‖ EPISTOLE ‖ FAMIGLIARI ‖ ... . EST: [Epistolae ad familiares; ital.]. Übers.: Aldo Manuzio. – Venedig, 1573.
- Drucker: [Aldo Manuzio II].
- Umfang: [24] Bl., 749 S.; 8°.
- Bogensign.: *^{8}-***^{8}, A^8-Z^8, Aa^8- Zz^8, Aaa^8.
- FP: 15se .6es b-co prti (3) 1573 (R).
- Buchschmuck: D.; E.
- Prov.: Matthias Jacob Ripensis, Patavia; Lodovicus Dole (?); Friedrich Jacob Roloff.
- Bibliographien: Adams C 1989; vgl. Cat. Ital. Books S. 179; Bibl. Aldina S. 131.
- Sign.: Ald. Ren. 216,5.

Nr. 1225

Manuzio, Aldo; <lat. u. ital.>: LOCVTIONI ‖ DELL' EPISTOLE ‖ DI CICERONE, ‖ ... . – Venedig, 1573.
- Drucker: [Aldo Manuzio II].
- Umfang: [28] Bl., 367, [1] S., [36] Bl.; 8°.
- Bogensign.: a^8-c^8, d^4, A^8-Z^8, Aa^8-Dd^8, Ee^4.
- FP: 620. 66.9 uit. lemo (3) 1573 (R).
- Buchschmuck: D.; EX.
- Prov.: Etienne Graf von Méjan.
- Bibliographien: Adams C 2008; Cat. Ital. Books S. 179.
- Sign.: Ald. Ren. 216,6.

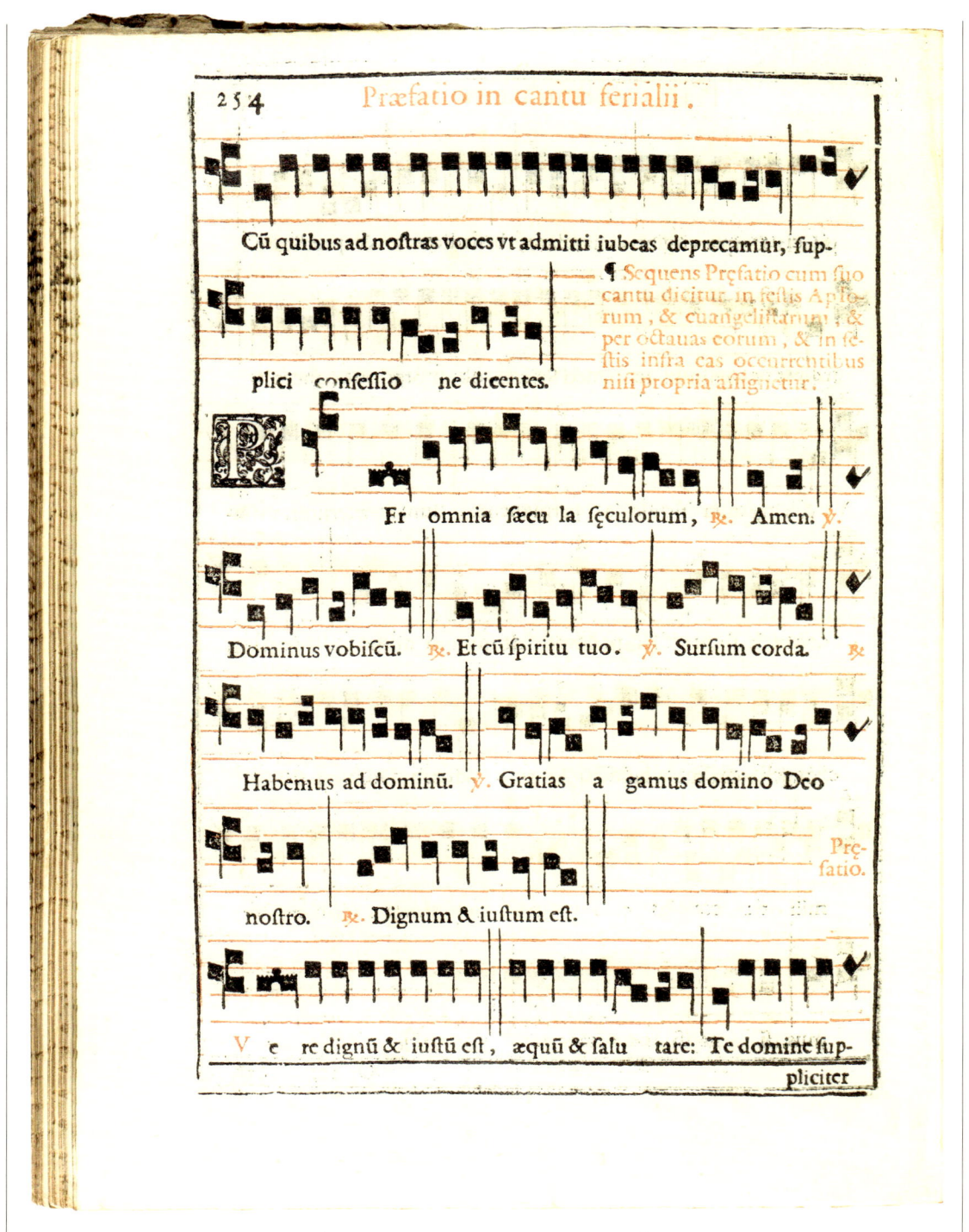

Kat.-Nr. 1231

Nr. 1226
Manuzio, Paolo: EPISTOLA-
RVM ‖ ... LIBRI. XI ‖ ... . –
Venedig, 1573.
- Drucker: [Aldo] Manuzio [II].
- Umfang: [8] Bl., 557, [1] S., [1] Bl., 136 S., [3] Bl.; 8°.
- Bogensign.: A^8-Z^8, AA^8-NN^8, a^8-i^8.
- FP: asum i-e- r,n- mere (3) 1573 (R).
- Buchschmuck: D.; EX.
- Prov.: Etienne Graf von Méjan.
- Bibliographien: Adams M 491; Bibl. Aldina S. 131; Budapest M 185.
- Sign.: Ald. Ren. 216,9.

Nr. 1227
Paetus, Lucas: ... DE MENSVRIS ET ‖ PONDERIBVS ROMANIS ‖ ET GRAECIS ‖ CVM HIS QVAE HODIE ROMAE SVNT COLLATIS ‖ LIBRI QVINQVE ‖ EIVSDEM VARIARVM LECTIONVM LIBER VNVS ‖ ... . Venedig, 1573.
- Drucker: [Aldo Manuzio II].
- Umfang: [4] Bl., 56 S., [4] Bl., S. 73-93; 2°.
- Bogensign.: *^{4}, A^4-G^4, H^2-I^2, K^4-M^4.
- FP: isna ocm- umum nuin (3) 1573 (R).
- Buchschmuck: H.; D.; EX.
- Prov.: Etienne Graf von Méjan.
- Bibliographien: Adams P 25; Cat. Ital. Books S. 484; Bibl. Aldina S. 132; Ebert 15633.
- Sign.: 4° Ald. Ren. 216,11.

Nr. 1228
Paetus, Lucas: ... DE MENSVRIS, ET ‖ PONDERIBVS ROMANIS, ‖ ET GRAECIS, ‖ ... LIBRI QVINQVE. ‖ ... . – Venedig, 1573.
- Drucker: [Aldo Manuzio II].
- Umfang: [8] Bl., 127 S.; 4°.
- Bogensign.: *^{4}, **^{4}, A^8-E^8, F^4, G^2-H^2, I^8-K^8.
- FP: s'te s.s. e,e, suAl (3) 1573 (R).
- Buchschmuck: H.; D.; EX.
- Prov.: Ezechiel von Spanheim.
- Bibliographien: Ald. Ren. 217,12; Adams P 26; Cat. Ital. Books S. 484; Bibl. Aldina S. 132; Ebert 15633.
- Sign.: 4° Q 7402 RAR.

Nr. 1229
Paetus, Lucas: ... DE MENSVRIS, ET ‖ PONDERIBVS ROMANIS, ‖ ET GRAECIS, ‖ ... LIBRI QVINQVE. ‖ ... . – Venedig, 1573.
- Drucker: [Aldo Manuzio II].
- Buchbinder: François Bozérian.
- Umfang: [8] Bl., 127 S.; 4°.
- Bogensign.: *^{4}, **^{4}, A^8-E^8, F^4, G^2-H^2, I^8-K^8 [*^{4} und **^{4} vertauscht].
- FP: s'te s.s. e,e, suAl (3) 1573 (R).
- Buchschmuck: H.; D.; E.; EX.
- Prov.: Jesuitenkolleg, Rom; Etienne Graf von Méjan.
- Bibliographien: Adams P 26; Cat. Ital. Books S. 484; Bibl. Aldina S. 132; Ebert 15633.
- Sign.: 4° Ald. Ren. 217,12.
- Abbildungen: S. 198, 199.

1574

Nr. 1230
Missale Romanum: [RS] MISSALE ROMANVM ‖ EX DECRETO SACROSANCTI ‖ Concilij Tridentini restitutum. ‖ ... . EST: [Missale Romanum]. – Venedig, 1574.
- Drucker: Bibliotheca Aldina; (Girolamo Torresano u. Brüder).
- Buchbinder: Luigi Lodigiani (?).
- Umfang: [22] Bl., 523, [1] S.; 2°.
- Bogensign.: a^{10}, b^6, c^6, a^8-z^8, Aa^8-Ii^8, Kk^6.
- FP: moi- 9392 i=n= ndLe (3) 1574 (R).
- Buchschmuck: TH.; H.; D.; N.; E.; EX.
- Prov.: Etienne Graf von Méjan.
- Bibliographien: Cat. Ital. Books S. 386.
- Sign.: 2° Ald. Ren. 217,1.
- Abbildungen: S. 203, 204, 205.

Nr. 1231
Missale Romanum: [RS] MISSALE ‖ ROMANVM, ‖ Ex Decreto Sacrosancti ‖ Concilij Tridentini ‖ restitutum, ‖ ... . EST: [Missale Romanum]. – Venedig, 1574.

- Drucker: [Aldo Manuzio II].
- Umfang: [10] Bl., 534, [1] Bl.; 4°.
- Bogensign.: ¹⁰, ⁸, ⁸, ⁴, A⁸-Z⁸, Aa⁸-Hh⁸.
- FP: o-e- 1212 i-ni &ipu (3) 1574 (R).
- Buchschmuck: H.; D.; N.; E.; EX.
- Prov.: Giulia Francesca Ghelini; Etienne Graf von Méjan.
- Bibliographien: Cat. Ital. Books S. 386; Bibl. Aldina S. 132.
- Sign.: Ald. Ren. 217,2 EBD
- Abbildungen: S. 206, 208, 209.

Nr. 1232

Scelta; <ital.>: DELLA ∥ NVOVA SCIELTA ∥ DI LETTERE DI DIVERSI ∥ NOBILISSIMI HVOMINI, ∥ ... LIBRO PRIMO. ∥ ... . EST: [Scelta; ital., T. 1]. Hrsg.: Bernardino Pino. – Venedig, 1574.
- Drucker: [Aldo Manuzio II].
- Umfang: [24] Bl., 432 S., [4] Bl.; 8°.
- Bogensign.: *⁸-***⁸, A⁸-Z⁸, Aa⁸-Dd⁸, Ee⁴.
- FP: ino- redi o,co fado (3) 1574 (R).
- Buchschmuck: D.
- Bibliographien: Cat. Ital. Books S. 520; Bibl. Aldina S. 132.
- Sign.: Ald. Ren. 217,6–1
- Abbildung: S. 211.

Nr. 1233

Scelta; <ital.>: Della nvova Scielta di Lettere di diversi nobilissimi hvomini, ... Libro secondo (terzo, quarto). EST: [Scelta; ital., T. 2-4]. – Venedig, 1574.
- Drucker: Aldo Manuzio II.
- Sign.: Ald. Ren. 217,6–2.3.4 Kraków.

Nr. 1234

Caro, Annibale: DE LE LETTERE ∥ FAMILIARI ∥ ... VOLVME PRIMO. ∥ ... . – Venedig, 1574.
- Drucker: Aldo Manuzio [II].
- Buchbinder: René Simier.
- Umfang: [6] Bl., 296 S.; 4°.
- Bogensign.: (⁴, +², A⁴-Z⁴, Aa⁴-Oo⁴.
- FP: o-oa 43p+ ane- faan (3) 1574 (R).
- Buchschmuck: D.; E.; EX.
- Prov.: Etienne Graf von Méjan.
- Bibliographien: Adams C 741; Bibl. Aldina S. 133; Ind. Aur. 132.475.
- Sign.: Ald. Ren. 218,a7.

🦁 1575

Nr. 1235

Catechismus Romanus; <lat.>: Catechismus ex decreto Concilii Tridentini ad parochos Pii V. editus. EST: [Catechismus Romanus; lat.]. – Venedig, 1575.
- Drucker: Aldo Manuzio II.
- Sign.: Ald. Ren. 218,2 Kraków.

Nr. 1236

Catechismus Romanus; <ital.>: Catechismo secondo il Concilio di Trento ... . EST: [Catechismus Romanus; ital.]. – Venedig, 1575.
- Drucker: Aldo Manuzio II.
- Sign.: Ald. Ren. 218,3 Kraków.

Nr. 1237

Ferrari, Ottaviano: ... DE ∥ Sermonibus Exotericis ∥ LIBER, ∥ ... . – Venedig, 1575.
- Drucker: Aldo [Manuzio II].
- Buchbinder: François Bozérian.
- Umfang: [4] Bl., 114 S.; 4°.
- Bogensign.: *⁴, A⁴-N⁴, O⁶.
- FP: 2523 ose- t,ue diAn (3) 1575 (R).
- Buchschmuck: D.; E.; EX.
- Prov.: Etienne Graf von Méjan.
- Bibliographien: Adams F 287; Cat. Ital. Books S. 247; Bibl. Aldina S. 133; Budapest F 147.
- Sign.: 4° Ald. Ren. 218,4.

Nr. 1238

Manuzio, Aldo Pio: Grammaticarvm Institutionvm libri IV. Eivsdem de uitiata uocalium ac diphtongorum prolatione Παρεργον. Hrsg.: Aldo Manuzio. – Venedig, 1575.
- Drucker: Aldo Manuzio II.
- Sign.: Ald. Ren. 218,5 Kraków.

Kat.-Nr. 1231

Nr. 1239
Manuzio, Aldo: Epitome Orthographiae. Ex Libris antiquis Grammaticis Etymologia Graeca consuetudine Nummis ueteribus Tabulis aereis Lapidibus, ... – Venedig, 1575.
- Drucker: Aldo Manuzio II.
- Sign.: Ald. Ren. 218,6 Kraków.

Nr. 1240
Manuzio, Aldo: Eleganze insieme con la copia Della Lingua Toscana, e Latina ... . – Venedig, 1575.
- Drucker: Aldo Manuzio II.
- Sign.: Ald. Ren. 218,b7 Kraków.

Nr. 1241
Calepino, Ambrogio; <polygl.>: ... DICTIONARIVM, ‖ IN QVO RESTITVENDO ATQVE ‖ EXORNANDO HAEC PRAESTTIMVS. ‖ ... . Hrsg.: Paolo Manuzio. Kommentator: Paolo Manuzio. – Venedig, 1575.
- Drucker: [Aldo Manuzio II].
- Umfang: [2]Bl., 473, [1], 470, 38 S.; 2°.
- Bogensign.: A², A⁸-Z⁸, AA⁸-FF⁸, GG⁵, AAA⁸-ZZZ⁸, AAAA⁸-EEEE⁸, FFFF⁶, GGGG⁵, a⁸, b⁶, c⁴.
- FP: d-i- l.e- ias, liui (3) 1575 (R).
- Buchschmuck: D.; E.; EX.
- Prov.: Etienne Graf von Méjan.
- Bibliographien: Cat. Ital. Books S. 137; Ind. Aur. 129.489; vgl. Ebert 3333.
- Sign.: 4° Ald. Ren. 218,8.

Nr. 1242
Cicero, Marcus Tullius: ... Epistolae, familiares ... . EST: [Epistolae ad familiares]. – Venedig,1575.
- Drucker: Aldo Manuzio [II].
- Sign.: Ald. Ren. 219,9 Kraków.

Nr. 1243
Manuzio, Aldo; <lat. u. ital.>: Locvtioni dell' Epistole di Cicerone, ... – Venedig, 1575.
- Drucker: Aldo Manuzio II.
- Sign.: Ald. Ren. 219,10 Kraków.

Nr. 1244
Muret, Marc-Antoine: Orationes XXIII, ... Eiusdem interpretatio quincti libri Ethicorum Aristotelis ad Nicomachum. Eiusdem hymni sacri, et alia quaedam poematia. – Venedig, 1575.
- Drucker: Aldo Manuzio II.
- Sign.: Ald. Ren. 219,11 Kraków.

Nr. 1245
Ciofano, Ercole: ... IN P. OVIDII. NASONIS ‖ METAMORPHOSIN ‖ EX. XVII. ANTIQVIS. LIBRIS ‖ Obseruationes, ‖ ... . –Venedig, 1575.
- Drucker: [Aldo Manuzio II].
- Umfang: [10] Bl., 223, [1] S., [11] Bl.; 8°.
- Bogensign.: a¹⁰, A⁸-O⁸, a⁸, +⁴.
- FP: ,*ma roa- inha QuLi (3) 1575 (R).
- Buchschmuck: D.; EX.
- Prov.:Heinrich Friedrich von Diez.
- Bibliographien: Ald. Ren. 219,12; Adams C 2033; Cat. Ital. Books S. 185; Bibl. Aldina S. 134; Ind. Aur. 140.308.
- Sign.: B. Diez 8° 2581.

Nr. 1246
Ciofano, Ercole: ... in P. Ovidii. Nasonis Metamorphosin ex. XVII. antiqvis. libris. Obseruationes, ... – Venedig, 1575.
- Drucker: Aldo Manuzio II.
- Sign.: Ald. Ren. 219,12 Kraków.

Nr. 1247
Terentius Afer, Publius: P. Terentius Afer. a. M. Antonio Mvreto emendatvs Eivsdem. Mvreti. argvmenta et. Scholia in. Singvlas Comoedias. EST: [Comoediae]. – Venedig, 1575.
- Drucker: Aldo Manuzio II.
- Sign.: Ald. Ren. 219,13 Kraków.

Nr. 1248
Erasmus, Desiderius]; Manuzio, Paolo: ADAGIA ‖ QVAECVMQVAE AD ‖ HANC DIEM EXIERVNT, ‖ ... . Hrsg.: (Paolo Manuzio; Aldo Manuzio). – Florenz, 1575, (1574).
- Drucker: [Bernardo] Giunta [I, Erben].
- Buchbinder: Luigi Lodigiani (?).
- Umfang: [4] Bl., 1454 Sp., [37] Bl.; 2°.
- Bogensign.: ⁴, a⁶-i⁶, K⁶-Z⁶, Aa⁶-Zz⁶, Aaa⁶-Fff⁶, Ggg², Hhh⁶-Iii⁶, KKK⁶-OOO⁶, PPP⁴, a⁶-b⁶, c⁴, d⁶-f⁶, g².
- FP: i-eo inr- o-o- buTe (3) 1575 (R).
- Buchschmuck: D.; E.; EX.
- Prov.: Etienne Graf von Méjan.
- Bibliographien: Adams E 443; Cat. Ital. Books S. 236; Bibl. Aldina S. 135; Ebert 6867; Bezz. Eras. Nr. 99.
- Sign.: 4° Ald. Ren. 220,14.

Nr. 1249
Caro, Annibale: DE LE LETTERE ‖ FAMILIARI ‖ ... VOLVME SECONDO. ‖ ... . – Venedig, 1575.
- Drucker: Aldo Manuzio [II].
- Buchbinder: René Simier.
- Umfang: [5] Bl., 446 [=444] S.; 4°.
- Bogensign.: +⁵, Aa⁴-Zz⁴, Aaa⁴-Zzz⁴, Aaaa⁴-Iiii⁴, Kkkk².
- FP: uoer a.e- ,*l- degl (3) 1575 (R).
- Buchschmuck: D.; E.; EX.
- Prov.: Etienne Graf von Méjan.
- Bibliographien: Ald. Ren. 220,15; Adams C 740; vgl. Cat. Ital. Books S. 150; Bibl. Aldina S. 135; Ind. Aur. 132.476.
- Sign.: 1 an Ald. Ren. 215,9.

Nr. 1250
Caro, Annibale: DE LE LETTERE ‖ FAMILIARI ‖ ... VOLVME SECONDO. ‖ ... . – Venedig, 1575.
- Drucker: Aldo Manuzio [II].
- Umfang: [6] Bl., 446 [=444] S.; 4°.
- Bogensign.: +⁶, Aa⁴-Zz⁴, Aaa⁴-Zzz⁴, Aaaa⁴-Iiii⁴, Kkkk².
- FP: uoer a.e- ,&l- faan (3) 1575 (R).
- Buchschmuck: D.; E.; EX.
- Prov.: Etienne Graf von Méjan.
- Bibliographien: Ald. Ren. 220,15; Adams C 741; Bibl. Aldina S. 135; Ind. Aur. 132.476.
- Sign.: 1 an Ald. Ren. 218,a7.

Nr. 1251
Turchi, Francesco: Delle Lettere facete, et piacevoli, di diversi grandi hvomini, et chiari ingegni, scritte sopra diverse materie ... libro secondo. – Venedig, 1575.
- Drucker: Aldo Manuzio II.
- Sign.: Ald. Ren. 220,16 Kraków.

Nr. 1252
Caesar, Gaius Iulius: ... Commentarii ab. Aldo. Manvtio Paulli. F. Aldi. N. emendati. et Scholiis illvstrati. EST: [Opera]. – Venedig, 1575.
- Drucker: Aldo Manuzio II.
- Sign.: Ald. Ren. 221,17 Kraków.

Nr. 1253
Ulloa, Alfonso de: VITA ‖ DELL' INVITISSIMO, ‖ E SACRATISSIMO ‖ IMPERATOR CARLO V. ‖ ... . Verf. in Vorlage: Alfonso Vlloa. – Venedig, 1575.
- Drucker: Aldo [Manuzio II].
- Buchbinder: René Simier.
- Umfang: 344, [8] Bl.; 4°.
- Bogensign.: A⁸-Z⁸, AA⁸-XX⁸.
- FP: t-no eino didi civn (3) 1575 (R).
- Buchschmuck: D.; E.; EX.
- Prov.: Etienne Graf von Méjan.
- Bibliographien: Adams U 43; Cat. Ital. Books S. 704; Bibl. Aldina S. 135; Budapest U 22.
- Sign.: Ald. Ren. 221,18.

Nr. 1254
Manuzio, Aldo): DISCORSO ‖ INTORNO ‖ ALL' ECCELLENZA ‖ DELLE ‖ REPVBLICHE. ‖ . – (Venedig), (1575, 15. di Nouembre).
- Drucker: [Aldo Manuzio II].
- Buchbinder: René Simier (?).
- Umfang: [7] Bl.; 4°.
- Bogensign.: A⁴-B⁴.
- FP: seme l-e- a,a, i*el (C) 1575 (Q).
- Buchschmuck: E.; EX.
- Prov.: Etienne Graf von Méjan.
- Bibliographien: Adams M 441; Bibl. Aldina S. 136.
- Sign.: Ald. Ren. 221,19.

🙢 1576

Nr. 1255
Catechismus Romanus; <ital.>: Catechismo, cioe istrvttione, secondo il decreto del Concilio di Trento, a' parochi, Publicato per commandamento del ... Papa Pio V. ... . – Venedig, 1576.
- Drucker: Aldo Manuzio II.
- Sign.: Ald. Ren. 222,1 Kraków.

Nr. 1256
Persio, Antonio: Trattato dell' Ingegno dell' hvomo. – Venedig, 1576.
- Drucker: Aldo Manuzio II.
- Sign.: Ald. Ren. 222,2 Kraków.

Nr. 1257
Bacci, Andrea: DEL TEVERE ‖ LIBRI TRE, ‖ Ne' quali si tratta della natura, et bontà dell' acque, et ‖ specialmente del Teuere, et dell' acque antiche di ‖ Roma, del Nilo, del Pò, dell' Arno, et d'altri ‖ fonti, et fiumi del mondo. ‖ ... . – Venedig, 1576.
- Drucker: [Aldo Manuzio II].
- Umfang: [4] Bl., 309, [1] S., [4] Bl.; 4°.
- Bogensign.: [⁴, A⁴-Z⁴, Aa⁴-Qq⁴, [[⁴.
- FP: salo lini elha èdst (3) 1576 (R).
- Buchschmuck: D.; E.; EX.
- Prov.: Johannes Guerinus (?) Phys. Ascanio; Etienne Graf von Méjan.
- Bibliographien: Adams B 8; Cat. Ital. Books S. 66; Bibl. Aldina S. 136; Edizioni Ital. 2 Nr. 11; Budapest B 2; Ind. Aur. 111.344; GK 9.1859.
- Sign.: Ald. Ren. 222,3.

Nr. 1258
Bacci, Andrea: DEL TEVERE ‖ LIBRI TRE, ‖ Ne' quali si tratta della natura, et bontà dell' acque, et ‖ specialmente del Teuere, et dell' acque antiche di ‖ Roma, del Nilo, del Pò, dell' Arno, et d'altri ‖ fonti, et fiumi del mondo. ‖ ... . – Venedig, 1576.
- Drucker: [Aldo Manuzio II].
- Umfang: [8] Bl., 309, [1] S.; 4°.
- Bogensign.: [⁴, [[⁴, A⁴-Z⁴, Aa⁴-Pp⁴, Qq³.
- FP: salo 8178 elha èdst (3) 1576 (R).
- Buchschmuck: D.
- Prov.: Ro. Gray, 1703 (?).
- Bibliographien: Ald. Ren. 222,3; Adams B 8; Cat. Ital. Books S. 66; Bibl. Aldina S. 136; Edizioni Ital. 2 Nr. 11; Budapest B 2; Ind. Aur. 111.344; GK 9.1859.
- Sign.: Rq 8911 RAR.

Nr. 1259
Rocca, Angelo: Osservationi intorno alle belezze della lingva latina ... . – Venedig, 1576.
- Drucker: Aldo Manuzio II.
- Sign.: Ald. Ren. 222,5 Kraków.

Nr. 1260
Manuzio, Aldo: Eleganze ... . – Venedig, 1576.
- Drucker: Aldo Manuzio II.
- Sign.: Ald. Ren. 222,6 Kraków.

Nr. 1261

Calepino, Ambrogio; <polygl.>: ... DICTIONARIVM, ‖ IN QVO RESTITVENDO ATQVE ‖ EXORNANDO HAEC PRAESTITIMVS. ‖ ... . Beigef.: (Antonio Bevilacqua: VOCABOLARIO ‖ VOLGARE, ET ‖ LATINO, ‖ ...). Hrsg.: Paolo Manuzio. Kommentator: Paolo Manuzio. – Venedig, 1576.
- Drucker: Aldo [Manuzio II].
- Buchbinder: Luigi Lodigiani (?).
- Umfang: [2] Bl., 473, [1] S., [1] Bl., 470 S., [1] Bl., 40 S., 66 [= 75] Bl.; 2°.
- Bogensign.: A², A⁸–Z⁸, AA⁸–FF⁸, GG⁶, AAA⁸–ZZZ⁸, AAAA⁸–EEEE⁸, FFFF⁶–GGGG⁶, A⁸–B⁸, C⁴, a⁶–l⁶, m⁹.
- FP: u-o- n.do i-tu ACAC (3) 1576 (R).
- Buchschmuck: D.; E.; EX.
- Prov.: Etienne Graf von Méjan.
- Bibliographien: Adams C 216; Ind. Aur. 129.491; vgl. Ebert 3333.
- Sign.: 4° Ald. Ren. 222,7.

Nr. 1262

Nizzoli, (Mario): ... THESAVRVS ‖ CICERONIANVS, ‖ OMNIA CICERONIS VERBA, ‖ omnemq. loquendi, atq. eloquendi uarietatem ‖ complexus. ‖ ... . – Venedig, 1576.
- Drucker: [Aldo Manuzio II].
- Umfang: [12] Bl., 535, 472 S.; 2°.
- Bogensign.: +⁶, ++⁶, A⁴–Z⁴, Aa⁴–Zz⁴, Aaa⁴–Xxx⁴, a⁴–z⁴, Aa⁴–Zz⁴, Aaa⁴–Nnn⁴.
- FP: amré r.t, i-,& Inpu (3) 1576 (R).
- Buchschmuck: D.; E.; EX.
- Prov.: Etienne Graf von Méjan.
- Bibliographien: Adams N 306; Bibl. Aldina S. 136.
- Sign.: 4° Ald. Ren. 223,9.

Nr. 1263

Muret, Marc-Antoine: Orationes XXIII, ... Eiusdem interpretatio quincti libri Ethicorum Aristotelis ad Nicomachum. Eiusdem hymni sacri, et alia quaedam poematia. – Venedig, 1576.
- Drucker: Aldo Manuzio II.
- Sign.: Ald. Ren. 223,10 Kraków.

Nr. 1264

Vergilius Maro, Publius; <lat.>: Bvc. Georg. Aeneis ... opera. et. indvstria Io. Meyen Bergizomii Belgae. EST: [Opera]. – Venedig, 1576.
- Drucker: Aldo Manuzio II.
- Sign.: Ald. Ren. 223,11 Kraków.

Nr. 1265

Manuzio, Aldo: IN ‖ Q. HORATII. FLACCI ‖ VENVSINI ‖ Librum ‖ DE . ARTE . POETICA ‖ ... Commentarius. ‖ ... . – Venedig, 1576.
- Drucker: Aldo [Manuzio II].
- Umfang: [8] Bl., 99, [1] S., [14] Bl.; 4°.
- Bogensign.: *⁴, **⁴, A⁴–Q⁴.
- FP: o-i– 6819 aeta ra-r (3) 1576 (R).
- Buchschmuck: H.; E.; EX.
- Prov.: Jesuitenkolleg, Brixen (?); Etienne Graf von Méjan.
- Bibliographien: Cat. Ital. Books S. 334; Bibl. Aldina S. 136.
- Sign.: Ald. Ren. 223,12 [1. Ex.].

Nr. 1266

Manuzio, Aldo: IN ‖ Q. HORATII. FLACCI ‖ VENVSINI ‖ Librum ‖ DE . ARTE . POETICA ‖ ... Commentarius. ‖ ... . – Venedig, 1576.
- Drucker: Aldo [Manuzio II].
- Buchbinder: François Bozérian.
- Umfang: [8] Bl., 99, [1] S., [14] Bl.; 4°.
- Bogensign.: *⁴, **⁴, A⁴–Q⁴.
- FP: o-i– 6819 aeta ra-r (3) 1576 (R).
- Buchschmuck: H.; E.; EX.
- Prov.: Etienne Graf von Méjan.
- Bibliographien: Cat. Ital. Books S. 334; Bibl. Aldina S. 136.
- Sign.: Ald. Ren. 223,12 [2. Ex.].

Nr. 1267

Manuzio, Aldo: DE ‖ QVAESITIS ‖ PER. EPISTOLAM ‖ LIBRI. III ‖ ... . – Venedig, 1576.
- Umfang: [4] Bl., 125, [1] S., [1] Bl., 106 S., [3] Bl., 103 S.; 8°.
- Bogensign.: ⁴, A⁸–H⁸, A⁸–G⁸, A⁸–F⁸, G⁴.

Kat.-Nr. 1232

Kat.-Nr. 1301

- FP: umMI σ.ει isI. neal (3) 1576 (R).
- Buchschmuck: TH.; EX.
- Prov.: Ezechiel von Spanheim.
- Bibliographien: Ald. Ren. 223,13; Adams M 440; Cat. Ital. Books S. 412; Bibl. Aldina S. 137; Ebert 13003.
- Sign.: Q 220 RAR.

Nr. 1268
Manuzio, Aldo: DE ‖ QVAESITIS ‖ PER. EPISTOLAM ‖ LIBRI. III ‖ … . – Venedig, 1576.
- Drucker: [Aldo Manuzio II].
- Umfang: [4] Bl., 125, [1] S., [1] Bl., 106 S., [3] Bl., 103 S.; 8°.
- Bogensign.: ⁴, A⁸-H⁸, A⁸-G⁸, A⁸-F⁸, G⁴ [TH herausgeschnitten].
- FP: umMI σ.ει isI. neal (3) 1576 (R).
- Buchschmuck: TH.
- Prov.: Gabriel Christoph Benjamin, 1756; Bibliotheca Scholastica, Arnstadt; Gymnasialbibliothek, Arnstadt.
- Bibliographien: Ald. Ren. 223,13; Adams M 440; Cat. Ital. Books S. 412; Bibl. Aldina S. 137; Ebert 13003.
- Sign.: Q 220ᵇ RAR.

Nr. 1269
Manuzio, Aldo: DE ‖ QVAESITIS ‖ PER. EPISTOLAM ‖ LIBRI. III ‖ … . – Venedig, 1576.
- Drucker: [Aldo Manuzio II].
- Umfang: [4] Bl., 125, [1] S., [1] Bl., 106 S., [3] Bl., 103 S.; 8°.
- Bogensign.: ⁴, A⁸-H⁸, A⁸-G⁸, A⁸-F⁸, G⁴ [Teile vertauscht gebunden].
- FP: umMI σ.ει isI. neal (3) 1576 (R).
- Buchschmuck: TH.
- Prov.: C. S. A.; Königlich Preußische Bibliothek, Erfurt.
- Bibliographien: Ald. Ren. 223,13; Adams M 440; Cat. Ital. Books S. 412; Bibl. Aldina S. 137; Ebert 13003.
- Sign.: Q 220ᵃ RAR.

Nr. 1270
Manuzio, Aldo: DE ‖ QVAESITIS ‖ PER. EPISTOLAM ‖ LIBRI. III ‖ … . – Venedig, 1576.
- Drucker: [Aldo Manuzio II].
- Umfang: [4] Bl., 125, [1] S., [1] Bl., 106 S., [3] Bl., 103 S.; 8°.
- Bogensign.: ⁴, A⁸-H⁸, A⁸-G⁸, A⁸-F⁸, G⁴ [Teile vertauscht gebunden].
- FP: umMI σ.ει isI. neal (3) 1576 (R).
- Buchschmuck: TH.; EX.
- Prov.: J. C. Schott; Heinrich Friedrich von Diez
- Bibliographien: Ald. Ren. 223,13; Adams M 440; Cat. Ital. Books S. 412; Bibl. Aldina S. 137; Ebert 13003.
- Sign.: B. Diez 8° 9668.

Nr. 1271
Manuzio, Aldo: De Qvaesitis Per. Epistolam Libri. III … . – Venedig, 1576.
- Drucker: Aldo Manuzio II.
- Sign.: Ald. Ren. 223,13 Kraków.

Nr. 1272
Clarantes, Paulus: … Epitome ‖ … In librum ‖ de Paschatis Chronologia ‖ eiusdem Auctris. ‖ . – Venedig, 1576, Pridie Kal. Apr.
- Drucker: [Aldo Manuzio II].
- Umfang: [2] Bl., 28 S.; 4°.
- Bogensign.: A⁴-D⁴.
- FP: á,ui 5.ú. r.r. 1918 (3) 1576 (R).
- Buchschmuck: D.; E., EX.
- Prov.: Etienne Graf von Méjan.
- Bibliographien: Bibl. Aldina S. 137; Ind. Aur. 140.731.
- Sign.: Ald. Ren. 224,15.

Nr. 1273
Caesar, Gaius Iulius: … Comentarii ab. Aldo. Manvtio Paulli. F. Aldi. N. emendati. et Scholiis illvstrati. EST: [Opera]. – Venedig, 1576.
- Drucker: Aldo Manuzio II.
- Sign.: Ald. Ren. 224,16 Kraków.

1577

Nr. 1274
Manuzio, Paolo: Apophthegmatvm ex. optimis vtrivsque. lingvae scriptoribus libri .IIX ... . – Venedig, 1577.
- Drucker: Aldo Manuzio II.
- Sign.: Ald. Ren. 224,2 Kraków.

Nr. 1275
Manuzio, Paolo: APOPHTHEGMATVM ‖ EX. OPTIMIS ‖ VTRIVSQVE. LINGVAE ‖ SCRIPTORIBVS ‖ LIBRI .IIX ‖ ... – Venedig, 1577.
- Drucker: [Aldo] Manuzio [II].
- Umfang: 706 S., [22] Bl.; 16°.
- Bogensign.: A^8–Z^8, Aa^8–Zz^8, Aaa^8.
- FP: umo– u,s. seeû ptpe (3) 1577 (R).
- Buchschmuck: TH.
- Prov.: Jo. Franciscus Marchesius.
- Bibliographien: Cat. Ital. Books S. 412; Bibl. Aldina S. 137; Budapest M 183.
- Sign.: Ald. Ren. 224,2^a.

1578

Nr. 1276
Bellanda, Cornelio: VIAGGIO ‖ SPIRITVALE, ‖ Nel quale, facendosi paßaggio da questa vita ‖ mortale, si ascende alla celeste. ‖ DIVISO IN DIECI VARII SOGGETTI, ‖ et Ragionamenti Spirituali. ‖ ... – Venedig, 1578.
- Drucker: [Aldo Manuzio II].
- Umfang: [4] Bl., 295, [1] S., [4] Bl.; 4°.
- Bogensign.: a^4, A^4–Z^4, Aa^4–Oo^4, +^{4}.
- FP: teo; iuo– tola alpa (3) 1578 (R).
- Buchschmuck: H.; D.; E.; EX.
- Prov.: Etienne Graf von Méjan.
- Bibliographien: Adams B 487; Cat. Ital. Books S. 78; Bibl. Aldina S. 137; Ind. Aur. 115.945.
- Sign.: Ald. Ren. 225,a1.

Nr. 1277
Fiamma, Gabriele: ... De Optimi Pastoris munere ‖ ORATIO ‖ ... . Verf. in Vorlage: Gabriele Flamma. Venedig, 1578.
- Drucker: Aldo [Manuzio II].
- Buchbinder: René Simier.
- Umfang: [8] Bl.; 4°.
- Bogensign.: A^4–B^4.
- FP: rei– a–i, ntio anui (C) 1578 (R).
- Buchschmuck: TH.; E.; EX.
- Prov.: Etienne Graf von Méjan.
- Bibliographien: Cat. Ital. Books S. 249; Bibl. Aldina S. 138.
- Sign.: Ald. Ren. 225,2.

Nr. 1278
Manuzio, Paolo: IN ‖ M. TVLLII ‖ CICERONIS ‖ ORATIONES ‖ ... Commentarius. ‖ ... – Venedig, 1578.
- Drucker: Aldo [Manuzio II].
- Umfang: [4] Bl., 319, [1] S., [36] Bl.; 2°.
- Bogensign.: *^{4}, A^4–Z^4, AA^4–ZZ^4, AAA^4–CCC^4.
- FP: d–it nct, i–e– qura (3) 1578 (R).
- Buchschmuck: TH.; K.; EX.
- Prov.: Ezechiel von Spanheim.
- Bibliographien: Bibl. Aldina S. 138.
- Sign.: 4° Ald. Ren. 225,3 [1. Ex.].

Nr. 1279
Manuzio, Paolo: IN ‖ M. TVLLII ‖ CICERONIS ‖ ORATIONES ‖ ... Commentarius. ‖ ... – Venedig, 1578.
- Drucker: Aldo [Manuzio II].
- Umfang: [4] Bl., 319, [1] S., [36] Bl.; 2°.
- Bogensign.: *^{4}, A^4–Z^4, AA^4–ZZ^4, AAA^4–CCC^4.
- FP: d–it nct, i–e. qura (3) 1578 (R).
- Buchschmuck: TH.; K.
- Prov.: Josephus Caurentius; Blasius Bertaechius (?).
- Bibliographien: Bibl. Aldina S. 138.
- Sign.: 4° Ald. Ren. 225,3 [2. Ex.].

Nr. 1280
Manuzio, Paolo: IN ‖ M. TVLLII ‖ CICERONIS ‖ ORATIONVM ‖ VOLVMEN . SECVNDVM ‖ ... Commentarius ‖ ... . – Venedig, 1579.
- Drucker: Aldo [Manuzio II].
- Umfang: [4] Bl., 312 S., [25] Bl.; 2°.
- Bogensign.: *^{4}, A^4–Z^4, Aa^4–Qq^4, a^4–e^4, f^5.

Kat.-Nr. 1358
Titelblatt mit dem Porträt des Paolo Manuzio (Kupferstich)

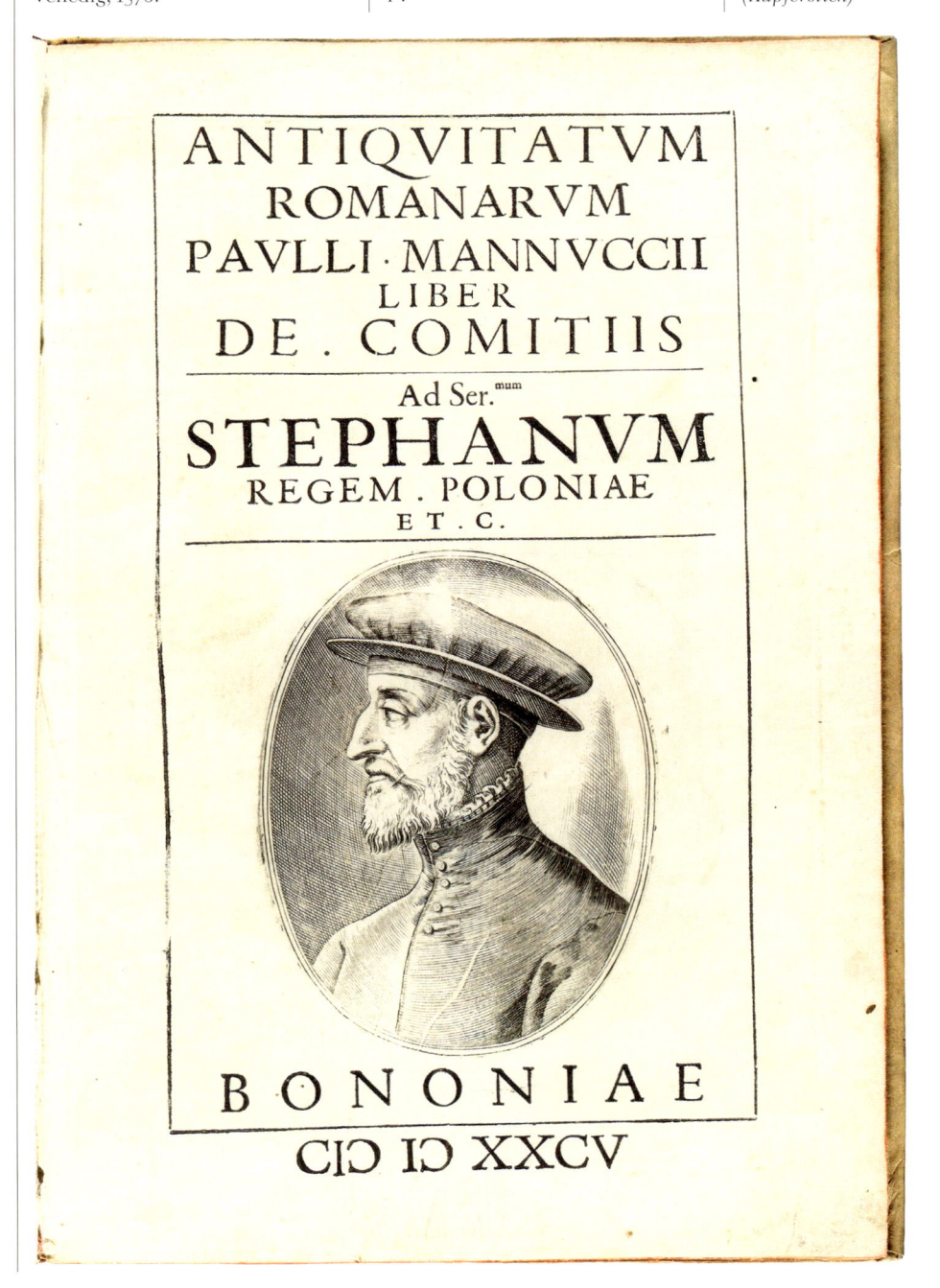

Kat.-Nr. 1324
Porträts des Aldus Manutius des Älteren
und seiner Nachfahren (Titelkupfer)

- FP: e-ut sia, ure, momi (3) 1579 (R).
- Buchschmuck: TH.; EX.
- Prov.: Ezechiel von Spanheim.
- Bibliographien: Ald. Ren. 226,4; Bibl. Aldina S. 138.
- Sign.: 1 an 4° Ald. Ren. 225,3 [1. Ex.].

Nr. 1281

Manuzio, Paolo: IN ∥ M. TVLLII ∥ CICERONIS ∥ ORATIONVM ∥ VOLVMEN . SECVNDVM ∥ ... Commentarius ∥ ... . – Venedig, 1579.
- Drucker: Aldo [Manuzio II].
- Umfang: [4] Bl., 312 S., [25] Bl.; 2°.
- Bogensign.: *⁴, A⁴-Z⁴, Aa⁴-Qq⁴, a⁴-e⁴, f⁶.
- FP: e-ut sia, ure, momi (3) 1579 (R).
- Buchschmuck: TH.
- Prov.: Josephus Caurentius; Blasius Bertaechius (?).
- Bibliographien: Ald. Ren. 226,4; Bibl. Aldina S. 138.
- Sign.: 1 an 4° Ald. Ren. 225,3 [2. Ex.].

Nr. 1282

Manuzio, Paolo: IN ∥ M. TVLLII ∥ CICERONIS ∥ ORATIONVM ∥ VOLVMEN . TERTIVM ∥ ... Commentarius ∥ ... . – Venedig, 1579.
- Drucker: Aldo [Manuzio II].
- Umfang: [4] Bl., 382 S., [35] Bl.; 2°.
- Bogensign.: *⁴, A⁴-Z⁴, Aa⁴-Zz⁴, Aaa⁴-Bbb⁴, a⁴-g⁴, h⁶.
- FP: e-n- t.n- o,e- DEap (3) 1579 (R).
- Buchschmuck: TH.
- Prov.: Josephus Caurentius; Blasius Bertaechius (?).
- Bibliographien: Ald. Ren. 226,4; Bibl. Aldina S. 138.
- Sign.: 2 an 4° Ald. Ren. 225,3 [2. Ex.].

Nr. 1283

Manuzio, Aldo: ORATIO ∥ IN ∥ FVNERE ∥ BERNARDI . ROTTARII ∥ EMANVELIS . PHILIBERTI ∥ DVCIS . SABAVDIAE ∥ APVD . VENETAM . REMP. ∥ LEGATI ∥ ... . – [Venedig], [1578].
- Drucker: [Aldo Manuzio II].
- Umfang: [7] Bl.; 4°.
- Bogensign.: A⁴, B³.
- FP: osu- t:m- ó-ad m,ci (C) 1578 (Q).
- Buchschmuck: E.; EX.
- Prov.: Etienne Graf von Méjan.
- Bibliographien: Adams M 451; Cat. Ital. Books S. 412; Bibl. Aldina S. 138.
- Sign.: Ald. Ren. 225,4.

Nr. 1284

Contarini, Gasparo: ... OPERA. ∥ Hrsg.: (Aloisius Contarini). – Venedig, 1578.
- Drucker: Aldo [Manuzio II].
- Buchbinder: Luigi Lodigiani (?).
- Umfang: [20] Bl., 627, [1] S., [10] Bl.; 2°.
- Bogensign.: a⁴, b⁶-c⁶, d⁴, A⁶-G⁶, H⁴, I⁶-Z⁶, Aa⁶-Zz⁶, AA⁶-HH⁶, II³.
- FP: e.n- doum o-po numo (3) 1578 (R).
- Buchschmuck: E.; EX.
- Prov.: Etienne Graf von Méjan.
- Bibliographien: Adams C 2561; Bibl. Aldina S. 138; Ind. Aur. 143.960.
- Sign.: 2° Ald. Ren. 225,5.

Nr. 1285

Erasmus, Desiderius]; Manuzio, Paolo: ADAGIA ∥ QVAECVMQVE AD ∥ hanc diem exierunt, ∥ ... . Hrsg.: Angelo Rocca. – Venedig, 1578.
- Drucker: Girolamo Polo.
- Buchbinder: Motet.
- Umfang: [62] Bl., 2042 [=2044] Sp.; 4°.
- Bogensign.: *⁴, A⁴-O⁴, P², A⁸-Z⁸, Aa⁸-Zz⁸, Aaa⁸-Sss⁸.
- FP: o?um 6370 ocn- liAd (3) 1578 (A).
- Buchschmuck: D.; E.; EX.
- Prov.: Etienne Graf von Méjan.
- Bibliographien: Bibl. Aldina S. 139; Ebert 6867.
- Sign.: Ald. Ren. 225,6.

Nr. 1286

Morigi, Paolo; <frz.>: Histoire de toutes les Religions du monde ... . EST: [Historia dell' origine di tutte le religioni; frz.]. – Paris, 1578.
- Drucker: Robert Colombel.
- Sign.: Ald. Ren. 299,1 Kraków.

1579

Nr. 1287

Justinianus, Lorenzo; <ital.>: DEL DISPREGIO ∥ DEL MONDO, ∥ ET SVE VANITA. ∥ TRATTATO ∥ ... . Verf. in Vorlage: Lorenzo Giustiniani; <ital.> Übers.: Domenico Gabrielli. – Venedig, 1579.
- Drucker: [Aldo Manuzio II].
- Buchbinder: René Simier.
- Umfang: [4] Bl., 229, [1] S., [5] Bl.; 4°.
- Bogensign.: A⁴, A⁴-Z⁴, Aa⁴-Gg⁴.
- FP: ,&in i)a. l-li tuch (3) 1579 (R).
- Buchschmuck: H.; D.; E.; EX.
- Prov.: Etienne Graf von Méjan.
- Sign.: Ald. Ren. 225,b1.

Nr. 1288

Calepino, Ambrogio; <polygl.>: ... DICTIONARIVM, ∥ IN QVO RESTITVENDO ATQVE ∥ EXORNANDO HAEC PRAESTITIMVS. ∥ ... . Beigef.: (Antonio Bevilaqua: VOCABVLARIO ∥ VOLGARE, ET ∥ LATINO, ∥ ...). Hrsg.: Paolo Manuzio. Kommentator: Paolo Manuzio. – Venedig, 1579.
- Drucker: [Aldo Manuzio II].
- Umfang: 246, 243, [1] , 20, 50 Bl.; 2°.
- Bogensign.: A⁸-Z⁸, AA⁸-GG⁸, HH⁶, AAA⁸-ZZZ⁸, AAAA⁸-FFFF⁸, GGGG⁶-HHHH⁶, A⁸, B⁶-C⁶, a⁸-e⁸, f¹⁰.
- FP: s,e- r.b- o-di tina (3) 1579 (R).
- Buchschmuck: D.; E.; EX.
- Prov.: Etienne Graf von Méjan.
- Bibliographien: Adams C 218; Ind. Aur. 129.498; Bibl. Aldina S. 139; vgl. Ebert 3333.
- Sign.: 4° Ald. Ren. 226,2.

Nr. 1289

Manuzio, Paolo: IN . EPISTOLAS ∥ M. TVLLII ∥ CICERONIS ∥ QVAE ∥ FAMILIARES ∥ VOCANTVR ∥ ... Commentarius ∥ ... . – Venedig, 1579.
- Drucker: Aldo [Manuzio II].
- Umfang: [32] Bl., 614 S., [1] Bl.; 2°.
- Bogensign.: a⁴-h⁴, A⁴-Z⁴, Aa⁴-Zz⁴, Aaa⁴-Zzz⁴, Aaaa⁴- Hhhh⁴.
- FP: o655 a-oo i-ip tect (3) 1579 (R).
- Buchschmuck: TH.; K.; E.; EX.
- Prov.: Etienne Graf von Méjan.
- Bibliographien: Bibl. Aldina S. 139.
- Sign.: 4° Ald. Ren. 226,5.

Nr. 1290

Cicero, Marcus Tullius: ... Epistolarvm ad Atticvm, libri XVI. Eiusdem epistolarum ad Q. Fratrem, lib. III. Incerti auctoris epistola ad Octauium. non est enim Ciceronis. T. Pomponij Attici vita, per Cornelium Nepotem. Ex emendatione D. Lambini. ... . – Venedig, 1579.
- Drucker: Aldo Manuzio II.
- Sign.: Ald. Ren. 226,7 Kraków.

1580

Nr. 1291

Pragmaticae edicta regiaeque: PRAGMATICAE, ∥ EDICTA, ∥ REGIAEQ. SANCTIONES ∥ NEAPOLITANI REGNI, ∥ ... . Hrsg.: Prospero Caravita; Horatio Destitus. – Venedig, 1580.
- Drucker: [Aldo Manuzio II].
- Umfang: [8] Bl., 434 S., [3] Bl.; 2°.
- Bogensign.: *⁴, **⁴, A⁶-Z⁶, Aa⁶-Nn⁶, Oo⁴.
- FP: usur o-o- loe- ITra (3) 1580 (R).
- Buchschmuck: D.; EX.
- Prov.: Görtz-Wrisberg auf Wrisbergholzen.
- Bibliographien: Ind. Aur. 131.938; Ald. Ren. 227,1.
- Sign.: 4° Hl 9854/96 RAR.

Nr. 1292

Pragmaticae edicta regiaeque: PRAGMATICAE, ∥ EDICTA, ∥ REGIAEQ. SANCTIONES ∥ NEAPOLITANI REGNI, ∥ IN VNVM CONGESTAE, ∥ ... . Hrsg.: Prospero Caravita; Horatius Destitus. – Venedig, 1580.
- Drucker: [Aldo Manuzio II].
- Buchbinder: Luigi Lodigiani.
- Umfang: [8] Bl., 434 S., [3] Bl.; 2°.
- Bogensign.: *⁴, **⁴, A⁶-Z⁶, Aa⁶-Nn⁶, Oo⁴.
- FP: usur o-o- loe- ITra (3) 1580 (R).
- Buchschmuck: D.; E.; EX.
- Prov.: Etienne Graf von Méjan.
- Bibliographien: Ind. Aur. 131.938.
- Sign.: 4° Ald. Ren. 227,1.

Nr. 1293

Rocca, Angelo: Osservationi intorno alle belezze della lingua latina ... . – Venedig, 1580.
- Drucker: Aldo Manuzio II.
- Sign.: Ald. Ren. 227,2 Kraków.

Nr. 1294

Manuzio, Aldo: Eleganze insieme con la copia della lingva toscana, e latina ... . – Venedig, 1580.
- Drucker: Aldo Manuzio II.
- Sign.: Ald. Ren. 227,3 Kraków.

Nr. 1295

Vergilius Maro, Publius; <lat.>: BVC. GEOR. AENEIS ∥ ... . EST: [Opera]. Hrsg.: Jo[hannes] a Meyen. – Venedig, 1580.
- Drucker: Aldo [Manuzio II].
- Buchbinder: François Bozérian.
- Umfang: [24] Bl., 947 [=927], [1] S.; 8°.
- Bogensign.: +⁸, a⁸-b⁸, A⁸-Z⁸, Aa⁸-Zz⁸, Aaa⁸-Mmm⁸.
- FP: cuer i-e. m.es DoTr (3) 1580 (R).
- Buchschmuck: TE.; TH.; E.; EX.
- Prov.: Etienne Graf von Méjan.
- Bibliographien: Adams V 510; Cat. Ital. Books S. 731; Bibl. Aldina S. 140.
- Sign.: Ald. Ren. 227,4.

Nr. 1296

Ciofano, Ercole: ... IN. P. OVIDII. NASONIS ∥ HALIEVTICON ∥ SCHOLIA ∥ ... . – Venedig, 1580.
- Drucker: [Aldo Manuzio II].
- Umfang: [8] Bl.; 8°.
- Bogensign.: A⁸.
- FP: aeid a-I. a-us urnô (C) 1580 (R).
- Buchschmuck: EX.
- Prov.: Heinrich Friedrich von Diez.
- Bibliographien: Ald. Ren. 227,5.
- Sign.: 1 an B. Diez 8° 2581.

Nr. 1297

Manuzio, Paolo: Epistolarvm Libri XII Vno Nuper addito. ... . – Venedig, 1580.
- Drucker: Aldo Manuzio II.
- Sign.: Ald. Ren. 228,8 Kraków.

Nr. 1298

Muret, Marc-Antoine: ... Epistolae. – Paris, 1580.
- Drucker: Robert Colombel.
- Sign.: Ald. Ren. 299,4 Kraków.

1581

Nr. 1299
Officium beatae Mariae: Officium Beatae Mariae Virginis nuper reformatum, et Pii V. Pont. Max. jussu editum. – Venedig, 1581.
- Drucker: Aldo Manuzio II.
- Sign.: Ald. Ren. 228,1 Kraków.

Nr. 1300
Anania, Giovanni Lorenzo: De Natura Daemonvm Libri IIII. ... . – Venedig, 1581.
- Drucker: Aldo Manuzio II.
- Sign.: Ald. Ren. 228,2 Kraków.

Nr. 1301
Mocenigo, Filippo: ... Vniuersales Institutiones ad hominum Perfectionem; ‖ quatenus Industria parari potest. ‖ ... . – Venedig, 1581.
- Drucker: Aldo [Manuzio II].
- Buchbinder: François Bozérian (?).
- Umfang: [14] Bl., 588 S., 4°.
- Bogensign.: +^{6}, ++^{4}, +++^{4}, A^4-Z^4, Aa^4-Zz^4, Aaa^4-Zzz^4, Aaaa^4-Dddd^4, Eeee^2 [++^{4} u. +++^{4} nach Eeee^2 gebunden; unvollst.: Errata fehlen].
- FP: usea umom m-o- Cune (7) 1581 (R).
- Buchschmuck: K.; D.; E.; EX.
- Prov.: Etienne Graf von Méjan.
- Bibliographien: Adams M 1526; Cat. Ital. Books S. 442; Bibl. Aldina S. 141.
- Sign.: 4° Ald. Ren. 228,3
- Abbildung: S. 212.

Nr. 1302
Estienne, Charles; <ital.>: L'AGRICOLTVRA, ‖ ET CASA DI VILLA ‖ ... . EST: [Praedium rusticum; ital.]. Verf. in Vorlage: Carolus Stephanus. Beigef.: (Jean Clamorgan: LA ‖ CACCIA ‖ DEL LVPO, ‖ NECESSARIA ALLA CASA ‖ DI VILLA, ‖ ...). Übers.: Ercole Cato. – Venedig, 1581.
- Drucker: [Aldo Manuzio II].
- Umfang: [24] Bl., 511 S.; 4°.
- Bogensign.: a^{12}, b^8, c^4, A^8-Z^8, Aa^8-Ii^8.
- FP: l-l- e.a, o.on l'pa (3) 1581 (R).
- Buchschmuck: D.; E.; EX.
- Prov.: C. B.; Etienne Graf von Méjan.
- Bibliographien: Adams S 1722; Cat. Ital. Books S. 237; Bibl. Aldina S. 141.
- Sign.: Ald. Ren. 228,4.

Nr. 1303
Censorinus <Grammaticus>: ... de die. natali liber ad. Q. Caerellivm ab Aldo Manuccio, Paulli F. Aldi N. emendatus, et Notis illustratus. – Venedig, 1581.
- Drucker: Aldo Manuzio II.
- Sign.: Ald. Ren. 229,5 Kraków.

Nr. 1304
Calepino, Ambrogio; <polygl.>: C... DICTIONARIVM, ‖ IN QVO RESTITVENDO ATQVE ‖ EXORNANDO HAEC PRAESTITIMVS. ‖ ... . Beigef.: (Antonio Bevilacqua: VOCABVLARIO ‖ VOLGARE, ‖ ET LATINO, ‖ ...). Hrsg.: Paolo Manuzio. Kommentator: Paolo Manuzio. – Venedig, 1581.
- Drucker: Aldo [Manuzio II].
- Buchbinder: René Simier.
- Umfang: 246, 243, 19, [1], 50 Bl.; 2°.
- Bogensign.: A^8-Z^8, AA^8-GG^8, HH^6, AAA^8-ZZZ^8, AAAA^8-FFFF^8, GGGG^6, HHHH^5, A^8, B^6-C^6, a^8-e^8, f^{10}.
- FP: i-re urb- ioua tina (3) 1581 (R).
- Buchschmuck: D.; E.; EX.
- Prov.: S. M. G.; Etienne Graf von Méjan.
- Bibliographien: Ind. Aur. 129.502.
- Sign.: 4° Ald. Ren. 229,6.

Nr. 1305
Cicero, M[arcus] Tullius: ... DE. OFFICIIS ‖ LIBROS. TRES ‖ ... . EST: [Opera philosophica, Teils.]. Hrsg.: Aldo Manuzio. Kommentator: Aldo Manuzio. – Venedig, 1581.
- Verleger: (Aldo Manuzio [II]).
- Drucker: (Giorgio Angelieri).
- Umfang: [3] Bl., 260 S., [27] Bl.; 2°.
- Bogensign.: +^{3}, A^4-G^4, H*^{1}, H^4-V^4, X+^{2}, X^4-Z^4, Aa^4-Bb^4, Cc+^{2}, Cc^4-Ff^4, Gg+^{2}, Gg^4-Hh^4, Ii^6, a^4-g^4.
- FP: iat- bei- ,*m, Qupo (3) 1581 (R).
- Buchschmuck: TH.; EX.
- Prov.: Ezechiel von Spanheim.
- Bibliographien: Adams C 1778; Cat. Ital. Books S. 176; Ind. Aur. 139.639; Bibl. Aldina S. 141.
- Sign.: 4° Ald. Ren. 229,7.

Nr. 1306
Tasso, Torquato: Aminta favola boscareccia ... . – Venedig, 1581.
- Drucker: Aldo Manuzio II.
- Sign.: Ald. Ren. 229,9 Kraków.

Nr. 1307
Tasso, Torquato: Rime (e Prose) ... Parte prima. ... . EST: [Opera, Teils.]. – Venedig, 1581.
- Drucker: Aldo Manuzio II.
- Sign.: Ald. Ren. 229,10 Kraków.

Nr. 1308
Lippomano, Luigi: DE VITIS ‖ SANCTORVM ‖ ... TOMVS PRIMVS. ‖ COMPLECTENS SANCTOS MENSIVM ‖ Ianuarij, et Februarij. ‖ ... . Verf. in Vorlage: Aloysius Lipomano. Hrsg.: Laurentius Surius. – Venedig, 1581.
- Drucker: [Aldo Manuzio II].
- Umfang: [16], 342 Bl.; 2°.
- Bogensign.: ^{2}, *^{8}, **^{6}, A^8-Z^8, Aa^8-Tt^8, Vu^6.
- FP: i-ta is.a ins- sutr (3) 1581 (R).
- Buchschmuck: D.; E.; EX.
- Prov.: Etienne Graf von Méjan.
- Bibliographien: Adams L 747; Bibl. Aldina S. 141.
- Sign.: 4° Ald. Ren. 230,11-1.

Nr. 1309
Lippomano, Luigi: DE VITIS ‖ SANCTORVM ‖ ... TOMVS SECVNDVS, ‖ COMPLECTENS SANCTOS MENSIVM ‖ Martij, et Aprilis. ‖ ... . Verf. in Vorlage: Aloysius Lipomano. Hrsg.: Laurentius Surius. – Venedig, 1581.
- Drucker: [Aldo Manuzio II].
- Umfang: [22], 296 Bl.; 2°.
- Bogensign.: A^4, *^{8}, **^{6}, ***^{4}, A^8-Z^8, Aa^8-Oo^8.
- FP: emr- .cus o-ua Cogr (3) 1581 (R).
- Buchschmuck: D.; E.; EX.
- Prov.: Etienne Graf von Méjan.
- Bibliographien: Adams L 747; Bibl. Aldina S. 141.
- Sign.: 4° Ald. Ren. 230,11-2.

Nr. 1310
Lippomano, Luigi: DE VITIS ‖ SANCTORVM ‖ ... TOMVS TERTIVS, ‖ COMPLECTENS SANCTOS MENSIVM ‖ Maij, et Iunij. ‖ ... . Verf. in Vorlage: Aloysius Lipomano. Hrsg.: Laurentius Surius. – Venedig, 1581.
- Drucker: [Aldo Manuzio II].
- Umfang: [14], 279 Bl.; 2°.
- Bogensign.: ^{2}, *^{6}, **^{6}, A^8-Z^8, Aa^8-Mm^8.
- FP: i-s, .c.c dæet papa (3) 1581 (R).
- Buchschmuck: D.; E.; EX.
- Prov.: Etienne Graf von Méjan.
- Bibliographien: Adams L 747; Bibl. Aldina S. 141.
- Sign.: 4° Ald. Ren. 230,11-3.

Nr. 1311
Lippomano, Luigi: DE VITIS ‖ SANCTORVM ‖ ... TOMVS QVARTVS. ‖ COMPLECTENS SANCTOS MENSIVM ‖ Iulij, et Augusti. ‖ ... . Verf. in Vorlage: Aloysius Lipomano. Hrsg.: Laurentius Surius. – Venedig, 1581.
- Drucker: [Aldo Manuzio II].
- Umfang: [14], 309 Bl.; 2°.
- Bogensign.: ^{2}, *^{6}, **^{6}, A^8-Z^8, Aa^8-PP^8, QQ^6 [^{2} falsch gebunden nach *^{6}].
- FP: hoci .a.b uma- paor (3) 1581 (R).
- Buchschmuck: D.; E.; EX.
- Prov.: Etienne Graf von Méjan.
- Bibliographien: Adams L 747; Bibl. Aldina S. 141.
- Sign.: 4° Ald. Ren. 230,11-4.

Nr. 1312
Lippomano, Luigi: DE VITIS ‖ SANCTORVM ‖ ... TOMVS QVINTVS. ‖ COMPLECTENS SANCTOS MENSIVM ‖ Septembris, et Octobris. ‖ ... . Verf. in Vorlage: Aloysius Lipomano. Hrsg.: Laurentius Surius. – Venedig, 1581.
- Drucker: [Aldo Manuzio II].
- Umfang: [20], 356 [=357] Bl.; 2°.
- Bogensign.: ^{2}, *^{6}-***^{6}, A^8-Q^8, R^9, S^8-Z^8, Aa^8-Vu^8, Xx^6-Yy^6.
- FP: rét, .a.a t,èt flsa (3) 1581 (R).
- Buchschmuck: D.; E.; EX.
- Prov.: Etienne Graf von Méjan.
- Bibliographien: Adams L 747; Bibl. Aldina S. 141.
- Sign.: 4° Ald. Ren. 230,11-5.

Nr. 1313
Lippomano, Luigi: DE VITIS ‖ SANCTORVM ‖ ... TOMVS SEXTVS. ‖ COMPLECTENS SANCTOS MENSIVM ‖ Nouembris, et Decembris. ‖ ... . Verf. in Vorlage: Aloysius Lipomano. Hrsg.: Laurentius Surius. – Venedig, 1581.
- Drucker: [Aldo Manuzio II].
- Umfang: [14], 342 Bl.; 2°.
- Bogensign.: ^{2}, *^{8}, **^{4}, A^8-Z^8, Aa^8-Vu^8.
- FP: e-ta .b.a uiti Deni (3) 1581 (R).
- Buchschmuck: D.; E.; EX.
- Prov.: Etienne Graf von Méjan.
- Bibliographien: Adams L 747; Bibl. Aldina S. 141.
- Sign.: 4° Ald. Ren. 230,11-6.

Nr. 1314
Manuzio, Paolo: ANTIQVITATVM ‖ ROMANARVM ‖ ... LIBER ‖ DE . SENATV . Hrsg.: (Aldo Manuzio). – Venedig, 1581.
- Drucker: [Aldo Manuzio II].
- Buchbinder: René Simier.
- Umfang: [4] Bl., 116 S., [4] Bl., S. 97-110, [8] Bl.; 4°.
- Bogensign.: (*^{4}, A^4-L^4, LL^4, LLL^4, LLLL^4, LLLLL^2, M^4-Q^4 [unvollst.: I^4, O^4 fehlen].
- FP: q.ex r.a, asum beco (3) 1581 (R).
- Buchschmuck: TH.; E.; EX.
- Prov.: Etienne Graf von Méjan.
- Bibliographien: Adams M 479; Cat. Ital. Books S. 412; Bibl. Aldina S. 142; Ebert 12991.
- Sign.: Ald. Ren. 230,12.

Nr. 1315
Tacitus, Cornelius: ... AB EXCESSV DIVI AVGVSTI ANNALIVM ‖ LIBRI QVATVOR PRIORES, ‖ ... . EST: [Annales]. Kommentator: Carlo Paschal. – Paris, 1581, (PRID. CAL. IVNII.).
- Verleger: Robert Colombel.
- Drucker: (Pierre Chevillot).
- Umfang: [4] Bl., 248 S., [10] Bl.; 2°.
- Bogensign.: â^4, A^4-Z^4, Aa^4-Ii^4, Kk^6.
- FP: t;us t.o- u.t. reta (3) 1581 (R).
- Buchschmuck: D.; E.; EX.
- Prov.: Etienne Graf von Méjan.
- Bibliographien: Adams T 44.
- Sign.: 4° Ald. Ren. 299,7.

1582

Nr. 1316
Catechismus Romanus; <lat.>: Catechismus ex Decreto Concilii Tridentini ad parochos Pii V. ... editus. EST: [Catechismus Romanus; lat.]. – Venedig, 1582.

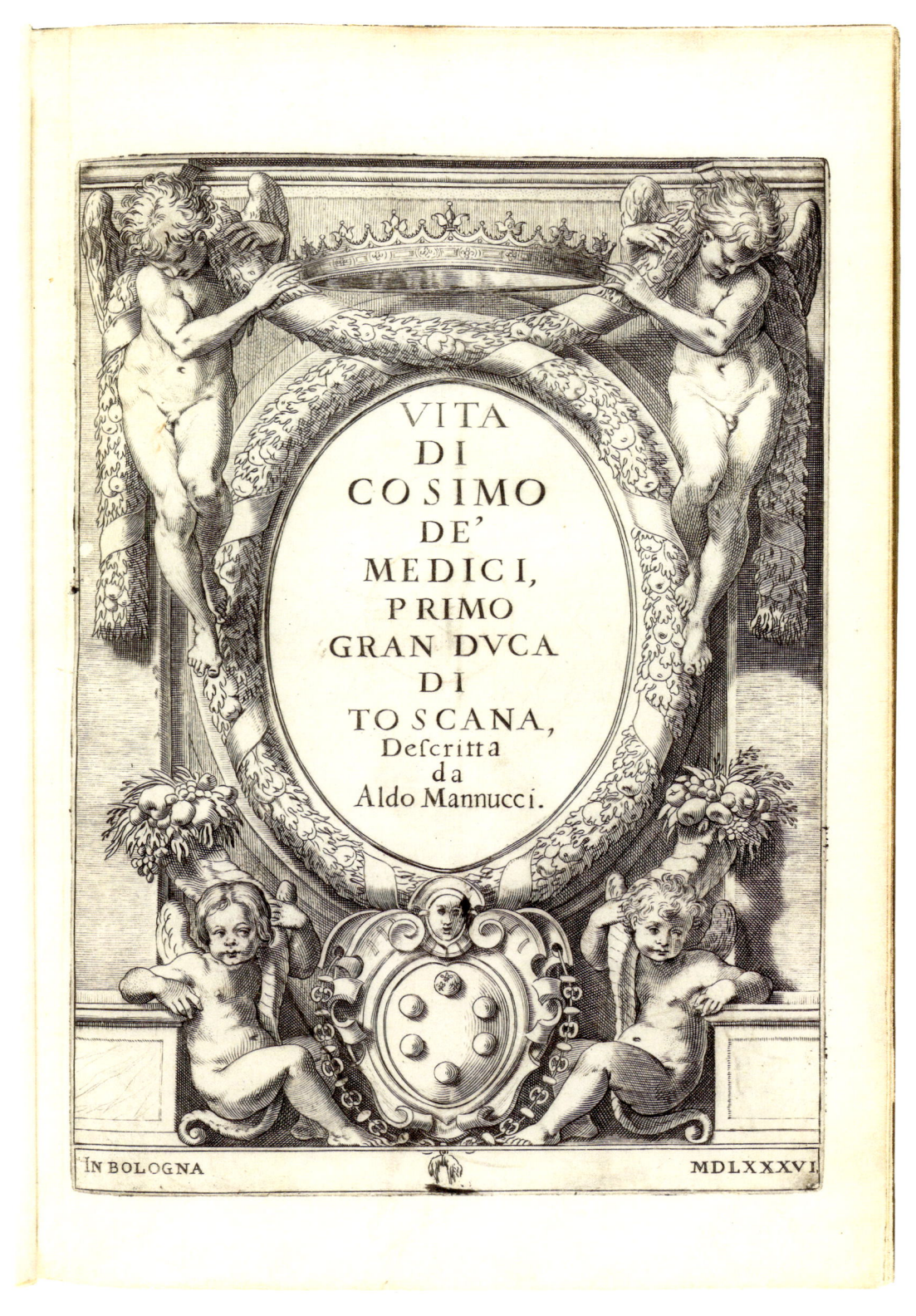

VITA
DI
COSIMO
DE'
MEDICI,
PRIMO
GRAN DVCA
DI
TOSCANA,
Descritta
da
Aldo Mannucci.

IN BOLOGNA   MDLXXXVI.

- Drucker: Aldo Manuzio II.
- Sign.: Ald. Ren. 230,1 Kraków.

Nr. 1317

Catechismus Romanus; <ital.>: Catechismo, cioè Istrvttione, secondo il Decreto del Concilio di Trento, a' Parochi, Publicato per commandamento del ... Papa Pio V. Et tradotto poi per ordine di Sua Sant. in lingua uolg. Dal. R. P. F. Alesso Figliucci. ... . EST: [Catechismus Romanus; ital.]. – Venedig, 1582.
- Drucker: Aldo Manuzio II.
- Sign.: Ald. Ren. 230,2 Kraków.

Nr. 1318

Huarte de San Juan, Juan; <ital.>: Essame de gl'Ingegni de gli hvomini, Per apprendere le Scienze: Nel quale, scoprendosi la varietà delle nature, si mostra, a che professione sia atto ciascuno, et quanto profitto habbia fatto in essa: ... tradotto dalla lingua Spagnuola da M. Camillo Camilli. EST: [Examen de Ingenios; ital.]. – Venedig, 1582.
- Drucker: Aldo Manuzio II.
- Sign.: Ald. Ren. 230,3 Kraków.

Nr. 1319

Manuzio, Aldo; <lat. u. ital.>: Locvtioni dell' Epistole di Cicerone, ... – Venedig, 1582.
- Drucker: Aldo Manuzio II.
- Sign.: Ald. Ren. 231,6 Kraków.

Nr. 1320

Tasso, Torquato: Delle Rime ... Parte Prima (Parte Seconda): Insieme con altri componimenti del medesimo. EST: [Opera, Teils.]. – Venedig, 1582.
- Drucker: Aldo Manuzio II.
- Sign.: Ald. Ren. 231,7 Kraków.

Nr. 1321

Caro, Annibale: Gli Straccioni Comedia ... . – Venedig, 1582.
- Drucker: Aldo Manuzio II.
- Sign.: Ald. Ren. 231,8 Kraków.

Nr. 1322

Atanagi, Dionigi: Delle Lettere facete, et piacevoli, di diversi grandi hvomini, et chiari ingegni, scritte sopra diverse materie ... libro primo. – Venedig, 1582.
- Drucker: Aldo Manuzio II.
- Sign.: Ald. Ren. 231,9 Kraków.

🌿 1583

Nr. 1323

Calepino, Ambrogio; <polygl.>: ... DICTIONARIVM, ‖ IN QVO RESTITVENDO ATQVE ‖ EXORNANDO HAEC PRAESTITIMVS. ‖ ... . Beigef.: (Antonio Bevilacqua: VOCABVLARIO ‖ VOLGARE, ‖ ET LATINO, ‖ ...). Hrsg.: Paolo Manuzio. Kommentator: Paolo Manuzio. – Venedig, 1583.
- Verleger: (Domenico Nicolini [da Sabbio]).
- Drucker: Aldo [Manuzio II].
- Buchbinder: Luigi Lodigiani (?).
- Umfang: 365, [1], 50 Bl.; 2°.
- Bogensign.: A⁸-Z⁸, Aa⁸-Yy⁸, Zz⁶, a⁸-e⁸, f¹⁰.
- FP: nes, a,st nso- lete (3) 1583 (R).
- Buchschmuck: D.; E.; EX.
- Prov.: Etienne Graf von Méjan.
- Bibliographien: Adams C 219; Ind. Aur. 129.504; Budapest C 69.
- Sign.: 4° Ald. Ren. 232,1.

Nr. 1324

Cicero, M[arcus] Tullius: ... MANNVCCIORVM ‖ COMMENTARIIS ‖ ILLVSTRATVS ‖ ... (... OPERVM ‖ TOMVS . PRIMVS ‖ Continens ‖ De Rhetorica Volumen Primum, ‖ ... . EST: [Opera; T. 1]. Beigef.: (Franz Fabricius: M. TVLLII . CICERONIS ‖ HISTORIA, ‖ ...). Kommentator: (Aldo) Manuzio; (Paolo) Manuzio; (M[arius] Gaius Victorinus; Marcus Antonius Maioragius; C. Trebatius). – Venedig, 1582, (1583).
- Drucker: Aldo [Manuzio II].
- Umfang: [7] Bl., 50 S., [12] Bl., 212 S., [6] Bl., 422 S., [33] Bl.; 2°.
- Bogensign.: *⁴, A⁴-I⁴, +⁴, A⁴-Z⁴, Aa⁴-Ee⁴, A⁴-Z⁴, Aa⁴-Zz⁴, Aaa⁴-Fff⁴, Ggg⁶, a⁴-g⁴, h⁶.
- FP: usn- sie- a-er scri (3) 1582 (R).
- Buchschmuck: TE., H., D.; E.; EX.
- Prov.: Etienne Graf von Méjan.
- Bibliographien: Adams C 1660; Cat. Ital. Books S. 173; Budapest C 654; Bibl. Aldina S. 143; Ind. Aur. 139.670.
- Sign.: 4° Ald. Ren. 232,4-1.2

Nr. 1325

Cicero, M[arcus] Tullius: ... OPERVM ‖ TOMVS . SECVNDVS ‖ Continens ‖ De Rhetorica Volumen Secundum, ‖ ... . EST: [Opera; T. 2]. Kommentator: (Aldo) Manuzio; (Paolo) Manuzio; (Omer Talon). – Venedig, 1583.
- Drucker: Aldo [Manuzio II].
- Umfang: [8] Bl., 380 S., [24] Bl.; 2°.
- Bogensign.: *⁴, A⁴-Z⁴, Aa⁴-Zz⁴, Aa⁴, Bb⁶, a⁴-f⁴.
- FP: e-n- ciod i:i- ctHY (3) 1583 (R).
- Buchschmuck: H.; D.; E.; EX.
- Prov.: Etienne Graf von Méjan.
- Bibliographien: Adams C 1660; Cat. Ital. Books S. 173; Budapest C 654; Bibl. Aldina S. 143; Ind. Aur. 139.670.
- Sign.: 4° Ald. Ren. 232,4-1.2.

Nr. 1326

Cicero, M[arcus] Tullius: ... MANNVCCIORVM ‖ COMMENTARIIS ‖ ILLVSTRATVS ‖ ... (... OPERVM ‖ TOMVS . PRIMVS ‖ Continens ‖ De Rhetorica Volumen Primum, ‖ ... . EST: [Opera; T. 1]. Beigef.: (Franz Fabricius: M. TVLLII . CICERONIS ‖ HISTORIA, ‖ ...). Kommentator: (Aldo) Manuzio; (Paolo) Manuzio; (M[arius] Gaius Victorinus; Marcus Antonius Maioragius; C. Trebatius). – Venedig, 1582, (1583).
- Drucker: Aldo [Manuzio II].
- Umfang: [7] Bl., 50 S., [12] Bl., 212 S., [6] Bl., 422 S., [33] Bl.; 2°.
- Bogensign.: *⁴, A⁴-I⁴, +⁴, A⁴-Z⁴, Aa⁴-Ee⁴, A⁴-Z⁴, Aa⁴-Zz⁴, Aaa⁴-Fff⁴, Ggg⁶, a⁴-g⁴, h⁶.
- FP: usn- sie- a-er scri (3) 1582 (R).
- Buchschmuck: TE., H., D.; E.; EX.
- Prov.: Etienne Graf von Méjan.
- Bibliographien: Adams C 1660; Cat. Ital. Books S. 173; Budapest C 654; Bibl. Aldina S. 143; Ind. Aur. 139.670.
- Sign.: 4° Ald. Ren. 232,4-1 [2. Ex.].

Nr. 1327

Cicero, M[arcus] Tullius: ... OPERVM ‖ TOMVS . TERTIUS ‖ Continens ‖ Orationum Volumen Primum. ‖ ... . EST: [Opera; T. 3]. Kommentator: Paolo Manuzio. – Venedig, 1583.
- Drucker: Aldo [Manuzio II].
- Umfang: [2] Bl., 319, [1] S., [18] Bl.; 2°.
- Bogensign.: ², A⁴-Z⁴, AA⁴-XX⁴, YY².
- FP: I.3. a-e. i-e. qura (3) 1583 (R).
- Buchschmuck: D.; E.; EX.
- Prov.: Etienne Graf von Méjan.
- Bibliographien: Adams C 1660; Cat. Ital. Books S. 173; Budapest C 654; Bibl. Aldina S. 143; Ind. Aur. 139.670.
- Sign.: 4° Ald. Ren. 232,4-3.4.5.

Nr. 1328

Cicero, M[arcus] Tullius: ... OPERVM ‖ TOMVS . QVARTVS ‖ Continens ‖ Orationum Volumen Secundum. ‖ ... . EST: [Opera; T. 4]. Kommentator: Paolo Manuzio. – Venedig, 1583.
- Drucker: Aldo [Manuzio II].
- Umfang: [2] Bl., 312 S., [26] Bl.; 2°.
- Bogensign.: ², A⁴-Z⁴, AA⁴-Qq⁴, a⁴-e⁴, f⁶.
- FP: 8973 EMre ure, momi (3) 1583 (R).
- Buchschmuck: TH.; E.; EX.
- Prov.: Etienne Graf von Méjan.
- Bibliographien: Adams C 1660; Cat. Ital. Books S. 173; Budapest C 654; Bibl. Aldina S. 143; Ind. Aur. 139.670.
- Sign.: 4° Ald. Ren. 232,4-3.4.5.

Nr. 1329

Cicero, M[arcus] Tullius: ... OPERVM ‖ TOMVS . QVINCTVS ‖ Continens ‖ Orationum Volumen Tertium. ‖ ... . EST: [Opera; T. 5]. Kommentator: Paolo Manuzio. – Venedig, 1583.
- Drucker: Aldo [Manuzio II].
- Umfang: [36] Bl., 382 S.; 2°.
- Bogensign.: ², a⁴-g⁴, h⁶, A⁴-Z⁴, Aa⁴-Zz⁴, Aaa⁴-Bbb⁴.
- FP: 7765 66e- doro DEap (3) 1583 (R).
- Buchschmuck: TH.; E.; EX.
- Prov.: Etienne Graf von Méjan.
- Bibliographien: Adams C 1660; Cat. Ital. Books S. 173; Budapest C 654; Bibl. Aldina S. 143; Ind. Aur. 139.670.
- Sign.: 4° Ald. Ren. 232,4-3.4.5.

Nr. 1330

Cicero, M[arcus] Tullius: ... OPERVM ‖ TOMVS . SEXTVS ‖ Continens ‖ Epistolas, quae Familiares uocantur, ‖ ... . EST: [Opera; T. 6]. Kommentator: Paolo Manuzio. – Venedig, 1583.
- Drucker: Aldo [Manuzio II].
- Umfang: [36] Bl., 614 S., [1] Bl.; 2°.
- Bogensign.: ⁴, a⁴-h⁴, A⁴-Z⁴, Aa⁴-Zz⁴, Aaa⁴-Zzz⁴, Aaaa⁴-Hhhh⁴.
- FP: 0655 a-oo i-ip tect (3) 1583 (R).
- Buchschmuck: D.; E.; EX.
- Prov.: Etienne Graf von Méjan.
- Bibliographien: Adams C 1660; Cat. Ital. Books S. 173; Budapest C 654; Bibl. Aldina S. 143; Ind. Aur. 139.670.
- Sign.: 4° Ald. Ren. 232,4-6.7.

Nr. 1331

Cicero, M[arcus] Tullius: ... OPERVM ‖ TOMVS . SEPTIMVS ‖ Continens ‖ [Sp.1] Epistolas, ad [Sp. 2] T. Pomponium Atticum, ‖ M. Iunium Brutum, ‖ Quinctum fratrem: ‖ ... . EST: [Opera; T. 7]. Kommentator: Paolo Manuzio. – Venedig, 1583.
- Drucker: Aldo [Manuzio II].
- Umfang: [4] Bl., 550 S., [53] Bl.; 2°.
- Bogensign.: ⁴, A⁴-Z⁴, Aa⁴-Zz⁴, Aaa⁴-Zzz⁴, Aaaa⁴-Nnnn⁴.
- FP: m,nt s.a- rLro sipr (3) 1583 (R).
- Buchschmuck: D.; E.; EX.
- Prov.: Etienne Graf von Méjan.
- Bibliographien: Adams C 1660; Cat. Ital. Books S. 173; Budapest C 654; Bibl. Aldina S. 143; Ind. Aur. 139.670.
- Sign.: 4° Ald. Ren. 232,4-6.7.

Nr. 1332

Cicero, M[arcus] Tullius: ... OPERVM ‖ TOMVS . OCTAVVS ‖ Continens ‖ De Philosophia Volumen Primum, ‖ ... . EST: [Opera; T. 8]. Kommentator: Aldo Manuzio. – Venedig, 1583.
- Drucker: Aldo [Manuzio II].
- Umfang: [4] Bl., 270 S., [31] Bl.; 2°.
- Bogensign.: ⁴, A⁴-Z⁴, Aa⁴-Rr⁴, Ss⁶.
- FP: d-oc ú,le ocos ueDe (3) 1583 (R).
- Buchschmuck: D.; E.; EX.
- Prov.: Etienne Graf von Méjan.
- Bibliographien: Adams C 1660;

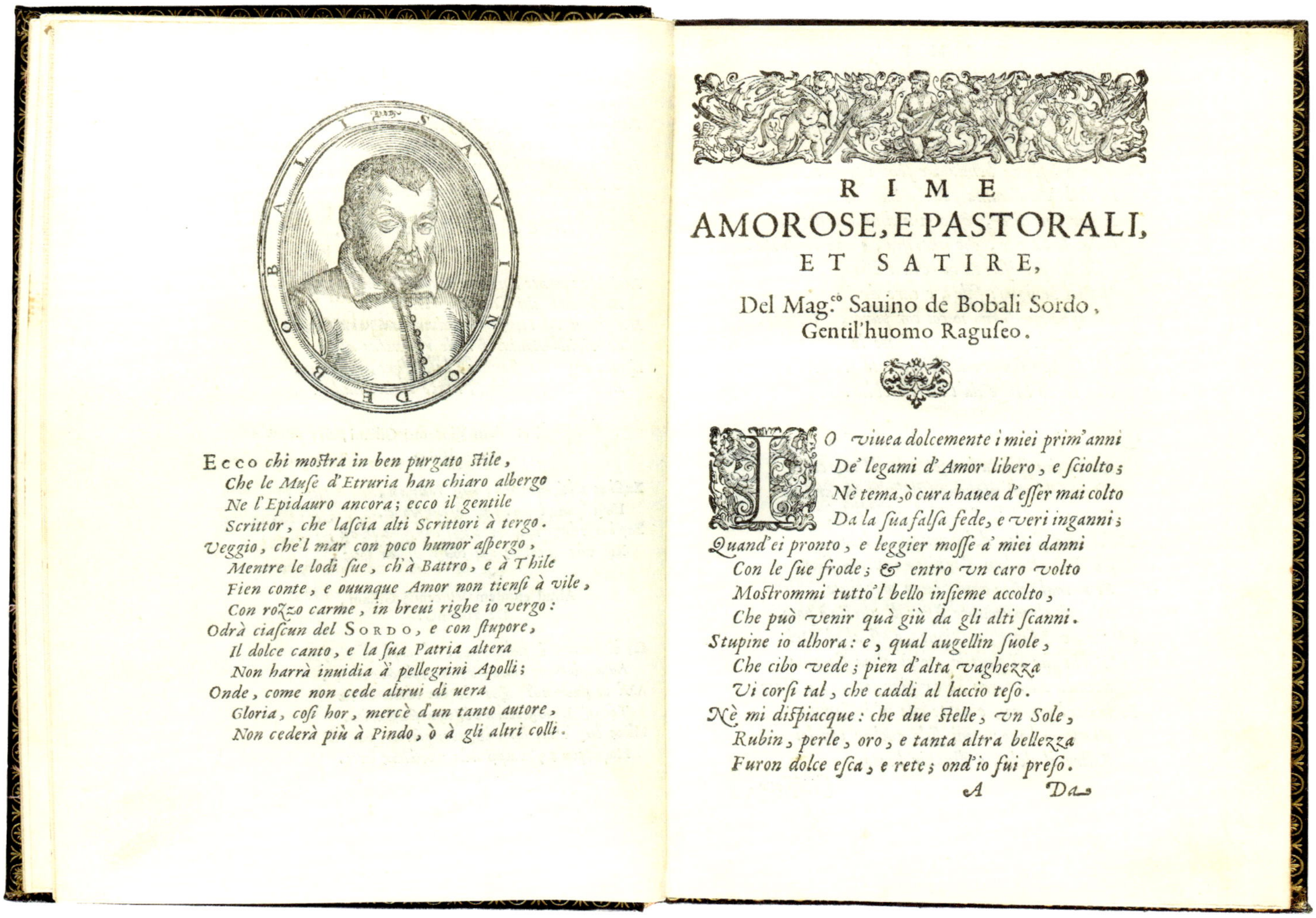

RIME AMOROSE, E PASTORALI, ET SATIRE,

Del Mag.co Sauino de Bobali Sordo, Gentil'huomo Raguseo.

Ecco chi mostra in ben purgato stile,
Che le Muse d'Etruria han chiaro albergo
Ne l'Epidauro ancora; ecco il gentile
Scrittor, che lascia alti Scrittori à tergo.
Veggio, che'l mar con poco humor aspergo,
Mentre le lodi sue, ch'à Battro, e à Thile
Fien conte, e ouunque Amor non tiensi à vile,
Con rozzo carme, in breui righe io vergo.
Odrà ciascun del SORDO, e con stupore,
Il dolce canto, e la sua Patria altera
Non harrà inuidia à pellegrini Apolli;
Onde, come non cede altrui di uera
Gloria, così hor, mercè d'un tanto autore,
Non cederà più à Pindo, ò à gli altri colli.

IO viuea dolcemente i miei prim'anni
De' legami d'Amor libero, e sciolto;
Nè tema, ò cura haueà d'esser mai colto
Da la sua falsa fede, e veri inganni;
Quand'ei pronto, e leggier mosse à miei danni
Con le sue frode; & entro vn caro volto
Mostrommi tutto'l bello insieme accolto,
Che può venir quà giù da gli alti scanni.
Stupine io alhora: e, qual augellin suole,
Che cibo vede; pien d'alta vaghezza
Vi corsi tal, che caddi al laccio teso.
Nè mi dispiacque: che due stelle, vn Sole,
Rubin, perle, oro, e tanta altra bellezza
Furon dolce esca, e rete; ond'io fui preso.

A Da

- Cat. Ital. Books S. 173; Budapest C 654; Bibl. Aldina S. 143; Ind. Aur. 139.670.
- Sign.: 4° Ald. Ren. 232,4–8.9.10.

Nr. 1333
Cicero, M[arcus] Tullius: ... OPERVM ‖ TOMVS . NO- NVS ‖ Continens ‖ De Philosophia Volumen Secundum ‖ ... . EST: [Opera; T. 9]. Kommentator: Aldo Manuzio. – Venedig, 1583.
- Drucker: Aldo [Manuzio II].
- Umfang: [4] Bl., 288 S., [30] Bl.; 2°.
- Bogensign.: ⁴, A⁴–Z⁴, Aa⁴–Ss⁴, Tt⁶, Vu⁴.
- FP: umi- mia- reua nusi (3) 1583 (R).
- Buchschmuck: D.; E.; EX.
- Prov.: Etienne Graf von Méjan.
- Bibliographien: Adams C 1660; Cat. Ital. Books S. 173; Budapest C 654; Bibl. Aldina S. 143; Ind. Aur. 139.670.
- Sign.: 4° Ald. Ren. 232,4–8.9.10.

Nr. 1334
Cicero, M[arcus] Tullius: ... DE . OFFICIIS ‖ LIBROS . TRES ‖ ... . EST: [Opera; T. 10]. Kommentator: Aldo Manuzio; Paolo Manuzio. – Venedig, 1581.
- Verleger: (Aldo Manuzio [II]).
- Drucker: (Giorgio Angelieri).
- Umfang: [4] Bl., 260 S., [27] Bl.; 2°.
- Bogensign.: +⁴, A⁴–G⁴, H∗², H⁴–V⁴, X+², X⁴–Z⁴, Aa⁴–Bb⁴, Cc+², Cc⁴–Ff⁴, Gg+², Gg⁴, Hh⁴, Ii⁶, a⁴–g⁴ [unvollst.: letztes Bl. fehlt].
- FP: iat- bei- ,∗m, Qupo (3) 1581 (R).
- Buchschmuck: TH.; E.; EX.
- Prov.: Etienne Graf von Méjan.
- Bibliographien: Adams C 1660; Cat. Ital. Books S. 173; Budapest C 654; Bibl. Aldina S. 143; Ind. Aur. 139.670.
- Sign.: 4° Ald. Ren. 232,4–8.9.10.

Nr. 1335
Ovidius Naso, P[ublius]: HE- ROIDVM ‖ EPISTOLAE ‖ ... . Beigef.: Angelus Cneus <Sabinus>: ... RESPON- ‖ siones ... (... EPISTO- LAE TRES ‖ AD OVIDIANAS EPI- STOLAS ‖ RESPONSORIAE.). Kommentator: Guido Morillon; Gio[vanni] Battista Egnazio. – Venedig, 1583.
- Drucker: Bibliotheca Aldina.
- Umfang: 221 S.; 8°.
- Bogensign.: A⁸–O⁸.
- FP: e-ia n-c. mèim ripr (3) 1583 (R).
- Buchschmuck: D.; EX.
- Prov.: Heinrich Friedrich von Diez.
- Bibliographien: Ald. Ren. 233,5; Ebert 15397.
- Sign.: B. Diez 8° 2585.

Nr. 1336
Ovidius Naso, Publius: Hero- idvm Epistolae ... et Auli Sabini Responsiones, cum Guidonis Morillonii Argumentis, ac Scholiis. His accesserunt Jo. Baptistae Egnatii obseruationes. – Venedig, 1583.
- Drucker: Bibliotheca Aldina.
- Sign.: Ald. Ren. 233,5 Kraków.

Nr. 1337
Audebert, Germain: ... VENE- TIAE ‖ ... . – Venedig, 1583.
- Drucker: Aldo [Manuzio II].
- Buchbinder: François Bozérian.
- Umfang: [8] Bl., 181 S.; 4°.
- Bogensign.: A⁸–M⁸, N⁴.
- FP: i.x, r.o; ems: FiCl (3) 1583 (R).
- Buchschmuck: TH.; E.; EX.
- Prov.: Etienne Graf von Méjan.
- Bibliographien: Adams A 2122; Cat. Ital. Books S. 61; Bibl. Aldina S. 144.
- Sign.: Ald. Ren. 233,6 [1. Ex.].

Kat.-Nr. 1387
Porträt des Verfassers Sabo Misetic Bobaljevic (Holzschnitt)

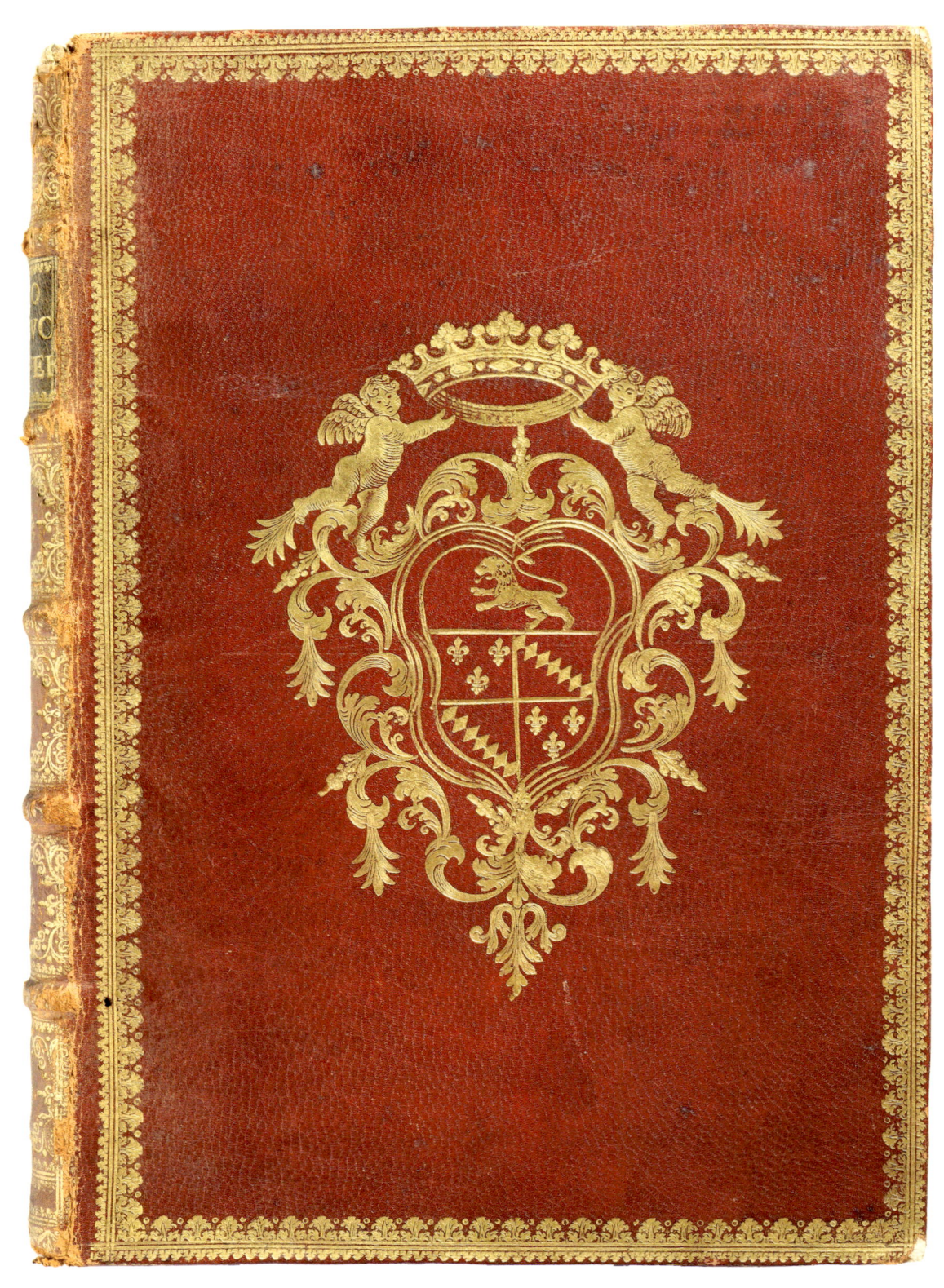

Kat.-Nr. 1422
Einband mit Wappensupralibros
von Marc Foscarini (1696–1763),
Doge von Venedig

Nr. 1338
Audebert, Germain: ... VENE-TIAE ‖ ... . – Venedig, 1583.
- Drucker: Aldo [Manuzio II].
- Buchbinder: René Simier.
- Umfang: [8] Bl., 181 S.; 4°.
- Bogensign.: A⁸-M⁸, N⁴.
- FP: i.x, r.o; ems: FiCl (3) 1583 (R).
- Buchschmuck: TH.; E.; EX.
- Prov.: Etienne Graf von Méjan.
- Bibliographien: Adams A 2122; Cat. Ital. Books S. 61; Bibl. Aldina S. 144.
- Sign.: Ald. Ren. 233,6 [2. Ex.].

Nr. 1339
Audebert, Germain: ... VENE-TIAE ‖ ... . – Venedig, 1583.
- Drucker: Aldo [Manuzio II].
- Umfang: [8] Bl., 181 S.; 4°.
- Bogensign.: A⁸-M⁸, N⁴.
- FP: i.x, r.o; ems: FiCl (3) 1583 (R).
- Buchschmuck: TH.; E.
- Bibliographien: Ald. Ren. 233,6; Adams A 2122; Cat. Ital. Books S. 61; Bibl. Aldina S. 144.
- Sign.: 1 an Rq 8844 RAR.

Nr. 1340
Tasso, Torquato: Delle Rime ... Parte Prima (Parte Seconda): Insieme con altri componimenti del medesimo. EST: [Opera, Teils.]. – Venedig, 1583.
- Drucker: Aldo Manuzio II.
- Sign.: Ald. Ren. 233,7 Kraków.

Nr. 1341
Tasso, Torquato: Il Forno, ouero della nobilità, dialogo. – Venedig, 1583.
- Drucker: Aldo Manuzio II.
- Bibliographien: Ald. Ren. 233,7.
- Sign.: 1 an Ald. Ren. 233,7 Kraków.

Nr. 1342
Tasso, Torquato: Il Padre di famiglia. – Venedig, 1583.
- Drucker: Aldo Manuzio II.
- Bibliographien: Ald. Ren. 233,7.
- Sign.: 2 an Ald. Ren. 233,7 Kraków.

🌼 1584

Nr. 1343
Manuzio, Aldo: IL ‖ PERFETTO ‖ GENTIL' HVOMO ‖ ... . Beigef.: Aldo Manuzio: (Discorso ‖ intorno ‖ ALLA ‖ ECCELLENZA ‖ DELLE ‖ REPVBLICHE. ‖. – Venedig, 1584.
- Drucker: [Aldo Manuzio II].
- Buchbinder: René Simier (?).
- Umfang: [3] Bl., 64 S.; 4°.
- Bogensign.: ³, A⁴-H⁴.
- FP: miu- toa- o,te iglo (3) 1584 (R).
- Buchschmuck: D.; E.; EX.
- Prov.: Etienne Graf von Méjan.
- Bibliographien: Adams M 455; Cat. Ital. Books S. 412; Bibl. Aldina S. 145; Ebert 12995.
- Sign.: Ald. Ren. 234,2.

Nr. 1344
Frischlin, Nicodemus: Qvaestionvm grammaticarum Libri. IIX. – Venedig, 1584.
- Drucker: Aldo Manuzio II.
- Sign.: Ald. Ren. 234,3 Kraków.

Nr. 1345
Frischlin, Nicodemus: Strigilis Grammatica, Qua Grammatistarum quorundam sordes, Arti liberalissimae adspersae, deterguntur. – Venedig, 1584.
- Drucker: Aldo Manuzio II.
- Sign.: Ald. Ren. 235,4 Kraków.

Nr. 1346
Partenio, Bernardino: IN ‖ Q. HORATII . FLACCI ‖ CARMINA ATQ . EPODOS, ‖ COMMENTARIJ ‖ ... . Beigef.: (Quintus Horatius Flaccus: ... SERMONVM ‖ LIBRI QVATVOR, ‖ SEV, ‖ SATYRARVM Libri duo. ‖ EPISTOLARVM Libri duo. ‖ ...). – Venedig, 1584.
- Drucker: Domenico Nicolini [da Sabbio].
- Buchbinder: René Simier.
- Umfang: [18], 178 [=176], 61 Bl.; 4°.
- Bogensign.: *⁴, **⁴, ***⁶, ****⁴, A⁴-Z⁴, Aa⁴-Xx⁴, A⁴, B⁸-G⁸, H¹⁰.
- FP: eit- idæc i.r. misi (3) 1584 (R).
- Buchschmuck: TE.; D.; E.; EX.
- Prov.: Etienne Graf von Méjan.
- Bibliographien: Adams H 934; Cat. Ital. Books S. 333; vgl. Bibl. Aldina S. 146; Budapest H 528.
- Sign.: Ald. Ren. 235,6ª.

🌼 1585

Nr. 1347
LeRoy, Loys; <ital.>: LA ‖ VICISSITVDINE ‖ O' MVTABILE VARIETA' ‖ DELLE COSE, NELL' VNIVERSO, ‖ ... . Verf. in Vorlage: Luigi Regio. Übers.: Ercole Cato. – Venedig, 1585.
- Drucker: Aldo [Manuzio II].
- Buchbinder: René Simier.
- Umfang: [16]Bl., 327 S.; 4°.
- Bogensign.: a⁴, a⁴, a⁸, A⁸-V⁸, X⁴.
- FP: e-al e,o- a,an uol' (3) 1585 (R).
- Buchschmuck: TE.; D.; E.; EX.
- Prov.: Etienne Graf von Méjan.
- Bibliographien: Adams L 534; Cat. Ital. Books S. 376; Bibl. Aldina S. 145; Budapest L 195.
- Sign.: Ald. Ren. 235,1.

Nr. 1348
Brancaccio, [Lelio]: DELLA ‖ NVOVA ‖ DISCIPLINA ‖ ET ‖ VERA ARTE MILITARE ‖ ... LIBRI VIII. ‖ ... . – Venedig, 1585.
- Drucker: Aldo [Manuzio II].
- Umfang: 201 S.; 2°.
- Bogensign.: A⁴-B⁴, C², D⁴-H⁴, I⁶, K⁴-Z⁴, AA⁴, BB⁶.
- FP: e.o- eào, lasa cote (3) 1585 (R).
- Buchschmuck: D.; EX.
- Prov.: Etienne Graf von Méjan.
- Bibliographien: Adams B 2657; Cat. Ital. Books S. 124; Bibl. Aldina S. 145; Budapest B 861; Ind. Aur. 123.459.
- Sign.: 2° Ald. Ren. 235,2.

Nr. 1349
Manuzio, Aldo: AD ‖ SISTVM. V: ‖ Pont. ‖ Opt. Max. ‖ ORATIO ‖ ... Habita ‖ in Academia ‖ BONONIENSI ‖ MD XXCV ‖ Prid. Id. Maij. ‖. – Bologna, (1585).
- Drucker: (Giovanni de' Rossi).
- Umfang: [3] Bl., 17 S.; 2°.
- Bogensign.: A⁴-C⁴.
- FP: eom, itu- o-,& sppa (3) 1585 (R).
- Buchschmuck: TK.; E.; EX
- Prov.: Etienne Graf von Méjan.
- Bibliographien: Adams M 437.
- Sign.: 4° Ald. Ren. 235,3.

Nr. 1350
Partenio, Bernardino: IN ‖ Q. HORATII FLACCI ‖ CARMINA, ATQVE EPODOS, ‖ ... Commentarij: ‖ ... . Beigef.: (Quintus Horatius Flaccus: ... SERMONVM ‖ LIBRI QVATVOR, ‖ SEV, ‖ SATYRARVM Libri duo. ‖ EPISTOLARVM Libri duo. ‖ ...). – Venedig, 1585, (1584).
- Verleger: Aldo [Manuzio II].
- Drucker: (Domenico Nicolini da Sabbio).
- Umfang: [18], 178 [=176], 61 Bl.; 4°.
- Bogensign.: *⁴, **⁴, ***⁶, ****⁴, A⁴-Z⁴, Aa⁴-Xx⁴, A⁴, B⁸-G⁸, H¹⁰.
- FP: eit- idæc i.r. misi (3) 1585 (R).
- Buchschmuck: D.; E.; EX.
- Prov.: Etienne Graf von Méjan.
- Bibliographien: Adams H 935; Cat. Ital. Books S. 333; Bibl. Aldina S. 146.
- Sign.: Ald. Ren. 235,6ᵇ.

Nr. 1351
Manuzio, Aldo; <lat. u. ital.>: LOCVTIONI ‖ DI TERENTIO: ‖ Ouero, ‖ MODI FAMIGLIARI ‖ DI DIRE: ‖ ... . – Venedig, 1585.
- Drucker: [Aldo Manuzio II].
- Umfang: [29] Bl., 220 S.; 8°.
- Bogensign.: a⁸-c⁸, d⁴, A⁸-O⁸ [unvollst.?].
- FP: maa- 4543 6.e. Tu12 (3) 1585 (R).
- Buchschmuck: TE.; TH.; EX.
- Prov.: Heinrich Wilhelm Graf von Starhemberg; Starhemberg No. XXXII. 280.
- Bibliographien: Ald. Ren. 236,7; Adams T 386; Cat. Ital. Books S. 665; Bibl. Aldina S. 146; Ebert 12998.
- Sign.: Wf 5460 RAR.

Nr. 1352
Manuzio, Aldo; <lat. u. ital.>: Locvtioni di Terentio: Ouero, Modi Famigliari di Dire: ... . – Venedig, 1585.
- Drucker: Aldo Manuzio II.
- Sign.: Ald. Ren. 236,7 Kraków.

Nr. 1353
Gentili, Scipione: ... SOLY-MEIDOS ‖ LIBRI DVO PRIORES ‖ ... . – Venedig, 1585, (Kal. Mart.).
- Drucker: Altobello Salicato.
- Umfang: 26 Bl.; 4°.
- Bogensign.: A⁴-F⁴, G².
- FP: teoe emur s:ta IaNa (3) 1585 (A).
- Buchschmuck: D.; E.; EX.
- Prov.: Etienne Graf von Méjan.
- Bibliographien: Adams T 270; Cat. Ital. Books S. 661; Bibl. Aldina S. 146.
- Sign.: Ald. Ren. 236,8.

Nr. 1354
Tasso, Torquato: Aggivnta alle Rime, et Prose ... . EST: [Opera, Teils.]. – Venedig, 1585.
- Drucker: Aldo Manuzio II.
- Sign.: Ald. Ren. 236,9 Kraków.

Nr. 1355
Turco, Carlo: Agnella Comedia nvova ... . – Venedig, 1585.
- Drucker: Aldo Manuzio II.
- Sign.: Ald. Ren. 236,10 Kraków.

Nr. 1356
Turco, Carlo: Calestri Tragedia nvova ... . – Venedig, 1585.
- Drucker: Aldo Manuzio II.
- Sign.: Ald. Ren. 236,11 Kraków.

Nr. 1357
Erasmus, Desiderius]; Manuzio, Paolo: ADAGIA ‖ QVAECVMQVAE ‖ AD HANC DIEM ‖ EXIERVNT, ‖ ... . Hrsg.: (Aldo Manuzio). – Venedig, 1585.
- Drucker: Compagnia degli Uniti.
- Buchbinder: René Simier.
- Umfang: [62] Bl., 2042 Sp.; 4°.
- Bogensign.: +⁴, A⁴-O⁴, P², A⁸-Z⁸, Aa⁸-Zz⁸, Aaa⁸-Sss⁸.
- FP: m.m, 6370 ocn- siin (3) 1585 (R).
- Buchschmuck: D.; E.; EX.
- Prov.: Etienne Graf von Méjan.
- Bibliographien: Adams E 444; Budapest E 244; Bibl. Aldina S. 146; Bezz. Eras. Nr. 101.
- Sign.: Ald. Ren. 236,12.

Nr. 1358
Manuzio, Paolo: ANTIQVITATVM ‖ ROMANARVM ‖ ... LIBER ‖ DE . COMITIIS ... . – Bologna, 1585.
- Drucker: (Aldo [Manuzio II]).
- Umfang: [6] Bl., 102 S., [7] Bl.; 2°.
- Bogensign.: ², ++⁴, A⁴-N⁴, O⁶.
- FP: C.AE s.is iste Trma (3) 1585 (R).
- Buchschmuck: TK.; K.; EX.
- Prov.: Etienne Graf von Méjan.
- Bibliographien: Adams M 472; Budapest M 179; Ebert 12992.
- Sign.: 4° Ald. Ren. 237,14
- Abbildung: S. 213.

Nr. 1359

Manuzio, Paolo: ANTIQVITA‖TVM ‖ ROMANARVM ‖ ... LIBER ‖ DE . CIVITATE . ROMA‖NA ... . – Rom, 1585.
- Verleger: Bartolomeo Grassi.
- Drucker: (Francesco Zanetti).
- Buchbinder: René Simier.
- Umfang: [18] Bl., 75, [1] S.; 4°.
- Bogensign.: a⁴, +⁴-+++⁴, ++++², A⁴-I⁴, K² [falsch gebunden, Index nach a⁴].
- FP: l-e- o-ra nta- rimi (3) 1585 (R).
- Buchschmuck: D.; E.; EX.
- Prov.: Etienne Graf von Méjan.
- Bibliographien: Adams M 471; Cat. Ital. Books Suppl. S. 52.
- Sign.: Ald. Ren. 237,15.

Nr. 1360

Manuzio, Paolo: ANTIQVITA‖TVM ‖ ROMANARVM ‖ ... LIBER ‖ DE . CIVITATE . ROMA‖NA ... . – Rom, 1585.
- Verleger: Bartolomeo Grassi.
- Drucker: (Francesco Zanetti).
- Umfang: [4] Bl., 75, [1] S., [14] Bl.; 4°.
- Bogensign.: a⁴, A⁴-I⁴, K², +⁴-+++⁴, ++++².
- FP: l-e- o-ra nta- rimi (3) 1585 (R).
- Buchschmuck: D.; KF.
- Bibliographien: Ald. Ren. 237,15; Adams M 471; Cat. Ital. Books Suppl. S. 52.
- Sign.: Rn 204 RAR.

🌺 1586

Nr. 1361

Armandus <de Bellovisu>: Declaratio difficilivm terminorvm Theologiae. Philosophiae atq. Logicae ... Opus Scientiarum studiosis vtilissimum ... . – Venedig, 1586.
- Drucker: Aldo Manuzio II.
- Sign.: Ald. Ren. 237,1 Kraków.

Nr. 1362

Huarte de San Juan, Juan; <ital.>: Essame de gl'Ingegni de gl' hvomini, Per apprender le Scienze: Nel quale, scoprendosi la varietà delle nature, si mostra, a che professione sia atto ciascuno, et quanto profitto habbia fatto in essa: ... tradotto dalla lingua Spagnuola da M. Camillo Camilli. EST: [Examen de Ingenios; ital.]. – Venedig, 1586.
- Drucker: Aldo Manuzio II.
- Sign.: Ald. Ren. 237,2 Kraków.

Nr. 1363

Manuzio, Aldo: Eleganze Insieme Con La Copia della Lingua Toscana, E Latina ... . – Venedig, 1586.
- Drucker: Aldo Manuzio II.
- Sign.: Ald. Ren. 237,3 Kraków.

Nr. 1364

Manuzio, Aldo: VITA ‖ DI ‖ COSIMO ‖ DE' ‖ MEDICI, ‖ PRIMO ‖ GRAN DVCA ‖ DI ‖ TOSCANA, ‖ ... . – Bologna, 1586.
- Drucker: [Alessandro Benacci].
- Umfang: [4] Bl., 188 S., [2] Bl.; 2°.
- Bogensign.: +⁴, A⁴-Z⁴, AA⁴.
- FP: ,&n- o.ia a.T. trdo (3) 1586 (R).
- Buchschmuck: H.; D.; TK.; E.; EX.
- Prov.: Etienne Graf von Méjan.
- Bibliographien: Adams M 457; Cat. Ital. Books S. 412; Bibl. Aldina S. 148; Budapest M 206.
- Sign.: 4° Ald. Ren. 238,5 [1. Ex.].

Nr. 1365

Manuzio, Aldo: VITA ‖ DI ‖ COSIMO ‖ DE' ‖ MEDICI, ‖ PRIMO ‖ GRAN DVCA ‖ DI ‖ TOSCANA, ‖ ... . – Bologna, 1586.
- Drucker: [Alessandro Benacci].
- Buchbinder: François Bozérian (?).
- Umfang: [4] Bl., 188 S., [2] Bl.; 2°.
- Bogensign.: +⁴, A⁴-Z⁴, AA⁴.
- FP: ,&n- o.ia a.T. trdo (3) 1586 (R).
- Buchschmuck: H.; TK.; E.; EX.
- Prov.: Etienne Graf von Méjan.
- Bibliographien: Adams M 457; Cat. Ital. Books S. 412; Bibl. Aldina S. 148; Budapest M 206.
- Sign.: 4° Ald. Ren. 238,5 [2. Ex.]
- Abbildung: S. 217.

Nr. 1366

Horatius Flaccus, Quintus: DE ‖ LAVDIBVS ‖ VITAE. RVSTICAE ‖ ODE ‖ ... EPODON . SECVNDA ‖ ... . Kommentator: Aldo Manuzio. – Bologna, 1586.
- Buchbinder: François Bozérian.
- Umfang: [4] Bl., 48 S.; 4°.
- Bogensign.: A⁴-G⁴.
- FP: amme e.m, emst ueta (3) 1586 (R).
- Buchschmuck: TH.; E.; EX.
- Prov.: Etienne Graf von Méjan.
- Bibliographien: Cat. Ital. Books S. 334; Bibl. Aldina S. 148.
- Sign.: Ald. Ren. 238,4.

🌺 1587

Nr. 1367

Constitutiones et privilegia: CONSTITVTIONES ‖ ET PRIVILEGIA ‖ PATRIARCHATVS ‖ ET CLERI VENETIARVM. ‖ ... . Hrsg.: Johannes Trivisan. – Venedig, 1587.
- Drucker: Aldo [Manuzio II].
- Buchbinder: René Simier.
- Umfang: 54, [13] Bl.; 4°.
- Bogensign.: A⁴-R⁴.
- FP: a-p- i-a- nei- AiAD (3) 1587 (R).
- Buchschmuck: D.; E.; EX.
- Prov.: Etienne Graf von Méjan.
- Bibliographien: Bibl. Aldina S. 148.
- Sign.: Ald. Ren. 239,2.

Nr. 1368

Bodin, Jean; <ital.>: DEMONOMANIA ‖ DE GLI STREGONI, ‖ cioè ‖ FVRORI, ET MALIE DE' DEMONI, ‖ COL MEZO DE GLI HVOMINI: ‖ Diuisa in Libri IIII. ‖ ... . Übers.: Ercole Cato. – Venedig, 1587.
- Drucker: Aldo [Manuzio II].
- Umfang: [26] Bl., 419 S.; 4°.
- Bogensign.: a¹⁰, b⁸-c⁸, A⁸-Z⁸, Aa⁸-Bb⁸, Cc¹⁰.
- FP: n-e, o-o? lenè ril' (3) 1587 (R).
- Buchschmuck: D.; E.; EX.
- Prov.: Etienne Graf von Méjan.
- Bibliographien: Adams B 2225; Ind. Aur. 120.829; Bibl. Aldina S. 148.
- Sign.: Ald. Ren. 239,3.

Nr. 1369

Manuzio, Aldo; <lat. u. ital.>: Locvtioni dell' Epistole di Cicerone, ... – Venedig, 1587.
- Drucker: Aldo Manuzio II.
- Sign.: Ald. Ren. 239,4 Kraków.

Nr. 1370

Manuzio, Aldo: ORATIO ‖ DE ‖ FRANCISCI ‖ MEDICES ‖ ... . – Florenz, 1587.
- Drucker: Giorgio Marescotti.
- Umfang: [10] Bl.; 4°.
- Bogensign.: A⁴-B⁴, C².
- FP: ETET die- fui- aumi (C) 1587 (R).
- Buchschmuck: H.; D.; E.; EX.
- Prov.: Etienne Graf von Méjan.
- Bibliographien: Adams M 450; Cat. Ital. Books S. 412; Bibl. Aldina S. 148.
- Sign.: Ald. Ren. 239,5.

Nr. 1371

Vergilius Maro, Publius: Bucolica, Georgica, Aeneis, cum. Notis G. Meyen. – Venedig, 1587.
- Drucker: Aldo Manuzio II.
- Sign.: Ald. Ren. 240,a6 Kraków.

🌺 1588

Nr. 1372

Ovidius Naso, Publius: Heroidvm epistolae. Et Auli Sabini responsiones cum Guidonis Morillonii argumentis, et scholiis. Item Joannis Baptistae Egnatii observationes. Nunc ab Jacobo Rosetto auctae scholijs. – Venedig, 1588.
- Drucker: Bibliotheca Aldina; Giovanni de Gara.
- Sign.: Ald. Ren. 240,1 Kraków.

Nr. 1373

Terentius Afer, Publius: Terentivs, a M. Antonio Mvreto, locis prope innvmerabilibvs emendatus. Ejusdem Mureti libellus annotationum. EST: [Comoediae]. – Venedig, 1588.
- Drucker: Aldo Manuzio II; Giovanni de Gara.
- Sign.: Ald. Ren. 240,2 Kraków.

Nr. 1374

Sallustius Crispus, Gaius: ... Conivratio Catilinae, et Bellvm Ivgvrthinvm. Fragmenta eiusdem historiarum, e scriptoribus antiquis ... . EST: [Opera]. – Venedig, 1588.
- Drucker: Aldo Manuzio II.
- Sign.: Ald. Ren. 240,3 Kraków.

Nr. 1375

Caesar, Gaius Iulius: ... Commentarii Ab. Aldo. Manvccio Pavlli. F. Aldi. N. emendati. et Scholiis illvstrati. EST: [Opera]. – Venedig, 1588.
- Drucker: Aldo Manuzio II.
- Sign.: Ald. Ren. 240,4 Kraków.

Nr. 1376

Alberti, Leon Battista: Lepidi Comici. Veteris Philodoxios Fabula. ex antiquitate eruta Ab. Aldo. Manvccio. – Lucca, 1588.
- Drucker: Aldo Manuzio II (?).
- Sign.: Ald. Ren. 240,b6 Kraków.

Nr. 1377

Pomi, David de': DE MEDICO HEBRAEO. ‖ ENARRATIO ‖ APOLOGICA. ‖ ... . – Venedig, 1588.
- Drucker: Giovanni Varisco.
- Umfang: [8] Bl., 127 S.; 4°.
- Bogensign.: *⁴, **⁴, A⁴-Q⁴.
- FP: e-ti r.ex r-na poal (3) 1588 (A).
- Buchschmuck: H.; D.; E.; EX.
- Prov.: Etienne Graf von Méjan.
- Bibliographien: Cat. Ital. Books S. 531.
- Sign.: Ald. Ren. 241,9.

🌺 1589

Nr. 1378

Canones et decreta: Concilivm Tridentinvm, svb Pavlo III. Ivlio III et Pio IIII. Pont. Max. celebratum, et c. nouis figuris exornatum, ... Cum indice Librorum Prohibitorum, a Deputatione ipsius Concilij confecto. EST: [Canones et decreta concilii]. – Venedig, 1589.
- Drucker: Andrea Muschio.
- Sign.: Ald. Ren. 241,1 Kraków.

Nr. 1379

Gozzi, Niccolò Vito di: Discorsi della Penitenza, sopra I Sette Salmi Penitentiali di David. ... . – Venedig, 1589.
- Drucker: Aldo Manuzio II.
- Sign.: Ald. Ren. 242,2 Kraków.

Nr. 1380
Gozzi, Niccolò Vito di: Governo della famiglia, ... : Nel quale breuemente, trattando la uera Economia, s'insegna. ... il Gouerno, non pure della Casa tanto di Città, quanto di Contado ... . – Venedig, 1589.
- Drucker: Aldo Manuzio II.
- Sign.: Ald. Ren. 242,4 Kraków.

Nr. 1381
Ibn-Masawaih, Abu-Zakariya' Yuhanna; <ital.>: I Libri ... de i Semplici purgativi, Et delle medicine composte, ... Nuouamente per M. Giacomo Rossetto in miglior forma e dispositione ordinati per piu commodo vso de' Medici, e di Speciali, e d'altri. EST: [Opera; ital.]. Verf. in Vorlage: Giovanni Mesue. – Venedig, 1589.
- Drucker: Aldo Manuzio II.
- Sign.: Ald. Ren. 242,5 Kraków.

Nr. 1382
Anania, Giovanni Lorenzo: De Natura Daemonvm ... libri Quatuor ... . – Venedig, 1589.
- Drucker: Aldo Manuzio II.
- Sign.: Ald. Ren. 242,6 Kraków.

Nr. 1383
Anania, Giovanni Lorenzo: DE NATVRA ∥ DAEMONVM ∥ ... Libri Quatuor. ∥ ... . – Venedig, 1589.
- Drucker: Aldo [Manuzio II].
- Umfang: [6] Bl., 211 S., 8°.
- Bogensign.: +⁶, A⁸-M⁸, N¹⁰.
- FP: s,n- 0.07 iat, nede (3) 1589 (R).
- Buchschmuck: D.
- Bibliographien: Ind. Aur. 105.089.
- Sign.: Ald. Ren. 242,6ᵃ.

Nr. 1384
Bodin, Jean; <ital.>: DEMONOMANIA ∥ DE GLI STREGONI, ∥ cioè ∥ FVRORI, ET MALIE DE' DEMONI, ∥ COL MEZO DE GLI HVOMINI, ∥ Diuisa in Libri IIII. ∥ ... . Übers.: Ercole Cato. – Venedig, 1589.
- Drucker: Aldo [Manuzio II].
- Umfang: [26] Bl., 419 S.; 4°.
- Bogensign.: a¹⁰, b⁸-c⁸, A⁸-Z⁸, Aa⁸-Bb⁸, Cc¹⁰ [S. 409-412 am Anfang falsch eingebunden].
- FP: n-e, o-o? lenè ril' (3) 1589 (R).
- Buchschmuck: D.; E.; EX.
- Prov.: Etienne Graf von Méjan.
- Bibliographien: Adams B 2226; Ind. Aur. 120.831; Bibl. Aldina S. 150.
- Sign.: Ald. Ren. 242,7.

Nr. 1385
Vairo, Leonardo: De Fascino libri tres ... . – Venedig, 1589.
- Drucker: Aldo Manuzio II.
- Sign.: Ald. Ren. 242,8 Kraków.

Nr. 1386
Manuzio, Aldo: Eleganze ... . – Rom, 1589.
- Drucker: Giacomo Ruffinelli.
- Sign.: Ald. Ren. 243,10 Kraków.

Nr. 1387
Misetic Bobaljevic, Sabo: RIME ∥ AMOROSE, E PASTORALI, ∥ ET SATIRE, ∥ ... . Verf. in Vorlage: Savino de Bobali. – Venedig, 1589.
- Drucker: Aldo [Manuzio II].
- Buchbinder: René Simier.
- Umfang: [4]Bl., 171, [1] S., [2] Bl.; 4°.
- Bogensign.: *⁴, A⁴-Y⁴.
- FP: e-tù o.o, i.i, MiSu (3) 1589 (R).
- Buchschmuck: H.; D.; E.; EX.
- Prov.: Etienne Graf von Méjan.
- Bibliographien: Adams B 2123; Cat. Ital. Books S. 107; Bibl. Aldina S. 150.
- Sign.: Ald. Ren. 243,12
- Abbildung: S. 219.

Kat.-Nr. 1430
Ansicht von Augsburg
mit szenischen Darstellungen
(Titelkupfer)

Nr. 1388

Caro, Annibale: Gli Straccioni Comedia ... . – Venedig, 1589.
- Drucker: Aldo Manuzio II.
- Sign.: Ald. Ren. 243,13 Kraków.

Nr. 1389

Tasso, Torquato: Aminta Favola Boschereccia ... . – Venedig, 1589.
- Drucker: Aldo Manuzio II.
- Sign.: Ald. Ren. 243,14 Kraków.

Nr. 1390

Contarini, Gasparo: ... DE ‖ Magistratibus, ‖ et ‖ Republica ‖ VENETORVM. ‖. – Venedig, 1589.
- Drucker: Aldo [Manuzio II].
- Umfang: 62 Bl.; 4°.
- Bogensign.: A⁴-P⁴, Q².
- FP: n-r- uin- s,o& ctma (3) 1589 (R).
- Buchschmuck: D.; E.; EX.
- Prov.: Etienne Graf von Méjan.
- Bibliographien: Adams C 2568; Cat. Ital. Books S. 195; Ind. Aur. 143.962; Bibl. Aldina S. 151.
- Sign.: Ald. Ren. 243,15.

Nr. 1391

Contarini, Gasparo: ... DE ‖ Magistratibus, ‖ et ‖ Republica ‖ VENETORVM. ‖. – Venedig, 1589.
- Drucker: Aldo [Manuzio II].
- Umfang: 62 Bl.; 4°.
- Bogensign.: A⁴-P⁴, Q².
- FP: n-r- uin- s,o& ctma (3) 1589 (R).
- Buchschmuck: D.; E.; EX.
- Prov.: Gottlieb Ernst Schmid.
- Bibliographien: Ald. Ren. 243,15; Adams C 2568; Cat. Ital. Books S. 195; Ind. Aur. 143.962; Bibl. Aldina S. 151.
- Sign.: 1 an Rp 8810 RAR.

Nr. 1392

Manuzio, Aldo): QVAE superioribus diebus effossa fuit Vicetiae ue-‖ tus inscriptio, in honorem Gordiani ... . EST: [Dissertatio de inscriptione in honorem Gordiani facta effossa Vincentiae]. – [Venedig], [1589].
- Drucker: [Aldo Manuzio II].
- Umfang: [3] Bl.; 4°.
- Bogensign.: A⁴.
- FP: erAn r-e- e-um exum (C) 1589 (Q).
- Buchschmuck: E.; EX.
- Prov.: Etienne Graf von Méjan.
- Sign.: Ald. Ren. 265,35.

1590

Nr. 1393

Biblia, VT. u. NT.; <lat.>: BIBLIA SACRA ‖ VVLGATAE EDITIONIS ‖ ... . EST: [Biblia, VT. u. NT.; lat.]. Hrsg.: Sixtus <Papa, V.>. – (Rom), (1590).
- Drucker: Typographia Apostolica Vaticana.
- Buchbinder: Motet.
- Umfang: [11] Bl., 479, [1] S., [2] Bl., S. 481–899, [1] S., [2] Bl., S. 901–1141 [=1131]; 2°.
- Bogensign.: ³, *⁶, **², A⁶-Z⁶, Aa⁶-Rr⁶, ***², Ss⁶-Zz⁶, Aaa⁶-Zzz⁶, Aaaa⁶-Ffff⁶, ****², Gggg⁶-Zzzz⁶, Aaaaa⁶, Bbbbb⁸.
- FP: XCna o-m- o-e- gici (3) 1590 (R).
- Buchschmuck: TE.; E.; EX.
- Prov.: Etienne Graf von Méjan.
- Bibliographien: Adams B 1098; Cat. Ital. Books S. 93.
- Sign.: 2° Ald. Ren. 243,1.

Nr. 1394

Huarte de San Juan, Juan; <ital.>: Essame de gl'Ingegni de gl' hvomini, Per apprender le Scienze: Nel quale, scoprendosi la varietà delle nature, si mostra, a che professione sia atto ciascuno, et quanto profitto habbia fatto in essa: ... tradotto dalla lingua Spagnuola da M. Camillo Camilli. EST: [Examen de Ingenios; ital.]. – Venedig, 1590.
- Drucker: Aldo Manuzio II.
- Sign.: Ald. Ren. 244,2 Kraków.

Nr. 1395

Manuzio, Aldo: Epitome Orthographiae. Ex Libris antiquis Grammaticis Etymologia Graeca consuetudine Nummis ueteribus Tabulis aereis Lapidibus, ... – Venedig, 1590.
- Drucker: Aldo Manuzio II.
- Sign.: Ald. Ren. 244,3 Kraków.

Nr. 1396

Rocca, Angelo: Osservationi intorno alle belezze della lingua latina ... . – Venedig, 1590.
- Drucker: Aldo Manuzio II.
- Sign.: Ald. Ren. 244,4 Kraków.

Nr. 1397

Tasso, Torquato: AMINTA ‖ FAVOLA ‖ BOSCHERECCIA ‖ ... . – Venedig, 1590.
- Drucker: Aldo [Manuzio II].
- Umfang: [4] Bl., 80 S.; 4°.
- Bogensign.: *⁴, A⁴-K⁴.
- FP: i,m- cai, a,ta LaAc (3) 1590 (R).
- Buchschmuck: H.; D.; E.; EX.
- Prov.: Etienne Graf von Méjan.
- Bibliographien: Adams T 223; Cat. Ital. Books S. 660; Bibl. Aldina S. 151; Ebert 22329.
- Sign.: Ald. Ren. 245,5.

Nr. 1398

Manassi, Niccolò: Oracoli Politici cioè sentenze, et docvmenti nobili, et illustri Raccolti da tutti gli antichi, e principali auttori Hebrei, Greci, et Latini, per ornamento e conseruatione della vita Christiana e civile co i fiori de gli Apostemmi di Plutarco. – Venedig, 1590.
- Drucker: Aldo Manuzio II.
- Sign.: Ald. Ren. 245,6 Kraków.

Nr. 1399

Pontanus, Jacobus: Progymnasmatvm Ad vsum Scholarum Humaniorum ... Volumen Primum cum Annotationibus de rebus litterariis. – Venedig, 1590.
- Drucker: Aldo Manuzio II.
- Sign.: Ald. Ren. 245,7 Kraków.

Nr. 1400

Bellinato, Francesco: Discorso di Cosmografia in Dialogo. Doue si ha piena notitia di Prouincie, Città, Castella, Popoli, Monti, Mari, Fiumi, Laghi di tutto l'Mondo. – Venedig, 1590.
- Drucker: Aldo Manuzio II.
- Sign.: Ald. Ren. 245,9 Kraków.

Nr. 1401

Manuzio, Aldo: Le Attioni di Castruccio Castracane de gli Antelminelli, Signore di Lvcca. Con la genealogia della famiglia: Estratte dalla nuoua Discrittione d'Italia, ... – Rom, 1590.
- Drucker: Giovanni Gigliotti, Erben.
- Sign.: Ald. Ren. 246,10 Kraków.

Nr. 1402

Welser, Marcus: INSCRIPTIONES ‖ ANTIQVAE ‖ AVGVSTAE ‖ VINDELICORVM. ‖ ... . Verf. in Vorlage: Marcus Velser. – Venedig, 1590.
- Drucker: Aldo [Manuzio II].
- Buchbinder: René Simier (?).
- Umfang: 42, [2] Bl.; 4°.
- Bogensign.: A⁴-L⁴.
- FP: ido. e.o- j?us lucu (3) 1590 (R).
- Buchschmuck: D.; E.; EX.
- Prov.: Etienne Graf von Méjan.
- Bibliographien: Adams A 2151; Cat. Ital. Books S. 714; Bibl. Aldina S. 152.
- Sign.: Ald. Ren. 246,11.

1591

Nr. 1403

Gozzi, Niccolò Vito di: Dello STATO delle ‖ REPVBLICHE ‖ Secondo la mente ‖ DI ARISTOTELE ‖ CON ESSEMPI MODERNI ‖ Giornate otto, ‖ ... . – Venedig, 1591.
- Drucker: Aldo [Manuzio II].
- Buchbinder: René Simier.
- Umfang: [4] Bl., 446 [=444] S., [26] Bl.; 4°.
- Bogensign.: +⁴, A⁴-Z⁴, Aa⁴-Zz⁴, Aaa⁴-Kkk⁴, A⁴-F⁴.
- FP: elle seea ton- mepa (3) 1591 (R).
- Buchschmuck: D.; E.; EX.
- Prov.: Etienne Graf von Méjan.
- Bibliographien: Adams G 920; Cat. Ital. Books S. 310; Budapest G 363; Bibl. Aldina S. 152.
- Sign.: Ald. Ren. 246,1.

Nr. 1404

Gozzi, Niccolò Vito di: Dello STATO delle ‖ REPVBLICHE ‖ Secondo la mente ‖ DI ARISTOTELE ‖ CON ESSEMPI MODERNI ‖ Giornate otto, ‖ ... . – Venedig, 1591.
- Drucker: Aldo [Manuzio II].
- Umfang: [28] Bl., 446 [=444] S., [2] Bl.; 4°.
- Bogensign.: +⁴, A⁴-F⁴, A⁴-Z⁴, Aa⁴-Zz⁴, Aaa⁴-Kkk⁴ [unvollst.: Kkk⁴ fehlt].
- FP: elle l-Mo ton- mepa (3) 1591 (R).
- Buchschmuck: D.; EX.
- Prov.: Baron Carlo Sahrer di Sahr; Graf Gozzi di Ragusa, Rom, 14. April 1871; Historisches Institut der Universität, Leipzig, Seminar für mittlere und neuere Geschichte.
- Bibliographien: Adams G 920; Cat. Ital. Books S. 310; Budapest G 363; Bibl. Aldina S. 152.
- Sign.: Ald. Ren. 246,1ª.

Nr. 1405

Estienne, Charles; <ital.>): AGRICOLTVRA ‖ NVOVA, ‖ ET CASA DI VILLA, ‖ ... . EST: [Praedium rusticum; ital.]. Verf. in Vorlage: (Carolus Stephanus). Beigef.: (Jean Clamorgan; <ital.>: LA CACCIA ‖ DEL LVPO, NECESSARIA ALLA CASA ‖ DI VILLA, ‖ ...). Übers.: Ercole Cato. – Venedig, 1591.
- Drucker: Aldo [Manuzio II].
- Umfang: [16] Bl., 511 [=508] S., [1] Bl.; 4°.
- Bogensign.: +⁴, A⁸, C⁴, A⁸-Z⁸, Aa⁸-Hh⁸, Ii⁷.
- FP: no,& 16i- o.o- l'pa (3) 1591 (R).
- Buchschmuck: D.; E.; EX.
- Prov.: Etienne Graf von Méjan.
- Bibliographien: Adams S 1723; Bibl. Aldina S. 153.
- Sign.: Ald. Ren. 246,2.

Nr. 1406

Manuzio, Aldo: Orthographiae Ratio, ... – Venedig, 1591.
- Drucker: Aldo Manuzio II.
- Sign.: Ald. Ren. 246,3 Kraków.

Nr. 1407

Nizzoli, Mario: ... Thesaurus Ciceronianus. ‖ ... . Hrsg.: Basilio Zanchi; Marcello Squarcialupi. – Venedig, 1591.
- Drucker: Aldo [Manuzio II]; (Domenico Nicolini da Sabbio).
- Umfang: [6] Bl., 1360 Sp., [3] Bl.; 2°.
- Bogensign.: *⁶, A⁸-Z⁸, Aa⁸-Tt⁸, Vu⁷.
- FP: umre a-a. m,i- adad (3) 1591 (R).
- Buchschmuck: D.; E.; EX.
- Prov.: Etienne Graf von Méjan.
- Bibliographien: Adams N 314; Cat. Ital. Books S. 468; Bibl. Aldina S. 153.
- Sign.: 4° Ald. Ren. 246,4.

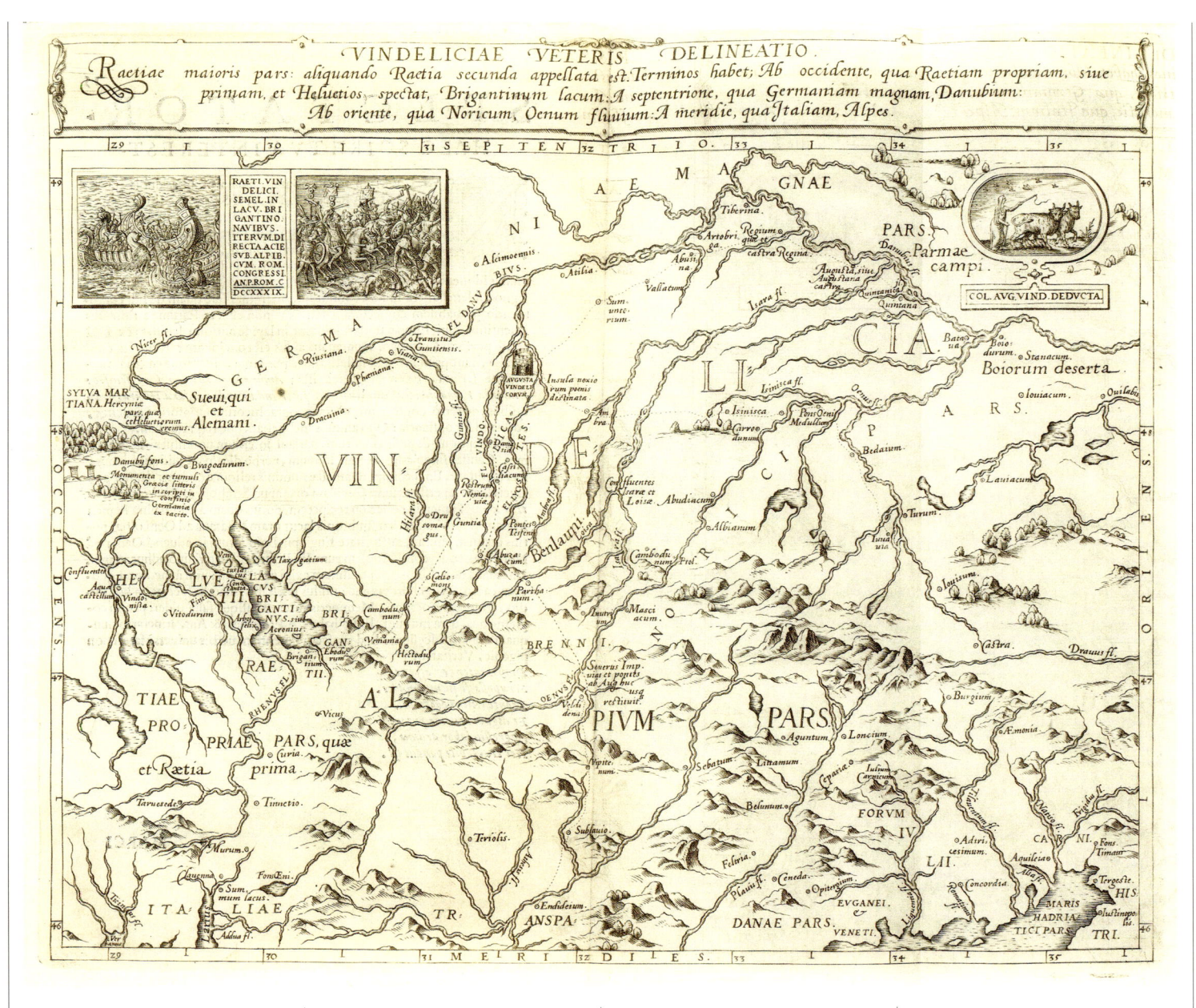

Nr. 1408

Tabula Peutingeriana: FRAG-
MENTA ∥ TABVLAE ANTI-
QVAE, ∥ IN QVIS ∥ ALIQVOT PER
ROM. ∥ Prouincias Itinera. ∥ Ex Peu-
tingerorum bibliotheca. ∥ ... . EST:
[Tabula Peutingeriana]. Hrsg.: Mar-
cus Welser. – Venedig, 1591.
- Drucker: Aldo [Manuzio II].
- Buchbinder: René Simier.
- Umfang: 60 S., [2] Bl.; 4°.
- Bogensign.: A⁴–H⁴.
- FP: o–ro nena t.E. sict (3) 1591 (R).
- Buchschmuck: D.; T.; E.; EX.
- Prov.: Etienne Graf von Méjan.
- Bibliographien: Adams V 363; Cat. Ital. Books S. 714; Bibl. Aldina S. 153.
- Sign.: Ald. Ren. 246,5.

Nr. 1409

Conversio et passio: CONVER-
SIO ∥ ET PASSIO ∥ SS. Marty-
rum ∥ AFRAE, HILARIAE, DIGNAE, ∥
EVNOMIAE, EVTROPIAE, ∥ ... .
Hrsg.: Marcus Welser. – Venedig,
1591.
- Drucker: Aldo [Manuzio II].
- Buchbinder: René Simier.
- Umfang: 67, [1] Bl.; 4°.
- Bogensign.: A⁴–R⁴.
- FP: edyr n-o- p-j- Atui (3) 1591 (R).
- Buchschmuck: D.; E.; EX.
- Prov.: Etienne Graf von Méjan.
- Bibliographien: Adams A 320; Cat. Ital. Books S. 10; Bibl. Aldina S. 153.
- Sign.: Ald. Ren. 247,6.

Nr. 1410

Conversio et passio: CONVER-
SIO ∥ ET PASSIO ∥ SS. Marty-
rum ∥ AFRAE, HILARIAE, DIGNAE, ∥
EVNOMIAE, EVTROPIAE, ∥ ... .
Hrsg.: Marcus Welser. – Venedig,
1591.
- Drucker: Aldo [Manuzio II].
- Umfang: 67, [1] Bl.; 4°.
- Bogensign.: A⁴–R⁴ [unvollst.: Lage R fehlt].
- FP: edyr n-o- p-j- Atui (3) 1591 (R).
- Buchschmuck: D.
- Prov.: Bibliotheca Thorun. PP. Bernardinorum, Thorn; Andreas Brain.
- Bibliographien: Ald. Ren. 247,6; Adams A 320; Cat. Ital. Books S. 10; Bibl. Aldina S. 153.
- Sign.: Dw 730 RAR.

Nr. 1411

**Strein von Schwarzenau,
Richard:** De Gentib. et familiis
Romanorvm ... . – Venedig, 1591.
- Drucker: Aldo Manuzio II.
- Sign.: Ald. Ren. 247,8 Kraków.

Nr. 1412

Contarini, Gasparo; <ital.>: Del-
la Repvblica et Magistrati di
Venetia libri v. ... Con un Ragiona-
mento intorno alla medesima di
M. Donato Giannotti Fiorentino. Et
i discorsi di M. Sebastiano Erizzo,
et di M. Bartolomeo Caualcanti:

Kat.-Nr. 1430
Karte von Vindelicia (Gebiet um Augsburg, Kempten und Bregenz) (Kupferstich)

aggiontoui vno di nuovo dell' eccelenza delle Repvbliche, ... EST: [De magistratibus; ital.]. – Venedig, 1591.
- Drucker: Aldo Manuzio II.
- Sign.: Ald. Ren. 247,9 Kraków.

Nr. 1413

Brisson, Barnabé: De regio Persarum principatv Libri tres. ... . – Paris, 1591.
- Drucker: Robert Colombel.
- Sign.: Ald. Ren. 300,9 Kraków.

🌷 1592

Nr. 1414

Biblia, VT. u. NT.; <lat.>: [RS] BIBLIA ∥ SACRA ∥ VVLGATAE ∥ EDITIONIS ∥. EST: [Biblia, VT. u. NT.; lat.]. Hrsg.: (Sixtus <Papa, V.>). Rom, 1592.
- Drucker: Typographia Apostolica Vaticana.
- Umfang: [6] Bl., 1131, [1], 23 S.; 2°.
- Bogensign.: *⁶, A⁶-Z⁶, Aa⁶-Zz⁶, Aaa⁶-Zzz⁶, Aaaa⁶-Zzzz⁶, Aaaaa⁶, Bbbbb⁸, a⁶, b⁶.
- FP: m,n- unû, o-e- taAi (3) 1592 (R).
- Buchschmuck: K.; E.; EX.
- Prov.: Etienne Graf von Méjan.
- Bibliographien: Adams B 1101; Cat. Ital. Books S. 93.
- Sign.: 2° Ald. Ren. 248,1.

Nr. 1415

Bellanda, Cornelio: Viaggio spirituale ... – Venedig, 1592.
- Drucker: Aldo Manuzio II.
- Sign.: Ald. Ren. 248,2 Kraków.

Nr. 1416

LeRoy, Loys; <ital.>: DELLA ∥ VICISSITVDINE ∥ O' MVTABILE VARIETA ∥ DELLE COSE NELL' VNIVERSO ∥ Libri XII. ∥ ... . Verf. in Vorlage: Luigi Regio. Übers.: Ercole Cato. – Venedig, 1592.
- Drucker: Aldo [Manuzio II].
- Umfang: [16]Bl., 327 S.; 4°.
- Bogensign.: a⁴, a⁴, b⁴, A⁸-V⁸, X⁴.
- FP: iul- o4i- i,le gotu (3) 1592 (R).
- Buchschmuck: H.; D.; E.; EX.
- Prov.: Etienne Graf von Méjan.
- Bibliographien: Adams L 535; Cat. Ital. Books S. 376; Bibl. Aldina S. 154; Budapest L 196.
- Sign.: Ald. Ren. 248,3.

Nr. 1417

Bodin, Jean; <ital.>: DEMONOMANIA ∥ DE GLI STREGONI, ∥ cioè ∥ FVRORI, ET MALIE DE' DEMONI, ∥ COL MEZO DE GL'HVOMINI: ∥ Diuisa in Libri IIII. ∥ ... . Übers.: Ercole Cato. – Venedig, 1592.
- Drucker: Aldo [Manuzio II].
- Umfang: [26] Bl., 419 S.; 4°.
- Bogensign.: *⁴, **⁶, ***⁸, ****⁸, A⁸-Z⁸, Aa⁸-Bb⁸, Cc¹⁰.
- FP: a-n- tao. lenè ril' (3) 1592 (R).
- Buchschmuck: D.; E.; EX.
- Prov.: Etienne Graf von Méjan.
- Bibliographien: Adams B 2227; Cat. Ital. Books S. 113; Ind. Aur. 120.846; Bibl. Aldina S. 154; Budapest B 719.
- Sign.: Ald. Ren. 248,4 [1.Ex.].

Nr. 1418

Bodin, Jean; <ital.>: DEMONOMANIA ∥ DE GLI STREGONI, ∥ cioè ∥ FVRORI, ET MALIE DE' DEMONI, ∥ COL MEZO DE GL'HVOMINI: ∥ Diuisa in Libri IIII. ∥ ... . Übers.: Ercole Cato. – Venedig, 1592.
- Drucker: Aldo [Manuzio II].
- Buchbinder: François Bozérian (?).
- Umfang: [26] Bl., 419 S.; 4°.
- Bogensign.: *⁴, **⁶, ***⁸, ****⁸, A⁸-Z⁸, Aa⁸-Bb⁸, Cc¹⁰.
- FP: a-n- tao. lenè ril' (3) 1592 (R).
- Buchschmuck: D.; E.; EX.
- Prov.: Etienne Graf von Méjan.
- Bibliographien: Adams B 2227; Cat. Ital. Books S. 113; Ind. Aur. 120.846; Bibl. Aldina S. 154; Budapest B 719.
- Sign.: Ald. Ren. 248,4 [2.Ex.].

Nr. 1419

Calepino, Ambrogio; <polygl.>: [RS] ... DICTIONARIVM, ∥ In quo restituendo, atque exornando haec praestitimus. ∥ ... . Beigef.: Ambrogio Calepino; <polygl.>: (DICTIONARII ∥ ... PARS SECVNDA. ∥ ...); Enrico Farnese: (... DE VERBORVM SPLENDORE ET DELECTV ...); (Antonio Bevilacqua: VOCABVLARIO ∥ VOLGARE, ∥ ET LATINO. ∥ ...). Hrsg.: Paolo Manuzio. Kommentator: Paolo Manuzio. – Venedig, 1592.
- Drucker: Aldo [Manuzio II]; (Domenico Nicolini [da Sabbio]).
- Umfang: [2], 234, 224 [=228], 16, 20, 41 [=50] Bl.; 2°.
- Bogensign.: ², A⁸-Z⁸, Aa⁸-Ee⁸, Ff¹⁰, Aaa⁸-Zzz⁸, Aaaa⁸-Eeee⁸, Ffff⁴, A⁸-B⁸, A⁸, B⁶-C⁶, a-e⁸, f¹⁰.
- FP: a.a. 4.ω, n-m- cere (3) 1592 (R).
- Buchschmuck: D.; E.; EX.
- Prov.: Etienne Graf von Méjan.
- Bibliographien: Adams C 224; Ind. Aur. 129.521; Bibl. Aldina S. 154.
- Sign.: 2° Ald. Ren. 248,5.

Nr. 1420

Manuzio, Paolo: [RS] IN. EPISTOLAS ∥ M. TVLLII ∥ CICERONIS ∥ QVAE ∥ FAMILIARES ∥ VOCANTVR ∥ ... Commentarius. – Venedig, 1592.
- Drucker: Aldo [Manuzio II].
- Buchbinder: Luigi Lodigiani (?).
- Umfang: [34] Bl., 614 S., [1] Bl.; 2°.
- Bogensign.: *², a⁴-h⁴, A⁴-Z⁴, Aa⁴-Zz⁴, Aaa⁴-Zzz⁴, Aaaa⁴-Hhhh⁴.
- FP: m.n- 4072 i-ip tect (3) 1592 (R).
- Buchschmuck: H.; D.; E.; EX.
- Prov.: Etienne Graf von Méjan.
- Bibliographien: Bibl. Aldina S. 155.
- Sign.: 4° Ald. Ren. 248,6.

Nr. 1421

Cicero, Marcus Tullius: De Officiis libri tres. Cato Maior. Laelivs. Paradoxa Stoicorum sex. Somnivm Scipionis. EST: [Opera philosophica, Teils.]. – Venedig, 1592.
- Drucker: Domenico Farri.
- Sign.: Ald. Ren. 249,8 Kraków.

Nr. 1422

Manuzio, Aldo: LETTERE ∥ VOLGARI ∥ ... AL MOLTO ILL. SIG. ∥ LODOVICO RICCIO. ∥. – Rom, 1592.
- Drucker: Santi et Comp.
- Umfang: [3] Bl., 270 S., [2] Bl.; 4°.
- Bogensign.: A⁴-Z⁴, Aa⁴-Mm⁴.
- FP: lel- i,a' u-ra iodo (3) 1592 (R).
- Buchschmuck: D.; E.; EX.
- Prov.: ... Da Lascia (?); Marc Foscarini; Etienne Graf von Méjan.
- Bibliographien: Adams M 449; Cat. Ital. Books S. 412; Bibl. Aldina S. 155; Ebert 13000.
- Sign.: Ald. Ren. 249,10
- Abbildung: S. 220.

Nr. 1423

Livius, T[itus]: [RS] ... HISTORIARVM ∥ AB. VRBE. CONDITA ∥ LIBRI. QVI. EXTANT ∥ XXXV ∥ Cum Vniversae Historiae ∥ EPITOMIS ∥ ... . EST: [Ab urbe condita]. Beigef.: Carlo Sigonio: [RS] ... Scholijs, ∥ Quibus ijdem libri, atque epitomae partim emendantur ∥ partim etiam explanantur, ∥ ... . – Venedig, 1592.
- Drucker: Aldo [Manuzio II].
- Buchbinder: Luigi Lodigiani.
- Umfang: [4]Bl., 398 S., [99] Bl.; 2°.
- Bogensign.: a⁴, A⁸-Z⁸, Aa⁸-Nn⁸, Oo¹⁰.
- FP: n-ad i-t, rej, tuab (3) 1592 (R).
- Buchschmuck: H.; D.; E.; EX.
- Prov.: Etienne Graf von Méjan.
- Bibliographien: Adams L 1351; Bibl. Aldina S. 155; Ebert 12098.
- Sign.: 4° Ald. Ren. 249,12.

Nr. 1424

Paleotti, Gabriele: DE SACRI ∥ CONSISTORII ∥ CONSVLTATIONIBVS ∥ ... . – Rom, 1592.
- Drucker: Typographia Apostolica Vaticana.
- Umfang: [8] Bl., 383, [1] S., [12] Bl.; 2°.
- Bogensign.: *⁸, A⁶-Z⁶, Aa⁶-Ll⁶.
- FP: one- t.i- utu- dequ (3) 1592 (R).
- Buchschmuck: EX.
- Prov.: Etienne Graf von Méjan.
- Bibliographien: Adams P 91; Budapest P 21.
- Sign.: 4° Ald. Ren. 250,14.

🌷 1593

Nr. 1425

Biblia, VT. u. NT.; <lat.>: [RS] BIBLIA SACRA ∥ VVLGATAE ∥ EDITIONIS ∥ ... . EST: [Biblia, VT. u. NT.; lat.]. Hrsg.: Sixtus <Papa, V.>. – Rom, 1593.
- Drucker: Typographia Apostolica Vaticana.
- Umfang: [4] Bl., 1088, 20 S., [23] Bl.; 4°.
- Bogensign.: *⁴, A⁸-Z⁸, Aa⁸-Zz⁸, Aaa⁸-Yyy⁸, a¹⁰, *⁶, +, ++¹⁰.
- FP: o-s, i-e- emsi sc*D (3) 1593 (R).
- Buchschmuck: D.; E.; EX.
- Prov.: Etienne Graf von Méjan.
- Bibliographien: Adams B 1102; Cat. Ital. Books S. 93; Bibl. Aldina S. 155.
- Sign.: Ald. Ren. 250,1.

Nr. 1426

Horatius Flaccus, Quintus: ... Poemata. Novis Scholiis, et Argumentis illustrata. EST: [Opera]. – Venedig, 1593.
- Drucker: Domenico Farri.
- Sign.: Ald. Ren. 251,3 Kraków.

Nr. 1427

Crispo, Giovanni Battista: Vita di Giacopo Sannazaro ... . – Rom, 1593.
- Drucker: Luigi Zanetti.
- Sign.: Ald. Ren. 251,4 Kraków.

🌷 1594

Nr. 1428

Manuzio, Aldo: Eleganze insieme con la copia della lingva toscana, e latina ... . – Venedig, 1594.
- Drucker: Aldo Manuzio II.
- Sign.: Ald. Ren. 251,1 Kraków.

Nr. 1429

Manuzio, Aldo; <lat. u. ital.>: Locvtioni dell' Epistole di Cicerone, ... – Venedig, 1594.
- Drucker: Aldo Manuzio II.
- Sign.: Ald. Ren. 252,a2 Kraków.

Nr. 1430

Welser, Marcus: ... RERVM. AUGVSTA ∥ NAR. VINDELICAR ∥ LIBRI. OCTO. ∥. Verf. in Vorlage: Marcus Velser. Illustrator: Alexander Mair. – (Venedig), 1594.
- Drucker: [Aldo Manuzio II].
- Umfang: [3] Bl., 377 [=277], [1] S.; 2°.
- Bogensign.: A⁴-B⁴, C², D², E⁴-Z⁴, Aa⁴-Nn⁴, Oo² [unvollst.: D¹, D² fehlen].
- FP: e-s, i-e- t.ue dibu (3) 1594 (R).
- Buchschmuck: TE.; K.; T.; E.; EX.
- Prov.: Etienne Graf von Méjan.
- Bibliographien: Adams V 364; Cat.

Ital. Books S. 714; Bibl. Aldina S. 156; Ebert 23961.
- Sign.: 4° Ald. Ren. 252,4
- Abbildungen: S. 223, 225.

1595

Nr. 1431
Manuzio, Paolo: ... Epistolae et Praefationes. – Venedig, 1595.
- Drucker: Domenico Farri.
- Sign.: Ald. Ren. 252,b1 Kraków.

Nr. 1432
Bellinato, Francesco]: Discorso di Cosmografia in dialogo. Doue si ha piena notitia di Prouincie, Città, Castella, Popoli, et Monti, Mari, Fiumi, Laghi di tutto l'Mondo. – Venedig, 1595.
- Drucker: Aldo Manuzio II.
- Sign.: Ald. Ren. 252,b2 Kraków.

Nr. 1433
Pribojevic, Vinko: DELLA ‖ ORIGINE SVCESSI ‖ DEGLI SLAVI ‖ ORATIONE. ‖ ... . Verf. in Vorlage: Vincenzo Pribevo. Übers.: Bellisario Malaspalli. – Venedig, 1595.
- Drucker: Aldo [Manuzio II].
- Umfang: [8] Bl., 79, [1] S.; 4°.
- Bogensign.: a^8, A^4–K^4.
- FP: eti– i.o. nee, dost (3) 1595 (R).
- Buchschmuck: D.; EX.
- Prov.: Etienne Graf von Méjan.
- Bibliographien: Adams P 2086; Cat. Ital. Books S. 539; Bibl. Aldina S. 156; Budapest P 869.
- Sign.: Ald. Ren. 253,3 [1. Ex.].

Nr. 1434
Pribojevic, Vinko: DELLA ‖ ORIGINE SVCESSI ‖ DEGLI SLAVI ‖ ORATIONE. ‖ ... . Verf. in Vorlage: Vincenzo Pribevo. Übers.: Bellisario Malaspalli. – Venedig, 1595.
- Drucker: Aldo Manuzio [II].
- Buchbinder: François Bozérian.
- Umfang: [8] Bl., 79, [1] S.; 4°.
- Bogensign.: a^8, A^4–K^4.
- FP: eti– i.o. nee, dost (3) 1595 (R).
- Buchschmuck: D.; EX.
- Prov.: Etienne Graf von Méjan.
- Bibliographien: Adams P 2086; Cat. Ital. Books S. 539; Bibl. Aldina S. 156; Budapest P 869.
- Sign.: Ald. Ren. 253,3 [2. Ex.].

1596

Nr. 1435
Aurelius <Brandolinus>: ... Oratio ‖ DE. VIRTVTIBVS. D. N. IESV. CHRISTI ‖ ... . Verf. in Vorlage: Lippus Aurelius Brandolinus. – Rom, 1596.
- Drucker: Domenico Basa.
- Umfang: 24 S.; 4°.
- Bogensign.: A^{12}.
- FP: e,de o-o- usi– intr (3) 1596 (R).
- Buchschmuck: TH.; E.; EX.
- Prov.: Etienne Graf von Méjan.
- Bibliographien: Ind. Aur. 123.644.
- Sign.: Ald. Ren. 253,1.

Nr. 1436
Manuzio, Gi[ovanni] Pietro; Manuzio, Paolo: TRANSSILVANIAE ‖ OLIM . DACIAE . DICTAE ‖ DESCRIPTIO ‖ ... . Hrsg.: Georg von Reichersdorff. – Rom, 1596.
- Drucker: (Ex Typographia Accoltiana) [= Vincenzo Accolti].
- Buchbinder: François Bozérian.
- Umfang: [4] Bl., 43, [1] S., [2] Bl.; 4°.
- Bogensign.: +^{4}, A^4–F^4.
- FP: a–ut t,s, u–n– uepe (3) 1596 (R).
- Buchschmuck: TH.; T.; E.; EX.
- Prov.: Philipp Caims I. C. (?); Etienne Graf von Méjan.
- Bibliographien: Cat. Ital. Books S. 411; Budapest M 178; Ebert 13004.
- Sign.: Ald. Ren. 253,2.

1598

Nr. 1437
Sophocles; <kroat.>]: ELEKTRA ‖ TRAGEDIA. ‖ ... . Beigef.: [Torquato Tasso]; <kroat.>: ... GLIVBMIR ‖ PRIPOVIES PASTIRSKA. ‖ ...; [Publius Ovidius Naso]; <kroat.>: ... I GLIVBAV, I SMART ‖ PIRAMA, I Tisbe. ‖ ...; Dominko Zlataric: ... Piesni ù ‖ Smart od raslizieh. ‖ ... . Übers.: Dominko Zlataric. – Venedig, 1598, (1597).
- Drucker: Aldo [Manuzio II].
- Umfang: [6], 36, [4] Bl., Bl. 37–102 [= 100], [2] Bl.; 4°.
- Bogensign.: *^{6}, A^4–Z^4, Aa^4–Bb^4, Cc^6.
- FP: r–s– é.is h?h, DàSa (3) 1598 (R).
- Buchschmuck: H.; D.; E.; EX.
- Prov.: Etienne Graf von Méjan.
- Bibliographien: Ebert 21318.
- Sign.: 4° Ald. Ren. 254,1.

Nr. 1438
Ciccarelli, Antonio: DISCORSI ‖ SOPRA TITO LIVIO ‖ ... . – Rom, 1598.
- Verleger: Giovanni Angelo Ruffinelli.
- Drucker: Stefano Paolini [II].
- Umfang: [20] Bl., 308 [=304] S.; 4°.
- Bogensign.: a^4–e^4, A^4–Z^4, Aa^4–Pp^4.
- FP: amri s-a, a.n– imin (3) 1598 (R).
- Buchschmuck: D.; EX.
- Prov.: Etienne Graf von Méjan; Bibliot. Bossianae Alexandrinae.
- Bibliographien: Adams C 1635; Cat. Ital. Books S. 173; Ind. Aur. 137.200.
- Sign.: Ald. Ren. 254,2

Nr. 1439
Ciccarelli, Antonio: DISCORSI ‖ SOPRA TITO LIVIO ‖ ... . – Rom, 1598.
- Verleger: Giovanni Angelo Ruffinelli.
- Drucker: Stefano Paolini [II].
- Umfang: [20] Bl., 308 [=304] S.; 4°.
- Bogensign.: a^4–e^4, A^4–Z^4, Aa^4–Pp^4.
- FP: amri s-a, a.n– imin (3) 1598 (R).
- Buchschmuck: D.; EX.
- Prov.: Heinrich Friedrich von Diez.
- Bibliographien: Adams C 1635; Cat. Ital. Books S. 173; Ind. Aur. 137.200; vgl. Ald. Ren. 254,2.
- Sign.: B. Diez 4° 1261.

1601

Nr. 1440
Manuzio, Aldo: Venticinque. Discorsi politici sopra Livio. Della seconda Guerra Cartaginese. ... . – Rom, 1601.
- Drucker: Guglielmo Facciotti.
- Sign.: Ald. Ren. 255,1 Kraków.

o.J.

Nr. 1441
Manuzio, Aldo Pio: ... Grammaticarum Institutionvm libri IV. ... . – Venedig.
- Sign.: Ald. Ren. 263,18 Kraków.

Nr. 1442
Manuzio], Aldo [Pio]): De litteris graecis, ac diphthongis, et quemadmodum ad nos ueniant. ‖ ... .
- Buchbinder: François Bozérian (?).
- Umfang: [20] Bl.; 4°.
- Bogensign.: A^8, B^{12}.
- FP: teé/ eooϑ e.æ. σετο (C).
- Buchschmuck: E.; EX.
- Prov.: Etienne Graf von Méjan.
- Sign.: Ald. Ren. 263,19.

Nr. 1443
Didymus <Chalcenterus>; <griech.>: Interpretationes et perantiquae et perquam utiles in Homeri Iliada ... . – Venedig.
- Sign.: Ald. Ren. 263,20 Kraków.

Nr. 1444
Elezione et obligo: ELETTIONE ‖ ET OBLIGO DE I QVATTRO ‖ NODARI DELL' ACADEMIA. ‖.
- Buchbinder: François Bozérian.
- Umfang: [1] Bl.; 4°.
- Bogensign.: ^{2}.
- Buchschmuck: E.; EX.
- Prov.: Etienne Graf von Méjan.
- Bibliographien: Ald. Ren. 277,30.
- Sign.: Ald. Ren. 267 Nr. 9.

Nr. 1445
Obligo particolare d' alcuni: OBLIGO PARTICOLARE ‖ D' ALCVNI ACADEMICI ‖ IN MATERIA DI DANARI. ‖. Hrsg.: Academia Veneta.
- Buchbinder: François Bozérian.
- Umfang: [1] Bl.; 4°.
- Bogensign.: ^{2}.
- Buchschmuck: E.; EX.
- Prov.: Etienne Graf von Méjan.
- Bibliographien: Ald. Ren. 277,31.
- Sign.: Ald. Ren. 267 Nr. 10.

Nr. 1446
Mandati: MANDATI ‖. Hrsg.: Academia Veneta.
- Buchbinder: François Bozérian.
- Umfang: [2] Bl.; 4°.
- Bogensign.: ^{2}.
- FP: o.o. o.l. X.e, 7.pa (C).
- Buchschmuck: E.; EX.
- Prov.: Etienne Graf von Méjan.
- Bibliographien: Ald. Ren. 278,38.
- Sign.: Ald. Ren. 267 Nr. 17.

Nr. 1447
Conti di mistro: Conti di Mistro Domenico, e Cornelio ‖ de Nicolini Stampatori. ‖. Hrsg.: Academia Veneta.
- Buchbinder: François Bozérian.
- Umfang: [2] Bl.; 4°.
- Bogensign.: ^{2}.
- FP: c.e. l–or o.c. lahe (C).
- Buchschmuck: E.; EX.
- Prov.: Etienne Graf von Méjan.
- Bibliographien: Ald. Ren. 278,39.
- Sign.: Ald. Ren. 267 Nr. 18.

Nr. 1448
Obligo particolare d' alcuni: OBLIGO PARTICOLARE ‖ D' ALCVNI ACADEMICI ‖ IN MATERIA DI DANARI. ‖. Hrsg.: Academia Veneta.
- Buchbinder: François Bozérian.
- Umfang: [1] Bl.; 4°.
- Bogensign.: ^{2}.
- Buchschmuck: E.; EX.
- Prov.: Etienne Graf von Méjan.
- Bibliographien: Ald. Ren. 280,49.
- Sign.: Ald. Ren. 267 Nr. 25.

ALDI FILII

Verzeichnisse und Register

Verzeichnis der Bibliographien

Adams
Adams, Herbert M.: Catalogue of books printed on the continent of Europe, 1501–1600 in Cambridge libraries. – Vol. 1–2. – Cambridge : Univ. Press, 1967

Ald. Ren.
Renouard, Antoine Augustin: Annali delle edizioni Aldine [= Annales de l'imprimerie des Alde, ou histoire des trois Manuce et de leurs éditions]. – Text franz. – Riproduzione anastatica [der] 3. éd., Paris, 1834. – Bologna : Fiammenghi, 1953

Baudrier
Baudrier, Henri: Bibliographie lyonnaise : recherches sur les imprimeurs, libraires, relieurs et fondeurs de lettres de Lyon au XVIe siècle / ... Publ. et continuées par J[ulien] Baudrier. – T. 1–12. – Réimpr. exacte de l'éd. orig. Lyon, 1895–1921. – Paris : de Nobele, 1964

Benzing Hutten
Benzing, Josef: Ulrich von Hutten und seine Drucker : eine Bibliographie der Schriften Huttens im 16. Jahrhundert. – Wiesbaden : Harrassowitz, 1956

Bezz. Eras.
Bezzel, Irmgard: Erasmusdrucke des 16. Jahrhunderts in bayerischen Bibliotheken : ein bibliographisches Verzeichnis. – Stuttgart : Hiersemann, 1979

Bibl. Aldina
Fock, Gustav: Bibliotheca Aldina : eine Sammlung von 800 Drucken des Aldus Manutius und seiner Nachfolger. – Leipzig : Fock, [ca. 1930]

Bömer Epistolae
Bömer, Aloys: Epistolae obscurorum virorum. – Bd. 1: Einführung. – Heidelberg : Weissbach, 1924

Bohatta Breviere
Bohatta, Hanns: Bibliographie der Breviere 1501–1850. – Leipzig : Hiersemann, 1937

Brunet
Brunet, Jacques-Charles: Manuel du libraire et de l'amateur de livres. – T. 1–6. – 5. éd. orig. entièrement refondue et augm. – Paris : Firmin-Didot, 1860–1865

Budapest
Soltész, Zoltánné; Velenczei, Katalin; Salgó, Ágnes W.: Catalogus librorum sedecimo saeculo impressorum, qui in Bibliotheca Nationali Hungariae Széchényiana asservantur : editiones non Hungarice et extra Hungariam impressae. – T. 1–3. – Budapestini : Bibliotheca Nationalis Hungariae Széchényiana, 1990

Cat. French Books
Short-title catalogue of books printed in France and of French books printed in other countries from 1470 to 1600 now in the British Library. – [Hauptbd.], Suppl. – London : The British Library, 1983–1986

Cat. Ital. Books
Short-title catalogue of books printed in Italy and of Italian books printed in other countries from 1465 to 1600 now in the British Library. – [Hauptbd.], Suppl. – Repr. – London : The British Library, 1986

Durling
Durling, Richard J. : A Catalogue of sixteenth century printed books in the National Library of Medicine. – Bethesda, Md. : National Libr. of Medicine, 1967

Ebert
Ebert, Friedrich Adolf: Allgemeines bibliographisches Lexikon. – 2 Bde. – Leipzig : Brockhaus, 1821–1830

Edizioni Ital.
Le edizioni italiane del XVI secolo : censimento nazionale / Ist. Centrale per il Catalogo Unico delle Biblioteche Italiane e per le Informazioni Bibliogr. – Roma, 1985–1996

GK
Gesamtkatalog der preussischen Bibliotheken. – Bd. 1–15. – Ab Bd. 9 u. d. T.: Deutscher Gesamtkatalog. – Berlin : Preussische Dr. u. Verl. A.G. [u.a.], 1931–1979

Graesse
Graesse, Johann Georg Theodor: Trésor de livres rares et précieux ou nouveau dictionaire bibliographique. – T. 1–8. – [Nachdr. der Ausg. 1859 – 1869]. – Milano : Görlich, 1950

Gültlingen Lyon
Gültlingen, Sybille von: Bibliographie des livres imprimés à Lyon au seizième siècle. – T. 1–. – Baden-Baden [u.a.] : Koerner, 1992–

GW
Gesamtkatalog der Wiegendrucke / hrsg. von der Kommission für den Gesamtkatalog der Wiegendrucke. – Bd. 1–. – Leipzig : Hiersemann, 1925– [und aus dem bisher ungedruckten Manuskript]

Hain
Hain, Ludwig: Repertorium bibliographicum, in quo libri omnes ab arte typographica inventa usque ad annum MD. Typis expressi ordine alphabetico vel simpliciter enumerantur vel adcuratius recensentur. – Stuttgartiae [u.a.] : Cotta, 1826–

Hain-Copinger
Copinger, Walter Arthur: Supplement to Hain's Repertorium Bibliographicum ; Or collections towards a new edition of that work. In 2 Parts ... . – London : Sotheran, 1895–1902

Hain-Reichling
Reichling, Dietrich: Appendices ad Hainii-Copingeri Repertorium bibliographicum. – Fasc. 1–6, Indices, Suppl. – Monachii : Rosenthal [u.a.], 1905–1914

Ind. Aur.
Index Aureliensis : catalogus librorum sedecimo saeculo impressorum. – Ps. 1, T. 1–. – Nieuwkoop : De Graaf [u.a.], 1962–

Mortimer Ital.
Mortimer, Ruth: Catalogue of books and manuscripts / Harvard College Library, Department of Printing and Graphic Arts. ... Pt. 2: Italian 16th century books. Vol. 1–2. – Cambridge, Mass. : Belknap Press of Harvard Univ. Press, 1974

Proctor
Proctor, Robert: An index to the early printed books in the British Museum : from the invention of printing to the year 1500 ; with notes of those in the Bodleian Library. – London : Paul, Trench, Trübner, 1898–1903

VD 16
Verzeichnis der im deutschen Sprachbereich erschienenen Drucke des XVI. Jahrhunderts : VD 16 / hrsg. von der Bayerischen Staatsbibliothek in München in Verbindung mit der Herzog August Bibliothek in Wolfenbüttel. [Red.: Irmgard Bezzel]. – Abt. 1, Bd. 1–22. – Stuttgart : Hiersemann, 1983–1995

Abkürzungen

Allgemein
Bogensign.	Bogensignatur
EST	Einheitssachtitel
FP	Fingerprint
Hrsg.	Herausgeber
Prov.	Provenienz
Sign.	Signatur
Verf.	Verfasser

Buchschmuck
TE	Titeleinfassung
TH	Titelholzschnitt
TK	Titelkupferstich
H	Holzschnitt im Buchinnern
K	Kupferstich im Buchinnern
RL	Randleisten im Inneren des Druckes
T	Tabelle (Falttafeln jeder Art)
D	Druckermarke

Exemplarschmuck
E	Originaleinband
EX	Exlibris
KF	Kurfürsteneinband (Kennzeichen für den Gründungsbestand der Bibliothek)
HS	handschriftliche Glossen

Autoren, Herausgeber, Übersetzer

A

Abduensis, Ferdinandus 592
Adda, Ferdinando d' 592
Adeodatus Senensis 716
Adrianus Chrysogonus 154
Aeschines <Orator> 634, 635, 757, 832
Aeschylus 321–323
Aesopus 155, 156
Aetius <Amidenus> 452, 453
Alberti, Leon Battista 873, 886, 1376
Albinus <Platonicus> 259, 260, 354
Alciati, Andrea 454, 455, 597, 598, 937
Alcionio, Pietro 375
Alexander <Aphrodisiensis> 133, 134, 195–199, 205, 344, 345, 418, 419, 447, 448
Alunno, Francesco 528, 689
Ambrosius <Mediolanensis> 994
Amico, Faustino 1057
Ammonius <Grammaticus> 28, 396
Ammonius <Hermiae> 120, 567–572
Anania, Giovanni Lorenzo 1300, 1382, 1383
Angelomus <Luxoviensis> 1066
Angelus Cneus <Sabinus> 94–96, 1335
Angelus, Raphael Cyllenius 1213
Antenoreus, Carolus 13, 14
Antesignan, Pierre 1180
Antoninus Pius <Imperium Romanum, Imperator> 312, 313
Aphthonius <Antiochenus> 155, 156, 384
Apollonius <Dyscolus> 7, 8
Apollonius <Rhodius> 350, 385
Appianus <Alexandrinus> 478, 479, 563–565, 700
Apuleius <Madaurensis> 354, 355
Aquila <Romanus> 384
Aratus <Solensis> 47
Archimedes 850, 851
Aretino, Pietro 486, 669
Ariosto, Ludovico 556, 557
Aristophanes 36, 37
Aristoteles 11, 12, 16–25, 33–35, 133, 134, 160, 205, 255–257, 384, 471, 673–679, 930
Armandus <de Bellovisu> 1361
Arnoldus <de Villa Nova> 576, 825
Artemidorus <Daldianus> 308
Asconius Pedianus, Quintus 377, 609, 610, 709, 725, 1029, 1030
Asulanus, Andreas 319, 320, 399–403
Asulanus, Federicus 319, 320, 481
Asulanus, Franciscus 125, 277–279, 285, 290, 291, 294–323, 336–338, 341–344, 346, 352, 354, 362, 366–370, 373, 377, 378, 381–383, 386–389, 395, 397, 398, 404, 420, 421, 427, 428, 430, 433, 445
Atanagi, Dionigi 1322
Athenaeus <Naucratites> 212
Athenagoras <Atheniensis> 804, 805
Audebert, Germain 1337–1339
Augurelli, Giovanni Aurelio 150
Augustinus, Aurelius 994
Aurelius <Brandolinus> 1435
Aurelius Victor, Sextus 253, 254
Ausonius, Decimus Magnus 282, 283
Avanzi, Girolamo 51, 275, 276, 282, 283
Averroes 29

B

Babrius 155, 156
Bacci, Andrea 1257, 1258
Baduarius, Johannes 960
Baduaro, Giovanni 960
Baglioni, Luca 997
Bagolino, Girolamo 889, 890
Barbaro, Daniele Matteo Alvise 521, 525, 533, 541, 542, 603, 662, 717
Barbaro, Ermolao 934, 935
Barbaro, Giosafat 535, 536, 562
Bartholomaeus <de Alzano> 52
Beazzano, Agostino 416, 417, 430
Becchius, Gentilis 934, 935
Bellanda, Cornelio 1276, 1415
Bellinato, Francesco 1400, 1432
Bembo, Pietro 10, 149, 234, 416, 417, 430, 665–668, 701, 702
Benedetti, Alessandro 15
Benedictus, Alexander Paeantius 15
Bentinus, Michael 409
Bernardi, Antonio 998
Beroaldo, Filippo 145
Bessarion 121, 255–257
Bevilacqua, Antonio 1223, 1261, 1288, 1304, 1323, 1419
Bion <Smyrnaeus> 795
Bizzarri, Pietro 1095–1097
Bobali, Savino de 1387
Boccaccio, Giovanni 374
Boccadiferro, Lodovico 894
Bodin, Jean 1368, 1384, 1417, 1418
Bolzanio, Urbano 13, 14, 25 A, 26, 27, 829, 830, 944, 1113
Bonfadio, Jacopo 766
Bordone, Benedetto 614, 615
Borghesi, Bernardo 540
Borromeo, Carolo 1103
Botalli, Leonardo 1065
Bracci, Alessandro 478, 479, 563–565, 700
Brancaccio, Lelio 1348
Brandolinus, Lippus Aurelius 1435
Brisson, Barnabé 1413
Bruto, Giovanni Michele 1056, 1061, 1118, 1119, 1122, 1127
Budé, Guillaume 371, 372
Busaeus, Petrus 1201–1204
Bustamente Paz, Benedictus 647, 648
Butigella, Hieronymus 883

C

Caesar, Gaius Iulius 186, 187, 339, 616, 914, 986, 1061, 1127, 1179, 1211, 1252, 1273, 1375
Calcagnini, Celio 590, 591
Calepino, Ambrogio 522, 618, 649, 707, 858, 900, 1026, 1050, 1223, 1241, 1261, 1288, 1304, 1323, 1419
Callimachus 202
Callistratus <Sophista> 119, 373
Calpurnius Siculus, Titus 324, 325, 457–459
Cambini, Andrea 518
Camerarius, Johannes 934, 935
Camillus, Johannes 971–973
Camotius, Ioannes Baptista 664
Camozzi, Giambattista 664, 673–681, 686–688, 739, 744–746
Campeggi, Giovanni Battista 981
Campeggio, Tommaso 782
Canisius, Petrus 1201–1204
Capece, Scipione 595
Capella, Galeazzo Flavio 443
Caravita, Prospero 1291, 1292
Carli Piccolomini, Bartolomeo 540
Caro, Annibale 1170–1174, 1217, 1218, 1234, 1249, 1250, 1321, 1388
Carole, Iafrede 174
Carranza, Bartholomé 803
Carrarius, Julius 826
Carteromachus, Scipio 135
Castellesi, Adriano 154, 457–459
Castiglione, Baldassare 425, 426, 433, 482, 505, 547, 607, 731
Cataneo, Pietro 748, 749, 1139
Catharina <Senensis> 52, 624
Catharinus, Ambrosius 1132
Cato, Dionysius 9, 280, 281, 631
Cato, Ercole 1302, 1347, 1368, 1384, 1405, 1416–1418
Catullus, Gaius Valerius 102–105, 115, 226–229, 328, 771–773, 864–866, 1011, 1012, 1116, 1117
Cavretto, Pietro 874, 888
Cebes <Philosophus> 504, 829
Celsus, Aulus Cornelius 422, 423
Censorinus <Grammaticus> 424, 1303
Cerretani, Aldobrando 540
Chalkokondyles, Demetrios 181, 182, 222, 223, 280, 281, 485, 631
Chiericati, Leonello 934, 935
Chrisaorio, Lorenzo 629
Ciccarelli, Antonio 1438, 1439
Cicero, Marcus Tullius 47, 79, 80, 175, 176, 192, 207, 271, 272, 331–334, 360–362, 365, 386–388, 432, 437, 499–503, 507–511, 529, 538, 550–552, 577–580, 582–589, 619–621, 639, 650–656, 693, 694, 710–714, 758–769, 785–791, 800, 809–811, 835, 840, 861, 901–906, 908, 909, 945–948, 957, 977, 978, 980, 1004–1008, 1027, 1028, 1032–1034, 1051–1054, 1087–1092, 1115, 1128–1131, 1140–1143, 1165–1169, 1177, 1178, 1182–1188, 1215, 1224, 1242, 1290, 1305, 1324–1334, 1421
Cicero, Quintus Tullius 388
Ciofano, Ercole 1245, 1246, 1296
Clamorgan, Jean 1302, 1405
Clarantes, Paulus 1272
Claudianus, Claudius 381–383
Clenardus, Nicolaus 1180
Cleynaerts, Nicolaus 1180
Colonna, Francesco 49, 50, 558
Colonna, Vittoria 806
Comitum, Natalis 697
Commandino, Federico 850–854, 1002, 1003
Contarini, Aloisius 1284
Contarini, Ambrogio 535, 536, 562
Contarini, Gasparo 1284, 1390, 1391, 1412
Conti, Luigi 929
Conti, Natale 697, 871, 872
Cordatus, Vincentius 1193
Cornutus, Lucius Annaeus 155, 156
Corso, Antonio Giacomo 731
Cosmas <Hierosolymitanus> 113
Crispo, Giovanni Battista 1427
Curtius Rufus, Quintus 341, 342
Curtius, Matthaeus 999–1001, 1112
Cyllenius, Raphael 873, 886, 1093, 1213
Cyprianus, Thascius Caecilius 1019, 1020, 1173, 1174
Cyrillus <Glossator> 28

D

DalMaino, Giasone 934, 935
Dandulus, Marcus 934, 935
Dante <Alighieri> 84, 85, 116, 238, 244, 1055
Decadyus, Justinus 40
Delphinus, Federicus 931
Demosthenes 142–144, 634–638, 690, 691, 751– 757, 784, 832
Destitus, Horatius 1291, 1292
Didymus <Caecus> 1077
Didymus <Chalcenterus> 155, 156, 351, 352, 427, 428, 1443
Dio <Chrysostomus> 705
Dionysius <Halicarnassensis> 956
Dionysius <Periegeta> 202, 312, 313
Dioscorides, Pedanius 48, 294
Dolce, Lodovico 613, 641, 642
Donati, Girolamo 73, 934, 935
Donato, Bernardino 410, 411, 424
Doni, Antonio Francesco 703
Dorotheus <Tyrius> 1045–1047
Dudith, András 956

E

Egnazio, Giovanni Battista 90, 230, 239, 251– 254, 271, 272, 334, 335, 422, 423, 781, 1335

Eparchos, Antonios 544
Erasmus, Desiderius 162, 163, 165, 237, 248, 249, 309–311, 343, 390, 1248, 1285, 1357
Estaço, Aquiles 1116, 1117, 1144
Estienne, Charles 1302, 1405
Estienne, Henri 795
Eucherius <Lugdunensis> 1035
Eugubinus, Augustinus 431
Euripides 127–130, 162, 163, 177
Eusebius <Caesariensis> 55–57
Eustathius <Thessalonicensis> 396
Eustratius <Nicaenus> 456, 473–475
Eutocius <Ascalonius> 850, 851
Eutropius 253, 254

F

Fabricius, Franz 1324, 1326
Fabrini, Giovanni 546, 721
Faenzi, Valerio 893, 987
Falletti, Girolamo 804, 805, 837, 862, 863
Falloppio, Gabriello 1015, 1016
Farnese, Enrico 1419
Fascitelli, Onorato 461
Fausto, Vittore 695, 696, 934, 935
Faventies, Valerius 987
Ferrari, Girolamo 523, 524
Ferrari, Ottaviano 942, 1237
Ferro, Girolamo 757, 784, 832
Festus, Rufius 47
Festus, Sextus Pompeius 200, 286, 409
Fiamma, Gabriele 1277
Ficinus, Marsilius 259, 260
Figliucci, Felice 1110, 1137, 1138, 1153, 1164, 1206, 1222
Finus, Finus 480
Firmicus Maternus, Julius 47
Flaminio, Marco Antonio 545, 1036
Flamma, Gabriele 1277
Fliscus, Hector 934, 935
Florus, Lucius Annaeus 317, 346, 347
Folengo, Giambattista 566
Forteguerri, Scipione 135
Fortunatianus, Consultus 384
Fortunatus, Matthaeus 379
Fortunio, Giovanni Francesco 506, 548, 708
Franciscus <Niger> 47
Frischlin, Nicodemus 1344, 1345
Fumus, Bartholomaeus 743

G

Gabia, Giovanni Battista 988, 1018
Gabrielli, Domenico 1287
Gabrielli, Trifone 727, 728
Gabuccini, Geronimo 969, 970
Galenus 399–403
Galesini, Pietro 993, 1021, 1035, 1045–1047, 1103
Gelenius, Sigismundus 896
Gellius, Aulus 185, 239
Gemistus Pletho, Georgius 125
Gentili, Scipione 1353
Georgius <Lacapenus> 398

Georgius <Merula> 208, 209, 335
Georgius <Pletho> 123–125
Georgius <Trapezuntius> 377, 384
Georgius, Bernardus 617, 869, 870, 913
Germanicus <Caesar> 47
Giocondo, Giovanni 186, 187, 208, 209, 339, 1061, 1127, 1179, 1211
Giorgi, Bernardo 476, 617, 869, 870, 913
Giovanni, Aloigi di 535, 536, 562
Giovio, Paolo 518
Giraldi, Giambattista 530–532, 934, 935
Girardi, Antonio 876, 892
Giustiniani, Leonardo 934, 935
Giustiniani, Lorenzo 1287
Giustiniano di Candia, Giovanni 539
Glareanus, Henricus Loriti 1179
Gonzaga, Cesare 731
Goupyl, Jacques 739
Gozzi, Niccolò Vito di 1379, 1380, 1403, 1404
Grattius 457–459
Gregorius <Corrarius> 891
Gregorius <Nazianzenus> 136, 137, 247, 472, 720, 1173, 1174
Gregorius <Nyssenus> 472, 720, 993, 1021
Gregorius <Pardus> 396, 504, 829
Gregorius <Thaumaturgus> 720
Gribaldi, Matteo 704, 719, 722
Grifoli, Jacopo 590, 591, 836
Grimani, Marino 519, 520
Guarinus <Veronensis> 280, 281, 631
Guevara, Antonio de 606
Guidani, Niccolò 1195
Gyrlandus, Hercules 345

H

Haedus, Petrus 874, 888
Haimo <Halberstadensis> 1045–1047
Harpocration, Valerius 122, 414, 415
Heraclides <Ponticus> 155, 156
Hermes <Trismegistus> 259, 260, 354
Hermogenes <Tarsensis> 155, 156, 384
Herodianus <Historicus> 123–125, 395
Herodianus, Aelius 7, 8, 181, 182, 280, 281, 396, 631
Herodotus 118
Hervet, Gentian 802
Hesiodus 9
Hesychius <Alexandrinus> 210, 211
Hieronymus Stridoniensis 1104, 1105
Hieronymus, Sophronius Eusebius 131, 994, 1069–1084, 1104, 1105
Hippocrates 404
Hirtius, Aulus 186, 187, 339, 914, 986, 1061, 1127, 1179, 1211
Homerus 138–141, 273, 274, 392–394

Horapollo 155, 156
Horatius Flaccus, Quintus 59, 60, 112, 174, 329, 338, 420, 421, 796, 912, 982, 1056, 1118–1124, 1191, 1346, 1350, 1366, 1426
Hosius, Stanislaus 1085
Huarte de San Juan, Juan 1328, 1362, 1394

I

Iamblichus <Chalcidensis> 259, 260
Ibn-Masawaih, Abu-Zakariya' Yuhanna 1381
Interiano, Georgio 88
Iordanus <Nemomarius> 852–854
Isocrates 309–311, 449
Isotta <Nogarola> 1022
Iustinianus, Bernardus 934, 935
Iustinus, Marcus Iunianus 378, 380
Iuvenalis, Decimus Iunius 64–67, 109, 110, 460

J

Joannes Grammaticus 132
Johannes <Charax> 396
Johannes <Chrysostomus> 740, 992
Johannes <Crastonus> 4, 5, 28
Johannes <Damascenus> 53, 113, 741
Johannes <Grammaticus> 428, 419, 456, 682–688
Johannes <Philoponus> 132, 180, 396, 504, 829
Johannes Zacharias <Actuarius> 823
Justinianus, Lorenzo 1287

K

Karl <Römisch-Deutsches Reich, Kaiser, IV.> 929
Kling, Konrad 1151

L

Lacinius, Janus T. 576, 825
Lactantius, Lucius Coelius 230, 461
Lambin, Denis 1118–1124, 1128–1131, 1177, 1178, 1182–1184, 1186–1188
Landi, Giulio 703
Laskaris, Konstantinos 4, 5, 106, 180, 504, 829
Lauredanus, Bernardinus 770, 859, 860
Laurentius <Lippius> 285
Leo <Hebraeus> 517, 559, 643, 718
Leo <Magentinus> 120
Leone Medico Hebreo 517, 559, 643, 718
Leoniceno, Niccolò 31
Leonicus Thomaeus, Nicolaus 263, 264
LeRoy, Loys 1347, 1416
Libanius 142–144
Liburnio, Niccolo 358, 573–575
Linacre, Thomas 47, 831

Lipomano, Aloysius 1308–1313
Lippomano, Luigi 1308–1313
Livius, Titus 314–318, 346, 798, 1126, 1219, 1423
Loglio, Guido 551, 552, 555, 619, 639, 694, 711, 768, 908, 1027, 1115
Logus, Georgius 457–459
Longinus, Dionysius Cassius 783
Longolius, Christophorus 326, 327
Lucanus, Marcus Annaeus 81, 111, 235, 236
Lucianus <Samosatensis> 119, 248, 249, 373
Lucillus <Tarrhaeus> 155, 156
Lucretius Carus, Titus 51, 243
Luisini, Francesco 774
Lullus, Raimundus 576, 825
Lycophron 202

M

Machiavelli, Niccolò 491–498, 599–602
Macrobius, Ambrosius Theodosius 424
Maggi, Ottaviano 811
Magnus, Albertus 576, 825
Maiolus, Laurentius 29, 30
Maioragius, Marcus Antonius 1324, 1326
Mair, Alexander 1430
Malaspalli, Bellisario 1433, 1434
Manassi, Niccolò 1398
Manfredi, Lelio 481
Manilius, Marcus 47
Manuel <Chrysoloras> 181, 182, 280, 281, 485, 631
Manuel <Moschopulus> 396, 398
Manuzio, Aldo 807, 856, 857, 899, 908, 975, 976, 1025, 1027, 1032–1034, 1086, 1114, 1115, 1127, 1148, 1149, 1154, 1155, 1180, 1181, 1209–1211, 1214, 1224, 1225, 1238–1240, 1243, 1248, 1254, 1260, 1265–1271, 1283, 1294, 1305, 1314, 1319, 1324–1326, 1332–1334, 1343, 1349, 1351, 1352, 1357, 1363–1366, 1369, 1370, 1386, 1392, 1395, 1401, 1406, 1428, 1429, 1440
Manuzio, Aldo Pio 1, 2, 4, 5, 7–9, 11–14, 16–24, 28, 29, 33–35, 45–48, 53–67, 72, 74, 78–83, 86–89, 91–106, 113, 118, 120, 121, 123, 124, 127–130, 132–134, 136–144, 152–157, 162–170, 172–176, 180–182, 188–194, 199–205, 207–209, 212, 215, 221, 226–229, 231, 232, 235, 236, 240–242, 255–257, 280, 281, 286, 292, 293, 338, 360, 374, 390, 392–394, 408, 409, 420, 421, 432, 441, 442, 449, 504, 631, 796, 829, 855, 897, 898, 912, 974, 982, 1049, 1056, 1154, 1191, 1238, 1422, 1441, 1442
Manuzio, Antonio 535, 536, 561, 562, 605, 626, 646, 663, 699, 733, 735, 817, 818
Manuzio, Giovanni Pietro 1436
Manuzio, Paolo 434, 437, 446, 462, 499–503, 507–510, 522, 526, 529, 534, 538, 543, 550, 560, 577–580, 582–589, 604, 609–612, 620, 625,

636, 637, 644, 645, 650–656, 659, 690, 691, 693, 698, 709, 710, 712, 713, 724–726, 729, 732, 734, 751–756, 758–765, 767, 769, 777, 783, 787–789, 799, 808, 810, 819, 828, 833, 834, 840–843, 847, 858, 861, 867, 881, 885, 896, 900–907, 909, 914–916, 945–948, 952, 954, 955, 977–980, 984–986, 990, 1004–1009, 1026, 1028–1030, 1050–1054, 1058–1060, 1087–1092, 1101, 1102, 1140–1143, 1145–1147, 1152, 1156, 1157, 1161, 1165–1169, 1175, 1176, 1178, 1182–1187, 1207, 1208, 1215, 1216, 1223, 1226, 1241, 1248, 1261, 1274, 1275, 1278–1282, 1285, 1288, 1289, 1297, 1304, 1314, 1323–1331, 1334, 1357–1360, 1419, 1420, 1431, 1436
Marcus Aurelius Antoninus <Imperium Romanum, Imperator> 606
Marini, Andrea 1111
Marini, Domizio 659
Marius Victorinus, Gaius 377
Marlianus, Raimundus 186, 187, 339, 1061, 1127, 1179, 1211
Martialis, Marcus Valerius 68, 69, 76, 183, 184, 287–289
Martorell, Joannot 481
Massolo, Pietro 838
Maurus, Gabriel 934, 935
Maximus <Planudes> 155, 156
Maximus <Taurinensis> 1045–1047
Medici, Ippolito de' 540
Medici, Lorenzo de' 776
Mela, Pomponius 312, 313
Mesue, Giovanni 1381
Meyen, Johannes a 1295
Michael <Psellus> 120, 259, 260, 744–746
Michael <Scotus> 576, 825
Misetic Bobaljevic, Sabo 1387
Mocenigo, Filippo 1301
Morando, Francesco 1196, 1197
More, Thomas 248, 249
Morigi, Paolo 1286
Morillon, Guido 1335
Moschus <Syracusanus> 795
Muret, Marc-Antoine 771–773, 794, 796, 797, 864–866, 868, 912, 953, 982, 983, 1011, 1012, 1031, 1056, 1094, 1125, 1187, 1191, 1192, 1244, 1263, 1298
Musaeus <Poeta> 6, 284
Musuros, Markos 6, 36, 37, 41–44, 193, 194, 210–212, 240–242, 247, 250, 284

N

Natta, Marco Antonio 882, 895, 996, 1048
Navagero, Andrea 213, 214, 218, 219, 231, 232, 243, 261, 262, 331-333, 934, 935
Negri, Girolamo 934, 935
Nemesianus, Marcus Aurelius Olympius 324, 325, 457–459
Nepos, Cornelius 378, 861
Nicander <Colophonius> 48, 376
Nizzoli, Mario 1190, 1262, 1407
Nogarola, Isota 1022

Nonius <Marcellus> 200, 286, 409
Nonnus <Panopolitanus> 75
Nores, Giasone de 727, 728
Nuñez, Pedro Juan 1189

O

Obsequens, Iulius 166, 292, 293
Odassi, Lodovico 934, 935
Odoni, Rinaldo 827, 943
Olympiodorus <Alexandrinus> 682–688
Opizo, Johannes Baptista 399–403
Oppianus <Anazarbensis> 285
Oppianus <Apamensis> 285
Orbicius 396
Oribasius 747, 780, 801
Origenes 131
Orpheus 284, 385
Ortica Della Porta, Agostino 616
Orzechowski, Stanislaw 934, 935
Ovidius Naso, Publius 91–99, 161, 231–233, 245, 261-264, 438–441, 457–459, 1335, 1336, 1372, 1437

P

Pacianus <Barcinonensis> 1045–1047
Pacinus, Jacobus 849
Paetus, Lucas 1150, 1227–1229
Palacio, Paulus de 1199, 1200
Palaephatus 155, 156
Paleotti, Gabriele 1424
Palermus, Valerius 1055
Palladius <Helenopolitanus> 802
Parisetti, Lodovico 660, 661, 715, 730, 775, 910
Partenio, Bernardino 553, 1346, 1350
Paschal, Carlo 1315
Paschalius, Petrus 622, 623
Patina, Vincentius Quintianus 1205
Patricius, Franciscus 546, 721
Paulus <Aegineta> 429, 739
Paulus <Diaconus> 253, 254
Pausanias 250
Paz, Benedictus Bustamente 647, 648
Pazzi, Alessandro de' 471
Pedemonte, Francesco Filippi 593
Pedro <Pascual> 622, 623
Perottus, Nicolaus 45, 46, 200, 286, 338, 349, 409, 420, 421
Pers, Vincentio di 540
Persio, Antonio 1256
Persius Flaccus, Aulus 64–67, 110, 460
Pescara, Marchesa di 806
Petrarca, Francesco 61–63, 77, 215, 359, 434, 596
Phavorinus, Guarinus 13, 14
Philelphus, Franciscus 107
Philostratus <Iunior> 119, 373
Philostratus, Flavius 55–57, 119, 145, 146, 155, 156, 373
Phocylides <Milesius> 4, 5, 9, 829
Phrynichus <Arabius> 396
Piccolomini, Alessandro 540
Piccolomini, Arcangelo 822
Pico DellaMirandola, Giovanni Francesco 74

Pigna, Giovanni Battista 911
Pindarus 202
Pino, Bernardino 1232
Pius <Papa, IV.> 1039, 1041
Pius <Papa, V.> 1107–1110, 1136–1138, 1153, 1163, 1164
Placidus <Parmensis> 936
Plato 193, 194, 638
Plautus, Titus Maccius 206, 366–370
Plinius Caecilius Secundus, Gaius 166, 179, 292, 293, 463–469, 487–490, 896
Plutarchus 142–144, 172, 173, 180, 309–311, 336, 337, 504, 829
Poggiani, Giulio 992
Pole, Reginald 876, 892, 990, 991
Poliphilus 49, 50, 558
Politi, Lancelotto 1132
Politianus, Angelus 13, 14, 38, 39, 395, 516, 934, 935
Pollux, Iulius 78
Polybius 317, 346, 348, 349
Pomi, David de' 1377
Pontano, Giovanni Giovano 152, 153, 201, 225, 295–307, 324, 325, 330, 435, 436
Pontanus, Jacobus 1399
Porcius Latro, Marcus 175, 176, 362, 840, 957, 1032–1034, 1148, 1149
Porphyrius 259, 260, 352
Porzio, Camillo 1099, 1100
Pribevo, Vincenzo 1433, 1434
Pribojevic, Vinko 1433, 1434
Priscianese, Francesco 640
Priscianus <Caesariensis> 384, 410, 411
Priscianus <Lydus> 259, 260
Proclus <Diadochus> 47, 259, 260
Propertius, Sextus 102–105, 226–229, 864–866, 1011, 1012
Prosper <de Aquitania> 53, 113
Prudentius Clemens, Aurelius 53
Ptolemaeus, Claudius 263, 264, 302–304, 307, 439, 440, 852–854, 1002, 1003
Publius <Victor> 312, 313
Pythagoras 4, 5, 9, 259, 260, 829

Q

Quintianus, Vincentius 1205
Quintilianus, Marcus Fabius 178, 213, 214, 364
Quintus <Smyrnaeus> 158, 159

R

Rabirius, Andreas 463–470, 487–490
Ragazzoni, Girolamo 792, 809
Ramberti, Benedetto 483, 484
Ramusio, Giovanni Battista 934, 935
Rannusio, Paolo 695, 696
Rapicio, Giovita 750
Rasario, Giovanni Battista 747
Raviglio Rosso, Giulio 884
Razi, Muhammad Ibn-Zakariya ar- 576, 825
Regio, Luigi 1347, 1416
Reichersdorff, Georg von 1436

Rhenanus, Beatus 454, 455
Rhodiginus, Lodovicus Caelius 265
Ricchieri, Lodovico 265
Ricci, Bartolomeo 549, 846
Riccius, Johannes 891
Rinuccinus, Alemannus 55–57, 145
Rocca, Angelo 1259, 1285, 1293, 1396
Rocco, Girolamo 951
Rocha, Hieronymus 951
Roscius, Hieronymus 294
Rosettini, Pietro 567, 568, 597, 598
Rossi, Girolamo 1220, 1221
Rubeus, Hieronymus 1220, 1221
Rufinus <Grammaticus> 410, 411
Ruscelli, Girolamo 697
Rutilius Lupus, Publius 384

S

Sabellicus, Marcus Antonius 934, 935
Sadoleto, Jacopo 938, 981
Sallustius Crispus, Gaius 148, 175, 176, 362, 840, 957, 1032–1034, 1148, 1149, 1374
Salvianus <Massiliensis> 1045–1047
Sambigucci, Gavino 815
Sannazarius, Actius Syncerus 416, 417, 430, 444
Sannazaro, Jacopo 216, 217, 416, 417, 430, 444, 450, 451, 462, 1194
Sansedoni, Alessandro 540
Sansovino, Francesco 875, 887
Santo, Mariano 629
Sanutus, Petrus Aurelius 527
Sartius, Alexander 38, 39
Scala, Pace 939–941
Secchi, Niccolò 706
Senarega, Matteo 785, 786, 835
Seneca, Lucius Annaeus <Philosophus> 275, 276, 379
Serarrighi, Cristofano 740
Serenus, Quintus 422, 423
Servius 338, 420, 421
Sfondrati, Francesco 938
Sforza, Isabella 537
Sibylla Erythrea 9
Siccus, Nicolaus 706
Sigonio, Carlo 770, 793, 798, 799, 820, 821, 839, 859, 860, 934, 935, 949, 950, 1010, 1126, 1219, 1423
Silius Italicus, Tiberius Catius Asconius 224, 389
Simplicius <Cilicius> 405–407
Sixtus <Papa, V.> 1393, 1414, 1425
Solinus, Gaius Iulius 312, 313
Sophocles 86, 1437
Speroni, Sperone 525, 533, 541, 542, 603, 662, 717
Speusippus <Atheniensis> 259, 260
Spinola, Jacobus 934, 935
Squarcialupi, Marcello 1407
Statius, Publius Papinius 87, 340
Stephanus <Byzantinus> 100, 101
Stephanus, Carolus 1302, 1405
Steuco, Agostino 431
Strabo 258
Straccha, Benvenuto 723, 738

Strein von Schwarzenau, Richard   1212, 1411
Strozzi, Ercole   203, 204, 477
Strozzi, Tito Vespasiano   203, 204, 477, 934, 935
Suetonius Tranquillus, Gaius   166, 253, 254, 292, 293, 353
Sulpicius <Severus>   1045–1047
Summontio, Pietro   324, 325
Surius, Laurentius   1308-1313
Sylvius, Dominicus   485
Synesius <Cyrenensis>   259, 260, 308
Syrianus <Philosophus>   889, 890

T

Tacitus, Cornelius   454, 455, 1315
Talon, Omer   1325
Tasso, Torquato   1306, 1307, 1320, 1340–1342, 1354, 1389, 1397, 1437
Taurellus, Jacobus   384, 1098
Taxaquet, Miguel Tomás   812
Tegrimi, Niccolò   934, 935
Terentius Afer, Publius   277–279, 356, 514, 515, 539, 555, 594, 729, 797, 868, 953, 983, 1031, 1094, 1125, 1192, 1193, 1247, 1373
Tertullianus, Quintus Septimius Florens   230, 461
Themistius   447, 448
Theocritus   9, 795
Theodoretus <Cyrensis>   802, 988, 1017, 1018
Theodorus <Gaza>   7, 8, 133, 134, 181, 182, 205, 280, 281, 398, 631
Theognis <Megarensis>   9
Theon <Alexandrinus>   47
Theophrastus   133, 205, 255–257, 680, 681
Thomaius, Camillus   630
Thomas <de Aquino>   989
Thomas <Magister>   396
Thucydides   82, 83, 123–125, 638
Tibullus, Albius   102–105, 226–229, 864–866, 1011, 1012, 1144
Tomai, Camillo   630
Tomitano, Bernardino   813, 814
Torresano, Federico   632, 633
Tory, Geoffroy   178
Trebatius, C.   1324, 1326
Trincavelli, Vittore   447, 448
Trivisan, Johannes   1367
Turchi, Francesco   1251
Turco, Carlo   1355, 1356
Tyrrhenus, Benedictus   258

U

Ugonius, Flavius Alexius   917, 932, 933
Ulloa, Alfonso de   1253
Ulpianus <Grammaticus>   122, 414, 415
Urbanus Bellunensis   25A, 26, 27
Ursinus, Fulvius   1211

V

Vairo, Leonardo   1385
Valerius <Maximus>   89, 117, 171, 220, 446
Valerius Flaccus Setinus Balbus, Gaius   385
Valla, Giorgio   70, 71
Valla, Giovanni Pietro   70, 71
Valla, Laurentius   470
Vantius, Sebastianus   742
Vargas Mejía, Francisco de   1023, 1024
Varro, Marcus Terentius   200, 286, 409
Vegetius Renatus, Flavius   391
Velleius <Paterculus>   1209, 1210
Velser, Marcus   1402, 1430
Vergara, Francisco   848
Vergilius Maro, Publius   58, 108, 157, 218, 219, 290, 291, 412, 413, 445, 512, 513, 540, 554, 726, 867, 952, 1264, 1295, 1371
Vibius <Sequester>   312, 313
Vico, Enea   627, 736, 737, 778, 779, 871, 872, 958, 959, 1013, 1014
Victorinus, Marius Gaius   1324, 1326
Victorius, Marianus   995, 1069–1083, 1104–1106
Vigo, Giovanni de   629
Vitellius, Cornelius   45, 46, 200, 286, 409
Vlloa, Alfonso   1253

W

Welser, Marcus   1402, 1408–1410, 1430
Winter, Johann   739

X

Xenocrates <Chalcedonius>   259, 260
Xenophon   123, 124, 147, 397

Z

Zanchi, Basilio   1407
Zantani, Antonio   627, 736, 737, 778, 779
Zini, Pietro Francesco   720, 741, 1017
Zlataric, Dominko   1437

Drucker, Verleger, Buchbinder

A

Accademia Veneziana   873–876, 882–894, 917, 918, 926–938, 987
Accolti, Vincenzo   1436
Angelieri, Giorgio   1305, 1334
Arrivabene, Andrea   727

B

B. M.   1159
Basa, Domenico   1435
Benacci, Alessandro   1364, 1365
Bernutz, Gregor   1177, 1178
Bevilacqua, Niccolò   1093, 1223
Bibliotheca Aldina   1177–1179, 1181–1184, 1186–1188, 1193, 1194, 1199, 1200–1203, 1205, 1230, 1335, 1336, 1372
Bozérian, François   1, 2, 4, 9, 13, 15, 26, 27, 29, 30, 45, 48, 50, 55, 58, 59, 62, 64, 65, 68, 69, 71, 72, 81, 82, 84, 87, 89, 91, 100, 102, 106, 118, 120, 125, 126, 133, 138, 140, 143, 149, 152, 156, 157, 162, 167, 169, 181, 186, 193, 201–203, 207, 212, 213, 215, 220–222, 230, 235, 239, 240, 243, 247, 253, 273, 274, 282, 292, 308, 312, 314–319, 334, 336, 340, 344, 345, 360, 361, 364–366, 373, 376, 377, 379, 381, 384, 385, 392, 394, 395, 398, 420, 422–424, 427, 430, 432–435, 437, 440, 444, 454, 460, 461, 463–466, 470, 471, 480, 493, 495, 505, 512–514, 518, 525, 527, 530, 531, 533–535, 553, 555–557, 560–562, 566, 567, 570, 571, 573, 575, 576, 583, 586, 594, 603, 606, 609, 613, 616, 617, 619, 631, 632, 634, 636, 641–644, 647, 660, 669, 690, 695, 700, 704, 716–719, 722, 724, 729, 760, 770, 772, 776, 778, 782, 792, 809, 810, 836, 837, 839, 844, 845, 859, 867, 872, 873–881, 917–925, 927, 939, 952, 958, 960–969, 988, 990, 991, 1002, 1003, 1011, 1017, 1018, 1032, 1034, 1036, 1037, 1042, 1043, 1045, 1050, 1058–1060, 1067, 1069, 1070, 1073, 1108, 1111, 1119, 1121, 1126, 1134, 1136, 1145–1147, 1171–1173, 1182–1184, 1186–1189, 1215, 1229, 1237, 1266, 1295, 1301, 1337, 1365, 1366, 1418, 1434, 1436, 1442, 1444–1448
Bozérian, Jean-Claude   86, 174, 284, 339, 382
Bradel, Alexis-Pierre   36

C

C. G.   455
C. H.   70
Calenius, Gerwin   1204
Cantzler, Hans   313
Chevillot, Pierre   1315

Colombel, Robert   1286, 1298, 1315, 1413
Compagnia degli Uniti   1357
Courteval   438, 439, 441

D

Du Puys I, Jacques   1128–1131

F

Facciotti, Guglielmo   1440
Farri, Domenico   1158–1160, 1162, 1421, 1426, 1431

G

Gabiano I, Balthasar de   77, 108, 109, 111, 112, 145, 146, 148, 160, 161, 171, 177, 179, 391
Gara, Giovanni de   1372, 1373
Gaultier, Philipp   1128–1131
Giglio, Domenico   704
Gigliotti, Giovanni   1401
Giunta I, Bernardo   1248
Gran, Heinrich   246
Granatapfel-Meister   182
Grassi, Bartolomeo   1359, 1360
Gregori, Gregorio de'   330
Griffio I, Giovanni   649
Gryphius, Sébastien   622, 623
Gualteruzzi, Carlo   667
Guerra, Domenico   1118, 1120
Guerra, Giovanni Battista   1118, 1120

H

H. B.   199
H. C.   252
Huyon, Guillaume   391

I

I. K.   897

K

Kraft d. Ä., Caspar   354
Krause, Jakob   854

L

Lefebvre   32, 119, 204, 246, 280, 523, 538, 550, 577–580, 582, 584, 585, 587–589, 607, 611, 628, 938, 976, 983
Lodigiani, Luigi   14, 28, 40, 42, 44, 52, 56, 191, 210, 255, 258, 265, 286, 343, 346, 371, 397, 409, 425, 528, 581, 618, 689, 748, 750, 798, 820, 841, 850, 896, 1027, 1035, 1038, 1039, 1041, 1048, 1158, 1220, 1223, 1230, 1248, 1261, 1284, 1292, 1323, 1420, 1423

M

Manuzio I, Aldo 4–75, 78–106, 118–144, 149–159, 162–170, 172–176, 180–182, 186–205, 207–223, 226–243, 246–327, 331–379, 381–390, 392–476, 483, 484, 487–497, 499–503, 505–538, 541–613, 616–621, 625, 626, 630, 636–663, 667, 669–703, 705–718, 721, 722, 728, 730–735, 742, 743, 748, 749, 757, 766, 768, 770, 774–777, 785, 786, 800, 817, 818, 825, 835, 910, 911

Manuzio II, Aldo 1134, 1135, 1138, 1140–1143, 1145–1149, 1152–1157, 1161, 1164–1176, 1189, 1190, 1192, 1196, 1197, 1206–1218, 1220–1229, 1231–1247, 1249–1284, 1287–1297, 1299–1314, 1316–1334, 1337–1345, 1347, 1348, 1350–1352, 1354–1356, 1358, 1361–1363, 1367–1369, 1371, 1373–1376, 1379–1385, 1387–1392, 1394–1400, 1402–1412, 1415–1420, 1423, 1428–1430, 1432–1434, 1437

Manuzio, Antonio 812, 815, 826, 838

Manuzio, Paolo 632, 633, 720, 723–726, 729, 736–738, 741, 747, 750–756, 758–765, 767, 769, 771–773, 778–780, 782–784, 787–799, 804–811, 813, 814, 816, 819–821, 827–834, 836, 837, 839–843, 849–876, 882–909, 912–918, 926–949, 951–959, 969–996, 998–1009, 1011–1014, 1017–1064, 1066–1070, 1073, 1085–1117, 1119, 1121–1127, 1133, 1136, 1137, 1139, 1144, 1150, 1163, 1185, 1191, 1195, 1198, 1219

Marescotti, Giorgio 1370
Morel, Guillaume 848
Motet 79, 85, 188–190, 217, 219, 266, 338, 450, 451, 462, 472, 482, 487–490, 497, 592, 595, 599–602, 726, 730, 731, 796, 797, 838, 864, 868, 1285, 1393
Muschio, Andrea 848
Myt, Jacques 206

N

Nicolini da Sabbio, Domenico 1323, 1346, 1350, 1407, 1419
Nicolini da Sabbio, Giovanni Antonio 504
Nicolini da Sabbio, Pietro 478–481, 624, 629

P

Padovano, Giovanni 482, 486, 540
Paolini II, Stefano 1438, 1439
Peypus, Friedrich 266, 267
Polo, Girolamo 1285
Prévost, Fleury 1128–1131

R

Rossi, Giovanni de' 1349
Ruffinelli, Giacomo 1386
Ruffinelli, Giovanni Angelo 1438, 1439

S

Salicato, Altobello 1353
Santi et Comp. 1422
Schmidt, Jakob 268, 270
Scoto, Gualtiero 665, 666, 668, 719
Simier, René 6, 8, 10, 12, 17, 20, 23, 34, 94, 127, 129, 131, 231, 238, 278, 374, 390, 410, 414, 429, 445, 447, 456, 506, 524, 532, 547, 554, 596, 597, 664, 665, 667, 682, 686, 720, 721, 739, 741–743, 757, 758, 761, 763–769, 774, 785, 787, 788, 790, 857, 869, 882, 886, 887, 889, 891–893, 898, 951, 1071, 1072, 1074–1081, 1138, 1170, 1196, 1197, 1201–1204, 1209, 1212, 1217, 1218, 1234, 1249, 1253, 1254, 1277, 1287, 1304, 1314, 1338, 1343, 1346, 1347, 1357, 1359, 1367, 1387, 1402, 1403, 1408, 1409
Stamperia del Popolo Romano 1071, 1072, 1074–1084

T

Thouvenin, Joseph 5, 294, 1044
Torresano I, Andrea 3, 64, 107, 166, 172, 173, 175, 176, 186–205, 207–214, 218–223, 226–243, 247–265, 271–327, 331–379, 381–390, 392–407, 409–475, 487–490
Torresano II, Andrea u. Brüder 997
Torresano, Bernardino 1205
Torresano, Federico 480–482, 485, 486, 504, 540, 614, 615, 624, 628, 629, 631–635, 664, 673–688, 739, 740, 744–746
Torresano, Francesco 504, 539
Torresano, Girolamo 1205
Torresano, Girolamo u. Brüder 1230
Torti, Battista 1, 2
Trot, Barthélemy 76, 108, 109, 112, 178, 183–185, 224, 225, 328, 329
Turrisan, Bernard 781, 801–803, 822–824, 846–848, 1015, 1016, 1065, 1128–1132, 1151
Typographia Apostolica Vaticana 1393, 1414, 1424, 1425

V

Valla, Giovanni Pietro 70, 71
Varisco, Giovanni 1377
Viani, Bernardino de' 107
Vico, Enea 627
Vogel, Eduard 248, 272, 285

W

Westheimer, Bartholomäus 477

Z

Zanetti, Bartolomeo 485, 498
Zanetti, Francesco 1359, 1360
Zanetti, Luigi 1427
Ziehenaus, Balthasar und Bartholomaeus 675, 677, 679, 680
Ziletti, Giordano 825, 950, 1010
Zoppino, Niccolo 540

Anonyma (Ordnungswörter)

A

Accordo della ditta 964
Akoluthia 628
Al molto magnifico 844
Anthologia graeca 126, 363, 657, 658
Apostolica privilegia fratrum 671

B

Biblia, VT. u. NT. 319, 320, 1393, 1414, 1425
Biblia, VT., Psalmi 40
Breviarium Carthusiense 3
Breviarium Romanum 1198

C

Canones et decreta 1037–1044, 1067, 1068, 1101, 1102, 1152, 1157, 1161, 1378
Catechismus Romanus 1107–1110, 1136–1138, 1153, 1163, 1164, 1206, 1222, 1235, 1236, 1255, 1316, 1317
Commentaria in omnes 581, 692
Concessione del medesimo 966
Concessione dell' eccelso 961
Constitutiones et privilegia 1367
Conti di mistro 1447
Conto de mistro 880
Conversio et passio 1409, 1410

D

Dictionarium graecum 396
Discorso intorno alle 876, 892
Discussio theologica articuli 826

E

Elezione et obligo 1444
Epistolae clarorum virorum 816, 824
Epistolae diversorum philosophorum 41–44
Epistolae obscurorum virorum 246, 266–270
Etymologicum magnum 632, 633
Eustachia Comedia 1195

H

Horae beatae Mariae 32, 151, 357

I

In Venezia in 968
Index librorum prohibitorum 1062–1064
Instrumento tra alcuni 845, 967

L

Legato pontificio 873, 886
Lettera 921–925, 965
Lettere di cambio 962, 963
Lettere volgari 526, 534, 543, 560, 561, 604, 605, 625, 626, 644–646, 663, 698, 699, 732–735, 777, 817, 818, 1058–1060, 1145–1147
Librorum et graecorum 408
Lucubrationes in omnes 610, 709

M

Mandati 1446
Mandatum Academiae Venetae 877
Medici antiqui omnes 608
Missale Romanum 1230, 1231

O

Obigo de reggenti 920
Obligo particolare d' alcuni 1445, 1448
Officium beatae Mariae 1299
Orationes clarorum hominum 934, 935
Orationes duae virorum 981
Orationes responsa literae 1134, 1135, 1158–1160, 1162
Oratores graeci 188–191
Ordinazioni delli frati 672

P

Poetae christiani veteres 53, 54, 113, 114, 136, 137
Poetae tres egregii 457–459
Pragmaticae edicta regiaeque 1291, 1292
Priapea 290, 291, 445
Privilegio dell illustrissimo 879
Procura del Giovanni 919

R

Rhetores graeci 167–170

S

Scelta 1232, 1233
Scriptores historiae Augustae 251, 252, 335
Scriptores rei rusticae 208, 209, 442
Somma delle opere 926
Statuta nobilis artis 1133
Suidas 222, 223
Summa librorum quos 918, 927, 928
Supplica dell' Academia 878

T

Tabula Peutingeriana 1408
Thesaurus cornucopiae 13, 14

Provenienzen

A

A. B. W. 354
A. C. V. E. 297, 300
A. Q. P. 690
A. S. H. 1177, 1178
Alemanus Parisiensis, Johannes 259
Andrée 655
Arengius, Melchior 1096
Arnstadt / Bibliotheca Scholastica 1268
Arnstadt / Gymnasialbibliothek 1268
Augsburg? / Jesuitenkolleg 701
August Kurfürst von Sachsen 854

B

B. L. 378
Baluzius, Stephanus 865
Barger, Wilhelm 337
Barillon de Morangis, Antoine 389
Battinus, Joannes Bapptista 261
Bekius, Anthonis 96
Bembo, Pietro 426
Benjamin, Gabriel Christoph 1268
Bergamo / Kapuzinerkloster 1161
Berlin / Institut für Geschichte der Medizin 134
Bertaechius?, Blasius 1279, 1281, 1282
Bibliot. Bossianae Alexandrinae 1219, 1438
Bibliotheca Academica 311
Bibliotheca Regia: Parma 890
Bibliotheca Scholastica: Arnstadt 1268
Bibliotheca Thorun. PP. Bernardinorum: Thorn 1410
Bibliothecae Seminarij Feltrensis 38, 39
Bibliothek: Ferrara 1215
Bibliothek des Gymnasiums Bernhardinum: Meiningen 46
Boineburg: Erfurt 498, 520, 622
Boineburg, Philipp Wilhelm Graf von 622, 1097
Bonsius, Laelius 86
Bossianae Alexandrinae, Bibliot. 1219, 1438
Brain, Andreas 1410
Breslau / Thomas von Rehdiger'sche Bibliothek 453
Breslau / Stadtbibliothek 453
Brignoli, Giovanni de' 426
Brixen? / Jesuitenkolleg 1265
Broukhusius, Janus 228
Buccius, Thomas 786

C

C. B. 1302
C. K. B. 948
C. N. 226, 288
C. S. A. 1269
Caims I. C.?, Philipp 1436
Canisius, P. 701
Cardis, Ioseph de 1215
Carl-Alexander-Bibliothek: Eisenach 199
Carus, Annibal 412
Caurentius, Josephus 1279, 1281, 1282
Celle / Kirchenministerial-Bibliothek 933, 1047
Charbonier 912
Chardin, M. 118
Choiseul-Beaupré, Claude-Antoine-Cléradius de 289
Citineus?, Franciscus 984
Cliuonius, Julius 856
Colbertina, Bibliotheca: Paris 890
Convent San Antonii Clesii 601
Corradi, Laurentius 86
Costa, Camillus 412
Crato, Johannes 296, 404, 633, 1122, 1123
Cruger, Antonius 199
Cruger, Samuel 199
Cruger, Volrath 199
Cusberski?, Valentinus 1046

D

D. M. 199
Da Lascia? 1422
Debardi, Jo. Baptista 84, 85
Desmeure 982
Diez, Heinrich Friedrich von 25A, 93, 96, 99, 104, 105, 145, 228, 229, 232, 251, 261, 264, 305–307, 352, 458, 459, 727, 746, 773, 805, 860, 865, 866, 1012, 1033, 1245, 1270, 1296, 1335, 1439
Dole?, Lodovicus 1224
Drexel, Theodor 1000

E

E. W. B.? 791, 902
Eisenach / Carl-Alexander-Bibliothek 199
Emewoß?, Nicolaus Albertus 478, 479
Engler, David 821
Erfurt / Boineburg 498, 520, 622
Erfurt / Königlich Preussische Bibliothek 498, 520, 622, 661, 941, 1097, 1269
Erfurt / Universitätsbibliothek 498, 941
Ernestus, Conradus 46

F

F. B. 29
Fabricius?, Blasius 178
Fairfax, B. 139
Faletti, Girolamo 805
Faust 854
Ferrara / Bibliothek 1215
Flattwell 736
Foscarini, Marc 1422
Freund, Georg 1000, 1001
Fürstl. Schwarzburg. Landesbibliothek: Sondershausen 178

G

G. G. 855
Gaudin, Alexis 130
Ghelini, Giulia Francesca 1231
Ginlastius?, Christoph 648
Goder, Adamus 67, 283
Goorle, Abraham van 773
Gozzi di Ragusa, Graf 1404
Graf, Thobias 67, 283
Gramberg, W. 948
Gray, Ro. 1258
Grolier, Jean 93, 311
Grutarius 568, 569
Guarinoni, Bonifacius 1161
Guarinonus Veronensis, Christoforus 799
Gude?, Marquard 1117
Guerinus?, Johannes 1257
Guillernard, P. 368
Gymnasialbibliothek: Arnstadt 1268
Gymnasialbibliothek: Heiligenstadt 241
Gymnasialbibliothek: Luckau 354, 393, 1157, 1160
Gymnasialbibliothek: Neustrelitz 948
Gymnasium Bernhardinum, Bibliothek: Meiningen 46

H

H. S. A. S. 67, 283
H. W. 1030
Hager, Joh. Carolus Frid. 178
Heiligenstadt / Gymnasialbibliothek 241
Heiligenstadt / Jesuitenkolleg 241, 897
Heinrich II. König von Frankreich 406, 415
Helwin, Georgius 103, 110
Hennequin, Pierre 504
Henning, Wolfgang 103, 110
Henninius, Heinrich Christian 773
Herman 615
Historisches Institut der Universität, Seminar für mittlere und neuere Geschichte: Leipzig 1404
Hoenberger, Conradus 103, 110
Hoym, Karl Heinrich Graf von 279
Hülseman? 178
Hugony Tolosas, Carolus 404
Humanista?, Franciscus 421

I

I. F. D. G. M. B. = Joachim Friedrich Markgraf von Brandenburg 977
I. F. M. B. 759, 762, 945, 946, 1005, 1007, 1028
I. M. S. D. 673, 674
Institut für Geschichte der Medizin: Berlin 134
Ireus Vtinus, Henricus 760

J

Jesuitenkolleg: Augsburg? 701
Jesuitenkolleg: Brixen? 1265
Jesuitenkolleg: Modena 1118
Jesuitenkolleg: Perugia 745
Jesuitenkolleg: Rom 1025, 1229
Jesuitenkolleg: Venedig 1021
Jesuitenkolleg: Heiligenstadt 241, 897
Jesuitenkolleg: Schweidnitz 67, 283
Joachimsthalschen Gymnasiums, Bibliothek des Königlichen 411, 637
Joannesius, Laurentius 687
Justi, Ludwig 370

K

Kaiser, Bruno 291, 627, 737
Kapuzinerkloster: Bergamo 1161
Kapuzinerkloster: Verona 500, 903
Karmeliterkloster: Venedig 431, 697
Kirchenministerial-Bibliothek: Celle 933, 1047
Königlich Preussische Bibliothek: Erfurt 498, 520, 622, 661, 941, 1097, 1269
Königliche Gymnasialbibliothek: Konitz 18, 21, 24, 25
Königliche Medicinal Bibliothek: Magdeburg 134
Konitz / Königliche Gymnasialbibliothek 18, 21, 24, 25
Kyberius Gengenbachensis, Eliah 170

L

L. M. 252, 313
La Mare, P. de 432
La Vigne da Frecheuille, Claud. de 1015
Lambinus, D. 865
Laubon, H. 455
Legastellier 236
Leichtius, Conrad 67, 283
Leipzig / Historisches Institut der Universität, Seminar für mittlere und neuere Geschichte 1404
Lenzini, J. M. 482
Locatelli?, Ludovicus 810
Lochiensis, Bartholomaeus 67, 283
Loewe, J. F. 300
Longus, Carolus 417
Luckau / Gymnasialbibliothek 354, 393, 1157, 1160
Ludwig XIV. König von Frankreich 368

M

Magdeburg / Königliche Medicinal-Bibliothek 134
Magirus, Johannes Leopoldus 791, 902
Manutius, Aldus 633

Marchesius, Jo. Franciscus 1275
Maritor, Tobias 897
Matthias Brandenburgensis, Thomas 310
Maulrab? Brunschwigensis, Thomas 175, 326
Meiningen / Gymnasium Bernhardinum, Bibliothek 46
Méjan, Etienne Graf von 1, 2, 4–6, 8–10, 12–15, 17, 20, 23, 26–33, 35–41, 43, 45, 48, 50–56, 58, 59, 61, 62, 64, 65, 69, 71–75, 79, 81, 82, 84–91, 94, 98, 100, 102, 106, 107, 118–123, 125–127, 129, 131, 133, 135, 136, 138, 140, 142, 143, 147, 149, 151, 152, 154, 156, 157, 162, 164–167, 169, 172, 174, 176, 180, 181, 186, 188–193, 195, 200–204, 207, 208, 210, 212–222, 227, 230, 231, 234, 235, 237–240, 243, 246–250, 253, 255, 258, 260, 262, 263, 265–268, 271–275, 278–282, 284–287, 290, 292–295, 298, 302, 308, 309, 312, 314–319, 321, 324, 331–336, 338–341, 343–346, 360, 361, 363–366, 371–379, 381, 384–386, 388–390, 392, 394, 395, 397, 398, 406, 408–410, 412, 414–417, 420, 422–425, 427–435, 437–442, 444–447, 449–452, 454, 456, 457, 460–466, 470–473, 476, 480–483, 485–491, 493–495, 497, 499–503, 505–507, 509, 511–519, 521–543, 545–567, 570, 571, 573, 575–590, 592–597, 599–611, 613, 614, 616–621, 623–626, 628–632, 634, 636, 638–657, 660, 662–665, 667, 669–672, 676, 678, 682, 686, 689, 690, 692–698, 700–704, 707–724, 726, 728–735, 739–743, 745, 747, 748, 750, 751, 755–758, 760, 761, 763–771, 774, 776–778, 782–785, 787, 788, 790, 792–799, 802, 804, 806–820, 825–832, 834–842, 844, 845, 849, 850, 852, 855, 857–859, 861, 862, 864, 867–871, 873–883, 886–889, 891–896, 898–901, 903, 907–910, 912, 914, 915, 917–932, 934, 936–940, 942, 944, 947, 949–958, 960–969, 971, 972, 974–976, 978–981, 983, 984, 986–999, 1002–1004, 1006, 1008–1011, 1013, 1017–1023, 1025–1027, 1029, 1031, 1032, 1034–1045, 1048–1056, 1058–1064, 1066–1081, 1085–1095, 1098–1116, 1118–1121, 1125–1132, 1134–1140, 1142–1149, 1152–1156, 1158, 1159, 1161–1176, 1179–1207, 1209, 1211–1213, 1215–1223, 1225–1227, 1229–1231, 1234, 1237, 1241, 1248–1250, 1253, 1254, 1257, 1261, 1262, 1265, 1266, 1272, 1276, 1277, 1283–1285, 1287–1289, 1292, 1295, 1301, 1302, 1304, 1308–1315, 1323–1334, 1337, 1338, 1343, 1346–1350, 1353, 1357–1359, 1364–1368, 1370, 1377, 1384, 1387, 1390, 1392, 1393, 1397, 1402, 1403, 1405, 1407–1409, 1414, 1416–1420, 1422–1425, 1430, 1433–1438, 1442, 1444–1448
Menius?, Heinrich 1033
Metzler 285
Meusebach, Karl Hartwig Gregor Freiherr von 297, 300, 301

Michel?, Ch. 737
Modena / Jesuitenkolleg 1118
Mohr, Eberhardt Heinrich 1177, 1178
Morell, T. 139
Muretus, Antonius 865
Mylius?, S. Hieronimus 1214

N

Nagler, Karl Ferdinand Friedrich von 362, 752–754
Naue?, Caesar 1113
Nesenus, Guihelmus 182
Neudorf, I. E. 727
Neustrelitz / Gymnasialbibliothek 948

P

Papa, Fridericus 226, 288
Paris / Colbertina, Bibliotheca 890
Parma / Bibliotheca Regia 890
Pellegrino Santi di Brassilico, Gio. 974
Peltzer, David 928
Perugia / Jesuitenkolleg 745
Pezoldiana, Bibliotheca 37
Piccinardi 121
Potenius?, Georgius 103, 110
Priuli 63
Prügelius, Joannes 67, 283

R

Rauizoli 1152
Regius, Paulus 105
Rehdiger'sche Bibliothek, Thomas von: Breslau 453
Reichenb.? 1157, 1160
Reinsdorp 736
Reinwald 775
Richard, J. 599
Richey, Mich. 851
Ripensis, Matthias Jacob 1224
Roloff, Friedrich Jacob 60, 66, 113, 226, 252, 288, 404, 833, 935, 1117, 1208, 1224
Rom / Jesuitenkolleg 1025, 1229
Rom / S. Andreas 1109
Rosenbergiana, Bibliotheca 187

S

S. Andreas: Rom 1109
S. M. G. 1304
S. Nicolai: Verona 378
S. R. 1045
Sahrer di Sahr, Baron Carlo 1404
Salmonius Macrinus, Harilaus 658
Scaliger, Josephus 158, 322
Scharfelius, Georgius Fridericus 1030
Schmid, Gottlieb Ernst 916, 1391
Schott, J. C. 1270
Schubert 1141
Schweidnitz / Jesuitenkolleg 67, 283
Seidel?, Ala. 150
Seidelius, Burckardus 67, 283
Selingard, Gaspar 1118

Sondershausen / Fürstl. Schwarzburg. Landesbibliothek 178
Spanheim, Ezechiel von 7, 49, 128, 130, 132, 144, 197, 198, 211, 236, 242, 259, 296, 299, 303, 320, 323, 325, 367, 475, 504, 572, 779, 791, 853, 872, 902, 985, 1014, 1228, 1267, 1278, 1280, 1305
Sperandio, Cinio 1013
Stadtbibliothek: Breslau 453
Starhemberg, Heinrich Wilhelm Graf von 383, 1210, 1351

T

Tengnagel, Sebastian 194
Thilo, Adam 854
Thorn / Bibliotheca Thorun. PP. Bernardinorum 1410
Thorold Baronet of Syston Park, John Hayford 418
Tibullus, L. 568, 569
Todescho?, Francesco 1214
Tralles, J.G. 851

U

Universitätsbibliothek: Erfurt 498, 941

V

V. E. 854
V. L. 1157, 1160
Varicensius, Benedictus 412
Venedig / Jesuitenkolleg 1021
Venedig / Karmeliterkloster 431, 697
Vermehren, A.M. 337
Verona / Kapuzinerkloster 500, 903
Verona / S. Nicolai 378
Vignatus Vicontini, Jacobus 623
Vincelius, Georg 622
Vollandus, Hanns 67, 283

W

Walckenaer?, L.C. 158, 322
Wendelinus 144
Withof, Joh. Hildebrand 96
Wrisberg auf Wrisbergholzen, Görtz 436, 1024, 1291
Wyttenbach, Daniel 168

Z

Zehkius?, Johannes 199

Druckermarken

Seite 2:
Druckermarke von Aldus Manutius dem Älteren, aus Kat.-Nr. 220

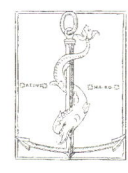

Seite 8:
Druckermarke von Aldus Manutius dem Älteren, aus Kat.-Nr. 56

Seite 52:
Druckermarke der Erben von Aldus Manutius dem Älteren, aus Kat.-Nr. 748

Seite 228:
Druckermarke der Erben von Aldus Manutius dem Älteren, aus Kat.-Nr. 578

Seite 240:
Druckermarke von Aldus Manutius dem Jüngeren, aus Kat.-Nr. 1180

Summary
Résumé
Sommario

Summary An anchor, a dolphin and the signature "Aldus" together make up one of the most famous printer's devices in the history of the book, that of the press of Aldus Manutius and his heirs. Across the whole of Europe it was recognised as a trademark standing for flawless, beautiful and at the same time affordable editions of classical authors. And there's more: in the sign of the anchor and the dolphin the new art of printing came to an early peak. Aldus Manutius (c. 1450–1515) was a humanist scholar, a printer-publisher and a gifted businessman all in one. He was the driving force and innovator who advanced the book in remarkable ways – by using italic types, for instance, or by introducing small-format "pocket editions". Along with the philological correctness of the text, Aldine editions guaranteed superb, tasteful layout and artistic quality, so that they soon became sought-after collectors' items.

With about 850 imprints in some 1100 volumes dating from the fifteenth and sixteenth centuries, the Staatsbibliothek zu Berlin holds one of the most important collections of Aldines in public ownership worldwide. They come primarily from the library of Count Etienne Méjan (1765–1846), acquired for the enormous sum of 64 000 talers in 1847 by King Friedrich Wilhelm IV of Prussia – one of the greatest patrons of our library.

As a collector, Méjan was not so much interested in the contents of a book as in the choiceness of the edition and the copy. Since he had his books bound by the most famous Parisian bookbinders of his time, the Berlin Aldines are also living testimony to the impressive standard of French bookbinding art in the first third of the 19th century. Against this background, the library's collection of Aldines is at the same time an object for research and an objet d'art.

Résumé Une ancre, un dauphin et le nom «Aldus» sont les éléments clés de l'une des marques les plus célèbres de l'histoire de la typographie: l'imprimerie d'Alde Manuce et de ses descendants. Dans toute l'Europe, la marque était synonyme d'éditions irréprochables, belles et abordables, des grands auteurs classiques. Mieux encore, l'art de l'imprimerie, qui en était à ses débuts, connut l'un de ses premiers grands moments sous le signe de l'ancre et du dauphin. En tant qu'érudit humaniste, imprimeur-éditeur et homme d'affaires doué, Alde Manuce (vers 1450–1515) s'avéra être une source d'impulsion et un innovateur qui fit progresser le livre d'une manière remarquable: l'utilisation de caractères italiques et la création d'éditions «de poche» sont des exemples de cette contribution. Outre l'exactitude philologique des textes, les éditions aldines se distinguaient par une présentation exceptionnelle et de bon goût et constituaient un gage de qualité artistique, qui très tôt, fit de ces impressions des objets de collection très prisés.

Avec environ 850 ouvrages en quelque 1100 volumes du quinzième et du seizième siècle, la Staatsbibliothek zu Berlin dispose de l'une des plus importantes collections publiques d'éditions aldines au monde. Celles-ci proviennent principalement de la bibliothèque du comte Etienne de Méjan (1765–1846), rachetée en 1847 par le roi de Prusse Friedrich Wilhelm IV, l'un des plus grands mécènes de la bibliothèque, pour la somme faramineuse de 64 000 thalers.

L'intérêt de Méjan portait plus sur la finesse des éditions et des exemplaires que sur leur contenu. Ayant laissé relier ses livres par les relieurs les plus réputés de Paris, les éditions aldines de Berlin sont également un témoignage vivant de l'histoire de l'art français de la reliure dans les trente premières années du 19e siècle. De par ce contexte particulier, la collection d'impressions aldines de la bibliothèque de Berlin est à la fois un objet de recherches et un objet d'art et de musée.

Sommario

Un'àncora, un delfino e la denominazione «Aldus» compongono una delle marche tipografiche più famose nella storia della stampa di libri, ovvero quella dell'officina di Aldus Manutius e dei suoi discendenti. In tutta Europa era questo un marchio che indicava edizioni di autori classici, ineccepibili, belle ed al contempo accessibili. Di più: nel segno dell'àncora e del delfino, la giovane arte tipografica conobbe il suo primo splendore. Umanista erudito, stampatore-editore ed abile uomo d'affari insieme, Aldus Manutius (circa 1450–1515) fu l'ispiratore ed il rinnovatore che seppe sviluppare in modo mirabile lo strumento libro: l'utilizzo dei caratteri corsivi e l'introduzione di «edizioni tascabili» di piccolo formato ne sono un esempio. Oltre alla correttezza filologica dei testi, le edizioni aldine garantivano una perfetta veste estetica ed un'arte grafica della massima qualità, tanto che ben presto i loro prodotti divennero degli ambìti oggetti da collezione.

Con circa 850 testi a stampa e 1100 volumi del '400 e '500, la Staatsbibliothek zu Berlin possiede una collezione di edizioni aldine tra le più significative al mondo in mano pubblica. I libri provengono prevalentemente dalla biblioteca del Conte Étienne Méjan (1765–1846), che re Friedrich Wilhelm IV di Prussia – uno dei maggiori mecenati della biblioteca – acquistò nel 1847 per la strabiliante somma di 64 000 talleri.

L'interesse del collezionista Méjan non era tanto diretto al contenuto quanto piuttosto al pregio delle edizioni e degli esemplari. Dal momento che faceva rilegare i suoi volumi dai più illustri rilegatori parigini dell'epoca, le edizioni Aldine berlinesi rappresentano anche un vivo pezzo di storia dell' impressionante arte della legatoria francese nei primi decenni del XIX secolo. In questo senso, la collezione di «aldine» della Staatsbibliothek è al contempo un oggetto di studio ed un objet d'art museale.

Aldus Iunior